러시아 문화사 강의

키예프 루시부터 포스트소비에트까지

SLAVICA 슬라비카총서 01

The Cambridge Companion to Modern Russian Culture

edited by Nicholas Rzhevsky © 1998 by Cambridge University Press

Korean translation edition © 2011 by Greenbee Publishing Company Published by arrangement with Cambridge University Press Korea.
All rights reserved.

슬라비카 총서 01
러시아 문화사 강의 : 키예프 루시부터 포스트소비에트까지

발행일 초판1쇄 2011년 8월 30일   초판2쇄 2017년 9월 10일
엮은이 니콜라스 르제프스키 | **옮긴이** 최진석 외
펴낸이 유재건 | **펴낸곳** (주)그린비출판사 | **주소** 서울시 마포구 와우산로 180, 4층
주간 임유진 | **편집** 신효섭, 홍민기 | **디자인** 권희원
마케팅 유하나 | **경영관리** 유수진 | **물류유통** 유재영
전화 02-702-2717 | **팩스** 02-703-0272 | **이메일** editor@greenbee.co.kr | **등록번호** 제2017-000094호

ISBN 978-89-7682-517-9 93900

이 도서의 국립중앙도서관 출판예정도서목록(CIP)은 서지정보유통지원시스템(http://seoji.nl.go.kr)과 국가자료종합목록
구축시스템(http://kolis-net.nl.go.kr)에서 이용하실 수 있습니다.(CIP제어번호: CIP2011003530)

철학과 예술이 있는 삶 **그린비출판사** www.greenbee.co.kr

러시아 문화사 강의

키예프 루시부터 포스트소비에트까지

니콜라스 르제프스키 엮음 | 최진석 외 옮김

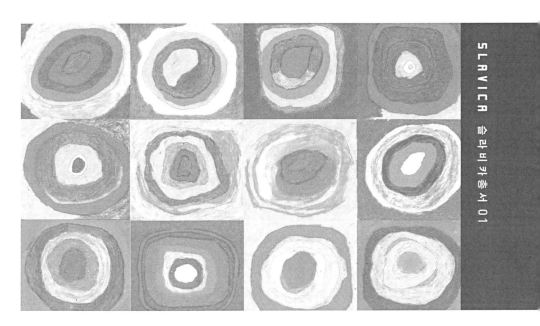

SLAVICA 슬라비카총서 01

그린비

옮긴이 서문

한국과 러시아(구舊소비에트연방)가 정식으로 수교한 지 갓 20년을 넘었다고들 하지만, 최초로 조우한 역사부터 셈해 본다면 거의 350년이 넘는다. 첫번째 만남은 서로를 제대로 인식하지도 못한 채 나선정벌(1654, 1658)로 기록된 국지전에 불과했으나, 1884년에는 이미 세계 열강의 각축장이 된 한반도에서 조로수호통상조약을 맺어 국가 간 관계로 마주하게 되었다. 하지만 국제정치에 어두웠던 구한말의 상황에서 아관파천(1896)이라든지 러일전쟁(1905) 등과 같은 혼란과 격변 속에 양국 관계가 표류하느라, 러시아에 대한 우리의 이미지는 그 이전이나 이후로나 명료하고 균형 잡힌 관점으로 이어지지는 못했다. 가령 19세기 말 전해진 『조선책략』을 통해 러시아는 조선을 노리는 탐욕스런 제국주의 열강으로 묘사되었고, 일제 강점기 때는 혁명의 소문 속에 공포 혹은 이상理想의 대상이 되었으며, 해방 이후 분단 상황에서는 천사와 악마라는 양극단을 통해서 인식되었던 것이다. 19세기 말~20세기 초 근대화를 둘러싼 급박한 지정학적 변동을 고려하더라도, 최근까지 러시아에 대한 우리의 이해는 다면적이고 총체적이기는커녕 일방적인 불구성을 벗어나지 못하고 있었다.

물론 지정학적 이해관계만이 러시아관을 규정짓지는 않았다. 일본을 통해 유입된 근대 러시아 문학과 예술은, 우리에게 '러시아'라면 무엇보다도 우선 '문화 강국'의 이미지를 심어 놓는 데 성공했다. 학부모들이 자녀들의 정서 함양을 위해 톨스토이나 도스토예프스키의 작품집을 사다 놓는다든지, 클래식 감상을 위해 차이코프스키나 라흐마니노프 등을 선택하는 것은 근대 한국의 문화사에 낯선 풍경이 아니다. 요즘은 어떤가? 휴가철에는 러시아 근대의 고도古都 상트페테르부르크를 다녀온 여행기가 화려한 사진과 함께 블로그를 장식하고, 볼쇼이 발레단의 아이스쇼가 주기적으로 공연되며, 러시아 관련 전시회가 미술관과 박물관을 채운다. 그러나 우리를 이토록 매혹시키는 '러시아 문화'가 실상 100년 전의 과거 혹은 서구의 시선과 감수성을 투과해 전해진 형태라는 데 주목하는 이들은 여전히 많지 않다. 예컨대 우리가 아는 러시아 문화의 영웅들은 대개 소비에트 시대 이전에 활동했거나, 혁명이 발발한 후 유럽과 미국으로 망명했던 이들이었기 때문이다. 더구나 지금 우리가 접하는 러시아 현대 문화는 실제 전통의 일부라기보다 소비에트 연방의 붕괴 이후 상업적으로 다듬어진 상품으로 보는 게 정확하다. 한국에서 러시아 문화는 시간적으로나 공간적으로나 아직 절반의 얼굴밖에 알려지지 않은 것이다.

이를 극명하게 입증해 주는 사실은 포스트소비에트 시대의 러시아에 대한 우리의 인식이다. 당장 서점에 나가 보거나 인터넷을 검색해 보면 러시아에 관한 상투적이면서 착종적인, 모순된 인식을 금세 발견할 수 있을 것이다. 예컨대 러시아 문화는 '아름다움'과 '성스러움'이라는 거의 한 세기 전의 유미주의적 이미지에 아직도 포장되어 있다. 정치적으로 제정 시대의 전제주의와 소비에트 시대의 일당 독재, 소비에트언

방의 붕괴 이후 추락한 국제정치적 위상 등은 현재의 후진적 정치 행태와 더불어 늘 조소의 대상이다. 경제적으로는 어떤가? 누구나 소비에트 체제 이후 각종 산업의 몰락과 국민 생활의 빈곤을 가장 먼저 떠올릴 것이다. '나타샤'라는 이름으로 세계 각처에서 성 산업에 희생되는 러시아 여성들은 이런 사정을 절실하게 보여 주는 대표적 사례이다. 2000년대 들어 강력한 지도자의 등장과 석유 자원을 바탕으로 강대국의 지위를 복구하려는 러시아의 움직임에 대해 우리가 놀라는 것도, 사실 심중에 러시아는 이미 영락한 과거의 나라라는 이미지가 남아 있기 때문이다. 불과 20년 전까지 가장 위협적인 적대국의 이미지로부터 정치·사회·경제적 조롱의 대상이었다가 다시 경탄과 두려움의 사이를 오가는 러시아에 대한 우리의 이미지는 도대체 얼마나 명료하고 총체적인가? 우리는 여전히 러시아라는 나라에 대해, 러시아인과 그들의 삶, 정치·사회·경제·문화 전반에 대해 피상적이고 일면적인 인식에 머물러 있는 것은 아닐까?

외양만을 따져 본다면, 국내 유수의 대학들에 러시아 관련 학과가 설치된 지 꽤 오래고, 현지에서 연구하고 돌아온 전문 인력들도 이젠 적지 않다. 다방면에서 러시아에 대한 논문과 저술들이 빈번히 출판되며, 번역도 이루어지는 것 같다. 하지만 냉정히 살펴본다면, 러시아를 처음으로 접하는 대중을 위해 마련된 입문서와 전문 연구가들이 내는 논문 및 서적의 간극은 아직 넓고도 깊다. 대중적 저술들이 문학·음악·미술·발레 등의 고급문화 영역에 대한 상찬이나 호사가적인 진기함에 젖어 러시아의 과거와 현재, 미래에 대한 맥락적 설명과 이해를 놓치는 반면, 학술논문들은 협소한 분야에 지나치게 천착하거나 전문가 아니면 해독할 수 없는 심오함만을 추구한 채 대중들로부터 스스로 소외되는 형편이다(대표적으로 러시아어 인용구를 한국어로 번역하지 않는 관례를 예로 들 수 있다). 대중적 교양과 학문적 깊이의 '사이'를 제대로 돌보지 않는다면 러시아에 대한 상투화되거나 착종되고 모순적인 이미지를 떨쳐내기란 요원한 일이라 생각된다.

당연한 말이지만, 러시아인과 그들의 언어와 관습, 정치 형태와 사회적 규범, 경제생활 및 일상의 통념과 지적 수준, 감성적 인식의 다양성, 달리 말해 삶의 양식 전반으로서의 문화를 정확하고 확실하게 지적해 줄 수 있는 책은 불가능하다. 이는 지식의 양에 관한 문제가 아니라, 보다 근본적으로 '러시아'라는 기호의 경계가 애초부터 불분명하기 때문이다. 예를 들어, 러시아인과 문화의 역사적 기원은 오늘날의 러시아가 아니라 우크라이나의 키예프에 있으며, 모스크바를 중심으로 발전하는 동안 수많은 지역민들과 교류하고 그들을 복속시키면서 우리가 아는 근대 러시아가 성립했다. '러시아'라는 기호는 비교적 최근에 만들어진 민족과 국민, 국가의 이름일 뿐, 실제로 그 땅에 살아가는 민중들의 삶의 양식 전반은 러시아라는 이름으로 다 담아낼 수 없고 그럴 필요조차 없을지 모른다. 러시아에 대한 다면적이고 총체적인 이해의 불가피함이란, 방대한 백과사전적 작업을 통해 그 땅의 모든 것을 알려는 의지의 표명이 아니라, 우리가 가진 관점과 인식의 한계에 충분히 주의를 기울이며 '러시아'라는 기호에 관련된 이질적인 다양성을 조사·분석하여 맥락화하는 것을 뜻한다. 여기엔 명민한 통찰력, 창조적 상상력과 함께 비판적 시선이 필수적이며, 지금 우리가 '러시아 문화'에 대해 성찰하고 이해한다는 것은 바로 그런 과정을 포함해야 할 것이다.

『러시아 문화사 강의』가 여지껏 진술한 주장들과 전적으로 합치하는 책은 아닐지도 모른다. 러시아 학자도 포함되어 있지만, 대부분 서구에서 활동 중인 전문가들이 자기 전공 분야에 대해 밀도 있게 서술한 논문 스타일의 글들이 상당수이며, 따라서 비판적 관점보다는 이해와 설명을 위해 매진한 노고의 산물들이다. 러시아 연구자라면 누구나 알 만한 각 분야의 최고 전문가들이 작성한 글들인 만큼 그 내용적 충실성과 포괄성, 깊이는 부정할 수 없다. 그렇지만 우리가 막연히 러시아 문화를 연상할 때 떠올리는 문학·예술 등의 심미적 분야뿐만이 아니라, 일상 및 사회적 관습과 정치적 삶의 형태들, 지리와 역사의 경계들에 대한 총체적인 현상들이 골고루 포함되어 있음은 이 책의 커다란 미덕이다.

특히 러시아인들의 언어와 종교, 서구관과 동양관, 이데올로기와 민중적 삶의 다양한 방식들을 개관하는 1부를 먼저 정독해 본다면, 2부에서 다루어지는 문학·예술 등의 보다 일반적인 문화적 내용들이 어떤 심성적 원천들에서 연원했는지에 관해 더욱 깊이 있는 이해를 얻게 될 것이다. 이로써 독자들은 러시아의 정신적이고 물질적인 특수성, 일상과 관습, 법과 제도, 정치·경제·사회적 변동의 역사를 널리 살펴봄과 동시에, 러시아 문화사의 의미론적 체계 전반에 대해서도 체계적으로 통찰할 수 있으리라 믿는다. 또한 책 뒤에 붙여 둔 역사·문화·예술 및 영화사에 대한 연표는 본문에서 기술된 러시아 문화사의 주요 사건들을 통시적으로 조망하고 계열화하는 데 유용한 수단이 될 것이다.

서구 전문가들의 입장과 견해에 대한 비판과 새로운 종합이 국내 연구자들에 의해 이루어졌으면 좋았으리란 아쉬움이 남지만, 러시아학의 새로운 출발점을 세우는 데는 어느 정도 충분하리라 본다. '슬라비카 총서'의 첫번째 권을 내놓으며 조만간 이 번역서를 비판적으로 연장하고 증폭시키는 국내 저술들이 등장할 것을 기대하는 데 독자들 역시 공감해 주기 바란다.

러시아가 정치·경제적으로 도약하면서 통상·관광·의료 등의 교류가 급증하고 있다는데, 한국 내 지성 사회의 논쟁이나 대중적 관심 및 이해의 폭은 아직 얕고도 좁다. 출판 시장 역시 큰 전망을 갖기 어려운 사정인데도 슬라비카 총서의 기획을 흔쾌히 승낙해 주시고 힘을 보태 주신 그린비출판사의 유재건 사장님과 김현경 주간님께 감사드린다. 함께 번역 작업에 임하고 책이 나오기까지 열심히 노력해 주신 옮긴이 분들께도 큰 고마움을 전한다. 편집 과정에서 러시아에 관한 모든 것을 새로 찾아보며 공부하고 일해 준 그린비의 박태하 팀장께도 각별한 인사를 전한다. 『러시아 문화사 강의』가 아직도 척박한 국내 러시아학에 활기를 불어넣고 새로운 연구와 논쟁의 장을 점화시키길 바라는 심정은 이 책에 관련된 모두의 마음일 것이다.

2011년 8월

최진석

차례

| 일러두기 |

1 이 책은 Nicholas Rzhevsky ed., *The Cambridge Companion to Modern Russian Culture*, Cambridge University Press, 1998을 완역한 것이다.

2 본문의 주석은 모두 각주로 표시되어 있다. 옮긴이 주는 끝에 '— 옮긴이'라고 표시했으며, 표시가 없는 것은 모두 지은이 주이다. 옮긴이가 보충하는 간단한 설명은 본문 중에 대괄호([ ])를 넣고 끝에 '— 옮긴이'라고 표시했다.

3 단행본·정기간행물은 겹낫표(『 』)로, 시·논문·신문기사 및 음악·연극·영화 등의 제목은 낫표(「 」)로 표시했다.

4 인명이나 작품명 등의 외국어 병기는 권말의 찾아보기에만 남겨 두었다.

5 외국어 고유명사는 2002년에 국립국어원에서 펴낸 외래어 표기법을 따르는 것을 원칙으로 하되, 러시아어의 현지 발음과 국내에서 관례적으로 통용되는 표기를 고려하여 폭넓게 예외를 두었다.

6 키릴문자는 라틴 알파벳으로 전사하여 쓰는 것을 원칙으로 했다. 이 경우 미국도서관협회/미국국회도서관 제정 표기법(ALA-LC)을 따르되, 고유명사의 경우 폭넓게 예외를 인정하였다.

7 이 책의 원서가 출간된 이후 사망한 인물들의 생몰연도는 옮긴이가 갱신하였다.

1장
러시아 문화사 입문

· 니콜라스 르제프스키

러시아 문화가 남겨 준 교훈은 무엇이며, 러시아 문화가 오늘날 우리에게 던지는 질문들은 무엇일까? 다행스럽게도 러시아 문화 연구의 역사는 대단히 풍요롭다. 여기에는 니콜라이 베르쟈예프를 비롯해, 파벨 밀류코프, 게오르기 베르나드스키, 니콜라스 랴자노프스키, 블라디미르 바이들, 게오르기 플로로프스키, 드미트리 치제프스키, 제임스 빌링턴, 미하일 바흐친, 그리고 고대문화적 전통과의 연결점이자 이 책의 필자 중 한 사람인 드미트리 리하초프의 연구 등을 우선적으로 포함시킬 수 있을 것이다. 더욱 최근에는 알랭 브장송, 유리 로트만, 캐릴 에머슨, 캐

---

* 니콜라스 르제프스키(Nicholas Rzhevsky). 뉴욕주립대학교 스토니브룩캠퍼스 교수. 저서로 『러시아 문학과 이데올로기』(*Russian Literature and Ideology*, 1983)가 있고, 『인카운터』(*Encounter*), 『네이션』(*Nation*), 『모던드라마』(*Modern Drama*), 『러시아리뷰』(*Russian Review*), 『슬라브리뷰』(*Slavic Review*), 『새로운 문학사』(*New Literary History*) 등에 많은 논문을 발표했다. 유리 류비모프와 함께 『죄와 벌』의 극장용 영어 대본을 썼다. 편저로 『러시아 문학 선집: 문화 입문』(*An Anthology of Russian Literature: Introduction to a Culture*, 2004)이 있으며, 『미디어』〈미디어』(*Media*)<*Media*), 『드라마 작가와 극작』(*Dramaturgs and Dramaturgy*), 『슬라브와 동유럽 예술』(*Slavic and East European Arts*)의 공동 편집자이다.

터리나 클라크, 보리스 그로이스, 미하일 에프슈테인, 이리나 파페르노, 보리스 우스펜스키, 제프리 호스킹과 기타 여러 사람들의 연구가 러시아 문화 연구의 영역에 적절한 방향성과 참조점을 제시해 주고 있다. 러시아 문화 연구가 시작된 후 많은 시간이 흐르고 역사적·사회적 맥락에 따라 다양한 접근 방식들이 시도되었음에도 불구하고, 위에 열거한 문화 연구자들 및 다른 연구자들은 종종 그들이 공통으로 기대는 기본적인 가정에 의존하는 경향이 있었다. 그것은 문화란 언어에 기원하고 있고, 지리적 위치 및 종교적·이데올로기적 신물에 연결되어 있으며, 민속적 에토스에 폭넓게 의존한다는 점이다. 하지만 역사와 후대의 다른 해석 가능성에 공평히 열려 있는 미학적 텍스트도 있으며, 전달 매체 자체에 문화의 물질적 영속성이 놓여 있다는 관점도 있을 수 있다.

이런 다양한 관점들이 이 책의 구조적 근간을 이룬다. 이 책은 크게 두 부분으로 나뉘는데, 먼저 1부에서는 러시아 문화에 대한 관찰과 참여 모두에 큰 영향을 미치는 다양한 문화 연구 접근법들을 조합해서 제공한다. 다음으로 2부에서는 러시아가 예술적 창조에 기여한 역사에 관해 간단히 개관하는데, 1860년대 이후의 역사, 곧 현대사가 특히 강조될 것이다. 지면과 일반 독자층에 대한 고려 때문에 러시아의 복잡하고도 다양한 문화적 실험들을 개관하는 데 불가피하게 제한이 있을 수밖에 없지만, 수많은 개성적 인물과 사건, 예술사적 사실뿐만 아니라 거기에 결부된 분석적이고 창조적인 측면들은 이 책의 주제들에 대한 심도 있는 관점을 제공하게 될 것이다. 더 깊은 연구와 해석을 위한 지침은 권말의 참고자료 및 연표들을 활용하면 될 것이다.

놀랍게 들릴 테지만, 러시아 문화는 원심적인 동시에 권위적인 경향이 지배적이라는 인식이 확산되어 있음에도 불구하고, 러시아 문화의 역사는 타자들에 대한 개방성, 열정적이며 급진적인 변화의 추구, 확실한 권위의 부재 등을 보여 준다. 특히 마크 바신이 지적한 바와 같이 널찍이 열린 스텝 위주의 러시아의 지리는 자유롭게 유동하는 문화 공간에 대한 지표이자 은유라 할 만하다. 러시아의 국경은 지속적으로 이동해 왔으며, 러시아인 자신들에 의해 특히 자주 그래 왔다. 가령 『원초 연대기』에 나타난 초청 전설을 그 대표적인 예로 꼽을 수 있겠다.[1] 바이킹은 정치적 지도력을 갖춘 존재로 묘사되었으며, 이는 표트르 대제의 근대화 프로젝트와 옐친의 서구화에도 고스란히 이어졌던 것이다. 그러나 또 다른 시대에는 몽골과 폴란드, 나폴레옹의 프랑스군, 히틀러의 독일군 등과 같은 반갑지 않은 손님들이 러시아의 국경을 넘어오곤 했다. 이 모든 결과로부터 러시아를 둘러싼 남과 북, 동과 서 사이의 폭력과 평화의 갖가지 교류 형태들이 생겨났다. 이로써 러시아인들은 자기들을 둘러싼 문명사의 중요한 흐름들을 공유할 수 있었던 것이다.

이 책에서 기술될 러시아 문화와 역사 발전의 주도자들 중에는 8세기에 최초로 러시아에 도래했던 스칸디나비아인들이 있다. 그들은 러시아의 부족 집단들을 전형적인 중세적 봉건 조직으로 바꿔 놓았으며, 북해에서 흑해에 이르는 바닷길을 통해 경제적 교역로를 형성시켰다. 9세기 이후, 비잔틴 제국을 경유해 건너온 그리스인들은 오늘날 러시아

---

1 이 글에서 연대기란 몽골의 지배 이전에 루시의 여러 도시에서 편찬된 역사책을 말한다. 주로 고위 성직자나 공후들의 후원을 받는 수도사들이 작성하였으며, 도시의 성격에 따라 정치·경제·문화 등에 관련된 다양한 주제들을 기술했다. 『원초 연대기』는 가장 오래된 연대기 가운데 하나로 알려져 있으며, 12세기경 키예프의 동굴수도원에서 네스토르가 썼다고 전해진다. 이 최초의 연대기는 루시의 기원과 국가 및 군주의 계보에 대해 설명하고 있으며, 여기에 스칸디나비아로부터 이주한 바랴그인(바이킹)들을 루시의 지배자로 초청했다는 전설이 처음으로 소개되었다. 이 초청 전설은 고대 부족국가가 자신들보다 우월한 외래 민족의 권위와 힘, 기술 등을 받아들여 정치적 지배력을 확보하기 위해 이용된 것이었으나, 근대 이후 러시아 독립성의 기원에 관련해 격렬한 논쟁을 일으키는 빌미가 되었다. —옮긴이

가 서구와 공유하고 있는 종교와 철학의 공통 유산을 전수해 주었다. 러시아인이 '타타르의 멍에'라 부르는 12세기부터 14세기까지는 몽골의 영향을 받아 세금의 중앙 취합 제도 같은 정치구조가 형성되었고, 러시아 민중이 정치권력에 대해 강한 불신을 품는 계기가 마련되었다. 동방은 러시아의 가장 광대한 국경을 이루었는데, 프레드릭 터너가『미국사에서의 국경』에서 미국의 광대한 국경이 국민적 정체성 형성에 기여했다고 지적한 것과 같이,[2] 러시아 역사에서는 시베리아라는 동쪽 국경선이 러시아인들로 하여금 러시아적 사고를 구성하는 데 크게 이바지했다. 16세기 이래 대세가 된 러시아의 '서구로의 전환'은 러시아인들이 르네상스와 계몽주의, 맑스주의에서 정점에 도달한 19세기의 '이데올로기적 신드롬' 등을 낳았을 뿐 아니라, 20세기 말까지 지속된 정치·경제적 라이벌 관계 등과 같은 다양한 문화적 경향들을 서구와 열정적으로 공유할 수 있게 해주었다.

전반적으로 문화 교차적cross-cultural 조건들에 강조점을 찍고 바라본다면, 러시아 문화사 자체가 특별한 예외적인 놀라움의 대상은 아닐 것이다. 하지만 러시아라는 특수한 문화적 대상에 적지 않은 비중을 부과할 만한 역사적 요인들이 있으며, 그것들만의 독특한 방향성에도 주의를 기울여야 한다. 예컨대 제2차 세계대전 당시 독일군의 파리 진주와 마찬가지로 몽골의 침략을 단지 러시아사의 퇴행기로 볼 수만은 없지만, 그 여파는 약 250년 이상 계속되었다. 그 결과 르네상스는 러시아에서 상당히 뒤늦게 나타났으며, 서구에서 르네상스가 발휘했던 문화적 힘과는 동떨어진 모습을 취하게 되었다. 또한, 표트르 대제와 스탈린

---

2 Frederick Turner, *The Frontier In American History*, New York: Holt, 1921. ——옮긴이

의 정치·경제 프로그램은 세계사의 어떤 기준에서 보아도 지나치게 가혹하고 극단적이었다. 다른 한편, 종종 지적되듯 러시아의 지정학적·경제적·사회적 환경들도 예외가 아니다. 그 밖에 다른 요인들로는, 신선한 물을 공급하고 항만 및 교역로로 사용 가능한 수많은 강들, 가죽 교역에서 시작된 영토 팽창에의 충동, 불안정하게 흔들리는 중간계급, 뒤늦은 산업화와 근대화, 놀랄 만큼 광대한 제국의 내적 불안정성 등을 꼽을 수 있다. 근대 이래 러시아는 많은 다양한 민족집단과 종교를 포함하게 되었고, 이러한 요소들의 근친성과 상호 교차는 사회적 긴장의 유발 및 문화적 다양성의 확대 사이에서 딜레마를 낳았으며 문화의 상호 번영에도 기여해 왔다. 이와 같은 요소들을 무조건 제외시키거나 과대하게 중시하지 않는다면, 그래서 풍요롭고도 복잡한 이 문화적 현상들을 축약하거나 단순화하지 않는다면, 그 모든 요소들은 러시아인들이 자신들의 문화사를 건설하는 데 필요한 경제적이고 사회적인 상부구조를 제공해 주었다고 말할 수 있다.

"러시아 문화의 정체성이란 무엇인가?"에 대한 답변의 많은 부분은, 러시아인들이 지리적 공간 및 역사적인 만남 속에서 부딪혔던 사건들에 대해 반응해 온 방식 속에 이미 주어져 있다. 즉, 러시아인들은 어떤 방향으로 어디에 강조점을 찍으며 반응하였는가? 이 책에 제시된 문학·미술·음악·연극·영화 등에 대한 기초적 서술들은 이런 질문들에 답하는 데 특히 유용할 것이다. 이들 미학적 매체의 역사는 문화 창조의 과정뿐만 아니라 역사적으로 전승되어 온 문화적 생산물들을 잘 보여 주며, 양자를 견고하게 결합시켜 준다. 책과 그림, 오페라의 악보, 무대 상연 기록과 영화 기록물 등은 문명의 탐구 과정을 입증해 주는 영속적인 물적 증거들이다. 달리 말해, 그 증거들은 최고의 수준에 이른 사회적 의식과 업적, 질문과 답변을 말해 주는 문화 창조 과정에 대한 역사를 우리에게 열어 보여 주는 것이다. 이런 것들은 사회·경제적 행위들이 남긴 '단단한' 증거와는 구별되지만, 이따금 그런 행위들에 관한 최고의 증언을 남겨 주기도 한다. 문화의 해석에서 타당성의 잣대가 되는 문화적 방향성을 찾으려는 노력은 문화사의 중심적 요소이며 창조적 기록과 증거를 소환하는 계기로서, 역사 과정을 바라보는 근본적인 관점을 제공해 준다.

딘 워스가 쓴 2장 「언어」와 드미트리 리하초프가 쓴 3장 「종교」는 상이한 관점에서 쓰여졌지만 동일한 결론으로 귀결되며 우리들에게 유용한 출발점을 제공해 준다. 호미 바바 등이 지적했듯, 문화의 기원에 관한 탐구는 다소간 위험한 작업이며, 최초의 원인을 궁구해 돌아가는 부단한 역행 과정이라는 부조리함이 없지 않고, 후대에 참여하는 연구자의 선호도에 따라 끊임없이 상이한 재평가를 받는 경우도 벌어진다. 우리가 알고 있는 초기 러시아 문화에 대한 대부분의 사실들은 연대기와 같은, 러시아의 자기 정의의 최초의 표현, 곧 '루시 땅의 기원'을 규명하려고 시작된 수도사들의 문학 활동에서 나타난 것들이다. 이전에 출간된 캠브리지대학교의 러시아 문화사 책에서 드미트리 오볼렌스키가 언급했듯,[3] 연대기는 러시아인들이 자신의 삶을 정향시키는 보편적 틀을 제공하였을 뿐 아니라, 그것이 불완전했기 때문에 오히려 그 의미와 방향성에 있어 미래의 해석을 위해 열려 있을 수 있었다. 아무튼 연대기는 글쓰기와 종교 활동이 문화적 의식의 발생기에 중요한 역할을 담당

---

3 Robert Auty and Dmitry Obolensky eds., *An Introduction to Russian Language and Literature*, Cambridge University Press, 1977.

했다는 사실, 그리고 러시아 문화의 초기 역사가 그리스 선교사들[4]의 노력 덕분에 이후의 발전에 본질적인 중요성을 지니게 되었다는 사실을 명백히 보여 주었다.

리하초프도 언급했듯, 비잔틴 제국의 유산, 특히 그 미학적 경향은 러시아 정교와 러시아인의 자기 규정에 있어 결정적인 요소였다. 그렇지만 러시아 정교가 그리스적 전통에만 고착되거나 불변하는 도그마에 빠지지 않았고, 문화 교차적이며 개방된 목적의식적 과정 속에서 진화하였다는 사실 또한 명백하다. 예컨대 세월의 흐름에 따라 종교 간의 상호 전이 현상이 두드러졌다. 그리스로부터 전파되어 수피 무슬림 신비주의[5]와 놀랄 만큼 흡사해진 헤시카스트[6]의 영향력뿐만 아니라, 유대 전통과 구약성서에 대한 이반 4세의 극단적인 해석이라든지, 17세기의 유리 크리자니치나 19세기의 조제프 드 메스트르에 의한 가톨릭의 강력한 영향력을 꼽을 수 있고, 표트르 대제 시대에 페오판 프로코포비치가 도입한 프로테스탄티즘이나 다산을 기원하는 다양한 이교적 영향 등도 포함시킬 수 있다.

딘 워스가 쓴 러시아어의 역사는, 자유롭게 유동하는 문화 교차적 현상의 한 부분을 보여 준다. 워스 교수가 자신의 고찰을 끝맺는 표트르 대제 시대에 이르러 근대 러시아어는 본질적인 형태를 갖추게 된다. 비

---

4 문자를 창제한 키릴로스와 메토디우스 및 기독교 전파를 통해 문자문화를 루시 땅에 전파했던 비잔틴 제국의 선교사들을 말한다. 이에 관해서는 이 책 2장을 참조하라. ── 옮긴이
5 수피즘(Sufism)은 신과의 직접적인 영적 교섭을 신봉하는 이슬람교의 분파다. 8세기 이후 이슬람교가 수니파와 시아파로 분리되었을 때 시아파의 한 지류로 나타났으며, 전문가들은 수피즘과 초기 기독교와의 영향 관계에 대해 지적하곤 했다. ── 옮긴이
6 헤시카즘(Hesychasm)은 14세기경 그리스의 아토스 산에서 시작되어 널리 전파된 기독교 신비주의 분파로서 정적주의(靜寂主義)라고도 불린다. 끊임없이 기도하고 신을 명상함으로써 자신을 초탈하고 신과 일치하는 거룩한 고요함(그리스어로는 hēsychia)에 이르는 것을 강조했다. ── 옮긴이

록 프랑스어나 독일어, 좀더 나중에는 영어 등과 같은 다른 언어들과의 상호작용 속에 여전히 놓여 있었음에도 불구하고 말이다. 언어의 지속적인 변천과 의미의 안정성을 교란시키는 이러한 변천의 자연스런 경향은 러시아의 불안정한 역사 속에 특히 잘 반영되어 있다. 이런 점에서 19세기 초반에는 러시아어가 아니라 프랑스어가 귀족층의 주요 언어였고, 따라서 나폴레옹을 패퇴시킨 러시아 군대와 더불어 오랫동안 파리에 체류했던 청년 표트르 차아다예프가 낯선 문화와 실제로 접촉하고 큰 충격을 받은 나머지 러시아인들에게 러시아는 가진 것이 너무 적으며, 가톨릭이야말로 인간의 보편적 의무에 복무하는 최선의 종교라고 주장한 것도 놀랄 만한 일은 아니다.

문화적 자의식과 불안의 한 사례로 종종 거론되는 차아다예프는 바로 그 안정성과 불안정성의 폭넓은 대립 패턴을 보여 주는 대표적인 징후였다. 한편으로, 언어의 비영속성과 유동성은, 역사적으로 러시아인들이 종교적 관심사를 다룰 때나 혹은 '진리 중의 진리'라는 초월적인 신의 왕국에 대한 믿음을 형성할 때나 항상 언어를 문제의 중심에 두도록 추동했다. 이러한 언어들은 윤리의 근본 규칙들을 만들어 냈고, 푸슈킨, 도스토예프스키, 솔로비요프, 바흐친 등과 같은 언어의 거장들은 문명과 미학적-윤리적 문제 및 보편적인 과업에 대한 사랑과 그 표현, 또는 인간애와 종교에 바치는 의무감 등을 불러일으키는 경계들에 관해 열렬히 탐구했다. 하지만 다른 한편으로, 그런 개념들은 언어가 종교 문제의 중심에 놓였을 때 불가피하게 나타나는 분산 현상이나 휘발성으로 인해 문제가 되기도 했다. 현세의 불완전성에 대한 절망 및 미美와 절대성에 대한 갈망 앞에서, 언어에 대한 섬세한 능력과 물질에 대한 상징적 형태의 우월한 매력은, 극단적인 경우에는 차아다예프의 만년의 삶이 잘 보여 주듯 만성적인 불만족과 추상적 사고, 사회적 삶의 방기와 내면으로의 후퇴 등을 초래했던 것이다.

사막으로, 수도원으로, 방랑길로, 철학자나 극장 연출자의 내실內室로의 '후퇴'는 사실 러시아의 전형적인 문화적 제스처였다. 하지만 사회로부터의 이탈 충동이나 필요는, 몽골 침략기의 라도네쥬의 성 세르기우스[7]나 스탈린 테러 시대의 스타니슬라프스키와 에이젠슈테인의 경우가 보여 주듯 정치적인 이유들로 인해 생겨났으며, 그로부터 비롯한 의무감은 종종 특정한 장소들의 전복을 수반하였다. 성 세르기우스가 자고르스크에 성삼위일체 수도원을 세웠던 것은 그런 까닭에서였고, 그렇게 이 수도원은 사회·도덕적 헌신과 러시아의 문화적 정체성을 대변하는 상징물이 되었다. 또한 스타니슬라프스키와 에이젠슈테인은 그들 생애의 마지막 시기를 연극과 영화의 강인한 전통을 이어 갈 학생들을 위해 바쳤다. 이렇듯 후퇴의 제스처는 러시아인들에게는 더욱 커다란 문화적 행위 패턴의 일부였던 것이다. 그것은 고립된 개인적 삶의 향상을 거절하는 고집스러움이자, 그런 향상이 개인만이 아니라 세계 전체를 위한 더 큰 쓰임에 보태지길 바라던 낙관주의이기도 했다.

그럼에도 불구하고, 오래된 연대기들에도 실려 있는 보편적 자기 향상과 자기 정위定位를 통해 초월적 진리를 탐구하려던 낙관주의는 과도한 추상주의로 이어지거나, 생활 현실에 대한 실천을 간과하는 결과를 낳기도 했다. 인간의 욕구를 만족시키는 물질적 조건이나 백성을 다

---

7 중세 러시아의 수도승. 몽골 침략기의 러시아 수도사들은 종교적 박해를 피해 모스크바 근교로 흩어져 포교 활동에 몰두했는데, 세르기우스는 라도네쥬 지방에 성삼위일체 수도원을 짓고 신의 이적을 찬양하고 러시아의 해방을 기원했다. 신성과 인간성의 교감을 중시했고 신비주의적 색채를 띠었다. 이후 러시아 정신사에 큰 영향을 미쳐 러시아의 위대한 성인으로 추앙받았다. ──옮긴이

스리기 위해 필요한 법적·정치적 구조들에 관한 고려가 무시되었던 것이다. 러시아인들이 확고한 법적·정치적 체계를 발전시키지 못했다는 뜻은 아니다. 예컨대 『루스카야 프라브다』('러시아의 진리')라는 초기의 법전, 혹은 1862년과 1912년의 개혁 이후 제정된 법전들은 그 당시로서는 꽤나 진보적인 것이었다. 하지만 사회에서 그 법들의 기능은 언제나 초월성에 대한 열망으로 치환되곤 했다. 러시아인들의 마음 깊이 깃들었던 은총에 대한 열망은 현세의 법과 세속적인 정치가들의 위선 및 불가피한 부패 등으로 귀결될 수 없었던 것이다. 비산틴 예술에 대한 앙드레 말로의 평가를 빌리자면, 러시아 문화에서 종교적인 정언명령은 한마디로 '절대성에 대한 매혹'이라 할 만하다. 그것은 수준을 낮춘 타협도 불가능하게 하고, 이상理想에 부응할 수 없는 현실의 충격도 피할 수 없게 하기 때문이다.

물론 공산주의는 그런 주요한 충격들 중의 하나였다. 러시아인들은 맑스의 전도된 종교적 원칙을 이데올로기적이며 사회·정치적으로 현실화시키는 길을 걸었고, 그런 이데올로기를 최대한 밀고 간 결과들을 목도했다. 슬라브주의 예언자들[8]과 솔로비요프, 도스토예프스키는 러시아가 휴머니즘에 기여할 고유하고 보편적인 소명을 갖고 있다고 믿었고, 이는 20세기 들어 어느 정도 사실로 드러났다. 하지만 그 소명이 그들이 상상했던 방식 그대로 실현되었던 것은 아니다. 대신 그들이 결코 벌어져서는 안 된다고 경고했던 것들이 현실의 역사 속에서 실현되는 사태가 벌어졌다. 폭력적으로 만들어진 사회·경제적 범주들로 인간성

---

8 이반 키레예프스키, 알렉세이 호먀코프, 콘스탄틴 악사코프 등 19세기 전반기의 슬라브주의 사상가들을 말한다. ── 옮긴이

이 축소되었다거나, 인간이 완전히 자유로워지고, 완전히 세계를 장악하고, 완전한 평등과 도덕성을 이룰 수 있다는 영원한 희망 등이 지상에서 비극적으로 실현되었던 것이다. 이러한 맑스주의의 경로는 앞서 지적했던 문화적 편향성의 결과일 것이다. 그 사회의 외부에서 연원한 이념을 환대하고 수용하는 것은 오직 개방된 문화에서만 가능한 일이다. 반면 러시아에서는 성직자 계급 출신의 급진적 인텔리겐치아들이 지녔던 극단주의maximalism가 점진적인 정치개혁과 세심한 법 적용을 불가능하게 만들었다. 또한 궁극적 목적에 비할 때 현실적 수단들은 부차적이라는 관념은 미래의 공산주의 사회를 위해 요구된 소비에트 테러를 재가해 주었다. 나아가 희생과 겸손, 물질에 대한 경멸과 같은 도덕적 의무는 당의 강령을 무조건 지지했고, 소비에트연방 시민들의 일상적 요구가 좌절될 때마다 그것을 인내하도록 강요했던 것이다.

소비에트 문화사가 남긴 뚜렷한 교훈은 현실 속에 강요된 유토피아의 위험성이다. 혹은 적어도 그런 유토피아를 옹호하는 자들에 대한 과도한 신뢰의 위험성이다. 그러나 러시아의 문화적 경험의 가치를 비관적 결과들에 제한하는 것은 지나친 평가절하가 될 것이다. 알렉산드르 게르첸, 솔로비요프, 도스토예프스키 및 문화적 유토피아의 비전을 그리던 다른 러시아인들은 자기들의 희망이 공상적이며 비현실적이라는 점을 너무나 잘 알고 있었다. 하지만 그들이 끝내 희망의 끈을 놓치지 않았다는 사실 역시 대단히 흥미로운 문화사적 사실이다. 그들은 대다수 문명인들이 공유하던 희망의 비전에 도달했고, 이상을 추구하는 한편으로 극도로 엄격한 방식으로 자기들의 발견에 의문을 제기하길 멈추지 않았다. 비록 공산주의 시대 동안 망각되었으나, 그들이 얻었던 더 큰 교훈은 희망을 포기해서는 안 되며, 이데올로기에 포섭됨으로써 질문하길 멈춰서도 안 된다는 것이었다. 러시아 문화에서 소비에트 시기는 문화적인 질문 제기가 중단되었던 순간이자, 소비에트 시민들을 근시안적이고 위선적으로 살도록 강제한 어리석은 믿음이 지배하던 시대였다.

이와 같은 믿음의 중심적 교의에는 민중narod이라는 관념이 있었다. 민중문화에 대한 카트리오나 켈리의 개괄이 보여 주듯, 이 개념은 러시아적 용례에서 다양한 이데올로기적 스펙트럼을 누비며 지나치게 남용되어 왔다. 19세기 말 러시아 인구의 80~85퍼센트에 달했던 농민들은 광대하고도 복합적인 민중문화에 기반을 제공한 사회적 조건이었고, 이는 농노제라는 도덕적 상처와 결합함으로써 농민층과 그에 결부된 문제들을 상류계급의 문화에서 중심적인 문제로 만들어 버렸다. 러시아의 역사로부터 본원적인 힘을 길어내고자 했던 한 부류——역사가 미하일 포고딘과 슬라브주의자들, 도스토예프스키, 톨스토이——와 진보의 패러다임을 러시아의 외부로부터 궁구하고자 했던 부류——서구주의자들과 사회주의자들——는 공통적으로 농민들의 세계야말로 러시아의 독특한 장점이라고 상상했다. 빈곤과 노예 상태라는 역사적 현실은 이러한 비전을 폄하하기보단 더욱 부채질했고, 링컨이 아프리카계 미국인들을 해방시키기 한 해 전인 1861년 종식된 농노제는 마치 미국의 노예제처럼 문화적 기억과 사회적 징벌의 형태로 상당 기간 지속되었다. 1960년대에 어느 미국의 자유주의자가 고뇌하며 회고했듯, 핵심은 상류계급의 죄책감에 있었다. 그것은 1870년대에 '브나로드' v narod('민중 속으로') 운동이라는 특별한 역사적 사건으로 이어졌고, 이 운동은 현대 러시아 사회와 정치적 의제 설정에 있어 근본 방향을 지시해 주었다.

이렇게 '민중'이라는 의제에 대한 극단주의적인 요구는 러시아 문화사를 현대의 가장 문제적인 경로로 끌어들였다. 소비에트 시절 민중문화는 이데올로기적 요구 대상이 되었고, 그 중심 원칙은 사회주의 리얼리즘에서 '민중성'narodnost'의 강령으로 나타났다. 국가의 교시를 선전하고 포고할 수 있는 손쉬운 소통 형식을 개발하는 것이 사회주의 리얼리즘의 원칙이었기 때문이다. 대중문화에 기울어진 정치적 관심사는 정부가 아마추어 조직들에 막대한 재정을 투자하는 결과를 낳았다. 극장과 무용단, 합창단 등의 아마추어 조직들은 곳곳에 세워진 문화궁전 dvorets kul'tury[9]에 소속되었고, 평범한 시민들이 예술 활동에 참여하도록 독려되곤 했다. 그러나 민중성을 강제로 주입한 부정적 효과는, 바흐친이 진정한 민중문화에서 찾아낸 자유로운 민속적 웃음이나 권위에 대한 문제 제기와 같은 이점을 갖지도 않았을뿐더러, 국가가 고무한 지성과 창조력의 평범한 기준을 뛰어넘는 기회도 만들지 못했다. 이탈리아의 맑스주의자인 안토니오 그람시가 지적했듯, 모든 인간 존재는 어떤 출신이든 간에 잠재적으로 지식인이라 할 만하지만, 그 모두가 지식인으로서 사회적 기능을 수행할 수 있는 것은 아니다. 소비에트 문화는 이러한 사회적 역할을 총체적으로 통제하거나 말살시키는 원리 위에 구축되어 있었다.

신생 볼셰비키 정부가 주도한 1922년의 역사적 사건은 러시아 문화의 탈지성화가 시작된 상징적 계기였다. 적대적 경향을 띠고 있었으

---

9 '문화의 집'(Dom kul'tury)이라고도 부르며, 1920년대부터 설립된 소비에트 사회의 대중교육 시설을 가리킨다. 볼셰비키 혁명 이후 열악해진 지방 교육기관의 사정을 해소하고자 자치 지역단위별로 세워졌으며, 문학·예술·체육 등에 대한 기초적 교양과 아울러 공산당의 공식적인 정치·사상적 강령을 전파하는 데도 큰 역할을 맡았다. 소비에트 교육 체계가 정상화되면서 일반 교양 부문을 담당하는 문화센터의 기능을 수행했다. ─옮긴이

나 현실적으로는 이데올로기적 마찰을 빚는 데 신중하던 구舊상류계급의 도덕적 반감을 문제 삼아, 레닌이 160명의 남녀 문인들을 기차에 태워 서구로 강제 출국시켜 버린 것이다.[10] 물론 이런 '편도 여행'이 단 한 차례만 벌어지진 않았다. 비슷한 열차들이 러시아 최고의 지성인들과 여타의 재능 있는 사람들을 서구로뿐만 아니라 동쪽, 즉 수용소로도 꾸준히 실어날랐다. 이 '여행'은 나중에 비행기로 대체되어 알렉산드르 솔제니친과 조지프 브로드스키를 내보낼 때까지 계속된다. 이렇게 해외로 러시아인들을 이주시킨 결과 중 하나는, 그들이 국경 너머에서 주목할 만한 문화적 반향을 불러일으켰다는 점이다. 이 책에 소개된 문학과 미술, 음악, 연극 및 영화 등의 분야에서 세르게이 라흐마니노프와 바실리 칸딘스키, 조지 발란신, 블라디미르 나보코프, 이고르 스트라빈스키 등을 빼고 서구의 현대예술사를 상상하기란 거의 어려운 일이다. 또 다른 결과는 광범위한 빈곤 현상을 맞게 된 러시아의 문화였다. 가장 재능 있는 인적자원을 대거 빼앗겨 버린 '민중의 국가'가 보였던 상투성과 어리석음, 편견 등이 러시아 문화의 특징이 되고 말았다.

하지만 소비에트 시대는 보리스 파스테르나크, 안나 아흐마토바, 프세볼로드 메이에르홀드, 콘스탄틴 스타니슬라프스키, 세르게이 에이젠슈테인, 미하일 불가코프, 드미트리 쇼스타코비치, 미하일 바흐친 등과 같은 대항문화적 인물들 역시 포함하고 있다. 이들을 포함한 많은 사

---

10 당시 러시아를 대표하던 학자와 지식인, 문필가들을 강제 출국시킨 이유에 대해서는 아직도 뚜렷한 이유가 드러나지 않았다. 어떤 연구자는 이를 레닌이 개인적으로 품고 있던 적대감이 공식적인 명분을 타고 표출된 것이라 추측하기도 했는데(Lesley Chamberlain, *Lenin's Private War: The Voyage of the Philosophy Steamer and the Exile of the Intelligentsia*, St. Martin's Press, 2007), 현재까지 추정할 수 있는 것은 지식인들의 추방에 관련한 명확한 원인이나 선정 기준 등이 여전히 모호하게 남아 있다는 사실뿐이다. ──옮긴이

람들이 수준 높은 품격을 유지하기 위해 지속적으로 투쟁하였고, 현대 러시아사에서 가장 야만적인 억압 체제에 맞서 예술이 나아가도록 자극했던 것이다. 타협은 불가피했으며, 사회·정치적 폭력은 그들의 작품 활동과 생명을 심각하게 위협했다. 하지만 그들의 업적을 부인할 수는 없을 것이다. 망명 인사들과 마찬가지로 러시아에 남은 사람들의 문화적 뿌리는 과거 속에 깊이 뿌리박혀 있었으며, 19세기 말과 20세기 초 수십 년간 그들은 비상한 명석함과 창조적인 활력이 결합한 독특한 역사적 시대에서 양육되었다. 바로 이것이 현대 러시아 문화의 중심적 요소이자 역사적 수수께끼이며, 애버트 글리슨이 지적했듯, 소비에트연방이 붕괴한 후에도 남아 있는 주된 정향점이자 희망의 근거이다.

은세기[11]라는 꼬리표가 붙어 평가절하되기도 했으나, 이 시대가 지속적인 힘과 영향력을 행사할 수 있게 한 것은 대체 어떤 문화적 과정들이었을까? 본문에서 제시될 수많은 미학적이고 지적인 업적들을 뒷받침하는 문화적 테제는, 19세기의 끝무렵과 20세기의 시작점에 러시아인들이 역사적으로 전례 없이 철학과 예술에 관한 이론적 작업의 성과물들이 산출되는 것을 목도했다는 사실이다. 이 시대의 독특한 분석 정신은, 새로운 시대적 가능성의 빛에서 과거의 성취를 취하고자 했던 충동으로부터 막대한 에너지를 이끌어 냈다. 가령 1905년 세르게이 댜길레프는 훗날 수없이 논의된 한 연설에서, 불확실한 미래를 앞에 둔 채 과거를 회고하고 평가하는 당대의 경향을 잘 보여 주었다. 그 연설은 마

---

11 은세기(銀世紀, the Silver Age)는 19세기 말부터 20세기 초까지, 문학·예술 사조에서는 아방가르드가 등장하기 직전까지 상징주의가 지배하던 짧은 시기를 가리킨다. 19세기 초 낭만주의 문학이 꽃피던 '금세기'(the Golden Age), 즉 황금시대에 비하면 다소 절하된 표현이 분명하지만, 푸슈킨 시대에 필적할 만한 예술의 부흥기로 평가된다. ──옮긴이

침 댜길레프의 유명한 작품 회고전의 개막식과 『예술세계』라는 잡지의 종간식이 겹치는 파티 장소에서 행해졌던 것이다. 댜길레프에 따르면, 그것은 '최종 변론의 시간', 즉 "새로운 미지의 문화의 이름 위에서" 실시된 "거대한 역사적 최종 변론과 결말의 시간"이었던 것이다.

두번째 기조 연사는 발레리 브류소프였다. 상인 후원자인 사바 마몬토프, 화가 발렌틴 세로프, 콘스탄틴 유온 등 파티 참석자들과 마찬가지로, 브류소프는 이미 결산과 변화의 필요성을 강하게 느끼고 있었다. 니체와 솔로비요프는 그들이 작업하는 문화적 환경에 대한 특별한 방향을 제공하였다. 솔로비요프는 러시아인들에게 니체처럼 (그보다 더 많이는 아니어도) 중요한 인물이었다. 그는 1900년 사망했지만 자신의 후학들에게 양적·질적으로 상당한 철학 체계를 물려주었는데, 후학들에게 미친 솔로비요프 철학의 범위와 창조적 에너지는 가히 헤겔의 저작들에 비견할 만한 것이었다. 솔로비요프를 계승한 독창적이며, 때때로 기지 넘치던 사상가들로는 세르게이 트루베츠코이와 예브게니 트루베츠코이 형제를 비롯해 드미트리 메레쥬코프스키, 세르게이 불가코프, 세묜 프랑크, 니콜라이 베르쟈예프, 레프 셰스토프, 파벨 플로렌스키, 미하일 바흐친 같은 이들이 있다.

이념에 부합하는 것에 대한 존중과 관심은 단지 철학적 충동에만 국한되지 않았다. 그것은 종교적 전통과 지적 재생산을 통해 그 핵심을 이어 나갔다. 이런 점에서 19세기 말과 20세기 초는 러시아 신학이 새로운 성취를 이룬 시기였다. 종교적 주제에 관한 탐구는 그 논의의 중심에서 다시 솔로비요프와 조우해야 했고, 깊이 뿌리박힌 정신적 가치와 문화적 애호주의에 반향했으며, 역사·철학·미학의 어느 분야에서든 문화적 활동의 형식들에 영감을 주었다.

20세기 초까지 종교는 그 이데올로기적 기능을 견고하게 이어 나 갔다. 과거의 믿음이 사라져 갔고 세속화는 더욱 강하게 진행되고 있었 으나, 자아와 세계에 대한 초월적 관념은 러시아에서 지적·윤리적 행 위의 동기를 꾸준히 제공했다. 무신론의 강력한 논박에 직면해서 도스 토예프스키는 기독교적 진리를 옹호했고, 톨스토이는 복음서를 탈신비 화했으며, 솔로비요프는 자신의 강력한 아이러니적 감정에도 불구하고 신정론神政論과 신앙에 대한 주장을 관철해 나갔다. 사실 이 모두는 변화 하는 이데올로기적 조건들에 대한 징후적 표현들이었고, 지적 담론을 복잡화하고 강화하는 데 똑같이 기여했다. 이런 식으로 덧붙여진 문화 의 추동력은 신비주의와 죽음을 앞둔 삶에 대한 관심이 부활함으로써 더욱 촉발되었다. 예컨대 니콜라이 표도로프의 부활 프로젝트[12]나 1909 년 출판된 표트르 우스펜스키의 『네번째 차원』, 그리고 알렉산드르 1세 치하에서 횡행하던 역병에 대한 공포로 몰려든 사람들의 부흥회 등을 그 사례로 꼽을 수 있다.

회의주의와 열정을 뒤섞는 종교적 감수성은, 일상의 현실과 타협 하지 않으려는 구교도들의 태도에서 최소한으로나마 지속되었다. 이 완고함을 통해 사물의 본질이 측정되었고, 그 결과 세계는 항상 결여되 어 있음이 드러나곤 했다. 역사로의 방향 전환은 그러한 현세에 대한 불 만 및 메레쥬코프스키가 '천민의 시대'라고 명명한 것 같은 예언자적 경 고에 대한 불만이 부분적으로 도달한 귀결이었다.[13] 중간계급의 전형으

---

12 종교철학자 니콜라이 표도로프(1827~1903)는 과학기술의 발달에 의한 미래의 유토피아 사회를 예견했고, 미래 사회에 대한 예언적인 저술들을 남겼다. 그 중 일부는 과학의 급속한 발달로 인해 미래에는 과거에 죽었던 자들이 부활하게 될 것이란 내용을 담고 있다. ──옮긴이
13 명민한 예술비평가이자 지식인이던 드미트리 메레쥬코프스키는 세기말의 정신석 몰락을 예언자 적인 직감을 통해 보여 주려 했다. 그에게 '천민의 시대'란 고귀했던 귀족적 취향이 천박하게 타

로서 '천박한 인간'의 이미지는, '천민'의 러시아어 단어인 '함'kham이 노아의 아들 이름이었다는 성서적 연관으로 말미암아 그 함의를 뚜렷하게 보여 주고 있었다. 니체는 이런 부르주아적 인간 유형에 대해 격렬한 불만을 토해 냈고, 콘스탄틴 레온티예프는 그런 인간형을 '평균적 인간, 평균적 유럽인'이라 부르기도 했으나, 사실 '천박한 인간'이란 러시아 지성사에서 게르첸과 도스토예프스키, 레온티예프의 저작들을 통해 잘 알려져 있던 이미지였던 것이다. 가령 연극계에서는 알렉산드르 오스트로프스키가 '어둠의 왕국'을 연상시키는 막대한 양의 작품들을 쏟아 내고 있었고, 이는 나날이 발흥하고 있는 중간계급의 그로테스크한 평범성을 여실히 보여 주는 것이었다. 20세기 초엽, '평균성'에 달라붙어 있는 악惡에 대한 예감은 너무나 강렬했기에, 표도르 솔로구프의 『작은 악마』[14]처럼 그 시대의 보다 대중적인 작품들에서도 '사탄'은 상투어처럼 마구 등장하고 있었다.

리하초프 교수가 지적하듯, 기성 종교 세력이 세속적 형태로 변모하게 된 한 가지 사례로서 이 시대의 가장 흥미로운 사회적 현상 가운데 하나는 구교도 가문 출신의 예술 후원자들이 맡았던 역할에서 찾아볼 수 있다. 이 책에서 개관된 수많은 아방가르드적 문화 활동은 사바 모로조프와 이반 모로조프, 파벨 트레티야코프, 세르게이 슈킨과 같은 스폰

락하고, 부르주아적 상투성과 평범성이 예술의 기준이 되어 버린 세태를 의미한다. 메레쥬코프스키에게 천민의 시대는 곧 적그리스도의 시대이며, 최후의 심판을 예고하는 기독교적 징표였다. 1905년 메레쥬코프스키는 『다가오는 함』이라는 제목의 묵시적 에세이를 발표한 바 있다(Dmitry Merezhkovsky, *Griadushchii kham*, Moscow, 2004, pp.4~26). 본문에 나오는 것처럼, '함'이란 러시아어로 '비천한 인간'을 뜻하는 단어이며, 성경에서는 노아의 세 아들 중 둘째의 이름이다. 함은 어느 날 노아가 술에 취해 옷을 벗고 자는 모습을 그냥 지나쳤다가 노아의 저주를 받는다. 『창세기』 9장 18~29절 참조. ─옮긴이

14 표도르 솔로구프, 『작은 악마』 1~2권, 이영의 옮김, 책세상, 2002. ─옮긴이

서들의 후원, 즉 자본가들의 개입을 보여 주는 사례들이다. 이로써 현대 러시아 문화의 흥미로운 질문들은 다음과 같이 제기된다. 이런 유력한 상인들과 산업가들을 예술로 끌어들인 요인은 무엇이며, 또 무엇이 그들로 하여금 아직 무명에 머물렀던 청년들, 즉 미래의 스타니슬라프스키나 피카소, 고리키, 마티스 등이 될 만한 젊은이들의 중요성을 발견하게 만들었는가? 한 가지 그럴듯한 설명은, 러시아의 옛 이콘[15]에 나타난 것과 같은 비非재현적 요소들에 대한 친숙함이 현대예술의 가치와 나아갈 방향성을 인지하도록 해주었으며, 리얼리즘 그 이상의 진리로 나아가도록 독려하고 지원했다는 것이다. 전통적인 재현 형식을 더욱 선호하던 스타니슬라프스키의 예가 보여 주듯, 리얼리즘을 완벽성의 극단에까지 발전시키려는 충동은 종교적 감수성에서 그와 대등한 영감을 찾아냈던 것이다(스타니슬라프스키가 극장을 교당으로 바꿔 놓으려 했음을 염두에 두어야 할 것이다). 아무튼 러시아의 상인 후원자들의 활동이, 문화 영역에서 후기 자본주의의 부정적 자취에 반대되는 역할을 맡았음을 보여 주는 역사적 증거에 관해 기억해 둘 필요가 있다. 예술에 대한 그들의 관심과 개입은, 문화 영역의 결정적 요소가 때로는 자본주의적 경제원칙이 아니라 도덕적·지적 외관을 갖춘 자본가들 자신임을 보여 주었기 때문이다.

---

15 성상(聖像) 또는 도상(圖像)이라고 번역되는 이콘(icon)은 예수나 성모 마리아, 성인들을 그려 놓은 이미지상(像)을 의미한다. 정교 문화권에서 이콘은 단순히 공식적으로 신성을 인정받은 성인들을 재현한 미술품이 아니라 그들의 신성이 육화되어 있는 성물로서 숭배의 대상이 되고 있으며, 농민들의 집 안에서도 흔히 볼 수 있는 종교적 상징이다. 성서 속의 인물들로서 예수 그리스도, 성모 마리아, 예언자, 사도들 등과 함께, 이후 깊은 신앙심으로 성인으로 추대된 비잔틴 제국과 루시들의 성직자, 수도사, 바보 성자, 기타 일반 신도 등도 이콘의 재현 대상이 되었다. 또한 세속 권력의 수장인 공후들도 신정일치의 전통에 따라 신의 사도로서 성인으로 추대되어 이콘의 대상이 되었다. 이러한 이콘은 러시아 종교 전통에서 즉물성을 탈피해, 정신적이고 신성한 이미지를 표상하는 데 종종 인용된다. ──옮긴이

20세기 후반에 남겨질 잠재적인 교훈 중에는, 맑스주의자들에 의해 이상주의자들이 종교적 불만을 표출하고, 자신들의 내부자적 지식을 통해 사회 정치적 범주에서 비판의 날을 세울 수 있었다는 점이다. 그들의 문화적 존재감은 특히 뱌체슬라프 이바노프와 메레쥬코프스키-기피우스 모임(지식인들과 예술인들이 열정적으로 논쟁을 벌이던 사회적 회합) 및 『이상주의의 문제들』(1902), 『맑스주의에서 이상주의로』(1903), 『이정표』(1909),[16] 『심연으로부터』(1918) 등의 논문집에서 강하게 감지되었다. 니콜라이 베르쟈예프, 미하일 게르셴존, 세르게이 불가코프, 세묜 프란크, 표트르 스트루베 등이 함께 참여했던 『이정표』는 신속하게 5쇄를 찍을 정도로 인기가 높았지만, 그 중 가장 악명 높은 책자가 되고 말았다. 왜냐하면 1905년 러일전쟁과 뒤이은 폭동으로 인해 국가의 개혁이 명백히 요구되는 긴박한 정치적 상황이었음에도 불구하고, 이 책의 기고자들은 인간의 본성과 운명에 대한 러시아 인텔리겐치아들의 사회 정치적 관점에 대해 지독히 도발적인 공세를 퍼부었기 때문이다. 일대 문화적 스캔들이 불가피했다.

사회 정치적 사안들을 진부하게 다루는 방식에 대한 불만은 전통적 지각 양식 자체에 대한 불만족으로부터도 지적인 에너지를 얻었다. 인격이나 존재의 본질을 묻는 복잡하기 짝이 없는 정의에 도달하려는 시도는, 어떻게 그러한 앎을 얻을 수 있겠느냐는 새로운 지적 관심을 수반했던 것이다. 보다 손쉬운 비교를 해본다면, 인식론의 영역에서 셸링과

---

16 원어로는 『베히』(vekhi)이며, 원제는 『항방표지. 러시아 인텔리겐치아에 관한 논문집』이다. 맑스주의자로 활동하다가 보수 우익으로 전향한 사회사상가, 종교철학자들이 대거 참여해 러시아 사회의 도덕적 부패, 혁명적 급진주의의 위험성 등을 경고함으로써 후일 소비에트 체제에서 신랄한 비판을 받았다. 『인텔리겐찌야와 혁명』(이인호 편역, 기린원, 1989)에 번역되어 있다. ──옮긴이

칸트가 수행했던 독일 관념론에서의 전투는 러일전쟁에 의해 야기된 사회적 혼란만큼이나 근대 러시아 문화에서 중요한 역할을 차지했다고 할 만하다.

인식과 지식의 본성에 대해 숙고하면서, 러시아인들은 서구 모더니즘에 대한 통상적인 불만을 철학과 과학에서는 경험주의 및 실증주의의 조야한 전략과 공유했고, 예술에서는 자연주의 및 리얼리즘적 페티시스트들과 함께했다. 자신들이 적대시하던 서구인들과 마찬가지로, 러시아인들 역시 인문학과 과학에서 인식론의 환원주의적 전제들로 수렴되는 경향을 목도했던 것이다. 이 전제들에 따르면 의식에서 자아의 복합적인 역할은 별로 중요한 몫을 맡지 않았다. 베를린과 파리, 빈에서 서구의 모더니즘은 심리학과 개인적 지각과 창조력에 새로운 강조점을 두었고, 이 과정에서 막스 슈티르너 같은 자아의 철학자들이 재발견되기도 했다. 하지만 러시아인들에게 자아에 대한 새로운 강조는 구태의연한 것으로 비쳐졌다. 그것은 마치 1840년대, 곧 청년 도스토예프스키가 문학적 이력을 쌓기 시작할 때이자 포이어바흐의 『기독교의 본질』 러시아어 번역판이 나왔을 때만큼이나 케케묵은 인상을 주었던 것이었다. 20세기 초엽 종교적 감수성에 의해 촉발된 다른 많은 작품들 중, 특히 뱌체슬라프 이바노프, 예브게니 트루베츠코이, 바실리 칸딘스키의 저술들은 자아의 인식론적 기능과 도덕의 심리적 콤플렉스, 사회적 맥락과의 상호작용 및 미학적 성취 등의 관점에서 자아에 관한 탐구를 계속 수행하고 있었다.

이러한 인식론적 탐구를 통해 러시아인들이 도달한 곳은 언어의 토대를 이루는 상대성에 관한 개념이었는데, 이는 소쉬르나 말라르메와 공유하는 지점이었다. 또한 조건성uslovnost'이라는 개념을 통해서는 기의와 분리된 기호 개념에 도달할 수 있었다. 브류소프가 이미 1902년에 지적한 바에 따르면, 언어의 의미는 그것의 맥락과 용법에 따라 상대적이며, 어떤 불변하는 질료적 대상에 견고하게 부착된 것이 아니다. 가령 무대장치를 꾸밀 때 우리는 실제 나무를 가져다 둘 필요가 없고, 심지어 마분지로 만든 가짜 나무도 필요 없을 수 있다. 그 대신, 옐리자베타 시대[재위 1741~1762년 ─ 옮긴이]의 사람들을 상상한다든지, 무대 기둥에 그냥 '숲'이라고 적어 놓고도 더욱 효과적으로 미학적인 연기를 할 수 있다. 여러 문화적 가능성들 중에서, 이와 같은 통찰력은 메이에르홀드의 비사실주의적 극장에 행위예술을 도입하기도 했으나, 한 세기 지난 후에는 사회-정치적 통제를 목적으로 언어의 조작에도 역시 동원되었다. 사회주의 리얼리즘 예술에서 풍요로운 집단농장의 이미지는 인민들로 하여금 진짜 달걀과 밀에 대한 갈망을 분산시키는 데 유용했기 때문에, 굶주린 인민들에게 실제 음식물을 공급해야 하는 따위의 걱정을 불필요하게 만들었던 것이었다.

러시아 예술인들이 정치공작에 의해 독립성을 박탈당하기 전까지, 20세기의 첫 30년간 그들은 현대문화에서 최고 수준의 전문성과 기술적 장인성에 도달한 바 있다. 가령 전례 없는 재능을 지녔던 예술가 세대가 이룩한 창조적 성취와 혁신을 다음과 같이 열거해 볼 수 있다. 시 분야에는 상징주의자들이 있었고, 이어서 아크메이스트인 니콜라이 구밀료프, 안나 아흐마토바, 오시프 만델슈탐, 무모할 정도로 용감하던 미래주의자 블라디미르 마야코프스키, 벨리미르 흘레브니코프, 청년 보리스 파스테르나크, 이미지스트이자 '농민 시인' 세르게이 예세닌, 여성 예술가의 새로운 지도적 모델을 보여 준 마리나 츠베타예바와 지나이다 기피우스 등이 있었다. 산문에서는 표도르 솔로구프, 막심 고리키,

안드레이 벨리, 알렉세이 레미조프, 미하일 불가코프, 미하일 자먀틴, 유리 올례샤 등이 있었다. 연극과 행위예술에서는 체호프, 스타니슬랍스키, 블라디미르 네미로비치-단첸코, 알렉산드르 블로크, 프세볼로드 메이에르홀드, 니콜라이 예브레이노프, 알렉산드르 타이로프, 예브게니 바흐탄고프, 안나 파블로바, 표도르 샬랴핀을 들 수 있다. 미술에서는 바실리 칸딘스키, 카지미르 말레비치, 나탈랴 곤차로바, 미하일 라리오노프, 블라디미르 타틀린, 마르크 샤갈, 알렉산드라 엑스테르, 알렉산드르 로드첸코, 쿠즈마 페트로프-보드킨이 빠질 수 없다. 음악에서는 이고르 스트라빈스키, 세르게이 프로코피예프, 알렉산드르 스크랴빈, 세르게이 라흐마니노프, 알렉산드르 글라주노프를, 영화에서는 프세볼로드 푸도프킨과 세르게이 에이젠슈테인을 떠올릴 수 있을 것이다.

　이렇게 고도의 성취를 이룬 시기 다음엔 문화의 황폐화를 초래한 깊은 나락이 이어졌다. 1920년대부터 시작된 이 과정은 1991년 소비에트연방이 해체되기까지 지속되었다. 사회-정치적 통제를 위해 희생과 겸손을 도덕적 규범으로 내세웠던 국가의 조작은 과거의 전통에 깊이 의존했으며, 예술에서는 혁신을 동반하지 않는 기술적 장인 제도로 연결되었다. 소련과 그 이데올로기적 기반이 붕괴되고 나서야, 20세기 후반에 러시아인들은 서구와의 문화적 공유 지대로 나갈 수 있게 되었다. 하버마스나 프레드릭 제임슨 등이 지적했듯, 미학적 세계의 많은 부분들은 상품 생산이라는 요구에 부응하는 것이다. 스탈린 시대에 예술은 엔터테인먼트로서 경제적 상황을 조작하기 위해 정치적으로 악용당했고, 탈스탈린 시대 즉 '민주주의' 사회에서는 권력을 쟁취하려는 목적을 지닌 전직前職 배우나 작가들이 정치가로 변신하면서 미디어를 조작하는 데 예술을 이용했다.

공산주의의 몰락 이후, 광활한 러시아의 공간에 거주하는 수많은 인종 집단과 종교 집단들은 자신들의 정체성을 스케치하기 위해 다시 한번 아시아와 서구로 주의를 돌렸다. 체첸 분리주의자들과의 전쟁, 러시아 문명의 요람으로부터 러시아인들을 내쫓으려는 우크라이나 민족주의자들의 극단적 배타주의,[17] 그리고 시베리아에 거주해 온 거대한 중국인 집단은 정치적·경제적 세력 관계를 둘러싸고 이런 정체성에 관한 문제를 증폭시키고 있다. 프랑스나 독일, 혹은 미국으로의 불법 이주와 동일한 문제를 일으키고 있는 것이다. 애버트 글리슨과 카트리오나 켈리가 지적하듯, 러시아인들은 미디어와 형식적 예술 사이의 착종과 교차를 통해 20세기 후기의 문화상을 열정적으로 펼쳐 보였다. 가령 취향이나 척도의 관념을 붕괴시키거나, 기술적인 완성도를 떨어뜨리고, 포스트모던 엔터테인먼트라는 효과 빠른 이미지와 감수성들을 재빨리 대체시키며, 사물에 대한 포괄적인 감각보다는 한쪽으로 치우치고 단기적 효과만을 추구하는 경향 등을 들 수 있다. 컴퓨터에 대한 접근 가능성이 증대되면서, 러시아인들은 인터넷이라는 전대미문의 세계사적 의사소통의 무대에 합류했으며, 그 익명성과 무책임성, 예컨대 소프트웨어 해적질에도 곧장 감염되었다. 이렇게 뉴욕과 런던, 자그레브와 마찬가지로 모스크바와 상트페테르부르크 역시 전 지구화와 자민족중심주의의 증대, 혹은 윤리적 불안과 윤리에 대한 전 세계적인 갈망 등과 같

---

17 러시아인의 선조인 루시 민족의 기원은 현재 우크라이나의 수도 키예프 부근으로 알려져 있다. 따지고 보면 러시아인과 우크라이나인(소러시아인)은 형제간이나 마찬가지지만, 19세기 이래 우크라이나가 민족적 차이를 주장하며 독립을 주장하였고, 소련 해체 이후에는 서로 다른 독립국가의 지위를 유지하고 있다. 키예프가 위치한 우크라이나 서부는 러시아로부터의 독립주의가 강한 편이나, 동부는 러시아와의 협력과 통합에 더 기울어져 있어서 격렬한 정치적 논쟁이 벌어지곤 한다. ─옮긴이

은 낯선 조합을 경험하게 된 것이다.

이 책에서 탐구하게 될 러시아 문화의 깊이와 강도는 다음과 같은 딜레마들과 함께 논의되어야 할 것이다. 그 허구성과 상대성에도 불구하고 미학적인 언어를 중시해 왔고, 그것을 사회적 현실에 맞서는 지속적인 방법으로 간주해 온 러시아의 전통은, 얄팍한 유흥성과 무분별한 이미지의 범람이 하나의 문화적 규범이 된 시대에 역설적으로 문화의 구성적 가능성을 제공해 주었다. 그래서 가령, 겸손의 가치와 보편적 책임감을 강조한다든지, 역사 속에서 자기 자신을 반성적으로 고찰하는 것, 삶의 불완전성 앞에서 절망하지 않는 태도나, 심지어 삶의 기괴한 굴곡에 직면해서도 일관된 순진할 정도로 진득한 자세 등은 회의주의나 문화의 쇠퇴를 초월할 수 있는 방법을 제시해 주고 있다. 여기서 러시아 문화는, 서로를 부정하는 방식으로 세워졌던 과거의 이데올로기들이 남겨 둔 다양한 문화적 이미지들을 고찰함에 있어 무엇이 옳고 그른지를 성찰하는 주요한 참조점을 제시해 줄 것이다. 다른 한편, 러시아적 경험에는 모종의 거대 서사가 포함되어 있음이 지적되어야 한다. 물론 단지 거대 서사가 있다는 것보다, 그 안에 포함되어 살아가는 여성과 남성 및 그들의 행위도 포함되어 있다는 게 더 중요하다. 여기엔 타인들과 어울려 자신의 행위를 실현시키려는 자아의 관념도 정의되고 있으며, 결코 회피할 수 없는 자신의 존재감과 책임감도 강조되어 있고, 개별적 인간 모두가 경제적 지위나 인종, 젠더, 신체적 특징들로 소급되어 평가되는 현대 세계의 규범과 체계에 대한 도전도 포함되어 있다.

러시아 문화가 초월적이면서 동시에 사회적인 진리를 탐구하는 과정에서 찾아낸 겸손과 희생의 복합적인 교훈은 현대 세계에 정확히 들어맞는다. 러시아 역사와 예술 속에서의 진정한 영웅들은 정치적 지도자나 그들이 대표하는 권력이 아니란 점을 잘 보여 주기 때문이다. 가령 이반 뇌제[18]와 표트르 대제, 예카테리나 2세, 혹은 스탈린 등을 보라. 반면 성자 보리스와 글레프,[19] 그리고 보리스 고두노프[20]가 죽였다고 부정확하게 알려졌던 이반의 아들 드미트리,[21] 보다 최근에는 니콜라이 2세와 알렉산드라의 아이들은 정치적 필요와 도덕적 타협이 빚어낸 희생자들이었다. 달리 말해, 러시아 역사에서 권위와 강권을 휘둘렀던 주요 정치가들은 언제나 러시아 문화에서 희생과 겸손의 도덕적 대변자나, 문화적 상징과 등가로 간주되는 인물들을 뒤따라 다니는 존재에 불과했다.

이 책에 나오는 여러 시대에 걸쳐 러시아는 국가적·민족적 경계를 넘나드는 엄청난 문화적 도전들에 직면하게 된다. 이 도전들은 우리에

---

18 모스크바 공국의 대공 이반 4세(1530~1584)를 일컫는 말로서, 공포정치를 시행하여 독재적 권력 기반을 구축하였기에 뇌제(雷帝)라고도 불린다. 러시아 전제주의의 기원으로도 종종 거론되는 잔학과 공포정치의 대명사이다. ──옮긴이

19 기독교를 수용했던 키예프 루시의 블라디미르 대공의 아들로, 1015년 블라디미르 대공이 사망하자 권력욕에 불탄 맏형 스뱌토폴크가 보낸 자객에 의해 살해당했다. 보리스와 글레프는 자신들이 죽을 것을 미리 알고 있었으나, 그리스도가 행한 것처럼 그 죽음에 저항하지 않고 겸허히 순종적으로 받아들였다. 이에 보리스와 글레프 형제는 러시아 최초의 성인으로 추존되었다. ──옮긴이

20 미천한 집안 출신이었으나 이반 4세의 신임을 얻어 황실의 외척이 되었고, 1580년에는 보아르(대귀족)의 지위까지 올랐다. 표도르 1세 때의 혼란을 틈타 차르의 권좌를 차지하였으며(1598), 치세 초기에는 강력한 개혁책도 계획했으나 정통성의 부재를 고민하다가 마침내 강압적인 전제정치로 돌아서게 된다. 농노제의 강화에 따른 농민반란과 기근 등으로 국가가 피폐해지고, 어릴 때 죽었다고 알려진 표도르의 동생 드미트리를 사칭한 인물이 폴란드의 지원을 업고 러시아로 쳐들어옴으로써 사면초가에 몰려 사망했다. 그의 치세는 러시아의 '동란의 시대'(1598~1613)와 겹쳐짐으로써 학자들의 열띤 연구 대상이 되었다. 또한 권좌에 대한 탐욕과 학살, 영민한 군주에서 야비한 폭군을 오간 그의 이미지는 많은 예술가들의 영감을 일으켜, 푸슈킨은 『보리스 고두노프』라는 희곡을 집필했고, 무소르그스키는 동명의 오페라를 만들기도 했다.──옮긴이

21 이반 4세의 아들로 부왕의 사후 즉위하였으나, 어리고 병약해 보리스 고두노프가 실권을 휘둘렀고, 드미트리 사후 고두노프가 황제가 된다. 야사에서는 황제가 될 욕심으로 고두노프가 살해했다는 설이 있으나, 병사했다는 게 정설이다. 고두노프의 집권기에 자신이 드미트리임을 주장하며 도처에서 반란이 일어나 러시아 역사의 '동란의 시대'가 시작된다. 드미트리의 참칭자에 대해서는 11장의 각주 2번을 참조하라. ──옮긴이

게 익숙한 상대주의나 20세기의 특징인 문화의 지위 향상 정도가 아니라 문화의 기억상실, 즉 문명사적 성취가 망각을 통해 굴러떨어진 일종의 파탄이라 할 만하다. 인종주의와 종족주의적 편협함으로 함몰된 인종적·문화적 우월감이나 만연한 범죄 속에 드러난 도덕성의 붕괴, 또는 대중문화의 물질주의에 찌든 아이들의 저급한 현실이 우리 자신의 진정한 모습이라는 것, 그리고 약자들을 핍박하는 경제체제의 잔혹한 논리가 모두 우리의 문화적 기억상실의 결과라는 것 등이 그 사례들이다. 이 모두는 20세기 후반의 문화적 매체들이 자기에게 닥친 도전과 그 문제점들에 무관심해지고 단순화됨으로써 초래된 결과들이며, 과거의 서사들이 남긴 복잡한 교훈을 무시한 귀결이라 하겠다.

러시아의 문화적 기원에 내재한 풍요로운 다양성, 러시아에 문화적 정체성을 제공하는 경계선과 교차로, 민중문화와 고급문화의 생산적인 접합, 세속화된 시대를 살아가기 위해 필요한 가치와 이념을 위한 투쟁 등을 기억하는 것은 문명의 후퇴를 저지하는 데 더할 나위 없이 중요하다. 20세기 후반의 문화 논쟁은 톨스토이가 그의 창조적 비전을 사회계급이나 경제적 권력 투쟁에 제한하지 않으려고 노력했던 점과 모든 사람들이 보편적인 도덕법칙을 추구한다는 점, 또는 이런 노력과 추구가 무시되었을 때 벌어진 결과 등을 기억해 봄으로써 소중한 교훈을 얻을 수 있었다. 예컨대 도스토예프스키가 남녀 간의 차이를 어느 한쪽 성性으로 배타적으로 환원하지 않고 각각의 인격체에 대한 통찰을 통해 통합하려 했다는 점, 알렉산드르 보로딘이 오리엔탈리즘의 한 변형에 깊이 연루되었으나 그것이 러시아의 음악을 풍요롭게 하는 방편이었지 다른 민족을 적대하기 위함은 아니었다는 점, 산업자본가의 자식인 스타니슬라프스키가 극장의 재정적 요구를 절감하고 있었으되 자신의 공연을 상업적 목적으로 축소시키지는 않았다는 점, 에이젠슈테인이 영화 속 이데올로기의 중요성을 잘 알고 있었으되 자신의 창조적 비전을 스탈린의 요구에 영합시키지는 않았다는 점 등등 이외에도 기억할 만한 점들은 무수히 많다. 이렇듯 러시아 문화사는 실패와 실천적 무능을 보여 주기도 했으나, 다른 한편으로 결코 간과할 수 없는 교훈과 희망 또한 남겨 주었다. 이는 건강한 문화라면 반드시 함유하고 있어야 할 요소들일 것이다. 이러한 복합적인 통찰과 교훈을 잘 보존하고 다시 도입하는 것이야말로, 이 책이 현대 러시아 문화에 내재한 희망을 새롭게 긍정하는 방식이라 할 수 있다.

최진석 옮김

1부

문화적 정체성

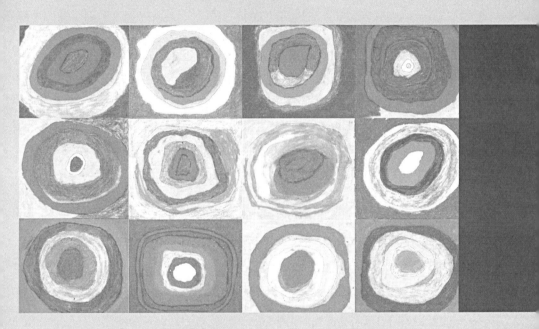

2장

언어

· 딘 워스

배경지식

서문

슬라브족의 언어에는 다른 민족의 언어에서와 마찬가지로 그들의 문화적 정체성이 담겨 있다. 때문에 러시아인이라는 말은 다른 지역 사람들, 가령 퀘벡인이나 멕시코인, 미국인이라면 이해하지 못할 수도 있는, 달리 말해 러시아 문화를 공유한 사람들만이 이해할 수 있는 고유의 방식으로 러시아어를 습득한 사람들을 뜻한다고 할 수 있다.

이러한 특성은 시간과 공간에 제한을 받던 문자 이전 사회에서 더욱 두드러지지만, 한 사회가 근대국가로 발전하는 과정에서도 여전히

---

* 딘 워스(Dean S. Worth). 캘리포니아대학교 로스앤젤레스캠퍼스 교수. 미국슬라비스트위원회 전 (前) 의장, 키넌러시아학연구소 학술위원회 회원. 서부슬라브협회 회장. 국제슬라비스트위원회 부회장. 러시아 문화와 관련하여 50여 편의 저술을 출간하였으며, 언어학, 고(古)시베리아 언어와 러시아 민속 시에 관하여 약 160편의 글을 집필했다.

유효하다. 역사적·지리적 인식, 심리적 차원은 물론이고 미학적 차원에서 문학에 반응하는 능력, 지적 교류라는 도전과 그것을 통해 얻는 기쁨, 심지어 음악이나 미술과 같은 비언어적 경험을 진정으로 이해할 수 있는 가능성까지, 이 모든 것이 언어를 매개로 하여 이루어졌던 것이다. 과장일 수 있지만, 어떤 사람들은 언어의 형태가 사고의 형태를 결정짓는다고 확신한다. 반면 어떤 사람들은 언어는 근원적인 모델링 체계이며, 이를 통해 우리가 주위 환경을 조망하며, 또한 이것으로 인해 다른 모든 체계가 여과되는 것이라고 더욱 그럴듯하게 주장한다. 분명한 것은 적어도 언어가 문화 안에서, 그리고 문화를 정의하는 데 있어서 주요한 역할을 한다는 것이다. 이것은 특히 러시아 문화사에서 사실로 확인된다.

러시아어와 슬라브어

러시아어[1]는 벨라루스어, 우크라이나어 등과 함께 동슬라브어에 속하며, 서슬라브어나 남슬라브어와 구별된다. 서슬라브어에는 폴란드어, 체코어, 슬로바키아어, 소르브어 및 기타 몇 개의 소수언어와 절멸 언어들이 포함된다. 남슬라브어에는 슬로베니아어, 세르비아어, 크로아티아어, 불가리아어, 그리고 (1945년부터는) 마케도니아어 등이 속한다.[2] 10세기 말, 세 지역은 이미 서로 다른 별개의 집단으로 나뉘어 있었으나, 오늘날 우리가 알고 있는 것과 같은 개개의 언어로는 아직 분화되지 않

---

1 '러시아어/러시아인'(Russian)이라는 용어와 기타 다른 명칭들은 특별한 경우를 제외하고 이 언어, 이 언어를 쓰는 사람들, 이들의 문화에 대한 총괄 용어로 쓰인다.
2 이전까지는 불가리아어의 방언으로만 간주되었던 마케도니아어는 1945년 제2차 세계대전이 종결되고 마케도니아가 유고슬라비아 사회주의연방공화국에 편입되면서 하나의 언어로 인정받게 되었다. —옮긴이

았다. 예를 들어 당시에는 러시아어, 우크라이나어 혹은 벨라루스어와 같은 언어 구분은 없었다. 그러나 북쪽 지역인 노브고로드-프스코프로부터 남쪽의 키예프에 이르는 지역에서 사용되는 말로서, 약간의 방언적 차이는 있으나 언어학적으로 거의 동일한 구어인 동슬라브어가 존재했다. 이 지역은 키예프 루시로 알려져 있다(루시라는 말은 원래 9세기에 이곳을 정복한 스칸디나비아인들을 가리키는 것이었고, 이후에는 슬라브인 거주자들을 가리키는 말로 쓰인다). 이 언어는 러시아어가 아닌 루시어로 불린다. 이러한 구별은 이 말이 루시에서 유래했기 때문이며, 이 말을 14세기부터 이어져 내려온 초기 모스크바 공국의 말과 구분하기 위해서이다.[3]

슬라브어의 세 분파는 슬라브 공통조어共通祖語라고 알려진 하나의 언어에서 각기 발전한다. 슬라브 공통조어는 기원전 1500여 년 전부터 현재의 폴란드와 벨라루스 경계 부근의 카르파티아 산맥의 북쪽 지역에서 여러 발달 단계를 거치며 사용되었다. 당시는 슬라브어가 게르만어, 로망스어, 켈트어, 아르메니아어, 인도이란어 등과 같은 기타 어족과 분리되고 있었으며, 이들 어족 중 일부는 이후 지역적으로 더욱 세분된다. 예를 들어 로망스어족은 프랑스어, 이탈리아어, 스페인어, 포르투갈어, 루마니아어 등으로 나뉜다. 한 가설에 따르면, 이러한 어족들(슬라브어족, 게르만어족 등)은 모두 원래 카프카스 산맥의 북쪽 지방에서 구어로 쓰였던 인도유럽어로 알려진 공통조어에서 발전하였으며, 이후 어족이 분화되어 확산되면서 동쪽의 인도로부터 서쪽의 아일랜드에 이르

---

3 엄격히 구분이 필요한 경우를 제외하고, '러시아어/러시아의'(Russian)라는 용어는 루시 시대와 러시아 시대 모두를 지시하는 것으로 사용될 것이다. 따라서 '러시아 문화사'라는 말은 루시 시대를 포함한다.

는 지역까지 퍼져 나갔다고 전해진다.

독일어, 네덜란드어, 스칸디나비아어와 더불어 영어는 게르만어족에서 분화되었으며, 그 결과 지금의 영어는 발생학적으로 러시아어와 관련되어 있다. 이 두 언어의 일치는 때로는 명확하고(영어의 three와 러시아어의 tri, 영어의 mother와 러시아어의 materi[어머니를 뜻하는 mat'의 단수 소유격—옮긴이], 영어의 cat과 러시아어의 kot), 때로는 덜 분명하며(영어의 wagon과 러시아어의 voz, 영어의 two와 러시아어의 dva), 때로는 완전히 모호하다(영어의 전치사 in과 러시아어의 v, 영어의 comb과 러시아어의 zub[이빨], 영어의 hundred와 러시아어의 sto).

러시아 문화사 개관

루시적 기원으로부터 17세기 말에 이르는 러시아 전前근대 문화사는 세 가지 중요한 요소로 구성된다. 이 중 하나는 고대로부터 전승된 것이고 나머지 둘은 나중에 습득된 것이다. 선천적인 요소는 기독교 전래 및 문자 창제 이전의 루시 문화에서 볼 수 있다. 이는 부분적으로 슬라브 공통조어와 심지어는 인도유럽어족의 유산에 의한 것이며, 또 부분적으로는 동슬라브어 자체로서의 특징적인 발전에 따른 것이다. 후천적인 요소는 루시 지역 사회와 러시아 사회를 순차적으로 변화시킨 두 번의 강력한 외세의 영향에서 비롯된다. 러시아 문화사에서 두 가지 '거대 사건'으로 불리는 이 외부의 물결은 첫번째가 9세기부터 15세기에 이르는 러시아 문화의 기독교화와 비잔틴화이며, 두번째는 16세기부터 지금까지 계속되고 있는 세속화와 서구화이다. 이러한 거대 사건은 모두 문화의 내적 모순과 역류로 가득한 복잡한 과정의 연속이었으며, 따라서 둘 모두 동시대에 순조롭게 적용되지 않았다는 것은 두말할 필요가 없다.

그러나 이 두 사건은 모두 국가 이전 시대, 즉 표트르 대제가 로마노프 왕조의 왕좌에 오르는 17세기 말에 이르는 시기까지를 통틀어 러시아 문화가 이탈리아의 르네상스에서와 같이 내적으로 동기화된 개혁보다는 주로 외국의 모델에 대한 반동과 부분적인 수용을 통해 발전했다는 것을 시사한다. 다시 말해, 러시아 문화사는 실질적으로 파생의 역사이다. 그렇다고 이러한 언급이 모방을 아주 분명하게 보여 주는 러시아 문화유산들, 예컨대 노브고로드와 수즈달에 있는 교회나 안드레이 루블료프의 이콘 등을 모독하는 것은 아니다. 이는 로마 문화가 그리스의 조각상을 모방했다고 지적하는 것이 로마 문화를 모독하는 것이 아닌 것과 마찬가지다.

루시의 유산

서문

6세기의 연대기 기록자가 전하는 흥미롭지만 신뢰할 수 없는 몇몇 자료와 9세기 아랍 여행자들의 설명을 제외한다면, 동슬라브족의 역사 기록은 10세기 말 무렵이 되어서야 시작된다. 10여 개의 동슬라브 부족이 키예프 루시를 가로질러 흩어진 것이 바로 이 시기이다. 키예프 루시는 주로 드네프르 강과 그 지류인 북쪽의 드비나 강의 배수지에 자리 잡고 있었다. 주변 지역은 유목민 전사의 후손들이 남동쪽 지역을, 핀족이 넓게 동쪽과 북쪽 지역을, 발트족이 북서쪽 지역을 차지하고 있었고, 폴란드인이 서쪽, 헝가리인이 서남쪽, 비잔틴 제국이 남쪽 지역을 점령하고 있었다.

스칸디나비아인들의 정복

8세기 말 아랍 세계의 팽창이 서유럽으로부터 근동과 중동에 이르는 지중해의 무역로를 단절시키자, 이 교역로는 북쪽 통로로 바뀌는데, 이는 발트 해를 거쳐 위쪽으로 북러시아의 북서쪽을 지나 드네프르 강을 따라서 흑해로 빠지는 루트였다. 9세기 후반, 방랑하던 스칸디나비아의 침략자-무역업자들(노르만족 혹은 바랑기아인, 러시아어로 바랴기varjagi)이 주요 수로를 따라 슬라브족을 정복하고, 유명한 '바랑기아에서 그리스까지의 교역로'인 흑해를 건너 비잔틴 제국과 교역 관계를 맺었다.[4] 스칸디나비아인들의 주요 중심지는 북쪽에 일멘 호수에 위치한 노브고로드와 남쪽에 드네프르 강 중류에 위치한 키예프였다. 노르만족 침략자들은 이곳에서 전투나 무역을 위해 슬라브족 군대를 콘스탄티노플까지 이끌고 갈 수 있었다. 스칸디나비아인들의 정치적·경제적 영향이 대단했을지라도 문화적 영향은 미미했는데, 이는 아마도 문화에 대한 관심이 거의 없었다는 증거일 것이다. 그들은 언어 면에서 토착 슬라브족에게 빠르게 흡수되었다. 현대 러시아어에 수십 개의 외래 언어의 영향이 남아 있지만('상자'는 고대 스칸디나비아어로 askr이고 러시아어로는 jaščik이다),[5] 루시어 법전 『루스카야 프라브다』[6]의 "핏빛과 푸른색"(이는 고대 스칸디나비아어 blar et vlopuger에서 따온 것이다)이라는 구문을 제외하면 러시아 문헌에 기록된 고대 스칸디나비아어의 흔적은 좀처럼 찾기

---

4 러시아 『원초 연대기』는 가장 오래된 부분이 1030년경에 쓰였지만, 1377년 이후부터 사본으로 보존되기 시작했다. 『원초 연대기』는 슬라브족이 스칸디나비아인(루시인)에게 "우리에게 질서가 없기 때문에" 와서 통치해 달라고 초청했음을 주장한다. 그러나 초청에 대한 부분은 전적으로 1968년 체코가 러시아에 제공한 내용에 기반한다.

5 러시아 방언에는 아마도 100개 정도가 더 있을 것이다.

6 이 법전은 몇 세기 전인 슬라브 공통조어 시대 후반부터 구전되었을 것이다. 이 법전은 야로슬라프 1세 통치기인 1030년대에 처음으로 필사되었으며, 1282년의 노브고로드 필사본에 보존되어 있다.

힘들다. 언어 문제와는 별개로, 『원초 연대기』의 몇몇 에피소드에서는 통치를 했던 스칸디나비아인들이 자신들을 슬라브족과 다르다고 생각했다는 것이 엿보이는데, 이를 통해 10세기 중반 스칸디나비아인들이 여전히 슬라브족의 문화를 그들의 것보다 열등하다고 인식하고 있었음을 알 수 있다.

당시 스칸디나비아인들이 대면했던 슬라브족의 토착문화에 대해서는 알려진 바가 거의 없지만, 일부를 추정해 볼 수 있다. 예컨대 무기나 가늠쇠 등과 같이 물질문화에서 복원시킨 것들은 이후의 변화와는 관계가 없다. 초창기의 연대기들에는, 예를 들어 호화로운 '궁전'terem과 같은 목조 건축물이 언급되고 있지만, 그런 건축물들이 훨씬 이후 시대에 러시아 북부에서 만들어진 눈부시게 정교한 목조 건축물과 동급이었다고 여길 만한 근거는 없다.

정신문화의 경우, 우리는 이교가 있었다는 사실은 알지만, 그들이 인간을 제물로 바쳤다는 것 이외에 그들의 신앙이나 의식에 대해서 아는 바가 전혀 없다. 블라디미르 1세가 기독교를 루시의 국교로 공인하기 8년 전인 980년에 키예프에 있는 자신의 궁전 뒤 언덕에 커다란 이교 신들의 상을 세운 것은 사실이다. 그것은 "은으로 된 머리와 금으로 된 콧수염을 한 목조 페룬[천둥의 신]"과 기타 관련 신들, 즉 태양신 호르슈와 다쥬보그, 바람의 신 스트리보그, 역할이 불분명한[7] 시마르글과 모코슈였다. 루시인이 이 신들 중 몇이나, 또 얼마나 오랫동안 진짜로 숭배했는지는 확실하지 않다. 6세기의 프로코피우스[비잔틴 제국의 역사가―옮긴이] 역시 페룬을 동슬라브의 신으로 알고 있었으며, 페룬의 어

---

7 잘 알려진 가축의 신 벨레스가 『연대기』의 목록에서 생략된 이유 역시 마찬가지로 불분명하다.

원은 인도유럽어로 추정된다. 호르슈와 시마르글은 단어 자체가 '신'으로, 이란어에서 차용한 것으로 보이고, 모코슈는 지방의 동슬라브 부족의 신이었던 것 같다. 특정 신들과 그들의 역할에 대한 지식은 부족하지만, 최소한 유사종교적인 미신이 그리스도교 이전의 루시에서 중요한 역할을 했다는 것은 분명하다. 그렇지 않다면, 이른바 '이중 신앙' dvoeverie에서 드러나듯, 이러한 신앙이 기독교화 이후 수세기 동안 강력한 심리적 영향력을 가지고 공식 교회를 괴롭혔던 사실을 설명할 수 없을 것이다.

언어 및 그 사용

10세기까지 동슬라브인의 언어에는 러시아 말과 다른 슬라브 지역의 말을 차별화하는 여러 특징이 나타났지만, 대부분의 특징은 주로 비교언어학자의 관심을 끌 정도의 것으로 언어문화에 눈에 띄는 영향을 미치진 못했다. 이에 대해서는 다음 절에서 다룰 것이다. 우리가 러시아의 언어문화에 대해 아는 것은 대부분 추정에 의한 것이다. 예를 들자면, 종교의례의 언어가 존재했으며, 유형학적 증거가 시사하는 바와 같이 종교의례 언어가 일상의 언어와 달랐고 이 언어는 지역의 성직자만이 접할 수 있었다고 추측할 수 있다. 앞에서 지적했듯이 법전은 아마도 공통 슬라브어 시기부터 구두로 전해져 내려왔을 것이다. 널리 알려진 주장에는 반대되지만, 유형학적 자료들은 '법전의 수호자들'이 이교도들이 쉽게 접할 수 없는 언어를 사용함으로써 그들의 특권적 지위를 유지할 수 있었다는 것을 보여 주고 있기 때문에, 이 법률적 언어가 10세기에 널리 쓰이던 러시아어 구어와 같았을 것이라고 여길 만한 근거는 없다. 반면 법전이 구두로 전래되었다는 사실에서 알 수 있듯이 문장의 형태는 짧고 쉽게 외울 수 있는, 예컨대 "만약 누군가 죽임을 당하면, 그의 형제가 복수해야 한다"처럼 "만약"으로 시작하는 조건절과 같은 것이어야만 했을 것이다. 민간설화나 속담과 같은 민속문학의 몇몇 장르들은 존재했을 수도 있으나 이런 부분은 간접적으로라도 입증된 것이 없다. 반면에 서사시(브일리나bylina, 더 정확히는 스타리나starina)[8]의 원문은 서사시의 주제와 배경 등이 남쪽에서 유래한 것이 명백함에도 불구하고 17세기부터는 북쪽에서만 볼 수 있었다. 그러나 이와 같은 장르들, 특히 10음절로 이루어진 시 등은 슬라브 공통조어 시대부터 전해져 내려왔다는 것이 입증되었다. 만가를 포함해 민속음악의 가사 표현이 북쪽 지역에서는 시간과 공간을 초월해 너무나 흔한 것이라 이것의 유래가 최근이 아니라는 것이 명백함에도 불구하고 이에 대해 추측할 수 있는 부분이 그리 많지 않다.[9] 상투적인 군대 관련 표현들(예를 들면 전투에 나가라는 권유)을 문학의 한 형태로 간주해야만 한다고 주장할 수도 있으나 누군가 이 미심쩍은 제안을 받아들인다 하더라도 이 표현은 동슬라브인이 아닌 스칸디나비아의 전사로부터 그 기원을 찾아야 한다.

결국 우리가 러시아 문화에 대해 아는 얼마 안 되는 지식은 특히 러시아의 군사적·경제적 활동의 활력과 성공 혹은 남쪽의 풍요롭고 찬란한 비잔틴 문화와 비교될 때 러시아 문화가 고도로 발달된 것은 아니었음을 보여 준다. 그러므로 비잔틴 문화가 금세 북쪽으로 유입된 것은 놀라운 일이 아니었다.

8 통상 당시의 민중 서사시를 스타리나로 불렀으나 1830년대부터 러시아 민중 영웅서사시라는 장르를 정의하는 학술용어로 브일리나가 사용된다. —옮긴이

9 「야로슬라브나의 울음」으로 알려진 만가 같은 지문은 1187년의 『이고르 원정기』에 나온다(물론 『이고르 원정기』가 진본이라는 가정하에 말이다). [『이고르 원정기』는 조주관 편역, 『러시아 고대문학 선집 1』, 열린책들, 1995, 190~214쪽에 실려 있다. —옮긴이]

기독교화

배경

『원초 연대기』는 988년에 키예프의 대공 블라디미르 1세가 기독교를 루시의 국교로 선포했다고 전한다. 『원초 연대기』는 블라디미르의 결정에 미친 두 가지 상반되는 동기 부여에 대해 예증하는데, 한 가지는 블라디미르가 크림 반도에서 승리하면 세례를 받겠다고 약속했다는 것과, 또 다른 한 가지는 그가 여러 신앙들을 조사하기 위한 사절단을 보냈으며 비잔틴 교회 예식의 아름다움 때문에 그리스 정교를 받아들이도록 했다는 것이다. 그의 동기가 무엇이었든 간에(어떤 사람은 정치와 외교가 아름다운 교회의 모습보다는 더 크게 작용했을 것이라고 추정한다) 블라디미르는 페룬 동상을 드네프르 강으로 끌어내려 바다로 흘려 보냈고, 남아 있는 목조 신상들은 자르거나 불태워 버렸으며, 모든 계층의 주민들에게 드네프르 강에서 대규모로 세례를 받도록 명령하였다. 그후 블라디미르는 "모든 도시와 마을에" 교회를 짓고 성직자를 임명했으며, 키예프의 상류계급 아이들을 모아 읽는 방법을 가르쳤다. 이렇게 루시는 이후 600년간 이어지는 문화 발전의 방향타를 세우며 시작되었고, 이러한 지향성은 심지어 오늘날까지 이어지고 있다.

그러나 실제 상황은 좀더 복잡했다. 성 포티우스[10]는 그리스 정교 전도사들이 이르게는 9세기 중반부터 키예프 루시에 있었음을 우리에게 알려 준다. 이는 862년 대모라비아 왕국의 슬라브족에 대한 기독교

---

[10] 로마에 대항해 동방정교회의 자치권을 지켰으며, 9세기 문예부흥을 이끈 콘스탄티노플의 총대주교로 10세기경 성인으로 추증되었다. ——옮긴이

포교가 있던 시기와 맞물린다. 912년에 황제 레온 6세는 러시아 사절단에게 "자신의 신앙을 가르치고 진정한 신앙을 증명하면서" 비잔틴 교회 의식의 미와 부를 보여 주었다. 945년 비잔틴과의 조약을 지지하는 선서를 서약했던 당시의 (여전히 스칸디나비아인이었던) 러시아 전사들 중 기독교인들은 교회에서 맹세를 하였고, 이교도들은 자신들의 무기에 대고 맹세를 하였다. 더욱 중요한 사실은, 955년에 비잔틴 제국에서 이고르 1세의 미망인인 올가가 기독교로 개종했다는 것이다. 그녀의 아들 스뱌토슬라프는 자신이 교회에 가면 수행원들이 자신을 비웃을 것이라고 말하며 개종을 거부했다. 이 과제를 수행할 임무가 올가의 손자 블라디미르에게 남겨졌으며, 그는 이전 시대의 역사적 사건들에 대해 쐐기를 박으며 988년에 이 과제를 완수한다.[11]

비잔틴화

키예프 루시에 공식적으로 기독교가 출현한 것은 비잔틴의 강력한 영향력에 기인한다. 이는 직접적으로는 콘스탄티노플을 통해, 간접적으로는 기독교 국가인 불가리아를 통해서였는데, 불가리아는 9세기 말 키릴로스와 메토디우스의 제자들이 대모라비아 왕국에서 쫓겨난 이후 환대를 받았던 곳이자 비잔틴의 영향력이 매우 컸던 곳이었다. 루시에서 비잔틴 문화는 무엇보다도 동방정교 문화였다. 건축, 프레스코화, 이콘, 음악, 문학 등이 이에 속했다. 이런 영향을 받아 완성된 뛰어난 결과 중 일

---

11 세대를 넘게 이어진 이 기독교화 과정이 보헤미아의 루드밀라와 바츨라프 이야기와 닮은 것은 우연이 아닐 것이다. [기독교로 개종한 올가(이후 성녀로 불림)가 자신의 손자 블라디미르에 영향을 미쳐 개종을 이끌어 낸 것과 유사하게, 보헤미아의 바츨라프 1세 역시 조모인 루드밀라의 개종(871년경)에 영향을 받았다. —옮긴이]

부는 오늘날에도 여전히 두드러지는데, 대공 가족을 그린 10세기 프레스코화가 있는 키예프의 성 소피아 성당이나 동쪽의 체르니고프의 위풍당당한 교회들을 예로 들 수 있다. 비잔틴 제국 자체의 화려함에 비교하면 루시의 흔적이라는 것은 당연히 단순하고 촌스러웠지만, 그럼에도 불구하고 그것은 수세기 동안 루시인들의 의식이 투영된 문화생활이 교회에 의해 완전히 변화했다는 사실을 보여 주었다. 곧, 루시인의 의식은 수세기 동안 교회를 통해 여과된 것이다. 이 새로운 문화에 대한 루시인의 반응에 대해 우리가 알고 있는 것 모두는 당연히 당시 새로운 형세에 관심을 가졌던 성직자에 의해 기록된 것이라는 사실만은 잊지 말아야 한다. 즉, 우리가 988년의 『원초 연대기』에서 "예수 그리스도는 복이 있나니, 그는 새로운 사람들, 루시의 땅을 사랑하고자 왔으며, 그래서 신성한 세례로 루시를 밝혀 주었도다"라는 구절을 읽을 때, 이것은 루시의 평범한 백성인 사냥꾼이나 뱃사람의 목소리가 아닌 수도사의 목소리인 것이다.[12]

읽고 쓰기

언어와 관련된 문화 제반, 예컨대 문자의 광범위한 사용 역시 비잔틴에서 전해졌다. 기독교 시대 이전의 루시에 문자로 표기하는 것이 알려지지 않았던 것은 아니었지만, 그 사용은 매우 제한적이었다. 그네즈도보에서 발견된 9세기(즉 기독교 시대 이전 시기) 토기에는 당혹스럽긴 하지만 분명히 키릴문자로 된 글귀가 새겨져 있다. 루시와 비잔틴 간에

---

12 시기가 988년으로 기록되어 있으나, 이 구절은 『원초 연대기』의 초기 판본이 씌어졌을 것으로 추정되는 때로부터 50여 년이 지난 뒤에나 기록되었을 것이다.

맺어진 912년의 조약은 훨씬 이후에 쓰여진 연대기들에 기록되었지만, 분명히 912년에 작성되어 공후 서고書庫에 보관되었다. 추측컨대 공후 서고에는 다른 중요한 문서들도 있었던 것으로 보인다. 9세기 중반부터 진행되어 왔던 선교 사업에서도 성서와 전례서를 사용했을 것이 분명하다. 반면 나중에 사본으로만 보존된 9세기의 『성자 키릴의 삶』은 '러시아어로 쓰인'rusьskymi pismeny pisano 복음과 시편을 언급하고 있지만, '러시아어로,'rusьskymi라는 문구는 현재에는 일반적으로 '옛 시리아어' surьskymi(즉 아람어)를 필사자가 잘못 쓴 오류인 것으로 받아들여진다.

새로운 신앙을 전파하기 위해 필요했던 것은 미사를 진행할 때 사용되는 전례서를 읽을 수 있는 사제들이었기 때문에 기독교화 이후 시기의 문명화라는 것은 주로 수동적이었다. 사람들은 음절 문자표를 베끼면서 쓰는 방법을 익혔다. 처음에는 자음만 쓰기 시작하다가(a-b-v-g-d…) 다음에는 자음과 모음을 결합하여 쓰는 식으로(ba-va-ga-da…, 다음엔 be-ve-ge-de…) 마침내 찬송가를 읽어 나갔다. 혹자는 문자언어의 능동적인 지배권은 소수의 사제들과 권력을 가진 지배자들에게 한정되어 있었다고 추측하지만, 이에 대한 직접적인 증거는 없다. 야로슬라프 대공은 1037년에 문서보관소를 세웠다. 이곳에서 종교 서적을 필사하고 그리스어 원본을 번역하는 일이 활발히 이뤄졌는데, 이러한 활동은 문어의 수동적 지식과 능동적 지식을 잇는 연결고리가 되었다. 멀리 북쪽의 노브고로드에서도 거의 비슷한 시기에 문어를 쓰기 시작했지만 그 목적은 완전히 달랐다. 주목할 만한 일련의 자작나무 기록 문서들 중 가장 오래된 것은 소소한 국정업무에 대한 것으로 거의 대부분이 토착어로 씌어졌으며, 연대는 대략 1025~1075년 사이로 추정된다.

물질문화의 경우에서와 같이, 콘스탄티노플에서 키예프로 유입된 문자문화는 거의 독점적으로 교회에서 유래되었다. 키예프에 존재했던 문자문화는 거의 예외 없이 그리스어를 번역한 것이었고, 9세기 대모라비아에서, 10세기 불가리아 혹은 키예프에서 더러 수준이 괜찮은 것도 있었지만 대개가 서투른 번역이었다. 성서에 관심을 갖고 훈련을 거치면서 루시인들은 성서(그 당시 공인된 번역과 구별이 불분명했던 신약성서 전체, 구약성서 몇 권, 몇몇 외경), 여러 종류의 전례서, 설교문(예를 들어 요하네스 크리소스토무스의 설교문), 성인전, 대개 발췌본인 약간의 성서 해석서, 수도원의 규범서(특히 키예프 동굴수도원장 페오도시의 요청으로 11세기 하반기에 번역된 스토디오스 수도원의 규정을 담은 글)를 접했다. 입수할 수 있는 세속 문학의 수는 매우 제한적이었다. 하마르톨루스의 『연대기』와 신켈로스의 『연대기』, 플라비우스 요세푸스의 『유대 전쟁사』, (번역으로는 이해 불가한) 수사어구에 관한 호이로보스코스의 논문, 상상력이 풍부하지만 정보 가치는 없는 『인도로의 여행』, 그리고 중동이나 인도에서 기원한 설화 몇몇이 있었다. 호메로스, 플라톤과 아리스토텔레스의 책은 아예 없었고, 종교문학에서조차 진지하고 체계적인 이론이나 철학적인 탐구보다는 수도원에서 쓰이기에 적절한 관례의 정립을 위해 노력했다. 키예프 루시에서 사실상 일어났던 것은 비잔틴화가 아니라 준(準)비잔틴화였으며, 언어문화를 고려해 보더라도 북쪽 키예프로 유입된 것은 비잔틴 문화의 정수는 아니었다. 물론 시간이 지나면서 루시인들도 고유의 작가들을 배출했다. 『키예프 동굴수도원의 교부전』에서 수사의 삶을 예리하게 그려 낸 것은 물론이고, 『원초 연대기』에는 뛰어난 서사가 풍부히 나타날 뿐만 아니라(남편 이고르가 데레블랸에게 살해당한 이후 올가의 네 번의 복수 이야기, 혹은 철저히 현대적인 기법으로 내러티브를 지연시키는 테레보블의 맹인 바실리의 이야기), 노브고로드의 공후였던 알렉산드르 네프스키[13]의 삶을 다룬 『알렉산드르 네프스키의 생애』 초반에 나오는 러시아 땅을 잃은 이야기의 가사 또한 감동적이다. 하지만 독단적이고 편협한 틀은 언어문화의 발전을 장려하기보다는 대체로 지연시켰다.

'슬라브어주의'의 문제

슬라브 문자의 창시자인 성 키릴로스와 메토디우스는 그리스 동북쪽에 위치한 테살로니카 지역 출신이었다. 테살로니카 중심지의 말은 그리스어였지만 시골에서는 여전히 남슬라브어가 방언으로 쓰였다.[14] 2개 국어에 능한 이 형제는 이상적인 번역가였다. 이들의 번역은 자연스럽게 남슬라브인의 특성을 보여 주었다. 9세기 말, 모라비아 왕국의 사절단이 남쪽에 있는 불가리아로 옮겨 간 후, 고대교회슬라브어Old Church Slavonic의 남슬라브어적 기반은 프레쇼프와 오흐리드 지역을 중심으로 100년간 더욱 강화된다. 이때 스뱌토슬라프의 『1073년 선집』으로 알려진 문집 등 여러 중요한 텍스트들이 루시로 유입되었다. 모라비아와 불가리아 시기에 들여온 텍스트의 언어를 고대교회슬라브어라고 부르며, 이 언어는 그 당시의 동슬라브 루시의 언어와는 여러 면에서 확연히 달랐다.

---

13 키예프 루시의 대공으로 외적의 침입으로부터 러시아 북서부를 수호한 인물로 기억된다. 특히 1240년 스웨덴을 상대로 한 네바 강 전투에서 큰 승리를 거두어 영토를 회복했으며(그의 별명인 네프스키는 강의 명칭인 '네바'에서 비롯되었다), 1242년에는 독일의 튜턴기사단을 상대로 추드스코예 호수(에스토니아와 러시아의 프스코프 주 및 레닌그라드 주에 걸쳐 있는 거대한 호수)에서 격전 끝에 승리를 거두어 민족의 영웅으로 추앙받게 되었다. ──옮긴이

14 슬라브 부족들은 7세기에 그리스 전역을 거의 점령했지만, 슬라브어의 물결은 8세기와 9세기에 약화되었다.

하나의 언어인가 아니면 두 언어인가? 디글로시아

키릴로스와 메토디우스의 문어와 루시인 필사자의 모국어 구어 사이의 차이는 슬라브어[15] 텍스트(불가리아 기원의 것을 포함한 고대교회슬라브어의 일부)가 있는 그대로 즉각 해독 가능한 것이었음을 알려 준다. 더욱이 키예프로 전해진(혹은 키예프에서 필사한) 가장 오래된 문서 가운데 압도적 다수는 특히 종교 문제를 다루었기 때문에, 슬라브어의 요소들은 특히 종교와 관련되어 있었고 일반적으로 더 엄격한 주제나 고급 문체에 사용된 반면, 루시적 요소는 보통 세속적인 일상의 평범한 문제들과 관련되었다.[16] 루시에서의 슬라브어는 고대교회슬라브어에서 유래했지만 언제나 고대교회슬라브어와 같지만은 않은 고유의 기준을 만들어 냈다. 특히 읽고 쓰기가 도입된 직후 첫 100년 동안 루시의 문어 대부분은 그것을 읽고 쓰는 사람들의 구어와 확실하게 구별되는 일련의 차이를 갖고 있었다. 어떤 이들은 이 사실로 미루어 슬라브어와 루시의 구어는 밀접한 관련이 있지만 별개의 언어라고 받아들여, 두 언어의 관계가 디글로시아diglossia의 일종이라고 주장했다. 디글로시아란 두 개의 언어가 상보적이면서도 구분되는 관계에 있는 것을 말한다. 상위언어(슬라브어)는 종교적이거나 다른 숭고한 일에 쓰인 반면, 고유언어는 일상생활을 위한 언어에 해당하는데, 이런 관점에서 디글로시아는 17세기까지의 루시의 언어문화를 규정한다. 17세기는 슬라브어와 세속적인 요소가 오랫동안 섞이면서 그때까지의 엄격했던 두 언어의 기능적 구

---

15 '슬라브어/슬라브의'(slavonic)라는 용어는 '러시아(혹은 루시) 교회 슬라브어/슬라브의'를 줄인 것으로 루시어로 쓰인 텍스트를 가리킨다. 이는 번역서나 원서를 불문하고 직접적이든 간접적이든 모두 남슬라브어로 회귀하려는 언어적 특징을 보여 준다.

16 슬라브어와 루시어를 대조해 보면 결과적으로 남슬라브어와 동슬라브어가 밀접하게 관련된 방언이었으며, 음운·어형·어휘가 상당 부분 동일했음을 알 수 있다.

분을 무너뜨리고, 러시아가 디글로시아가 아닌 2개어 상용주의bilingualism 의 시대에 들어서게 된 시점이다. 2개어 상용주의는 두 종류의 언어가 동일한 목적으로 쓰이는 것을 말한다.

그러나 교육받은 루시인들이 슬라브어를 외국어로 여기지 않았으리라고 생각해 볼 만한 이유가 있다. 이런 시각에는 세 가지 근거가 있다. 첫째, 동슬라브어와 남슬라브어의 차이는 눈에 띄게 확연하다. 즉 이러한 차이는 언어의 표면적 사용 자체에서도 나타나는데, 두 언어 모두 거의 자동적으로 쉽게 상응하는 고유언어로 대체하여 사용할 수 있다. 루시인이라면 슬라브어 vremja[시간]와 grad[도시]를 루시어 veremja 와 gorod로 전환하는 데 아무 문제가 없었다. 이는 마치 영국인과 미국인이 각각 colour와 color라고 쓰고, laboratory의 강세를 o와 a에 두어 발음하고, lift와 elevator를 이용해 사무실로 올라가는 데 아무런 문제가 없는 것과 같다. 이러한 차이점들은 확연히 드러나는 만큼 그다지 큰 의미를 갖지는 않는다. 진짜 중요한 차이점들은 다음에 이어진다. 이런 표면적 차이점이 슬라브어와 루시어 사이의 중요한 구조적 분화로 이어지지 않는 두번째 이유는, 루시인들이 거의 초기부터 하나의 텍스트 내에서 남슬라브어와 동슬라브어의 요소를 혼용하여 글을 썼다는 것이다. 이러한 혼용은 때로는 귀중한 양피지를 낭비하지 않고 각 행의 길이를 맞추어 여백을 고르게 하기 위한 것에 지나지 않았다.[17] 마지막으로, 루시인이 동일한 의미를 갖는 쌍 중에서 슬라브어 형태를 선택해 쓰면서도 고유의 언어를 사용하고 있다고 인식하는 것이 가능했던 세번째

---

17 이는 동일한 의미를 가지는 남슬라브어 단어와 동슬라브어 단어의 형태/철자가 일정한 차이를 지니고 있었기에 가능했다. 예를 들어 필요에 따라 짧은 형태의 동일 어근 어휘를 사용할 수도 있었다. ─옮긴이

이유는 남슬라브어-동슬라브어 대비 자체가 특별히 남슬라브어에만 없는 형태 혹은 특별히 동슬라브어에만 없는 형태가 매우 드물고 대개의 경우 둘 다 있는 경우(혹은 둘 모두에 없는 경우)였기 때문이다. 예를 들어 『페오도시의 생애전』에서 열 페이지를 샘플링해 보면, 전치사와 단음절 접속사를 제외하면 남슬라브어 형태로 확인되는 것이 267개(전체의 13.7%), 동슬라브어 형태로 확인되는 것이 114개(5.9%), 한 지역에 국한되지 않는 형태가 1,562개(80.4%) 발견된다.

'슬라브어'='어렵다'

위 내용의 결론은 복음서나 대부분의 성자전처럼 비교적 간단한 이야기체 텍스트의 경우 타당하다. 이런 텍스트들은 사건들이 서술된 순서와 언급한 사건들이 실제로 일어난 순서 간의 도상적iconic 일치를 보여준다. 그래서 이 고유의 텍스트들은 일련의 간결한 구절로 이루어진다. 어떤 구절도 복잡하지 않으며, 1-2-3처럼 간단한 순서로 되어 있는 식이다(예를 들어 "요한은 그의 제자 두 명과 함께 서 있었고, 예수가 가는 것을 보면서 이것은 하느님의 어린 양이다라고 말했다"). 이 고유 텍스트의 어휘는 간단하고 대부분 슬라브 공통조어에 기원을 뒀기 때문에 토착 루시인이 이해하기 어려운 것이 거의 없다. 마지막으로, 이러한 텍스트에서는 대용anaphora(사전적 지시대상이나 절의 반복)이 최소화되어 있으며, 각각의 분절은 앞과 뒤의 분절에 거의 혹은 전혀 지시적으로 의지하지 않고 그 자체로 의미적으로 충분히 명확한 내용을 담고 있었으며, 종속절 또한 거의 없었다(종속 술어는 주 술어에 통상 분사 형태로 포함되었다). 그러나 이런 단순한 서사 텍스트 외에 훨씬 더 복잡한 형태의 다른 루시 슬라브어가 존재했다. 이것은 고도의 은유적 기교로 복잡한 주제를 표현한 성서 해석서 혹은 명상록으로서, 일련의 단순한 분절로 쪼개는 것이 불가했다. 이처럼 통사적으로 복잡한 텍스트들은 종종 쉽게 알아볼 수 없는 슬라브어 단어나 그리스적 어의를 차용하여 만들어진 슬라브어를 다시 차용하여(즉 그리스어의 형태소 대 형태소 번역) 이루어진 어휘들로 조합되었다. 그 결과, 어휘는 표면상으로는 슬라브어였지만 어원인 그리스어를 모르는 사람들에게는 그러한 어구 차용의 의미가 불분명했다. 얽힌 통사구조와 모호한 어휘의 조합은 지금도 그러하듯이 12세기에도 틀림없이 이해하기 어려웠을 것이다.

루시 토착 문학과 혼합 장르의 역할

시간이 지남에 따라 외국 작품의 필사에서보다는 고유의 저작 활동에서 문학 활동의 양적 증가가 두드러진다. 루시에는 근동과 중동의 성자전이 상당히 번역되어 있었던 한편, 『페오도시의 생애전』과 성자 보리스와 글레프의 순교에 대한 세 가지 다른 버전들도 확인된다. 플라비우스의 『유대 전쟁사』의 번역본은 1185년의 카얄라 강 전투에 관한 『이파티 연대기』의 서술과 『이고르 원정기』에서 서정적으로 변형되어 언급되고 있으며, 1237년의 『라잔의 멸망 이야기』와 기타 후대의 군대 이야기 등에 반영되어 있다. 루시의 토착 문학은 연대기에서 가장 인상적으로 나타났다. 1377년의 『라브렌티 연대기』와 위에서 언급한 1425년경의 『이파티 연대기』 모두 『원초 연대기』를 첫 부분으로 넣었고, 북쪽의 노브고로드 연대기 시리즈도 포함하고 있다. 이 연대기들은 언어문화의 주요 발달 과정을 보여 주는데, 이는 연대기라는 장르가 다양한 주제와 형식에 걸쳐 있기 때문이다.

　　고유 문학이 보다 빈번히 나타남에 따라 작가들은 자유롭게 여러 언어 단계를 선택하여 사용하게 되었고, 이때의 선택은 문체상의 이유에 의해 이뤄지기도 했다. 므스티슬라프 블라디미로비치 대공은 자신이 1131년에 노브고로드 근처의 성 게오르기 수도원에 토지를 선물한 사실을 기록했다. 이 문서는 "나는 볼로디미르의 아들 므스티슬라프다"+se az M'stislav Volodimir' s[y]n로 시작한다. 장중한 분위기를 내기 위해 십자가와 슬라브어의 대명사 az 를 첫머리에 두고, 아버지의 이름을 언급하며 "볼로디미르의 아들"로 시작하는데 이는 이후 달리 선택이 불가한 개인의 고정된 이름, 즉 부칭父稱[18]이 되었다.[19] 이후 므스티슬라프는 문서의 덜 엄숙한 부분에서는 자신을 jaz라고 칭하는 데 반해, 므스티슬라프의 아들 블라디미르는 일상어에 더 가까운 ja를 사용했다. 문체상 꾸밈이 없는 노브고로드의 자작나무 껍질 문서들조차 초기(1250년경)에는 그 시작을 엄숙하게 하기 위해 문체적 장치를 사용했다. 노브고로드에서도 본문의 첫머리에 십자를 적어 넣었고 슬라브어 인사말을 사용했다. 이것은 단지 본래 지리적 차이(도시를 의미하는 grad와 gorod 등)가 상문체와 하문체[20]의 문체적 표지로 발전한 여러 방법들 중 하나였다. 과거 남쪽의 교회슬라브어와 동슬라브어의 차이가 어휘 차이(장[章]을 의미하는 glava와 머리를 의미하는 golova), 파생적 장치(축구에서의 골문을 의미하는 vorota와 골키퍼를 의미하는 vratar') 등으로 추가적으로 활용된 것과 같이 이러한 과정은 현재까지 계속되고 있다.

18 러시아의 성명은 우리말과 달리 부칭을 두어 '이름+부칭+성'으로 구성된다. 가령 이반 포포프라는 사람에게 마리아라는 딸과 보리스라는 아들이 있다면, 딸의 이름은 '마리야 이바노브나 포포바,' 아들의 이름은 '보리스 이바노비치 포포프'가 된다. 가까운 사이에는 이름만 부르는 것이 가능하지만, '이름+부칭'의 형태가 때와 장소에 무리 없는 호칭으로서 가장 많이 쓰인다.──옮긴이
19 오늘날 남자의 평범한 이름 중 하나인 블라디미르는 이진에 공후의 이름으로 사용되던 슬라브어가 변화한 것이다. 블라디미르의 애칭이 지금까지도 볼로쟈라는 점을 주목하라.
20 상문체·중문체·하문체의 삼문체에 관해서는 이 책 8장의 각주 19번을 참조하라.──옮긴이

신슬라브어주의

11세기부터 14세기까지 루시의 언어는 광범위한 구조적 변화를 겪는다. '약한' 예르jer는 소멸하고 '강한' 예르jer는 /o/ 나 /e/로 모음화되는 이른바 예르 교체jer shift는 음운체계의 거의 맨 앞부분을 차지한다. 11세기의 루시어는 수많은 어휘들을 앞뒤의 모음으로 구별했으나, 14세기에 이르러서는 구개음화된 것과 그렇지 않은 자음으로 구별하게 되었다. 따라서 자음 음소의 수가 거의 두 배로 늘어났고 모음은 반으로 줄어들었다. 더욱 중요한 것은 온전한 문법 범주가 사라졌다는 것인데, 호격, 쌍수, 부정과거, 불완료, 완료형, 대과거 시제 체계와 곡용된 형용사 단어미형과 절대여격 등이 그 예이다. 한때 특정 격을 다른 격과 구분하는 데 도움이 되던 여러 개의 형태소 교체 역시 사라졌다. 이러한 급진적 변화들로 인해 300년 전 러시아 구어에서 완전히 자연스럽게 사용되던 일련의 형태 범주들이 이제 인위적이고 문어적인, 즉 '슬라브어적'인 것으로 인식되었다. 상당수의 신슬라브어주의적 표현들로 인해 글을 읽을 줄 아는 루시인들조차 루시 문어를 이해하기 어렵게 되었다.

의고화

15세기부터 17세기까지 교회에서 비롯된 의고화擬古化 때문에 구어와 문어의 격차는 더욱 벌어졌다. 터키의 발칸 반도 정복으로 인해 망명한 남슬라브 지식인들의 영향으로 종종 '제2차 남슬라브 영향'이라고 잘못 지칭되는 이 운동은 사실 동슬라브 내에서 세력이 점점 커지던 모스크바에 의한 것이었다.[21] 모스크바 공국이 동슬라브 영토를 차례로 집어삼킴에 따라, 권력이 점차 강력해지던 모스크바 공국의 왕자들과 이들을 지지하던 교회는 역사적 정당성을 찾기 위해 가짜 계보를 만들었을 뿐만 아니라 루시의 규범에 부합하다고 생각되는 방향(보통 잘못된 방향)으로 성서 및 기타 중요한 문서들을 왜곡했다. 부정과거와 불완료를 다시 사용하고 (그 과정에서 자주 둘을 혼동해 썼으며) 또한 수십 개의 고문체와 의고체를 재도입했다. 이 시대 자주 사용되던 수사적 표현의 하나는 키예프 루시에서 사용하던 기법들을 본따는 것이었다. 11세기 대주교 일라리온의 『율법과 은총에 대한 설교』를 예로 들 수 있는데, 한편으로는 현자 에피파니의 『페름의 스테판 생애전』에서처럼 그로테스크하게 과장되기도 했다. 어느 연구자가 말한 바와 같이 수사학적으로 '풍부한' 이 텍스트들은 특별한 언어학적 어려움은 없으며, 문장을 복잡하게 겹쳐 쓰는 방식들은 근대 러시아어에 가까워 보일 정도였다. 그러나 전반적으로 러시아 구어의 급격한 개혁과 문어의 정교한 의고화의 결합은 심지어 교육받은 성직자조차 전례에 사용되는 글들을 읽기 어렵다고 불평할 정도로 의고화된 문어를 더욱 난해하게 만들었다.

행정 언어

러시아 문어와 구어의 격차가 커지는 가운데 눈에 띄는 유일한 예외는 행정 언어와 법률 언어였다. 행정 관련 문서들(조약문, 증여 기록, 법률 논쟁, 토지조사 등)은 키예프 루시 초기부터 존재했다(상거래를 기록하던 자작나무 껍질 문서는 11세기로, 가장 오래된 자선 행위 기록은 1131년경으로 거슬러 올라간다). 모스크바 공국 법원의 공식 기록은 모스크바의 패권

---

21 '바랑기아에서 그리스까지의 교역로'를 따라 위치한 키예프, 노브고로드 등과 같은 오래된 거점지의 경제적·군사적 힘은 오래전부터 쇠락하고 있었다. 이는 십자군이 더 편리한 지중해 무역로를 재정비했기 때문이기도 하며, 13세기 초반 타타르족의 정복 때문이기도 하다(키예프는 1240년에 타타르족에게 무너졌다).

이 강해지는 15세기 말과 16세기 초에 집중되어 있다. 그곳에서 일하던 서기들은 통일된 유사 행정 언어를 사용해야 했으며, (예를 들어 'to be'의 1인칭 복수 현재의 다양한 형태 같은) 방언은 삭제되었다. 한편 고유의 슬라브어 용어와 경구를 제한하여 적용했지만, 문어의 새로운 형태는 15~16세기의 교육받은 화자들이 쉽게 이해할 수 있을 정도로 발달하였다. 북쪽과 남쪽에서는 상당히 넓은 지역에서 방언이 쓰이고 있었다. 두 방언이 사용되던 지역 사이에 협소한 중도적 방언 벨트를 형성하던 모스크바 지역에서는 자음 체계는 대체로 북쪽에서 차용한 반면, 모음 체계는 주로 남쪽에서 따와 북쪽과 남쪽의 형태를 섞어 사용했는데, 이는 이후 표준 러시아어 발전에 중요한 역할을 한다. 새로운 행정 언어는 그 자체로 공고화되어, 관청 형식에서는 엄격하게 준수되었다. 16세기 후반에는 두 종류의 러시아 문어 형태가 확립되는데, 이는 여전히 진화하는 구어뿐만 아니라 두 문어 간의 경쟁을 통해서 형성된 것이었다.

새로운 장르

16세기에는 러시아 문어의 수많은 새로운 세속 장르들이 생겨난다. 국가와 교회의 적절한 관계에 대한 논쟁, 그리고 교회가 토지를 소유하고 소작농을 착취해야 하는지에 대한 논쟁은 이오시프 볼로츠키 및 그의 추종자들과 닐 소르스키가 이끄는 소위 볼가강 횡단자들 사이에 합의 불가능한 광범위한 논란의 대상이 되었다. 전자는 재정적 권력을 가진 것은 물론 차르와 친밀한 관계를 맺고 있던 세속 교회를 후원한 반면, 후자는 남슬라브 헤시카즘의 신비주의적 관념에 이끌려 시민 권력과는 거리가 먼, 절제하고 묵상하는 수도 생활을 따랐다. 이러한 논쟁적인 표면적 상응 관계는 개인적 이익을 위한 이반 4세와 반역자 쿠르프스키

공 사이의 논쟁[22]과는 달리 공익을 위해 의도되었던 것으로 보인다. 16세기에는 또한 새로운 문학 장르로서 외교 기록이 증가했으며, 토착 장르는 물론이고 외국으로부터 수입된 이야기들도 증가했다. 이러한 새로운 장르들은 슬라브식 대 러시아식이라는 전통적인 요구에 구애받지 않았고, 그들이 선택한 유형에 따라 자유롭게 기술되었으며, 이러한 자유로움은 장르 내 광범위한 문체적 변이형에 반영되었다. 예컨대 어떤 외교관은 슬라브어에 더 가깝게 이야기했고 어떤 외교관은 자기 나라 말이나 행정적 어조에 더 가깝게 말했다. 키예프 시대부터 발달한 슬라브어와 루시어 관용구의 해석은 문체적으로 혼란스런 국면으로 치달았으며 이러한 혼란은 18세기에 이르러서야 마침내 해결된다. 그동안의 통속 장르의 성장이 슬라브어와 장중함 사이의 오래된 관련성을 약화시키고 있는 가운데, 그러나 이번에는 남쪽이 아닌 서쪽으로부터 새롭고 강력한 문화적 영향력이 다가오고 있었다.

서구화

역사적 배경

모스크바 공국이 기타 동슬라브 봉토들에 대한 점유권을 강화해 감에 따라서 키예프 루시의 서남쪽 영토(즉, 대략 우크라이나와 벨라루스)는

---

22 안드레이 쿠르프스키는 이반 4세(이반 뇌제라는 별칭으로도 불린다)의 측근으로 자문 등을 담당한 사령관이었으며, 귀족 서열상 왕족 바로 다음 위치인 보야르(대귀족)에까지 오른다. 그러나 1550년대 말 크림타타르와의 전투 등에서 이반 4세의 신임을 잃자 그를 배신하고 폴란드-리투아니아의 지기스문트 2세 진영으로 달아나 역으로 이반에 맞서 싸워 반역자로 불리기도 한다. 그는 여러 저술을 남겼는데, 특히 유명한 글은 도주 후 이반에게 쓴 편지이다. 16세기 대표적인 논쟁 문학의 하나인 소위 『이반 뇌제와 쿠르프스키의 왕복 서한』은 공포정치를 하는 이반 뇌제에게 보내는 쿠르프스키의 서한들과 이반 뇌제의 풍자적인 답신으로 이루어져 있다. ──옮긴이

폴란드라는 정치적 축에 더욱 의존하게 되었다. 14세기 초부터 리투아니아 대공국은 키예프와 스몰렌스크의 영토를 지배했다. 1386년 리투아니아의 브와디스와프 2세와 폴란드의 야드비가 여왕의 결혼식이 리투아니아에서 치러진 후에 리투아니아는 가톨릭 국가로 기독교화되었다. 이에 리투아니아는 자신들이 통치하고 있는 동슬라브 사람들, 달리 말해 그리스 정교를 믿고 있는 그들에게 가톨릭의 믿음을 심어 주고자 했다. 이러한 의도는 16세기, 특히 거대한 동슬라브 지역이 폴란드 지배하에 놓이게 된 1569년의 폴란드-리투아니아 양국의 공식적인 연합 이후 강화되었다. 사람들을 가톨릭으로 개종시키기 위한 언어였던 라틴어는 동방정교회를 신봉하는 반대자들도 배웠다. 따라서 폴란드의 정치적·문화적 영향력이 서남부 지역에 스며드는 데는 그리 오랜 시간이 걸리지 않았으며, 그 결과 『리투아니아 법전』으로 알려진 새로운 법전이 16세기 후반에 도입된다. 그러나 이것은 이전의 법전인 『루스카야 프라브다』의 일부 요소들을 보존하고 있었다. 폴란드어는 종종 우크라이나어를 매개로 하여 러시아어에 상당히 많은 영향을 끼쳤다. 이러한 영향은 단어 형성, 구문의 통사(술어 조격의 도입)와 무엇보다도 어휘 등 다양한 차원에서 확인할 수 있다. 많은 폴란드어 단어들이 러시아어 어휘에 영구적으로 속하게 되었지만, 아마도 잠시 쓰이다가 사라진 단어들은 그보다 훨씬 더 많았을 것임을 짐작할 수 있다. 라틴어 어휘는, 종종 폴란드어식으로 변형된 채로, 직접차용과 어의차용의 방식으로 폴란드로부터 키예프, 빌니우스, 리보프, 오스트로그와 같은 문화의 중심지로 쏟아져 들어왔다. 기존의 그리스어 차용어들은 라틴어의 형태로 대체되었다.

경제적으로는 융성했으나 지적으로는 부족했던 모스크바 공국에 비해 서남부 루시는 문화적으로 매우 발달하였다.[23] 이는 폴란드-리투아니아 연합공국뿐만 아니라 독일, 이탈리아, 그리스 동북부의 아토스 산에 위치한 수도원 등 배움의 중심지와의 지속적인 접촉을 이어 왔기 때문이었다. 예를 들어, 교육자이자 종교활동가인 멜레티 스모트리츠키는 빌노 지역의 예수회 사람들에게서 교육을 받았고 라이프치히와 비텐베르크에서 강의를 수강하였다. 한편 수즈달의 대주교 이오시프는 파두아에서 수학했으며, 1625년에 모스크바로 돌아오기 전까지 아토스 산에서 수사로서 여러 해를 보냈다.[24]

교육과 문학

정규교육 역시 루시의 서남부에 최초로 들어왔다. 이곳에는 16세기 후반부터 여러 학교가 있었지만, 고등교육이 실제로 시작된 건 이른바 형제단 학교가 1615년에, 유명한 동굴수도원 부속학교가 1631년에 설립되면서부터이다. 1632년에 이 두 기관이 통합되면서 동슬라브의 첫번째 고등교육기관인 키예프-모길라 아카데미가 생겼다. 교육자들은 모스크바에 최초의 학교를 설립하기 위해 서남부를 떠나 모스크바로 향했고, 시메온 폴로츠키는 1664년에 라틴어 학교를, 그리스인 리후드 형제는 1687년에 그리스·라틴·슬라브 아카데미를 설립했다.

　　서남부의 영향하에 교육뿐만 아니라, 모스크바의 음악 문화 및 문학 문화 또한 매우 큰 폭으로 다채로워졌다. 1652년에 우크라이나 합창

---

23 17세기 중반 서남부에 19개의 인쇄소가 있었지만 모스크바 공국에는 단 하나밖에 없었다는 사실은 두 지역의 문화적 차이에 대한 적절한 판단을 제공해 줄 수 있을 것이다.

24 이오시프가 아무런 학문적·신학적 기록도 남기지 않았기 때문에 이 경험은 공공을 위한 것은 아니었던 것 같다. 더욱이 당대의 사람들 중 한 명은 그가 "비밀리에 죄를 지었고 죄 많은 여자와 함께 고기를 먹었다"라고 불평했다.

단이 모스크바에 왔고, 곧이어 적어도 네 개의 비슷한 합창단이 공연하기 시작했다. 모스크바의 연극은 1670년대에 시작되었다. 주요한 극작가로는 시메온 폴로츠키를 들 수 있는데, 그의 이름 자체가 그가 모스크바 출신이 아님을 보여 준다.[25] 같은 시기에, 폴로츠키는 폴란드풍의 음절시를 러시아의 수도에 들여왔다. 대략 90여 년 뒤, 바실리 트레디야코프스키의 개혁이 있을 때까지 음절시는 오직 이곳에서만 장중한 운문의 형태로 남아 있었다. 전반적으로, 그 시대에 러시아에 미친 서남부의 영향을 지나치게 강조하기는 어렵다. 이는 문학 문화 자체가, 가령 폴로츠키와 동시대 작가인 몰리에르의 수준에 변함없이 머물렀다는 말은 아니다. 당시의 문학은 1673년의 연극 「유딧서로부터의 희극」에서 홀로페르네스와 유딧 사이의 애정 장면에서와 같은 유머감각을 회피했다. 어떤 이는 이러한 어색한 노력에 미소 지을지도 모른다. 하지만 어떤 이는 겨우 160여 년 만에 푸슈킨의 「나는 당신을 사랑했소」 같은 수작을 우리에게 가져다준 언어학적·문화적 발달에 놀랄 것임에 틀림없다. 결과적으로 이것은 단지 시작에 불과했다.

슬라브어의 규범화

필사된 문법 논문들은 러시아에 15세기부터 존재했는데, 그것들은 그리스어 문법서로부터 번역되거나 그것에 기반을 둔 것이었으며, (러시아에서 자체적으로 라틴어를 번역한 도나투스의 『소문법론』을 제외하고는) 대개의 경우가 불가리아와 세르비아의 문서보관소에서 유래한 것들이

---

25 '폴로츠키'는 시메온의 모스크바 동료들이 그에게 붙여 준 별명이다. 그의 출생 시 이름은 사무일 가브릴로비치 페트로프스키−시트나노비치였다(1625년 폴로스크 출생, 1680년 모스크바에서 사망).

었다. 반면 언어의 표준화가 시작된 것은 동슬라브 땅에 인쇄술이 등장한 시기인 16세기 후반에 이르러서였다. 당연히 러시아 문어의 슬라브 상문체형이 표준화되었고, 표준화가 시작된 곳은 서남쪽 영토였다. 이곳은 오랫동안 폴란드 문화의 영향(그리고 폴란드를 통해서 대체로 서구 문화의 영향)을 받았으나 17세기에 완전히 모스크바 공국과 재통합된 지역이다.

인쇄된 최초의 슬라브어 문법책은 16세기 말과 17세기 초에 나타나는데, 라브렌티 지자니의 『슬라브어 문법』(1596)과 멜레티 스모트리츠키의 『슬라브어 신태그마 문법』(1619)이 그것이다. 후자의 경우 1648년에 모스크바에서, 1721년에 같은 곳에서 페오판 프로코포비치에 의해 개정되었고, 미하일 로모노소프의 저서가 등장하기 전까지 교양 있는 러시아인들의 문법책이 되었다. 초기의 사전들도 같은 시기에 나왔다. 1596년에 나온 지자니의 슬라브-러시아어 『어휘론』을 예로 들 수 있는데, 이 책은 천 개 이상의 슬라브 용어가 당시 구어로 정의되어 있었다. 이 책은 슬라브어로 글을 쓰고 싶은 사람들에게 의심할 바 없이 환영받는 안내서가 되었다. 부수적으로 이 책은 많은 슬라브어 사용자에게 슬라브어를 구어와 구분하는 것이 점차 어려워지고 있다는 것을 드러내 주었다. 이 시기의 문법책과 사전들은 슬라브어를 표준화하려는 첫 시도였다. 표준화는 종종 슬라브어를 그리스어나 라틴어의 틀에 맞추려는 식으로, 예를 들어 명사에는 단지 4격을 두고 6개나 되는 문법적 성을 두는 형태로 진행되었다. 이러한 초기 표준화 시도들은 그 인위성으로 인해 심지어 고상한 문체에조차 지침으로 사용하기 어려울 정도로 비현실적이었다. 이는 특히 비록 엄숙하고 종교적인 지문에 슬라브어를 더 사용하는 경향이 있었지만, 실제 쓰기 관례가 이미 오래전부

터 슬라브어 요소와 구어를 엄격하게 분리하던 것에서 벗어나 있었기 때문이다.[26]

요약

지금까지 살펴본 바와 같이, 17세기 후반까지 러시아 문어가 처한 상황은 표트르 대제 시기(1672~1725)의 혁신을 지칭할 때 대체로 사용되던 용어인 혼돈에 가까웠다. 슬라브어 표준 문법은 구어에서 이미 몇 세기 전에 사라진 어형들을 사용하도록 했다. 러시아의 그 누구도 구어를 체계적으로 단순하게 설명해 보고자 하는 생각을 전혀 갖지 못했다.[27] 이로 인해, 어휘의 경우 폴란드어 어휘, 라틴어 단어, 폴란드어화한 라틴어 어휘, 슬라브어 표현, 그리스어를 슬라브어로 번역 차용한 표현, 라틴어를 폴란드어나 우크라이나어 혹은 러시아어로 번역 차용한 표현 등등이 일관되고 명료하게 메세지를 구성하는 데 써 볼 만한 충분히 견고한 언어라는 평판을 얻기 위해 경쟁했다. 운문은 러시아 민속 시가 아닌 외국의 음절시 형식으로 쓰였고(트레디야코프스키의 운문 개혁까지는 여전히 수십 년이 남은 상태였다), 연극의 대사는 일종의 뒤처진 슬라브어로 이루어졌는데, 이는 이해가 쉬운 반면 연극이 전해야만 하는 인간의 감정을 꾸며 내는 데 전혀 양립할 수 없는 것이었다. 사실상, 17세기 말 러시아의 언어문화는, 오랜 시간 지속되었으나 동화되지 않는 슬라브어

---

26 러시아의 법률 언어에서 슬라브어주의는 1287년의 『루스카야 프라브다』에서 1649년 차르 알렉세이 미하일로비치의 『법전』(Sobornoe Ulozhenie)에 이르기까지 시간이 지남에 따라 점차 늘어났다. 『법전』은 다른 부분에서보다 교회를 다루는 부분에서 슬라브어 형태를 더 많이 사용하였다. 이와 유사하게 그리고리 코토시힌의 『알렉세이 미하일로비치 통치기의 러시아에 대해』에서도 왕족에게 바치는 첫 장에 다른 작품에서보다 슬라브어가 더 많이 사용되었다.

27 세속 러시아어 최초의 문법책은 1696년에 옥스퍼드의 교수 하인리히 빌헬름 루돌프가 저술했다.

의 무의미한 규범으로부터 아직 자유롭지 못했다. 또한 공적인 언어에서나 일상의 언어에서, 혹은 슬라브어와 서유럽어 두 요소의 어떠한 조합에서도 더 새롭고 더 자연스러운 언어 규범을 아직 발견해 내지 못했다. 혹자는 당시 러시아인들은 그들이 다룰 수 있는 보다 더 언어학적인 요소들을 가지고 있었으나, 이 요소를 어떻게 조화시키고 체계화시켜야 하는지에 대한 이해가 없었다고 말할는지도 모른다. 이런 체계화는 트레디야코프스키와, 특히 로모노소프로 인해 다음 세기에 가서야 이루어진다. 그러나 체계화가 시작되기 전, 러시아의 언어문화는 표트르 대제가 자신이 원하던 바와 달랐던 조국과 조국의 언어를 억지로 서구 세계에 편입시키려 함에 따라 가장 극심한 트라우마를 겪게 된다.

이수현 옮김

3장

종교: 러시아 정교

· 드미트리 리하초프

루시는 10세기에 이교에서 기독교로 공식적으로 개종하였다.[1] 이교는 슬라브족, 핀우그르족, 리투아니아족, 투르크족 등이 거주하는 광대한 동유럽 땅에 널리 퍼져 있었으나, 전 부족이 모시는 공동의 신이나 공동의 세계관이 있는 통일된 총체로 '조직화된' 종교는 아니었다. 대신에 한 부족이나 여러 부족을 통합하는 상위의 신령들이 있었고, 특정한 정착촌과 심지어 가정집에 붙어사는 작은 지역의 신령들도 있었다. 집에 사는 정령들 혹은 도모보이domovoi가 대표적인 예이다.

* 드미트리 리하초프(Dmitry S. Likhachev). 세계문학연구소, 러시아과학아카데미, 상트페테르부르크 등의 학술위원으로, 소비에트문화재단 회장, 러시아의회 의원을 역임하였다. 러시아 문학과 언어에 대한 수많은 저작들의 저자이자 편집자이기도 했다. 현대 러시아 문화에 관한 최고 권위자이자 양심으로 간주되었으며, 소비에트연방과 러시아연방 정부에서 문화 문제에 대한 자문 역할을 수행하였다. 1999년 작고.
** 이 장은 니콜라스 르제프스키가 라마 소호네(Rama Sohone)의 도움을 받아 번역·각색하였다.
1 10세기 이전에 현재의 러시아 유럽부와 우크라이나를 포괄하는 슬라브권 지역은 도시국가와 유사한 정치체제인 '루시'들로 느슨하게 결속되어 있었고, 그 연합의 중심지는 키예프 루시였다. 988년 키예프 루시의 지도자인 블라디미르 대공은 비잔틴 정교를 전 루시인들이 수용해야 할 공동의 세계관이자 사회체제로 공표함으로써 키예프 루시가 중심이 된 루시들 간의 견고한 종교–정치적 통일체를 구축하고자 하였다. ──옮긴이

인구 밀집 지역에 기독교가 도입되면서 페룬(핀우그르어로 페르쿤, 천둥과 전쟁의 신), 벨레스(가축과 무역의 신), 다쥬보그(수확의 신) 같은 '더 높은 등위'의 신령들은 폐위되었다. 그러나 늪지, 숲, 강, 별채에 산다고 사람들이 상상한 '하위' 신령들인 집의 신들은 20세기까지 계속 숭배, 아니 보다 정확하게는 미신의 대상으로 남아 있었다. 미신이 예언, 점치기 등등 여러 형태로 오늘날까지 존재하는 것처럼, 그것들에 대한 믿음 역시 기독교 신앙과 공존해 왔다.[2]

하층계급에서 형성된 그런 문화적 조건들은 공적인 영역에서 이교에서 기독교로의 전환을 매우 신속하고 덜 고통스럽게 해주었다. 그 문화적 조건들에는 공동 농경의 윤리를 지지하는, 땅과 자연에 대한 기존의 신앙 체계들도 포함된다. 10세기 말 블라디미르 대공은 러시아 부족들을 단일 종교로 단합시켜야 할 필요성을 매우 잘 인식하였다. 키예프 대공인 그는 러시아의 통합을 위해 980년 이전에 이미 많은 조처를 취하였고, 980년에는 주요 부족신들의 우상을 도시의 가장 높은 곳에 세웠으나, 부족 간에 위대한 새로운 결합은 일어나지 않았다. 이교는 집중화에 적합하지 않았고, 블라디미르는 이 목적을 위하여 미처 예상하지 못한 경로를 선택하였으니, 바로 주위에서 쉽게 접할 수 있는 종교들 가

---

2 그 결과 루시인들은 사회 지배층에서부터 공식적으로는 블라디미르 대공이 국교로 수용한 비잔틴 정교 체제를 따르면서도 비공식적으로는 슬라브 민속신앙을 유지하는 이중인 생활방식을 갖게 되었다. 비잔틴 정교 도입 이후 러시아의 종교문화는 일반적으로 '이중 신앙'으로 규정되며, 이는 성직자나 수도사 등 종교계에 소속된 사람을 제외하고는 루시인들의 전반적인 생활양식이 되었다. 이중 신앙 구조는 이교 신들이 다양한 기독교 성인들과 결합되거나, 이교의 축일이 정교의 축일에 결합되거나 공존하는 데서 확인된다. 전자의 경우로 루시인들은 번개, 폭풍, 전사들의 신인 페룬은 선지자 일리야로, 양치기들의 수호신으로서 가축과 풍요의 신인 볼로스(벨레스)는 성 블라시우스로, 풍요를 상징하는 물의 여신이자 처녀 운명의 수호자이기도 한 모코슈는 파라스케바 퍄트니차라는 여성 성인이나 성모의 형상으로 대체하였다. 후자 중에는 풍성한 수확과 가축의 증식을 바라는 동지와 새해맞이의 이교 풍습이 성탄절과 결합된 12월 25일에서 1월 6일까지(신력으로는 1월 6일에서 19일까지) 2주일간 이어지는 스뱌트키 축제가 대표적인 예이다. —옮긴이

운데 하나를 국교로 공식적으로 승인하는 것이었다.

이 기능을 수행하기 위하여 기독교가 988~989년 비잔틴 제국으로부터 채택되었다. 블라디미르의 결정은 다른 역사적 조건들에 의해 이미 준비되어 있었다. 즉, 동방 기독교는 그전에 자연스런 방식으로 흑해 연안을 따라 보급되어서 슬라브족의 대결집지인 트무타라칸(현재의 타만)과 코르순(현재 세바스토폴 지역의 헤르소네스)에 뿌리를 내리고 있었다. 블라디미르는 그 지역에 이미 도입된 기독교 문화의 많은 가치들을 사회·정치적으로 광범위하게 실현시킨 것이다. 그 가치들에는 『원초 연대기』[3]에 적혀 있는 자선과 교육('저서 연구'), 민주주의 이상들, 금욕적인 생활방식의 덕목들이 포함되어 있었다.

그 뒤의 러시아 역사의 흐름에 매우 중요한 의미를 갖는, 동방(비잔틴) 기독교와 서방(가톨릭) 기독교 간의 어떤 차이점들은 이미 10세기에 결정되었다. 서구의 경향과 구별되는 비잔틴 종교성의 일반적인 성향이, 이구동성으로 지적되는 정교 간의 지엽적인 차이들, 즉 성령의 기원에 대한 인식, 성만찬을 기념하는 방식, 혹은 다른 의식과 관례들보다 더 큰 의미를 지녔다. 러시아의 위대한 철학자 블라디미르 솔로비요프 (1853~1900)[4]의 표현을 빌리자면, 비잔틴 정교의 핵심적인 특징은 과거 전통에 대한 확고하고 엄격한 헌신이며 이 결정적인 차이가 근대에 이

---

3 『원초 연대기』에서는 예수 그리스도의 12사도 중 첫번째로 부름을 받은 안드레이 사도가 루시에 복음을 전파하였다는 이야기, 루시들의 단합과 일치단결을 위하여 배신자에게 저항하지 않고 죽음을 받아들인 보리스와 글레프의 이야기 등을 통해 다른 기독교 국가들에 대한 러시아의 우월성 사상과 교회와 국가의 신정일치 사상 등 러시아 정교의 주된 특징들을 발견할 수 있다. 『원초 연대기』의 일반적인 사항에 대해서는 이 책 1장의 각주 1번을 참조하라. ——옮긴이
4 신학·철학·문학·정치학·사회학 등을 넘나들며 독자적인 철학 체계를 정립한 종교철학자로서 소피아 이념과 세계 보편교회 이념을 주장한 것으로 유명하다. 그의 소피아 철학은 상징주의자들과 다른 종교철학자들의 시적 감수성과 지적 사고에 큰 영향을 미쳤다. ——옮긴이

르기까지 지속되었다. 정교도에게 기독교는 "완전히 성취된 완전한 그 무엇, 신의 진리 중의 진리였으며, 신비적인 명상, 경건한 경배, 변증법적인 해석을 위한 완전한 대상으로 인식되었다".[5]

솔로비요프는 이런 종교적 몰입을 대체로 부정적인 현상으로 인식하였다. 그러나 동방정교는 교회 전통에 대한 바로 그 열정적인 헌신 덕분에 오스만투르크가 비잔틴 제국, 불가리아, 세르비아를 점령한 이후에도 살아남을 수 있었고, 러시아에서 표트르 1세의 통치를 견디어 냈으며, 20세기 소비에트 정부의 70년간의 무자비한 무신론 이후에도 건재할 수 있었다. 의식적으로건 무의식적으로건 전통에 대한 동일한 인식 때문에 정교 신자들은 다른 기독교 종파들에서는 다소 약해진 과거의 가치들을 고수할 수 있었다.

어쨌건 블라디미르 대공이 외적이고 예식적인 관례들이 강조되는 동방 기독교 교리를 선택한 것은 매우 의식적인 심사숙고의 결과였다. 블라디미르는 986년 단일한 신앙 체계를 선택하기로 결정하고 이슬람, 유대교, 로마에서 온 사절단을 맞아들여 그들의 이야기에 귀를 기울였다. 그러나 그는 자신의 대사들이 콘스탄티노플에 있는 성 소피아 사원의 예배에 참석하고 돌아와서 그 교회의 장엄함과 예배의 아름다움을 경탄해하며 설명하자 즉시 이에 반응하였다. 블라디미르는 그들의 증언을 토대로 선택을 내렸고, 그 행동에 의해 문화적인 주도 동기leitmotif, 즉 러시아 정교는 비잔틴 의식과 성 소피아 사원 자체의 미적인 가치들에 의해 그 틀이 결정되었다는 관념이 형성되었다. 미美가 러시아 정교

5 Vladimir Soloviev, "Velikii spor i khristianskaia politika", *Sobranie sochinenii*, vol.IV, St. Petersburg, 1911~1914, p.64 [「대논쟁과 기독교 정치학」, 『전집』].

의 속성을 결정하게 된 것이다.

블라디미르의 결정은 그의 개인적인 변덕 때문만은 아니었다. 11세기와 12세기의 연대기들에서는 새로운 교회들의 건립 과정이 전형적으로 주의 깊게 다루어지고, 교회가 아름다우면 그 내부 장식과 장엄한 의식과 더불어 건물 외부의 정면이 묘사되곤 하였다. 바로 이것이 교회를 건물로 보는 관념과 교회 회중으로 보는 관념이 고대 러시아 종교의 관례에서 자주 중첩되고 그 경계가 희미해진 이유이다.[6] 지적인 정당화를 능가하는 미의 논리 때문에 교회 교리의 내용과 그 신성한 권위가 보존될 수 있었다. "미가 세계를 구원할 것이다"라는 자주 인용되는 도스토예프스키의 말은 분명 이런 맥락에서 해석되어야 할 것이다. 즉, 미가 신앙이 무너지거나 약해지는 것을 허용하지 않을 것이라는 것이다. 솔로비요프가 지적하기로는 "동방에서 교회는 주로 전통, 즉 그 불변하는 [정적인] 요소들에 충실한 성소로 이해되고 방어되었다. [전통을 보존하려는] 이 경향은 동방의 일반적인 영적 성향과 부합하는 것이었다".[7]

종교 전통의 이런 미학적 의미에 부응하여 교회들이 세워졌으며, 이 교회들이 그 뒤에 형성되는 러시아 건축사의 특징을 대변한다. 비잔틴 제국의 원본을 참조한 것이 분명한 키예프의 성 소피아 사원(1037~1041 건립)과 노브고로드의 성 소피아 사원(1045년 건축 시작)의 건설 이후 세워진 괄목할 만한 교회들을 몇 가지만 들어 보면 다음과 같다. 블라디미르에 건설되었고 안드레이 루블료프와 다니엘 초르니[8]가 1408년 이콘을 그린 우스펜스키(성모승천) 사원(1158~1160), 보고류보보의 네

6 Platon Sokolov, *Russki arkhierei iz Vizantii*, Kiev, 1913, p.550 [『비잔틴에서 유래한 러시아의 수직 위계질서』].

7 Soloviev, "Velikii spor i khristianskaia politika", p.55.

를 강에 있는 동정녀중재 교회(1165), 노브고로드 근교 볼로토보 들판의 성모승천 교회(1370~1380), 1405년 그리스인 테오파네스와 안드레이 루블료프가 장식하고 1484~1489년 프스코프 출생 건축가들이 다시 건설한 이콘 벽(제단을 신도들과 분리시키는 이콘 분리대)이 있는 모스크바 크레믈린의 성모수태고지 교회, 아리스토텔레스 피오라반티의 르네상스식 비전에서 착상된 크레믈린의 성모승천 대사원(1479), 모스크바 근교 콜로멘스코예에 있는 예수승천 교회(1532), 축복받은 성 바실리 대사원으로도 알려져 있는, 모스크바 붉은 광장의 동정녀중재 대사원(1560년 완성), 모스크바 니키틴키에 있는 성삼위일체 교회(1643), 야로슬라블에 있는 예언자 일리야 교회(1647~1650). 그리고 서구적 요소와 러시아적 요소가 결합된 상트페테르부르크 건축 프로젝트에 속하는 사원들로서 도메니코 트레치니의 성 베드로와 바울 대사원(1712~1733), 프란체스코 라스트렐리의 스몰니 대사원(1748~1764), 카잔 대사원(1811), 성 이사악 대사원(1818~1858) 등이 있다. 또한 키지 섬에 있는 구세주 성변용聖變容 교회의 복잡한 목조 건축(1714), 모스크바의 성 바실리 대사원을 모방하여 페테르부르크에 1882년 알렉산드르 2세의 암살 이후 그의 암살 현장에 건설되고 '피 흘리신 구세주'로도 알려져 있는 그리스도 부활 교회, 1883년 개방되고 1930년 소비에트 정부에 의해 폭파되었다가 1990년대에 완전히 재건축된 기념비적인 구세주 그리스도 대사원도 주목할 만하다.

---

8 안드레이 루블료프는 15세기 초에 막심 그레크로부터 수학하고 러시아적 이콘의 양식을 정립한, 러시아에서 가장 유명하고 존경받는 이콘 화가이다. 다니엘 초르니 역시 이콘 화가이자 수도사로서 루블료프와 같이 일했다. 그들은 블라니미르에 있는 성모숭천 사원에서 제단에 이콘을 그리는 작업을 함께하였다. 루블료프는 성삼위일체-세르기우스 수도원에서 「성삼위일체」 등 러시아 이콘의 최고봉에 해당하는 작품들을 다수 남겼다. — 옮긴이

러시아 사절들이 신앙을 선택할 때 외적인 미에 주목한 것은 이후 러시아 문화의 전체 흐름에 큰 흔적을 남겼다. 동방정교, 특히 러시아 정교의 교회사에서 가장 명확한 특징은 의식, 교회 성가, 위에서 언급한 보는 이를 즐겁게 하는 건축 형식들, 그리고 교회 장식과 내부 장식을 강조하는 것이다. 러시아 사회에서 이런 종교적 출발점은 지식과 신학에 대한 추구와 문화의 예술적 형식의 추구 사이에 장기적으로 발견되는 심원하고 선명한 역사적 상호작용에 지대한 영향을 미쳤다. 러시아에서 신학은 이콘을 통해, 건축과 산문을 통해, 특히 시를 통해 표현되었다. 이 본질적인 문화적 특징은 19세기와 20세기에도 선명하게 나타났다. 즉, 이 시기 대부분의 러시아 신학자들은 시인들이었으니, 가브릴라 데르자빈(특히 송가 「신_神_」), 말년의 푸슈킨, 미하일 레르몬토프, 표도르 튜체프, 블라디미르 솔로비요프 같은 시인들이 대표적인 경우이다. 시적 감수성이 20세기의 가장 위대한 러시아 신학자인 파벨 플로렌스키의 종교 작품들에 영감을 불어넣었고, 철학자 니콜라이 베르쟈예프의 성찰에도 잘 반영되어 있다.

미를 선호하는 전통은 러시아 성자전의 구성에도 영향을 미친 것이 거의 확실하다. 성자들의 생애전에는 그들에 관한 실제 사실들을 전달하기보다는 몇 가지 사실들을 아름답게 장식하기 위하여 의례적인 미적 형식들이 사용되었다. 미적인 것을 전달하는 예식상의 형식은, 미에 대한 관념에 윤리적이고 사회적인 차원을 부여하는 성자들의 삶의 또 다른 특징과 확고히 결합되었다. 즉 성자들은 주로 노동과 창조로 생활을 영위하면서 수도원을 새로 세우고 교회를 지었다. 그들에게는 노동이 자주 신체적인 금욕을 대신하였다.

노동은 성자로 인정받는 데 필수적인 기본 요건들 중 하나였다. 11

세기에 건립된 키예프 동굴수도원의 금욕적인 지도자인 '동굴의 테오도시우스', 1337년 모스크바 북동부에 있는 성삼위일체 수도원의 설립자인 '라도네쥬의 세르기우스', 16세기 이반 뇌제의 도덕적 대립자인 수좌대주교 필립, 타타르의 후손이며 자신의 이름을 딴 수도원 건립자인 파프누티 보로프스키, 노부인 성녀인 율리아나 라자레프스카야, 남자 옷을 입고 지칠 줄 모르는 노동으로 널리 존경받은 18세기의 성스러운 바보인 '페테르부르크의 크세니야' 등이 그 생생한 예들이다. 그리고 가장 성스러운 노동으로 간주된 것은 필사였다. 11세기부터 글을 읽고 쓸 수 있는 능력과 교회의 원칙을 보급하는 일이 수도사들과 전 수도원의 주요 업무가 되었다. 수도원들은 도시에서 일정한 거리를 두고 세워졌고, 몽골 타타르 정복 시기부터 수도원 생활은 숲과 북방으로 "이동하기 시작하였다". 그러나 황무지에서도 수도원들은 서로 접촉을 계속하고 필사본을 교환하였다. 러시아 교회의 총본산지가 키예프에서 다른 곳으로 옮겨진 것은 바로 이 타타르 침입 시기의 일이었다. 1300년 키예프에 본부를 둔 전全 러시아 대주교구의 수장인 막심이 블라디미르로 자리를 옮기고, 다시 '키예프와 블라디미르의 대주교'라는 칭호를 유지한 채 모스크바로 자리를 옮겼다.[9]

13세기 중반의 러시아 정복기 때 타타르인들은 이교도들이었고 지

---

9 988년 블라디미르 대공에 의해 비잔틴 정교가 국교로 승인되면서 키예프 루시에 콘스탄티노플 대주교구의 부속기관으로서 키예프 교회가 세워지고, 비잔틴의 대주교에 의해 주교가 임명되었다. 그러나 몽골 타타르의 침입 이후 키예프 루시의 세력이 약화되자 주교 막심은 1299년 블라디미르로 이동하였고, 그의 후계자인 표트르는 1325년 정치·경제적 세력이 강화되고 있는 모스크바 공국으로 자리를 옮겼다. 14세기에는 라도네쥬 등 유명한 수도사들을 중심으로 세르기우스 수도원 등 수도원들이 부흥하였다. 모스크바 공국은 이반 3세, 4세 시기에 러시아 교회와 수도원의 지지를 받으면서 정치·경제적 세력이 강해지고 영토가 확장되었다. 위의 두 황제는 이러한 종교적 지원, 정치·경제적 세력 증대, 지리적 확장을 기반으로 루시들의 느슨한 연합체를 중앙집권적인 러시아 제국으로 재편하였다. ── 옮긴이

방 주민들을 극도로 잔인하게 대하였다. 연대기들을 통해 알려진 바로는 도시나 마을 주민들이 어떤 식으로든 그들에게 저항하면 주민 모두 몰살당했다. 그럼에도 불구하고 타타르인들은 교회에 관대하였고 심지어 그들에게 호의를 베풀기도 하였다. 이런 태도는 아마도 다신교 숭배자들이었던 타타르인들이 "만일의 경우에 대비해서" 기독교 성인들도 인정할 준비가 되어 있었기 때문일 것이다. 그러나 그들의 미신은 결과적으로 일관되지 않았고, 특히 그들이 러시아를 정복한 이후 이슬람으로 개종한 뒤에는 더욱 그렇게 되었다.

　여기에 한 가지 또 다른 역사적 요인이 러시아 교회의 외적인 상황을 복잡하게 하였다. 대주교 이시도르가 피렌체 공의회에서 러시아인들을 대변하면서 가톨릭 교회와의 연합을 수용하고 1441년 모스크바에서 이 결정을 공표한 것이다. 그러나 이 연합은 거부당하고 이시도르는 감금되었다. 그 결과 러시아 교회는 국가의 경계 안에 갇히고, 이것은 다시 교회의 국가적이고 정치적인 특성들을 강화시켰다. 즉, 교회가 한편으로는 모스크바 공후들의 지배하에 놓이고 다른 한편으로는 타타르 세력에 복속된 것이다. 게다가 초반에는 공후들이 한Khan의 뜻에 순종하는 집행인이 되려는 경향을 보였기 때문에, 타타르인들 스스로 교회에 대한 모스크바 공후들의 영향력을 강화시켜 주고자 하였다. 그래서 국가에 의한 교회 복속의 전통이, 때때로 단기간의 저항의 분출로 깨어지기는 하였으나, 일찍이 14세기에 완전히 성립되었다. 그리고 결과적으로 18세기와 19세기에 국가에 의한 교회의 복속이 완결되었고, 이로 인해 교회에 대해 그리고 종교 전반에 대해 날카롭고 비판적인 태도가 형성되었다. 궁극적으로는 교회에 대한 이런 부정적인 인식이 인텔리겐치아 사이에 지배적이게 되고, 특히 혁명적인 반⹀인텔리겐치아 사이에서는 적대적인 양태를 띠게 되었다.

이런 역사적 배경하에서 14세기에 러시아인들의 종교생활은 비잔틴 제국과 발칸 반도에서 발달한 은둔형 수도원주의, 칩거, 심원한 기도에 대한 추구와 결합된 특별한 형태로 발전하였다. 14~15세기에 다수의 수도원들이 삼림지대, 그리고 호수와 바다(셀리거 호, 라도가 호, 시베르 호, 백해)의 섬들에 세워졌다. 이 시기에 남슬라브와 그리스 필사본들의 수입도 활발해졌다. 그 중 특히 주목할 만한 것은 시리아의 성 이사악, 고백자 막시무스, 새로운 신학자 시몬, 위대한 바실리, 그레고리우스 팔라마스[10]의 저술들과 같은 금욕적인 문학이었다.

새로 지어진 수도원들 가운데, 가장 존경받는 러시아 성자들 중 한 명인 라도네쥬의 세르기우스(이 이름은 라도네쥬라는 소도시에서 태어난 데서 유래한다)가 설립하고 이후 성삼위일체-세르기우스 수도원으로 명명된 성삼위일체 수도원은 특별히 중요한 의미를 지녔다. 이곳의 수도사들이 전 수도원의 연계망을 형성한 것이다. 그 중 중요하고 가장 매력적인 수도원을 든다면, 키릴로-벨로제르스키 수도원, 디오니시우스의 명망 높은 프레스코화가 아직 보존되어 있는 페라폰토프 수도원, 쿠벤스코예 호수에 있는 스파소-카멘니 수도원, 라도가 호수의 발람 수도원, 백해에 있는 솔로베츠키 수도원, 볼로그다 인근 지역의 스파소-프릴루츠키 수도원 등이다. 수도원들은 영적인 계몽을 확산시켰을 뿐 아

---

10 시리아의 성 이사악(?~700?)은 네스토리우스파의 주교이자 신학자로서 동방 신비주의 전통을 따랐으나 기독교의 보편적인 원칙과 덕목에 대한 저술을 많이 남겼다. 고백자 막시무스(580?~662)는 금욕주의자이자 니케아 공의회의 지지자였다. 새로운 신학자 시몬(949~1022)은 비잔틴 수도사이자 시인으로서 자신의 신비적인 체험을 자유로이 나눈 최초의 비잔틴 신비가로 알려져 있다. 여기에서 '신학자'는 신을 직접 신비적인 방식으로 체험한 사람을 의미한다. 그레고리우스 팔라마스(1296~1359)는 주교이자 교회학자로서 신비주의적이고 금욕주의적인 헤시카즘을 옹호하였다. ── 옮긴이

니라 대규모의 농업과 기술을 조직적으로 발전시키기도 하였다.

서유럽 문화에서는 과거와 현재의 서로 다른 문화들에 대한 관용을 특징으로 하는 대학 문화가 지배적이었다면, 러시아 문화에서는 14세기부터 18세기 초까지 수도원 중심의 학문과 수도원 유형의 경제구조가 지배적이었다.

수도원 문화는 많은 성스러운 장소들에 의해서뿐만 아니라 수도원에 사는 많은 금욕적인 성자들에 의해서도 번성하게 되었다. 그들 덕분에 도덕적 행위에 대한 러시아의 기본적인 이상理想이 이 시기에 형성되었다. 이 이상적인 도덕 구조는 널리 배포된 『이즈마라그드』에서 가장 완전하게 실현되었다. 16세기에 가사와 일상생활에 대한 실질적인 조언을 담은 『도모스트로이』라는 제목의 문집이 『이즈마라그드』에서 뽑은 발췌문으로 편찬되었다. 『도모스트로이』는 『이즈마라그드』만큼의 영향력을 갖지는 않았음에도 불구하고, 19세기 많은 이들이 이를 구별할 만한 안목이 없던 탓에 러시아의 사회적 관습의 후진성의 증거로 잘못 사용되었다. 오늘날까지도 『이즈마라그드』는 학술서 형태로 발간된 적이 없고 모든 실용적인 목적에도 불구하고 교육받은 식자층에게도 잘 알려지지 않았다.[11]

15세기 말, 16세기 초엽에 수도원에서의 청빈한 생활이 깊이 있는 영적인 삶의 조건이라고 주장하는 수도사들이 비소유파 운동을 조직하였는데, 이 운동은 러시아 교회사에서 큰 의미를 지닌다. 비소유파의 수

---

11 원래 에메랄드를 의미하는 『이즈마라그드』는 14세기에 저술된 필사본을 편찬한 러시아의 윤리서이다. 판본에 따라 90~250개의 글이 담겨 있으며, 주로 그리스어에서 러시아어로 번안되었다. 다루는 주제는 기독교 덕목과 죄, 착한 아내와 비열한 아내, 자녀 교육, 가사 등 다양하다. 17세기 말까지 널리 사용되었으며 20세기에는 구교도 공동체에서 사용되기도 하였다. 15~16세기 『도모스트로이』에 큰 영향을 미쳤다. — 옮긴이

장은 1503년 모스크바 공의회에서 수도원의 토지소유권 폐지를 지지한 닐 소르스키(1433~1508)[12]였다. 그 외에도 바시안 코소이, 아르테미 트로이츠키, 과거에 이탈리아에서 사보나롤라 지지자로 살았던 것으로 널리 유명해진 막심 그레크(1475?~1556)[13] 같은 다른 지적인 수도사들이 개인적인 청빈을 전제조건으로 하지 않으면 영적인 충만에 도달할 수 없다고 주장하였다. 닐 소르스키와 다른 비소유파들은 또한 다른 관점들에 대한 복음주의적 관용을 지지하였고, 영적인 자기실현의 문제들, 외적인 자극에 대한 영적인 삶의 의존성, 인간의 육체적 속성에 대해 글을 썼다.

닐 소르스키와 그의 지지자들의 비소유 운동은 이후 러시아 정교사에서 가장 중요하고 도덕적으로 교양 있는 유파들에게 상당한 정도로 지속적인 영향을 미쳤다.

동시에 러시아인들 사이에 자라난, 공식 교회의 문화적으로 생생하고 다면적인 측면들을 간과하지 말아야 할 것이다.

구교도 운동은 특히 러시아 종교성의 많은 특징적인 면들을 증거할 뿐 아니라 직접 발달시키기도 하였다. 구교도들은 러시아식 예배, 텍스

---

12 러시아 정교의 수도승. 키릴로-벨로제르스키 수도원에서 수도사로 지내다가 아토스 산을 방문하여 헤시카즘을 접하였고, 1478년 돌아와 은신처에서 금욕적인 수도 생활을 하였다. 그는 가난과 내적인 노동을 강조하고 1503년 모스크바 공의회에서 수도원들의 재산 포기를 주장하였으나 자신의 주장이 거부되자 은신처로 돌아와 조용히 지내며 생을 마쳤다. ──옮긴이

13 그리스 수도사이자 출판업자·저술가·학자·번역가. 일명 '그리스인 막심'으로 불린다. 1493년경 이탈리아에서 수학하며 신플라톤주의자들과 교분을 쌓고 아토스 산의 수도원에서 활동하던 중, 1515년 바실리 3세의 초청으로 모스크바에 가서 종교 서적들을 번역하였다. 모스크바 공국의 정치·사회 등에서 기독교 이상에서 어긋나는 부분들을 발견하고 이를 비판하였으며, 소유파와 비소유파의 논쟁에서 비소유파를 지지하였다. 그는 1525년 모스크바 회의에서 이단으로 몰려 볼로콜람스크 수도원으로 유배되고 트베리의 오트로스 수도원으로 다시 유배되었으며 최후에 성삼위 일체-세르기우스 수도원으로 보내졌다. 사망할 때까지 모스크바 공국의 정치 및 교회 세력에 대해서 비판적인 입장을 고수하였다. ──옮긴이

트 혹은 의식에서 아무것도 변경하지 말 것을 요구했다. 러시아 교회는 항상 이 원칙에 따라서 '왜곡된' 텍스트들을 고치고 무수히 많은 필사로 인해 생긴 러시아어 철자법의 오류들을 바로잡으려고 노력하였다. 예를 들어, 불가리아 총대주교 예브피미가 14세기에 시작한 철자법 개혁이 러시아에서 채택되었는데, 그 이유는 이 조처가 과거와 전통적인 방식으로 되돌아가려는 시도로 간주되었기 때문이다. 과거의 전통을 회복시키고자 하는 같은 목적하에 저명한 수도사 그리스인 막심(속세명은 미하일 트리볼리스로서 알두스 마누티우스의 이탈리아 인문주의 학파의 일원이었다)을 15세기 말에 아토스 산에서 러시아로 초청하기도 하였다.

1550년 이반 뇌제의 통치 시기에 개최된 종교 지도자들의 스토글라프 회의에서 다시 한번 신학 서적의 개정에 관심이 모아졌다(이 회의에서 논의된 내용이 100개의 장으로 기록되어서 그 기록의 편찬서도, 그리고 회의 자체도 '스토글라브' 혹은 '백장'百章이라고 명명되게 되었다). 그 회의의 기조연설에서 이반 뇌제는 "필사가들이 부정확한 번역본으로부터 책을 필사하고 있고 필사 이후에 교정을 안 보고 있다"라고 주장하였다. 신앙의 외적이고 형식적인 전통에 천착하는 이런 경향은 정교 역사 전체에 걸쳐서 나타나는 전형적인 현상이라는 점에 다시 한번 주목할 필요가 있다.

러시아, 그리스, 우크라이나 의식 전례들과 교회 서적 텍스트들에서의 표기상의 차이의 문제는 무정부 상태와 폴란드 침입의 시기였던 소위 17세기 초 '동란의 시기' 이후 특히 첨예화되었다. 그 동란기에 파괴되었던 국립 모스크바인쇄소(모스크바의 주요 인쇄 시설)가 복구된 이후 그것은 서적 인쇄의 중심지였을 뿐만 아니라 일종의 학습 기관이기도 해서 출간되어야 할 신학 저술들이 거기에서 편집되었다. 이 일은

1616년에 착수되었고, 처음에는 러시아 교회만 연관되고 러시아어 텍스트를 편집하는 러시아인들이 주도적으로 수행하는 '국지적인' 임무로 간주되었다. 그 뒤에 그리스 텍스트들이 당시 통용되던 러시아 서적들보다 더 오래된 것으로 간주되었으므로, 인쇄소 회원들은 그리스 서적을 가지고 작업하기 시작했다. 러시아 서적의 원본과의 일치 여부를 확인하는 데 가장 중요한 단계들 중 하나가 아르세니 수하노프라는 이름의 러시아 학자가 동방으로 두 번 여행을 다녀온 것이었다. 그는 동방에서 거의 500개의 그리스 필사본을 가지고 돌아왔다. 수하노프는 그가 수집한 자료에 대한 세밀한 연구를 통해 러시아와 그리스 의례 간의 차이에 관한 세부 기록을 편찬하고서 이를 『프로스키니타리』라고 명명하였다.

키예프 학자들과의 접촉으로 텍스트와 예식을 교정하는 작업이 더욱 복잡해졌다. 우크라이나 학자들의 연구가 보통 라틴어로 씌어져 있었기 때문이다. 그 결과, 텍스트에 행한 많은 수정 사항들이 이단적인 것으로 간주되었고, 거기에는 키예프와 러시아 예식들 간에 존재하는 예배상의 차이점들이 많이 포함되었다. 옛날 예식의 지지자들은 다음의 주요 사항들이 정교로부터의 이탈이라고 주장하였다. 즉, 신앙고백문에 나오는 "진실하고 생명을 주는 신인 성령에서"라는 문구에서 "진실하고"라는 단어가 생략되고, 주기도문에서 신을 부르는 형식이 바뀌고 예수의 이름 철자가 약간 바뀐 것이 그들에게는 이탈에 해당하였다. 예식에서는 성체 의례의 제병이 7개 대신에 5개 사용되고, "할렐루야"가 두 번이 아니라 세 번 불리며, 성직자들이 태양의 운동을 맞이하기 위하여 (제단을 들고 움직이는 대신에) 제단 주위를 도는 변화가 있었다. 모든 예배 참석자들에게 가장 중요한 변화는 성호를 그을 때 손가락을 쥐는 방식에 대한 것이었다. 러시아에서 고대 이래 성립된 관행은 두 손가락을 사용하여 성호를 긋는 것이었던 반면에, 동방에서는 관례상(사실은 더 새로운 기원에서 나온 것으로) 세 손가락으로 성호를 긋도록 요구되었다. 현재 러시아에서 구교도들은 여전히 두 손가락으로 성호를 긋는 것으로 구별된다.

17세기 중엽에 교회의 수장인 대주교 니콘은 엄격하고 잔인한 방식으로 이 변화를 강요하기 시작하여 결국 교회 대분열Raskol로 귀결되고 마는 상황들을 초래하였다. 그의 개혁에 반대하는 예배 참석자들은 차르 알렉세이 미하일로비치에게 탄원하고 니콘을 이단이라고 비난하였다. 그럼에도 불구하고, 니콘과 차르는 1654년 회의를 소집하여 교회 서적을 교정해야 할 필요성에 동의하였고, '교정된' 서적이 인쇄되기 시작하였다. 그러나 서로 다른 사회집단(구귀족, 신귀족, 상인, 장인, 농민)으로 구성된 전 인구의 4분의 1 이상이 이 개혁을 거부하였다.

초기 관습과 예식을 지키기 위한 구교도들의 투쟁은 점차 극단적인 폭력의 양태를 띠게 되었고, 특히 '고집 센 대주교' 아바쿰(1620~1682)[14]이 그들 운동의 수장이 될 때부터 그렇게 되었다. 대사제 아바쿰은 구교의 지도자급 지지자들 중에서 설교자이자 작가로서의 탁월한 능력과 자신의 신념에 대한 굽힘 없는 자기방어 덕분에 두각을 나타내었다. 그의 작품은 작가로서의 열정, 자연스러움, 언어와 사고의 독창성에 있어

---

14 붉은 광장에 있는 카잔 성당의 러시아 수석 사제였으며 1652년 시작된 니콘의 교회 개혁에 반대하다가 시베리아로 유배되어 극도의 고통을 받았다. 그의 생애전과 서한들은 17세기 문학의 백미로 간주된다. 교회 개혁은 동유럽과 중동의 정교 교회의 전통에 따라 러시아 교회의 신학, 찬미가, 의식을 변화시키는 것이었다. 그러나 아바쿰과 다른 강경파들은 이 개혁을 러시아 교회의 타락으로 간주하고 하나님의 '참된' 교회인 러시아 교회를 사수하고자 하였으며, 그 결과 러시아 극동 지방과 북극 지역의 지하방에 감금되었다가 결국 화형당하였다. ——옮긴이

서 유례가 없을 정도이다. 그는 무엇보다도 구교를 전통의 승인을 받은 것으로서, 즉 러시아 선조들의 신앙으로서 옹호하였다. 수도원 감금과 시베리아 유형을 포함하여 그를 국가의 승인을 받은 교리에 복종시키려는 일련의 시도가 불발로 끝나자, 아바쿰은 성직을 박탈당하고 러시아 최북단에 있는 푸스토제르스크에 유배되어 그곳에서 땅 속에 판 축축한 오두막에 15년간 감금당했다. 그의 주요 저작들이 바로 이곳에서 쓰였으니, 여기에는 성서 해석, 서한서, 그의 유명한 자서전인 『아바쿰 생애전』이 포함되어 있다. 그의 생애전은 오늘날까지도 17세기 러시아 문학의 최고봉들 가운데 하나로 간주된다. 그리고 이 푸스토제르스크에서 아바쿰은 그와 함께 추방된 세 명의 지지자들과 장작불로 화형당하였다.

구교는 북부 전체, 우랄 산맥, 시베리아 등지로 파급되었고, 오늘날까지 그곳에 남아 있다. 교회 분열 이후에 취해진 개혁을 묵인하지 않기 위하여 사람들은 종종 집단 자살을 하기도 하였는데, 때로 그렇게 자살한 신도 수가 수백 명에 이르기도 하였다. 1687년에는 구교도들이 최대 규모로 '분신해서'gar 약 2천 명의 구교도 어른과 아이들이 스스로 목숨을 끊었다. 백해에 있는 솔로베츠키 수도원 출신 수도자들의 무장항거가 1667년에서 1676년까지 지속되었다(수도사 한 명이 배신하여 차르 군대에게 비밀 통로를 알려 준 덕분에 차르 군대는 겨우 그 수도원을 점령할 수 있었다). 구교도들은 자신들의 운동을 무력으로 분쇄하려는 시도에 강경히 맞서긴 했으나, 그들 스스로 당국을 공격하는 일은 결코 없었다. 자신들의 신념과 그에 따라 생활할 권리를 수호하면서 그들은 북부 지역, 즉 백해 연안, 우랄 산맥, 시베리아로 떠났다.

구교는 역사적으로 초기 단계에 서로 다양한 분파로 분리되었다.

최후의 구교 사제인 파벨 콜로멘스키가 장작불에 화형당한 후 사제로 임명된 사람은 아무도 없었다. 교회 정전에 따라서 수많은 예식을 치르는 것이 불가능해졌다. 결과적으로 비사제파bespopovtsy라고 부르는 종파가 형성되었다. 그들 사이에서는 성직자의 많은 기능들이 평신도들, 즉 교회 공동체의 가장 존경받고 교육을 많이 받은 일원들에 의해 행해졌다. 종국에 또 다른 분파의 구교도들은 1841년 자신들의 신앙을 받아들인 보스니아인 사제 암브로지에 의하여 사제들이 서품을 받게 할 수 있었다. 이런 식으로 이 특수한 집단에서는 사제들이 다시 활동하게 되었고 이들은 이후에 사제파popovtsy로 명명되었다.

구교도들은 성실함, 청결함, 정확한 일처리, 정직함, 양질의 일반교육에 대한 관심 등 정교 수도원주의의 특징적인 가치들을 유지하였으며, 그 덕분에 러시아 산업계에서 지도자의 역할을 수행할 수 있었다. 18세기 이래 구교도들은 야금업, 은광과 금광업, 상업에서 두각을 나타냈다. 그들은 실질적인 수완, 높은 신뢰도, 노동에 대한 열정, 상업 활동에서 사기와 속임수를 허락하지 않는 높은 윤리적 기준들로 널리 알려졌다. 이 모든 가치들은 정확하고 엄격한 예식 수행에 대한 그들의 헌신과 모든 행동을 성스러운 의식이나 종교적 과업으로 보는 시각 때문에 발달했던 것으로 보인다. 이미 지적하였다시피 육체노동과 필사본을 복사하는 고된 작업은 성스러운 활동으로 간주되었다. 어떤 경우건 고된 노동 덕분에 구교도들은 러시아 경제에 일익을 담당한 수도원들과 더불어 번창하였다.

18세기 중에 구교도들은 카렐리아의 광야에, 폭풍우가 몰아치고 수심이 깊은 비그 강변에 그들의 문화 중심지를 건설하였다. 구교도 정착촌 가운데 가장 유명한 이곳은 표트르 1세가 과거의 전통과 단절하려고 했던 시기에도 고대 러시아 문화유산을 보존하였다. 표트르 대제가 서구화 정책을 펴기는 했지만, 사실 그는 구교도들에 대한 핍박을 완화하였고, 브이고프스키 정착촌에 어떤 적대적 행위도 하지 않았다. 그는 러시아 북부의 산업과 문화 발달에 있어서 구교도들의 가치를 이해하고, 더불어 그로 인해 다시 구교 신앙의 과격성이 완화되고 있음도 이해하였다. 그러나 표트르는 통치 후반기에 구교도들에게서 국가에 대한 정치적 위협이 되는 요소를 발견하고 그들을 보다 가혹한 방식으로 다루기 시작하였다.

19세기 말과 20세기 초에 구교도 공동체는 많은 계몽된 예술애호가와 자선가, 혁신적인 산업기술 창조자, 수집가를 배출하였다. 수집가들 중 가장 뛰어난 이들은 고대 러시아 예술에 대한 해박한 지식 덕분에, 유럽 예술계에서 인상파와 후기 인상파 작품의 가치를 인정하고 현재 러시아의 박물관들을 빛나게 하는 뛰어난 소장품들을 수집하는 데 주도적인 역할을 할 수 있었다. 그들은 또한 극장을 지원하고 '사설 오페라단'을 조직하여 공연예술의 발전에 상당히 중요한 역할을 하였다. 그리고 그들은 학문 연구의 후원자 역할을 자임하기도 하였다. 이런 활동을 통하여 파벨 트레티야코프(그의 이름을 딴 미술관이 모스크바에 있다), 사바 모로조프(그의 후원이 없었다면 모스크바예술극장은 존속될 수 없었다)와 그의 다수의 친척들, 마몬토프 가문, 은행가이자 잡지 『황금양털』 발행인인 니콜라이 랴부신스키와 그의 가족, 6명의 슈킨 형제들(특히 대人예술 수집가인 세르게이 슈킨), 일리야 오스트로호프 등이 세계 문화에 실질적으로 크게 기여하였다.

구교도들은 러시아 국가의 통치히에 온갖 핍박을 받았음에도 불구하고, 자신의 문화적·도덕적 잠재력을 20세기까지 보존할 수 있었다. 이 생산적인 문화적 유산과 정부의 지지를 받은 종교적 관념들 간의 간극은 러시아 문화를 이해하는 데 매우 중요하다. 공식 교회와 구교도들 간의 핵심적인 차이점을 들면, 공식 교회는 자신이 보편적인 기관, 즉 모든 민족들을 위한 교회라는 비전을 갖고 있다는 점이다. 구교도들 역시 자기 교회의 보편성을 강조할 수 있는 기회가 생기면 이를 모두 활용하고자 하였으나, 그들은 먼저 자기 교회를 러시아의 기관으로, 러시아 관습과 의식에 토대를 둔 것으로 보았다. 구교는 어느 정도는 가장 초기에 형성된 정교의 지배적인 요소들을 강화한 것이나. 그럼에도 구교도들은 민족주의를 특징으로 하지는 않았다. 그들은 억압으로부터 자신을 보호하는 과정에서 가까이 지내게 된 다른 모든 민족 및 인종들과 쉽게 공존하게 되었다. 많은 경우 그들의 종교적 비전은 러시아 문화의 근본적인 이념, 즉 교회와 국가의 가장 이상적인 관계는 '심포니', 즉 완전하고 조화로운 일치여야 한다는 이념을 반영하고 있었다. 이 비전은 매년 부활절 직전 일요일 붉은 광장에서 거행되는 의식에서, 차르가 직접 걸으면서 모는 말을 정교의 대주교가 타고 행차하는 방식으로 그 의식에 참가한 사람들에게 제시되었다.

구교 운동이 강하게 지속되자 마침내 국가는 모든 종교기관을 완전히 종속시키기로 결정하였다. 표트르의 통치 기간 동안 종교계를 지배했던 '니콘' 교회(즉, 니콘 대주교의 개혁을 추종하는 교회 분파)에서는 1700년에 아드리안이 서거하고 20년이 지날 때까지도 새 대주교가 선출되지 않았다. 결과적으로 예배자들은 대주교의 부재에 적응하게 되었고 단 한 명의 종교 지도자를 복합적인 지배기구, 즉 후에 신성종무원이 되는 기구로 대체하는 것에 비교적 쉽게 동의하였다. 표트르 대제에게 이것은 이로운 일이었다. 집단보다 개별 인물을 복종시키는 것이 늘

보다 어렵기 때문이다.

신성종무원의 한 회의에서 대주교를 선출할 필요성에 대해 논의할 때 표트르는 한 손으로는 단도를 칼집에서 뽑아들고 다른 손으로는 "바로 여기 너희들의 대주교가 있다!" 라고 말하면서 자기 가슴을 치는 동작으로 반응하였다. 즉, 표트르는 자신이 대주교의 역할을 맡을 것이며 무력으로 다스릴 것임을 분명히 밝힌 것이다. 러시아에 절대주의를 들여온 사람은 바로 표트르 대제였다. 이전에는 전제정치가 회의와 구귀족들의 집회인 두마에 의해 제한되었고, 두마는 종종 군주에게 복종하지 않기도 했었다.[15] 이상하게 들릴지 모르지만, 진정한 폭정은 러시아에 서구화와 함께 들어왔으니, 표트르는 폭정과 서구화 양쪽의 매개자였던 것이다.

교회를 완전히 복속시키기 위해 표트르는 영리한 술책을 고안해 냈다. 그는 러시아인이 아니라 우크라이나인인 스테판 야보르스키(1658~1722)[16]를 임명하여 모든 교회 업무를 관장하게 하였다. 야보르스키는 표트르에게 충성하면서 완전히 복종하였고, 차르는 그가 결코 구교도들 편에 서지 않으리라고 확신할 수 있었다. 표트르의 교회 정책의 지지자들 가운데 또 다른 걸출한 인물은 (역시 우크라이나인인) 페오판 프로코포비치였다. 그는 전체 교회의 행정을 공식적으로 합리화하는 것을

---

15 '두마'(duma)라는 용어는 '생각하다'(dumat)라는 단어에서 파생되었으며, 러시아의 대공들과 차르들에 대한 구귀족들의 자문기관으로서 시작되었다. 표트르 대제가 두마를 해체하고 1721년 그 기능을 상원으로 이전하였다. 제정 러시아 시기에 1905년 혁명의 압력을 받아 세르게이 비테가 자문기관으로서 두마의 창립 선언문을 발표함으로써 과거의 전통이 새롭게 복원되었다. ─옮긴이
16 우크라이나 출생의 러시아 교회 수장이자 정치가. 키예프 아카데미에서 설교가이자 교수로서 활동하다가 성 니콜라스 수도원의 사제로 임명되었다. 이후 표트르 대제의 주목을 받아 1700년 랴잔의 대주교가 되었고, 같은 해에 모스크바의 마지막 대주교 아드리안이 사망하자 교구 감독관에 임명되었다. 그럼에도 황태자 알렉세이를 지지하는 등 표트르 대제와 잦은 마찰을 빚으며 불편한 관계에 있었다. 1721년 신성종무원의 초대 원장으로 임명되었으나 곧 사망하였다. ─옮긴이

목적으로『영적 질서』의 초안을 작성하였다. 이런 식으로 신성종무원이 창설되었다. 군주와 연합하고 회의에서 군주를 대변하도록 정부가 임명한 관리가 그 수장이 되었다. 그리고 점차적으로 이 정부 관리가 모든 교회 업무의 책임을 도맡고 지도자의 역할을 수행하게 되었다.

국가에 대한 교회의 의존이 교회사에서 예외적인 일은 아님에 주목하자. 과거에 비잔틴 황제는 모든 동방 교회의 보호자로 간주되었다. 투르크인이 콘스탄티노플을 점령한 이후 로마에서도 이런 관점이 도입되면서 교회와 국가의 결합 개념이 점진적으로 형성되었다. 러시아에서 이 개념은 '모스크바, 제3의 로마'라는 고유한 이론으로 지속되었다.

표트르가 러시아를 유럽의 발전 경로로 '변화'시켰다는 통념은 부정확한 것이다. 러시아의 유럽적 성격은 (러시아 문화에서 표트르의 근대화보다 훨씬 더 중요한) 기독교로의 개종에 의해 형성된 것이지, 표트르의 개혁에 의해 형성된 것이 아니다. 러시아와 유럽의 유대는 러시아가 킵차크 한국의 세력하에 있던 13~15세기에 약화되기는 했으나 결코 완전히 단절되지는 않았다. 이 유대는 노브고로드와 나르바의 북부 항구를 통해 유지되었다(이 지역 주민 대다수가 러시아인이었고 현재도 그렇다). 반대로 다수의 외국인이 모스크바에 살았고, 독일인들은 완전한 정착촌을 이루고 있었다. 따라서 표트르는 유럽과의 연계를 처음 형성한 것이 아니라 연속시킨 것이며, 그 연계성은 이미 그의 부친인 차르 알렉세이 미하일로비치에 의해 강화되어 있었다. 표트르는 복식, 러시아 도시 설계, 러시아 시민들의 생활관습을 변화시키기 위해 노력함으로써 기존의 문화적 접점에 외적으로 가시적인 형식을 부여한 것뿐이다.

주지하다시피 유럽과 러시아 문화의 주된 차이점은 유럽 문화는 대학에 토대를 두는 반면, 러시아인들의 문화적 중심지는 수도원이라는 것이다. 러시아 역사에서 바로 이 종교기관들의 중요성 때문에, 표트르는 정치적 절대주의를 수립하기 위하여 수도원의 자원을 제한하고,[17] 대주교구를 폐지하며, 교회-국가 관계에 대한 비잔틴 체제를 회복시킬 정도로 종교를 정치적 사안에 복속시키는 데 많은 노력을 기울인 것이다. 실제로 표트르는 러시아에 다시 황제의 권한을 회복시켰고, (전반적으로 교회와 시민계급 모두에 있어서) 민주적인 성격의 제도들, 즉 공의회를 소집하는 것을 중단했다. 국가를 비잔틴 방식으로 개편한 뒤에 표트르는 러시아가 유럽 국가의 권력 체제를 갖추도록 노력하면서 그 모델을 남부나 중부 유럽이 아니라 북부 발트 지역으로부터 도입했다.

러시아에서 교회와 교회의 영성에 대한 그런 공격적인 태도는 본질적으로 극도로 위험한 것이었다. 세속 정부와 관료주의적 행정부가, 비소유파의 가치에 토대를 둔 종교 전통과 순수한 영성에 대한 열망을 통해 거둔 중요한 성과들을 손상시켰기 때문이다.

프로코포비치와 야보르스키가 권력의 최고봉에 도달한 것에서 암시되듯이, 17세기 말에서 18세기 전체에 걸쳐 우크라이나의 고위 성직자들이 러시아 정교의 위계질서에서 주도적인 역할을 맡았다. 예식과 종교적 관행의 모든 외적인 양태에 기울인 깊은 관심이 이전에는 교회 전통을 보존하는 데 도움이 되었다면 이제는 해가 되었다. 예식의 음악적 요소, 예배에 사용되는 언어와 발음 모두 강하게 우크라이나화되고, 그것이 다시 전통이 되어 구속력을 갖게 되었다. 그러나 긍정적인 효과들도 있었으니, 놀라운 음악적 재능을 지닌 우크라이나 가수들이 황실 예배당 성가대에 소속되고 드미트리 보르트냔스키와 같은 작곡가들이

---

17 1701년 표트르는 성직자의 토지 소유 확대를 통제하기 위하여 수도원 행정기관을 신설하였다.

예배를 풍요롭게 한 것이 그 중 하나였다(특히 지방에서 과거의 전통을 완전히 바꾸지 않으면서 말이다). 합창곡 가사의 작사 기술 역시 발달하였고, 드미트리 로스토프스키가 쓴 설교문들이 새로운 유형의 학문적인 금욕주의의 전례가 되었다.

금욕적 수도사들 사이에서의 학문 발전은 특히 18세기에 치혼 자돈스키(1724~1782)에게서 주목할 만한 성과를 거두었다. 치혼은 트베리와 노브고로드 두 도시의 라틴어 학교에서 수학하였고, 요한 아른트(그의 저술은 개종한 유대인의 우크라이나인 아들이자 뛰어난 정교 신학자인 세몬 토도르스키에 의해 번역되었다)와 같은 서구 신비주의자들의 저술을 즐겨 읽었다. 치혼은 아른트를 모방하여 자신의 주요 저작에 『참된 기독교에 대하여』라는 제목을 붙였다. 치혼의 언어는 라틴어 색채를 강하게 띠지만 유려했고 쉽게 읽혔다. 그의 금욕주의 원칙은 기도, 전원에서의 노동, 교육, 연민에 가득 찬 조언 등 다양한 사례와 함께 러시아인들 사이에서 그가 높은 도덕적 위상을 갖게 해주었다. 도스토예프스키는 치혼의 많은 성품들과 자신이 자주 방문했던 암브로즈 장로의 성품들을 이용하여 『카라마조프 가의 형제들』의 조시마 장로를 묘사하였다.

또 다른 걸출한 고위 성직자는 칼루가 시 근교 옵티나푸스틴('옵티나의 광야') 수도원 공동체의 설립자 파이시우스 벨리코프스키(1722~1794)인데, 그는 우크라이나 성직자와 개종한 유대인 여인의 아들이었다. 그는 키예프 신학아카데미에서 학업을 시작하였으나 일찍이 그곳을 떠나 순례를 하고 아토스 산을 방문하였으며 몰다비아의 수도원들에서 생활하였다. 그는 주로 교부들의 저술을 읽었으나, 닐 소르스키의 계율을 따라 라틴 서적보다 그리스 서적을 선호하였다. 그는 몰다비아 수도원에서 적극적으로 그리스어로 된 금욕 에세이들을 번역하고 그곳에 번역학교를 세웠으며, 오늘날에도 『도브로톨류비예』('선에 대한 사랑')라는 제목으로 유명한 여러 권의 번역 텍스트 모음집을 출간하였다.

18세기 말과 19세기 초는 종교가 부흥한 시기로서 그러한 부흥은 때로는 프리메이슨이나 알렉산드르 1세의 신성동맹[18] 개념처럼 세속적인 형태를 띠기도 하였다. 또한 이 시기는 러시아가 가톨릭 교도들과 프로테스탄트들과 새롭게 상호 교류했다는 점에서 특징적이었다. 특히 조제프 드 메스트르(1753~1821)[19]와 예수회의 영향이 지대하였다. 그들은 상트페테르부르크에 지부를 세웠고 폴로츠크에 신학교의 설립을 허가받았다. 한편 프로테스탄트 경건주의와 하인리히 융-슈틸링과 카를 에카르트샤우젠의 신비주의적인 서적들이 가톨릭과 강하게 경쟁하였다. 경건주의의 호소력은 모든 종교적 차이와 교리를 초월하는 기독교인들의 새로운 연합인 보편교회라는 비전에서 다시 한번 찾을 수 있다.

부분적으로 파이시우스 벨리치코프스키와 치혼 자돈스키의 영향하에 러시아 문화의 핵심에 더 가까운 지적인 금욕주의가 19세기에 러시아에서 새롭게 부흥하였다. 옵티나푸스틴에 있는 수도원 장로들의 활동이 아토스 산에 전형적인 소위 '현명한 활동'의 형태로 다시 한번 활발하게 이루어졌다. 수도원은 고골, 레온티예프, 도스토예프스키, 솔로비요프 등 러시아 작가들의 주기적인 방문 덕분에 러시아 사회에

---

18 나폴레옹의 패전과 폐위 이후 1815년 9월 26일 프랑스 파리에서 러시아와 오스트리아, 프로이센 간에 체결된 동맹. 러시아의 알렉산드르 1세가 나폴레옹의 몰락에 러시아가 크게 기여한 바에 힘입어, 자비와 평화라는 기독교 이상에 따라 유럽의 정치체제를 기독교적인 왕정 체제로 재편하자는 취지에서 이 동맹을 제안하였다. 그러나 영국, 로마 교황청을 포함한 각국의 정치적 야심과 시각 차이, 알렉산드르 1세의 1825년 사망으로 인하여 동맹 관계는 오래가지 않았다. ─옮긴이
19 사보이 출신의 철학자·작가·변호사·외교관. 1789년 프랑스혁명 직후에 수직 위계 질서에 따른 군주제의 가장 영향력 있는 대변인 중 한 명이다. 반계몽주의를 주장하는 당대 최고의 지식인들 중 한 명이었던 그는 세습왕정제를 신의 승인을 받은 제도로서, 가톨릭 교회의 유일한 정부 형태로서 지지하였다. ─옮긴이

서 광범위한 반향을 얻게 되었다. 1840년대에 옵티나의 장로 마카리 (1788~1860)와 잘 알려진 슬라브주의 철학자 이반 키레예프스키가 저서를 출간하기 시작했고, 그 작품들은 러시아 문화 전반에 강한 영향을 미쳤다.[20] 1910년 톨스토이가 죽기 직전에 집을 나와 가고 싶어 한 곳이 옵티나였다. 소비에트 정권 초기에는 많은 러시아 지식인들도 이곳 장로들과의 대화에서 위로를 받았다. 그러나 이 시기에 교회는 무신론 국가가 능란하게 선전한, 파괴적인 '교회 재건 운동'으로 전복되었다. 치혼 대주교가 사망한 후부터 1920년대 수도원이 폐쇄되는 시기까지 수도원은 종교생활을 지속하는 데 지도적인 역할을 계속 수행하였다. 20세기 말 수십 년간 이 수도원에서는 다시 한번 지적이고 문화적인 활동이 부흥하게 되었다.[21]

19세기에 러시아 정교 교회의 위대한 성인은 세라핌 사로프스키 (1759~1833)[22]였으니, 그의 인품과 의심할 바 없는 언변의 재능은 많은 러시아 인텔리겐치아들이 교회로 돌아가는 데 큰 영향을 미쳤다. 세라핌이 아르자마스 시 근교에 설립한 사로프스키 수도원과 디베예보푸스

20 19세기에 옵티나푸스틴 수도원은 비소유와 정적주의를 주장한 닐 소르스키와 파이시우스의 직간접적인 영향을 받은 세 명의 장로, 즉 페오니드 장로, 마카리 장로, 암브로시 장로의 존재로 유명해졌다. 마카리는 1836~1860년 사이에 옵티나푸스틴 수도원에서 지낸 수도사들의 생애전을 기획하고 저술 작업을 하였는데, 독일 관념론자였다가 아내의 영향으로 러시아 정교 문화에 심취하게 된 키레예프스키는 그를 만난 후 저술 기획에 참여하였다. 그들은 셰브이료프나 볼루빈스키 등 당대의 다른 일류 학자들도 참여시켜서 벨리치코프스키의 생애전, 시리아의 이사악, 새로운 신학자 시몬, 고백자 막시무스, 시나이의 그레고리 등의 저서들을 발간하였다. ──옮긴이

21 70년간 억압받아 왔던 러시아 정교 교회는 포스트소비에트 시기에 대주교 알렉세이 2세하에서 (1990~2008) 다시 국가종교와 비슷한 양태를 띠어 가는 것으로 추정된다. 교회는 공산주의의 공백을 메우고 독자적인 권력 단위가 되기를 희망하였다. ──옮긴이

22 제정 러시아 최후의 성인이자 최고의 장로로서 명망이 높았으며 망명 러시아인 사이에 인기가 있었다. 삼림 속에서 은둔생활을 하면서 성서 공부와 계속적인 기도, 주행자(柱行者, 높은 기둥 위에서 고행하는 수도자) 수행도 쌓았다. 66살 때부터 내방객을 맞아 병자를 고쳐 주고 예언을 하였다고 한다. ──옮긴이

틴 수녀원은 순례자들이 선호하는 장소가 되었다.

18~19세기 중에 성직자가 고립된 사회계층으로 분리되면서 러시아 인텔리겐치아로부터 소외되는 것처럼 보였다. 그럼에도 교회는 시인들과 예술가들에게 중요하고 친숙한 문화적 장소로 남아 있었다. 푸슈킨, 레르몬토프, 고골, 튜체프, 세르게이 악사코프, 니콜라이 레스코프, 콘스탄틴 레온티예프, 솔로비요프, 그리고 대략 1900~1928년에 이르는 러시아 문화의 '은세기'에 활동했던 많은 작가들과 철학자들이 모두 복잡하고 다양한 방식으로 종교적 사안들에 관심을 쏟게 되었다.

종교에 대한 러시아 인텔리겐치아의 심취는 러시아의 위대한 시인 알렉산드르 푸슈킨의 삶에서 가장 전형적으로 나타났으며, 그는 이후 러시아의 민족적 상징이 되었다. 그의 때이른 죽음에도 불구하고(그는 겨우 37세로 생을 마감하였다) 푸슈킨은 평생에 걸쳐 영적인 변화의 과정을 지나왔다. 창작 초기에는 무신론이 강했는데, 그의 작품들 가운데 반反교회시에 속하는 「가브릴리아다」[23]가 그 명확한 증거이다. 말년에 그는 러시아인들이 가장 애호하는 기도문 중 하나이자 사순절 기간에 수차례 반복되는 '시리아의 에프라임의 탄원'을 시로 창조하였다. 그 시는 인간 운명의 죄와 덕성을 열거하고 있으며, 러시아인들 특히 푸슈킨을 크게 매혹시켰다.

기도문은 회개로 시작된다. 참회자는 먼저 네 개의 매우 일상적인, 사소한 죄에서 구원받기를 간청하는데, 그것은 나태, 낙심, 지배에 대한 사랑(즉 권력에 대한 동경), 그리고 쓸데없는 수다이다. 그다음에 그는 네

---

23 푸슈킨이 1821~1823년 유배 중에 바이런을 읽으면서 쓴 서사시들 가운데 유일하게 외설문학으로까지 간주될 수 있을 만큼 파격적인 내용의 세속적인 서사시이다. 명백히 신성모독적인 줄거리와 주제로 인해 러시아 정교회에 의해 지탄받았다. ─옮긴이

개의 덕목을 위해 기도하는데, 그것은 순결, 겸손, 인내와 사랑이다. 마지막에서 특별히 중요한 것은 자신의 죄를 인정하고 형제를 비난하지 않을 수 있는 능력을 요구한다는 것이다. 총체적으로 이 덕목들 모두 러시아 성인들의 특징이었으며, 사실 그것들은 옵티나 장로들, 그리고 도스토예프스키의 조시마 장로로 형상화된 세라핌 사로프스키의 도덕적인 특성들이었다.

푸슈킨의 불신앙에서 신앙으로의 여정은 20세기 초반 대부분의 중요한 러시아 철학자들에 의해 반복되었다. 니콜라이 베르쟈예프, 세르게이 불가코프,[24] 세묜 프란크,[25] 그리고 다른 많은 이들이 그 궤적을 밟았다. 20세기 초반의 은세기와 결부되는 영적인 르네상스의 중심 인물들에는 시인, 산문 작가, 철학자들뿐 아니라 성직자 출신의 지식인들도 있었다. 성직자와 인텔리겐치아는 종교철학 모임에서 활발한 대화를 시작하였다. 그 첫 모임은 1901년 말에 개최되었으나 결국 1903년 신성종무원장인 콘스탄틴 포베도노스체프[26]에 의해 금지당했다. 그러나

24 러시아 정교 신학자·철학자·경제학자로서 신학교 수학 중에 맑스주의에 심취하여 법제 맑스주의 운동에 가담하였으나 톨스토이, 도스토예프스키, 솔로비요프 등 러시아 종교철학자들의 작품에서 영향을 받아 정교에 귀의하였다. 『관념론의 문제들』, 『이정표』, 『종교의 문제들』 등을 저술하고 솔로비요프와 톨스토이에 대한 저술을 남겼으며, 1911~1917년 푸트(Put', '길'이라는 뜻)라는 출판사를 운영하면서 동시대 정교 신학의 많은 주요 저술들을 발간하였다. ─옮긴이

25 유태계 출신의 러시아 종교철학자. 1912년 정교에 귀의하고 지도적인 러시아 정교 사상가로 인정받았다. 1922년 소비에트 정부로부터 추방당한 뒤 여생을 세계교회연합과 친구의 지원을 받으며 보냈다. 전체에 대한 지식은 직관적으로 주어지는 것이며 논리적인 추상화는 부분에 대한 이해만 가능하게 한다고 주장하였고, 존재는 '됨'이 아니라 역동적인 잠재성을 가진 '되어 감'을 속성으로 하고, 현실은 합리적이면서도 비합리적이므로 미래는 비결정적이라고 가르쳤다. ─옮긴이

26 러시아 법률가·정치가이자 세 차르의 자문관이었다. 반동 세력의 대변자로 알려져 있으며 제자인 알렉산드르 3세의 통치 시기에 신성종무원장이 되었고 러시아 정치에 대해 막후에서 실력을 행사하였다. 민주정치체제를 인간의 본성에 대한 환상에 근거를 둔 허황된 제도라고 비판하고 강력한 전제정치를 주장하였으며, 1901년 톨스토이를 파문시켰다. 주요 저서는 『시민권 강의』 3권 (1868, 1871, 1880)이다. ─옮긴이

논쟁은 『이정표』(1909)라는 논문집과 『새로운 길』이라는 잡지에 계속 출판되었다. 이 시기의 저명한 신학자들 가운데 사제 파벨 플로렌스키(1882~1937)는 총살당하기 전까지 짧은 생애 동안 철학과 신학에서뿐만 아니라 과학과 인문학에서도 수학자, 인문학자, 기술자, 박물관 학자, 예술사가로서 뛰어난 업적을 쌓았다.

'로고스', '무사게트', '오르페우스'라는 표제하에 시리즈들을 연달아 발간하면서 번창했던 푸트('길')와 같은 출판사들에도 주목해야 한다.[27] 종교적인 주제에 대해 토론하는 지식인들의 다양한 회합 역시 번창하였으니, 여기에는 미하일 노보셀로프(가장 민주적인 경향을 지닌 자들 가운데 한 명)가 조직한 서클, 그리고 가장 자유사상이 발달해 있고 모임에 성실히 참가한 알렉산드르 메이에르의 서클이 포함된다.

무신론은 혁명적이고 (필자가 보기에) 테러리스트 기질이 있는 반(反)인텔리겐치아의 전형적 특징으로 나타났다. 일종의 급진적인 무신론이 고등교육이나 때로는 심지어 중등교육도 못 받은, 새로 확장된 노동자 계층(우체국과 철도국의 노동자들, 회계원들, 기술자들, 소상인들)에 퍼져 있었다. 군주제에서 교회가 놓인 종속적인 지위는 종교에 대한 이런 태도를 부추기는 역할을 하였다. 수적으로 계속 증가하는 반인텔리겐치아에게 교회는 반동적인 이데올로기의 구현에 다름 아니었다. 전형적으로, 반인텔리겐치아는 그리고리 라스푸틴[28]을 교회의 고관으로 오인

---

27 로고스, 무사게트, 오르페우스는 에밀 메트네르의 지휘하에 발간된 시리즈들로 표도르 스테푼, 안드레이 벨리, 알렉산드르 블로크, 솔로비요프, 기피우스, 스트루베 등이 저자로서 참여하였다. 주요 주제는 새로운 시대에 이들이 직면하게 된 철학적·미학적 문제들이다.──옮긴이

28 제정 러시아 말기의 파계 성직자이자 예언자로서 니콜라이 2세의 실정에 상당한 역할을 한 것으로 알려져 있다. 1903년 황태자의 혈우병을 잠시 동안 완화시켜서 황후의 전적인 신임을 얻고 이후 러시아 정치의 숨은 실력자로서 세도를 부렸다. 그의 잔혹하고 무분별한 정책은 귀족, 인텔리겐치아, 대중의 분노를 샀으며, 반란을 두려워한 귀족과 황족 세력에 의해 암살되었다.──옮긴이

하고서 그의 모든 악덕을 교회 탓으로 돌렸다. 이런 태도가 만연해진 탓에 혁명이 1917년에 기존 질서를 전복시키는 데 성공하고 반인텔리겐치아가 권좌에 올랐을 때, 교회는 진정한 인텔리겐치아와 마찬가지로 기독교사에서나 세계문화사에서나 보기 드물게 혹독한 탄압을 받았다. 사회의 반*교육층은, 어떤 식으로건 자신들에게 이해되지 않거나 반인텔리겐치아의 문화적 부적합성을 증명하는 모든 것을 의심하는 일반적인 성향에 따라 신학과 고등문화에 대해 매우 부정적인 태도를 보였다.

교회는 사회적 격변에 신속히 반응하려고 노력하면서 1917년 8월, 표트르 1세 이래 첫 공의회를 소집하였다. 마침내 국가에서 독립하여 활동할 수 있게 된 공의회는 미국에 있는 러시아 정교 교회의 전직 수장이었던 치혼을 대주교로 선출하였다. 새 대주교는 러시아의 종교 전통에서 11세기 동굴의 테오도시우스, 16세기 이반 뇌제 통치기의 수좌대주교 필리프, 19세기의 세라핌 사로프스키 등 최고의 대표자들이 보여 주었던 전형적인 겸손, 친절, 확고함, 관대한 마음을 보여 주었다. 결과적으로 치혼은 널리 존경받았고, 그의 신뢰를 떨어뜨리려는 정치 당국의 노력은 실패하였다. 그는 1925년 사망할 때까지 지속적으로 교회의 이익을 학문적으로 용감하게 보호하였다. 치혼의 행정기관에 반대하면서 정부기관들의 지지를 받았던 소위 혁신파들의 '진보적인' 운동은 대중들이 그들의 혁신을 믿지 않고 전통적인 종교 관행을 선호하였기 때문에 종국에 흐지부지되었다. 문화에 있어서 종교적인 요소의 진정한 대변자들, 생각하는 인텔리겐치아는 형벌을 받아 감옥과 집단수용소에서 사라지고 집단 처형을 당하였다.

이 억압의 전형적인 특징은, 1920~1940년대에 소비에트 이데올로기에 지적으로 대립하였던 세력에 탄압의 초점이 맞추어지면서 교회 역시 과학아카데미, 다양한 대학들, 종국에는 전체 문화운동과 똑같은 운명을 겪게 되었다는 점이다. 그들에게는 '반反맑스주의자'이자 '반과학적'이라는 낙인이 찍혔고, 그들은 폭력과 테러에 의해 제거되었다. 언어학에서 인도유럽 이론, 그것에 직접 대립되는 '마리즘',[29] 유전학, 사이버네틱스, 문학과 인문학에서 형식주의 기법 등이 그러한 운명을 맞이했다.

그럼에도 불구하고, 대다수 사람들은 수세기 동안 전통, 교회 예배의 외적 형식, 교회 예식의 관행을 존중하도록 양육된 덕분에 정교 신앙을 보존하였다. 종교의 문화적 생명력을 보존하는 데 있어서 망명 중에 교회와 인텔리겐치아의 생산적인 접합을 계속 실험해 온 러시아 정교 신학자들의 역할은 결코 작지 않았다. 러시아가 기독교를 수용한 지 천 년째가 되던 1988년의 천 주년 축하 기념행사 이후에 넓어진 예배자들의 토대와 지적 영역을 통해 러시아 정교의 새로운 르네상스가 시작되었음을 명확히 알 수 있다.

이경완 옮김

---

29 소비에트 고고학자이자 언어학자인 니콜라이 마르가 1920년대에 주장한 언어 이론으로서 모든 언어학의 발전은 경제 관계의 반영이며 언어 자체도 사회의 상부구조의 반영이라는 것이 그 핵심 내용이다. 그의 언어학적인 견해에 따르면 카프카스어가 유럽의 원초적인 언어, 즉 모어이다. 소비에트 언어학에 마르의 이론이 미친 영향은, 스탈린이 『맑스주의와 언어학의 문제들』(1950)에서 마르의 상부구조 이론을 반박하고 언어는 인간의 생산활동과 무관하다고 선언하여 마리즘을 배격한 1950년대까지 지속되었다. ──옮긴이

4장

아시아

· 마크 바신

> 러시아인을 한번 긁어 벗겨 봐라, 그러면 타타르인을 발견할 것이다!
> ― 나폴레옹 보나파르트

> 러시아인은 셔츠를 집어넣어 입기 전까지는[1] 매우 유쾌한 민족이라는 점을 명확히 해두
> 자. 동양인으로서 러시아인은 매력적이다. 러시아인이 다루기가 지극히 까다로운 변태적
> 민족이 되는 것은 자기가 동양 민족 중에서 가장 서쪽에 위치한 것이 아니라 서양인들 중
> 가장 동쪽에 위치한 민족으로 취급되기를 고집할 때뿐이다.
> ― 러디어드 키플링, "The Man Who Was"[2]

다른 모든 민족들과 마찬가지로, 전통적으로 러시아인은 세계에서 자
신의 지리적 위치가 어떤 논리적 의미나 중요성을 띠고 있다는 주장을
수용해 왔다. 그들은 또한 이러한 위치의 중요성이 민족적 정체성과 운
명에 대한 가장 근본적인 질문들과 직접적으로 관련되어 있다고 믿는
경향이 있다. 때문에 지리적 위치는 통상 매우 강한 편견의 대상이 되어
왔다. 러시아의 경우에 '위치'는 무엇보다도 동쪽과 서쪽으로 연속되어

---

* 마크 바신(Mark Bassin). 유니버시티칼리지런던 강사. 저서로 『지리학적 상상력과 제국의 권력:
  1840~1865년 러시아의 아무르 유역 합병』(Geographical Imaginations and Imperial Power: The Russian
  Annexation of the Amur River 1840-1865)이 있으며, 그 외에 동양에 대한 러시아의 인식, 지정학의
  역사, 환경주의의 역사에 대하여 『슬라브리뷰』(Slavic Review), 『미국사리뷰』(American Historical
  Review), 『현대사저널』(Journal of Modern History), 『영국지리학협회보』(Transactions of the Institute
  of British Geographers) 등에 논문을 발표하였다. 유럽역사연구소, 키넌연구소, 레마르크연구소에서
  연구원을 지낸 바 있다.
1 러시아인들의 전통 복식에서 셔츠(루바슈카)는 하의 속에 집어넣지 않고 내어 입고 그 위로 허리띠
  를 매게 되어 있다. "셔츠를 집어넣어 입는다"라는 표현은 러시아인들이 서유럽 문화를 받아들여
  서유럽인들과 같은 삶의 형식을 갖추게 되었다는 의미이다. ──옮긴이
2 Rudyard Kipling, "The Man Who Was", ed. W. Somerset Maugham, A Choice of Kipling's Prose,
  London: Macmillan, 1952, p.28.

있는, 즉 동양에서부터 서양에 이르는 경도를 중심으로 이해되어야 한다. 잘 알려져 있다시피, 러시아는 극히 상이한 세계 문명대 사이에 끼어 있는 광대한 공간에서 출현하여 발달해 온 역사적-지리적 운명을 가졌다. 그리고 그 결과, 일종의 중요한 중간지대를 점하고 있다는 의식이 적어도 러시아 현대사 전반에 걸쳐 팽배하게 되었다. 물론 러시아가 중간적 위치를 중요하게 여기는 유일한 사회는 아니다(독일 또는 무엇보다도 터키 같은 나라를 떠올릴 수 있을 것이다). 그러나 공정히 말해서, 이러한 자각이 이다지도 심원하게 불안을 야기하는 양가성을 민족정신에 지속적으로 불러일으키는 나라는 러시아뿐이다. 러시아에서 이 양가성은 동과 서 사이의 일종의 존재적 불확정성으로 나타난다. 이것은 다시 말해 거의 3세기 동안 불가항력적으로 몹시 성가시게 이 사회의 자의식의 정중앙을 관통해 온, 진정한 지리적 정신분열증이라고 할 수 있다. 러시아가 아시아와 어떤 관계에 놓여 있는지에 대한 질문은 이 딜레마를 구성하는 핵심 요소이며 따라서 오직 보다 거시적인 동서의 병치 속에서만 이해될 수 있다. 이 관계의 토대를 이루고 있는 것은 사회적 상호작용, 승리와 패배, 국가 건설의 실체적인 역사적 유산이다. 이러한 역사적 유산의 주요 윤곽들을 우리는 이 장의 처음 몇 절에서 살펴볼 것이다. 그러나 그와 동시에, 러시아와 아시아의 접촉들, 그리고 보다 넓게는 동서양 사이의 러시아의 위치가 지니고 있다고 인식되는 의미가 러시아 문화에 있어 매우 중요하며, 따라서 이 의미가 우리의 주된 관심사가 될 것이다. 우리는 아시아 및 아시아에 대한 러시아의 관계(희생자, 교화자, 또는 형제로서)를 인식하는 러시아의 시각이 결국은 심오하게 이념적인 것이었고, 보다 광범위하고 긴급한 현안인 러시아의 민족정서를 만족시키기 위해 조작될 수 있는 것이었음을 보게 될 것이다.

초기 접촉

러시아인에게 '아시아'라는 개념은 18세기 초, 달리 말해 매우 나중에서
야 그 완전한 의미를 얻게 되었다. 이러한 상황을 고려할 때, 표트르 대
제 이전 시기에 일어난 상호작용과 인식 등에 대해 러시아와 아시아를
어떤 식으로든 구별한다는 것은 일종의 시대착오에 지나지 않는다. 이
것은 표트르 이전 시대 러시아 사회가 자신과 동양의 민족들을 뚜렷이
구분하지 못했다는 얘기는 아니다. 표트르 이전 러시아 사회는 확실히
이 둘을 구별하였으나, 그 차이에 대한 이해는 다소 다른 관점에서 이루
어졌다. 실제로 그러한 구분은 러시아 문명화의 가장 이른 시기, 곧 키
예프 루시 시대에 이미 이루어지고 있었다. 키예프 루시는 그 영토의 동
쪽 및 남동쪽 주변부에서 훨씬 나중에서야 아시아라고 지각된 다른 여
러 사회들과 오랫동안 접촉해 오고 있었다. 주로 서유라시아 스텝 지역
의 대초원에 모여 살던 이 집단들은 아시아 대륙 깊숙한 내부로부터 서
쪽으로 몇 세기에 걸쳐 연속적으로 이주해 갔다. 18세기부터 역사학자
들이 애써 강조해 왔듯이, 고대 러시아인들은 근본적으로 사회적·경제
적 삶의 다양한 면에 있어서 이 집단들과 구별되었다. 여기에는 키예프
루시의 군주제와 귀족제도 같은 '서구적' 정치제도와 드네프르 강 유역
의 상업과 농업에 의존하는 경제적 토대, 그리고 당연한 얘기지만, 10세
기 후반 국교화된 기독교 등이 포함된다. 대조적으로, 러시아의 동쪽 이
웃 부족들은 거의 전적으로 유목 축산업에 기반하여 살아가고 있었다.
기독교로 개종한 슬라브족들과 특히나 뚜렷이 대조되는 것은, 이 목축
민들이 다양한 샤머니즘적 이교를 믿고 있었고, 나중에는 이슬람이나
심지어는 유대교를 신봉한 경우도 있었다는 점이다.

키예프 루시는 그 기원부터 끊임없이 이들 유목민 집단들과 대면해 왔다. 7세기 중반에 이르러 국가 형태가 갖추어진 하자르족은 결국 페체네크족으로 대체되었고, 그다음에는 또 폴로베츠족, 즉 쿠만족이 그 자리를 차지했다. 러시아인들과 유목민족 사이에는 상당한 정도의 사회 접촉과 경제적 교류가 있었지만, 관계가 적대적일 때도 빈번했다. 이러한 갈등을 거치면서 러시아인들은 이웃 부족들에 대항하여 인상 깊은 승리를 몇 번 거두기도 하였다. 960년대에 하자르인들에 대항한 스뱌토슬라프의 동방 원정이나 1037년 폴로베츠족들에 대한 현제 야로슬라프의 눈부신 승리 등이 그것이다. 그러나 광활한 대초원을 가로질러 온 유목민 기병대는 기마전에서 압도적으로 우세하였고, 따라서 이 두 집단 사이의 마찰은 키예프 루시에게 점점 더 큰 피해를 가져다주게 되었다.

13세기 초 수십 년간, 몽골의 군주 칭기즈칸은 아시아 내륙 스텝 출신의 군대를 이끌고 일련의 눈부신 정복 활동을 벌였다. 그 위대한 결과로, 세계 역사상 가장 크고 강력한 제국 중 하나가 세워졌다. 그 영광의 정점에서 몽골 제국은 중국에서 페르시아, 투르키스탄에서 유프라테스 강과 지중해, 그리고 한반도와 동유럽까지 확장되었다. 러시아인들이 몽골의 서방 진군의 첫번째 징후를 감지한 것은 1220년대 초였지만, 몽골의 군사력은 10여 년 동안 그 중간에 자리잡고 있던 유목 부족들과의 분쟁에 소모되고 있었다. 1237년에서야 마침내 몽골은 키예프 루시에 대한 집중적 군사행동을 시작하였다. 뒤이은 맹공은 파괴적이었다. 서로 분열되어 있었던 데다가 군사적 준비도 되어 있지 않았던 러시아 공후들은 이렇다 할 저항을 할 수 없었고, 몽골 군대는 신속하고도 거의 절대적으로 승리를 거두게 되었다. 수도가 함락된 1241년까지 키예프 루시의 전역이 침공당하고 정복되었다. 니콜라스 랴자노프스키가 언급한 바와 같이, 이것은 러시아의 오랜 역사를 통틀어 외국의 침략자에게 완전한 복종을 바치게 된 유일한 사례였다.[3] 정복을 면한 유일한 지역은 외딴 북서쪽에서 빽빽한 산림과 습지에 고립됨으로써 자연적인 방어를 누렸던 노브고로드 공국이었다. 몽골 제국이 정복 사업을 추구하면서 보여 준 무자비함과 정복에 뒤따른 철저한 약탈은 그 시대를 기록한 러시아 연대기들에서 전설적인 것으로 묘사되었다. 실제로 마을과 농업 지역의 유린과 철저한 파괴는 함께 자행된 전 주민의 살육과 노예화와 더불어 전례 없는 민족 대학살이라고 할 수 있었다.

볼가 강 하류에 위치한 도시 사라이는 '황금군단'Zolotaia Orda[4]으로 알려져 있는, 우랄 산맥 서쪽 러시아 피정복지에 위치한 몽골 관구의 수도가 되었다. 여기에서 몽골인들은 키예프 루시의 파괴된 잔해에 대해 한 세기 반 동안 효과적으로 통제를 유지했다. 그들은 직접적인 물리적 점령을 통해서가 아니라 러시아 공후들의 대행을 통해 권위를 행사했다. 그들은 무엇보다도 정기적으로 공물을 바침으로써 몽골의 권위를 인정하는 조건으로 러시아 공후들을 임명하고 또 지지했다. 이러한 견지에서 러시아에 대한 몽골의 영향은 지리적으로 원격적인 것이었으며 실질적으로 간접적인 것이었다. 시간이 지남에 따라 러시아인들은 점점

---

[3] Nicholas Riasanovsky, "Asia through Russian Eyes", ed. Wayne S. Vucinich, *Russia and Asia: Essays on the Influence of Russia on the Asian Peoples*, Stanford, CA: Hoover Institution Press, 1972, pp.3~29. 이 글에 인용된 부분은 p.5.

[4] 황금군단(Golden Horde)은 1240년대 몽골 제국의 루시 침략 이후 동슬라브 지역의 몽골 서쪽 영토에 성립된 한국(khanate)을 가리킨다. 킵차크 한국으로도 불리는 황금군단의 영토는 최대 전성기에 우랄 산맥부터 다뉴브 강 오른쪽 기슭에 이르는 대부분의 동유럽 지역과 동쪽으로는 시베리아 깊숙이까지 뻗어 있었고, 남쪽으로는 흑해와 카프카스 산맥, 그리고 몽골의 일 한국의 경계와 맞닿아 있었다. ─ 옮긴이

더 통제하기 힘들어졌다. 처음에는 공물의 의무를 축소하거나 게을리하더니 결국에는 몽골 지배에 전면적인 저항을 시도하였다. 1380년, 러시아의 전쟁사에서 가장 기념되는 전투 중 하나가 모스크바 남쪽의 쿨리코보 평원에서 발생했다. 이 전투에서 모스크바 공후였던 드미트리 돈스코이는 몽골 적군들과 교전하여 이들을 물리쳤다. 비록 몽골 군대들이 곧이어 다시 이 지역을 점유하기는 했으나 그들의 권위는 근본적으로 손상되었고 그다음 세기를 거치면서 계속 잠식되었다. 몽골에 대한 러시아의 충성 서약은 1480년 이반 3세에 의해 공식적으로 폐기되었다.

연대기들이 전하는 바에 따르면, 공포에 질린 키예프 루시 주민들은, 종말론적인 표현을 빌리자면, 이 가차 없는 약탈자들을 자신들의 세속적인 죄에 대한 응보로 신이 자기들에게 내린 무시무시하고 야만스러운 회초리로 인지하려는 경향이 있었다. 예를 들어, 『랴잔의 멸망 이야기』는 1237년에 일어난 이 도시의 함락에 대해 다음과 같은 잔인한 기술을 담고 있다.

그리고 도시 안에서 그들은 남자와 여자, 그리고 아이들을 조각조각 칼로 난도질했다. 어떤 이들은 강에 처넣어졌다. 사제들은 마지막 한 사람까지 모두 난도질당했고 도시 전체가 불질러졌다. 그리고 랴잔의 모든 재물들은…… 약탈당했다. 하나님의 교회들은 노략질당했으며 성스러운 제단에 피가 흘러넘쳤다. 도시 전체에 단 한 사람도 살아남지 못했다. 모든 것이 붕괴되고 모두가 같은 죽음의 잔을 마셨다. 아비들이건, 아이들이 딸린 어미들이건, 형제들이건, 친척들이건, 단 한 사람도 신음하거나 울부짖도록 내버려 두어지지 않았다. 왜냐하면 모두 죽어 널브러져 있었기 때문이

다. 그리고 이 모든 것은 우리의 죄 때문에 우리에게 일어난 것이다.[5]

이러한 경험들이 어떤 정신적 외상을 안겨다 주었음은 분명하지만, 당시 러시아인들이 그 약탈자들에 대해 근세기에 받아들여진 의미의 아지아티aziaty, 곧 아시아인으로서 특정한 개념을 갖고 있었던 것은 아니라는 것을 언급할 필요가 있다. 그러나 이러한 사실에도 불구하고, 현대에 와서 스텝 유목민족들과의 충돌의 유산 전체, 그리고 무엇보다도 몽골의 지배라는 그 운명적 정점은 러시아와 아시아 간 상호작용의 첫 전개 유형으로서 심대한 중요성이 부여되어 왔다.

이 초기 사건들이 지니는 정확한 의미에 대해 활발한 논쟁이 계속되어 왔으며 여러 가지 다소 상이한 입장들이 표명되어 왔다. 널리 지지되는 입장 중 하나는 유목 '아시아인의' 지배를 받은 경험에 대해 그 어떤 영속적인 의미도 축소하거나 혹은 심지어 부인하는 것이다. 키예프 루시는 원시 유럽 사회로서 발전해 오고 있었으며, 러시아라는 국가가 몽골 지배로부터 출현했을 때 러시아는 단순히 중간에 끊겼던 지점에서 발전 과정을 재개했던 것에 불과하다. 이와 대조적으로, 러시아 역사에서 주요 휴지기로서 몽골 지배 시기의 중요성을 강조하는 또 다른 두 가지 해석이 존재한다. 둘 다 키예프 루시의 정치적·사회적·문화적 구조가 유목민 침입 과정에서 파괴되었으며, 그 파편 속에서 출현하여 이제 완전히 새롭게, 저 멀리 드네프르 계곡의 북동쪽을 면하고 있는 모스크바-오카 지역의 지리적 중심부에 자리잡은 이 사회가 이전 사회와

---

5 V. P. Adrianova-Peretts ed., "Povest' o razorenii Riazani Batyem", *Voinskie povesti drevbei Rusi*, Moscow-Leningrad: AN SSSR, 1949, pp.12~13 [「바투에 의한 라잔의 멸망 이야기」, 『고대 루시의 전쟁 이야기』]. 이 장에서 러시아 문헌의 영어 번역은 모두 인용자가 직접 한 것이다.

는 근본적으로 달랐다는 데 의견을 같이한다. 초기 모스크바 공국은 키예프의 유산을 계승한다기보다는 러시아 국가로서 다분히 새로운 시작점이었다고 할 수 있다. 이 국가는 서쪽보다 동쪽 지향적이었으며 정치적·사회적 제도에서 스텝 통치자들의 강력하고 명백한 영향을 배제하고 있었다. 두 해석은 바로 이 영향을 어떻게 평가하고 가치를 부여하는가 하는 데에서 차이가 난다. 그 중 한 관점은 이것을 완전히 부정적으로 판정하는 것으로, 몽골 지배를 러시아의 독특한 독재 정치 문화 또는 한 개인의 무제한적이고 도전 불가능한 권위의 원천으로 본다. 이 관점 역시 상당히 널리 지지되고 있다. 그 중에서도 19세기의 위대한 역사학자 바실리 클류체프스키는 "설령 유럽적 외관으로 치장되었다 하더라도, 근본적으로 동양 아시아적 구조를 지닌 국가의 공통된 특징들"을 러시아 사회와 국가에서 발견함으로써, 이러한 관점을 잘 표현하고 있다.[6] 차르 전제정이 카를 비트포겔이 명명하여 유명해진 '동양식 전제주의'의 러시아적 변형에 불과하며, 키예프 루시에는 차르 전제정의 전례가 전혀 없었다는 주장이 제기되고 있다.[7] 나중에 러시아 독재정 제도는 모스크바 공국과 러시아 제국의 사회를 정치적으로 더 다자화된 유럽 국가들의 사회로부터 구별하는 근거가 되었다. 이 관점을 지지하는 사람들은 공산주의 소련을 러시아가 이때부터 가지게 된 발생학적 속성인 동양식 전제주의의 현대적 표현으로 간주한다.

6 Vasily O. Kliuchevskii, *Kurs russkoi istorii*, 5 vols., Moscow: Gos.Sots.-Ekon. Iz-vo, 1937, vol.IV, p.35 [『러시아사』].

7 Karl Wittfogel, *Oriental Despotism. A Comparative Study of Total Power*, New York: Vintage, 1981. 비트포겔의 저작은 러시아를 동양적 전제주의로 본 가장 잘 알려진 분석일 뿐, 이것이 최초의 분석일 가능성은 적다. Joseph Schiebel, "Aziatchina: The Controversy Concerning the Nature of Russian Society and the Organization of the Bolshevik Party", Ph.D. thesis, University of Washington, 1972를 참조하라.

다른 한 해석은 몽골 지배 경험의 결과로 러시아가 기본적으로 유럽과 다르다는 것을 인정하는 반면, 그럼에도 불구하고 유목민의 영향을 긍정적으로 평가하는 것이다. 사실 몽골인들은 동유럽 평원 및 북부 아시아에 걸친 광대한 영토의 진정한 '지정학적 운명'이었던 정치적 통일의 필요성을 지각한 최초의 민족으로서 창조적 역할을 수행했다. 모스크바 공국은 자신이 마침내 승리자로 출현했을 때 이 역할을 넘겨받았고 실제로 이 사업을 완수했다. 이 과정에서 조직적으로 또 자연적으로 자라난 문명은 슬라브, 몽골, 터키, 그리고 다른 토착 요소들이 복잡하게 혼합된 것이었다. 이 모든 요소로 인해 이 문명은 서양과 동양 모두로부터 확실히 구별되는, 독특한 '유라시아적' 정체성을 가지게 되었다. 앞으로 살펴보겠지만, 이 마지막 관점은 20세기 초 수십 년 동안 특별히 열정적으로 개진되었으며, 실상 오늘날에도 거듭 주장되고 있다.

동쪽으로의 확장 및 국가 건설

현 시점에서 고대 러시아의 성격을 원시 유럽 사회로 볼 것인가 혹은 반대로 동양 사회로 규정할 것인가와는 상관없이, 러시아가 몽골의 지배로부터 벗어난 이후 몇 세기에 걸쳐 형태를 갖추게 된 거대한 제국이 통상 아시아의 일부로 여겨지는 지리적 영역에 압도적으로 넓게 걸쳐 있었다는 사실에는 이론의 여지가 없다. 이러한 지리적 편향의 이유는, 러시아의 제국적 경향 안에 깊이 깔려 있는 어떤 막연한 동양적 성향보다는, 이 지역에서 러시아인이 영토 확장을 위한 보다 쉽고 현실적인 기회들을 발견했다는 단순한 상황에서 찾아야 할 것이다. 실제로, 러시아로 하여금 아시아로 영토를 확장하도록 몰아간 다양한 요소들, 곧 자연자원이나 농경지의 필요, 상업적 필요, 안보 및 방위에 대한 고려, 또는 제국주의적인 영토 확장의 단순한 욕구 등은 전체적으로 서부 국경에서 작용한 요인들과 실질적으로 다를 바가 없었다. 이 거대한 영토를 통합하려는 최초의 움직임이 행해진 것은 16세기 중반, 뇌제로 더 잘 알려진 차르 이반 4세 때였다. 이 시기에 모스크바 공국은 러시아의 다른 공국들에 대해 자기의 우위와 통제를 명확히 확립하는 데 성공하였고, 그럼으로써 자신의 명칭을 그대로 딴 본질적으로 새로운 정치적 독립체의 지리적 중심부가 되었다. 약 3세기 반 후 이 과정이 끝났을 때, 러시아 제국의 동쪽 경계는 알래스카 섬, 만주 국경, 한국, 몽골, 페르시아, 그리고 터키까지 확장된다. 러시아의 아시아쪽 제국은 극도로 복잡한 형성 과정에서 나온 산물이었다. 이 형성 과정을 요약·개괄하기 위해서는 영토 확장이 일어났던 특정한 세 방향, 즉 동쪽, 남쪽, 남동쪽 각각에 대하여 그 과정을 묘사하고 검토하는 것이 제일 나을 것이다.

정동쪽을 겨냥하여 진출함으로써 러시아의 팽창과 동화에 있어서 최초의, 그리고 영토 규모 면에 있어서 지금껏 가장 드라마틱한 활동 무대가 열렸다. 황금군단의 잔존 지역에 관심을 쏟았던 차르 이반은 1550년대에 카잔 한국, 아스트라한 한국, 크림 한국에 맞서 출정하였다. 1550년대 말까지 첫 두 원정에서 승리를 거둠으로써 볼가 강 유역 전역은 안전하게 러시아의 지배하에 들어왔다. 이후 이러한 진출은 1580년대 초에 상당히 증가하였다. 19세기 민족주의 역사학자들이 '러시아의 코르테즈 장군'이라 찬미한 카자크Cossaks, Kazaki[8] 대장 예르마크 티모페예비

---

8 15세기 말부터 20세기 초 사이에 우크라이나와 러시아 남부에 있었던 군사집단. 원래 대평원에 거주하는 '자유민'을 뜻하는 말로 13~14세기에 다양한 부족들이 자신들을 일컫기 위해 사용하였다.——옮긴이

〈그림 4-1〉 바실리 수리코프, 「1582년 예르마크의 시베리아 정복」(1895). 캔버스에 유화

치가 기진맥진한 부대를 이끌고 우랄 산맥을 넘어 시비르 한국의 수도 이스케르를 공격한 것도 이때이다. 비록 불운한 예르마크 자신은 전사했지만 카자크들은 놀랄 만큼 손쉽게 승리하였다. 이때 원주민의 저항을 진압한 이후로 시베리아의 얼어붙은 '미지의 영역'을 가로질러 동쪽으로 가는 길은 사실상 아무런 장애물 없이 활짝 열리게 되었다. 시베리아의 험한 자연환경에도 불구하고, 이 길은 러시아인들에게 있어 너무 매력적이었고, 그래서 그들은 매우 급속히 그 광대한 지역을 횡단하고 점유하였다. 1639년에 이미 러시아인은 태평양 해안에 출현하였다. 고작 반세기를 조금 넘는 동안에, 걷거나 원시적인 통나무배로 이동하는 빈약하기 짝이 없는 카자크 무리가 지구상에서 가장 거칠고 험악한 지대 중 하나의 수천 마일 되는 거리를 가로질렀던 것이다.

이 러시아인들을 그렇게 재빨리 과감하게 북아시아 대륙을 가로지르도록 이끈 것은 시베리아의 침엽수림 속에 있는 믿을 수 없이 풍부한 검은담비, 흰담비, 밍크, 그리고 여우의 가죽이었다. 이러한 모피가 우랄 산맥 서쪽의 외국 및 러시아 국내 시장에서 만들어 내는 엄청난 이윤 때문에 이 동물들은 집중적으로 사냥되었으며, 따라서 시베리아의 급속한 점유에 비례하여 모피를 제공하는 동물 수가 감소되었다. 실제로 이 동물들은 이미 17세기 말경에 심각한 정도로 고갈되었다. 이후 북태평양에서 얻어지는 해달 가죽으로 관심이 옮겨 가자, 러시아인의 모피 무역 중심지는 훨씬 더 멀리 동쪽으로, 시베리아 본토로부터 잠시 캄차카 반도로, 알류샨 열도를 가로질러 이동하였고 마지막으로 아예 아시아를 넘어 북아메리카 대륙에 자리잡게 되었다. 러시아의 알래스카 점유는 1780년대에 시작되어 1867년 알래스카가 미국에 매각될 때까지 계속되었다. 시베리아를 가로지르는 러시아 영토의 남동쪽 말단부에서 러시아인들은 태평양-만주 국경에 위치한 아무르 강 계곡을 17세기에 잠시 점유했으나 중국인들의 필사적인 저항으로 인해 이 지역을 포기하게 되었다. 1850년대에 영국과 다른 유럽 열강들의 침략으로 인해 중국이 더 이상 그 북쪽 이웃의 요구에 저항하지 못할 만큼 약화되자, 러시아는 이 지역에 대한 자신의 권리를 재선언하는 데 성공했다. 러시아는 1860년에 아무르 계곡과 우수리 계곡을 병합함으로써, 극동 지역에서 중국과 현재의 국경을 확정지었다.

남쪽으로 뻗어나가고자 하는 러시아의 욕구는 처음에는 크림 반도를 보석처럼 끼고 있는 흑해의 북부 및 북동부 연안에 집중되었다. 위에서 이미 살펴본 바와 같이, 1550년대 크림 한국에 대한 이반 뇌제의 공격은 이후 두 세기 동안 뒤따른, 황금군단의 잔여 영토를 정복·합병하려는 모든 시도들과 마찬가지로 실패했다. 이러한 노력들이 좌절된 것은 크림타타르족이 터키 술탄의 보호를 받고 있었기 때문이다. 18세기 말, 예카테리나 2세가 끝내 티키인들을 물리치고 흑해 연안의 북쪽 지역 전부를 확고히 복속시킬 때까지, 이 전선에서 러시아인들은 아무리

해도 성공을 거둘 수가 없었다. 이 영토들을 확실히 평정함으로써 러시아인은 드디어 스텝 초원으로 진출할 수 있게 되었다. 이곳에서는 유목민족이 독점적으로 활동을 영위하고 있었는데, 이들은 러시아라는 국가에, 그리고 러시아와 우크라이나 농민들의 대규모 농업 이주에 오랫동안 적대적이었다. 이후로 러시아의 확장은 계속되어 흑해와 카스피 해 사이의 넓은 지협에 있는 카프카스 산맥을 넘어 남부를 관통하게 되었다. 북카프카스에 있는, 러시아인보다도 먼저 기독교로 개종했던 그루지야 고대 왕국은 1801년 러시아 차르의 권위를 받아들였으며, 1827년 더 남쪽에 있는 아르메니아 역시 그 뒤를 따랐다. 그러나 카프카스의 다른 지역들은 굴복시키기가 훨씬 더 어려웠다. 지역 전체가 완전히 평정되고 제국에 흡수되기까지, 러시아인은 소규모지만 끈질긴 다양한 고산 부족들과 지독한 살육전을 벌여야만 했다. 이 지역의 평정이 완수된 1860년경에 이르러, 러시아 제국은 카스피 해의 서해안 지역 전부를 합병하였으며, 그 국경은 카프카스를 곧바로 가로질러 뻗어나가 오토만 제국과 페르시아에 닿았다.

마지막으로, 러시아인은 남동쪽으로 볼가 강 하류 너머의 반건조 초원 지역을 가로질러, 카스피 해와 우랄 산맥 남단 사이의 넓은 관문을 통하여 뻗어나갔고, 더욱 남하하여 투르키스탄의 사막과 오아시스들로 진출했다. 1730년경 우랄 강가의 오렌부르크에 주요 요새가 지어졌다. 그리고 18세기 중엽까지 러시아인은 남시베리아를 가로질러 이르티슈 강 상류까지 방어선을 확장했다. 여러 나라로 갈라져 있던 중앙아시아로의 팽창은 19세기 들어서도 계속되었다. 그러나 첫 대대적 침략인 1839년 바실리 페로프스키 장군의 히바 한국 원정은 러시아인들에게 있어 순전한 재난이었다. 그다음의 행보들은 보다 온건하고 조심스러운 속도로 이루어졌고, 1840년대와 1850년대에 걸쳐 러시아 요새 방어선은 점차 남쪽으로 아랄 해와 시르다리야 강, 그리고 발하슈 호수로 전진했다. 그러나 1860년대 중엽 마지막 진군은 러시아의 아무르 계곡 합병의 맹렬한 여파 속에 시작되었다. 타슈켄트와 사마르칸트 도시들은 신속히 점령되었으며 1880년대 말까지 이후 러시아령 투르키스탄이라고 불리게 된 지역의 거의 전부가 러시아 제국의 식민 주가 되었다. 이 지역의 남쪽 국경을 가로질러 계속된 러시아의 진군은 코페트 산맥, 힌두 산맥, 파미르 고원, 톈샨 산맥, 알타이 산맥에 가로막혀 중단되었다. 이 산맥들은 아시아 대륙의 중심부에서 러시아와 영국의 식민 영향권 사이에 안전한 자연적 경계이자 뚫을 수 없는 분할선이 되었다.

이렇게 러시아 제국은 19세기 말까지 지정학적 실체로서 완전히 그 형체를 갖추게 되었다. 그리고 이렇게 압도적으로 큰 부분이 아시아 지역에 위치해 있었다는 사실로 말미암아, 동쪽에 위치하고 있다는 자각이 러시아의 제국적 정체성에 깊이 스며들게 되었다. 주지해야 할 것은 이 점에 있어서 러시아가 당시의 다른 유럽 제국들과 별로 다르지 않았다는 사실이다. 왜냐하면 이들은 모두 본국과 식민지로 구성된, 극도로 특수한 전 지구적 집합체였기 때문이다. 이러한 관점에서 아시아에 대한 러시아의 높은 친밀도는 완전히 자연스러운 것이었으며, 인도 합병이 대영제국에 유럽 제국으로서의 자아상에 전혀 영향을 미치지 않은 것처럼 러시아의 자아상에 아무런 혼란을 초래하지 않았다. 그러나 제국으로서가 아니라 국가로서 러시아가 자신을 지각하는 방식에 있어서는 상황이 매우 달랐으며, 이 점에 있어서는 대영제국과의 비교, 아니 그 어떤 유럽 제국과의 비교도 주저되지 않을 수 없다. 대영제국의 유럽 영토의 중심인 영국이 대영제국의 식민지령과 지리적·민족적·문화적으로, 그리고 다른 많은 점에 있어서 근본적으로 다르다는 것은 완전히 자명한 사실이었던 반면, 러시아 제국의 영토의 중심과 아시아에 있는 제국령을 이와 유사하게 구분하는 것은 결코 명백하거나 단순하게 이루어질 수 없었다. 오히려 그와 반대로, 그 구분은 세계의 여타 국가들에게만큼이나 러시아인 자신에게도 매우 모호한 것이었다. 이러한 모호성으로 인해 러시아인은 자신을 국가적 독립체로서 정의하는 데 관심을 갖게 되었고, 아시아에서의 그들의 위치와 아시아에 대한 관계에 대한 '문제'에 끊임없이 귀착하여 해결을 시도하게 되었다. 지금부터 살펴보고자 하는 것은 바로 이 근본적인 과정, 곧 러시아인들의 상상 속의 아시아에 대한 문제이다.

러시아 대 아시아: 국가정체성의 지리학

초기 접촉과 오랜 상호관계라는 풍부한 유산에도 불구하고, 러시아와 아시아 간의 관계가 갑자기 설명과 해결이 필요한 수수께끼로 인식되기 시작한 것은 18세기 초가 되어서였다. 중세 러시아인들이 서구 학자들이 수세기 동안 강조해 온 유럽과 아시아 대륙 간의 지리적 구분에 대해 모르고 있었다는 사실은 물론이거니와, 모든 정황으로 미루어 볼 때 이러한 구분이 그들에게 그리 큰 의미를 가지고 있지 않았다는 것은 분명하다. 고립되고 외국인 혐오증이 있는 모스크바 공국은 외국인에 대한 인식에 있어서 유럽인들을 타타르인들이나 터키인들과 구별하는 동시에 그들과 동등하게 취급하는 경향이 있었다. 모스크바 공국에게 있어 이들 모두는 정교를 유일한 진정한 신앙으로 인정하지 않는다는 부정적인 특징을 지녔던 것이다. 16세기 혹은 17세기 러시아인이 당시 유럽인들 사이에서 끓어오르던 (새뮤얼 퍼처스가 놀랄 만큼 뻔뻔스럽게 표현한 것처럼) 유럽인의 문명이 질적으로 "세계 최고"[9]라는 자부심을 인정하거나 혹은 심지어 특별히 인지하고 있었다는 증거는 거의 없으며, 자신을 러시아인이라고 여기는 사람들 중 자신이 이 문명의 일부라고 여기는 사람도 거의 없었다.

이러한 태도는 길고도 폭풍처럼 몰아치던 표트르 대제 치세(1682~1725) 동안 시작된 러시아 사회의 격변으로 인해 드라마틱하게 변화하게 된다. 무엇보다 근본적으로 표트르 시대의 대변동은 러시아가 유럽 국가라는, 혹은 적어도 그렇게 되어야 한다는 새로운 신념에 의해 강요된 것이었다. 이 목표를 집요하게 추구하면서 표트르 대제는 대대적인 경제·정치·문화 개혁을 시작했다. 이 개혁 모두는 결국은 러시아 사회의 '유럽화'로 불리게 된 방향으로 추진되었다. 그러나 표트르 대제의 개혁은 많은 요소로 인해 좌절되었다. 가장 끈질기게 문제가 되었던 것 중 하나는 유럽 자체가 러시아의 정체성에 대한 이 새로운 주장의 유효성을 결정적으로 확정해 주는 것을 내키지 않아 했다는 사실이었다. 물론 용기를 북돋울 만한 정도의 긍정적인 반응이 서방으로부터 나오기는 했다. 적어도 18세기에는 유럽 문학 및 문화계의 가장 저명한 몇몇 인사들이 네바 강 하구에 세워진 러시아의 새로운 유럽식 수도를 방문하여 러시아의 '계몽된' 전제군주들에게 찬가를 불러 주었던 것이다. 그러나 이러한 표면적인 개방성 밑에는 지속적인 의심의 잔재, 곧 유럽에서 아시아로 넘어가는 먼 동쪽 변두리에 위치한 이 거대하고 잘 알려져

9 *Purchas his Pilgrimes*, Haklyut Society, Extra Series, 20 vols. Glasgow: James MacLehose, 1905, vol.I, p.248,

있지 않은, 그리고 적어도 많은 이들이 보기에 아직도 반_半야만적인 사회가 이렇게 갑자기 가장 진보되고 고귀한 문명권으로 받아들여지는 데 필요한 특성들을 정말 갖추게 되었는지에 대한 회의론이 깔려 있었다. 서방으로부터 발산되는 이러한 유보적 태도는 거꾸로 서구화 노력에 대한 러시아인 자신의 확신을 갉아먹는 결과를 가져왔다. 아무튼 유럽으로부터 무조건적인 확증이 없는 상태에서, 자신이 유럽의 본질적인 한 부분이라는 러시아인들의 주장이 얼마나 정당화될 수 있었겠는가? 결국 러시아 자신과 동양 간의 비교가 특별한 관심을 끌기 시작한 것은 바로 러시아의 새로운 유럽적 정체성에 대한 그들 자신의 극도로 격화된 열망과 노골적인 불안을 배경으로 하고 있었다. 왜냐하면 러시아가 아시아에 연결되어 있다는 사실이 러시아의 새로운 서구 지향적 이데올로기를 강화하기 위해 아주 유용할 수 있다는 것이 인식되었기 때문이다. 아주 단순히 말하자면, 아시아를 근본적으로 러시아와 구분하는 것이 가능하다면, 그리고 나아가 이 둘을 서로 반대되는 범주나 유형으로 대립시키는 것이 가능하다면, 이러한 구별이 러시아를 새롭게 주조해 낼 수 있을 뿐 아니라 러시아 스스로 주장하는 유럽 사회의 일원으로서의 정체성을 확증하는 데에도 매우 도움이 될 수 있을 것이었다.

이러한 구별 과정은 선명하고 명백한 지리적 경계를 바탕으로만 진행될 수 있었다. 이러한 이유로 최우선 과제는 유럽'으로서의' 러시아와 아시아 사이에 분명한 대륙 구분선을 설정하는 것이었다. 상당히 깊은 역사적–지리적 혼동의 유산 덕분에, 이 임무를 실제로 행하기란 말처럼 쉬운 것이 아니었다. 유럽을 아시아와 처음으로 구분했던 그리스의 우주지_{宇宙誌} 학자들은 유럽과 아시아가 수상 경계로서, 특히 북극해에서 발원하여 대륙을 가로질러 남쪽으로 달려 아조프 해와 흑해로 흘러들어 가는 타나이스 강(현대의 돈 강)에 의해 완전히 분리되어 있다는 매우 잘못된 착각을 하고 있었다. 그러나 사실 이 강은 이 영역의 작은 부분만을 가로질러 흐르고 있으며 따라서 유럽과 아시아의 대부분은 그 구분을 표시할 만한 그 어떤 명백한 지형학적 경계 없이 육지의 연속된 영역을 가로질러 인접하고 있다. 15~16세기에 서방의 지리학자들이 이 상황을 마지못해 인지하기 시작하자, 그들은 재빨리 대륙 간 분계를 나타내는 데 있어 타나이스 강을 대신할 만한 이런저런 지형상의 이정표들을 제안하였다. 18세기에 들어서, 러시아인들이 이 학문적 문제에 사실상 아무런 관심이나 이해를 보이지 않았다는 사실은 유럽과 아시아의 문제 전체가 실제로 그들에게 별다른 의미를 갖지 못했음을 확연히 보여 준다고 할 수 있다. 그러나 표트르의 개혁의 결과 이 무관심은 말 그대로 하룻밤 사이에 증발해 사라지고, 동방과 서방 사이의 적정한 경계를 설정하는 문제는 최우선의 국가적-정치적 중요성을 얻게 되었다.

이 문제는 표트르 대제 서거 10년 후, 황제의 개혁에 가장 헌신적으로 열렬히 지지를 보냈던 지리학자이자 역사학자인 바실리 타티셰프에 의해 해결을 보게 되었다. 1730년대에 타티셰프는 유럽과 아시아 대륙 구분의 지리 지형학적 표식으로 보아야 할 것은 일개 강이 아니라 북극해 연안으로부터 정남쪽으로 뻗어 있는 우랄 산맥이라고 제안했다. 이 경계로 인해, 러시아의 옛 모피 식민지였던 시베리아는 일거에 아시아의 지역으로 변모하였다. 즉 논란의 여지 없이 유럽의 일부로 객관적으로 묘사될 수 있는 우랄 산맥 서쪽의 메트로폴리스로부터 확실하고 선명하게 구분되는 본질적으로 이방인 지역이 된 것이다. 우랄 산맥을 기준으로 한 대륙 구분으로 인해 생겨난 러시아 영토의 지정학적 이분법은 '유럽적' 러시아와 '아시아적' 러시아라는 개념으로 형상화되었다. 이러한 개념들은 당시에 즉시 통용되기 시작했으며 이후 줄곧 지속적으로 사용되어 왔다. 더욱이, 그 경계의 최남단 한계는 우랄 산맥 아래로 계속되어 카프카스 산악 지역은 비록 상대적으로 서쪽으로 치우친 그 위치에도 불구하고 아시아로 편입되었고, 한 세기 후 러시아에 의해 병합된 후에도 이러한 특정한 제국적 모델을 미화하는 데 계속 기여할 수 있었다. 이런 식으로 표트르의 개혁에 의해 진행되기 시작한 러시아 자신의 이미지의 계획적인 '유럽화'는 그만큼이나 인위적인 동쪽의 광대한 식민 영역의 '아시아화'를 발생시켰을 뿐 아니라, 실제로 상당히 그것에 의존했다. 아시아적 러시아를 구성하는 이 지역들은 제국에 포함됨으로써 러시아 본토에 단지 정치적인 의미에서 합병된 것으로 비추어졌다. 이제 그들은 자연환경, 문화, 그리고 민족지民族誌 같은 면에 있어서 자신과 완전히 다른 세계와 밀접한 관계를 맺게 된 것이다.

이러한 기본적인 지리적 구분을 철저히 이용하여, 러시아는 유럽 국가로서의 초기 자아상을 더욱 미화하였다. 이 과정은 서구 제국들의 제국적 정신을 모든 주요 세부 사항에 있어 빼닮은 제국적 속성을 정교화함으로써 이루어졌다. 러시아인들은 자신의 아시아 식민 영토뿐 아니라 아시아의 나머지 부분까지 포함하여 동양의 국가들에 대한 자신의 고유한 문화적 우월성에 대한 믿음을 적극적으로 촉진시켰으며, 이 가치를 다른 발전된 유럽 열강들과의 본질적 공통성의 또 다른 증거로 삼았다. 점진적으로 아시아 사회 전반의 특징으로 여겨지게 된 보편적 특성, 즉 아시아 사회의 부동성nepodvizhnost' 혹은 정체성停滯性은 서구의 창조적이고 진취적인 역동성, 러시아 또한 이제 자신의 것으로 주장하고 나선 그 역동성에 거꾸로 적절한 대조가 되었다. 이러한 정체성이 불러일으킨 절대적인 경멸은 1820년대에 표트르 차아다예프가 쓴 요약 결론에 잘 나타나 있었다. 그는 동방이 마치 인류가 굴러떨어질 수 있는 심연에 대한 음울한 교훈으로서 신이 의도적으로 보존해 놓은 "우리가 볼 수 있도록 남겨진 약간의 먼지"와도 같다고 썼다.[10] 그러나 이러한 감상은 이와 같은 비하적 표현들보다는, 러시아가 유럽 기독교 문명의 다른 주역들과 함께 신의 뜻에 의해 화석화된 동양 사회에 계몽과 문명을 가져다줄 사명을 지게 되었다는 확고한 신념 속에 가장 공통적이고 효과적으로 표현되곤 했다. 동양학자 바실리 그리고리예프는 1840년 이렇게 쓴 바 있다. "나는 세상에 한 민족과 국가가 짊어질 수 있는 사명으로 아시아의 부족들에 대한 러시아의 소명, 곧 그들을 보조하고 그들의 삶을 질서 있게 만들고 그들을 계몽하는 것보다 더 고상하고 더 숭고한 것이 존재할 수 있는지 모르겠다."[11]

여기서 그리고리예프가 모든 것을 포괄하는 형태로서 가장 확대된 개념의 아시아에 대해 말하고 있다는 것, 그리고 그가 묘사한 '숭고한 소명'이 여타 모든 동양 사회뿐 아니라 아시아적 러시아에도 똑같이 유효하다는 사실은 주지할 만하다. 이것이 의미하는 바는 아주 실제적인 입장에서, 문명화와 영적 구원에 대한 러시아의 사명이 시베리아 및 제국의 다른 미개한 지역에서 제국 내적인 계몽된 행정 프로그램을 통해서뿐만 아니라, 적극적인 정치적 확장을 통해서 또한 실현되어야 한다는 것이다. 실로, 다소 상이한 이들 두 사업의 융합은 전적으로 자연스러워 보였다. 그 결과 18~19세기에 러시아가 극동아시아, 중앙아시

10 Raymond McNally, *The Major Works of Peter Chaadaev. A Translation and Commentary*, Notre Dame, IN: University of Notre Dame Press, 1969, pp.144, 151.

11 Vasily V. Grigoriev, *Ob otnoshenii Rossii k Vostoku*, Odessa: n.p.1840, pp.4, 7~9 [『러시아의 대 아시아 관계에 관하여』].

아, 그리고 카프카스 지방에서 영토를 획득한 것은 단순하고 이기적인 영토 증대와 제국 건설이었을 뿐 아니라(이것은 심지어 주된 의미가 되지 못했다) 러시아가 신의 뜻으로 책임을 맡게 된 이교 지역에 대한 성가신 의무들을 신속하게 이행하게 해주는, 궁극적으로 자기만족적인 입장 확립으로 대중 의식에 자리잡았다. 자신의 제국주의적 모험에 대한 러시아의 이러한 태도와 다른 유럽 열강들의 태도 간의 본질적 유사성은 굳이 지적할 필요조차 없다. 이 유사성은 러시아인 자신이 애써 강조하려고 했던 것이었다. 1860년대에 아무르 계곡 점령에 참여했던 한 증기선 선장은 다음과 같이 말하고 있다. "서구 열강들의 말을 빌리자면, 우리는 기독교와 문명을 야만 부족들과 민족들 사이에 전파하고 있다."[12]

따라서 러시아인이 아시아와의 관계에 부여했던 새롭고 많은 중요성은 상당한 정도로 러시아인의 유럽에 대한 문제 많은 관계로부터 필연적으로 파생되어 나온 것이다. 동양과 서양 간의 이러한 특정한 상호관계와 상조相助 작용은 민족적 심리의 어떤 모호한 잠재의식 수준에서 작용한 것이 아니라 널리 인정되었으며 따뜻한 호응을 받았다. 왜냐하면 이것은 러시아의 많은 이들에게 있어서 그들의 조국이 결정적으로 유럽적 정체성을 확립할 수 있는 (그들의 표현에 따르자면) '자격'을 실제로 가지고 있음을 증명할 귀중한 기회를 제공하는 것으로 보였기 때문이다. 차르 전제정에 대한 초기 반대자였던 미하일 페트라셰프스키는 1850년대 말 아시아-시베리아 망명 중에 이렇게 쓰고 있다. "만약 유럽에서 우리 러시아인들이 도덕적 관점에서 손아래 형제라고 한다면, 아

---

12 "O parakhodstve na Amure", *Irkutskie Gubernskie Vedomosti* no.14 (15 August 1857), section II, pp.2~4 [「아무르의 증기선 회사에 대하여」, 『이르쿠츠크 주 통보』]. 인용된 부분은 p.2. 강조는 원본에 따른 것이다.

시아 민족들 사이에서는 우리가 손위임을 정당화할 수 있다. 이러한 이유로 러시아의 제국 안에서건 밖에서건 상관없이, 러시아의 도덕적·산업적 힘이 자유롭고 독립적으로 최소한의 제약만을 받으며 나타날 수 있는 곳은 오직 아시아뿐이다." 아시아에서 러시아인은 기회를 가지게될 것이었다. 페트라셰프스키는 다음과 같이 결론짓는다. 이 기회를 최대한 이용함으로써, 즉 정체되고 퇴행적인 동방에 대해 근면하고 믿을수 있는 문명 교화자가 되어 줌으로써 러시아는 "진정한 유럽 민족으로서의 타이틀이 적힌 졸업장을 얻도록 …… 운명 지어져 있다!"[13]

유럽의 대체물로서의 아시아

앞서 살펴본 바와 같이, 러시아의 유럽적 정체성에 대해 서구의 확실한 인정이 없었다는 것이 이 새로운 교조의 성공 전망을 복잡하게 만드는 요소였다. 19세기를 지나는 동안, 격렬한 민족주의 운동이 일어났고, 그 결과 표트르 대제의 서구화 프로젝트에 대한 보다 까다로운 저항의 흐름들이 러시아에 나타났다. 러시아 민족주의는 이질적이고 항상 일관적이지만은 않았던 온갖 신념과 이상들에 의해 고취되었다. 슬라브주의자들은 러시아 민족주의의 한 의미심장한 표현을 제공했을 뿐이었다. 그러나 많은 민족주의자들이 공통적으로 동의했던 것은 러시아의 운명이 러시아의 '유럽화' 능력에 달려 있다는 생각에 대한 단호한 거부였다. 이러한 생각과는 매우 대조적으로, 많은 민족주의자들은 러시

---

13 Mark Bassin, "A Russian Mississippi? A Political-Geographical Inquiry into the Vision of Russia on the Pacific, 1840~1865", Ph.D. thesis, University of California, Berkeley ,1983, pp.221~224에서 재인용.

아가 이미 자신만의 아주 가치 있는 민족정체성을 소유하고 있다고 주장했다. 이 정체성은 러시아의 매우 특별한 역사적·문화적 유산에 의해 잘 양육되어 왔고 따라서 외부로부터의 주입물 없이도 존속할 수 있는 것이었다. 유럽의 일부가 되고자 하는 열망은 잘못 지도된 것일 뿐 아니라 사실상 부당한 것으로 표현되었다. 왜냐하면 민족주의자들은 유럽이 가장 깊은 심중으로는 러시아에 대해 여전히 차가운 적대감을 가지고 있으며 러시아에 어떤 지지나 호의를 베풀 참된 의사가 없다고 확신했기 때문이다. 미래에는 러시아가 그 국가적 관심사와 이해를 서구와는 독립적으로, 확연히 반대의 입장에서 정의할 수밖에 없으리라는 것이 민족주의자들의 결론이었다.

민족주의자들은 제국에게 신이 부여한 동방에 대한 사명이라는 비전을 전혀 버리지 않았다. 실제로 그들에게 이 사명의 중요성은 강화되었다. 그러나 그들은 이것을 다소 다른 방식으로 이해했다. 일단 모든 역사적·지리적 권리를 따져 볼 때, 이것은 다른 누구보다도 러시아에게 가장 합법적으로 주어진 사명이었다. "동양은 불변적으로, 자연적으로, 역사적으로, 자발적으로 우리에게 속해 있다"라고 1840년대 초 페트라셰프스키의 급진적 민족주의자 제자였던 알렉산드르 발라소글로는 주장하였다. "동양은 핀란드족·터키족과 맞선 슬라브족의 선사시대의 투쟁에서 러시아의 피의 대가로 이미 획득되었다. 동양은 몽골 지배의 형태로 아시아에게 점유되어 수난받은 바 있다. 동양은 러시아의 카자크에 의해 러시아에 결합되었고, 러시아가 터키족에 대해 저항함으로써 유럽으로부터 획득해 낸 것이다."[14] 이와 같은 단순한 역사적 독점권을 제쳐 놓더라도, 아시아에서 러시아의 특권은 러시아인들이 사실상 다른 유럽인들보다 훨씬 나은 문명 교화자이자 계몽자였다는 사실에서 나왔다. "러시아인들은 아메리카의 발견 당시에 스페인들이 그랬던 것처럼 직접적으로, 혹은 북아메리카와 오스트레일리아에서 영국인들이 그랬던 것처럼 간접적으로, 아시아의 반反야만족들을 전멸시키지는 않았다"[15]라고 지리학자 표트르 세묘노프는 쓰고 있다. 러시아인들은 오히려 "점차 그 부족들을 자신의 문명과 사회적 삶, 그리고 민족성 속으로 동화시켜 갔다". 아시아에서 러시아의 자연스러운 탁월한 입지는 영토의 인접성이라는 요소에 의해서도 또한 보장되는 것처럼 느껴졌다. 이러한 인접성은 모든 유럽 식민국가들 중 러시아만이 가지고 있는 특성이었다. 이 상황을 고려하여 심지어 서구 지향적인 페트라셰프스키도 러시아인이 "산호처럼 해안에 들러붙다가 원주민의 적대적인 첫 대응에 의해 바다에 도로 내던져질 수 있는, 대양 건너로부터 온 이방인"이 아니었으며, "아시아 민족들에게 있어 러시아인은……흡사 오랜 이웃 같은 존재였다"라는 점을 지적할 정도였다. 페트라셰프스키가 가장 즉각적으로 떠올린 해안가의 '산호'는 분명 중국에서의 영국인들이었다. 그러나 그의 논점은 영국인들처럼 지구의 완전히 다른 부분으로부터 온 대양의 이방인들이었던 모든 서구인들에 대해 유효한 것이었다. 이 "단순한 영토적 사실이 엄청난 정치적 중요성을 가진다"[16]라고 그는 힘주어 결론을 맺는다.

이러한 민족주의적 관점의 영향하에서, 러시아의 자기정체성 지각

---

14 V. A. Desnitskii ed., *Delo Petrashevtsev*, 3 vols., Moscow: AN SSSR, 1937~1951, vol.II, p.44. [『페트라셰프스키 일파 문제』]

15 P. P. Semenov, "Obozrenie Amura v fiziko-geograficheskom otnoshenii", *Vestnik Imperatorskogo Russkogo Geograficheskogo Obshchestva* 15:6, 1855, pp.227~254 [「아무르에 대한 물리적-지리학적 개관」, 『황실러시아지리학협회 회보』], 이 글에 인용된 부분은 p.254.

16 Bassin, "A Russian Mississippi?", p.223에서 재인용.

에 있어 아시아가 지녔던 중요성은 미묘하게 변형되기 시작했다. 아시아는 러시아와 유럽 간의 공통성과 이들이 공유한 보편적 운명을 밝히는 것을 돕는 수단으로 작용하는 대신, 점점 더 러시아에게 완전히 그 반대, 곧 서구와의 본질적인 차이와 그에 대한 러시아의 우월성을 효과적으로 과시할 수 있는 기회를 제공하는 장으로 여겨지기 시작했다. 실제로 민족주의자들이 조국의 운명을 동과 서의 병치로 인해 부과된 기본적인 지리적 선택과 관련지어 상상하는 것은 아주 일반적인 현상이었다. 표트르 대제의 '서구로의 전환'은 절대적으로 거부되는 듯이 보였으며 이와 함께 러시아가 자기의 관심과 에너지를 별로 반기지도 않고 고마워할 줄도 모르는 유럽으로부터 떨어져 나와 대신 자기에게 손짓하고 있는 아시아의 영역으로 향할 것을 요구하는 목소리들이 높아졌다. 아시아에서는 러시아의 진정한, 그리고 영구적인 이익들이 추구되어야 할 것이었다. 이러한 의견들은 러시아에 대한 서구 열강들의 자연스러운 적개심의 증거로 러시아 전역에서 널리 인식되다가 1850년대 크림 전쟁 동안 처음으로 표현되었다. 원로 슬라브주의자 알렉세이 호먀코프는 유럽에 미친 러시아의 열병이 온 나라로 하여금 너무도 오랫동안 자신의 '자연적 본능'과 '진정한 이점'을 무시하도록 이끌어 왔다는 것은 비극적이고도 수치스러운 일이라고 전쟁 초창기에 언명하였다. 그에 따르면, 이러한 '자연적 본능'과 '진정한 이점'은 적법하게도 "아주 일찍 우리의 것이 될 수도 있었을 동양에서 이 나라가 [대신] 보다 강력한 활동을 펼치도록 요구하고 있었다."[17] 호먀코프는 민족주의 역사학

---

17 N. P. Barsukov ed., *Zhizn' i trudy M. N. Pogodina*, 22 vols., St. Petersburg: Tip. M. M. Stasiule-vicha, 1888~1906, vol.XIII, p.16 [『미하일 포고딘의 삶과 저작』].

자 미하일 포고딘을 상대로 이러한 생각들을 제시하였다. 포고딘은 동일한 논점을 훨씬 더 명시적으로 언급하였다. 러시아가 바로 그 당시 감내해야 했던 흑해에서의 믿을 수 없는 군사적 패배에서 오는 절망감으로 인해 불붙은 숨가쁜 열정으로 그는 러시아의 동방에서의 임박한 운명에 대해 자신의 비전을 전개했다. "더 나은 상황을 기약하며 유럽을 내버려 두고, 우리는 모든 주의를 아시아로 돌려야 한다. 우리가 원한다면 아시아의 절반, 곧 중국·일본·티벳·부하라·히바·페르시아는 우리 것이다. …… 아시아와 유럽, 전 세계에 영향을 미친다! 러시아에게 이 얼마나 장엄한 미래가 펼쳐져 있는가!"[18] 러시아의 민족적 자아실현과 심지어는 부활을 위한 유럽의 대체물로서의 아시아의 이미지는 러시아인의 상상력에 단단히 뿌리박게 되었고 현대에까지 계속 러시아인의 사고방식에 영향을 미쳐 왔다.

그러나 이러한 비전이 곧이어 보다 또렷하게 표현되면서 확실해진 것은 이러한 비전에 이데올로기의 복잡한 문제들이 수반되며, 이러한 문제들은 이 비전이 전제하고 있는 겉보기에는 단순한 지리적 선택, 곧 동양과 서양 사이의 이분법적 선택이 제시하는 것보다 훨씬 더 이 비전을 복잡하게 만든다는 것이다. 왜냐하면 결국 러시아인 자신의 반反서구 어조에 실린 확신과 신랄함에도 불구하고, 실상 러시아 민족주의가 원래 18세기에 스스로 유럽을 향하게끔 자극했던 그 충동과 성향에서 완전히 벗어날 수 없음이 자명해졌기 때문이다. 말하자면, 깊은 심리적 차

18 Mikhail Pogodin, "O russkoi politike na budushchee vremia" [1854], *Istoriko-politicheskie pis'ma i zapiski v prodolzhenii Krymskoi voiny 1853~1856. Sochineniia M. P. Pogodina*, vol IV, Moscow: V. M. Frish, 1874, pp.231~244 [「미래의 러시아 정치에 대해」, 『크림 전쟁 동안의 역사-정치적 서신과 기록, 1853~1856』]. 이 글에 인용된 부분은 pp.242~244.

원에서 가장 완고한 민족주의자라 할지라도 표트르 시대의 유산 중 적어도 두 가지의 상당한 짐을 지녀 왔던 것이다. 한편으로는 서구의 문명화가 실상 그들 자신과 세계의 나머지 부분에게 바람직한 표준을 제시한다는 끈질긴 믿음이 있었던 반면에, 다른 한편으로는 조국 러시아가 여하튼 그것을 결여하고 있다는 고민이 있었다. 결국, 이 끈질긴 유산이 의미하는 바는 러시아인의 정신 속에 퍼진 아시아와 유럽 간의 긴밀한 상관관계와 상조관계, 곧 포고딘이 중화시키고 끊어 버리려 애썼던 그 상관관계가 또한 유지되고 있다는 것이었다. 이러한 상황의 궁극적인 결과는, 포고딘이 요청한 것처럼 서구와의 완전한 결별에 대한 반항적 요구와 모든 활동과 관심을 동양으로 재설정하는 것이 실상은 전혀 그런 것이 아니었다는 것이다. 반대로, 모든 수사에도 불구하고, 가장 근본적인 차원에서 아시아는 계속해서 자체적으로 독립적인 활동 영역이 아니라 훨씬 더 중요한 유럽과의 상호 활동이 추구될 수 있는 활동 무대를 나타내게 되었다. 더구나 러시아인이 그러한 활동 무대에 억누를 수 없는 매력을 느꼈던 것은 아시아에서는 유럽과의 상호 활동을 자신들에게 유리한 방식으로 조정할 수 있는 유일한 기회를 갖고 있다고 믿었기 때문이었다.

이러한 모순된 심리는 러시아의 중앙아시아 진출에 있어 획기적 사건이었던, 1881년 러시아 군단이 투르크멘족의 게오크테페 요새를 함락시킬 당시에 도스토예프스키가 쓴 에세이에 여실히 드러나 있다. 지금까지 상술한, 유럽에서 더 이상의 활동이 무의미하다는 요지를 반복하면서, 도스토예프스키는 아시아를 러시아가 그 자신의 운명을 성취해 나갈 수 있는 매혹적인 미개척지로 묘사하였다. 그는 자신의 독자들에게 아시아에 주의를 돌릴 것을 강조했다. "당신들은 보지 못합니까."

그는 독자들에게 요구한다. "아시아로 새로이 돌아감으로써 그리고 그 것을 새롭게 인식함으로써, 아메리카 발견 당시 유럽에게 일어났던 것 과 같은 일들이 우리에게 일어날 수 있다는 것을? …… 그 사명, 아시아 에서 우리의 문명 교화 사명은 우리에게 활기를 줄 것입니다. …… 우리 가 그것을 열심히 해나가기만 한다면!" 이것은 바로 아시아를 러시아에 게 있어 유럽의 전도유망한 대체물이자 국가적 쇄신을 위한 미래의 원 천으로 본 포고딘의 견해를 재정의한 것에 다름 아니다.

　　그러나 이 모든 것의 근저에는 심지어 도스토예프스키와 같이 공격 적인 민족주의자라 할지라도 이 특별한 쇄신의 필요성을 오직 서구의 기준에 비추어 측정된 결핍에 의거함으로써만 이해할 수 있었다는 모 순이 있다. 이 결핍은 도스토예프스키가 자신의 에세이에 씁쓸하게 썼 듯이, 유럽에서 러시아인이 "교육받지 못한 겉핥기 지식인과 아마추어 들" 이상으로 받아들여지길 바랄 수 없음을 확증하는 것이었다. 그러나 아시아에서 러시아는 이 이미지를 재구성하는 기회뿐 아니라 진정으 로 그 자신을 완전히 탈바꿈하는 기회를 가질 것이었다. 도스토예프스 키는 다음과 같이 단언했다. 동양에서 "우리는 중요한 위치를 차지하게 될 것이며, 현재 우리가 처한 상태인 사대주의자 대신에 주인이 될 것이 다". 궁극적으로 도스토예프스키는 러시아가 자신의 '유럽성'을 발견할 수 있는 곳은 오직 아시아뿐이라는 페트라셰프스키의 논점으로 돌아온 것이다. 도스토예프스키는 그의 표현적 재능의 특징인 무뚝뚝한 호소 력으로 이 생각을 단언하고 있다. "유럽에서 우리는 식객이자 노예지만 아시아에서 우리들은 주인이다. 유럽에서 우리는 타타르인이지만 아시 아에서는 우리 또한 유럽인이다." 그리고 물론 이 마지막 논점은 동양의 불 운한 토착민족들을 위한 것이 절대로 아니라(결국 토착민족은 전체 득실을 따질 때 감안되지 않는다) 유럽인들을 위해 제시될 필요가 있었다. 왜냐하면 러시아가 자신의 서구적 정체성을 확신하는 것은 오직 유럽인들의 묵인을 통해서만 가능했기 때문이다. 아시아라는 매개체를 통하여 이 묵인은 끝내 이루어질 것이었다. "유럽은 교활하고 지적이다"라고 도스토예프스키는 그의 독자들에게 안심시키고 있다. "유럽은 어떤 일이 일어날지 추측하고 있다. 그리고 단언컨대, 유럽은 우리를 즉시 존중하기 시작할 것이다."[19] 늘 그렇듯이, 동양으로 가는 길목에서 러시아를 기다리고 있는 진정한 구원은 동양이 이 나라를 끝내 그리고 확실히 서양으로 이끌 것이라는 사실에 있었다.

스키타이주의와 유라시아의 비전

러시아와 아시아 간의 관계를 안정시킴으로써 러시아 자신의 국가적 정체성을 더욱 확실히 표현해 내려는 모든 시도들에 배어 있는 깊이 내재화된 긴장과 양가적 심리는 19세기 말 러시아에 스키타이주의[20]라고 불린 문화운동의 형태로 모종의 창조적 신성화를 이루어 냈다. 슬라브 이전 시대에 남부 스텝 지역과 흑해 연안을 방랑했던, 잘 알려져 있지 않지만 이국적인 유목민 동방 전사 부족의 이미지를 활용하여 일련의 뛰어난 작가와 시인들은 세기의 전환점에서 그들 자신과 러시아인

---

19 Fyodor Dostoevskii, *Dnevnik pisatelia*, 3 vols., Paris: YMCA Press, n.d., vol.III, pp.609~612 [『작가 일기』]. 강조는 인용자가 추가한 것이다. 영어 번역본이 시중에 나와 있다(trans. Boris Brasol, 2 vols., New York: C. Scribner's Sons, 1949).

20 스키타이족은 고대에 흑해 북쪽으로부터 카스피 해 동쪽까지, 그리고 서우크라이나에서 현 러시아의 남부 및 볼가 관구를 거쳐 서카자흐스탄에 이르는 드넓은 유라시아 스텝 지역을 지배했던 고대 이란의 기마 유목민들을 지칭한다. ─옮긴이

일반을 감상적으로 '스키타이인'Skifiya이라 칭했다. 이렇게 아시아적 정체성을 공공연히 인정할 준비가 된 것은 전례 없는 일이었다. 이 러시아 문인들은 마침내 그들이 실제로, 도스토예프스키가 주장했듯 유럽이 언제나 믿어 왔던 대로, '타타르인'임을 시인하는 것처럼 보였다. 주요한 차이는 이 정체성이 이제는 부정적이기보다는 긍정적인 시각에서 인식되고 있었다는 것이다. 스키타이인들은 헌신적인 민족주의자들이었으며, 그 이미지는 러시아인이 조국 러시아와 속물스럽고 너무나 문명화된 서구 사이에 그토록 긋고 싶어 했던 경계를 심화하고 구체화하는 데 효과적이었다. 따라서 러시아의 새로운 스키타이적 성격은 서구에 대한 적대감이 명백히 가미된 열정을 가지고 단언되었다. 예를 들어, 상징주의 시인 뱌체슬라프 이바노프는 19세기 초 파리에 체류하는 동안 바로 이 이미지를 사용하여 자신이 서방에서 느낀 건널 수 없는 이질성과 소외감을 환기시켰다. 「스키타이인은 춤춘다」라는 제목의 시에서 그는 다음과 같이 쓰고 있다.

거친 스키타이인들은 안절부절못한다
자유와 권리의 벽들 안에서는.
……
우리, 형태 없는 자들은, 우리 마음대로의 자유가 필요하다.
우리는 우리의 유목 생활이 필요하다! 우리는 우리의 열린 공간들이 필요하다!
우리는 우리의 무한함이 필요하다! 우리는 우리의 광활한 땅이 필요하다!
국경은 당신들이나 말다툼할 일이다.[21]

그러나 러시아의 동방 유목민과의 혈연 관계에 대한 이러한 도전적인 단언도, 그리고 뒤이은 서방 문명과의 자가당착도 겉으로 보이는 것과는 실제로 많이 달랐다. 스키타이인의 영토라는 러시아의 세기말 이미지는 아시아의 일부로서의 러시아의 새로운 비전이라기보다는 병치된 유럽과 아시아 간 중재자로서의 러시아의 낡은 개념을 새롭게 개조한 것이었다. 결국 스키타이 땅으로서의 러시아의 새로운 역할은 서방 사교클럽에 받아들여지고 싶은 꾸준한 열망도, 그에 관련된 이러한 자임의 적법성에 대한 신념도 포기하지 않았다. 이 모든 것은 스키타이적 선언 중에서 의심할 여지없이 가장 잘 알려진 알렉산드르 블로크의 비범한 시 「스키타이인」에 대단히 강력한 호소력으로 나타나 있다. 「스키타이인」은 1918년 첫 몇 주 동안 지어졌으며 제1차 세계대전 서구 교전국들, 특히 소비에트 정부가 당시 한 특정 지역을 놓고 협상하고 있었던 독일을 향한 것이었다. 블로크의 시는 이바노프의 단언보다도 훨씬 더 단호하게 반反유럽적인 러시아의 스키타이-아시아적 정체성을 도전적인 어조로 선언하는 것으로 시작된다.

당신들은 몇백만이다. 우리는 셀 수 없이 무수하다, 무수하다, 무수하다.

우리와 한번 싸워 봐라!

그렇다, 우리는 스키타이인이다! 그렇다 우리는 아시아인이다!

치켜 올라가고 탐욕스러운 눈을 가진!

---

21 Viacheslav Ivanov, "Skif pliashet", *Stikhotvoreniia i poemy*, Leningrad: Sovetskii pisatel', 1978, pp.75~76 [「스키타이인은 춤춘다」, 『단편시와 서사시』].

그러나 이 단언의 거친 호전성에도 불구하고, 블로크는 자신의 시에서 그가 스키타이족이라 부르는 것과 아시아 본토 나머지 부분을 조심스럽게 구분하고 있었다. 러시아의 역사적 사명이 "두 적대적 종족, 곧 몽골과 유럽 간에 방패막이가 되는 것"이었다는 그의 주장과, 미래에는 러시아가 이러한 보호를 보류할 선택권을 가지며 그럴 경우 유럽이 "야만적인 몽골 약탈자 무리"에 의해 유린되어 자신의 파괴를 지켜보게 될 것이라는 그의 경고 속에는 러시아와 동양의 완전한 동일시보다는 동양과 서양 사이에 러시아가 점하고 있는 중간적 위치가 잘 나타나 있다. 그는 이러한 약탈자가 스키타이인이 아니라 진정한 아시아인이라는 점을 명백히 하고 있다.

따라서 블로크의 러시아-스키타이 제국은 완전히 아시아가 아니라 아시아와 유럽의 중간 어딘가에 위치했다. 여전히 이것은 아시아와 유럽 양자로부터 등거리상에 있는 것은 아니었다. 왜냐하면 궁극적으로 가장 중요한 것은 유럽과의 관계였기 때문이다. 러시아의 서양에 대한 관계에 따르는 고통스러운 양면성을 구체적으로 표현하고 있음에도 불구하고, 블로크의 시는 조국이 결국 유럽의 나머지 부분들에게 받아들여지고 환영받기를 바라는 열망을 명백히 보여 주고 있다.

러시아는 스핑크스이다. 기뻐 날뛰며 깊이 슬퍼하며,
그리고 검은 피에 몸을 담근 채로
그는 너를 본다, 본다, 본다,
미움과 사랑을 담아.
……
그러면 우리에게 오라! 전쟁의 공포로부터,

와서 우리의 평화로운 포옹을 받으라.

아직 시간이 있는 동안——우린 아직 우리의 검을 칼집에 넣어 둘 수 있다.

동지들이여! 우리는 될 것이다——당신의 형제가![22]

러시아의 스키타이적 토대가 논리적으로 동양과의 유사성 또는 대안적인 화해를 위한 기반을 제공한다는 생각이 블로크에게 없었던 것은 확실하다. 그리고 설사 이 생각이 떠올랐다 하더라도 그는 분명히 이것을 불경스러운 것으로 여겼을 것이나.

이렇게 스키타이주의자들은 러시아를 유럽으로부터 구별하는 근원이 민족적 기질에 잠재된 아시아적 편향성에 있음을 암시한 최초의 사람들이었다. 그러나 블로크의 시가 보여 주고 있듯이, 그들은 이 통찰력을 더욱 확장할 준비가 되어 있지 않았고, 궁극적으로는 널리 퍼져 있는 표트르 시대 유산의 유럽중심적 영향에 저항할 수 없었다. 그들이 유럽중심적 영향력에 굴복한 것은 단지 부분적으로만, 그것도 그들 자신의 권위적 방식에 의한 것이었음에도 불구하고 말이다. 그러므로 스키타이주의의 보다 깊은 의미의 일부를 뽑아내어 표트르 시대의 유산에 진정한 전면적 도전을 개시하는 것은 다른 사람들의 몫으로 남았다. 이러한 도전은 제1차 세계대전과 러시아혁명의 혼돈스런 여파 속에서 모습을 나타냈다. 1920년경부터, 유럽으로 이민 가도록 내몰렸던 일단의 러시아 지식인들은 이미 유럽-아시아의 대립에 대한 러시아의 관계에 대해 새로운 관점을 표출하고 있었으며, 이 관점을 가지고 새로운 운동

---

22 Aleksandr Blok, "Skify", *Stikhotvoreniia, poemy, teatr*, 2 vols., Leningrad: Khudozhestvennaia literature, 1972, vol.II, pp.196~198 [「스키타이인들」, 『단편시, 서사시, 연극』].

인 유라시아주의Evraziistvo의 개시를 선포했다. 이들은 우랄 산맥의 '자연적' 경계가 러시아 영토를 따로따로 분리된 유럽과 아시아의 두 부분으로 나누고 있다는 1730년대 타티셰프의 제안을 단호히 거부했다. 유라시아주의자들은 대신 발트 해로부터 태평양에 이르는 전 대륙이 그 광대함에도 불구하고 단일한, 단단히 응집되어 있는 영토 개체임을 주장하였다. 사실, 이 개체는 실제로 대략 러시아 제국 또는 소련의 영토에 해당하는 하나의 실제 대륙을 형성하고 있었다. 이 대륙은 네 가지 생태 지대, 곧 툰드라, 타이가, 스텝, 사막의 독특한 배열에 의해서 인접 대륙으로부터 지리적으로 분리되어 있었다. 이것은 실제로 동양과 서양 사이에서 제3의 중간세계, 유라시아라고 스스로 명명한 완전히 구별되는 지리적 공간이었다. 비록 그 명칭은 이 지역이 아시아와 유럽 모두의 영향을 다 흡수하고 있는 듯한 인상을 주지만, 이러한 영향들은 그럼에도 불구하고 아시아와 유럽과는 상당히 동떨어진 문명을 창조하도록 결합되어 왔다고 여겨졌다.

유라시아주의적 관점에서 볼 때, 러시아는 유라시아의 넓은 '인종 용광로' 지역에서 공동생활하던 핀우그르족, 타타르-터키족, 몽골족들이 뒤섞여 있던 오랜 기간으로부터 발전해 나온 독립적인 문화-민족적 복합체의 일부였다. 이 복합체 성립의 본질이 드러난 결정적 순간은 바로 스텝 유목민들이 운명적으로 고대 러시아를 정복하여 고대 러시아 국가의 초기 진화를 단절시켰던 그때였다. 유라시아주의자들은 러시아 민족과 러시아 국가의 역사에서 가장 중요한 가혹한 시련으로서 오랜 몽골 지배 경험에 초점을 맞추었다. 말할 필요도 없이, 이들은 러시아 역사 기술에서 전형적으로 나타나는 것처럼 이 시기를 동양의 야만인들의 손에 떨어졌던 국가적 재난의 하나로서 험담하는 식으로 묘사하기를 반복한 것이 아니라, 대신 이것을 일종의 창조적인 국가적 카타르시스로서 찬미했다. 이 시기로부터 마침내 출현한 러시아는 유럽도 아니고 심지어는 슬라브도 아니며, 오히려 유라시아 문명이라는 복합적 혼합물의 가장 중요한 구성요소가 되었다. 유라시아주의자들은 공통의 역사적 유산, 각각의 민속문화에서 공유된 양식들, 광범위한 언어적 유사성, 심지어는 인종적 유사성에 이르기까지, 이 지역의 다양한 요소들이 단일한 인류학적 개체로 융합되었음을 증명하는 유사성들을 파악하는 데 많은 에너지를 쏟았다. 그러나 무엇보다도, 러시아는 그 정치적-지리적 운명에 의해 유라시아의 일부였다. 왜냐하면 처음부터 이 지역의 광대한 영토는 단일한 정치적 독립체로 통합될 운명이었기 때문이다. 처음으로 이 필요성을 인지한 것은 몽골의 창조적 공헌이었으며, 몽골의 지배로부터 출현한 모스크바 공국은 이 사업을 이어받아 실제로 확장된 제국의 형태로 완성하였다. 유라시아주의자들은 이러한 연속성을 아주 명확히 강조했다. 유라시아주의 초기 지도자들 중 하나에 따르면, "러시아의 역사적 사명"은 "유라시아의 정치적 통일자와 칭기즈칸의 계승자이자 후예"가 되는 것이었다.[23]

유라시아주의자들로 인해 러시아와 아시아에 대한 담론은 완전히 새로운 차원으로 이동했다. 러시아의 지리적·정치적·문화적 기원에 의거하여 결정적으로 서구와 유리되고 대신 동양과의 모종의 통합 안에 굳건히 고정된 러시아의 이미지가 처음으로 만들어진 것이다. 이들의

---

23 Nikolai Trubetzkoy(sic), "The Legacy of Ghengis Khan: A Perspective on Russian History not from the West but from the East"(1925), *The Legacy of Ghengis Khan and other Essays on Russia's Identity*, ed. and trans. Anatoly Liberman, Ann Arbor: Michigan Slavic Publications, 1991, pp.161~232. 이 글에 인용된 부분은 p.226.

정교하고 인상적인 학문적 가설의 틀 안에서, 러시아의 유럽에 대한 관계에 관한 질문은 비로소 이 장에서 되풀이하여 살펴보았던 모순성과 변덕스런 우유부단함으로부터 벗어났다. 이는 이 둘의 분리가 이제 완전히 논쟁의 여지가 없는 것이 되었기 때문이다. 따라서 유라시아주의자들이 유라시아라는 자족적 중간세계의 비전을 가지고 유럽과 아시아 사이의 러시아의 정신분열증적 위치 '문제'라는 고르디우스의 매듭, 약 2세기 전에 묶여졌던 그 매듭을 드디어 끊어 버렸다는 점은 높이 살 만하다. 그러나 이를 성취하기 위해 그들은 심지어 가장 끈질긴 민족주의 정서가 지지할 수 있는 것조차 과감히 뛰어넘는 러시아의 비전을 일구어 내야 했다. 지금까지 시종일관 강조되어 왔던 사실, 곧 러시아의 여론은 대체로 표트르 시대의 유산으로부터 벗어나지 못했다는 것이 여전히 현실로 남아 있었기 때문이다. 유라시아주의자들이 러시아와 인접한 아시아 문명과 러시아를 극단적으로 동일시하기 시작했을 때, 그들은 그것이 아무리 괴롭고 고통스러웠다 하더라도 실질적으로 그들 자신 말고는 아무도 진정으로 폐기하기 원치 않았던 유럽중심주의적 관점을 중화시키고 진부한 것으로 만들려 시도하고 있었다. 이러한 상황으로 인하여 역설적이게도, 독립적 실재로서의 러시아의 정체성을 약화·손상시키는 모호성을 제거하려는 노력에서 유라시아주의자들이 거두었다고 주장할 수 있었던 모든 성공이 단지 그들의 궁극적인 호소력을 잠식하는 방향으로 작용하게 되었다. 이 주장이 내전 시기 동안 러시아 인텔리겐치아의 가장 유명한 대표자 몇몇으로부터 헌신적 지지를 얻었음에도 불구하고, 국제 망명자 공동체 속에서도 실제로 소련 자체 내에서도 유라시아주의는 광범위한 인정을 받지 못했다. 그 원래 형태로서의 유라시아주의는 제2차 세계대전이 끝나기 전에 소멸되었다.

소련과 그 이후

1920년 후반에 이르기까지 소련에서 단일한 공산주의 이데올로기가 구축되면서, 혁명 직후 시기를 점유했던 러시아와 아시아의 문제들은 더 이상 주요 관심사가 되지 못했다. 새로운 교의의 제한 내에서, 러시아와 아시아의 문제에 있어서 악몽과도 같았던 러시아 민족정체성에 대한 전통적 논쟁은 실제로 설 자리가 없었다. 더구나 서방에 대한 이 나라의 관계 문제가 이전의 중요성을 잃지 않은 반면, 러시아와 아시아 간의 관계 문제는 이제 반동적 자본주의 세계에 대항하여 경쟁하는 진보적인 노동자들의 국가라는 비지리학적인 맑스주의의 범주 내에서 인식되었다. 새로운 체제가 단행한 옛 제국 지역들의 균질화와 훨씬 더 면밀한 정치적·경제적 통합은 겉보기에는 망명자 유라시아주의와 잘 공명하여 이들로부터 얼마간의 정치적 지지를 얻을 수 있었다. 그러나 소비에트연방 쪽에서는 비공식적으로 이 운동을 부르주아적 민족주의로 비난하였다. 그리고 어리석게도 유럽 망명으로부터 돌아온 이 운동의 추종자들을 처단하였다. 대신 그들은 소련이 자연적·지리적으로 우랄 산맥에 의해 유럽 부분과 아시아 부분으로 나뉜다는 옛 개념을 강조하여 받아들였으며, 실제로 이 구분을 자기들의 영토 관할의 내부 시스템으로 편입시킴으로써 이를 실제로 성문화하였다.

최고위의 공식적 차원에서 아시아 대륙의 일부로서 국가의 물리적·지리적 정체성이 지니는 유일한 이념적 중요성이란 순전히 정치적 선전선동을 위한 것이었다. 일례로 이것은 아시아에서 소련이 차지하는 위치가 아시아에 나타나고 있는 식민지 혁명에서 소련에게 자연스러운 지도자 역할을 부여한다는 1920년대 레닌의 주장에 단적으로 나타나 있다. 또는 훨씬 더 사소한 예를 들자면, 1941년 그루지야 출신인 스탈린이 소련을 방문한 일본 외무상에게 제의한 건배사 "당신은 아시아인이지요, 나 또한 그렇소"[24]에도 이러한 점이 나타난다. 태평양 정세에서 소련의 입지를 확보하기 위해 미하일 고르바초프는 1986년 블라디보스토크에서 행해진 유명한 연설에서 소련의 아시아적 정체성을 다시 확인하는 것이, 그것도 매우 소리 높이 단언하는 것이 상책이라는 점을 강조하였다. 그러나 같은 이유로, 그는 그 반대 방향으로 훨씬 더 한결같은 행보를 보여 주었다. 즉, 유럽이 "대서양에서 우랄까지"[25]라는 샤를 드골의 퇴색한 1950년대 지리적 비전을 부활시킴으로써 고르바초프는 소련을 "공동의 유럽 고향"으로 받아들이는 것이 필요함을 확인하고자 했다. 비공식적 차원에서, 1980년대 초에 행해진 러시아의 쿨리코보 승전 600주년 기념 행사들은 현대 소비에트에 있어 몽골-러시아 유산이 가지는 긍정적인 의미를 보여 주려는 비밀 유라시아주의자들의 노력을 촉진시켰다. 그러나 이러한 산발적인 선언들은 대부분 이념적으로 주변부에 머물렀다.[26]

그러나 탈공산주의 러시아의 발전 양상들은 러시아의 동양에 대한 관계가 지니는 보다 깊은 역사적·문화적·정치적 중요성에 관한 소비에트 시대의 침묵이 단지 일시적인 정지였음을 확연히 보여 주었다. 소련

24 John Stephan, "Asia in the Soviet Conception", ed. Donald S. Zagoria, *Soviet Policy in East Asia*, New Haven: Yale University Press, 1982, pp.29~56에서 재인용. 인용된 부분은 p.36.

25 Mikhail Gorbachev, *Perestroika*, New York: Harper and Row, 1987, pp.180, 191, 194~195, 197~198; Gorbachev, *Toward A Better World*, London: Hutchison, 1987, pp.344, 348.

26 다음을 참조하라. Fedor Nesterov, *Sviaz' vremen. Opyt istoricheskoi publitsistiki*, Moscow: Molodaia Gvardiia, 1980 [『시대의 관계. 역사적 사회평론의 실험』]; Lev N. Gumilev, "Epokha Kulikovskoi bitvy", *Ogonek* 36, September 1980 [「쿨리코보 전투 시대」], pp.16~17; Vasilii Lebedev, "Iskuplenie", *Molodaia Gvardiia* 8, August 1980, pp.47~156; *Molodaia Gvardiia* 9, September 1980, pp.62~155 [「속죄」, 『젊은 근위대』].

몰락의 여파로 러시아의 국가정체성과 운명이라는 언제나 그렇듯 고통스러운 문제들이 변함없는 활력을 띠고 다시 나타났다. 그리고 이전과 같이 이 문제들은 세계에서 러시아의 지리적 위치가 지니는 의미에 관한 논쟁과 연결되어 있었다. 실제로, 상당한 정도로 1990년대 러시아의 상충하는 정치적 경향들은 정확히 각자가 표방하는 지리적 지향성으로 구별되었다. 그리고 이 장 전체에 걸쳐 점검해 왔던 관점들의 요소들이 다시 한번 그들의 다양한 입장 속에 확연히 나타나게 되었다. 과거에도 그랬듯이, (비록 결코 우세하다고 할 수는 없었지만) 강력하게 표현된 지향성 중 하나인 '대서양주의'는 서구를 향한 것이었다. 이것의 목표는 러시아를 선진(혹은 탈산업화) 서구 세계의 위계 속에 완전히 편입시키는 것이었다. 이는 1990년대 수사법을 빌리자면 'G7'의 여덟번째 멤버가 되는 것으로 간결히 표현될 수 있다. 이 목표는 다른 무엇보다도 의회민주주의와 자유시장 자본주의를 중심으로 하는 급속한 서구와의 동화를 통해 성취될 수 있었다.

그러나 대서양주의를 단호히 반대하는 조류에 속하는 여론은 동양과의 연계, 그리고 소비에트 및 제정 시대에 성취된 아시아에서의 러시아 유산의 영구적인 중요성을 강조하였다. 이 여론이 단언하는 것은 러시아의 미래가 오직 이러한 관계들을 기반으로 하여, 이러한 관계들이 유럽, 곧 대서양 저편 서구와의 관계를 앞서는 우선순위를 가질 때에만 건설될 수 있다는 것이었다. 이데올로기적으로 이 입장을 보강하기 위해, 원조 유라시아주의자들의 원칙들이 복권되어 새로이 받아들여졌으며, 유라시아주의라는 용어는 1920년대 망명자 운동과의 관계가 어떻든 간에 현 시대의 가장 중요한 정치적 키워드 중 하나가 되었다. 실제로, 광범위한 명백한 차이들에도 불구하고 두 운동과 시대를 연결하는 데 실제로 도움이 되는 실질적인 유사성들이 여럿 있다. 당시에도 현재에도 이 유사성들 중 가장 중요한 것은 제국 러시아의 정치적 분열과 붕괴에 대한 반작용이라는 유라시아주의의 성격이다. 러시아 내면 깊숙이 흐르는 인접 아시아와의 혈족 관계에 대한 유라시아주의의 주장은 언제나 가장 먼저 잃어버린 혹은 위협받고 있는 더 넓은 지역의 지정학적 응집성과 통일성을 유지해야 한다는 절대적인 요청을 가리키고 있다. 이는 그 응집된 개체의 형태가 옛 러시아 제국의 형태든, 소련의 형태든, '독립국가연합' 또는 다른 어떤 것의 형태든 상관없이 똑같이 제기되는 관점이다. 이 운동의 주요 이론가 중 하나인 알렉산드르 프로하노프는 1993년 극렬 민족주의 신문인 『덴』(현재는 『자프트라』로 개칭)[27]에 다음과 같이 쓰고 있다.

> 유라시아는 대국의 대륙 땅덩이가 새로운 윤곽을 가지고 재창조되어 나오는 자기장이자 플라스마이자 최초의 배양액이다. 유라시아적 통일체 obshchnost' ──이것은 지정학적 필요 그 모든 평야와 산맥들, 군사적 전선과 전장의 변치 않는 융합체이다. 서쪽과 동쪽, 그리고 남쪽으로부터의 끊임없는 압력으로 말미암아 이 민족들은 단일한 방위 공동체, 곧 이 압력에 자신의 공격으로 대항하고 대지와 자연의 자원들을 한데 모으는 실체가 되었다.[28]

프로하노프의 신비주의는 확실히 당대의 울림을 지니고 있었다. 그

27 러시아어로 Den'은 '하루, 일(日)'을, Zavtra는 '내일'을 의미한다. ──옮긴이
28 Den' 7(87), 21~27 February 1993, p.3에 실린 무제 에세이에서.

러나 그럼에도 불구하고 1920년대의 근본적인 반향들이 '지정학적 필요'라는 모든 시대를 초월하는 그의 유라시아 비전 속에 공명하고 있다. 더욱이, 1990년대의 유라시아주의는 화해 불가능하게 적대적인 반서구주의로 특징지어진다. 『덴』에 실린 또 다른 논설은 "칭기즈칸 후예들의 새로운 제국은 서구의 계획에 따른 러시아의 재건에 대해 유라시아가 제시할 수 있는 대답이다"라고 도전적으로 선언했다. 이 논설은 블로크가 그의 시 「스키타이인」에 사용했던 동일한 제사를 그 제목으로 삼았다("범몽골주의! 이름은 야만스러우나 / 그러나 그것은 내 귀를 즐겁게 한다"[29]). 저널리스트 알렉산드르 두긴은 더욱 격앙되고 호전적인 어조로, 그로테스크할 정도로 대담하게 러시아와 서구 사이에 일어날 대화재에 대해 쓰고 있다. "마지막 전투Endkampf, 그 마지막 투쟁이 곧 우리에게 갑자기 발발할 것이다. …… 중대한 시대, 유라시아의 시대가 이미 임박했다. '대륙들의 위대한 전쟁'이 다가오고 있다."[30] 확실히, 프로하노프보다 훨씬 더 비정상적인 신비주의로 덧입혀진, 임박한 동-서 간의 아마겟돈에 대한 두긴의 비전은 유라시아주의의 유산만큼이나 냉전시대 초강대국 사이의 적대 관계라는 풀리지 않는 유산과 깊은 관련이 있다. 그러나 주목할 만한 사실은 그가 이러한 의견을 유라시아주의의 용어를 사용하여 표현하는 것이 의미 있고 적절하다고 여겼다는 것이다. 현대의 유라시아주의 부활은, 이 장에서 추적해 왔던 바로 그 이데올로기적 과정,

29 Aleksandr Anisimov, "'Khot' imia diko…': Novaia imperiia chingizidov – vozmozhnyi otvet Evrazii na perestroiku Rossii po planam zapada", Den' 31(59), 2~8 August 1992, p.4 [「이름은 야만스러우나…: 칭기즈칸의 새로운 제국 ─ 서구의 계획에 따른 러시아의 재건에 대한 유라시아가 제시할 수 있는 대답」]. 블로크의 제사는 블라디미르 솔로비요프의 시 「범몽골주의」로부터 온 것이다.

30 Aleksandr Dugin, "Velikaia voina kontinentov", Den' 15(93), 12~18 April 1992, p.2 [「대륙들의 위대한 전쟁」]. 강조는 원본에 따른 것이다.

곧 러시아 자신의 성격과 국가적 운명의 비전을 아시아와 러시아의 병치와 둘 간의 관계라는 관점에서 뚜렷이 표현하고자 하는 시도가 오늘날 러시아에 끈질기게 영속적 생명력을 가지고 살아 있음을 명백히 보여 주고 있다.

정하경 옮김

역사적으로 러시아는 서구에 대해 양면적인 태도를 취해 왔는데, 이는 초기 접촉의 근원이 다양했다는 조건에 의한 것이었다. 10세기 말경 러시아의 기독교 수용을 통해 실현된 비잔틴 제국의 영향은 특히 중요한 의미를 갖는 것이었다. 비잔틴의 사절단은 구어용 알파벳을 고안함으로써 키예프 국가가 기존의 문헌에 접근할 수 있게 해주었고, 이후에는 정교회 교의에 기반한 토착 문화가 발전해 나갈 수 있게 해주었다. 그렇지만 유럽 문화에 공통적인 그리스의 유산이 러시아에서는 특이한 표현 형태를 띠게 되었다.

　번역 가능했던 많은 문서들에 따라 국가와 교회 간의 관계와 통치

* 피에르 하트(Pierre R. Hart). 루이지애나주립대 교수. 저서로 『데르자빈: 시인의 진보』(G. R. Derzhavin: A Poet's Progress, 1979)가 있고, 『슬라브와 동유럽 저널』(Slavic and East European Journal), 『캐나다-미국 슬라브 연구』(Canadian-American Slavic Studies), 『슬라브리뷰』(Slavic Review), 『러시아어저널』(Russian Language Journal), 『근대소설연구』(Modern Fiction Studies), 『근대언어저널』(Modern Language Journal), 『러시아 슬라브 문학사전』(The Modern Encyclopedia of Russian and Soviet Literature), 『러시아문학 핸드북』(Handbook of Russian Literature) 등에 논문·에세이·서평을 발표하였다.

자의 권리와 의무가 보수적으로 정의되었다. 기독교 교리와 함께 이 문서들은 "키예프 국가의 정치구조에 편입되었고 …… 이후의 러시아의 발전에 초석이 되었다".[1] 그 뒤를 잇는 몽골 지배기 동안 민주적 전통이 쇠퇴함과 더불어 비잔틴의 이러한 전제적 유산은 지배적인 것이 되었고, 신생 모스크바 공국에 그 흔적을 남기게 되었다.

키예프 루시의 분열로 인해 서구와의 주요 소통 방식이 변경되었고, 노브고로드는 북유럽과 중동을 잇는 무역로에 위치해 있었다는 점 덕분에 핵심적인 중요성을 갖게 되었다. 노브고로드 지주계급의 높은 문자해득률과 베체veche, 즉 도시 의회에서의 자유 시민들의 회합으로 인해 노브고로드에서는 모스크바의 통치 방식과는 전혀 다른 공화제적 통치 방식이 발달할 수 있었다. 노브고로드가 중세 유럽의 주요 제조업 도시로서 기능하였고 한자동맹과 밀접한 상업적 관계를 맺고 있었기 때문에 노브고로드와 서구의 일체성은 더욱 강화될 수 있었다. 일찍이 12세기에 독일인과 스칸디나비아인이 거주했던 외국인 구역은 이 도시에 세계시민주의적 특색을 보태어 주었다. 노브고로드 성 소피아 성당의 시그투나 문門은 유럽과 비잔틴이 함께 이 사회를 건설한 방식을 대표적으로 보여 준다고 할 수 있다. 콘스탄티노플의 아야소피아에서 영감을 얻은 키예프의 성당으로부터 다시 영감을 받은 이 교회는 정치적·종교적 중심지 역할을 하였다. 1050년 독일 마그데부르크의 주조 공장에서 청동으로 만들어진 그 문은 원래는 바랑인들의 요새를 장식했던 것으로, 1117년 그곳에서 도난을 당해 노브고로드로 이전되었다. 성서

---

1 Francis Dvornik, *The Slavs in European History and Civilization*, New Brunswick: Rutgers University Press, 1962, p.76.

의 장면이 풍부하게 세부 묘사된 이 문은 성당 건물의 비잔틴식 디자인에서 중요한 부속물을 이룬다.

모호하게 실현되었을 뿐이지만, 노브고로드의 서구 지향은 모스크바 공국의 의심을 불러일으키기에 충분했고, 문화적 영향에 따른 이들 간의 반감은 표트르 대제가 유럽식 모델로 새로운 수도를 건설하기로 결정한 이후 생겨난 상트페테르부르크와 모스크바 간 대립 관계의 전조를 이루는 것이었다. 동러시아의 통합에서 중요한 이정표가 되는 15세기 말 모스크바의 노브고로드 정복은 르네상스의 절정에 있던 유럽으로부터 거리가 멀어지게 될 것임을 알려주는 신호탄이 되었다. 비록 동슬라브인들 사이에서 유럽 문화가 되살아났다는 직접적인 증거는 찾기 힘들지만, 그 단절이 결코 완전한 것은 아니었다. 이탈리아는 산발적으로 인문학적 사상과 새로운 예술적 표현 양식의 원천으로서의 역할을 하였다. 15세기 말 피렌체와 베네치아에서 건축가와 장인들이 모스크바로 초청되어 크레믈린의 재건에 도움을 주었고, 몇몇 중요한 건축물에 그 흔적을 남겨 놓았다. 비록 고유한 요인들과 차용된 요소들 간의 차이를 규명하는 데에는 앞으로도 수세기가 필요하겠지만, 시그투나 문의 예에서와는 달리 이제 서구의 관여는 직접적인 것이 되었다.

모스크바 공국의 역량이 커지자 모스크바 공국은 정치적 목적을 위해 서구의 기술을 도입할 필요성을 인식하게 되었다. 이반 4세 치하(1533~1584)에서 서구와의 접촉은 크게 확대되었고, 그가 잉글랜드, 덴마크, 독일에 상업적·군사적 전문지식에 관한 도움을 요청한 것은 표트르 대제의 전략을 1세기 이상 앞서 예고한 것이었다. 그러나 외국인 혐오적인 이반 4세의 동기는 전혀 다른 것이어서 그는 이러한 서구의 도움으로부터 얻을 수 있는 실질적인 이득을 이해하기는 했지만, 문화적

친선을 진작하기 위해서 한 것은 아무것도 없었다.

초기 로마노프 왕조는 계속해서 조심스럽게 유럽적인 원천을 습득해 나갔다. 모스크바의 외국인들은 별개의 구역, 즉 독일인 슬로보다 sloboda[2]를 점유했는데, 이 지역은 일부 러시아 상류층 인사들의 관심을 끌었다. 특히 17세기 중반 차르 알렉세이의 즉위 이후 모스크바인들 사이에서는 외국인의 생활양식을 모방하는 현상이 나타났다. 차르 알렉세이는 개인적으로 관심을 가졌기 때문에 1673년 모스크바 최초의 발레·드라마 학교를 설립하였다. 이즈마일로보에 있는 그의 교외 영지는 서구식 모델에 따라 디자인된 거대한 정원들을 특징으로 하였다. 차르의 가장 가까운 고문 중 한 사람이었던 아르타몬 마트베예프는 유럽식 취향을 반영하는 방식으로 설비된 자기 집으로 수많은 외국인 거주자들을 초대하곤 하였다. 그 벽에 걸린 개인 초상화들은 정교회의 비난을 받았던 세속적인 예술에 대한 관심을 증명해 준다. 게다가 초상화 각각의 주제는 당대의 가장 두드러진 특징으로 기술되었던, "집단적 요인에 대한 개인적 요인의 중세적 종속에 대비되는 것으로서 개성의 역할의 과대화"를 반영하였다.[3]

인본주의적 지향의 초기 지표인 개인에 대한 이러한 새로운 인식은 특히 중간 통로의 역할을 한 키예프를 통해 유럽적 기원으로 거슬러 올라간다. 가톨릭 폴란드의 지배하에 설립된 이곳의 아카데미는 예수회의 학습 센터를 모델로 하여 만들어졌다. 유사한 기관의 설립을 위해 키

---

2 러시아어로 자유를 의미하는 스보보다(svovoda)로부터 파생된 단어로 세금 징수 등이 면제된 자유인들의 거주지를 일컫는다. 18세기 초에 이르면 이러한 특혜가 폐지되어 슬로보다는 일반 마을이나 도시 거주지와 같아진다. —옮긴이

3 William Brown, *A History of Seventeenth-Century Russian Literature*, Ann Arbor, MI: Ardis, 1980, p.8.

예프의 수도사들이 모스크바로 초청되었고, 이들은 1682년 교양과목을 교육하는 기관의 문을 열었다. 수업에 쓰이는 공식 언어는 그리스어였는데, 이는 가톨릭 서구에 대한 끈질긴 불신이 반영된 것이었다. 이 교육기관은 커리큘럼에서 삭제하기 전까지 1690년대 초반에는 잠시 라틴어를 가르쳤고, 이와 함께 1690년대 후반에는 철학과 신학을 가르치기도 하였다. 이후에 라틴어가 원래대로 학술어로 인정된 것은 표트르 대제의 개혁과 함께 도입된 친유럽적 성향과 일관성을 이루는 것이었다.

러시아의 민족정체성에 대한 자각이 커져 감에 따라 18세기 러시아의 문인들은 르네상스 이래로 다른 유럽 작가들과 사상가들이 몰두했던 것과 같은 문제에 직면하게 되었는데, 그것은 바로 자신들의 고유한 원천의 뛰어난 공헌에 반대되는 것으로서 그리스와 로마 유산의 결합에 두어야 하는 상대적 비중의 문제이다. 프랑스에서는 '고대와 근대의 논쟁'이라고 알려진 것이, 가까운 수준에 도달할 수는 있지만 넘어설 수는 없는, 고대로부터 물려받은 문화적 업적의 절대적 기준에 관한 문제의 중심에 놓이게 된 것이다.

러시아인들의 논쟁은 그 뒤늦은 시작으로 인해 더욱 복잡해졌다. 러시아인들이 고전적인 미학적 기준을 자신들의 작품에 적용시키는 것에 대해 논의할 때에도 서유럽은 재빨리 근대국가의 기준에 유리한 결정을 내리는 쪽으로 나아가고 있었다. 다른 곳에서는 수세기를 지나면서 서서히 전개된 것이 러시아에서는 약 50년의 기간으로 압축되었다. 유럽에서 공들여 만들어진 신고전주의적 규범이 이 기간 동안 러시아인들 사이에서 증가하고 있던 문화적 특수성에 대한 자각에 비추어 평가되었다. 신고전주의적 지향성을 갖는 요소들이 19세기까지도 지속되기는 했지만, 세기말의 러시아 사상가들 사이에서는 다른 관념이 보다 큰 반향을 얻어 민족성이 더욱 강하게 표현되는 결과를 낳았다.

유럽적 기준의 적용과 채택이 가장 확실하게 표현된 것은 표트르 대제가 18세기 초에 새로운 수도를 건설하기로 내린 결정에서였다. 황제령에 따라 발트 해에 인접한 습지에 건설된 상트페테르부르크는 모스크바나 서유럽의 도시처럼 기존의 도시 양식을 따를 필요가 없었다. 오히려 이 도시는 당시 유행하던 도시 디자인 개념을 명확하게 표현할 수 있었다. 초기에 도시를 계획한 사람들은 주로 프랑스인과 이탈리아인들이었지만, 시간이 흐름에 따라 러시아인들이 점점 더 도시의 모습에 대한 책임을 지게 되었다. 특정한 세부사항은 민족적인 취향을 나타낼 수도 있기는 하겠지만, 주된 인상은 세계시민주의적이고 유럽적이었다.

루이스 멈포드의 바로크 도시 개념이 18세기 새로운 수도 개발에 대한 권한을 위임받은 여러 계획안에 반영되었다. "[그] 추상적인 수학적·조직적 측면은 엄밀한 거리계획에서 공식적인 도시설계와 …… 기하학적으로 정돈된 정원 및 조경 디자인을 완벽하게 표현해 냈다."[4] 상트페테르부르크라는 특별한 경우에서 그 계획자들은 "도시를 아름답고 훌륭하게 …… 만들기 위해서 노력을 아껴서는 안 된다"고 단언하였다. 이러한 효과를 얻기 위해 "앙상블을 이루는 모든 건물들은 현관이 돌출되지 않고 같은 높이로 만들어져서 연속적인 정면을 형성하는 방식으로, 정렬된 건물들의 외관과 전체적으로 한 열을 이루어야 한다".[5] 도

4 Lewis Mumford, *The City in History. Its Origins, Its Transformations, and Its Prospects*, New York: Harcourt, Brace & World, 1961, p.351.
5 Iurii Egorov, *The Architectural Planning of St. Petersburg*, trans. Eric Dluhosch, Athens: Ohio University Press, 1969, p.86에서 재인용.

시 중심부는 넓은 중앙 대로들이 세 갈래를 이루는 효과가 특징적이었는데, 이 세 대로들은 모두 네바 강변에 위치한 해군성 건물로 집결되었다. 이 길들을 따라서 어느 위치에서도 시선은 새로운 세속 국가의 역량의 상징인 해군성의 금빛 첨탑을 향하게 된다. 마찬가지로 강에서 보는 도시 중심부의 전망은 거대한 화강암 강둑과 물을 마주하도록 건축학적으로 통일된 건물군의 조합으로부터 크게 영향을 받지 않을 수 없다. 이처럼 의식적으로 편성된 건축물 배열의 누적효과는 이를 체험하는 사람들로부터 강렬한 감정적 반응을 불러일으키는 것이었다. 러시아와 미국처럼 서로 다른 나라들이 18세기의 새로운 수도의 건설에서는 건축을 통한 이성의 시대의 계산된 민족주의의 고취를 강화하였다.

상트페테르부르크 도시 건설은 '외관 계획'이라는 명칭을 얻게 되었고, 이는 차르 체제 도시계획의 중심 요인이 되어 제국 전체에 적용되었다. "국경 지대에 있든 내륙 지역에 있든, 이러한 도시들은 전제권력과 유럽 문명의 전초기지가 되었다."[6] 그러나 다른 어떤 경우에서도 바로크 디자인이 그토록 완벽하게 구현되진 못했고, 수 세대의 러시아인들에게 페테르부르크는 러시아가 서구적 개념에 빚지고 있음을 시각적으로 확인시켜 주게 된다(비록 모스크바가 특히 1812년 대화재 이후 신고전주의적 건축으로 변경되는 과정을 겪게 되지만, 그 근본적인 특성은 여전히 슬라브적이다). 고대로부터 내려온 표현 형식은 보편적인 타당성을 갖는 것으로 간주되었지만, 상트페테르부르크의 경우에 후속 세대들은 그 건축 텍스트를 아주 다른 방식으로 해석해 나간다. 18세기의 찬양자

---

6 Daniel Brower, *The Russian City between Tradition and Modernity, 1850-1900*, Berkeley: University of California Press, 1990, p.11.

들은 이를 표트르 대제의 성공적인 개혁의 증거로 여겼고, 그들의 찬사의 어조나 내용 모두 푸슈킨의 유명한 시 「청동 기마상」을 계속해서 되풀이하는 것이었다. 푸슈킨이 이 도시의 "엄격하고 품위 있는 외양"을 찬미한 것은 그 신고전주의적 디자인의 기본적인 특징에 기인한 것이다. 반면에 도스토예프스키를 포함한 비판자들은 같은 특징을 이 도시의 비인격적·소외적 본질을 증명해 주는 것으로 이해한다.

상트페테르부르크가 전체적으로 민족의식을 고양하기 위한 문화적 차용의 예라고 할 수 있다면, 푸슈킨 시의 상징적 주제이기도 한, 에티엔-모리스 팔코네가 제작한 표트르 대제의 기마상은 적응의 과정을 보다 분명하게 보여 주는 예라고 할 수 있다. 예카테리나 여제의 위임을 받아 표트르 대제와 여제 자신의 계몽 통치를 기념하기 위해 1782년에 세워진 이 작품은 기존의 미학적 입장에 도전하였다. 이 조각가는 프랑스 국적이었지만, 여제는 그의 진취적인 견해를 보고는 그를 선택하였고, 이전에 건축가 라스트렐리가 디자인한 엘리자베타 여제의 상을 거절하였다. 팔코네가 특정 민족문화의 '근대적' 주창자의 반열에 오를 수 있었던 것은 바로 고대 조각에 대한 그의 안목 있는 태도 덕분이었다.

18세기의 많은 기마상의 영감의 원천은 서기 2세기 로마 작품인 마르쿠스 아우렐리우스의 기마상이었다. 흔히 그래 왔듯이, 유럽은 이 작품을 대상의 완벽한 구현으로 여겼고, 이후의 조각가들은 이 절대적 완벽함에 근접하려는 시도 이상을 할 수 없었다. 팔코네가 이 작품을 자신의 모델로 사용하기로 선택했다면 그것은 전체적으로 수도를 특징짓는 디자인 원칙에 완벽하게 부합했을 수도 있다. 그러나 팔코네는 특정한 작품에 대한 신중한 평가가 아닌 무비판적인 판단에 근거하여 고대의 작품을 맹목적으로 모방하기를 거부하였다. 그가 로마 황제의 정적인 이미지를 고전적인 조각의 적절한 예로 간주하지 않았고 말[馬]을 비현실적으로 표현하는 것에 대해 특히 비판적이었다는 점은 명백하다. 그는 그 조각상을 무시하고 그 자신의 생각에 따르라고 충고한 예카테리나 여제로부터 자신의 입장에 대한 용기를 얻었다. 일반화된 방식으로 로마 통치자라는 인물이나 개념을 연상시키기보다는 자신의 대상에 바치는 특별한 기념물을 창조하려는 팔코네의 열망은 그 자신의 다음과 같은 발언에 잘 나타난다. "표트르 대제의 조각상 모델 작업을 하는 동안 나는 러시아 황제라는 인물의 진정한 특성을 가능한 한 충실하게 포착하려 애썼다."[7] 조각상의 밑돌로 보다 표준적이고 연마된 받침대가 아닌 다듬지 않은 거대한 화강암 원석을 선택한 것도 러시아 황제의 특별한 이미지에 대한 그의 관심을 반영한다. 게다가 인접한 건축물들과 관련한 조각상의 배치 그 자체는 전혀 다른 미학적 기준을 주장하는 것으로 해석될 수 있다. "팔코네의 위치 선정이 갖는 독특하고 모방할 수 없는 매력은 중앙광장의 공간 내에 있는 다른 모든 요소들의 엄격한 축성軸性을 따르지 않는다는 바로 그 특성에 기초해 있다."[8]

외부로부터 이성적 질서를 부여하려는 시도는 문학과 도시계획의 영역에 국한되지 않았다. 계몽사상가들과의 개인적인 서한에서 증명되는 바와 같이, 프랑스 계몽주의에 대한 예카테리나 여제의 열정은 현존하는 법전을 이성의 지배와 자연법에 따라 개혁하려는 야심찬 계획의 동기가 되었다. 개정 초안 작업을 위해 소집된 입법위원회에 내린 여제의 훈령은 러시아가 유사한 법체계를 따를 수 있는 유럽 국가라는 가정

---

7 Egorov, *The Architectural Planning*, p.222.
8 ibid., p.178.

으로부터 출발한 것이었다. 그러나 여제의 제안을 주의 깊게 살펴보면 여제가 프랑스의 원래의 법정신을 철저하게 왜곡하였음을 알 수 있다. 그리고 위원회는 오랫동안 심의를 했음에도 불구하고 어떠한 개혁도 시행하지 못하였다.

예카테리나 여제의 입장은 문학의 영역에서도 마찬가지로 분명치 않았다. 여제가 초기에는 도덕적 개선의 수단으로서 풍자를 장려하기도 했으나, 자신이 이러한 작가들의 가시 돋친 비판의 대상이 되자 이러한 태도는 급속히 사라져 버렸다. 그렇지만 대체로 프랑스 신고전주의는 18세기 전반기 동안 세속 문학 발전에 토대를 제공하였다. 그러나 미학적 문제에 정통한 러시아인의 수가 적었고, 이들의 견해를 뒷받침해 주는 유럽의 원전은 서로 다른 것이었기 때문에 예술적 교감이 있었다고 말할 수는 없다. 그래서 러시아 민족의 가장 위대한 학자인 미하일 로모노소프조차 독일 민족을 연구한 끝에 점점 시대에 뒤떨어져 가고 있던 독일 바로크 개념을 문학비평에 도입하였다. 로모노소프와 동시대인이자 지적인 라이벌이었던 알렉산드르 수마로코프는 프랑스 신고전주의의 최신 원리를 수용하면서도 민간 설화나 민요 같은, 매우 슬라브적인 유래를 갖는 비주류 장르들을 인정하기도 하였다.

스타일과 장르 위계의 문제에서 차이가 있었음에도 불구하고, 이러한 작가들은 공통적으로 러시아화된 내용에 관심을 가졌다. 찬사의 글을 짓건 풍자의 글을 짓건 18세기 러시아 작가들은 작품을 고전적인 주제에 한정하기보다는 글을 통해 민족적 경험의 느낌을 전달하려 하였다. 송시의 경우에는 대관식과 군사적 승리에 대한 축하가 주를 이룬 반면에, 풍자작가들은 외국식 옷과 매너의 맹목적인 모방에 대해 혹평하면서 독자들의 도덕성을 향상시키려 하였다. 유럽의 과도한 영향력에 대해서는 비판적이었지만, 러시아 전통의 우월함에 대한 확신을 표현하지는 못했다는 점에서 이들의 메시지는 필연적으로 모호할 수밖에 없었다. 프리메이슨 단원들 가운데 지도적인 지위를 차지했던 작가 니콜라이 노비코프가 당시 유럽에 대한 러시아의 태도를 전형적으로 보여 준다(프리메이슨에 관해서는 이어지는 내용들을 참조하라). "그는 러시아가 그 자체로서 충분한 세계가 아님을, 그리고 러시아가 자기 자신의 지적·문화적 유산만으로는 살 수 없음을 깨달았다. 이에 따라 무비판적인 차용에 대한 그의 저항은 서구를 거부하는 것이 아니라 보다 선별적으로 수용할 것을 요구하고 자각을 요구하는 성격을 띠게 되었다."[9]

이로부터 알 수 있듯이, 서구에 대한 반응은 서구 문화를 직접 경험하기보다는 주로 러시아의 관행을 관찰한 것에 기초하여 이루어졌다. 그렇지만 여행의 기회가 증가함에 따라 유럽을 반드시 호의적으로만 바라보지는 않는 솔직한 비교의 시각이 생겨났다. 노비코프와 동시대인인 극작가 데니스 폰비진은 몇 차례에 걸쳐 프랑스와 독일을 여행하면서 자신의 인상을 기록하였다. 파리를 묘사하면서 그는 프랑스 문화 전체에 대해 적용하게 되는, 형식과 내용의 차이를 구별하였다. 즉, 그에 의하면, 그곳에는 외면의 웅장함과는 대조적으로 러시아로서는 피하는 것이 바람직한 비루함이 숨겨져 있었던 것이다. 그의 계속된 말에 따르면, 러시아 동포들은 자신들의 단점에도 불구하고 열등감을 느낄 이유가 없으며, 마음과 감정의 문제에 있어서 그들은 이웃 나라 국민들보다 우월하기까지 하다.

9 Hans Rogger, *National Consciousness in Eighteenth-Century Russia*, Cambridge, MA: Harvard University Press, 1960, p.75.

폰비진은 서구의 표면적인 매력이 무엇이건 간에 결점을 내재하고 있다는 이유로 서구를 거부하는데, 이는 18세기 말에 이르러 많은 러시아 귀족에게서 특징적으로 나타나게 된 르상티망ressentiment[10] 감정을 반영하는 것이다. 이 귀족들은 민족의식에 대해 갖는 유럽의 중요성을 부인할 수 없었지만, 러시아의 명백한 문화적 열등함으로 인해 평등의 실현은 가능성이 없어 보이는 문제이기도 했다. "서구로부터 떨어져 버릴 수도 없고, 자신들의 의식에서 서구의 이미지를 없애 버리거나 지워 버릴 수도 없으며, 서구에 반대될 만한 것을 가진 것도 없었기 때문에 그들은 서구를 반反모델로 정의하여 이와는 정반대로 러시아의 이상적인 이미지를 만들어 내었다."[11] 마음과 감정의 문제에서 폰비진이 동포 러시아인들의 우월함을 주장한 것은 이러한 태도를 표현한 한 예이다. 계몽의 시대와 동일한 의미를 갖는 이성의 숭배는 이러한 특성과 비교하면 무색해지기 마련이다. 심지어는 폰비진의 유명한 희곡『미성년』에서 이성을 옹호하는 전형적인 인물조차 영혼이 없으면 이성은 불충분하다는 점을 강조한다.

러시아 귀족들은 별개의, 아마도 우월한 민족성을 규정해 줄 대안적인 토대를 찾는 과정에서 자신들의 고유한 원천이 아닌 영국과 독일의 서로 대립되는 사상적 조류에 이르게 된다. 이 가운데 주요한 것은 18

10 원한·적개심·노여움 등의 사전적 의미를 갖는 이 단어는, 자신의 민족정체성을 새로 구성하려는 사회가 다른 사회에서 이미 발생한 '민족'의 이념을 도입·적용하기 위해 다른 사회와 접촉·교류하는 과정에서 자신의 사회가 변화할 가능성은 엿보이지만 아직 그 가능성이 충분히 실현되지는 않고 있는 조건에서 나타나는 심리적 반응을 의미한다. 변화에 대한 기대, 비교의 대상에 대한 선망과 시기, 변화의 주체에 대한 자긍심 등이 얽히고 교차하는 애증의 감정이라고 할 수 있다.─옮긴이

11 Liah Greenfeld, *Nationalism: Five Roads to Modernity*, Cambridge, MA: Harvard University Press, 1992, p.255.

세기 중반 귀족층 사이에서 상당한 인기를 얻은 프리메이슨Freemasonry으로, 이는 이성의 문화에 대한 대응을 반영하는 것이었다. 영국으로부터 도입된 프리메이슨의 원래의 목적은 대체로 상업적이고 사회적인 것이었지만, 노비코프 같은 회원들은 영국 프리메이슨의 피상적인 유쾌함 따위에 만족하지 않았다. 오히려 그들은 단체의 신비적인 예식, 자기인식을 통한 도덕적 완성의 약속, 당시 커 가고 있던 시민의식을 만족시켜 준 박애주의적 이상 등에 매료되었다. 18세기 후반에 이들 러시아의 프리메이슨 단원들은 모스크바를 중심으로 한 비밀결사단체인 장미십자회Rosicrucian Order에 경도되었다. 장미십자회가 자신의 근원이 되는 영국의 프리메이슨과 내부적 거리를 두고 신비적이고 시민적인 요인을 더욱 강조함에 따라 일부 비평가들은 모스크바의 장미십자회가 다음 세기에 보다 명료하게 나타날, 서구주의자들에 대한 슬라브주의자들의 대응을 처음으로 보여 주었다고 여긴다. 흥미롭게도 장미십자회의 기원도 독일과 스웨덴이기 때문에 모스크바가 보여 준 반응의 궁극적인 원천 역시 서구였다고 할 수 있겠다.

프리메이슨의 유사종교적 매력과 밀접하게 연관된 것은 점차 러시아 작가들을 매료시킨 '감정의 철학'이었다. 프랑스어 및 독일어 번역을 통해 들어온 영국의 감상주의는 상당한 인기를 누렸고, "신고전주의의 규칙과 노선은 폐기되어야 하고 자유로운 천재는 건강한 자연으로, 감정으로, 자기 조국의 이상화로 돌아가야 한다"[12]고 느낀 러시아인들은 에드워드 영이나 로렌스 스턴 같은 작가들이 천재의 중심적인 역할

12 Ernest Simmons, *English Literature and Culture in Russia, 1553~1849*, Harvard Studies in Comparative Literature 12, Cambridge, MA: Harvard University Pres, 1935, p.165.

을 강조한 것을 바로 지지했다. 신고전주의 작가들의 일반화 경향에 대비되는 것으로서 개인의 경험에 대한 긍정이 1780년대와 1790년대를 러시아 문학의 전환점으로 특징짓고, 바로 이 시기부터 사회참여적인 평론가로서의 작가의 이미지가 문화계에서 정형화된다. 이러한 작가들 중 최초의 인물인 알렉산드르 라디셰프는 스턴의『감성 여행』에서 영감을 얻곤 하였다. 그러나 라디셰프는 자기 자신에 대한 반성적 성찰보다는 정치·사회 비평의 목적으로 파토스를 구사함으로써 러시아의 차용자들에게서 흔히 나타나는 적응 패턴을 보여 주었다.

19세기 초 일련의 정치적·경제적·문화적 발전으로 인해 민족의식이 고양되었고, 러시아가 서구에 진 빚에 대한 평가가 달라졌다. 바로 유럽이 그러했던 것처럼 러시아도 민족감정을 정당화해 줄 독특한 민속문화의 고유한 원천을 찾는 일에 몰두하였다. 월터 스콧 경에 의해 대중화된 역사소설은 민족의 과거를 이상화함으로써 대중의 상상력을 사로잡았다. 나폴레옹의 패배는 러시아의 역량과 러시아가 국제사회에서 동등한 관계를 요구할 자격이 있음을 확인시켜 주었다. 유럽식으로 교육받은 세대는 이러한 사태의 발전을 저울질하면서 러시아의 역사적 사명과 운명이라는 문제에 대해서 의견이 갈라졌다.

니콜라이 카람진이 러시아가 유럽에 진 빚을 점차 평가절하한 것은 이러한 변화된 인식의 한 척도이다. 프리메이슨과 감상주의에 고무되었던 카람진은 당대의 자유주의자들에게 공감하는 가운데 문인으로서의 삶을 시작하였다. 비록 프랑스혁명에 대한 그의 초기의 열정은 곧 식어 버리기는 했지만, 서구화의 영향에 대한 그의 회의적인 태도가 명백해진 것은 국가의 전반적인 역사를 쓰는 일에 착수하고 나서부터였다.『고대 및 근대 러시아에 대한 기록』에서 카람진은 결국 고대 러시아의 관행을 희생시킨, 유럽의 관습에 대한 표트르 대제의 과도한 열망을 비판하였다. 비록 상트페테르부르크는 그 자체로서 차르의 실수를 보여 주는 명백한 사례였지만, 그렇다고 카람진이 상트페테르부르크가 도시계획과 건축에 관한 외국의 개념을 구현한 것을 문제 삼은 것은 아니었다. 오히려 그는 표트르 대제의 잘못은 새 수도의 위치를 자연이 아름다운 러시아 내륙 중심부가 아닌, 황량하고 사람이 살기 힘든 발트 해 연안으로 정한 데 있다고 비난했다(비록 그가 분명하게 모스크바를 언급하지는 않았지만, 그의 말은 모스크바와 상트페테르부르크의 대립 관계를 앞서 보여 주었다고 할 수 있고, 이는 슬라브주의자와 서구주의자의 논쟁을 상징하게 된다). 그렇지만 카람진은 유럽화가 부정적인 결과를 낳았음에도 불구하고 표트르 대제와 예카테리나 여제가 확립한 새로운 제도가 되돌릴 수 있는 성질의 것은 아니라는 점은 인정하였다. 그는 개혁으로 크게 뒤바뀐 사회에서 질서를 유지하는 유일한 방법으로서 전제정을 옹호하였다.

다른 귀족들 역시 마찬가지로 러시아 국가의 업적을 확신하면서도 계속해서 유럽을 영감의 원천으로 간주하였는데, 특히 정치적 이론과 실천의 영역에서 그러하였다. 이들은 나폴레옹의 패배 이후 서구에서 군 장교로 복무한 경험 덕택에 상대적으로 개방된 사회의 장점에 대한 확신을 갖게 되었다. 이들은 고국의 정부가 점차 억압적이 되어 가는 현실에 직면하여 현존하는 사회의 범위 내에서 전제정의 자유화를 이루기 위한 활동을 하려는 의도로 모임을 조직하였다. 헌법을 요구하면서 니콜라이 1세의 즉위를 사전에 저지하려 했던 일군의 장교들, 즉 러시아 데카브리스트들은 목표를 달성하는 데 성공하지 못하였다.[13] 외형적으로 러시아의 서구 이념 수용을 상징하는 도시인 상트페테르부르크의 원로원 광장을 무대로 하여 펼쳐진 이들의 반란 시도는 개혁을 주장한 이들의 죽음과 유형으로 끝이 났다. 이 운동은 실패했음에도 불구하고 귀족적 개혁주의로부터, 서구의 이데올로기에서 동력을 얻은 적극적인 혁명정신으로의 전환을 의미하는 사건이 되었다.

데카브리스트의 입장에 동조한 이들 가운데에는 장기화된 해외 체류로 인해 반란의 현장에 있지 못했던 젊은 귀족 표트르 차아다예프가 있었다. 1826년 러시아로 돌아오자마자 체포되어 짧은 기간 동안 구금되긴 했지만, 그의 중요성은 이후에 쓴 『철학 서한』으로부터 말미암은 것이었다. 이 저서의 영향으로 새로 출현한 인텔리겐치아의 주요한 관심사가 구체화되었고, 러시아의 진로에 대해 서구주의자와 슬라브주의자 간에 수십 년에 걸친 논쟁이 시작되었다. 네크로폴리스['죽은 자의 도시'라는 뜻——옮긴이]로 되어 있는 발행처가 그의 비평의 분위기를 말해 준다. 작품이 실제 쓰인 모스크바를 그렇게 일컬은 것은 모스크바가 '제3의 로마'이자 따라서 기독교 문명의 진정한 중심지라는 주장을 효과적으로 폄하하기 위한 것이었다. 확실히 차아다예프는 자기 나라가 과거나 미래에 대한 의식 없이 동과 서 사이의 시공간적 중간지대에 존재한다고 보았다. 결정적인 순간은 "사악한 운명에 이끌려 우리가 교육의 기초가 될 도덕규범을 …… 비잔틴에 의지했을 때" 일어났다. 비록 그가 더 이상 그 도덕규범에 대해 구체적으로 언급하지는 않았지만, 그가 기독교 유럽의 역사를 묘사한 것에서 볼 때 모스크바의 침체가 비잔틴의

---

13 '데카브리스트 봉기'는 1825년 12월 제정 러시아에서 유럽 자유주의 사상에 영향을 받은 일부 청년 장교들이 입헌군주제의 실현을 목표로 일으킨 난이다. 여기서 데카브리스트란 개혁을 부르짖으며 혁명을 일으켰던 청년 장교들을 총칭하는 말로서, 봉기가 일어난 '12월'에 해당하는 러시아어 '데카브리'(dekabr')에서 유래하였다. ——옮긴이

유산으로부터 유래한다는 점은 명백하다. 르네상스 시대에 세속적 지향과 종교적 지향이 유익한 결합을 이루어 냄에 따라 유럽은 활기를 띠게 된 반면에 러시아는 "동면에 들어갔다". "사회의 현 상태를 야기한, 그러한 오래된 일련의 사건과 이념"이 없었기 때문에 러시아가 차용을 통해 보상받으려는 노력은 충분치 못한 것이 되고 말았다.

러시아의 위상에 대한 차아다예프의 비판적인 분석은, 러시아가 "인류의 없어서는 안 될 일부분을 이루는" 것 같아 보이지 않는데도 러시아의 숙명은 "전 세계에게 어떤 위대한 교훈을 가르치는 것"이라는 결론에 이르게 된다.[14] 이후의 작품에서 차아다예프는 러시아 문화에 대한 비판을 수정하여 러시아가 서구에 대해 긍정적인 리더의 역할을 맡을 만한 잠재력을 지닌다고 강조한다.

그 이후 10년 동안(1838~1848) 인텔리겐치아들은 역사 속에서 러시아의 자리를 보다 명백하게 정의하려는 노력으로 다양한 독일 및 프랑스 철학을 탐구하였다. 이들은 독일 철학자 헤겔에게서 특별한 매력을 느껴서 반대되는 힘의 종합을 통한 역사적 진보에 대한 그의 관념을 정치적·사회적 무대에 적용하였다. 러시아의 헤겔주의자들은 혁명은 이 과정에서 필수적인 요인이고 국가를 향상시키기보다는 파괴해야 한다고 점차 확신하게 되었다. 초기에는 정치적이라기보다는 철학적인 면에서 헤겔에 대한 관심을 가졌던 미하일 바쿠닌은 1840년 베를린으로 가서 곧바로 그리고 완전히 혁명의 대의로 전향하였다.

개인의 자유의 필연적인 전조로서 전멸에 대한 종말론적 비전을 담

---

14 Petr Chaadaev, *Philosophical Letters and Apology of a Madman*, trans. with an introduction by Mary-Barbara Zeldin, Knoxville: University of Tennessee Press, 1969, pp.42, 47, 38.

고 있는 바쿠닌의 에세이 「독일에서의 반동」은 "폭풍우를 몰고 오는 검은 구름이 끼고 있다"고 주장한 자신의 모국에 적용되는 것이었다. 특히 유럽을 휩쓴 1848년 혁명 이후 그는 러시아가 모범적인 선도 국가가 될 것이라고 보았다. 그해에 일어난 사건에 대한 바쿠닌의 반응은 19세기 후반 러시아의 급진주의를 뒷받침해 줄 혁명적 신념의 일부 내용을 미리 보여 준 것이었다. 유럽의 부르주아 계급은 반反혁명적임이 밝혀졌고, 앞으로의 활동에 대한 전망은 프롤레타리아 계급에게 달려 있었다. 러시아의 긍정적인 변화를 이끌 세력으로서 프롤레타리아 계급이 부재한 상황에서 바쿠닌과 몇몇 다른 이들은 기존의 체제를 파괴하기 위한 필수적인 수단으로서 농민층에 호소하였다. 부분적으로는 군중의 조직되지 않은 힘에 대한 확신으로 인해 바쿠닌은 무정부주의의 창시자 중 한 명으로 알려지게 되었다.

다른 헤겔 연구자들은 헤겔의 사상을 당대의 러시아 문화로 확장하였다. 러시아 문학비평가 중에서 가장 중요한 인물인 비사리온 벨린스키[15]는 이 독일 철학자와 프랑스의 다양한 공상적 사회주의들에게서 커다란 영향을 받은 미학을 정립하였다. 벨린스키에게 특히 중요했던 것

15 러시아의 문예평론가이자 사상가. 의사의 아들로 태어나 모스크바대학 문학부에 다녔으나, 1832년에 반농노제적 희곡 「드미트리 칼리닌」을 써서 퇴학당하였다. 1833년부터 잡지 『망원경』에 기고하기 시작하여, 1834년에 초기의 대표 논문 「문학적 공상」을 발표하였다. 이후 『조국잡기』를 비롯한 잡지들에서 집필을 계속하였으며, 1847년에 시인 네크라소프가 주재하는 잡지 『동시대인』에 참가하여 사상적 지도자로서 러시아 비평사에 한 시기를 이루었다. 초기 작품에는 독일 고전철학, 특히 헤겔의 영향이 두드러져 "모든 현실적인 것은 이성적이다"라는 테제를 일면적으로 포착하여 이른바 '현실과의 화해'에 빠졌다. 그러나 생시몽, 푸리에 등을 알게 되고, 또 헤겔의 변증법의 영향을 받아 차차 러시아의 현실에 입각한 독자적인 사회주의, 혁명적 민주주의의 사상을 구축해 나갔다. 그의 문학론은 예민한 감성에 입각하면서 예술을 진정으로 민중의 것으로 만들려는 열의와 설득력이 넘치고 있으며, 후일의 러시아 리얼리즘 문학을 육성하려는 뜻으로 일관되었다. 그는 고골의 재능을 최초로 인정하였으며, 「러시아의 소설과 고골의 소설」(1835), 「치코프의 편력과 죽은 영혼」 등을 통하여 그의 민중성과 리얼리즘을 높이 평가하였다. ─옮긴이

은 리얼리즘적이고 객관적인 예술, 그 예술의 사회적 보편성과 민족적 특수성에 대한 헤겔주의적 강조였다.[16] 작가 개인과 그들의 작품은 민족 정신의 시대적 구현과 관련하여 평가되어야 했고, 어떤 장르는 그러한 구현의 특정한 단계에 적합한 것으로 간주되었다. 따라서 벨린스키는 긍정적인 민족적 이상을 표현하는 서사시는 러시아의 부정적인 조건에서는 성공적인 창작물이 될 수 없고 소설이야말로 근대사회를 묘사하는 데 보다 적절한 수단이라고 주장하였다.

문인으로서 활동한 짧은 기간의 후반부에 벨린스키는 추상적인 합리적 원칙보다는 이를 당대의 사회환경에 적용하는 문제에 보다 초점을 맞추게 되었다. 그가 문학을 강력한 사회의식을 만들어 내는 수단으로 인식한 것은 프랑스인들로부터 영감을 얻은 결과이다. 그는 사회 불평등을 폭로하는 목적을 가졌던 외젠 쉬처럼 사회참여적인 작가들에 대해서는 호평을 썼다. 그렇지만 비록 그가 편향적인 문학을 인정하긴 했어도, 작가는 자신의 작품의 미학적 특성에 관심을 기울여야 하고 스스로 팸플릿 저자가 되도록 해서는 안 된다는 공상적 사회주의자들의 견해를 되풀이하기도 하였다.

다음 수십 년 동안에는 유럽적인 원천의 사상과 더불어 벨린스키의 사상에 영감을 받은 러시아 작가들이 창작에서 주도적 역할을 담당함에 따라 러시아 리얼리즘 소설의 걸작들이 출현하였다. 초기의 서구적 사회주의에 대한 열정을 거부하고 원숙한 작품에서는 슬라브주의적인 입장을 주장한 것을 포함하여 도스토예프스키가 명성을 얻게 된 과정

---

16 벨린스키가 이러한 유럽적인 원천에 진 빚에 대한 상세한 논의에 대해서는 Victor Terras, *Belinsky and Russian Literary Criticism*, Madison: University of Wisconsin Press, 1974, pp.59~76.

은 특별히 주목할 만하다. 그의 전향 시점을 명확하게 규정할 수는 없지만, 1840년대의 정치활동으로 인한 체포와 뒤이은 유형 기간 동안 점진적인 변화가 일어났다는 데에는 의심의 여지가 없다. 그러나 특별히 관심을 기울여야 할 작품은 1862년 서유럽 여행 이후 출판된 비평문 「여름 인상에 대한 겨울 기록」이다. 약 1세기 전의 폰비진이 그랬던 것처럼, 도스토예프스키는 자신이 관찰한 유럽의 도덕적 자기만족과 위선에 부정적인 반응을 보였다. 그의 가장 지독한 비판 중 하나는, 런던의 수정궁이 증명하는 바와 같이, 서구가 진보를 물질적 부와 동일시한다는 것에 대해서였다. 1851년 국제박람회의 건축물이자 상징물인 수정궁은 유럽 문명의 세속적 흐름을 전형적으로 보여 주었다. 이 거대한 유리 구조물을 방문한 사람들은 이전 세대의 사람들이 대성당에 대해 표했던 경외심을 갖고 이 건물에 대해서 이야기를 하였다. 수정궁은 기술과 합리적 조직의 승리를 입증해 주는 온갖 종류의 제품을 진열해 놓고 있었다. 그러나 도스토예프스키는 전시회와 그 건물들을 보고는 수정궁에서 나타나는 우려감만을 표명할 뿐이었다. "그렇다. 박람회는 놀라울 정도다. 당신은 세계 각국에서 온 이 수많은 사람들을 하나의 무리로 합쳐 놓은 엄청난 힘을 느끼게 될 것이고, 엄청난 사상을 깨닫게 될 것이며, 여기에서 무엇인가 성취되었음을, 여기에는 승리와 성공이 있음을 알게 될 것이다. …… 이 인상에 굴복하지 않기 위해서는, 항복하지 않기 위해서는, 사실에 머리를 숙이지 않고 바알 신을 섬기지 않기 위해서는 거센 정신적 저항과 부정이 끝없이 요구될 것임을 알게 될 것이다."[17]

17 Fedor M. Dostoevsky, *Polnoe sobranie sochinenii v 30-tl tornakh*, vol.v, Leningrad: Nauka, 1973, p.70 [『30권 전집』]. [표도르 도스토예프스키, 「겨울에 쓴 유럽의 여름 인상」, 『도스토예프스키의 유럽 인상기』, 이길주 옮김, 푸른숲, 1999. ―옮긴이]

이 박람회와 같은 것들이 도스토예프스키의 동포들에게서 한결같이 부정적인 반응만 야기한 것은 아니었다. 실제로 19세기 동안에 러시아인들은 그렇게 야심찬 것은 아니었지만 일련의 산업 박람회를 개최하였고, 이는 1882년 모스크바에서 열린 전全 러시아 예술·산업 박람회에서 절정을 이루었다. 박람회 주요 구조물의 건축 디자인은 수정궁으로부터 영감을 얻은 것이었고, 전체 박람회의 목적은 러시아가 서구와 대등하다는 것을 주장하는 것이었는데, 이는 "박람회에서 지배적이었던 훌륭한 질서는 러시아가 계몽되어 질서가 잡힌, 완전한 유럽 국가로 보이도록 하고 있다"라고 주최 측이 강조한 바와 같다.[18]

모스크바 박람회는 도스토예프스키 사후에 열렸기 때문에 그는 이에 대해서는 논평을 할 수 없었지만, 소설에서는 이미 물질적 진보에 관한 서구적 개념에 대해 이의를 제기한 바 있다. 배경이 거의 상트페테르부르크로 한정된 소설 『죄와 벌』은 러시아에 미친 유럽의 영향에 대한 그의 견해를 정교하게 보여 준다. 소설의 주인공 라스콜니코프가 다니는 비루하고 음울한 도시 풍경은 「여름 인상에 대한 겨울 기록」에 묘사된 런던 거리를 연상시킨다. 웅장한 신고전주의적 외관과 뒷골목의 현실 사이에는 엄청난 격차가 존재한다. 19세기 중반 나폴레옹 3세의 야심적인 파리 재건축은 러시아의 수도를 원래의 정돈된 디자인으로 복구하려는 라스콜니코프의 생각에 반영된다. 이러한 라스콜니코프의 관념은, "합리적인 초인은 자신의 환경을 통제하고 변화시킬 수 있다는 가정에 입각한"[19] 범죄에 대한 이론적 정당화를 보완해 준다. 유해한 서구

---

18 Brower, *The Russian City*, p.73에서 재인용.
19 Adele Lindenmeyr, "Raskolnikov's City and the Napoleonic Plan", *Slavic Review*, vol.35 no.1, March 1976, p.43.

의 영향에 대한 도스토예프스키의 거부감은 소설의 결론에서 확실해져서 주인공은 숨 막힐 듯한 상트페테르부르크의 경계를 벗어나 시베리아로 유형을 가고 나서야 비로소 영적인 갱생을 체험하게 된다.

　슬라브주의자와 서구주의자 간의 논쟁에서 가장 주목할 만한 문학작품은 이반 투르게네프의『아버지와 아들』이다. 비록 수도에서 멀리 떨어진 몇몇 상류층의 영지를 배경으로 하고 있지만, 소설의 주제는 서구적 원천으로부터 유래한 사상을 특징으로 한다. '60년대 아이들'로 불리는 젊은 세대들은 점차 급진적인 사회적 견해를 신봉하게 된다. 이전에는 관념론에 반대되는 유물론을 지칭하는 데 사용되었던 '니힐리즘'이라는 용어가 이제는 객관적·과학적 정당성이 결여된 모든 제도와 관행에 대한 비난과 파괴를 정당화하는 데 쓰이게 되었다. 따라서 소설의 주인공 바자로프가 마을 공동체와 농민 가정을 단호하게 거부한 것은 슬라브주의자들의 신념 체계를 고정화한다.

　비록 바자로프는 자신의 급진적인 사상 중 어느 것도 실행하지 못하고 죽지만, 소설에 대한 독자들의 반응은 그 기저에 놓인 논쟁의 복잡함을 말해 준다. 서구주의자 활동가들 대다수는 바자로프를 패러디라고 여겼지만, 적어도 주요 활동가 중 한 명인 드미트리 피사레프는 이 인물에게 칭찬할 만한 점이 많다는 것을 알아내었다. 마찬가지로 서구화를 반대하는 이들도 소설이 아버지 세대를 표현한 것에 대한 평가를 놓고 의견이 갈라졌다. 그렇지만 양쪽 모두 사회적 영향력의 형성이라는 문학작품의 중요성에 대해서는 동의하였다.

　19세기가 진행되면서 혁명적 테러 행위를 통해서건 예술작품을 통해서건 근본적 변화를 이루는 데 실패하자 비관주의적인 분위기가 조성되었다. 비록 많은 러시아의 지식인들이 서구의 경제적 결정주의에 대한 열정을 동시대 유럽인들과 함께 공유했지만, 다른 이들은 사회·정치적 분석으로부터 거리가 멀어지기도 하였다. 19세기 말 솔로비요프에 의해 정교하게 이론화된 신비적 이상주의가 맑스주의자들의 제안에 대한 철학적 대안으로서 러시아인들의 관심을 얻기 위해 경합하였다.

신지학神智學[20]에 흥미를 가졌던 초기 이후 솔로비요프 작품의 주된 논지는 정교회와 가톨릭의 재결합이었다. 따라서 솔로비요프는 서구 교회와 문화에 대한 슬라브주의자들의 비판에 대해 논박하는 한편 러시아 민중의 영성에 대한 이들의 확신은 유지하면서 적어도 종교적인 면에서는 서구주의자와 슬라브주의자 사이의 간극을 좁히고자 하였다. 그가 구상한 보편교회는 민족정체성을 초월하여 기독교 민족의 최고 권위로서 신정 체제를 회복하자는 것이었다. 그러나 생애 말년에 솔로비요프는 동방으로부터 유래하여 새로운 교회의 실현을 위협하는 낯선 외부 세력의 존재를 식별해 냈고, 그의 시 「범몽골주의」(1894)에는 몽골 지배에 대한 러시아의 역사적 기억이 재연되었다. 이 시에 표현된 파괴의 예언은 러시아가 참패한 1904~1905년 러일전쟁의 결과를 예고한 것이었다.

솔로비요프의 신비적 종교사상과 종말론적 비전은 초기에 프랑스 상징주의 운동의 미학 원칙으로부터 영향을 받은 러시아 상징주의자들 사이에서 공감을 얻었다. 19세기 리얼리스트들의 사회참여적인 자세와는 정반대되는 프랑스 상징주의 운동의 '예술을 위한 예술'에 대한 강

---

20 헬레니즘 문화와 기독교 전통에서 파생된 신비주의적 경향. 신적 진리를 파악하기 위해서는 사변적 이성을 넘어서는 초월적 직관이 필요하다는 입장을 띠었으며, 초대 기독교의 그노시즘이 대표적이다. 근대의 프리메이슨과 야코프 뵈메, 에마누엘 스베덴보리 등도 신지학의 계보에 속한다. ─옮긴이

조는, 러시아와 유럽의 기고자들을 망라하는 전 세계 필진으로 이루어진 화려한 정기간행물 『예술세계』에서 생생하게 표현되었다. 짧은 발행 기간(1898~1904) 동안 『예술세계』는 특히 시각예술에 있어서 현대적인 운동을 논의하는 장을 제공하였고 여러 나라의 회화와 예술작품 전시회를 후원하였다. 비록 단기간이기는 했지만, 『예술세계』는 러시아의 지식인 사회에 활기를 불어넣었고 서유럽 지성계와의 유대를 재확인시켜 주었다.

『예술세계』와 관련된 이들에게 원래의 바로크 개념을 지닌 상트페테르부르크는 미적 만족감의 원천이었다. 19세기에 일어난 계획성 없는 발전 때문에 도시의 시각적 통일성은 퇴색하였고, 알렉산드르 베누아와 레온티 베누아 형제가 이끈 여러 예술가와 건축가들은 역사적 도시의 느낌을 되살려서 그 건축 유산이 확실하게 보존될 수 있도록 하는 작업을 시작하였다. 차르 체제 러시아의 마지막 10년 동안에는 심지어 18세기의 정신으로 도시를 확장하려는 계획까지 시도되었는데, 그 제안에 따르면 새로운 페테르부르크는 원래의 도시 개념을 돋보이게 한, 바로 그 기념비성과 기능성의 결합을 구현하도록 되어 있었다.

러시아가 서구적 가치를 성공적으로 적용시킨 것을 보여 주는 물질적 증거로서 수도의 가치를 새롭게 인식하게 된 것은 문학에서 페테르부르크 테마를 다루는 것이 절정에 이른 시기와 일치한다. 상징주의 시인이자 소설가인 안드레이 벨리는 1916년 '동 혹은 서'라는 제목으로 기획된 3부작의 제2권으로 『페테르부르크』를 발표하였다. 제1권 [1909년작 『은빛 비둘기』—옮긴이]에서는 도시 출신의 인물이 러시아 시골 마을에서 신비주의 종파에 비극적으로 연루되는 사건을 묘사하였고, 이어진 이 소설은 세속적인 서구를 대조시키는 것으로서 기획되었다고 할 수 있다. 그러나 완결판인 제3권은 쓰이지 않았고,『페테르부르크』안에는 계속되는 동과 서의 대립의 흔적이 발견된다. 이 소설의 한 주요 장면에서는 박차고 일어선 청동 기마상에 의해 제기된, "러시아는 어디로 갈 것인가?"라는 곤혹스러운 질문이 지엽적인 이야기를 통해 다루어진다. "일단 뒷다리로 힘차게 솟구쳐 올라서 두 눈으로 공중을 바라보게 되면 청동의 말은 결코 발굽을 내려놓지 않을 것이다. 역사를 가로지르는 도약이 있을 것이다. 대혼란이 있을 것이다. 지구는 갈라질 것이다. …… 페테르부르크에 대해서 말하자면, 그것은 가라앉고 말 것이다."[21] 비록 소설은 이러한 종말론적인 예언을 비껴가지만, 러시아 문명의 서구적 시대가 끝났다는 느낌은 전쟁과 정치적 혁명의 시기에 쓰인 이 작품과 다른 작품들을 관통하고 있다.

볼셰비키가 권력을 장악한 직후 러시아의 수도는 모스크바로 이전되었고, 1924년 혁명 지도자의 공로를 인정하여 이전의 상트페테르부르크가 레닌그라드로 개칭되면서 이 도시는 유럽과의 상징적 유대를 더욱 상실하게 되었다. 이 도시는 레닌그라드라는 이름으로 남아 있다가 공산주의가 최종적으로 붕괴하고 나서야 원래의 명칭을 되돌려 받았다. 이름이 바뀐 순환의 과정은, 러시아 사회가 스탈린 시기 들어 강도가 높아졌다가 20세기 말에 와서야 마침내 완화되는 대人러시아 민족주의와 서구에 대한 제노포비아적인 태도로 퇴보했음을 반영한다.

1917년 혁명 이전 시기 인텔리겐치아는 근대의 고급문화에 충분히 관여하고 있었고, 따라서 이들은 비정치적인 연구를 하는 경향이 있었

---

21 Andrei Bely, *Petersburg*, trans. Robert A. Maguire and John Malmstad, Bloomington: Indiana University Press, 1978, p.65. [안드레이 벨르이,『페테르부르크』, 이현숙 옮김, 문학과지성사, 2006. ──옮긴이]

던 국제 공동체의 일원이었다. 그렇지만 발전이 덜 된 국가들에서 이후에 그렇게 된 것처럼, 러시아에서도 인텔리겐치아가 점점 "정치 같은 세속적이고 더러운 일에 개입하는 실용적인 방향으로"[22] 근대 문화에 대한 신념에 이끌리게 된 것 또한 사실이다. 볼셰비키는 점차 '부르주아적' 고급문화와 자본주의적 서구를 동일시하였고, 새로운 질서의 확립에 필수적이었던 숙련된 전문가의 존재를 용인하면서도 궁극적으로는 이들을 억압하려 하였다. 변화한 환경에 대한 인텔리겐치아의 반응은 다양했다. 순수하게 비정치적인 목표를 추구하기로 선택한 이들은 유럽이나 미국 같은 보다 우호적인 환경으로 이민을 떠날 것을 결심했고, 다른 이들은 새로운 사회를 위해 일하면서 본래의 자신들의 연구를 계속해 나갈 수 있을 것이라고 생각했다. 후자에 속한 많은 이들은 1920년대 동안 혁명의 열정을 유지해 나갔지만, 이 시절의 절충주의는 위로부터 부과되어 사실상 반서구적인 경향을 띠게 된 이념적 획일성에 자리를 내주게 되었다.

다양한 분야의 전문가들이 자신들의 활동의 기본 신조와 맑스-레닌주의의 그것을 조화시켜야 하는 문제에 직면하였다. 예술가들과 작가들은 새로운 정치현실을 반영하라는 특별한 압박을 받았지만, 과학자들 또한 '부르주아적·사이비과학적' 활동에 종사한다는 이유로 비난과 박해를 받아야 했다. 서구 유전학 원리에 대한 거부는 특별히 주목할 만한 일이었다. 1920년대에 러시아는 농작물 생산을 증진시킬 필요가 있었기 때문에 유전형질을 결정하는 요인으로서 유전자에 대한 고전적

---

22 David Joravsky, "Cultural Revolution and the Fortress Mentality", eds. Abbott Gleason, Peter Kenez and Richard Stities, *Bolshevik Culture*, Bloomington: Indiana University Press, 1985, p.97.

인 개념을 받아들인 식물 육종 프로그램을 시행하였다. 이 프로그램의 주요 일원이었던 니콜라이 바빌로프는 레닌 전소연방농업과학아카데미 소장이었지만, 그의 이 직위가 전거로서 엥겔스를 인용하면서 획득 형질의 유전적 성질을 주장한 이들로부터의 공격을 막아 주지는 못했다. 문제는 냉각 처리를 함으로써 종種, 이 경우에는 밀의 유전적 성질을 변경시킬 가능성이었다. 그 가능성이 입증되면 이는 서구에서 정교하게 만들어진 유전학 이론의 신뢰도를 떨어뜨리고 소비에트 과학의 우월성을 증명해 줄 수 있었다. 무명의 농업경제학자 트로핌 리센코는 밀 유전학에서 자신이 성공을 거둬 앞으로 30년간 서구에서 이 같은 연구가 수행되지 못하도록 할 수 있을 것이라고 스탈린을 설득시켰다. 이들의 입장이 실험 자료보다는 국가의 정치적 고려를 기반으로 한 것이었다는 점은 1948년 8월 악명 높은 농업과학아카데미 회의에서의 발언을 통해 알 수 있다. "우리는 모건주의자들[고전적 유전학 원리에 찬성하는 사람들]과 논쟁을 벌이지는 않겠지만, 외국으로부터 수입되어 유해하고 이데올로기적으로 이질적이며 본질적으로 사이비과학적인 사조를 주장하는 이들의 정체를 밝혀내는 일은 계속할 것입니다."[23]

스탈린 사망 이후 서구 사상에 대한 가장 악의적인 공격은 줄어들었지만, 1978년 알렉산드르 솔제니친의 하버드대학 졸업식 연설은 러시아의 특정 정치체제를 초월하여 지속되는, 서구에 대한 뿌리 깊은 불신을 다시 생각나게 하는 것이었다. 비록 그가 서구 문화를 분석하는 비판적인 어조는 많은 청중들을 당혹스럽게 했지만, 그것은 슬라브주의

---

23 Zhores Medvedev, *The Rise and Fall of T. D. Lysenko*, trans. I. Michael Lerner, New York: Columbia University Press, 1969, p.117에서 출처를 알 수 없는 인용.

적 전통과 일관된 것이었다. 그가 서구의 방종한 물질주의를 규정하는 요소라고 본, "영혼 없이 매끄러운 법률 만능주의"에서 그의 동포들이 모방할 것이라고는 별로 없다. "깊은 고통을 통해서 우리 나라 사람들은 지금 매우 강렬한 영적인 발전을 이루어 냈기 때문에 현재 영적 고갈 상태에 있는 서구 체제는 매력적으로 보이지 않습니다."[24]

정치·경제 구조의 급격한 해체와 함께 러시아의 위기의식은 그 어느 때보다도 민감해졌다. 러시아의 국제적 위상에 대한 자부심은 손상되었고, 국민들은 회복할 방법을 놓고 첨예하게 대립하고 있다. 민주정부의 다원주의 체제에 내재된 경쟁으로 더욱 심화된, 시장경제의 위험과 불확실성은 여러 곳에서 강한 반발을 불러일으키고 있다. 공산주의가 부정되었다면 권위주의 통치는 아직 그렇지 않다. 도덕적으로 서구로부터 거리를 두는 솔제니친의 신정국가 비전은 러시아의 딜레마에 대해 제시될 수 있는 해답 중 하나일 뿐이다. 서구와의 관계에 있어서 "러시아는 어디로 갈 것인가?"라는 물음은 역사상 언제나 그러했던 것처럼 여전히 절박한 질문으로 남아 있다.

김태연 옮김

---

24 Aleksandr Solzhenitsyn, "A World Split Apart", ed. Ronald Berman, *Solzhenitsyn at Harvard*, Washington: Ethics and Public Policy Center, 1980, p.12.

6장

이데올로기 구조

· 애버트 글리슨

18세기에 명백하게 종교적 가치는 러시아 문화 내에서 지위와 권력 대부분을 상실했는데, 18세기 말에는 아무리 숨겨진 형태로든 종교적 태도가 미세하게나마 유력하게 다시 인정되어야 했다는 점은 러시아의 독특한 아이러니다. 이러한 재인정 과정은, 전부는 아니더라도 상당 부분러시아 프리메이슨의 발전과 관련되어 있었다. 러시아 메이슨 단원들의태도, 활동, 조직은 러시아 '시민사회'를 만들어 내는 초기 단계에서 핵

* 애버트 글리슨(Abbott Gleason). 브라운대학교 교수. 미국슬라브연구협회 회장. 저서로 『전체주의: 냉전 비사』(*Totalitarianism: The Inner History of the Cold War*, 1997), 『볼셰비키 문화: 러시아혁명의 실험과 질서』(*Bolshevik Culture: Experiment and Order in the Russian Revolution*, 1985), 『젊은 러시아: 1860년대 러시아 급진주의의 발생』(*Young Russia: The Genesis of Russian Radicalism in the 1860s*, 1980), 『유럽과 모스크바 공국: 이반 키레예프스키와 슬라브주의의 기원』(*European and Muscovite: Ivan Kireevsky and the Origins of Slavophilism*, 1972)이 있고, 『학제 간 역사 저널』(*Journal of Interdisciplinary History*), 『현대유럽사』(*Contemporary European History*), 『러시아리뷰』(*Russian Review*), 『슬라브리뷰』(*Slavic Review*), 『아메리칸쿼털리』(*American Quarterly*), 『근대사저널』(*The Journal of Modern History*) 등에 에세이, 논문, 서평을 발표하였다.

** 글의 초반부의 바탕을 이루는 일부 연구는 하버드대학 러시아연구센터에서 수행되었다. 애덤 울람(Adam Ulam)과 티모시 콜튼(Timothy Colton) 두 분의 소장님께 감사의 말씀을 드린다. 유익한 비평을 해준 사라 글리슨(Sarah Gleason), 리사 멜로이(Lisa Meloy), 데이비드 게렌벡(David Gehrenbeck)에게도 감사의 말씀을 드린다.

심적 역할을 했는데, 이 과정은 자주 가로막혀 오늘날까지도 완성되지 않았다. 그렇지만 동시에 교육받은——특히 그 일부는 결국 인텔리겐치아라고 불리게 될——엘리트의 문화는 그 문화에서 결코 사라진 적이 없는 종교적 가치와 열망에 크게 영향을 받은 다양한 태도를 취했다. 하지만 러시아 정교회는 표트르 대제가 통치하던 시기와 그 이후 시기에 잃어버리고 만, 러시아 사회에 대한 지배력을 다시 회복하지는 못했다.

표트르 대제가 러시아인들에게 그들이 '유럽인'이 되었으면 좋겠다고 말했을 때, 무엇보다도 그는 러시아인들에게 유럽적 에너지와 역동성을 부여하고 싶다는 뜻으로 말한 것이었다. 그는 자신이 무기력과 야만성의 잠이라고 여겼던 것으로부터 러시아인들을 깨워서 전통적인 상인계급을 사업가로, 상류층을 정치가·행정가·장군·제독·과학자로 만들고 싶어 했다(농민들은 자신들의 빈약한 능력으로 이러한 '서구화'를 뒷받침하고 지지해야 했는데, 이들 외에는 그렇게 할 다른 사람이 아무도 없었기 때문이다).

1762년 예카테리나가 즉위했을 때 여제는 표트르 대제의 프로그램 중 많은 부분이 실현되었거나 적어도 시작은 되었다고 여길 수 있었다. 따라서 러시아의 진보에 대한 여제의 비전에 따르면, 정치적 급진성이라는 강력한 요소를 지닌 러시아가 18세기 프랑스적인 국제 고급 궁중 문화에 완전히 참여하도록 하는 것에 강조점을 둘 수 있었던 것이다. 물론 예카테리나 여제가 표트르 대제의 서구화 노력의 기저에 놓인 물질적 권력에 대한 지향을 포기한 것은 결코 아니었다.

이렇듯 상트페테르부르크의 궁정은 여전히 서구의 영향력이 러시아로 퍼져 나가는 중심지였다. 서구식 희곡·시·예술·건축의 창조, 서구 지향적 유행의 규정, 프랑스어를 쓰는 사교계의 탄생을 비롯한 많은 다른 것들이 기본적으로 궁정과 여제의 작품이었다. 심지어는 계몽주의라는 정치적으로 전복적인 사상과 이를 사회에 퍼뜨리는 수단으로서의 잡지마저도, 저명한 영국 잡지인 『스펙테이터』나 『태틀러』의 러시아판을 만들려고 했던 예카테리나 여제의 욕구로부터 처음 촉진된 것이었다. 물론 일단 부패, 반계몽주의, 농노 학대 같은 심각한 문제들이 간행물에서 논의되기 시작되자 이는 억누를 수 없는 것이 되었고, 이러한 논의는 궁극적으로 다음 한 세기 반에 걸쳐 정치적 반대의 문화가 발생하는 데 있어서 중심적인 역할을 하였다.

이렇듯 거의 18세기의 마지막 사반세기까지 러시아 귀족 사회는 많든 적든 어느 정도의 노력을 들여 가며 서구화되기 위해 고군분투하였다. 귀족 미하일 셰르바토프처럼 몇몇 반대의 목소리가 있었지만, 반대하는 이들의 견해는 다양했고 일사불란하지 못했으며, 이후에 유명해진 셰르바토프의 저서 『러시아 도덕의 부패에 관하여』가 그랬던 것처럼 대중의 귀에는 거의 들리지도 않았다.

1770년대부터 시작하여 러시아의 서구 모델 견습 과정은 보다 복잡한 방식으로 발전하기 시작하였다. 영국 역사가들의 표현을 빌려 말하자면, 러시아 궁정사회는 '지방'의 반대에 부딪히기 시작한 것이다. 이러한 반대는 다양한 방식으로 일어났다. 러시아 상류층을 조직·교육하고 이들을 국가적 사업에 확고히 결부시키려는 길고도 힘든 노력은, 유럽의 다른 곳에서 궁정과 국가권력의 지배를 받는 귀족들 사이에서 발견할 수 있는, 잃어버린 순수함에 대한 일종의 애조의 감정, 즉 전원생활에 대한 향수를 벌써부터 불러일으키기 시작한 것이다.[1] 게다가 니콜라이 노비코프 같은 젊은 상류층 평론가나 교육자들은 궁정사회(그리고 그 배후에 놓인 유럽 모델)가 어떤 특별한 러시아적인 것, 러시아적인 방식, '우리 아버지들'의 전통에는 낯선 것이고 중요한 면에서 상반되는 것이라고 느끼기 시작하였다. 그렇지만 이들이 표트르 대제의 서구화를 송두리째 부정할 각오가 되어 있는 것은 결코 아니었다.

이러한 문제들은 체계적으로 표현하기보다는 가슴으로 느끼기에 보다 쉬운 것들이었다. 전통적인 러시아의 방식이 실제로 무엇인지 혹은 그 의미는 무엇인지에 대해 대체로 동의하는 의견도, 표트르 대제의 개혁이 무엇을 의미하는지에 대한 새롭고 일관된 비전도 아직까지는 없었다. 노비코프는 그저 오래된 러시아적 방식이 조상의 것이자 '우리의 것'이기 때문에 가치가 있다고 느꼈을 뿐이다.

궁정의 후원을 받은 문예 문화를 특징지은 지배적 고전주의는 보편적인 윤리적 이상을 공식화하고 이에 의거해 살고자 하는 욕구를 내포하였지만, 이러한 이상을 찾는 일은 점차 보다 고통스러운 것, 보다 맹목적으로 종교적인 것이 되어 갔고, 어떤 강력한, 그러나 불분명한 민족적 과거의 이상에 관련된 것이 되었다. 점점 더 많은 교육받은 러시아인들이 혼란, 갈망, 그리고 때로는 깊은 소외감을 느낄 정도로 궁정과 출세의 세계로부터 자신들이 멀어져 버렸다고 느끼기 시작하였다.[2]

이 중에서 그 어떤 것도 독특하게 러시아적인 것만은 아니었다. 이러한 지향 중 많은 것은 유럽의 다른 곳에서도 찾을 수 있는 것이었다. 그렇지만 러시아에서는 민족적·문화적 정체성의 문제가 매우 예민한

---

1 매우 시사적인 장(章)인 Norbert Elias, "The Sociogenesis of Aristocratic Romanticism", *Court Society*, New York, 1983, pp.214~267을 보라. [노르베르트 엘리아스, 「궁정화 과정에서 배태된 귀족적 낭만주의의 사회적 기원」, 『궁정사회』, 박여성 옮김, 한길사, 2003]

2 이러한 발전에 대해 가장 일반적으로 설명한 영어 문헌으로는 Hans Rogger, *National Consciousness in Eighteenth-Century Russia*, Cambridge, MA, 1960이 있다. 러시아 고전주의의 윤리적 이상에 대해서는 Ilya Serman, *Russkii klassitsizm*, Leningrad, 1973 [『러시아 고전주의』]을 보라.

것이었기 때문에 그 중요성이 특히나 컸다. 이것은 교육받은 러시아인들이 표트르 대제의 개혁 및 17세기 말 이래로 점차 러시아의 삶을 지배하게 된, 궁정의 후원을 받은 서구화로부터 독립적으로 자신들은 누구인지 그리고 자신들이 믿는 것은 무엇인지를 결정하려는 첫번째 노력의 시작이었다.

그렇지만 대부분의 서유럽 국가들과 비교하여 18세기 후반 교육받은 러시아인들은 자신들의 생명줄을 궁정에 크게 의존하는 작고 고립된 집단이었다. 하지만 이들은 많은 다른 유럽인들이 18세기에 하고 있던 일을 했는데, 이들이 클럽이나 다른 형태의 '자발적인 조직들'을 만든 것이 바로 그것이다.

그러나 대부분의 서유럽 국가들과는 달리 러시아 사회에는 길드나 협회의 전통이 없었고, 아주 서구화된 소수의 러시아 상류층만이 자기 조직화를 할 준비가 되어 있었다. 그 결과 궁정으로부터 독립적인 사회적 삶을 만들어 내려는 새로운 지향은 처음에는 거의 전적으로 러시아 프리메이슨 지부에 집중되었다. 또한 새로운 세계관과 보다 '러시아적인' 개인을 정의하려는 초기의 노력이 집중된 곳도 바로 이러한 프리메이슨 지부들이었다.

확실하게 말할 수 있는 러시아의 첫번째 프리메이슨 지부는 1731년에 출현한 것으로 기록되어 있다.[3] 이후 약 30년 동안 러시아 지부의 수가 확실하게 밝혀지진 않았지만, 지부는 러시아 문화에서 중요한 역

---

3 러시아 프리메이슨에 대해서는 방대한 문헌이 있지만, 많은 문헌이 반세기 이상 된 것들이다. 기초 지식을 위해서는 Stephen Lessing Baehr, *The Paradise Myth in Eighteenth-Century Russia*, Stanford, CA, 1991과 그 책의 참고문헌을 보라. 또한 W. Gareth Jones, *Nikolay Novikov, Enlightener of Russia*, Cambridge, 1984, 특히 pp.127~148과 주석을 보라.

할을 하지 않았고, 또한 그 회원 중에는 외국인의 비중이 매우 높았던 것 같다. 그러나 1760년대 말과 1770년대에는 서구화된 러시아 엘리트 문화에서 프리메이슨의 영향력이 크게 증가하였다.

동시에 러시아 프리메이슨의 전체적인 성격도 변화하였다. 도제 apprentice, 장인craftsman, 대가master의 세 등급으로 구성된 오래된 '영국' 프리메이슨, 그리고 여기에 두 등급을 더 추가한 스코틀랜드 프리메이슨 까지도 유럽 대륙의 다양한 형태의 신비적이고 초자연적인 프리메이슨 에 밀려나고 말았는데, 이들은 '더 높은 단계'의 등급을 가지고 있었으 며, 비밀 조직 및 모임과도 연계되어 있었다. 이러한 새로운 프리메이슨 지부들의 신화와 조직 형태가 스웨덴 체계에서 유래한 것이건, 중세 (중 세 십자군 원정에 참여한 템플 기사단을 이어 가고 있다고 주장하는) '기사 도적' 유형에서 유래한 것이건, 아니면 신비주의적이고 연금술적인 장 미십자회로부터 유래한 것이건, 이들은 모두 일종의 '고대의 지혜'를 이 용할 수 있다고 주장하였다. 이 '고대의 지혜'란 프리메이슨 구도자들에 게는 자신들의 영적인 문제에 대한 치료책으로 여겨지던 것이었다. 르 네상스 시기의 신新플라톤주의, 서구의 신비주의, 그리고 경건한 신앙심 으로부터 유래하는 고대의 지혜에 관한, 근본적으로는 신지학적인 관 념은 프리메이슨을 통해 러시아인들에게 전달되었고, 궁정에서 유행하 고 있던 볼테르의 회의론에 대해 "마치 그것이 질병인 것처럼" 반발했 던 러시아 프리메이슨 구도자들의 주요한 지적 테마가 되었다.[4]

역사가들이 러시아 프리메이슨 지부의 전체 네트워크를 확실하게 밝혀내진 못했지만, 게오르기 베르나드스키는 선구적인 연구를 통해

---

4 Georges Florovsky, *Ways of Russian Theology*, Part I, Belmont, MA, 1979, p.148.

1780년대경 적어도 수십 개의 (아마도 100개에 이르는) 지부 대부분이 모스크바와 상트페테르부르크에 있었고, 2천 명이 훨씬 넘는 프리메이슨 단원들이 이들 지부에서 활동하였다고 추정하였다.[5] 그래서 유명한 신비주의 프리메이슨 단원들의 이름, 가령 쿠라킨, 차아다예프, 트루베츠코이, 투르게네프, 로푸힌, 볼콘스키, 보론초프 등을 보면, 이는 마치 러시아 명문 가문의 명부처럼 읽힌다. 물론 덜 알려진 이름의 프리메이슨 단원들도 많았고, 외국인들도 많았지만, 상인이나 비귀족 출신 러시아인들은 거의 없었다. 러시아 사회가 계층적으로 분리되어 있었기 때문에, 러시아 프리메이슨은 대다수의 서구 프리메이슨보다 더 순수하게 귀족적이었다.

높은 등급의 프리메이슨 출판업자에 의해 널리 유통되기 시작한 문헌이 몇 종류가 있는데, 전체적인 영향력에 있어서 이러한 문헌은 특히 수 세대에 걸쳐 (이후의 근대 시기까지도) 교양 있는 러시아인의 교육에 중대한 영향을 미쳤다. 많은 문헌이 '경건주의적'이었는데, 이는 토마스 아 켐피스의 『그리스도를 본받아』처럼 서구적 경건함에 관한 오래된 고전작품을 뜻하는 넓은 의미에서도, 요한 아른트의 『진정한 기독교』처럼 러시아에서 유통되던 독일 경건주의[6] 운동의 많은 고전작품에 나타난 보다 좁은 의미에서도 그렇다.

전 유럽에서 계몽주의의 회의론에 반발하는 사람들이 경건주의에 매달렸지만, 그 어느 곳에서도 1780년대와 1820년경 사이의 러시아 지

---

5 George Vernadsky, *Russkoe Masonstvo v tsarstvovanie Ekateriny II*, Petrograd, 1917, pp.84~85 [『예카테리나 2세 치세의 러시아 프리메이슨』].
6 17세기 독일의 루터교에서 시작된 신앙 개혁 운동으로 교회의 세속화와 형식화에 반대하여 성경을 중심으로 한 개인의 영적 생활의 체험과 실천을 중요시하고 예수의 윤리적 가르침에 근거한 복음적 헌신을 지향한다. ──옮긴이

식인 사이에서보다 그 영향력이 강력하지는 못했다. 고든 크레이그가 쓴 바에 따르면, '경건주의의 핵심'은,

회개의 고통을 지나 신의 영광에 대한 확신을 불가항력적으로 깨닫게 됨으로써 이루어지는 개인의 도덕적 개선이다. 이러한 경험은 내적인 성찰과 기도의 결과이고, 철저하게 개인적이며, 믿는 자에게만 고유한 것이다. 그에게는 신학자가 길을 가르쳐 줄 필요도 없고, 또한 그는 [국가]의 지배를 받는 종교적 위계질서로부터 어떠한 이익도 얻지 않는다. 그 자신처럼 영광을 찾는 자만이 그에게 도움을 줄 수 있으며, 진정한 기독교인의 삶은 깨달은 기독교인의 소규모 공동체에서 살 때에만 가능하다.[7]

독일이나 다른 곳의 경건주의 조직은 프리메이슨 프로그램에서 아주 두드러졌던 박애주의 활동 또한 수행하였다. 빈곤층 아이들을 위한 학교와 도서관은 물론 종교서적 출판사, 그리고 필요한 경우에는 기아 구호 조직이 설립되었다.

높은 등급의 프리메이슨 단원들이 러시아 문화에 도입한 두번째 새로운 범주의 문헌은 서구의 신비주의였다. 예를 들면, 마이스터 에크하르트의 저서 같은 신비주의의 고전으로 알려진 작품들뿐만 아니라, 야코프 뵈메처럼 분류되지 않는 신지론자는 물론 헤르메스 트리스메기스투스, 파라켈수스 등 르네상스 시기의 신플라톤주의와 연금술 같은 비교秘敎적 전통의 작품들까지도 러시아어로 번역되어 출판되었다.[8]

7 Gordon Craig, *The Germans*, New York, 1982, p.87.
8 Vernadsky, *Russkoe Masonstvo*, pp.126~127.

두 세대에 걸쳐 지적이고 폭넓은 교육을 받은 러시아인들 중 많은 이들이 유럽 다른 곳에서도 유행하고 있던, 이러한 신성하고 비밀스러운 저서에서 자신들의 인생의 의미를 찾았고, 계몽주의에 대한 보수적인 반대 세력의 등장에 중요한 역할을 하였다. 게오르기 플로로프스키가 쓴 바에 따르면, "새로 생긴 러시아 인텔리겐치아는 갑자기 신비주의적 열정의 전체 체계를 습득하였고, 서구의 유토피아 전통을 그리고 종교개혁 이후의 신비주의의 흐름을 수용하였다. 인텔리겐치아는 배움을 통해 정적주의적 신비주의자, 경건주의자, 그리고 (어느 정도는) 교부들에게 익숙해져 갔다".[9]

러시아 인텔리겐치아의 탄생에 대한 논의가 아직은 시기상조이든 그렇지 않든 적어도 명백하게 새로운 유형의 러시아인의 출현을 분간해 낼 수는 있다. 우선 이러한 인물은 오직 남성뿐이었고, 그는 때로는 병적으로 자신의 영적인 건강에 집착하였고, 완전한 도덕적 인격을 이루기로 굳게 결심하였지만, 정신의 착란과 몽상, 무모한 낙관론으로부터 깊은 실망감에 이르기까지 갑작스럽고 극단적인 마음의 동요에 빠지는 경향이 있었다. 이러한 프리메이슨적 유형의 인물은 수많은 외국 서적들로부터 인생의 의미를 찾는 버릇이 있었다. 이 환자들은 점차 자신의 고된 노력에는 무언가 특별한 '러시아적인' 것이 있다는 것을 스스로 알게 되었다.[10]

예를 들면 노비코프의 친구로 1816년 사망한 이반 로푸힌 같은 영

---

9 Florovsky, *Ways of Russian Theology*, p.152.
10 알렉세이 쿠투조프의 경험은 많은 것을 알려 준다. Iurii Lotman, "'Sochuvstvennik' A. N. Radishcheva A. M. Kutuzov i ego pis'ma k I. P. Turgenevu", *Uchenye zapiski Tartuskogo universiteta*, no.139, 1963 [「라디셰프의 '공감자' 쿠투조프와 투르게네프에게 보낸 그의 편지」, 『타르투대학 논집』], 특히 pp.298~301을 보라.

적인 구도자는 경건주의 문헌, 신플라톤주의 논문, 그리고 중세로 거슬러 올라가는 신비주의 문헌을 독파하였다. 이 중 거의 모든 것이 어떤 의미에서는 '서구적'이었다. 그렇지만 로푸힌과 그의 많은 동시대인들은 특별히 비잔틴 및 정교회 전통이 자신들의 경건한 신앙심에 자양분이 되고 있다는 생각을 간직하고 있었다. 비록 아직 이들이 어떻게 혹은 왜 그러한지는 말할 수 없었지만 말이다. 그렇지만 이들은 오래된 러시아의 종교적 과거에 대한 인식으로부터 한 민족으로서 러시아인들은 특별히 깊은 신앙심 혹은 특별한 영적 사명감을 갖고 있어 남달리 뛰어난 민족이라는 보다 근대적인 사상을 발전시키기 시작하였다.

부분적으로는 러시아인들이 정교회가 민족으로서의 자아의식에서 필수적인 부분이라는 것을 알아낼 수 있는 길을 제공해 주었다는 점에서 궁극적으로 프리메이슨은 러시아 문화에서 중요한 의미를 갖는다. 그러나 그 길은 멀고도 험한 것이었다. 플로로프스키는 프리메이슨의 특징인 깊은 신앙심이 어떤 면에서는 표트르 대제의 개혁과 이후의 사건으로 일어난 정교회의 제도적·신학적 개신교화에 해당한다는 점에서 궁극적으로는 서구적인 것이라고 강조하였다. 프리메이슨은 '공상성과 상상력'을 특징으로 한다고 그는 다소 못마땅하다는 듯이 말했다. 그가 생각하기에 이러한 반╬개신교 구도자들의 영혼은 "건전하지 못한 탐구심과 신비주의적 호기심을 발전시켰다".[11] 확실히 이러한 '공상성'은 이후에 러시아 인텔리겐치아가 새로운 러시아 세계의 창조에 들이는 노력의 추상성이나 환영과도 같은 실현 불가능성과 연관이 된다.

그러나 러시아 프리메이슨 단원 모두가 노비코프나 로푸힌처럼 노

---

11 Florovsky, *Ways of Russian Theology*, p.155.

골적인 종교적 구도자가 되지는 않았다. 이들 모두가 '우리의 것'과 '우리의 것이 아닌 것', 고유한 것과 외국의 것에 대한 자신들의 태도를 재검토하는 데 그렇게 집착한 것은 아니었다. 알렉산드르 라디셰프는 잠시 동안 프리메이슨 단원이었지만, 예카테리나 여제의 통치에 대한 그의 유명한 비판은 급진적 계몽주의 사상을 흡수함으로써 가능한 것이었다.[12] 그를 러시아의 첫번째 철학자라고 부르는 것은 타당하다. 유럽 계몽주의 문화에 대한 교육을 받은 덕분에 그는 국가에 대한 봉사라는 표트르 대제의 이상을 민중에 대한 봉사라는 새로운 이상으로 변화시킬 수 있었다. 그렇지만 클로드 엘베시우스나 돌바하[13] 같은 급진적 계몽주의자들이 그의 견해에 미친 명백한 영향에도 불구하고, 또한 그가 사회계약론을 직접 접하였음에도 불구하고, 라디셰프는 라이프치히대학 시절에 마주친 도덕주의적인 독일의 자연법적 관점을 결코 포기하지 않았다. 그리고 독일 자연법 전통 역시 의무와 봉사에 관한 경건주의적 이상과 밀접하게 연관되어 있었다.

노비코프는 슬라브주의의 핵심적인 선구자로서, 라디셰프는 최초의 급진적 서구주의자로서, 노비코프와 라디셰프를 대조하면서 이들을 두 사상의 선조로 간주하는 것이 관행과도 같이 되어 왔다. 그렇지만 특히 공동체에 대한 의무와 봉사 개념에 있어서 이 두 인물 사이의 간극은 사실 그리 멀지 않다. 두 사람 모두 표트르 대제의 탕아이면서, 둘 다 예

---

12 Aleksandr Radishchev, *A Journey from St. Petersburg to Moscow*, Cambridge, MA, 1958. 러시아어 원본은 1790년에 출판되었다.

13 엘베시우스(1715~1771)는 프랑스의 철학가로 인간의 모든 기능은 신체적 감각으로 환원될 수 있다고 여겼고 모든 인간의 지성은 동등하다고 주장하였다. 그의 사상은 벤담의 공리주의와 맑스의 사적 유물론에까지 영향을 미친다. 돌바흐(1723~1789)는 프랑스의 계몽사상가로 엘베시우스와 함께 종교에 대해 매우 비판적인 입장을 취한 무신론자이자 유물론 철학자이다. ——옮긴이

카테리나 여제에 의해 체포되어 유형에 처해진 적이 있었던 것이다.

알렉산드르 시대의 러시아 문화에서는 계몽주의적 신비주의와 합리주의의 설익은 혼성물이 더욱 기이해지고 특이해지는 현상이 나타났다. 1820년대에 정교회 당국이 점점 더 보수화되는 알렉산드르 1세로 하여금 탄압을 가하도록 설득하기 전까지는 프리메이슨과 경건주의가 다시 활발해졌고, 비非러시아 개인 및 단체가 후원하는 비非정교회적 종교의식이 번창하였다. 보다 중요하게는 문학회, 사교클럽, 그리고 마침내는 (다양한 프리메이슨 계열의) 정치토론회까지 발전함으로써 러시아는 시민사회의 맹아를 갖추어 나가게 되었다. 그렇지만 알렉산드르 1세 통치기와 그의 동생 니콜라이 시기 사이의 경계가 된 1825년 데카브리스트의 반란은 보다 명백하게 급진적인 라디셰프의 전통이 노비코프의 전통을 대신하거나 아니면 적어도 압도해 버렸다는 것을 의미하는 듯하였다.

그러나 이러한 인상은 착각이다. 1820~1830년대에 이르러 표트르 대제 이전 시기 러시아의 독특한 특성은 무엇이었는지, 따라서 표트르 대제의 개혁의 대가는 무엇이었는지를 설명하려는 진지하고도 성공적인 시도를 한 첫번째 이데올로기 구조가 만들어졌다. 독일 낭만주의 및 반혁명 사상에 의거하여 이반 키레예프스키, 알렉세이 호먀코프, 특히 콘스탄틴 악사코프와 이반 악사코프 형제 같은 제1세대 슬라브주의자들이 최근의 주요 연구자들이 '보수적 유토피아'라고 부르는 것을 만들어 냈다.[14] 이 사상은 전통과 과거를 찬양했다는 점에서는 보수적이었지만, 현재에 이르기까지 미래의 모든 세대의 러시아인들에게 영향을 미

---

14 Andrzej Walicki, *The Slavophile Controversy*, Oxford, 1975.

치게 될 '서구'와 구별되면서도 그보다 우월한 러시아의 이상을 보여 주었다는 점에서는 유토피아적이었다. 유리 로트만과 보리스 우스펜스키가 상기시켜 준 바와 같이, 러시아 문화가 이전 시기와 가장 급진적이고 결정적인 단절을 시도할 때에는 언제나 '옛날 방식'에 호소하였다.[15]

슬라브주의의 이데올로기 구조는 모든 정황이 불리함에도 불구하고 마지막이 처음이 될 날이 올 것이라는, 기존의 기독교적인 시각을 유럽의 역사에 적용하였다. 파우스트와 프로메테우스 신화의 총체라 할 수 있는 유럽의 개인주의·세속주의·합리주의는 탐욕적인 산업화로 야기된 민족·계급 갈등의 아마겟돈으로 유럽 세계를 이끌고 있었다. 세속적인 유럽 문화의 지나치게 자신만만하고 자존심 센 외관 아래에는 질병과 타락이 놓여 있었고, 이는 이미 꽤 진전이 되어 있었다.

이러한 유럽 문명에 대한 공격에 더해 슬라브주의자들은 과거에 전제정과 교회가 수행한 역할에 관한 새롭고도 놀랄 만한 가설을 중심으로 하여 러시아의 과거를 신성시하기까지 하였다. 슬라브주의자들의 주장에 따르면, 표트르 대제 이전 시기의 군주정은 이들의 라이벌인 서구주의자들이 주장하는 것처럼 전제적 국가를 건설하는 역할을 한 것이 아니었다. 심지어는 "러시아의 땅을 모았다"라는 영토 팽창에 관한 주장조차도 그 어조가 부드러워졌다. 군주정의 역사적인 역할은 놀랍게도 법관으로, 교회의 보호자로, 그리고 신성한 전통의 수호자로 한정되었다. 후에 막스 베버가 강조한 용어를 사용하자면, 차르는 전통적인 '세습군주'로 환원되었고 또한 이상화되었다.

15 Iurii Lotman and Boris Uspensky, "The Role of Dual Models in the Dynamics of Russian Culture (Up to the End of the Eighteenth Century)", *The Semiotics of Russian Culture*, Ann Arbor, MI, 1984, pp.3~35.

근대 러시아 정교회의 정치적 수동성은 비판받기보다는 찬양받았다. 러시아 정교회는 교회 조직과 관행의 공동체성에서 나타나는, 그리고 러시아 농촌과 그 통치구조의 사회적 공동체주의에서도 마찬가지로 명백하게 나타나는, 일종의 자비롭고 온화하고 공동체적인 정신을 러시아 사회(이 단어는 '국가'와 반대되는 의미에서 종종 '대지'로 언급된다)에 퍼뜨렸다고 이해되었다. 정교회의 공동체주의(혹은 러시아어 sobornost'가 종종 번역되는 바와 같이 '집단주의'conciliarism)는 한편으로는 교황 통치의 종교적 전제정과도, 다른 한편으로는 개신교 입장에서의 무정부적이고 주관적인 개인주의와도 다른 것이었다.

표트르 대제 이전 시기의 러시아에 대한 슬라브주의의 목가적인 정서는 많은 동시대인들과 미래의 비판자들에게는 깜짝 놀랄 정도로 사실과 일치하지 않는 것으로, 또한 진보주의자들에게는 야만성과 침체라는 러시아의 끔찍한 과거에 대한 말도 안 되는 반동적인 미화로 여겨졌다. 사실 이러한 정서가 가진 최대의 약점은 보다 근거를 갖춘 역사적인 견해에 취약하다는 것이었다. 그렇지만 슬라브주의는 그저 치부를 가리기 위한 무화과 나뭇잎 그 이상의 것이었다. 심지어 명철한 서구주의자들조차 슬라브주의 이론가들에게는 결정적인 무엇인가가 있으며, 그들이 자신들의 동료이자 동시대인이었던 소위 '관제 민족주의자들'처럼 정부와 왕조에 대해 무조건 옳다고 생각하는 박수부대는 아니라는 점을 알아차렸다.[16]

사실 러시아 정치·사회 제도의 적절한 균형이 표트르 대제에 의해

---

16 Nicholas Riasanovsky, *Nicholas I and Official Nationality in Russia, 1825~1855,* Berkeley and Los Angeles, 1961.

크게 손상되었다는 슬라브주의의 견해는 니콜라이 1세의 전제정에 대해 비판적인, 숨길 수 없는 언외의 의미를 포함하고 있었다. 그 견해에 따르면, 왕조가 종종 서구주의를 강압적으로 후원한 것은 잘못된 정책이자 러시아의 과거에 대한 모욕이었다. 즉, 체제가 표면적으로는 러시아 정교회를 찬양했음에도 불구하고 실제로는 교회에게 굴욕과 손해를 가했다는 것이다. 최악의 비판으로 지적할 수 있는 것은, 러시아의 진정한 가치는 결코 유럽으로부터 유래한 궁정 혹은 상류계급의 문화가 아니라 러시아의 농민 대중과 농촌에서의 그들의 생활방식에 구현된 공동체적인 것이었다는 주장이다. 슬라브주의의 민중narod의 발견은 사회주의나 심지어는 민주주의 같은 것이 아니었지만, 때로는 그 둘 중의 하나인 것처럼 혹은 그 둘 모두인 것처럼 보일 수도 있었다. 어떤 경우에도 슬라브주의는 궁정이 후원하고 있던 무익하고 반동적인 왕조 민족주의와는 공통점이 별로 없었다.

여전히 존경심을 품고 표트르 대제를 논의하던 알렉산드르 게르첸과 다른 서구주의자들은 슬라브주의자들과 한때 그들의 동맹이었던 관제 민족주의자들과의 차이를 인식하였다. 게르첸은 슬라브주의자들과 서구주의자들이 미래와 과거를 동시에 창조적으로 바라보는 "야누스의 얼굴을 가진" 단일한 개체라고 언급하였다. 대조적으로 관제 민족주의자들의 시선은 거의 전적으로 로마노프 왕조의 업적에 초점을 맞추고 있었다.

그럼에도 불구하고 1840년대 슬라브주의자들과 서구주의자들 간의 차이는 심각한 것이었다. 알렉산드르 게르첸과 비사리온 벨린스키, 다른 서구주의자들은 여전히 러시아의 과거에 대한 슬라브주의자들의 낭만적인 감정을 불신하였다. 이들에게 있어서 러시아의 희망은 진보적인 유럽의 일부가 되어 프랑스 계몽주의의 자유주의적 혹은 사회주의적 유산을 발전시키는 데 있었다. 서유럽 공상주의의 러시아 버전에 대한 이들의 집념은 1840년대 말 젊은 평민 출신 서구주의자 서클에 의해 발전되었는데, 그 중 가장 중요한 단체는 소위 '페트라셰프스키 서클'이었다. 그 멤버들 가운데 두 사람이었던 소설가 도스토예프스키와 범슬라브주의 이론가 니콜라이 다닐레프스키의 후기의 원숙한 견해는 젊은 시절 이들이 서클에서 권위의 이론적 원천이었던 샤를 푸리에에 빠졌던 시기의 열정과는 전혀 다른 것이 되었다.

새로운 운동과 사회적 견해가 발전하던 때에도 러시아의 민족정체성(당시에는 보통 민족성narodnost'이라고 언급되었다), 러시아는 어떻게 발전해야 하는가, 그리고 러시아와 유럽의 관계는 어떤 것이 되어야 하는가의 문제가 계속해서 러시아의 지식인들을 괴롭혔다. 이러한 문제들이 — 대부분의 평자들이 논하듯이, 지금까지도 고갈되지 않고 — 유달리 오래 지속되고 그 영향력이 강하다는 것은, 오래된 문제들이 새로운 차림새로 서툰 가장을 하고는 대대로 다시 나타나곤 하는 러시아 문화의 특이성을 말해 준다. 몇몇 학자들의 견해에 따르면, 이러한 러시아의 이상적인 이미지가 지닌 강력한 반서구주의가 '근대적'이고 민주적인 이념이 러시아 대지에 뿌리내리지 못하는 데 중요한 역할을 하였다.[17]

1850년대와 1860년대의 보다 자유로운 정치적·이데올로기적 논쟁으로 인해 제1세대 슬라브주의자들이 보인 공상적 이상주의가 약화되는 경향이 나타났다. 러시아 민중의 종교적 본질에 대한 이들의 강조와 '추상적 이성'에 대한 적개심은 다른 누구보다도 소설가 도스토예프

---

17 이것이 Tim McDaniel, *The Agony of the Russian Idea*, Princeton, NJ, 1996의 가장 중요한 요점이다.

스키와 소위 '대지주의자들'pochvenniki에게로 전해졌고, 이들은 슬라브주의 내에서 메시아주의의 잠재성을 발견해 이를 발전시켜 나갔다. 도스토예프스키는 러시아 민중을 '신을 품은 민중'이라고 생각하게 되었는데, 이는 슬라브주의의 관점을 보다 명료하게 재해석한 것으로 러시아의 종교성과 서구의 건조한 세속주의 간의 차이를 확대하여 극적으로 표현한 것이었다.

다른 한편으로 슬라브주의자들의 반왕조적·반근대주의적 '유토피아'가 범슬라브주의자들 사이에서는 보다 평범한 민족주의로 진화해 가는 것을 볼 수 있다. 즉, 범슬라브주의에서 슬라브주의의 메시아주의적 잠재력은 유럽 역사의 여타 '범'운동들과 유사한 것으로 발전하여 필연적으로 러시아의 지배를 받는 슬라브 권역과 대영제국 혹은 훨씬 더 위협적인 게르만 정치세계와의 지정학적 충돌을 암시하게 된다. 다닐레프스키의 『러시아와 유럽』에서 유럽 문명의 쇠퇴와 이를 대신하는 러시아의 상승에 대한 관념은 문명의 성장과 성숙, 그리고 쇠퇴에 관한 전 세계적 '체계'로 통합되었는데, 이는 오스발트 슈펭글러와 아널드 토인비의 보다 유명한 이론들의 예고편과도 같은 것이었다.

러시아 문명이 특별한 운명 혹은 '분리된 길'을 갖는다는 관념은 인민주의라고 널리 알려진, 1860년대와 1870년대에 발전한 새로운 급진주의 사상에 가장 뚜렷하게 유지된 듯하다. 인민주의자들narodniki은 조금 앞선 시대의 급진적 서구주의자들로부터 혁명은 아니더라도 거대한 사회·정치적 변화를 필요로 하는 평등주의적이고 사회주의적인 미래에 대한 의지를 물려받았다.

러시아 농촌에 대한 관심에도 불구하고 니콜라이 체르니셰프스키는 매우 서구 지향적이었다. 그는 페미니즘에 대한 지대한 관심을 포함하여 일련의 급진적 계몽주의의 견해를 지지하였고, 이는 점차 진행되고 있던 러시아혁명에 다른 어떤 서적보다도 큰 영향을 미친, 그의 뛰어난 소설『무엇을 할 것인가?』에 구현되어 있다. '새로운 사람들에 대한 이야기'라는 부제가 붙은 이 소설은 1860년대 좌파 젊은이들의 정치적 프로그램 ——아르텔(일종의 협동조합) 및 다른 종류의 사회주의 코뮌의 건설 —— 을 묘사하고 있다. 당시의 급진주의자들에게 보다 가치 있는 것은 오늘날에는 운동의 역할 모델이라고 불리는 것을 제공해 주는 등장인물들이었다. 이것은 추상적인 법칙이 아니라 새롭고 보다 평등주의적인 남녀관계에 대한 묘사를 포함하여 사람들이 어떻게 살아야 하는지, 그들이 무엇을 해야 하는지를 그린 것이었다. 자신의 가장 유명한 팸플릿에 같은 제목을 붙인 레닌은『무엇을 할 것인가?』가 자신들에게 미친 심대한 영향을 기꺼이 인정한 수많은 좌파들 중 가장 유명한 인물일 뿐이었다. 급진적인 비평가 니콜라이 도브롤류보프는 합리주의, 무신론, 그리고 '옛 러시아'에 대한 증오에 있어서 자신의 친구이자 멘토였던 체르니셰프스키보다도 훨씬 더 전투적이었다.

그렇지만 이처럼 멋진 '러시아 사회주의'의 많은 특징은 슬라브주의적인 견해로부터 유래한 것이었다. 즉, 러시아의 사회주의는 농민의 공동체적인 제도, 특히 농촌의 공동체적인 통치 구조로부터 발전할 것이라는 생각과, 이러한 특별한 발전은 서유럽에서 발견되는 그 어떤 것과도 다를 것이라는(그리고 우월할 것이라는) 확신 말이다. 게다가 이러한 '러시아 사회주의'가 성취된 후에는 그것이 서유럽에서도 채택되어 궁극적으로는 그 구원을 이룰 것이라는 믿음이 있었다. 이러한 자기중심적인 사회주의적 메시아주의는 특히 맑스의 분노를 야기하였다.

슬라브주의적 유토피아가 이를 실현하는 데 있어서 어쨌든 주도권을 쥐어야 할 귀족 지식인의 역할을 중요하게 다루지 않은 것처럼, 주류 인민주의 문화도 농민들이 자의식을 갖도록 하는 데 있어서 급진적이고 혁명적인 젊은이들이 해야 할 역할을 최소화하였다. 그렇지만 동시에 다수는 러시아 대학이라는 새로이 약동하는 세계를 경험한 젊은이들은 농민들의 러시아로 순례를 떠나 민중들로부터 배우면서 동시에 이들을 가르치기 시작하였다. 이러한 감동적인 프로젝트는 개인적으로나 집단적으로 '민중 속으로'라고 알려지게 되었다.

그러나 이처럼 보기에는 극도로 민주적인 운동(그리고 때때로 이와 섞이는 운동)의 주변에는 러시아 문화에서 오랫동안 활약하게 될 운명을 지닌, 전혀 다른 관점이 놓여 있었다. 러시아의 서구화는 언제나 일련의 엘리트주의적인 가능성이나 심지어는 그러한 필요성, 특히 혁명적인 서구화를 암시하였다. 즉, 서구의 문화가 러시아에 수입되어 전파되어야 했고, 이러한 활동은 개인이나 집단의 작업이 되어야 했던 것이다. 물론 처음에는 로마노프 왕조 자신이 이를 후원하였지만, 더 많은 자유와 평등, 개인주의 등 여러 '서구적 가치들'이 러시아 군주제의 사회·정치적 목표와 상반된다는 것이 명백해진 1825년 이후에는 진지하게(즉, 진보적으로) 서구화를 추구하는 것을 그만두었다. 슬라브주의자들에 반대한 1840년대 '서구주의자' 지식인들은 종종 변증법적 진보에 관한 유사 헤겔주의적 관점에서 자신들 같은 사람들이 이러한 영웅적인 임무를 수행하고 있다고 보았다.

1860년대 급진적 스펙트럼의 다소 독특한 분파인 소위 '허무주의자들'은 급진적 서구주의의 특별하고 다소 협소한 발전을 나타낸다. 유명한 비평가 드미트리 피사레프 같은 젊은 문인들은 자신들의 동료 인민주의자들이 그랬던 것처럼 민중의 창조성 앞에 고개 숙이기를 거부하였다. 그 대신 이들은 과학, 과학주의, 그리고 급진적 개인주의의 보급이야말로 러시아가 필요로 하는 것이라고 주장하였다. 이 프로젝트는 러시아가 필요로 하는 것은 이러한 것들이라는 점을 잘 알고 있어 어떤 일이 있더라도 이것들을 가져오는 데 헌신할, 교육받고 서구화된 지식인들의 존재를 전제로 하는 것이었다. 이러한 관점은 투르게네프의 가장 유명한 소설『아버지와 아들』을 통해 영원히 기억되게 되었다.

이 당시 대부분이 급진적인 학생이었던 인민주의자들이 정부에 대한 흥분을 억누르고 자신들의 메시지를 러시아 농촌에 전달하려 했을 때, 이들은 경험 부족과 순진함으로 인해 경찰 및 다른 정부기관의 손쉬운 먹잇감이 되었다. 따라서 인민주의의 개방적인 태도와 함께 보다 무자비한 정치사상이 서서히 발전하기 시작하여 급진적인 젊은이들 사이에서 점차 영향력을 얻게 되었다.

예를 들어 '러시아 자코뱅파'라고 알려지게 된 급진주의자들은, 혁명을 이루어 내고 새로운 사회를 만들어 내는 데 있어서 급진적인 지식인들이 주류 인민주의자들이 생각한 것보다 훨씬 더 커다란 역할을 해야 한다는 견해를 가졌다. (단일한 신념 체계를 갖는 단일한 조직의 일원이 아니었던) 이들은 비非농민 지식인 이론가들의 역할을 강화해야 할 뿐만 아니라 비밀의 엄수와 신중하고 엄격한 조직, '혁명적 마키아벨리즘'이라고 불릴 만한 일련의 엄격한 윤리적 태도를 확립해야 한다고 주장하게 되었다. 이때 혁명적 마키아벨리즘이란, 혁명은 폐쇄된 사회에서는 너무나 어렵지만 또한 너무나 필수불가결한 것이기 때문에 제도적 거짓, 기만, 그리고 필요하다면 이후에 알베르 카뮈가 "동지들에게 가한 폭력"이라고 부르는, 자기 동료의 희생을 포함하여 어떠한 수단도 배제되어서는 안 된다는 명제이다. 이러한 태도는 자신의 비범한 생애로 도스토예프스키의 소설『악령』에 소재를 제공해 준 세르게이 네차예프의 삶을 통해 전형적으로 드러난다.

이러한 정치적 태도는 백성들에게 주어야 하는 최소한의 정치적 자유조차 거부하면서 20세기까지도 유럽에서 가장 보수적이고 억압적인 구제도를 유지하는 데 몰두하였던 체제에 비추어 보아 이해해야 한다. 또한 이러한 태도는 맑스주의 이전의 급진주의가 러시아 사회민주주의, 특히 레닌의 지도를 받았고 1930년대에는 볼셰비키라고 알려지게 된 분파에게 남긴 중요한 유산이기도 하였다.[18]

세기 전환기 러시아 문화의 이데올로기적 충돌은 대체로 역설적인 것이었다. 크림 전쟁[19]이 끝난 이후 약 40년간 러시아의 정치 지도층은 마지못해 하면서, 그리고 한결같이도 아니지만 이후에 학자들이 '근대화'라고 부르게 될 경제 프로젝트를 채택하였다. 그러나 경제적 근대화는 무無에서 발생하지 않는다. 차르 체제 말기의 경제정책은 이전의 표트르 대제의(그리고 일정 정도는 이후의 스탈린의) 정책을 연상시킨다. 그것은 위로부터의 산업화를 강요하지만, '자유주의적' 견해에는 사회적으로나 정치적으로나 거의 아무런 양보도 하지 않는다.

이러한 정책은 재앙에 가까운 결과를 낳았다. 차르 체제의 가장 유능하고 헌신적인 산업가의 이름을 따서 국제적으로 '비테 체제'로 특징지어지는 산업화 정책은 실질적인, 그러나 제한된 경제적 성공을 가져

---

18 러시아 인민주의에 관한 가장 중요한 책은 여전히 Franco Venturi, *Roots of Revolution*, New York, 1960이다. 인민주의가 슬라브주의에 진 빚에 대해서는 Abbott Gleason, *Young Russia*, New York, 1980을 보라.

19 현재는 우크라이나 영토에 속하는 크림 반도가 위치해 있는 흑해 연안으로 진출하려던 러시아 제국과 영국, 프랑스, 오스만 제국으로 이루어진 연합국과의 전쟁(1854~1856). 이 전쟁에서의 패배로 러시아는 국제적 영향력을 크게 상실하게 된다. ——옮긴이

왔다. 그렇지만 동시에 극우 세력과 극좌 세력이 모두 활발하게 활동하기도 했는데, 이들은 나름의 방식으로 농민적이었고 정치적으로는 향수에 찬 낭만적인 견해를 가졌다. 정치적 스펙트럼에서 근대화를 주장하는 중도 우파조차도 실제로는 정치체제를 개방하여 다원주의나 가치의 다양함을 보다 폭넓게 수용하려는 노력을 기울이지 않았다.

군주제가 존재하던 마지막 사반세기 동안 러시아의 문예·정치 문화는, 한편으로는 특이하게도 계속해서 산업화를 이루려는 노력과 뒤섞인, 다른 한편으로는 문학적 모더니즘의 첫번째 물결과 뒤섞인 향수적 낭만주의의 향취를 풍성하게 발전시켰다. 어떤 면에서 러시아의 고급문화는 아일랜드나 심지어는 프랑스 같은 일종의 유럽 문화처럼 보이기 시작하였다. 상징주의 같은 문학운동이 활발해졌다. 또한 러시아는 독일을 중심으로 한 신칸트주의의 부흥에 참여하기도 하였다. 그리고 마침내 러시아 정교회의 보수적인 지도자들이 슬라브주의를 받아들이면서 의미 있는 종교적 부흥이 일어나게 되는데, 이는 포스트소비에트 시기의 러시아 사상가들이 크게 관심을 갖는 대상이 된다.[20]

재정부는 계속해서 산업화를 추진하는 한편, 군주정 자체는 러시아를 근대화하려는 표트르 대제의 노력을 암묵적으로 거부하였고, 이를 중세적 기원을 갖는, 후기 슬라브주의의 '신성한 러시아'에 대한 신화로 대체하였다.[21] 정치적 우파 진영에서는 군주주의 정치사상과 문화적 쇼비니즘이 번성하였다. 1905년 혁명기와 그 이후에 반유대주의적이고 폭력적 성향을 갖는 극우파 포퓰리스트 지도자와 단체들이 생겨나기

---

20 Nicolas Zernov, *The Russian Religious Renaissance of the Twentieth Century*, New York, 1963.
21 Richard Wortman, "The Dethroning of Peter the Great", Seminar of Kennan Institute, 27 April, 1982.

시작했다. 다른 환경에서라면 이러한 '검은 백인단百人團'은 노골적인 러시아 파시즘으로 발전했을 수도 있다.

좌파에서는 점차 인민주의의 마지막 단계에서 특징적으로 나타난 혁명적 마키아벨리즘이 러시아 사회민주주의, 특히 볼셰비즘의 중요한 양상이 되었다. 사회주의의 전제조건으로서 부르주아적 발전을 (내키진 않았지만) 진지하게 지지한 노선인, 플레하노프의 비교적 개방적이고 '유럽적'인 맑스주의는 레닌의 강력한 혁명적 엘리트주의를 이겨 낼 수 없었다.

이렇듯 러시아 정치문화의 정치적 양극단은 다른 어떤 유럽 강대국의 그것보다도 양극화되었지만, 극우나 극좌 모두 '부르주아' 자유주의 및 정치적 타협에 대해서는 격렬한 적대감을 보였다. 둘 다 타협을 배신으로 여기는, 폐쇄적인 경향의 지성 체계에 따라 행동하였다. 러시아 문화 연구자 중 두 주요 인물이 최근에 지적한 바와 같이, '협상', '타협', '계약'은 러시아 문화에서 유달리 느린 속도로 받아들여졌고, 군주정 마지막 시기 러시아의 산업화 과정은 놀랍게도 그러한 발전을 가속화하는 데 거의 아무런 기여도 하지 못하였다. 교육받은 러시아인들이 선언한 가치체계에서 핵심적인 것은 과정이 아니라 원칙이었고, 러시아인들은 원칙에 대한 헌신에 있어서 양극화되었고 파편화되었다.[22] 1909년 일군의 지식인들이 '이정표'vekhi라고 불린 유명한 심포지엄에서 러시아 지식인의 비타협적인 정치화를 공격하였지만, 자유주의자나 맑스주의자 모두 자신들의 입장을 고수하였고 심지어 자신들의 비판자들에 대

---

22 Iurii Lotman and Boris Uspensky, "'Agreement' and 'Self-giving' as Archetypal Models of Culture", *Semiotics of Russian Culture*, pp.125~140, 특히 p.130.

해 공세를 취하기까지 하였다.[23]

이러한 문화적 배경은 러시아에서 펼쳐지고 있던 산업화 과정에 특이한 장애물이 되었다. 좌우 어느 편에서건 정치는 유럽 다른 곳에서보다도 더욱 '원칙화'되었다. 극단주의자들은 보다 강력하였고, 타협에 대해서는 명예롭다고 여겨질 만한 여지가 거의 없었다. 군주정은 산업문화의 불안한 발전과 이에 대한 공개적인 혐오 사이에서 정신분열증적으로 동요하는 모습을 보였다.

따라서 재정부 장관이었던 세르게이 비테나 1905년 혁명 이후 러시아에 질서를 회복시키려 애쓴 표트르 스톨리핀 같은 '실용적인' 정치가들이 활동할 수 있는 공간은 극도로 제한되어 있었다. 그들은 차르나 궁정이 보수적이고 통제된(그러나 경제적으로는 필수불가결한) 자본주의적 발전을 후원해 주기를 원하였는데, 그것은 이러한 발전 과정이 군주정에 대한 중간계층의 지지를 확보해 줄 것이었기 때문이다. 그렇지만 러시아의 좌파는 이들을 가장 위험한 적으로 여겼을 뿐만 아니라, 비테도 스톨리핀도 신新중세적 신비주의라는 폐쇄적인 가족중심적 정신병과 러시아의 고난에 대한 마술적 치료에 정신을 빼앗긴 니콜라이 2세의 신뢰와 지지를 얻지 못하였다. 또한 이들은 러시아의 보수적인 농민들 말고는 다른 곳에서는 믿을 만한 지지를 충분히 얻지 못하였다.

제1차 세계대전과 1917년 혁명은 러시아의 문화적 풍경을 완전히 변화시킨 것처럼 보였다. 유산계급은 대부분 휩쓸려 사라지거나 거대한 노동자 대중과 특히 농민들에 잠겨 보이지 않게 되었다. 이로 인해 아주 다른 두 세력이 서로를 불안하게 마주보게 되었다. 즉, 한편에는 러시아

---

23 Boris Shragin and Albert Todd eds., *Landmarks*, New York, Karz Howard, 1977.

농민과 이로부터 생겨난 농민-노동자의 옛 농촌 문화가, 다른 한편에는 급진적 인텔리겐치아 문화의 볼셰비키적 형태가 남겨진 것이다(사회주의자, 근대주의자, 고무된 페미니스트 같은, 강력해 보이던 비非볼셰비키 문화적 좌파는 볼셰비키나 대중에게서 거의 지지를 받지 못하게 되었다).

이 문제를 연구하는 많은 사람들에게 러시아의 농민 문화는 매우 자족적이고 사회적으로 미분화되었으며 외부로부터의 도전에 완강하게 저항할 능력이 있는 것처럼 보였지만, 20세기의 첫 10년 동안 도시와 농촌, 상층과 하층, 고유의 것과 외국의 것 간의 엄격한 분리는 무너져 가고 있었다.[24] 그렇지만 전쟁의 참사는 이러한 과정을 중단시켰고, 혁명과 내전의 시기 또한 그러하였다. 이러한 가혹한 시절이 초래한 결과 중 하나는, 1920년대 중반에는 노동계급이 줄어들고 러시아 도시 인구의 일부가 적어도 1년 중 일정 기간은 농촌으로 되돌아갔다는 것이다. 오래된 농민 공동체가 부분적으로 재건되었고, 독립적이고 안정된 중간계층 농민의 창출을 목표로 하였던 스톨리핀의 개혁은 실패하고 말았다. 1920년대 볼셰비키의 승리를 맞이한 농촌사회는 여러 중요한 면에서 전쟁 직전보다도 구태의연하였다.

전술한 바와 같이, 많은 면에서 볼셰비키의 견해는 이전의 서구주의적 기질의 극단적인 형태였다. 레닌, 고리키, 그리고 다른 이들은 혐오감과 공포심을 갖고 가부장적인 러시아 농촌을 대하였다. 암울한 순간에 이들은 자신들을 '어둠'과 반혁명의 바다에 떠 있는 문명과 진보의 고립된 섬으로 여긴 것이다. 많은 이들이 내전으로 죽고 농촌으로 내몰

---

24 Jeffrey Brooks, *When Russia Learned to Read*, Princeton, NJ, 1985; Stephen Frank and Mark Steinberg, *Lower-Class Values, Practices and Resistance in Late Imperial Russia*, Princeton, NJ, 1994.

리듯 되돌아가면서 1920년대 초반 프롤레타리아의 규모가 크게 줄어들고 가장 전도유망한 노동자들이 공산당과 성장하고 있던 당 기구로 흡수됨에 따라 이들은 자신들이 포위되었다는 느낌을 더욱 강하게 갖게 되었다. 그렇지만 이 야만적이고 후진적이며 미개한 농민사회를 근대화하겠다는 볼셰비키의 결심도 굳건해져 갔으며, 이들이 러시아 농촌을 강력하면서도 결국엔 위험한 적으로 간주하면서 이들은 폭력을 사용할 준비를 더욱 갖추게 되었다. 맑스주의자로서 볼셰비키는 정치적 권력은 결국 사회계급으로 구현된 경제적 권력에 의해 결정되는 것이라고 생각한 것이다.

이렇듯 전통적인 사고방식을 갖고 있고 고립되었으며 의심 많고 폐쇄적인 농촌사회는, 거대한 산업적 변화라는 유토피아에 헌신하면서 무슨 일이 있어도 이를 달성하겠다고 결심한, 이데올로기적으로 고무된 적을 마주하게 되었다. 볼셰비키는 외부의 자본주의 세계와 그리고 자국민 대다수를 (물론 종류는 다르지만) 적으로, 확실히 볼셰비키적 진보에 맞서 연합한 독특한 적으로 여겼다. 이러한 대결적 상황에서 자유주의적 견해나 다원주의의 발전 혹은 타협을 이루려는 노력을 위한 공간은 거의 없었다. 그리고 뒤이어 시행된 산업화는 (때로는 승리에 대한 확신으로 가득한 것이기도 하면서) 필사적인 것이었고, 집중적이면서 유토피아적이었으며, 매우 강압적인 것이었다. 이는 스탈린과 지도부로 하여금 실현 불가능한 목표와 적에게 과도한 관심을 집중하도록 하였으며, 말할 수 없이 끔찍한 결과를 낳았다.

러시아 문화의 소비에트적인 형태는, 그것이 지속되는 동안 낯설고 예측 불가능한 방식으로 발전하였다. 위에서 기술한, 맑스주의의 독특한 소비에트적 양식으로부터 유래된 공식적인 소비에트 문화 규범은 필연적으로 훨씬 더 보수적인 방향으로 발전하였다. 스탈린은 자신의 산업화 정책에 수반된 대규모의 강압적인 격변을 촉진시키기 위해 차르 체제 말기부터 혁명적 대립의 시기에 걸쳐 번성했던 문화적 아방가르드와 사회적 유토피아주의의 잔재를 거의 모두 폐기하였다. 페미니즘과 사회주의의 관대하고 해방적인 열망은 산업화의 철칙과 위계질서와 명령으로 대체되었다.[25] 모든 학문 분과는 매우 엄격한 국가의 통제를 받게 되었고, 문화적 자유는 거의 완전히 박탈당하였다. 예술과 문학, 심지어는 음악까지도 공식적으로 '사회주의 리얼리즘'이라고 알려진 기준을 따라야 했다. 이 원칙은 보통 사람들에게 이야기될 수 있는 '리얼리즘'을 요구하기도 했지만, 사회주의와 공산주의하에서 밝은 미래를 향한 필연적인 행진이라는, 정치적으로 올바른 묘사 또한 요구하였다. '사회주의 리얼리즘'은, 지배 세력에 대하여 거의 항상 저항하는 경향을 갖는 이전 19세기의 '비판적 리얼리즘'과는 명백하게 다른 사상이었다.

5개년 계획의 시기는 도시와 공장 인구의 급증을 초래하였지만, 동시에 새로운 노동계급의 일종의 농민화라는 결과를 낳기도 하여 볼셰비키가 바라던 농민의 프롤레타리아화와 뒤섞이게 되었다. 1930년대 말의 숙청과 관련하여 스탈린주의의 공포는 최고조에 이르렀다.

사회적 지위가 상승한 계층에 대해서는 여러 채찍과 더불어 몇몇 당근이 사용되었다. 예술과 디자인에서는 부르주아 및 빅토리아 양식의 스타일이 지원을 받았고, 1930년대 말과 1940년대에 지위가 상승한

---

25 Richard Stites, *Revolutionary Dreams: Utopian Vision and Experimental Life in the Russian Revolution*, New York, Oxford, 1989.

노동자와 농민에게는 정치적 순응에 대한 대가로 일종의 반+중산층적인 생활양식이 허락되었다.[26] 스탈린 시기 상위 엘리트 계층의 상황은 훨씬 더 나았다.[27] 소비에트 문화의 빅토리아 양식과 엄격주의는 종종 '전체주의적'이라고 묘사된 사회에서 19세기 유럽 지방생활의 기괴한 느낌을 주는 것이었다.[28]

공식적인 소비에트 이데올로기는 어떤 면에서는 니콜라이 1세 시기 왕조 민족주의의 20세기판에 해당하였다. 1930년대 말부터 시작하여 제2차 세계대전 이후의 절정기에 이를 때까지 이 이데올로기는 그렇지 않아도 이미 특이한 것이었던 소비에트 맑스주의에 지대한 영향을 미쳐 러시아 민족주의의 색채를 가득 입혔다. "우리는 결코 인민들이 외로이 맑스-레닌주의와 싸우도록 하지 않을 것이다." 스탈린은 살아남은 몇몇 구舊볼셰비키 중 한 명에게 이렇게 말해야 했고, 전시 연설에서는 몽골에 대한 드미트리 돈스코이의 승리나 18~19세기 차르 시기의 미하일 쿠투조프나 알렉산드르 수보로프 장군의 승리를 기리는 발언을 하였다.

제2차 세계대전이 끝난 후 점차 이러한 이데올로기는, 지도층이 조직하였지만 보통 사람들의 애국심과 이들의 엄청난 피해로 힘을 얻게 된, 주목할 만한 국가 주도 컬트 문화의 중심 주제가 되었다. 1980년대

26 Vera Dunham, *In Stalin's Time: Middleclass Values in Soviet Fiction*, Cambridge, 1976.
27 이러한 문화적 변화 중 많은 것들은 '교양 있게 되기'라고 간단하게 표현되었다. 스베틀라나 보임이 쓴 바와 같이, 이러한 러시아-소비에트 특유의 의미에서의 교양 있게 되는 것은 "이전에는 경멸을 받았던, 지위와 소유에 대한 부르주아적 관심을 정당화해 주는 방식을 제공하였다. 이는 새로운 사회적 위계질서와 스탈린 체제 엘리트의 특권을 정당화하고 또한 위장하였다"(Svetlana Boym, *Common Places: Mythologies of Everyday Life in Russia*, Cambridge, MA, 1994, p.105). 또한 Dunham, *In Stalin's Time: Middleclass Values in Soviet Fiction*; Shelia Fitzpatrick, *The Cultural Front: Power and Culture in Revolutionary Russia*, Ithaca, NY, 1992, pp.247~248을 보라.
28 Abbott Gleason, *Totalitarianism: The Inner History of the Cold War*, New York, Oxford, 1955.

에는 (소련에서 부르는 이름으로는) '대人조국전쟁'[29]에 대한 신화적 찬양이 소비에트 국가의 건국 신화로서 레닌과 10월혁명에 대한 숭배를 거의 대신하게 되었다.[30] 결국 대조국전쟁 역시 젊은이들에게서 영향력을 상실하였지만, 군사력, 신체적 용기, 조국애, 피해와 고통이라는 주제는 오랜 세월 동안 거의 모든 소비에트 러시아인들에게서 커다란 반향을 일으켰다. 소련이 초강대국의 지위로 올라선 것에 대한 자부심이 대단하였고, 전통적으로 세계를 '우리의 것'과 '우리의 것이 아닌 것', '우리' 와 '그들'로 뚜렷하게 구분하는 러시아적인 경향 역시 이러한 컬트 문화의 발전에 도움이 되었다.

따라서 준공식적 수준의 소비에트 문화는, 왜곡되고 극도로 비자유주의적인 형태이긴 하지만 19세기 서구주의 관점의 소비에트적인 버전이 대체로 승리를 거둔 것으로 보아도 될 것이다(그렇지만 확실히 스탈린은 신비롭고 고귀하며 전능한 '작은 아버지 차르'의 20세기 버전으로 간주되어야 할 것이다). 그러나 장기적으로는 농촌의 문화적 영향력이 그렇게 강한 나라에서는 이러한 산업·도시 문화의 지배가 사실상 불가능한 것이어서 이미 1950년대부터는 이에 대한 반작용이 나타나기 시작하였다. 러시아의 문화생활에 대한 규제가 굉장히 심한 편이었음에도 불구하고, 종종 단순하게 '농촌 산문'이라고 묘사된 강력한 반反도시적 관점이 러시아에서 약 30년 동안 발전하여 활발한 활동을 전개하기까지 하

---

29 히틀러의 독일군이 1939년 8월에 체결된 독·소 불가침조약을 위반하고 1941년 6월 스탈린의 소련을 침공함으로써 시작된 이 전쟁은 러시아 역사상 최대의 참사이자 수많은 소비에트인들이 애국적이고 영웅적인 행위와 희생을 통해 조국을 수호했다는 의미를 갖는다. 제2차 세계대전에서 나치즘과 파시즘에 대한 연합국의 승리에 결정적인 기여를 했다는 세계사적인 의미를 갖기도 한다. ─옮긴이

30 Nina Tumarkin, *The Living and the Dead: The Rise and Fall of the Cult of World War II in Russia*, New York, 1994.

였다.[31] 소련이 종말을 맞게 되자 포스트소비에트 초기의 변동과 혼란으로 인해 모든 전통적인 문화적 관점이 다양한 방식으로 약화되었지만, 농촌 작가들은 러시아 문화계에 커다란 흔적을 남겨 놓았다.

농촌 산문 운동의 기저에는 창작 활동에서 진실성과 사실성을 옹호하고, 소위 '집단농장 문학'에서의 진부하고 판에 박혔으며 비사실적인 묘사에 반대하는, 또한 시간이 지남에 따라 나타난 서구적이고 소비에트적인 형태의 소비주의에 반대하는 반응이 놓여 있었다. 공식 문화의 강요된 '진보적' 관점은 이러한 작가들이 이해한 농촌 생활의 현실뿐만 아니라 작가들의 창조적 진정성에 대한 이해와도 맞지 않았다. 보다 관제적인 작가들처럼 이들도 역사에 관심을 가졌지만, 이는 정반대되는 방식으로 그러하였다. 이들의 작품이 시사하듯이, 소련에서 '거대한 역사'는 잘못되었다. 진실은 작고 개인적인 것이며, 시골길을 따라 산책하다가 조약돌 한 무더기 속에서, 혹은 옛날이야기에서 발견되는 그러한 것이다. 초기 소비에트 문화의 공식적인 관점에 대해 이보다 더 직접적인 도전은 상상할 수 없다. 비록 농촌 산문 작가들의 독자층에 대해 말해 줄 수 있는 권위 있는 자료는 없지만, 확실히 이들은 문화의 다른 영역에서 보다 분산된 형태로 찾을 수 있는 가치들을 표현하였다.

농촌 산문에서 지배적인 주제들은 혁명 이전의, 심지어는 19세기의 문화를 떠올리게 한다. 농촌 산문은 『사냥꾼의 일기』에서 농민의 세계를 성실하고 정확하고 명확하게 바라보려 한 투르게네프 같은 서구주의자들에게서 공통적으로 나타나는 의미를 전달하였다. 그렇지만 대체로 이들의 작품은 슬라브주의의 전통을 확장하였다. 농촌 산문은 과거,

---

31 Kathleen Parthé, *Russian Village Prose: The Radiant Past*, Princeton, 1992.

특히 농촌의 과거에 대한 깊은 공감을 나타냈다. 농촌 작가들은 오래된 장소·사람·단어·관점 등 낡은 것, 아직 인생의 혼란스러운 시기에 들어서지 않은 젊은이들, 그리고 구체적인 것에 공감하였다. 캐슬린 파르테에 따르면, "각각의 농촌이 [이들에게는] 개별적인 조국이다".[32]

슬라브주의자들이 러시아의 과거를 경멸한 외부인들과 이를 배반한 내부자들에 반대하여 멸시받은 러시아의 과거를 변호한 것처럼, 농촌 작가들은 근대 이전의 것, 외딴곳에 있는 것, 특별한 것, 즉 "철로를 따라 난" 거의 아무도 걷지 않은 길에 마음을 주었지, 새로운 도로나 철로 그 자체를 사랑한 것은 아니었다.[33] 19세기에 슬라브주의와 특히 인민주의는 민족지학에 강한 영향을 미쳤으며, 이는 농촌 작가들에게서도 마찬가지였다. 이들의 작품에서 민속과 허구의 경계는 뚜렷하지 않았다.

농촌 작가들이 러시아가 소비에트 시기를 겪음으로 해서 농촌이 파괴되었다고 여기는 한, 이들이 자신을 표현한 방식이 완곡함에도 불구하고 이들의 열정은 반反소비에트적인 것이었다. 이들의 작품은 비관적이었고, 상실감과 (모든 종류의 근대화라는 의미에서) 소비에트 근대화의 참을 수 없이 커다란 고통에 대한 인식이 배어든 것이었다. 지나간 어린 시절은 상실의 근원적인 이야기이고, 작가가 자신이 태어난 특정한 장소로 돌아가 이를 회복하지 못하는 것이 이들 작가들의 주요 서사 중 하나이다. 이것은 전형적인 볼셰비키답게 농촌에 대한 적대감과 미래 지

---

32 Parthé, *Russian Village Prose*, p.6.

33 이 구절은 Aleksandr Solzhenitsyn, *Letters to the Soviet Leaders*, New York, 1974, p.20에서 인용한 것이다. 솔제니친은 농촌 작가로서 출발하였다. 발렌틴 라스푸틴과 블라디미르 솔로우힌도 영어 작품이 있는 작가이다.

향성을 나타낸 고리키의 유명한 회고록에 완전히 반대되는 것이다.

이러한 문학운동(그리고 유사한 태도를 표현한 시각예술인들도 있었다)과 정치체제 사이의 가교는 민족주의였다. 농촌 산문의 본질이 반소비에트적이었음에도 불구하고, 정부 내에는 농촌 산문에 공감하고 개인적으로 이를 보호해 준 사람들이 있었다. 확실히 이것이 당국과의 수많은 충돌에도 불구하고 농촌 산문이 어느 정도 세대를 이어 진전되어 그 과정에서 제1차 세계대전 이전까지 러시아에서 출현한 최고의 문학 작품 가운데 다수를 출간해 낼 수 있었던 이유이다.

19세기에 슬라브주의의 주제와 슬라브주의로부터 러시아 민족주의, 범슬라브주의, 그리고 관련 운동들이 발전한 것 간에는 유의미한 연관성이 있었다. 이러한 많은 운동들은 (영예롭게도 슬라브주의 1세대를 제외하고는) 명백하게 쇼비니즘적인 관점을 지니고 있었다. 폴란드인, 유대인, 미국인에 대한 도스토예프스키의 적대감은 극단적이었다. 범슬라브주의자들은 독일 세계가 슬라브인의 획기적인 미래를 가로막고 있다고 여겼다. 그리고 일반적인 쇼비니즘은 농촌 산문의 보수적이고 향수 어린 주제들과 뒤얽혀 있었는데, 쇼비니즘은 명백하게 유대인에 초점을 맞추었을 뿐만 아니라 국제주의, 세속주의, 전통에 대한 적개심, 과학기술에의 몰두, 물질적 권력에 대한 지향 등으로 러시아의 순수함을 타락시킨 '타자들'에게도 관심을 집중하였다.

러시아 역사의 소비에트 시기가 지나감에 따라 아마도 정치·경제적 위기만큼이나 심각한, 그리고 물론 이와 관련된 러시아의 문화적 위기가 발견된다. 형식적으로 말하면 보리스 옐친 치하에서 러시아의 정치적 지향은 온건한 서구주의자의 관점을 대변하는 것처럼 보일 것이다. 그러나 러시아의 정치문화에는 폭력적이고 모순적인 과거의 흔적이 강하게 남아 있다. 교육 부문에서 매우 실질적인 향상이 있었고 독특한 형태의 '굴뚝' 산업문화가 만들어졌음에도 불구하고, 우리가 문화의 거대한 변화라고 여긴 것들이 대체로 소련으로부터 유래한 것임을 알게 되면 가치의 측면에서 20세기 동안 러시아는 우리가 믿어 온 것보다 덜 변화하였다는 점이 분명해진다. 이러한 점은 보통 사람들에게서나 인텔리겐치아에게서나 마찬가지이다.

종말을 고할 시기의 소비에트 정치문화는 매우 독특한 혼합물이었다. 그 가장 깊은 층위는 전제적이고 농민적인 과거로부터 파생된 독특한 것이었지만, 75년간의 공산주의로 덧씌워지기도 하였다. 이는 (특히 농촌 거주자들 사이에서) 매우 보수적이고, 부정적인 방향으로 평등주의적이며, 위험을 회피하는 태도를 조성하였고, 포스트소비에트 시기에 커다란 유산을 남겼다. 확실히 러시아인들 사이에서는 '하향평준화'를 강하게 믿고 세상에서 '상향평준화'는 불가능하다고 믿는 경향이 계속되고 있었다. 이때 사람들이 자기 이웃들의 형편이 나아지거나 이들이 새로운 물건을 갖게 되는 것을 보게 되자 분노의 감정과 이들의 콧대를 꺾어야 한다는 요구가 커졌다. 사회학자 이고르 콘의 말에 따르면, 이것은 "사회정의를 가장한 질투의 독재"이다.[34] 러시아 고대 농민 문화에서 유래하는 이러한 태도는 자본주의나 시장관계의 성장에 거의 도움이 되지 않았다(다행히도 젊은이들과 도시 거주자들 사이에서는 이러한 태도의 흔적이 다소 적게 남아 있다).

러시아의 자본주의는 서구의 자본주의보다 강도·뇌물·협박·사기로 더욱 얼룩졌다는 사실에 의해 적어도 지난 1세기 동안 상황이 더욱

---

34 Boym, *Common Places*, p.149에서 재인용.

악화되었다. 포스트소비에트 초기 자본주의 세계에서 보통의 러시아인들이 새로운 세상에서의 성공은 근면, 절약, 기술, 그리고 (러시아 문화에서는 오랫동안 '교활함'이라고 낙인찍힌) 영리함의 문제라고 믿는 것은 어려운 일이었다. 많은 러시아인들이 파이가 더 커질 수 없는 것처럼 믿고 행동하는데(따라서 다른 이의 희생을 통해서만 앞서 갈 수 있을 뿐이다), 실제로 파이는 줄어들어 버렸다! 공산주의하에서는 적어도 정치적 순응에 대한 대가로 최소한의 안전망을 보장해 준 최소한의 '사회적 계약'이 존재했었다. 이제 많은 노멘클라투라가 자본가가 되었다. 많은 보통 사람들의 눈에는 예전과 같은 엘리트가 자기 자신의 이익을 위하여 여전히 사회를 이끌어 가고 있지만, 그 '사회적 계약'은 포기해 버렸다.

포스트소비에트 세계에서 지식인들과 문화를 창조하는 이들은 위기 상태에 놓이게 되었다. 이들은 보다 많은 자유를 누렸지만, 존재하는 문화적 신념은 종종 강제적이고 절망적인 것이었다. 재원이 대체로 예술에 거의 관심이 없는 사람들의 손으로 들어가는 바람에 출판물, 공연, 전시회를 만들어 내기는 더욱 어려워졌고, 공산주의 과거에 대한 일종의 향수가 커져 갔다. 고삐 풀린 자본주의의 가치는, 넓은 의미에서 교육받은 러시아 인텔리겐치아에게나 혹은 노동계급에게나 다소 다른 방식으로이긴 하지만 여전히 저주나 다름없었다. 전통적인 러시아 고급문화 애호층이나 그러한 문화의 현대적 발전은 위축되었다.

많은 지식인들과 창의적인 사람들은 1917년 이전에 존재했던 것과 같은 문화적 세계로 되돌아가기를 열망하였지만, 현실적인 방식으로 그러한 연결관계를 재건하는 것은 어려운 일이었다. 지식인들은 '은세기'의 문화, 즉 그 시기의 종교적 색채의 철학, 문학적 모더니즘의 선구적인 형태, 보헤미아적 귀족주의에 상당한 관심을 나타냈다. 그러나 철학자이자 문화사학자인 니콜라이 베르쟈예프가 ──그가 아무리 '러시아 이념'이나 '러시아 공산주의의 기원'에 대해 예리하게 이해한다 하더라도 ──혁명 이전 러시아의 과거와 혼란스러운 현재 간에 생명력 있는 연결고리를 제시할 수 있을지는 결코 분명하지 않다. 외국인들과 러시아인들 모두 뛰어난 비평가 미하일 바흐친에 큰 관심을 보였으나, 외국인들은 그가 맑스주의와 연관되어 있다고 여긴 반면에, 러시아인들은 그가 '변증법'과 전체주의 체제를 증오한 것을 강조하였다.

소비에트식 러시아의 고립은 끝났다. 서구의 고급문화를 점점 더 러시아에서 접할 수 있게 되었지만, 그다지 일관성 있는 방식으로는 아니다. 서구 문학의 유입과 20세기 초 러시아 문화의 일시적이고도 힘든 부흥과 더불어 훨씬 유익하지 않은 현상들도 나타났다. 포스트소비에트 러시아는 서구 문화의 가장 좋은 것들보다는 가장 나쁜 요소들 ──천박하고 외설적이며 폭력적인 ──로 특징지을 수 있는 새로운 상업문학을 (때로는 창의적인 방식으로) 다루는 법을 배웠다. 고유한 것으로 보이는 것과 외국의 것으로 보이는 것 간에 반복적으로 발생하는 다툼은 새롭고 갈피를 잡을 수 없으며 잠재적으로 위험한 국면에 들어섰다. 1990년대 후반 모든 사람이 누구의 탓인지에 대해서 서로 다른 생각을 갖고 있지만, 무엇을 할 것인지에 대해 그럴듯한 생각을 가진 사람은 아무도 없다.

김태연 옮김

7장

민중문화[1]

· 카트리오나 켈리

서론: 용어의 문제

러시아 농민들, 공장 노동자들, 직공들과 소상인들은 차이의 끝없는 음영들로 채색된 세계 속에서 전통을 보존하며 살아왔다. 따라서 그 세계 속의 어떤 것도 민중문화에 대한 통상적인 정의나 범주를 통해서는 쉽

---

* 카트리오나 켈리(Catriona Kelly). 옥스퍼드대학교 뉴칼리지 러시아 전공 교수. 저서로 『페트루슈카, 러시아의 카니발 광대 극장』(*Petrushka, the Russian Carnival Puppet Theatre*, 2009), 『러시아 여성 문학사, 1820~1992』(*A History of Russian Women's Writing, 1820-1992*, 1998)가 있고, 전문 저널에 많은 논문을 발표했다. 편저로 『러시아 여성 문학 선집, 1777~1992』(*Anthology of Russian Women's Writing, 1777-1992*, 1994)이 있고, 『현대 러시아 문학의 불연속적 담론』(*Discontinuous Discourses in Modern Russian Literature*, 1989), 『러시아 문화연구 입문』(*Russian Cultural Studies: An Introduction*, 1998), 『혁명 시대의 러시아 문화 건설하기』(*Constructing Russian Culture in the Age of Revolution*, 1998)를 공동 집필했다.

1 이 장의 제목인 'popular culture'의 번역으로 '대중문화'도 사용되고 있으나, 저자가 시사하는 러시아 문화의 뿌리와 역사는 비단 19세기 말~20세기의 산업사회에 그치지 않고 중세까지 소급되기 때문에 대량생산과 대량소비로 특징지어지는 현대적 의미의 '대중문화'와는 잘 어울리지 않는 측면이 있다. 번역에 있어 문화적 기원의 민중성이 강조될 때는 '민중문화'로 옮겼으나, 20세기 소비에트 시대를 가리킬 때는 현대적 의미로 사용되었기에 자주 '대중문화'라고도 옮겼다. 독자들은 이 점을 고려하며 읽어 주기 바란다. ──옮긴이

게 구별되지 않는다. 넓은 의미에서 러시아인들은 자기들이 속한 계급이나 사회적 집단보다는, 친족 집단과 노동 공동체, 자신들이 살던 촌락이나 지역에 대해 더 우선적인 충성심을 보이며 살았다. 인생의 대부분을 자기 집 근처에서 보내던 전통적인 촌락민들에게 '자기 것/남의 것'svoi/chuzhoi(또는 '우리와 그들')이라는 구분과 대립은 삶을 조직하는 근본적인 척도로 기능했다. 가령 '우리 것이 아닌 것'nenash은 어떤 지방의 사투리에서는 '악마'를 의미했고, 그래서 결혼 후 남편의 부모집에서 살아야 했던 신부nevest(문자 뜻 그대로는 '미지의 여자')가 감수해야 했던 것은 무척이나 고된 시집살이였다. 신부가 그다지 멀지 않은 이웃 마을에서 왔거나 혹은 심지어 같은 마을 출신이더라도, 그녀는 시댁에서 이방인 취급을 받아야 했던 것이다.

러시아의 산업화는 시골에서 도시로의 대규모 인구 이동을 초래했고 전통적인 보수성을 상당 부분 둔화시켰으나, 완전히 사그라지게 하지는 못했다. 도시로 간 농민들이 하룻밤 사이에 자신들의 태도를 완전히 바꿀 수 있었던 것은 아니었다. 특정한 향촌에 바쳐지던 충성심은 더 넓게, 그렇지만 상당히 구체적이어서 출생지rodina와 출신 주krai 같은 연고지에 대한 애착으로 대체되었다. 런던에 자리 잡은 아일랜드 출신의 공사 도급업자가 지역 내 네트워크에 적극 의존해 동향 출신의 벽돌공과 미장이들만 고용했듯, 19세기와 20세기 초엽 상트페테르부르크와 모스크바에 정착했던 러시아의 농민들도 제믈랴체스트보zemliachestvo('태어난 고장')의 조직망에 커다란 중요성을 부여하고 있었다. 제믈랴체스트보는 처음엔 구베르니야guberniia, 나중엔 오블라스치oblasch'(대략 주州에 해당하는 행정구역)로 불리던 지역이다. 제믈랴키zemliaki(동향인)는 이름과 의복, 관습, 특히 말씨 등에 의해 동질감을 갖고 있었으며, 새로운 이주자들이 일자리와 숙소를 찾고 쉽게 적응할 수 있는 방편을 마련해 주었다. 이에 특정 직종은 특정 지역 출신의 농촌 이주자들에 의해 독점되고 있었다. 하층계급을 괴롭히던 폭력적인 동란과 군대 징집으로 인해 자신들의 뿌리로부터 떨어져 나간 농민들을 한데 묶어 주었던 것도 바로 이러한 연대감이었다.

도시 생활은 해당 권역을 이주민들 본래의 고향만큼이나 중요한 곳으로 부각시키는 한편, 러시아인들이 자신들의 러시아적 정체성을 첨예하게 의식하도록 촉발하기도 했다. 만일 러시아의 유럽 쪽 지역인 서부나 남동부 끄트머리 지역처럼 민족적으로 뒤얽힌 곳에서 이주한 농민이 아니라면 아마도 도시 생활의 초기부터 그러한 점들을 느꼈을 것이다. 러시아 농민들은 예컨대 타타르인과 핀란드인, 독일인, 유대인, 프랑스인, 영국인, 이탈리아인, 스웨덴인 등이 만든 공동체가 가득하고, 서구식 교회와 유대교 회당, 20세기 초엽에는 모스크와 불교 사원까지 생겨났던 상트페테르부르크에서 단일한 정교 신앙으로 똘똘 뭉쳤던 촌락 공동체에서와는 근본적으로 다른 분위기를 느꼈을 것이다. 식료품이나 옷가지, 물품을 구매하거나 돈을 빌려야 했던 그들의 상거래 행위는 대개 소상인으로 살아가던 외국인들을 늘 의식하지 않을 수 없게 했다. 사정은 일터에서도 다르지 않았는데, 다수의 공장 소유주나 공장 간부들 또한 외국인들이었기 때문이었다(이와 유사하게 소비에트 및 포스트소비에트 시대 초기에 거리의 상가들은 비러시아인들, 즉 아제르바이잔, 우즈베키스탄, 체첸 등 중앙아시아와 카프카스 지역 출신자들로 넘쳐났다). 종종 사회적 불안을 격발시키던 쇼비니즘은 그 결과물이었고, 이는 러시아 문화에서 전혀 낯선 풍경이 아니다.

하지만 쇼비니즘적 감정이 널리 유포되어 있었음에도 불구하고 쇼비니즘적 행동이 그다지 큰 규모로 실행되지는 않았다. 가령, 20세기 초에 활동하던 반동적 집단인 '검은 백인단百人團'의 경우 최전성기에도 당시의 총인구 1억 5천만 명 중에서 겨우 2만 명 정도의 추종자들만을 거느렸을 뿐이며, 포스트소비에트 시대에 활동하던 네오파시스트들의 비율도 그와 엇비슷한 수준이었을 것으로 추산된다. 아웃사이더와 같은 부정적 의미의 민족주의자들 역시 항상 존재했던 것은 아니었으며, 대개는 긍정적 의미의 민족주의에 흡수되어 나타났다. 교육받은 계급 출신 외의 러시아인들이 대체로 '자신들'이 이룬 것들(정교회로부터 우주 탐사까지)에 대한 모호한 자긍심 이상의 강렬한 민족적 정체성을 가졌다거나, 혹은 가지고 있음을 보여 줄 만한 증거는 거의 없다.[2]

집단적 추상화의 또 다른 전형적 형식인 '계급적 정체성'은 민중의 역사에서 똑같이 모호한 역할을 맡아 왔다. 혁명 이전 시기의 농민과 노

---

2 제믈라체스트보 및 이주의 효과, 노동자 문화 일반에 대해서는 다음 저술을 참조하라. Victoria Bonnell, *Roots of Revolution: Workers' Politics and Organization in St. Petersburg and Moscow, 1900-1914*, Berkeley, CA, 1983; Victoria Bonnell ed., *The Russian Worker: Life and Labour under the Tsarist Regime*, Berkerley, CA, 1983; Diane Koenker, *Moscow Workers in the 1917 Revolution*, Princeton, NJ, 1981; Stephen Smith, *Red Petrograd: Revolution in the Factories 1917-1918*, Cambridge, 1985; Jeffrey Baxter, *Muzhik and Muscovite: Urbanization in Late Imperial Russia*, Berkeley, CA, 1985; Daniel Brower, *The Russian City between Tradition and Modernity 1850-1900*, Berkeley, CA, 1990; Robert McKean, *St. Peterburg between the Revolutions: Workers and Revolutionaries, June 1907-Febrary 1917*, New Haven, CT, 1990. 촌락 문화에 대해서는 다음 저술들을 보라. Ben Eklof and Stephen Frank eds., *The World of the Russian Peasant: Post-Emancipation Culture and Society*, Boston, 1990; Esther Kingston-Mann and Tomothy Mixter eds., *Peasant Economy, Culture and Politics of European Russia 1800-1921*, Princeton, NJ, 1991; Marjorie Mandelstam Balzer eds., *Russian Traditional Culture: Religion, Gender, and Customary Law*, Armonk, NY, 1992; Stephen Frank and Mark Steinberg eds., *Culture in Flux: Lower-Class Values, Practices, and Resistance in Late Imperial Russia*, Princeton, NJ, 1994; 민중들 사이의 소비니즘에 대해서는 다음 책들을 보라. A. Avakumovic "The Black Hundreds", ed. J. L. Wieczynski, *The Modern Encyclopedia of Russian and Soviet History*, 50 vols., Gulf Breeze, FL, 1976~1993, vol.IV, pp.197~200; Hubertus Jahn, "For Tsar and Fatherland? Russian Popular Culture and the First World War", Frank and Steinberg, *Cultures in Flux*, pp.131~146.

동자들은 무지크muzhik(농민이나 노동자 남성)와 바바baba(노동자 여성)가 바린barin(상류사회의 신사, 뉘앙스상 영어의 toff[멋쟁이 귀족, 신사]나 nob[높은 양반, 나리]에 가깝다)이나 바리냐barynia(상류사회의 숙녀)와는 전혀 다른 신분이라는 점을 잘 알고 있었으며, 그들에 관해 언급할 때는 언제나 3인칭 복수형의 공손한 태도를 취했다("각하께서 납셨네들"). 또한 러시아 농민과 노동자들은 자기들이 돈 많은 집안의 하인으로 일한다거나 혹은 그런 친척이 있는지의 여부에 굉장히 민감한 반응을 보였는데, 그것이 자기들 사이에서 돈을 많이 버는지 아닌지를 구별하는 커다란 차이를 낳았기 때문이다. 그런 가운데 생겨난 원한 감정은 종종 폭력으로 이어졌다. 농민반란의 잔혹성은 널리 알려져 있는바, 많은 하층계급의 러시아인들은 자기들의 압제자들에 대한 개인적 원한을 되갚는 데 혁명과 내전이 마련해 준 기회를 놓치지 않았다. 1930년대에 러시아 농촌이 집단화되었을 때 조직된 부농 제거 캠페인은 비록 상부에서 직접 지시한 것이었지만, 하층계급이 자기들보다 처지가 '더 낫다'고 여긴 자들을 향한 원한 감정에 쉽게 편승하여 과격하게 폭발했다. 서비스업 노동자들이나 관직 종사자들이 폭력을 동반한 사회적 갈등 과정에서 학습했던 거칠고 무례한 태도는 갈등의 종식 이후에도 원한 감정이 여전히 지속되고 있음을 아주 저열한 수준에서 입증해 준다(이는 미하일 조셴코의 희비극적 이야기에 가장 효과적으로 묘사되어 있다). 그리고 1988년 이후, 마침내 포스트소비에트 시대에 접어들며 러시아 사회가 자본주의적으로 계층화되자 그 원한 감정은 다시 들끓어 올랐다. 폭력 범죄는 외곽 지대에서 도시 중심으로 이동해 들어왔고, 러시아 신흥 부유층 사이에서 필수 품목이던 서구의 값비싼 자동차나 의류들은 강도질과 약탈의 표적이 되어 버렸다.

"우리는 부자가 아니야"라는 부정적 의미의 정체성이 언제나 긍정적인 정체성의 향유로 전환된 것은 아니었다. 가난이라는 흠은 떳떳이 내세울 만한 정체성을 제공하는 게 아니었기에, 박탈감은 언제나 폭력을 초래하는 유동적인 변수였다(다른 유럽 국가들의 경우, '존경받는 노동계급'은 법질서의 파괴자나 빈민, 기타 하층민과의 연대감을 표시하는 데 주저했다. 또한 농민 공동체는 자신들의 신분과 관련하여 매우 합리적인 감각을 보여 주었는데, 이러한 감각에는 소유권과 점유권, 가족에 대한 명예심 등이 역할을 하였다). 따라서 가장 성공적인 민중주의 그룹은 사회주의 혁명가들이나 게오르기 가폰 신부가 이끌던 상트페테르부르크 노동자연합,[3] 톨스토이 운동[4] 등이었으며, 이들은 공동체주의의 유토피아적 비전에 연결된 사회정의 프로그램에 폭넓게 기반하고 있었다.[5]

하층계급의 러시아인들 대부분이 지닌 폭력적 성향은 언제나 서로

---

3 게오르기 가폰(1870~1906)은 러시아 정교회의 신부로 상트페테르부르크에서 공장 노동자들과 연계하여 노동운동을 이끌었으나 사실은 비밀경찰의 끄나풀이었다. 1905년 1월 22일 어용 노동조합을 동원해 황제가 있는 동궁으로 평화 행진을 하자고 제안, 차르의 초상화와 이콘을 들고 가두행진을 했으나 예기치 않은 경찰과 군대의 발포로 수백 명이 죽고 수천 명이 부상하는 참사가 벌어진다. 이를 '피의 일요일'이라 부르며, 제1차 러시아혁명의 도화선이 되었다. 이 사건은 노동자들로 하여금 군주의 자비를 통해서는 결코 혁명을 이룰 수 없음을 깨닫게 했으며, 그들이 적극적으로 체제 전복 운동에 뛰어드는 계기가 되었다. 레닌은 1905년 혁명을 '1917년 혁명을 연습하는 총리허설'이라 불렀으며, 실제로 격심하게 불타오른 반체제 시위로 1906년 마침내 황제는 입헌군주정을 선포하게 된다.──옮긴이

4 『전쟁과 평화』, 『안나 카레니나』 등으로 세계적 대문호의 자리에 오른 톨스토이는 1880년대를 전후해 삶과 죽음의 무상함에 대해 고민하기 시작했고, 종교적 자기성찰에 집중하기 시작했다. 그에게 인생의 의미란 소박하고 욕심 없는 생활을 통해 내면 속의 신을 만나는 것이었다. 노동과 금욕, 채식을 실천하며 일체의 사회적 욕망으로부터 해방될 것을 주장한 톨스토이는 과거에 자신이 쓴 문학작품들을 부정함으로써 세인들의 충격을 사기도 했다. 또한 톨스토이는 하층민들의 삶에 대한 동정과 연민을 가졌고 교회가 전달하는 복음의 위선을 폭로했는데, 이런 극단적 태도는 결국 정교회로부터 파문당하는 결과로 이어졌다. 소박한 삶과 무저항이라는 그의 사상은 동시대인들의 감동을 일으켜, 그가 살던 장원인 야스나야 폴랴나에 수많은 추종자들이 몰려들게 만들었다. 죽을 때까지도 포기하지 않았던 이런 사상을 톨스토이주의라 부르며, 그의 행적을 본받으려는 톨스토이 운동은 동양에도 널리 알려져 간디나 이광수 등에게 영향을 주었다고 한다.──옮긴이

를 향한 것이었다. 가령 대중적으로 널리 퍼져 의례화된 주먹 싸움인 쿨라치니예 보이kulachnye boi는 중세 이래로 정기화된 축제 행사의 하나였다. 데도프쉬나dedovshchina(약자에 대한 괴롭힘)라는 악명 높은 관습 역시 예나 지금이나 널리 퍼져 있다. 공장이나 작업장의 도제공, 군대의 신병, 감옥에 들어온 신참내기들은 모두 '고참', 즉 데디dedy(문자 그대로는 '할아버지들'이란 뜻)에 의해 한 식구로 인정받기 전까지는 폭력과 멸시를 감수해야만 했다. 가정폭력은 말할 것도 없고, 가정교육이 덜된 청소년들이 길거리(혹은 선술집)에서 벌이던 싸움박질도 비일비재했다. 이런 유형의 갈등은 최근까지도 지속되고 있다. 쿨라치니예 보이가 과거로부터 오랫동안 계속되어 왔던 갈등이라면, 라이벌 갱단 사이의 세력 다툼은 러시아 역사에서 경찰이 통제력을 상실했던 모든 시기에 나타났던 현실이었다. 그리하여 오늘날 러시아에서 또래 집단이 형성한 갱단에 대한 소속감은 미국 대도시의 갱단과 마찬가지로 도시 지역의 청소년 문화 형성에 상당한 역할을 하고 있다. 또한 펑크족이나 히피족, 축구 응원팀, 경마나 아이스하키 팀의 팬들, 헤비메탈 열광자들과 브레이크댄서들과 같은 다양한 하위문화 그룹들 사이의 관계가 서로 이해되지 못한 채 동떨어져 있어서, 집단 간 속어zhargon의 형태로 표출되는 공공연한 적대감이 상례화되고 있다. 데도프쉬나는 여전히 지속되고 있으며, 특히 군대는 그 온상이라 할 만하다. 그런 '아웃사이더들' 내부에서 제멋대로 자행되는 잔혹행위의 유일한 희생물은 동물이었다. 1900

5 러시아 유토피아주의 일반에 관해서는 다음 책들을 참조하라. Richard Stites, *Revolutionary Dreams: Utopian Vision and Experimental Life in the Russian Revolution*, Oxford, 1989. 사회주의 혁명가들에 대해서는 Maureen Perrie, *The Agrarian Policy of the Russian Socialist-Revolutionary Party, from its Origins through the Revolution of 1905-7*, Cambridge, 1976을 보라.

년대의 모스크바 노동자들에게 가장 인기 있던 관행 중 하나는 생쥐를 밀랍액에 집어넣고 불을 붙인 후, 그 가련한 생명체가 죽을 때까지 허우적대는 모습을 감상하는 것이었다.[6]

총괄적으로 말해, 민중문화의 주요 담지자인 하층계급 사이의 연대감은 긍정적 관념보다는 다소간 불투명한 유형의 부정적 관념, 즉 "우리는 이방인이 아니다"나 "우리는 부자가 아니다" 등에 기반해 있었다. 이 부정적 관념들은 출신 지역만큼이나 중요시되었던 연령별 역할 구분과 함께, 주관적으로 세워진 갖가지 기준들로 재단되곤 했다. 노동계급에 속한 러시아인의 삶의 여정은 요람에서 무덤까지 다양한 '통과의례들', 즉 삶의 다양한 단계들로 이행을 촉진시키고 유지시키는 여러 가지 예법들에 의해 지표화되어 왔다. 유년기 초반과 후반, 도제 시절, 연애와 결혼, 양육, 장례 등에 대한 모든 예법들은 각각 고유한 텍스트와 관습, 제스처 및 행위 양식들을 갖고 있었으며, 예법의 적절한 수행을 통해 '전통'은 그 적법성을 보장받을 수 있었다. 즉, 전통은 의식적으로 유도된 모방이나 느릿한 삼투 과정을 통해 특정한 형식으로 패턴화되었던 것이다. 성별 구분 역시 대단히 중요하게 받아들여졌으며, 직업과 사회적 신분, 가족 내 역할, 복식 및 여가의 활용 방식을 결정하는 데 결정적인 역할을 했다.

---

6 혁명 전 대중의 폭력행위에 관해서는 다음 책을 보라. Joan Neuberger, *Hooliganism: Crime, Culture and Power in St. Peterburg, 1900-1914*, Berkeley, CA, 1993. 최근의 학술 연구로는 다음 책들이 있다. Beatrice Farnsworth and Lynne Viola, *Russian Peasant Women*, New York, 1992; Christine Worobec, *Peasant Russia: Family and Community in the Post-Emancipation Period*, Princeton, NJ, 1991. 혁명 이후 갱 문화에 관해서는 다음 저술들이 있다. Alan Ball, *And Now My Soul is Hardened: Abandoned Children in Soviet Russia, 1918-1930*, Berkeley, CA, 1994; John Bushnell, *Moscow Graffiti: Language and Subculture*, Boston, 1990; Il'ia Erenburg, *Liudi, gody, zhizn'*, vol.1. Moscow, 1990, p.58 [『사람들, 세월, 삶』].

이러한 다양한 경계 표지들이 절대적으로 고정되어 있던 것은 아니었다. 19세기를 넘어가면서 연령별 위계는 두드러지게 약화되었고, 제2차 세계대전 때처럼 남성 노동자들이 부족할 때마다 여성들이 남성들의 직업에 종사함으로써 성적인 위계 또한 어느 정도 허물어져 갔다. 민중적 유흥의 무대에서도 그와 같은 역할 변화의 흔적을 추적할 수 있다. 러시아 촌락에서 여성들은 특정한 의례와 장르들에 각별히 연관되어 있었다. 예컨대 다산성의 의식이나 죽은 자를 위한 애도가, 자장가와 특정한 유형의 민담들 ─ 전통적으로 어린이들에게 들려주던 동물 이야기, 코소루츠카kosoruchka와 같은 여성들끼리의 라이벌 경쟁이나 꾀 겨루기 이야기, 간교한 아내의 꾐에 빠진 오빠가 불구로 만든 여동생이 세 명의 영웅호걸을 낳고 끝내 자신의 무죄를 입증한 이야기 등이 바로 그런 것들이다. 길거리 광대쇼나 춤곡 따위의 도시화된 민중문화의 초기 장르들에서 여성들은 민담의 보급자라는 별로 중요하지 않은 역할을 맡았다. 예를 들어, 여성은 대개 남성의 쾌락의 대상으로만 호출되거나 재현되었고, 의례적으로 늘 멸시되었기 때문이다. 하지만 멜로드라마성 영화와 같이 보다 후기의 새로운 장르들에서는 여성 배우들에게 더 큰 역할이 부여되고 여성 스타들이 출현함으로써 여성 관객들의 취향에 점차 부합해 갔다. 1910년대의 '집시 가수' 베라 파니나와 영화 스타 베라 홀로드나야의 출현을 그 사례로 들 수 있겠다. 그러나 민중문화사의 모든 페이지들을 넘겨 볼 때, 남녀 간의 차이는 여전히 유효하고 결코 극복할 수 없다는 믿음이 완고하게 유지되어 왔고, 그래서 소비에트 정부의 첫 10년간 시행되었던 성 평등 캠페인조차 별다른 실효를 거두지 못했다. 의심할 여지없이 이 사실은 러시아 민중의 삶에서 강고하게 의례화된 특징들에 연결되어 있으며, 비록 많은 의례들이 축소되고 거의 소멸될 지경에 이르렀지만 음주와 식사 예법, 죽은 자를 입관시키는 관례 등에서 흐릿한 형태로나마 여전히 견고하게 유지되고 있음을 보여 준다.[7]

이런 이유로, 만일 노동자나 농민의 견지에서 말한다면 '민중문화'란 어느 정도 무의미한 용어로 보일 수도 있다. 하지만 노동자나 농민이 민중문화를 이해하건 그렇지 못했건 간에, 그들의 문화가 근본적으로 그 문화 바깥에 있는 타자들의 관찰을 통해 조형되어 왔음이 사실이다. 러시아 농민들이 자기 자신의 정체성을 확인하는 곳, 가령 도시와 같은 장소들은 서유럽이나 미국에서와 마찬가지로 중앙집권화를 꾀하는 행정가들의 발명품이었지 지방 출신 인구가 모여들어 만든 자연 발생적인 장소가 아니었던 것이다(물론 노브고로드나 프스코프처럼 오랜 시민적 전통을 보유한 소수의 예외적인 도시들도 없진 않았다). 달리 말해, 러시아 농촌 거주자들과 공장 노동자들은 자신들의 삶을 관찰하고 분석하는 타자의 의식적인 노력에 많건 적건 직접적으로 노출되지 않을 수 없었다. 가령 민속학자들은 한 마을에 수 대에 걸쳐 살아온 거주자들의 '오래된' 전설과 이야기, 노래를 채록하거나, 쟁기나 보습, 바구니, 펌프, 엉겅퀴, 찌르레기 등과 같은 토속적 어휘들을 배우려고 했다. 또 보건의료 담당자들은 농촌 여성들이 소위 '공갈 젖꼭지' 대용으로 더러운 헝겊

---

7 이전에는 무시되었던 젠더와 민중문화의 주제들은 이제 광범위하게 연구되고 있다. Barbara Engel, *Between the Fields and the City: Women, Work, and Family in Russia, 1861-1914*, Cambridge, 1994; Rose Glickman, *Russian Factory Women: Workplace and Society, 1880-1914*, Berkeley, CA, 1984; Catriona Kelly, "'Better Halves'? Women and Russian Urban Popular Entertainments, 1890~1910", ed. Linda Edmondson, *Women and Society in Russia*, Cambridge, 1992, pp.5~31; Hilary Pilkington, "Good Girls in Trousers': Codes of Masculinity and Femininity in Moscow Youth Culture", eds. Marianne Liljestrom, Elia Mantysaari, and Arja Rosenholm, *Gender Restructuring in Russian Studies: Slavica Tamperensia* 2, 1993, pp.175~191.

을 사용하는 것이 높은 영아 사망률에 직결된다는 사실을 선전하고, 예전에는 당연하게만 여겼던 일상 도구들의 의미와 가치에 대해 훨씬 의식적인 태도를 취해야 한다고 설득했다. 사정은 공장 노동자들에 대해서도 다르지 않았다. 그들의 주거와 관습 역시 민족지학자들이나 자선사업가 등의 집중적인 관찰 대상이 되곤 했기 때문이다. 이방인들에 대한 전통적인 적대감은, 그들의 노력이 촌락 거주민과 노동자들의 삶을 진정으로 향상시키고 있다고 여겨짐에 따라 서서히 극복되어 갔다. 이렇게 외부에 대한 적대감은 자기 향상에 대한 욕망과 경쟁 관계를 이루었던 것이다. 소비에트적 의미에서 문화성kul'turnost'(교양의 함양, 즉 올바른 책을 골라 읽는 것부터 수세식 변소 이용법이나 식당에서 코트를 벗어 두는 것에 이르기까지 정제되고 교양 있는 인격 도야의 기예)이란, 단지 무기력한 대중에게 외부적인 충격을 가하기 위해 고안된 것이 아니었다. 오히려 그것은 노동계급 자신에게 교육과 '품위 있는' 삶을 획득하게 추동하고, 누추했던 과거를 청산하며, 1860년대 이래 러시아에서 발전된 민중주의적 교육 프로그램의 정통성을 건설하려는 진정한 욕망을 반영하는 것이었다.[8]

민중주의[9]가 미친 영향력의 또 다른 형태도 비슷한 정도의 중요성을 지녔는데, 그것은 정치적 정당성을 획득하기 위해 정치 지도자들이

---

8 관제 이데올로기를 통해 민중의 심성 형성을 살펴보려면 특히 다음 책들이 유용하다. Abbott Gleason, Peter Kenez, and Richard Stites eds., *Bol'shevik Culture*, Bloomington, IN, 1985; Peter Kenez, *The Birth of the Propaganda State*, Cambridge, 1985; Sheila Fitzpatrick, *The Cultural Front: Power and Culture in Revolutionary Russia*, Ithaca and London, 1992; Vera Dunham, *In Stalin's Time: Middle-Class Values in Soviet Fiction*, Cambridge, 1976.

9 'Populist'는 러시아사에서 19세기 후반에 등장한 과격 혁명주의사들로, '인민주의자'(narodniki)라고도 옮긴다. 이 글에서는 인민주의의 전통을 포함해 문화 전반의 민중성과 대중성이 서술의 주안점이 되었으므로, '민중주의'로 일관되게 번역하였다. ——옮긴이

〈그림 7-1〉 농촌에 온 젬스트보 통계 요원. Harold Williams, *Russia of the Russians*, 1914.

하층계급의 심성 상태를 조작하고자 했을 때 여실히 드러났다. 특히 이러한 동화력이 발휘된 놀랄 만한 장면 중 하나는, 스탈린주의적 민족주의가 어머니-러시아Rodina-mat'[10]를 통치의 상징으로 활용했을 때 충격적으로 나타났다. 이 용어는 '고향땅'에 대한 민중의 감수성에 대해 가장 큰 효과를 보였기 때문이다(로디나rodina는 태어난 곳, 고향 마을이라는 원래 뜻을 갖고 있다. 반면 차르 시대의 용어 오테체스트보otechestvo[조국, 아버지 나라]에는 그런 민중적인 의미의 공명이 없었다). 동시에 어머니-러시아의 결합은, 러시아가 성모의 특별한 보호를 받는 나라라는 유구한 애국주의적 감정도 불러일으켰는데, 러시아의 카잔 정벌 이후 신비스럽게 발견된 성모의 이콘인 「카잔의 성모」에 얽힌 전설이 이를 잘 보여 주

---

10 사전적으로 rodina는 고향을, mat'는 어머니를 뜻하지만, 이 두 단어의 결합은 자주 '어머니-러시아'(Mother-Russia)라는 의미로 전용되었고 정치적으로 동원되곤 했다. ──옮긴이

고 있었다. 또한 '어머니 대지'Mat' syra zemlia라는, 생명의 근원인 땅에 대한 더욱 오래된 존경심에서도 비슷한 감정을 엿볼 수 있다. 더 나아가 본다면, 강고한 가부장적 문화에서 '어머니로서의 국가'라는 상징은 국가의 지배자인 '아버지', '강력한 지도자'를 절박하게 요구했고, 이는 전통적으로 하층계급 안에서 조성되었던 군주제에 대한 감정을 보여 준다. 한편 어머니-러시아라는 관념은 하층계급의 심성 구조를 단지 수동적으로 기록하는 데 그치지는 않았다. 그것은 수백만 인구에게 대지와 노동하는 인간의 친연성을 보여 주는 민족주의의 상징이 됨으로써 그들의 정신적 특성마저 바꾸어 놓았던 것이다. 또한 농민적 감정을 강렬하게 내포한 민족주의의 과잉 사용은 소비에트 정부가 원하던 근대화에서도 효과적으로 두각을 나타냈다. 그것은 소비에트 농업과 산업 분야에서 전통적인 시간 관리법과 고객-후원자 관계가 20세기 후반까지 살아남아 지속되도록 한 요소였음이 분명했기 때문이다.[11]

개념과 현실로서 민중문화의 진화

하층계급의 문화 그 자체는 분명 '하층계급'에 대한 타자의 지각에 직접적으로 의존한다. 나아가 '민중문화'란 그런 지각 없이는 존재하지 않는

---

11 '어머니-러시아'에 관해서는 다음 책을 보라. Mary Buckley, *Women and Ideology in Soviet Union*, London, 1989. 1917년 이전의 어머니 숭배에 관해서는 다음 책들을 참고할 수 있다. Adele Barker, *The Mother Syndrome in the Russian Folk Imagination*, Columbia, OH, 1986; Joanna Hubbs, *Mother Russia: the Feminine Myth in Russian Culture*, Bloomington, IN, 1988. '강력한' 통치자에 관해서는 Maureen Perrie, *The Image of Ivan the Terrible in Russian Folklore*, Cambridge, 1987을 보라. 스탈린 시대 동안 지속된 농민적 가치의 지속성에 관해서는 다음을 보라. Donald Filtzer, *Soviet Workers and Stalinist Industrialization: the Formation of Modern Soviet Production Relations*, London, 1986; Sheila Fitzpatrick, *Stalin's Peasants: Resistance and Survival in the Russian Village after Collectivization*, Oxford, 1994.

〈그림 7-2〉 러시아 수도원의 순례자들(1912년경)

다고 말해도 좋을 것이다. '민중'에 대한 지배적인 개념이 없었기 때문에 중세 러시아에는 '민중문화'라는 개념도 없었을뿐더러 그것이 반영하는 현실도 존재하지 않았다. 기독교와 세속 문화 사이의 명료하고 중요한 구분이 있었음에도 불구하고, 그것이 '엘리트'와 '민중' 자체의 구분과 필연적으로 연관되는 것은 아니었다. 소비에트 시대의 지나치게 단순화된 역사학에 의하면, '민중'은 '엘리트'와 비교해 볼 때 그들의 이중 신앙dvoeverie에 의해 구별될 수 있었다. 이중 신앙이란 기독교 신앙과 더불어 존재하던, 혹은 그보다 더욱 강력했던 러시아 농민의 이교 신앙이 기독교와 공존하던 상황을 가리킨다. 하지만 타티야나 베른슈탐은 이중 신앙이라는 단어는 차라리 다중 신앙monogoverie이란 단어로 대체되어야 한다고 주장했는데, 후자가 기독교화된 러시아에서의 종교적 실천의 확산과 파편화 양상을 전자보다 더욱 공평무사하게 보여 줄 수 있기 때문이었다. 예컨대 예법서trebnik는 새로 지은 집이나 우물을 축성

祝聖하거나 악귀를 내쫓을 때 필요한 기도문을 포함하고 있었으며, 엄격하기로 소문난 16세기의 가정 율법서인 『도모스트로이』 역시 결혼식 때 그릇을 깨뜨리는 비기독교적 의례를 수용하고 있었다.

종교로는 '엘리트'와 '대중'을 손쉽게 구별할 수 없었다. 이는 문화의 여타 영역들에서도 마찬가지였는데, 유흥과 여가 활동은 사회의 모든 수준에서 공유되고 있었기 때문이다. 가령 스코모로히skomorokhi(바보 광대)는 궁정에서나 촌락에서나 똑같이 음탕한 재담을 쏟아내는 쇼를 벌였고, 하층계급의 유희였던 썰매타기나 시소타기, 그네뛰기는, 훨씬 조심스런 태도를 취하긴 했어도 상층계급에서도 즐기던 놀이였다. 사회적 특권은 소유와 지위에 따라 세심하게 안배된 우선권에 관한 봉건사회의 제도와 관습 속에, 그리고 건축·가구·의복·운송수단 등과 같은 물질문화 속에 깊이 뿌리내리고 있었기에, 귀족계급은 굳이 관습과 신앙을 통해 하층민들과 자신들의 삶의 차이를 강조할 필요가 없었다. 귀족은 모든 점에서 평민meshchane이나 서민smerdi, 노예kholop'ia 등과 달랐던 것이다.

17세기 중엽부터 사회적 관계의 안정성이 허물어지기 시작했는데, 이는 민중문화의 진화에도 지속적인 효과를 남겼다. 표트르 대제에 의해 프랑스와 독일로부터 유럽식 의상과 에티켓이 소개되었고, 적절한 행동규범이 거듭 강조되었다. 에티켓 서적의 번역을 통해 낯선 외국식 지위에 대한 용어들이 나타났는데, 각하siiatel'stvo, 귀하vysokobla-gorodnyi, 평민prostoliudina 등이 그것들이었다(각각 독일어 Durchlaucht, Hochwohlgeboren, das gemeine Volk에서 유래했다).

1796년 러시아 아카데미에 의해 최초의 표준 리시아어 사전이 간행될 무렵부터 그네뛰기나 얼음지치기와 같은 토착적인 유흥거리들은

'평범한 서민들을 위한' 것이라 기술되었는데, 이런 표현들은 기술적記述
的인 의도만큼이나 실은 실제적인 목적을 위해 선택된 것이었다. 즉 그
것은 의사소통 과정에서 귀족 독자층으로 하여금 계급별 사회영역들을
분리시키는 이데올로기를 분명히 확인하도록 하려는 목적을 띠고 있었
다. 계급에 따라 분리된 사회적 영역들은 예카테리나 2세의 1767~1768
년 러시아 법전인 『나카즈』에 의해 명확히 규정되어 있었다. 계급으로
서 귀족적 합법성의 토대가 확실히 규정되어 있지 않았고 따라서 정치
적 권위 역시 제한되어 있었음을 고려한다면, 귀족층이 문화적 교양을
사회적 구별짓기의 토대로서 수용할 이유는 충분했다.[12]

그러나 사회계층화가 이데올로기와 교육 분야에서 조성되고 있을
때(초기의 김나지움, 즉 문법 학교에서는 귀족 출신과 비귀족 출신 사이의 분
리된 교육 프로그램이 진행되었는데, 전자에게 엄청난 지적 자원이 투입되었
다), 비非귀족계급 문화에 대한 조심스런 이해가 처음으로 나타나기 시
작했다. 그 최초의 전조는 구술된 텍스트의 수집과 출판을 통해 나타났
다. 미천한 출신이었으나 귀족 행세를 하던 작가 미하일 출코프는 1770
년 채록된 노래들을 출판했는데, 이 책에는 음악 반주에 맞춰 살롱에서
연주되는 시가곡 로망스[13] 외에도 구전 전통 속에 간직되었던 운이 맞지

---

12 중세의 종교 전통에 대해서는 다음 책들을 보라. James Billington, *The Icon and the Axe: An
Interpretive History of Russian Culture*, London, 1966; Eve Levin, *Sex and Society in the World of
the Orthodox Slavs, 900-1700*, Ithaca, NY, 1989; Christine Johnston Pouncy trans. and ed., *The
Domostroi: Rules for Russian Households in the Time of Ivan the Terrible*, Ithaca, NY, 1994. 민중 유
희에 대해서는 다음을 보라. Russel Zguta, *Russian Minstels: A History of the Skomorokhi*, Oxford,
1978; Catriona Kelly, "The Origins of the Russian Popular Theatre," eds. V. Borovsky and R.
Leach, *The Cambridge Companion to the Russian Theatre*, Cambridge, 1998. 1700년 이전의 계급적
태도에 대해서는 다음 책을 보라. Richard Hellie, *Slavery in Russia 1450-1725*, Chicago, 1982. 18세
기의 계급적 태도에 관해서는 Marc Raeff, *The Origins of the Russian Intelligentsia: The Eighteenth-
Century Russian Nobility*, New York, 1966이 있다.

않는 발라드와 노래곡들('역사 가곡'과 '서정 가곡')도 포함되어 있었다. 또한 출코프는 미신적 믿음들을 알파벳 순으로 나열한 비망록『러시아 미신의 알파벳』을 1784년 출간했다. 이 책은 당시 서구에서도 유행하던 '잘 알려지지 않은' 환상적인 이야기들의 흥미진진한 모음집이었으나, 한편으로 러시아 농민들의 관습과 의례에 대한 제법 그럴듯한 관찰을 포함한 것이기도 했다. 1769년 초판이 나온 니콜라이 쿠르가노프의『글 쓰기 교본』에는 이탈리아와 프랑스, 독일에서 전해진 이야기들과 더불 어 러시아의 진짜 속담들도 수록되어 있었다. 그리고 1804년에는 18세 기 초에 작성된 구전 서사시의 수고본을 선별해『키르샤 다닐로프가 채 록한 러시아 고시 선집』이 출판되었다. 1818년에 증보 2판을 발행한 이 선집은 19세기 초반에 훗날 민속fol'klor이라고 정의된 개념을 형성하는 데 가장 중요한 역할을 했다.

그림 형제나 퍼시 비시 셸리, 월터 스콧 등 서구에서 민속 관련 일을 맡았던 초기 인물들과 마찬가지로, 러시아에서 민속 관련 출판물의 개 척자들은 종종 자신들의 자료를 '개선'시켰으며, 문법에 어긋나는 사투 리들을 정서淨書하고, 외설스런 표현들을 삭제하는 한편으로 불일치하 는 부분이나 자기들이 보기에 불필요한 반복부를 교정했다. 더 큰 정도 의 '개선'은 민속의 모방자들에 의해서도 행해졌는데, (출판을 의도하지 않은 푸슈킨의 「사제와 그의 하인 발다의 이야기」처럼) 소수의 예외를 제 외하고 그들의 작품은 원본을, 곧 스콧의 시나 윌리엄 워즈워스, 새뮤얼 콜리지의 서정 발라드를 대단히 유사하게 본뜬 것이었고, 또한 스코틀

---

13 고대부터 중세까지 전해지던 민중시와 노래들을 가리키며, 근대소설과는 조금 다른 맥락에서 정 의된다. 연애와 모험을 주 내용으로 삼았으며, 근대문학이 성립된 이후에도 민중문화 속에 잔존 하여 지속되었다. ──옮긴이

랜드 지방의 실제 발라드와도 무척 비슷해 보였다. 워즈워스가『서정 발라드』서문에서 발라드와 민담, 서사시 등의 '개선된' 판본에서조차 잘 보존되어 있는 비규범적 대화체를 '인간의 언어'라고 상찬했던 것처럼, 푸슈킨 자신도 민속적 소재에 굉장한 매력을 느꼈다. 하지만 자전적인 기록에서 잘 표명되어 있듯, 푸슈킨의 글쓰기 전략에는 17세기 후반과 18세기 초엽의 프랑스적 스타일, 즉 '현대성'과의 강한 관련성 역시 있었다. 종종 대단치 않은 인물인 듯 묘사되는 푸슈킨의 유모乳母는 민속에 대한 정보 제공자였던 셈인데, 이 여인이야말로 민담의 각색자로 유명한 살롱 여주인 마리-잔 레리티에르[14]로까지 소급할 수 있는 문학의 원천적 장소topos였기 때문이다.[15]

그러나 19세기로 접어들며 사정이 바뀌었다. 서정 시가에 더 어울리는 언어가 무엇인지를 놓고 벌어지던 살롱 '전사들' 사이의 순수한 미학적 논쟁보다 훨씬 더 급박한 문제들이 생겨난 것이다. 19세기 첫 10여 년간 선구적인 잡지들의 기사에 나타났던 민속에 대한 관심사는 폭발적인 정치적 논쟁의 일부를 이루었고, 이 논쟁의 바탕에는 프랑스혁명에 등장했던 '군중의 폭력적 통치'에 대한 공포가 있었다. 전제정치를 몰래 반대하던 자들에게조차도 프랑스혁명은 합법적인 권위가, 특히 '법의 지배'가 어떻게 전복될 수 있는지를 보여 준 무시무시한 경고처럼 보였다. 주된 수입을 농노제에 의존하던 잠재적인 반역자들은 자기들의 이익에 대해 고려해 보게 되었고, 이는 한편으로 데카브리스트들로 하여금 농노제의 폐지에 대해 애매한 입장을 취하도록 만들었다. 모든

14 17세기 프랑스의 여류 귀족 문인으로 민담을 모으고 각색하여 출판했다. ──옮긴이
15 이에 관해서는 다음 책의 서문에서 대단히 훌륭한 개관을 읽을 수 있다. Felix Oinas and Stephen Soudakoff eds., *The Study of Russian Folklore*, The Hague, 1975.

러시아인들에 대한 자유란 장기적으로나 성취할 수 있는 이상에 가깝게 보였던 것이다. 다른 한편, 데카브리스트들은 자기들의 권위를 정당화하기 위해 러시아 민중의 미덕을 거듭 강조했다. 차르의 전제주의가, 특히 니콜라이 1세의 치세 동안 관제 정책을 통해 민중성narodnost'을 선전하면서 하층민들의 조화로운 현실을 전제적 권위의 원천으로 끊임없이 호출했었기 때문이다.[16]

러시아에서 정치적 이데올로기로서 민중주의의 최초의 징후는 모호하고 추상적인 개념인 '민중'에 대한 호소에서 나타났다. 민중은 19세기 초반까지만 해도 오페라나 발레에서 대단히 우스꽝스런 옷차림을 한 코러스처럼 호명되고 있었던 것이다. 19세기 전반기 동안 러시아에는 영국의 윌리엄 코빗처럼 '민중'에 대한 식견을 일상의 접촉 속에서 뿌리 깊이 이해하던 이데올로그가 없었다. 러시아에 선출직 입법기관이 없었음을 생각한다면, 영국 민중주의의 이슈였던 투표권의 확장과 같은 문제가 논의될 수 없었음은 당연하다. 농노제가 강고하게 존속하고 있던 점도 민중과 지식인 사이의 엄청난 거리를 쉽게 좁힐 수 없게 만들었다. 표트르 키레예프스키나 니콜라이 야지코프, (훗날 사전 편찬자가 된) 블라디미르 달과 같은 초기의 주요 수집가들에 의해 민중 텍스트가 처음으로 체계적으로 기록되기 시작한 것도 겨우 1840년대 이후의 일이었다. 이 시기에 활동한 다른 인물로는 수집가라기보단 편찬자에 가까웠던 알렉산드르 아파나시예프가 있는데, 그의 여덟 권짜리『러시아 민담집』(1855~1864)에는 러시아 전역에서 끌어모은 600가지 이

---

16 19세기 러시아 민족주의와 정치적 이데올로기에 관한 유용한 문헌은 다음과 같다. Derek Offord and William Leatherbarrow, *A Documentary History of Russian Thought from the Enlightenment to Marxism*, Ann Arbor, MI, 1987.

상의 텍스트들이 포함되어 있었다.[17]

하지만 '민중 속으로', v narod라는 운동으로 알려진 러시아의 본격적인 민중주의 활동은 1870년대부터 시작되었다. 하층계급에서의 폭넓은 정치적 기반 확보를 주요 목적으로 했던 이 운동은 (촌락의 농민과 노동자들을 위한 민주적 협동체와 학교, 의료시설 설립과 같은) 대중적 구호 사업에서뿐만 아니라 (물질문화로부터 농업 생산까지, 계절별 의례로부터 음악적·구술적 텍스트까지 촌락 생활의 모든 부문에 대한 자료 수집과 같은) 민속지학 학계에서도 중요한 지류를 형성해 냈다. 그리하여 1860년과 1917년 사이의 민속자료 수집은 이전에 비해 더욱 방대한 범위에서 더욱 열정적인 의지를 통해 실시되었다. 이 기간 동안 민속요나 의례, 서사시 전반에 걸쳐 러시아 민속에 대한 최상의 기록물 역시 출판되었다.[18]

민중주의자들의 의제는 낭만적 슬라브주의 선구자들보다 훨씬 폭넓은 범위를 다루고 있었다. 가령 슬라브주의 1세대인 이반 키레예프스키는 민속어의 생동감 넘치는 진기함에 이끌리는 한편, 서구화에 선행하는 (오시안Ossian적 의미에서)[19] 러시아의 '문학적' 전통을 보여 주는 자료를 찾고 싶어 했던 것이다. 그렇다고 민중주의자들이 선배들의 편견으로부터 자유로웠다고 말할 수는 없다. 러시아와 서유럽의 선구자들과 마찬가지로, 그들 역시 가장 일반적인 의미에서 '민속적'인 것에 대

17 알렉산드르 아파나세프, 『러시아 민화집』, 서미석 옮김, 현대지성사, 2000. ──옮긴이

18 러시아 민중주의에 대해서는 다음 책들을 보라. Franco Venturi, *Roots of Revolution: A History of the Populist and Socialist Movements in Nineteenth-Century Russia*, trans. Francis Haskell, London, 1960; Richard Wortman, *The Crisis of Russian Populism*, Cambridge, 1967; Derek Offord, *The Russian Revolutionary Movement in the 1880s*, Cambridge, 1986; Barbara Engel, *Mothers and Daughters: Women of the Intelligentsia in Nineteenth-Century Russia*, Cambridge, 1983. 민중주의와 민속의 연관에 대한 간략한 개관은 Catriona Kelly, "Life at the Margins: Women, Culture and Narodnost' 1880~1920", Marianne Liljestrom, Eria Mantysaari, and Arja Rosenholm, *Gender Restructuring*, pp.139~153을 보라.

한 각별한 선호를 보였기 때문이다. 그들의 특별한 관심을 끌었던 자료는 농민들의 관습과 행동양식이 오랜 세월 동안 안정적으로 유지된 시골 공동체에 대한 것으로, 한층 고양되고 진귀한 느낌을 주는 것들이었다. 그래서 현대적인 발라드보다 먼 과거의 서사시 등이 더 열심히 수집되고 분석되었으며, 왕자와 공주의 모험을 다룬 '마술담'이 재치 있는 농군이 등장하는 우스운 '일상 이야기'보다 더 매력적으로 보였다. 때문에 천박한 농담이나 속담은 비탄의 노래나 마술 주문보다 훨씬 덜 사용되었다. 달리 말해, 동시대의 촌락과 도시에 널리 퍼져 있고 잘 알려진 실제 삶보다, 그들의 일상생활과는 동떨어진 '전문적인' 문화의 담지자들의 영역이 더욱 강조되었던 것이다. 잉글랜드나 아일랜드의 민속학자들과 달리, 러시아의 민간 민속학자들은 이런 영역들로부터 기독교 이전의 '공통 슬라브 시대'의 부족적 삶을 도출할 수 있는 신앙과 관습 등을 찾는 데 아주 열심이었다. 민중주의자들은 터무니없이 과장된 '이교적' 흔적에 긍정적 의미를 부여하는 한편으로, 부정적 의미를 갖다붙이기도 했다. 예컨대 보다 최근에 만들어진 것이라든지, 현대적인 개작이나 삽입을 통해 '오염된 것', 특히 구전된 전통이라 해도 인쇄된 현대 문학의 영향력에 노출된 것들은 '적합한' 민속자료가 아니라고 여겨져 폄하되거나 묵살되곤 했다.[20]

---

19 오시안은 고대 켈트족의 전설적인 시인으로서, 1765년 제임스 맥퍼슨이 그의 시를 수집해 출판했다. 호머를 연상시키는 기품 있고 고아한 시적 정취로 동시대 낭만주의 문학에 큰 영향을 주었으나 위작 논쟁이 끊이질 않았고, 맥퍼슨이 일정 정도 가공하고 편집한 형태로 유통되었다는 게 오늘날의 정설이다. 18~19세기 낭만주의 시대에 고대적 전통의 부활을 염원하는 민속적 지향과 시도를 '오시안적'이라고 부른다. ──옮긴이

20 Julia Vytkovskaya, "Russian Mythology", ed. Carolyne Larrington, *The Femininst Companion to Mythology*, London, 1992. 유사한 태도에 대한 서구 자료에 대해서는 다음 책을 보라. Hubbs, *Mother Russia*.

그러한 선입견은 20세기 러시아 문화에서도 지속되었다. (도시를 더 선호하던) 러시아 모더니스트 운동은 1910년과 1920년대 후반 사이에 민중문화의 '현대적' 장르에 대한 선호를 나타냈다. 그럼에도 불구하고, 스탈린의 통치 기간은 민중주의의 보수적 형태가 회귀하는 시대였으며, 니콜라이 1세 때의 관제 문화와 유사한 민속의 전성시대이기도 했다. 예컨대 대중 선동을 위한 1920년대의 주된 장르는 불경스런 속요인 차스투슈카chastushka였으며, 1930년대에는 민속 시인들이 각계의 각광을 받느라 바빴다. 가장 유명했던 시인의 하나인 오네가 호 출신의 마르파 크류코바의 경우, 브일리나(민속 서사시)의 세련된 형태를 구사했는데, 주로 스탈린과 레닌을 전통적 민속 영웅인 보가티리bogatyri에 비유함으로써 그들의 미덕을 찬양했다. 크류코바의『레닌 이야기』에 나오는 레닌과 그의 아내 나데쥬다 크루프스카야의 만남은,(레닌의 지칠 줄 모르는 업무 능력을 과시하는) 정치적 성자전의 상투적 형식과 마술담에 나올 법한 용맹성 및 로망스, '마술 반지', '은월'銀月과 '참나무 문'과 같은 민속문학의 정형적 장치들, 그리고 볼셰비키 이데올로기의 순진한 인용 등이 한데 어울려 감동적인(의도치 않게 우스꽝스럽기까지 한) 결합을 보여 주는 사례들 가운데 하나이다.[21]

이런 텍스트들이 소비에트 역사의 신화를 찬양하고 있다면, 겉표면에 요정 이야기를 그린 에나멜 상자, 또는 말쑥하게 다림질한 자수무늬 치마를 입고서 민속 멜로디에 맞춰 노래하는 숙련된 합창단의 기록물 등은 실제로 러시아 촌락들을 덮쳤던 기근과 억압을 은폐하는 이상화

---

[21] 스탈린 시대에 민속이 적용된 사례들은 다음 자료를 보라. Felix Oinas, *Essays in Russian Folklore and Mythology*, Columbia, OH, 1985, pp.77~95; Frank Miller, *Folklore for Stalin: Russian Folklore and Pseudofolklore of the Stalin Era*, Armonk, NY, 1991.

된 목가적 장막을 드리우곤 했다. 심지어 [스탈린이 사망하여—옮긴이] 향촌 문화에 대해 사심 없는 접근이 가능하게 된 1953년 이후에도, '저속한' 도회적 장르들을 다룬 연구물이나 출판물들은 찾아보기 힘들 정도였다. 러시아에서나 서구에서나 1970년대 후반 이래 도시 문화에 대한 관심이 증가했음에도 불구하고, 러시아에서 도시에 대한 연구 문헌들의 수는 촌락의 민속문화에 대한 것들보다 유의미한 증가세를 보이지 않았다.

하지만 '내려다보는' 태도와 같은, '저속한' 민중문화에 대한 불만 어린 시선도 있었는데, 이는 주로 '민중적' 텍스트를 공표하지 않고 집에 보관해 두던 사회계층에게서 빈번했다. 19세기 후반 러시아의 박람회를 방문한 이들을 가장 즐겁게 해주었던 것은 그들이 보고 있는 러시아의 풍경이 제법 오래된 전통적인 것일지도 모른다는 생각이었다(실상 그 풍경의 대부분은 불과 백 년 정도 전에 만들어진 것이었다). 그런 이유로, 꼭두각시 극장에서 중세의 어릿광대처럼 입혀 놓은 인형 중 페트루슈카petrushka는 가장 잘 팔리는 상품 중 하나였다(사실 이것은 이탈리아 광대 풀치넬라의 러시아적 판본이었다). 또한 민중적 대중 잡지인 『목초지』와 『세계전도』의 그림들에는 믿기지 않을 정도로 번성한 러시아 촌락과 부유한 농민들이 행했다는 '전통적' 관습들이 묘사되어 있었다. 동시에, 어떻게든 과거에 품격을 부여하려는 생각은, 농민과 노동자들이 결혼 축가같이 개인적 행사에서 부르던 상스런 노래 따위를 점차 사적으로만 보유하게 하거나, 혹은 엘리트 문화·예술의 규범과 가치를 받아들이게끔 만들었다. 농민과 노동자가 수용한 것 중에는 민속학자들이 '민속적'이라고 인증한 것들이 있었는데, 이는 대개 민중적 관습 본래의 규범과 가치를 대신한 것이거나 혹은 거기에 덧붙여진 것들이었다.

〈그림 7-3〉「도락과 유희로 세월을 흘려보낸 네 명의 사랑스런 젊은
이들」. 18세기 후반의 목판화. 수입된 목판 위에 새겨져 있었으며,
원래의 독일어 텍스트는 지워져 있고, 그 대신 로마자가 부분적으로
삽입되어 문법에 맞지 않는 러시아어 텍스트로 채워져 있다.

　　잠시 후 더 분명히 서술하겠지만, '민속적인 것'folklore과 '허위-민속
적인 것'fakelore의 이분법은 어떤 경우든 문제적이었다. 19세기 초엽부터
서구 중세 로맨스 문학의 러시아판 개작본인 『보바 코롤레비치』, 『예루
슬란 라자레비치』, 『프란칠 벤치안』 등은 폭넓은 독자층을 형성하고 있
었다. 이런 개작본들은 볼셰비키 혁명 전까지 농촌 가정에서 가장 즐겨
읽던 독서물이었던 것이다. 18세기부터 러시아에 전해진 민중문학 장
르인 노래책류를 살펴보면, 19세기 후반에 만들어진 농촌 민요의 모음
집들이 예외없이 그 장르의 문학적 기원을 배반하고 있다는 인상을 받

게 된다. 왜냐하면 그런 모음집들은 전통적 러시아 민요의 불규칙한 운율을 반듯하게 재단해 놓은 상태로 출판되었기 때문이다. 가령 민중 발라드인 「집사 반카」는 프세볼로드 크레스토프스키에 의해 1860년 근대적 시가로 개작되었는데, 그는 불규칙하던 낡은 운율을 새로이 정형화하면서 오히려 이것이 '민중적 전통시'의 복원이라고 주장했다. 또 다른 민간 인쇄본으로 루복lubok[손으로 그린 값싼 판화─옮긴이]이 있었다. 이것은 보통 1700년대 무렵부터 만들어지기 시작했고 19세기 초엽부터는 선술집이나 이즈바izba라 불리던 농가에서는 물론이고 도시 노동자나 하인들이 자기 물품을 보관하던 트렁크 뚜껑에 이르기까지 하층계급의 생활 환경이라면 어디서든 찾아볼 수 있는 것이었다. 흔히 카르틴키kartinki(쪽그림)라 불리던 작은 그림은 본래 독일에서 들어온 것이었으나(옛날 그릇 등에는 지워진 독일 문자가 남아 있던 것도 있었다), 민중적 의식意識에 상당한 영향을 미쳤으며, 그에 따라 19세기 초부터는 구교도처럼 가장 보수적인 하층계급에서도 그 낯선 무늬들을 흉내 내기 시작했다.[22]

축음기 음반, 영화, 그림엽서, 신문, 라디오, 가정용 녹음기와 텔레비전 등 20세기에 선보인 새로운 형태의 전파 수단들은, 촌락 문화를 비롯하여 러시아 민중문화에 돌이킬 수 없을 정도로 커다란 변화의 자극을 주었다. 전통적으로 구어가 중심적 역할을 맡는 여느 문화권에서와

---

22 러시아 초기 민중소설의 원천과 파급에 관해서는 다음 글이 좋다. D. L. L. Howells, "The Origins of Frantsel' Ventsian and Parizh i Vena", *Oxford Slavonic Papers* vol.19, 1986, pp.29~45. 민간 인쇄본에 대해서는 Alla Sytova ed., *The Lubok*, Leningrad, 1984를 보라. 세기 전환기의 문화에 관해서는 Richard Stites, *Russian Popular Culture: Entertainment and Society since 1900*, Cambridge, 1992; Jeffrey Brooks, *When Russia Learned to Read: Literacy and Popular Literature, 1861~1917*, Princeton, NJ, 1985를 보라.

〈그림 7-4〉「시린」. 19세기 초엽 루복에 새겨지고 구교도의 물감으로 채색되었다. 그리스 신화에 나오는 사이렌의 러시아적 변형인 시린은 '극락조'이자 천국의 말씀을 전하는 여성-새로서 종교적 차원에서 수용되었다.

마찬가지로, 텔레비전은 특히 강력한 영향력을 행사했다. 즉 그것은 끼리끼리 남의 험담이나 늘어놓던 전통적인 오락 시간을 없애 버리고, 농촌 청년들에게 도시로 이주하기만 하면 자기들의 것이 될 수 있을 듯한 더 안락하고 전도유망한 삶의 이미지를 제공했던 것이다. 또한 사물의 괴상한 조합 역시 성행했다. 뻔뻔하게도 표절을 일삼던 19세기 출판업자들은 돈많은 고객을 상대로 판화업자들이 만든 모티프들을 가져다 자기들 상품 속에 집어넣곤 했다. 20세기에는 과거에는 전형적인 사랑

의 표지였던 '금반지' 대신, 노랫말에 나오듯 '사진 한 장'을 선물로 주기도 했다.[23]

　따라서 전문가가 아닌 일반 러시아인들이 '통나무집' 따위의 상호를 건 러시아 식당에서 갖가지 형태로 재이미지화된 '민중문화'narodnaia kul'tura와 '순수한' 민속을 구별할 수 없었음은 당연한 일이다. 그렇게 재현된 이미지들은 (제2차 세계대전 중 서민적인 '로망스'로 인기 있던) 「칼린카」나 「카추샤」를 노래하는 전문 합창단에 의해 불려지거나, 정치적 반동가들이 러시아의 농촌 가족을 목가적으로 묘사하는 과정에서 종종 나타났는데, 그것은 경제적 필요에 의해 강하게 묶여진 커다란 공동체가 아니라, 관습적인 부르주아적 성 역할을 즐겁게 수행하는 행복한 핵가족의 모습 속에서 드러나곤 했다. 그래서 19세기 후반 예술공예 운동의 와중에 발명된 러시아 인형 마트료슈카matreshka가 '전통적'이라는 수식어를 부여받았을 때, 동시에 그것이 정치적 풍자를 위해 패러디되었다는 사실은 기묘한 우연이 아닐 수 없다(옐친 또는 고르바초프의 껍데기 인형 속에 작은 브레주네프가 있고, 그다음 계속 작아지다가, 마침내 모양도 없어지고 '태아'처럼 작아진 레닌을 꺼내야 하는 우스꽝스러움이란!). 또한 20세기 동안 농촌 문화가, 점점 특이해져 파악이 불가능해진 도시 대중문화의 대안적 형태에 근접하게 되었던 것도 확실하다. 이로 인해, 그리고 (모든 장르의 텍스트들, 계급적 의례들, 명백히 상류 혹은 중상류계급의 청중들을 위해 만들어진 것만은 아닌 여러 사물들 등) 가장 넓은 의미에서 '민중문화'에 대한 전 방위적 연구가 결국 지겹고도 짜증 나는 목록의

---

23 Elizabeth Warner and Evgenii Kustovskii, *Russian Traditional Folksong*, Hull, 1990에 '금반지'를 대체한 '사진'의 사례들이 실려 있다.

열거에 그칠 것이기 때문에, 지금부터는 그 기원이 1900년 이후로 추산될 수 있는 도시 문화에 대해서만 집중적으로 설명하겠다. 그러므로 도시로 유입되지 않았던 의례들이나 고정된 형식의 장르들, 즉 러시아 촌락의 전통적 '민속'에 관해서는, 비교연구적 관점에서 일반적인 부분들만 재빨리 살펴보고 넘어갈 것이다.

민중문화: 일반적 특징과 장르들

19~20세기 민중문화의 발전 중에서 의미 깊은 역동적 요소의 하나는 '노동'(직업적 이익을 얻기 위해 실행된 활동)과 '유흥'(타 직업에 의해 생산된 결과물의 수동적 소비) 사이의 견고한 이분법적 대립의 진화에서 찾아볼 수 있다. 촌락 생활에서는 많은 민속적 요소가 노동 수행과 내밀하게 연관되어 있었다. 건초베기 철이나 수확기 등 농사력의 중요 날짜들에 맞춰 행해졌던, 가령 이반 쿠팔라의 날(매년 하짓날 성 요한의 밤에 행해진 가장 대중적인 민중연회)에 벌어졌던 모닥불 피우기나 댄스 파티 같은 계절 축제가 그랬다. 이런 축제들과, 낫질하거나 땅을 파고, 물을 대는 등 밭일할 때 부르던 전통적인 노동요들은 도회적 삶에는 들어맞지 않을 뿐만 아니라, 더욱이 20세기에 들면서는 새로운 환경에 적합한 노동요로도 전혀 대치될 수 없었던 것이다.

　　마술이나 주술, 점술류의 기능적이고 실용적인 텍스트들은 좀 더 디게 사라져 갔다. 민중 신앙에 대한 예리한 관찰자였던 발레리 브류소프가 작품 속에서 묘사했듯, 도모보이domovoi(집의 정령)나 레시leshie(숲속 귀신) 등 다른 세계의 힘에 대한 믿음은 도회 생활을 통해 자연스럽게 소멸되고 말았다.[24]

물론 모든 비과학적이거나 상식적인 믿음들이 쉽사리 사라졌던 것은 아니다. 도시에 거주하는 러시아인들은 조짐이나 징조 따위를 믿고 살았다. 예를 들어, 비 오기 전에 제비가 먼지를 욕실로 묻혀 오거나, 검은 고양이가 앞길을 가로지르면 몹시 재수가 없다고 여겨졌다. 또 가벼운 병이 들면 약초 따위로 다스리곤 했는데, 벌꿀은 목이 아프거나 피부가 건조해지거나 모든 증상에 소용되는 특효약처럼 취급되곤 했다. 단지 민간요법만이 아니라 대안적 믿음 체계, 곧 요가에서 꿈의 상징까지, 커피 가루로 보는 점占에서 숫자점까지, 최면술에서 점성술까지 모든 것이 합당하게 자리를 부여받을 수 있었다. 이와 같은 '원시적'이고 '비정상적'인 '과거의 잔재'에 대한 소비에트 정부의 합리주의적 반감은, 그것들이 실생활에서 공개적으로 논의되지 못하고 은밀하게 존속되도록 만들었다. 그러나 1986년 이후 이루어진 정치적 해방은 이에 대한 공공연한 관심을 폭발적으로 불러일으켰고, 그 후 10년이 지나도록 꺼질 줄을 몰랐다. 최면술사와 영매ekstrasensy에 대한 존경심이 결코 보편적이지 않았음에도, 이런 풍조는 널리 퍼져 있었고, 심지어 의사와 과학자, 여타 지식인 그룹들에서조차도 찾아볼 수 있었다.

이로부터 우리는 좁은 의미에서의 종교처럼 '민중문화'가 의문에 부쳐지고, 교육과 계급의식에도 불구하고 반反합리주의가 번성하는 지점을 목도하게 된다. 한편, '민중문화'가 여전히 그 중요성을 갖는 중심 지점은 여가 활동이었다. 어떤 의미에서 1930년 이후, 혹은 1890년 이후 벌어진 상황은 중세로의 회귀라 할 만한 것인데, 의복과 건축, 생활

---

24 Varely Briusov, "Rasskazy Mashi, s reki Mologi, pod gorodom Ustiuzhna"(1905), *Literaturnoe nasledstvo* vol.85, 1976, p.88 「우스춘 시 밑 몰로가 강에서 온 마샤의 이야기들」, 『문학의 유산』).

태도, 식습관 등이 점진적으로 획일화되고, 유흥에 대한 취향이 계급을 판별하는 리트머스 시험지로 기능했기 때문이다.[25]

일반적으로 인정되듯, '민중'과 '엘리트' 사이의 선호도 차이는 절대적이지 않았다. 1917년 이후 국가의 공격적인 세속화 및 노동량 경감 정책이 추진되었으며, 그에 따라 크리스마스, 재[灰]의 수요일 전 3일간, 부활절 같은 계절 축제의 쇠퇴가 가속화되고, 대신 여가 생활이 발달하기 시작했다. 여가는 최소한 잠재적으로 노동자와 농민들의 생활 스케줄의 일부가 되었고, 이는 단지 몇몇 주요 명절이나 매주 돌아오는 일요일보다 훨씬 중요한 활동으로 간주되었다. 초등교육의 보편화, 그리고 오페라·연극·음악·문학 등의 엘리트 예술 형식을 직업에 무관하게 일반적으로 접할 수 있어야 한다는 소비에트 행정 당국의 신조는 인텔리겐치아를 위한 여가와 하층계급을 위한 여가 사이의 구별을 없애 버렸다. 그리하여 영화, 대중음악, 텔레비전 등 '민주주의적' 예술 형식들이 발달하고 널리 선전되기에 이르렀다. 그 결과 영화관 다니기, 베라 파니나(1910~1920년대의 카바레 가수)나 알렉산드르 베르틴스키 혹은 블라디미르 비소츠키(1960~1970년대의 '기타 치는 시인'이자 배우)의 음악 듣기, 축구나 아이스하키 관람하기 등은, 여전히 소수이긴 했으나, 계급과 관계없이 러시아인들이 어느 정도 즐길 수 있는 여가 활동이 되었다.

그러고 나서야 소비에트 체제는, 데미얀 베드니[26]가 1930년대에 그의 시 「과거와 현재의 노동자의 여가」에서 "이제 노동자들의 여가는 문

---

25 민중들 사이의 의료적 믿음에 대해서는 다음을 읽으라. Rose Glickman, "The Peasant Woman as Healer," eds. Barbara Clements, Barbara Engel, and Christine Worobec, *Russia's Women: Accommodation, Resistance, Transformation*, Berkeley, CA, 1991. pp.148~162. 여가 활동의 역사에 관해서는 Stites, *Russian Popular Culture*; James Riordan, *Sport in Soviet Society: The Development of Sport and Physical Education in Russia and the USSR*, Cambridge, 1977을 보라.

화적이 되었다네 / 두루두루 말끔하게 유익하게 되었다네"[27]라고 노래
했던 것을 어느 정도 인식하게 되었다. 하지만 베드니의 이런 호언에도
불구하고, 노동계급에 속한 러시아인들은 1930년대뿐만 아니라 60년대
와 90년대까지도, 발레 공연보다는 맥주 바를, 콘서트홀보다는 경기장
가기를 더 좋아했다. 비록 학교 교실에서 러시아 고전에 대해 어느 정
도 교육도 받았으나, 음악과 미술, 문학에 대한 노동자들의 취향은 대도
시 인텔리겐치아와는 근본적으로 달랐던 것이다(물론 교사나 의사, 비주
류 당 간부 등 지방 도시의 중간층과는 일정 부분 교류하는 부분도 없지 않았
다). 아무튼 많은 점에서 여가를 보내는 노동자들의 태도는 주목할 만한
변화를 보이지 않았다. 영화와 음반, 매스미디어는 민중적 자료들을 전
달하는 방식을 바꾸어 놓았으며, 공연 형태도 더욱 유연하고 복합적인
양상을 띠게 되었으나, 내용적 측면에서 검토해 본다면 많은 공연들이
한 세기 전의 형태를 그대로 답습하는 형편이었다. 반대로, 일단의 인텔
리겐치아들은 '민중적' 장르들, 무엇보다도 노래와 농담 등을 평가하고
전파하는 가운데 모종의 자기 아이러니를 느끼기도 했고, 또는 반대로
쾌락을 여가 활동을 구성하는 일부분이라고 긍정하게 되기도 했다.

  이런 상황은, 특히 어느 정도는 구두로 전승되던 민중문화가 대체
로 오래 지속되지 못했다는 사실에서 연유했다. 혁명이 일어나기 전부
터 이미 민중 서사시나 역사적이고 종교적인 노래들, 슬프게 길게 빼

26 본명은 예핌 프리드보로프(1883~1945)이며, 필명은 '가난한 데미얀'이란 뜻으로 소비에트 계관시
   인이었다. 볼셰비키의 열성적인 지지자였고, 사회 비판적이고 풍자적인 시를 잘 써서 1920~1930
   년대에 대표적인 민중 시인으로 추앙받았으나, 스탈린을 직접 비판했다는 이유로 1938년 공산당
   원에서 제명되는 수모를 겪기도 했다. 하지만 제2차 세계대전 말까지 스탈린의 신임을 다시 사는
   데 성공하여 복권되었다. ──옮긴이
27 Dem'ian Bednyi, *Stikhotvoreniia i poemy*, Moscow and Leningrad, 1965, pp.258~259 [『시와 시
   문』].

서 부르는 비탄의 노래 등 근엄하고 예식적인 장르들은 많거나 적거나 간에 사라지고 있던 참이었다. 이런 장르들은 서정 가요나 결혼 축가, 비가들과 함께 어떤 지역에서는 여전히 잔존해 있었지만, 1972, 1976, 1977년에 발간된 잡지 『러시아 민속』에 실린 현장 통계 기록에 따르면 그다지 많지 않은 수만 남아 있었다. 반면 여타의 풍자 장르의 기록은 수천을 헤아릴 정도였다.[28] 19세기 후반을 지나면서는, 구술적 전통에서 '백조'나 '회색 비둘기'와 같은 경구적이고 희극적인 표현이 민속적 모티프보다 더 높은 평가를 받았으며, 고대의 영웅담보다 시사적 소재들이 더 대중적 각광을 받았다.

이 모든 요소들은 20세기까지 구전으로 전해졌던 가장 생산적인 장르들 속에 풍부하게 보존되어 있었다. 네 줄짜리 짧은 속요인 차스투슈카는 그 대표적인 장르였는데, 보통 사랑과 우정을 주제로 삼았으나 우스꽝스럽고 난잡한 내용을 담고 있는 경우가 더 많았다. 또 차스투슈카는 스코모로히의 노래와 춤 속에나 포함되었을 신체 기능에 관한 낡은 유머를 표현하거나, 18~19세기 촌락 지방의 일화들, 희귀한 구경거리, 거리의 촌극, 도시의 싸구려 판화들을 묘사하곤 했다. 하지만 차스투슈카에는 종종 이 장르를 통해 알려진 것 혹은 이 장르가 담을 수 있는 것 이상으로 훨씬 공격적인 주제들이 포함되어 있었다. 그래서 원근법이 표현된, 나중에는 잡지들에서 오려 온 그림들이 차스투슈카의 풍자적 주제를 묘사한 우스꽝스런 텍스트와 함께 덧붙여지기도 했고, 그런 이유로 혁명 전까지 차스투슈카가 다루는 주제는 시시껄렁한 모욕에나

---

28 소비에트 비평계는 17세기부터 러시아 민간에 등장한 사회 및 정치 풍자 장르들에 '민주 풍자 문학'이라는 명칭을 부여하고 연구를 크게 장려하였다. 반면 반(反)전제주의적 흐름에 큰 기여를 하지 못했다고 평가되는 민중적·민속적 장르들은 상대적으로 큰 조명을 받지 못했다. —옮긴이

적합하다고 생각되었던 것이다. 차스투슈카의 이런 쓰임새들은 혁명이 일어났어도 완전히 사라지지 않았으며, 오히려 더욱 두드러져서 악명을 떨치게 되었다. 민중의 불만이 차스투슈카 이외의 수단을 통해서는 더 잘 표현될 수 없었기 때문이다. 대략 1920년대에 기록된 다음 예는 전시 공산주의 시대를 특징짓던 사적 소유를 풍자하는 것이다.

> 우리 모스크바 서민들은, 우라질스럽게도 잘살고 계시다네,
> 그것도 딱 송장만치로, 그렇지 않은가?
> 마누라와 나는 서랍 속에서 잠들고,
> 장모님은 개수대에서 잠들지.

소비에트 정부는 차스투슈카의 주제 의식에 관해 높은 평가를 내렸고, 특히 1920년대에 이 장르를 정치적 선전을 위해 광범위하게 유포시켰다. 그러나 진지하고 가치 있는 메시지를 전달하기 위해 전복적인 장르를 이용했던 대개의 사례들과 다를 바 없이, 이런 시도는 실패를 예정하고 있었다. 프로파간다 속의 차스투슈카는 원판이 갖는 외설스런 위트나 간결성, 때로는 강세를 맞춘 운율마저 결여함으로써, 오늘날 러시아 도시와 촌락에서 결혼식 때 들을 수 있는 대중적인 레퍼토리의 일부가 되지 못했다.[29]

차스투슈카 이외에, 살아남은 또 다른 구전 전승 장르는 아마 서술적 농담인 일화anekdot일 것이다. 시사적인 장르로서 일화의 번성은 혁

---

29 Irina Odoevtseva, *Na beregakh Nevy*, Washington, 1967, p.381 [『네바 강변에서』]. 차스투슈카의 연주에 대해서는 Eduard Dune, *Notes of a Red Guard*, trans. and ed. Diane Koenker and Stephen Smith, Urbana and Chicago, 1993, p.8을 보라.

명 이후에 두드러졌다.[30] 몇몇 대중적 일화는 예레반 라디오 시리즈처럼 '바보 현인'을 모티프로 오래된 민속 전통에서 길어올려져 유포되었다 (바보 현인은 촌락 문화에서 사랑받던 '바보 이반'이나 19세기 도시의 광대 영웅이던 페트루슈카의 재현된 표상이기도 했다).[31] 이런 문답 형식은 위트 넘치는 짤막한 우스개에 어울렸으며, 사라져 버린 수수께끼 장르를 소생시키는 데 일조했다.[32] 또 다른 일화 시리즈에서는, 적군赤軍의 용감한 지휘관 차파예프나 히피, 체부라슈카(러시아 아동 프로그램에 나오는 큰 귀를 가진 귀여운 동물), 군악병 르제프스키와 같은 '바보 현인'의 인물상이 아예 '바보 이반'으로 바뀌어 등장하기도 했다. 그 중 1940년에 표도르 글라드코프의 희곡에서, 그리고 1962년 엘다르 랴자노프의 영화 「경기병의 발라드」에서 희화화되었던 르제프스키라는 인물은 본래 1812년의 전란 때 활약한 상스럽기 짝이 없는 장교였는데, 그의 이미지는 19세기 초에 전형화된 공식적인 인텔리겐치아의 신화를 뒤엎는 패악스런 것이었다. 체부라슈카, 차파예프와 마찬가지로 군악병 르제프스키는 특히 어린 학생들에게 인기가 있었는데, 아이들에게 적절한 행동 규범을 주입한다는 게 얼마나 어리석은지를 반증해 주었다.[33]

30 Anatoly Shepievker ed., *Smekh — vopreki vsemu: sto russkikh anekdotov*, n.p., 1982 [『웃음 — 모두를 거슬러: 백 가지 러시아 일화들』]; Dora Shturman and Sergei Tiktin eds., *Sovetskii soiuz v zerkale politicheskogo iumora*, London, 1985 [『정치적 유머에 비친 소비에트연방』]; Iurii Borev ed., *Fariseia: poslestalinskaia epokha v predaniiakh i anekdotakh*, Moscow, 1992 [『바리새인들: 전승과 일화 속에 나타난 스탈린 이후의 시대』](도시 신화도 포함되어 있다).

31 예레반은 구소비에트연방의 하나이던 아르메니아의 수도이다. '예레반 라디오'는 구소련에서 유행하던 우스개인데, 실제 예레반과는 상관이 없다. 주로 "누군가 예레반 라디오에 물었다", "예레반 라디오는 이렇게 대답했다"는 문답식으로 이어진 우스개로 어리석지만 의표를 찌르는 질문과 답변의 연속이 특징이었다. 누가 만들었는지도 알 수 없고, 확산되는 과정에서 무수한 편집이 가능했기에 오랫동안 소련 시민들의 일상을 유희적으로 반영하는 매체 역할을 했다. ─옮긴이

32 *Govorit Radio Erevan: izbrannye voprosy i otvety*, N. Olin, comp., 3rd edn, Munich, 1970 [『예레반 라디오가 알려드립니다: 질문과 답변 선집』]을 보라.

다소 덜 생산적이었으되 세번째로 꼽을 만한 구전 전승의 민중문화는 속담이나 격언으로서, 민중주의적 정치가들이 연설할 때 소탈한 모습을 보여 주려고 종종 사용했었다. 가령 "레닌이 말하길 '당신이 늑대들과 살고 있다면, 당신은 늑대처럼 울어야 한다'라고 했다"는 식이다. 강조점을 살리기 위해 대화적 문투가 자연스레 이용되기도 했는데, 이때 가장 필요한 것은 역시 유머였다. 적절한 문맥 속에 등장하는 유머는 똥이나 섹스에 대한 것이 주종을 이루었고, 이에 관한 러시아 욕설은 어마어마하게 많았다.

농담을 만들거나 전달하는 외에도, 하층계급의 러시아인들, 특히 휴식을 취할 때의 모든 러시아인들은 언제나 코미디 프로그램의 열렬한 시청자들이었다. 그 대상은 혁명 전 길거리 무대 쇼로부터 소비에트 서커스의 풍자적 어릿광대 쇼까지, 또 아르카디 라이킨 같은 코미디언이 주름잡던 텔레비전 방송극까지 광범위했다. 그렇다고 이것이 19~20세기 동안 민중문화에서 진지함이 완전히 사라져 버렸다는 뜻은 아니다. 요점은 구전 전승된 것들은 더 이상 엄숙함이나 고양된 의식에 봉사하지 않게 되었다는 사실이다. 물론 이런 일반화에는 예외가 있다. 대표적으로 도시 신화[34]를 들 수 있는데, 이는 진실인지 허구인지 애매하지만 금지되어 있는 사실에 관한 것으로, 놀랄 만한 것이지만 또한 못 믿

---

33 차파예프에 관한 일화는 르제프스키의 다음 선집을 보라. Nicholas Rzhevsky ed., *An Anthology of Russian Literature. Introduction to a Culture*, Armonk, NY, 1996, pp.509~510.

34 한국식으로 말해 도시 괴담이나 도시 전설에 해당하는, 민간에 유포된 비공식적 소문을 말한다. 이는 현대 도시 문화의 전형적 현상이기도 하며, 특히 표트르 이후 급격한 근대화를 통해 성장한 러시아적 현상이라고도 볼 수 있다. 19세기 제정 시대에는 상트페테르부르크가 도시 신화의 주무대였으며, 20세기에는 모스크바가 그 대상이었는데, 전제적 통치하에서 개인적 삶이 억압되고 은폐된 이런 도시 문화는 특히 문학작품을 통해 자주 표현되었다. 예컨대 고골의 작품에 나타난 정신분열적이며 환상적인 분위기가 대표적이라 할 수 있다. ──옮긴이

을 만한 것도 아닌 모호한 사실에 대한 것이다. 예컨대 1980년대 레닌그라드에서 널리 퍼졌던 이야기의 내용은 당시 당의 리더였던 로마노프가 딸의 결혼 연회를 위해 혁명 시기의 기선旗船 오로라호를 징발했는데, 술 취한 하객이 '행운을 빈다'는 의미에서 그만 예카테리나 2세 시대의 식기류 한 벌을 박살 내어 버렸다는 것이었다. 또 1990년대에 상트페테르부르크와 모스크바에서도 엄청난 수의 마피아 단원들에 대한 비슷한 이야기가 유포된 적이 있었다. 구전 전통의 결함들은 책과 영화, 텔레비전, 신문 등을 통해 메워졌고, 비록 소비에트 시대의 신문이 대체로 계급 간 장벽을 철폐하는 데 앞장섰으나, 1990년대에 이르러 다른 경향도 생겨나게 되었다. 즉,『모스크바 콤소몰레츠』같은 신문들은, 마치 서구의 타블로이드 신문이나 혁명 전의『페테르부르크 신보』,『코페이카 신문』같은 '싸구려 가판 신문들'과 같은 자세로 하층계급 독자들을 겨냥했던 것이다.

혁명 이전에도 많은 대중용 인쇄물, 서적들은 독자들이 비단 유흥을 즐겨야 할 뿐만 아니라, 고양되고 교육되어야 한다는 정서를 갖게 하는 데 일조했다. 예를 들어, 아나스타샤 베르비츠카야의『행복의 열쇠』(1908~1913)는 당시 유행하던 이념에 대한 대화를 정열적 연애 장면들 속에 잘 섞어 놓은 책이었다. 베르비츠카야와 동시대인으로서 악명을 떨친 남성 작가는 미하일 아르치바셰프였다. 그는 소설『사닌』(1907)[35]에서, 여주인공이 냉소적인 성격의 '거친' 장교에 대한 욕망으로 다리를 떠는 장면을 1905년 혁명의 와중에 고통받던 동시대의 '잉여 인간'의 초상으로 재빠르게 전환해 보여 주었다. 이 책의 제목이 니체적인 초인을

35 미하일 아르쯔이바셰프,『싸닌』, 동완·이동현 옮김, 우성출판사, 1973. ── 옮긴이

가리키는 게 아니라면, 그 잉여 인간은 바로 사넌 자신에 해당하는 것이었다. 보다 나중부터는 과학소설이나 역사소설 같은 장르들이 정보 전달과 함께 묵직한 서사를 원하는 독자들의 요구에 부응했다. 가령 현대의 가장 대중적인 작가 중 하나인 발렌틴 피쿨이 1978년 쓴 『부』富라는 작품의 각주에는 온통 역사적 배경에 대한 전문 지식들이 가득 차 있다. 피쿨의 다른 많은 작품들처럼, '실화'에 대한 이런 추구는 톨스토이의 『전쟁과 평화』가 모범적으로 보여 준 방식으로 허구적 인물들과 더불어 실명이나 가명으로 역사적 인물들을 등장시키고 있다.[36]

하지만 민중문화의 소비자들 대부분이 책이나 영화, 음악을 일종의 백과사전 대용으로 생각하지 않는다는 사실이 문제로 남는다. 무엇보다도 그들은 재미나고 자기들이 직접 끼어들 수 있는 유흥거리를 읽거나 보고 듣기를 기대했다. 이는 세기 전환기의 상트페테르부르크 노동자 극장 관람객들에 대한 앙케이트 조사로부터 1920년대의 영화 관람객들, 1970년대의 소설 독자들에 이르기까지 수년에 걸친 조사를 통해 정기적으로 확인되어 왔다.[37] 민중문화의 소비자들은 대개 톨스토이가 『예술이란 무엇인가?』(1897)[38]의 5장에서 주장했던바, 사실로서의 진리나 미학적 쾌락보다 감정적인 진실이야말로 예술작품의 주요한 필요조건이라는 점에 수긍한다. 톨스토이는 "예술의 효과는 어떤 사람이 시각

---

36 피쿨이 추구한 '실화'의 다른 사례로는, 예카테리나 2세 시대의 궁정을 다룬 소설인 『총신』을 들 수 있다. Valentin Pikul', *Favorit*, 2 vols., Leningrad, 1984.

37 수용에 관한 사회학은 민중문화 연구에서 아직 많이 연구되지 않은 분야다. 세기 전환기에 극장 관객들의 선호도에 대한 간략한 설명은 다음을 참고하라. Catriona Kelly, "Urban Popular Theatre and Entertainments, 1821~1917", eds. Borovsky and Leach, *The Cambridge Companion to the Russian Theatre*. 영화 관객에 대해서는 Denise Youngblood, *Movies for the Masses: Soviet Popular Cinema in the Twenties*, Cambridge, 1993을, 1970년대 소설 독자들에 관해서는 Klaus Mehnert, *The Russians and their Favorite Books*, Stanford, CA, 1983을 보라.

38 레프 톨스토이, 『예술이란 무엇인가』, 동완 옮김, 범우사, 2008. ──옮긴이

적이든 청각적이든 다른 사람의 감정 표현을 지각하고, 동일한 감정을 그 자신이 느낄 수 있다는 데 기초한다"라고 말했다. 감정, 가급적이면 극단적인 감정이야말로 민중예술이 진정 욕망하는 것이다. 이런 감정에 대한 요구는 인간 중심적이고 진중한 서사를 창작함으로써 직접 충족될 수 있다. 노래나 영화, 문학 속의 인물이 그 열쇠의 역할을 맡을 것이다. 문학적 전형을 민중문화 속으로 흡수·통합하는 것이나, ('소비에트의 그레타 가르보'로 통하던 베라 홀로드나야나 류보프 오를로바로부터, 장례식 때 수천 명이 운집했던 배우 겸 시인 블라디미르 비소츠키, 알라 푸가초바와 보리스 그레벤슈코프 같은 가수들, '리틀 베라'로 불리던 여배우 나탈랴 네고다 등) 스타 숭배의 확대, 구상예술, 특히 초상화의 대중화 등 이모든 현상은 뛰어난 개인에 대한 집중이 얼마나 중요한가를 보여 주는 사례들이라 할 수 있다.

그렇다고 민중 장르에 아이러니가 없었다는 말은 아니다. 패러디, 극중극 혹은 영화 속 영화 같은 '소격 효과', 독자나 관객으로 하여금 자신이 소설과 연극, 노래의 소비자임을 일깨워 주는 환기 효과 등은 상당히 널리 퍼져 있었다. 예컨대 세기말에 유행한 '잔혹 로망스'류의 길거리 연극이라든지, 18세기를 배경으로 한 피쿨의 로맨스 소설 『총신』 (1984)은 역사소설의 전통에 관한 상당히 긴 사설로 시작되고 있다. 하지만 이런 장치들이 감정적 효과를 폄훼하기 위해 사용된 것은 아니었다. 그것은 차라리 '낭만적 아이러니'라는 용어에 함축된 이중적 사고에 더 가까운 것으로, 르네상스 시대의 비극이나 브레히트적 소격 효과를 위한 합리적인 부연 설명이 아니었던 것이다. 요점은 독자나 관객이 인물과 동일시하는 감정을 일으키는 것이었다. 서사적 전망은 그다지 문제가 되지 않았다. 의식의 흐름과 같은 복잡한 테크닉도 선호되지 않았다. 단 한 가지, 노래나 민중적 시가에 사용되던 주인공의 말은 여타의 인물들의 말에 비해 적지도 많지도 않게 딱 알맞은 효과를 낼 수 있어야 했다. 섬세한 심리학적 묘사가 중요한 게 아니라, '내면으로부터 울려 나오는 목소리'만이 진정한 권위를 부여받을 수 있었다. 독자와 관객들이 자신들의 복잡하고 모호한 세계관을 끼워 맞출 수 있는 어떤 도식이나 전형이 제시되어야 했던 것이다. 따라서 민중문화 연구에서 통상적으로 지적되는 바와 같이, 민중의 외관과 감정에 대한 묘사는 정형화될 필요가 있었다. 그래서 여성은 대개 창백하고 감수성이 깊으며, 흥미로운 구석이 있어야 하거나, 풍만한 몸매를 가진 유혹적인 팜므 파탈로 묘사되곤 했다. 이에 반해 남성은 강하고 잘생겨야 했다(나쁜 남자일수록 더 잘생겨야 했다). 그들의 심장은 터질 것만 같이 뛰어오르고, 속이 뒤틀리며, 눈은 번쩍거리거나, 눈알을 빙글거리거나, 혹은 눈을 가늘고 길게 뜨든지, 아니면 이를 뿌드득 갈아야 하는 것이다. 또 그들의 사랑은 항상 통제 불가능하고, 압도적인 격정 속에서 나타나며, 팔다리를 휘젓거나 번뜩이는 눈을 하면서 스스로도 어쩌지 못하는 몸짓을 수반한다. 이와 같이, 어떠한 놀라움의 표현일지라도, 그것은 신체부위의 독특한 특성에 의한 것이라기보다는, 차라리 전형화된 표현들이 누적된 결과라고 할 만하다.[39]

러시아 연극과 영화계의 스타들도 다른 나라들에서처럼 몇 가지 쉽게 인지할 만한 전형성에 의거한, 단순화된 인간 유형을 연기해 왔다. 가령 열정적인 예술가나 난폭한 거물, 이국적이며 대개 거짓을 일삼는

---

39 Anastasiia Verbitskaia, *Kliuchi schast'ia*, 2 vol., St. Peterburg, 1993, vol.1 [『행복의 열쇠』]; Pikul', *Favorit*, vol.1.

외국인 등과 같은 특별한 성격 유형들은 수 세대에 걸친 민중 텍스트들을 통해 전수되어 왔던 것이다. 다른 한편, 인물의 단순한 성격화나 대조적 성격화라는 도식주의는 극단적인 상황 설정에 의해 상쇄될 수 있었다. 엽기적이지 않은 재앙은 나오지 않고, 죽음은 늘 끔찍하며, 고통은 힘들게 마련이다. 살인과 망자의 혼, 괴물들, 특히나 금지된 사랑 따위는, 17세기 후반부터 번역되었던 『보바 코롤레비치』 같은 로맨스 소설로부터 1990년대의 대중소설과 영화에 이르기까지, 전 세대에 걸쳐 (가장 넓은 의미에서의) 민중 멜로드라마의 구성요소가 되었다. 러시아 촌락의 가장 '현대적' 장르였던 발라드에서도 살인뿐만 아니라 간통과 근친상간이야말로 가장 선호되던 주제였던 것이다. 나중에는 더욱 기상천외한 갖가지 재난들이 텍스트 속에서 고안되기도 했다.

끔찍함의 묘사가 덜 나오는 경우에는 감정의 고조를 위해 운명의 갑작스런 반전이 사용되곤 했다. 오늘날 러시아에서 매우 대중적인 인기를 얻고 있는 두 장르는 최루성 드라마나 게임쇼인데, 두 장르 모두 운명의 날카로운 변전에 깊이 의존해 있다(최루성 드라마의 경우 돈과 감정이 문제다). 이 장르들은 혁명 이전에 쓰여진 텍스트에 나오는 이야기들에 집착하는 경향이 있는데, 예를 들면 시골 출신의 소년(때로는 소녀)이 대도시에서 겪는 슬픈 모험을 보여 주는 게 대표적이다. 그런데 사실 이런 주제는 민중소설이던 『강도 추르킨』이나 페트루슈카의 광대극에도 흔히 나오던 것이었다.[40]

한편, 모험 서사물은 성자보다는 죄인을, 완벽성보다는 흠결을 더

40 페트루슈카에 관해서는 Catriona Kelly, *Petrushka, The Russian Carnival Puppet Theatre*, Cambridge, 1990을, 『강도 추르킨』에 관해서는 Brooks, *When Russia Learned to Read*를 보라.

선호하던 민중적 전통의 또 다른 지속적인 특징을 잘 보여 주고 있다. 대중적 인기를 구가하던 많은 러시아 스타들(하다못해 최소한 남성 스타들)은 인기의 몰락을 염려하던 지나치게 유약한 신경증 환자들이었다(비소츠키는 소비에트 시대 말기의 고전적인 사례 중 하나다). 그래서 예술은 고통을 통해 창작된다는 신화가 생겨났고, 먹고살기 위해 극단적인 노동에 시달리던 일반 대중이 비소츠키나 에디트 피아프처럼 고통받는 예술가들의 공연을 통해 절망에서 헤어나길 바랐다는 사실은 하등 놀라운 일이 아니다. 그러나 배우와 가수들에 대한 이러한 태도가 추상화된 허구적 인물들에게나 어울리는 미적 감각을 영구화시킨 것도 사실이다. 예컨대 율리안 세묘노프가 쓴 연작 소설들, 특히『봄의 열일곱 가지 순간들』(1968년작. 1973년에 텔레비전용으로 영화화되었다)[41]에서 주인공 슈티를리츠가 거둔 막대한 성공은 부분적으로 이 주인공의 신분이 애매하기 짝이 없다는 사실에서 기인한다. 슈티를리츠는 악마 같은 독일 파시즘 사회에 성공적으로 파고든 이중간첩이었던 것이다. 차파예프처럼 슈티를리츠 또한 수많은 일화를 남긴 영웅이 되었음은 말할 것도 없다.

보리스 옐친이나 우익 정치가 블라디미르 지리노프스키도 자서전을 통해 이러한 천편일률적인 묘사를 이용했다(혹은 편승했다고 말해야 옳을 것이다). 두 사람 모두 전력을 기울여서 "나는 강한 남자다. 거친 어린 시절을 보냈다"라고 주장하고 싶어 했다. 지리노프스키는『남방을 향한 최후의 갈증』(1993)에서 사랑받지 못한 어린 시절의 참혹한 경험에 관해 토로하는데, 이는 스스로를 강하게 단련시키고 진정한 민중주

---

41 Iulian Semenov, *Semnadtsat' mgnovenii vesny*, Minsk, 1984 [『봄의 열일곱 가지 순간들』].

의자로 성장하였으나 "가장 필요한 단 한 명의 사랑할 만한 여인"을 찾는 데 실패한 극단주의 정치가의 고백과 기묘하게 병치되어 서술되고 있다.

모호하거나 흠결 있는 남녀 주인공의 가장 대중적인 유형은 아마도 성적 문제를 저지른 죄인일 것이다. 가령 18세기에 나온 쇼데를로 드 라클로의 악명 높은 소설 『위험한 관계』[42] 속의 투르벨 부인처럼 정숙한 여인이 잘못된 남자를 만나는데, 발몽 같은 난봉꾼이 그녀에게 정조를 희생하라고 강요하는 것이다. 미하일 칼라토조프의 영화 「학鶴이 난다」 (1957)는 바로 이런 남녀 주인공의 고전적 이미지를 구현해 보여 주었다. 또한 예브게니 바우에르의 멜로 영화 「삶을 위한 삶」(1916)도 그런 고전적 이미지를 만들어 냈는데, 어느 여성의 아름다운 딸과 수양딸이 젊고 잘생긴 귀족 청년의 사랑을 얻기 위해 경쟁하는 내용을 다루고 있었다(남자 주인공 역에는 한창 인기를 누리던 비톨드 폴론스키가 출연했다).

러시아 사교계가 공식적으로는 오랫동안 청교도적 전통을 지켰음에도 불구하고, 바람둥이에 대해서는 용서하는 태도를 보였던 것은 '일탈행위'에 대한 고상한 관용을 보여 주기 위해서였다. 그래서 사회주의 리얼리즘 소설이나 회화처럼 대중적으로 회람되기 위해 만들어진 작품들이 겉으로는 성적 문제에 짐짓 무관심한 척했어도, 때때로 에로티시즘에 은밀히 관련되곤 했던 것이다. 명예를 훼손시키지만 여전히 고혹적이고 이기적인 한편으로 추파를 던져 대는, 안나 카라바예바나 베라 파노바의 소설 속 여주인공을 사례로 들 수 있겠다. 다른 한편, 1940년 대에 소련의 공식적 예술가들이 창조해 낸 초상화에는 입술을 촉촉히

---

42 쇼데를로 드 라클로, 『위험한 관계』, 윤진 옮김, 문학과지성사, 2007. ── 옮긴이

적시고 있는, 성적 매력이 넘치고 가슴이 풍만한 여인들이 등장하기도 했다.[43]

감각성과 자극성에 대한 요구는, 어떻든 러시아 민중문화가 장르적 관습에 대해 유동적인 태도를 취하고 있음을 뜻한다. 방법은 여러 가지였다. 뮤지컬은 현란한 조명 효과를 통해, 영화는 분위기 있는 음악을 통해 거기에 부응했다. 그럼으로써 이야기와 스포츠를 혼합시키는 방식으로 연극 무대가 빙판 위에 올려지고, 대중가요가 소설 속에 인용되며, 대중가요에 근거한 연극이 상연되고, 소설은 텔레비전용으로 개작되거나 극장용 영화로 다시 태어나곤 했다.[44] 서구인들도 잘 알고 있는 이런 현상들과의 한 가지 차이점은, 감각성을 전달하는 방식에 있어 러시아 대중 장르는 서구인들보다 이야기의 구조나 잘 짜여진 플롯 등에 대해 큰 강조점을 두지 않는다는 사실이다. 서구적 기준에서 보자면, 책이든 영화든 러시아 블록버스터는 필요 이상으로 길었고, 축축 늘어지기 일쑤였던 것이다.

그와 유사하게, 가게 광고판부터 영화 포스터에 이르기까지 대중적인 인쇄물과 회화들은 르네상스 이후 서구 엘리트 예술의 기준으로 판단한다면 꽤나 혼란스럽게 구성되어 있었지만, 다른 한편으로 이상스러우리만치 생동감과 에너지가 넘치는 모습을 보여 주었다. 눈에 보이는 거리감에 따라 묘사하는 관습적인 원근법을 무시하고 내용상의 중

---

43 Vera Panova, *Sputniki*, Moscow, 1947 [『동반자』]을 보라. 1940년대의 감상주의적인 소녀 초상화에 대해서는 Matthew Cullerne Brown ed., *Soviet Socialist Realist Painting 1930-1960s*, Oxford, 1992를 보라.

44 표트르 토도로프스키의 영화 「인터걸」(1989)이 대표적이다. 또한 Anna Lawton, *Kinoglasnost': Soviet Cinema in Our Time*, Cambridge, 1992, pp.211~213; Lynne Attwood ed., *Red Women and the Silver Screen: Soviet Women and Cinema from the Beginning to the End of the Communist Era*, London, 1993, pp.118, 200~201도 보라.

〈그림 7-5〉 중세 이래 민중들의 유희가 되었던 그네와 시소를 즐기는 소녀들. 대중적 판매를 위해 1850년 이후에 제작된 석판 인쇄물이다. 'P. A.'로 알려진 이 조잡한 그림의 작가는 화면 우측의 풍경을 1820년 출판된 러시아에 관한 영국의 판화로부터 표절해 왔다. 반면 왼편은 작가 자신의 것으로 독특한 원근법을 보여 준다.

요도에 따라 사물을 배치하는 의미론적 원근법을 쓰는가 하면, 시선을 붙잡아 두기 위해 요란하게 색을 칠한 조형물을 들판에 아무렇게나 매달아 두기도 했던 것이다. 분명히 말해 두어야 할 점은, 이런 스타일은 일리야 글라주노프 같은 현대 민중주의 화가에서보다, 오히려 혁명 전에 쓰이던 목재 용구나 가게 게시판으로 쓰던 루복의 비자연주의적 스타일에서 더 성공적으로 표현되었다는 사실이다.[45]

러시아 민중문화가 조형물의 구조보다는 디자인에 더 큰 의미를 두

45 Alan Bird, *A History of Russian Painting*, Oxford, 1987의 16번 도판을 참조하라. 또한 Aleksandr Sidorov, "Il'ia Glazunov: a Career in Art", eds. Matthew Cullerne Bown and Brandon Taylor, *Art of the Soviets: Painting, Sculpture and Architecture in a One-Party State, 1917-1992*, Manchester, 1993, pp.188~195를 참조하라.

고 있었다지만, 사실 잔존하는 민속문화의 전통에서 무작위적인 브리콜라주가 항상 특징적이지는 않았다. 가령 장르의 형식적 장치들, 엄격한 삼분 구성이라든지 시작과 끝이 명확한 공식이 필수적이라고 여겨지기도 했기 때문이다. 그 외에도 민중문화의 감각성에 대한 강조는 어떤 종류의 새로움이라도 마다하지 않았던 환대의 태도에서 잘 나타난다. 그래서 19세기 초엽부터 노래책이나 점술 교본, 이야기 등 하층계급 시장을 노리고 제작된 물건들은 대개 '새로운', '최신'과 같은 용어를 제목에 달고 등장했던 것이다. 『새로운 노래책 전집』(1869), 『최신 습자 교본』(1883) 등이 그 예이다. 새로움에 대한 열정이 비록 20세기에도 순진무구하게 계속 추구되지는 않았지만 그 영향력은 지속되었고, [스탈린이 통치하여 —옮긴이] 서구의 영향력이 인위적으로 차폐되었을 때인 1930년대 후반부터 1950년대 중반까지 잠시 약화되긴 했으나 결코 소멸하지는 않았다. 흐루쇼프와 브레주네프가 통치하는 동안, 소련의 대중문화는 점차 외부의 영향력에 수용적인 태도를 취하게 되었다. 1980년까지 비틀즈나 롤링스톤즈, 인도 대중영화 시장 등은 알라 푸가초바의 노래와 더불어 러시아 대중문화의 커다란 부분을 차지한 반면, 당의 공식적인 지원을 받았던 민속음악단들은 외국 관광객들에게는 어땠을지 몰라도 러시아 젊은 세대에게는 무관심한 푸대접을 받았던 것이다. 그러다 1980년대 후반부터 러시아 대중문화는 햄버거와 티셔츠로부터 잡지와 비디오까지 서구적 텍스트와 문물로 홍수를 이루게 되었다. 그렇게 보면, 사실 러시아가 온갖 낯선 것들에 열광하고 서구화의 강렬한 시기를 경험한 것은 역사책에서 서술하듯 비단 18세기 후반 이후의 일만은 아닐 것이다. 최근까지도 수입import이라는 지상 과제를 위해, 러시아의 모든 토착적 생산물은 멸시되어 왔기 때문이다.

하지만 18세기 후반과 현재를 비교해 보면, 러시아 대중문화가 영원한 몰락기에 접어들었다고 단언하던 민족주의자들의 주장이 지나치게 과장되고 불필요하게 조장되었음을 알 수 있다. 1800년대에 러시아를 방문한 외국인 여행자들은, 러시아인들이 귀족뿐만 아니라 노동계급조차도 외국의 생산품과 관습, 유흥거리를 더 좋아한다고 전했다. 그 시대에는 꼭두각시 인형극, 서커스, 엿보기 쇼, 파노라마, 광대극, 판토마임 등 외국인들에 의해 공연된 새로운 구경거리들을 도처에서 찾아볼 수 있었다. 그러나 늦어도 1830년까지 그런 유행들이 한차례씩 휩쓸고 지나감으로써, 이런 유흥거리들은 러시아의 전통에 완전히 흡수되었다. 그와 마찬가지로, 애거서 크리스티나 남미 작가들의 추리소설, 멕시코와 스페인에서 제작된 멜로드라마의 열풍 역시 서구와 러시아 토착 드라마의 새로운 혼합을 낳는 경향이 생겨나기 시작했다. 가정사를 다룬 최루성 드라마, 혹은 사회적 안전망이 무너진 세태를 반영하는, 새롭지만 도덕적이진 않은 탐정 수사물 등이 그렇다. 1990년대 초엽에 대개 서구산 식품이나 상품을 목소리를 곁들여 사진 한 장과 함께 광고하던 러시아 텔레비전 방송은, 1994년 후반부터 마침내 더 섬세하고 감각적인 방식으로 러시아산 상품들을 선전하기 시작했다. 그런 광고들은 이제 모스크바 현지의 장면들을 텔레비전 연속극에 나온 농담들과 버무려 보여 주었다. 그 중 MMM 저축은행의 광고 주인공인 료냐 골루프코프는 1993~1994년에 과거의 차파예프 같은 민속 영웅의 이미지를 차용하기도 했다.

러시아 도시의 대중문화가 지닌 넓은 적용 가능성과 유연성은, 그 고정된 형식이 놀랄 만큼 오래 지속되었던 데서 알 수 있듯 지나치게 과장되어서는 곤란하다. 또한 그것이 언제나 좋은 쪽으로 진행되었다고 생각할 수도 없다. 예컨대 1980년대 후반과 1990년대 초반, 모스크바에서 열린 가장 대중적인 쇼들은 상의를 벗고 하는 미인 대회나 마치 포르노와 같은 비디오쇼, 놀랄 만큼 조잡한 누드 댄스가 곁들여진 시사 풍자 생방송 등이었던 것이다. 이러한 소재들이 대중에게 공개된 것이 러시아 역사상 최초의 일이었다고 해도(최초였기에 가능했다는 설명도 있다), 또 노동계급이 그 유일하고 주된 소비자는 아니었다고 해도, 불쾌하고 무정부적인 소재에 대한 선호가 대중문화에 깊이 뿌리내린 것은 사실이었다. 이 글의 서두에서 논의했듯, 무작위적이고 일상적인 쇼비니즘이 정말 민중의 삶과 유흥에 자주 표출되었는지, 민족주의적 이데올로기와 맞아떨어지고 효과적으로 발산되었는지는 의문의 여지가 있다. 그러나 그런 분위기는 스스로를 '이방인'이라 느끼던 개인들에게는, 자신이 대중의 이웃이나 동료, 같은 주민, 혹은 배우자나 파트너인지 아닌지를 놓고 상당히 고통을 겪도록 했을 것이다. 같은 집단의 일원이 되지 못할 경우, 그들은 '유대인의 짓거리'zhidovskaia moda나 '더러운 우크라이나인'khokhol, (카프카스나 중앙아시아에서 온 사람에 대해 쓰이던) '거무스름한 낯짝'chernomazyi이나 '암컷'sterva, '창녀'bliad 등 온갖 적의에 찬 농담이나 별명을 감수해야 했던 것이다. 또한 어떤 민중문화적 형식들은 혐오스런 정치적 이데올로기를 탁월하게 전파하는 수단이 되기도 했다. 소비에트 시대 초기의 도그마였던 '계급 적대'는 괴이쩍게 희화화된 이방인(장교, 외국인, 여성 등)을 적대하며 자신을 동정하는 광대가 출연하던 시장터 소극笑劇의 전통적 구조와 쉽게 접목되었던 것이다. 전통적인 탐정물이나 스릴러물의 플롯도 냉전 시대의 반서구주의 소설들과 잘 맞아떨어지는 것이었다. 마침 1940년대에 소련도 필요로 하던 세균 무기를, 폭력에 광분하는 미국이 만든다는 소설 내용은 국가 시책을 선전하는 데 적절했던 것이다. 후일 이런 소재들은 또 다른 종류의 쇼비니즘적 공포영화에 동원되었는데, 냉랭한 눈빛의 중국인들의 침략에 맞서 영웅적인 국경수비대와 어부들의 투쟁을 그린 것들이 대표적이다. 우려스러운 점은 민중문화에 대한 우익 민족주의자들의 조작이 점차 큰 효과를 내고 있다는 사실인데, 이는 소비에트 민족주의의 선전 선동이 사라진 자리를 우익 민족주의가 채우고 있음을 방증한다. 1992년 1월 치러진 모스크바 시장 선거에 헤비메탈 밴드 '코로지야 메탈라'Korroziia metalla['금속의 부식'이라는 뜻이다—옮긴이] 리드싱어인 파우크Pauk('거미')가 쇼비니즘적 급진 민족주의 정당의 후보로 나서려 했던 것도 비근한 예다. 이 밴드의 음반에는 시오니스트와 나치메니natsmeny(비러시아계 소수민족에 대한 경멸적 단어)들을 적대하는 수많은 노래들이 포함되어 있었는데, 무의식중에 아이러니를 담아 부르는 노랫말에는 "죽여라, 죽여라, 죽여라, 죽여라, 이방인을 피로 물들여라!"와 같은 것도 있었다. 더욱이 카프카스와 중앙아시아 이민자들을 '우랄 산맥을 기어다니는 바퀴벌레'나 '독버섯 같은 날파리들'이라고 묘사하는 지리노프스키의 태도가 민중들 사이의 외국인 혐오증과 함께 공명하고 있음은 두말할 나위도 없다.[46]

러시아 지식인들이 도시의 민중문화에 대해 회의적인 시선을 갖고 있는 것은 단지 편견이 아니다. 이런 회의감은 민중문화 그 자체에 의해 종종 정당화될 수 있기 때문이다. 톨스토이와 달리, 예술을 아름다움의 원천이라고 생각하는 사람들은 저급한 소극보다는 고귀한 주제나 선

---

46 밴드 '코로지야 메탈라'에 대한 정보는 1994년 4월 21일 영국 텔레비전 채널 4번에서 방영된 「별, 차르, 철십자」라는 프로그램에서 얻었다. Vladimir Zhirinovskii, *Poslednii brosok na Iug*, Moscow, 1993, p.117 [『남방을 향한 최후의 갈증』].

별된 '민속성', 곧 전통적 마술담이나 서사시, 비가, 서정 시가, 주문, 계절 의례 중에서 예술적이라 평가받는 것들만이 더 가치 있다고 간주하며, 감정을 잡아끄는 매혹적인 요소는 민중문화의 보다 근대적 형식 속에서 더 화려하게 피어났다고 여겼다. 불새, 밝은 깃털의 매, 눈[雪]아가씨, 이마에 달이 붙은 사람들, 사원 위의 별 등은 낭만주의 이후의 예술에서 즉각적이고 명확한 호소력을 발휘하던 소재들이었다(반면 『돼지 가죽』처럼 무시된 것도 없지 않았는데, 러시아판 『당나귀 가죽』인 이 작품에서 여주인공은 아버지와의 근친상간을 피하기 위해 돼지 가죽을 뒤집어쓴다). 19세기에 길거리 연극이나 선술집 노래를 예술로 변형시켜야겠다고 생각한 작가는 거의 없었지만, 농촌의 민속은 알렉산드르 푸슈킨, 알렉산드르 오스트로프스키, 표트르 차이코프스키, 이고르 보로딘, 모데스트 무소르그스키, 빅토르 바스네초프, 미하일 네스체로프와 같이 상당히 광범위하게 예술가들을 매료시켰다. 그 결과 20세기 초엽은 민속 모방의 '황금시대'로 기록될 수 있던 것이다. 예컨대 이고르 스트라빈스키의 「불새」, 마리나 츠베타예바의 「아가씨 차르」, 알렉산드르 블로크와 안나 아흐마토바의 시, 이반 빌리빈과 니콜라이 레리흐의 회화, 미하일 브루벨의 회화와 조각 등은 민속적 원천을 통해서 창작되었던 최고의 작품들이었다. 이러한 분위기는 심지어 반反농촌적 분위기가 팽배하던 1920~1930년대에도 지속되었는데, 농촌 출신의 20세기 최고의 반소비에트 시인이었던 니콜라이 클류예프나, 역시 농민의 후손으로 집단화의 신화를 탁월하게 영상화한 「행복」(1934)의 감독 알렉산드르 메드베트킨이 대표적이었다. 게다가 민속성의, 특히 민속 이야기의 직접적인 적용은 리시아 리얼리즘 문학의 고전에도 놀랄 만한 흔적을 남겼다. 가령 이반 곤차로프의 소설 『오블로모프』의 주인공이 기억하는 고향은 수

〈그림 7-6〉「차르 살탄의 연회」. 푸슈킨의 운문「차르 살탄에 관한 이야기」에 대한 이반 빌리빈의 그림. 모스크바, 1905.

많은 민속적 판타지와 행복감으로 가득 차 있는 것이다.[47] 또한 안톤 체호프의 「세 자매」에 나오는 악의적인 며느리 나타샤는 사실 민담에 나오는 나쁜 여인의 이미지와 강한 연관을 맺고 있다. 가장 놀랄 만한 연관은 아마『전쟁과 평화』에서 찾아볼 수 있을 텐데, 여기서 나타샤는 안드레이, 아나톨리, 피에르라는 세 명의 구혼자들이 경쟁하는 대상이 되며, 결국 '바보 이반'의 이야기에서처럼 착하지만 못생겼고 전도가 가장 불확실한 느림보에게 시집가고 만다.[48]

농촌 민속의 엄격한 장르들이 가진 내적인 아름다움, 그리고 (기독

47 이반 곤차로프,『오블로모프』1~2, 최윤락 옮김, 문학과지성사, 2002. ── 옮긴이
48 곤차로프에 관해서는 Faith Wigzell, "Dream and Fantasy in Goncharov's Oblomov", ed. Arnold Mcmillin, *From Pushkin to Palisandria: Essays on the Russian Novel in Honour of Richard Freeborn*, Basingstoke, 1990, pp.96~111을, 체호프에 대해서는 Marina warner, *From the Beast to the Blonde: On Fairy Tales and their Tellers*, London, 1995, p.230을 보라.

교 이전의 러시아 이교 신앙처럼 현대인들에게는 낯선 전통적인 농민적 심성 구조와 같은) 머나먼 원천으로부터 길어 온 불가사의한 신비로움은, 이런 장르들의 채택과 급속한 확산을 너무나 당연하게 생각하도록 해 준다. 그러나 민중예술은 정확히 그 투박함과 아이러니, 자신의 추한 모습에 대한 긍정으로 인해, 헛된 희망에 빠지거나 비가로 흘러가길 원하지 않는 민중의 다양한 감수성에 부응해 왔다. 1922년 "[탐정소설] 핑커턴의 표지가 피카소의 그림보다 더 가치 있다"라는 소비에트 영화의 선언은 참신했지만 어리석고 미숙한 것이었다. 하지만 그렇게 표현된 미학은 세르게이 에이젠슈테인 감독이 「파업」(1924)에서 '룸펜 프롤레타리아' 장면을 통해 보여 준 바와 같은 탁월한 성취를 낳을 수 있었다. 이 작품은 민중 영화의 눈속임 기법이라든지 서커스나 뮤직홀의 매혹적인 성과물들에 대한 방대한 참조로 만들어졌던 것이다. 다른 한편, 한 세대 이후의 시간을 다룬 다닐 하름스의 부조리 소설은 민중적 농담이나 도시 신화에 깊이 연관되어 있고, 이는 니나 사두르의 후기작에도 마찬가지의 영향을 미쳤다. 더 앞 시대로 거슬러가 본다면, 동종의 소재는 고골의 최고 걸작 「코」와 「광인일기」에도 흔적을 남겼고,[49] 심지어 18세기 민중 작가인 미하일 출코프에게서도 발견되는데, 이는 좀더 세련된 형태로 가다듬어진 니콜라이 카람진의 소설에는 없는 요소들이었다.[50] 만일 민속적 전통이 체호프의 몇몇 작품들에 적절하게 영감을 제공해 주었다면, 그의 주목할 만한 작품 「골짜기에서」(1900)는 서구화된 로망스

---

49 니콜라이 고골, 『뻬쩨르부르그 이야기』, 조주관 옮김, 민음사, 2002. ──옮긴이
50 출코프(1743~1793)는 러시아 근대문학의 기점에 자리한 인물로 아직 근대적 서술 기법이나 장르 의식이 완전히 빌진하지 않았던 시대에 활동하던 작가다. 반면 카람진(1766~1826)은 서구와의 교류를 통해 문학이 하나의 제도로서 의식되고 실천되던 시대의 작가이며, 따라서 출코프보다 민속이나 전통과의 연관을 찾기가 더 어렵다고 볼 수 있다. ──옮긴이

전통에 의존한다고 할 수 있다. 속눈썹이 없고 녹색을 좋아하며 쇳소리가 나는 이름을 가진 악녀 악시냐는 멜루지나처럼 뱀 같은 성격의 창조물이었던 것이다.[51] 또한 20세기 러시아 민중예술 분야에서 최고의 화가들 중에는 나탈랴 곤차로바, 이고르 라리오노프, 알렉산드르 베누아, 마르크 샤갈, 보리스 쿠스토디예프, 므스티슬라프 도부진스키, 알렉산드르 티슐레르 등이 있었으며, 음악계에서는 스타니슬라프스키와 쇼스타코비치가 도시 지역의 '쓰레기 음악'에 매력을 느끼곤 했다.

마지막으로, 모든 예술이 성공하기 위해서는 반드시 민중적 주제에 기반해야 한다는 주장은, 마치 모든 예술이 가치 있기 위해서는 대중들에게 무작정 호소해야 한다는 말처럼 부조리하게 느껴짐을 언급하고 싶다. 그럼에도 불구하고 미하일 바흐친이 라블레에 관한 그의 연구에서 웅변적으로 역설했듯,[52] 의미 있는 예술작품을 생산하는 문화적 힘의 본질은 강력하고 생동감 넘치는 민중문화 속에 표현되어 있음이 분명하다. 실로 민중문화는 마음 속에 민중을 염두에 두었든 그렇지 않았든 많은 예술가들의 긍정적인 영감의 원천으로 항상 남아 있는 것이다.

최진석 옮김

---

51 악시냐는 체호프의 단편 「골짜기에서」에 나오는 악녀의 이름으로, 재물을 밝히고 선량한 민중을 괴롭히는 인물로 묘사된다. 멜루지나는 루시의 고대 전설에 나오는 인어로서 상반신은 여성이고 하반신은 두 갈래로 갈라진 바닷뱀의 꼬리 모양을 하고서 뱃사람들을 유혹해 잡아먹었다고 전해진다. 켈트족의 멜뤼진(Melusine)과 유사하며, 그리스 신화의 사이렌에서 파생되었다. ── 옮긴이
52 미하일 바흐친, 『프랑수아 라블레의 작품과 중세 및 르네상스의 민중문화』, 이덕형·최건영 옮김, 아카넷, 2001. ── 옮긴이

2부

문학과 예술

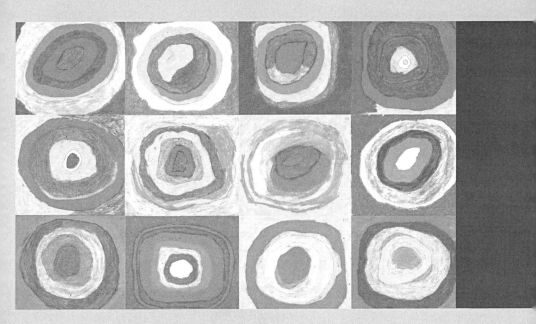

8장

문학

· 데이비드 베데아

한 국가의 문학은 그 국가 국민들의 집단적인 표정, 즉 신화, 열망, 국가적 승리와 트라우마, 현재의 이데올로기, 역사 이해 및 언어 전통들이 의미심장하게 비추어진 거울이다. 그러나 문학은 그 이상이기도 하다. 즉, 시야에 예전에 새겨졌던 것, 그리고 한번 슬쩍 들여다보는 순간 지금 시야에 스쳐 가는 것을 담고 있는 거울 속에 반사된 것 이상이라는 말이다. 실제로 그것은 새로운 의미를 생성하며 그로 인해 미래의 표정을 빚어 낼 수 있게 된다. 문학작품들을 진지하게 받아들이는 사회에서 소설 텍스트나 시 텍스트는 구체적인 결론이나 실제적인 결과가 아니

---

* 데이비드 베데아(David M. Bethea). 위스콘신매디슨대학교 슬라브어 교수, 옥스포드대학교 세인트 앤터니컬리지 러시아센터 시니어 회원(1994~1995), 미들베리컬리지 러시아스쿨 학교장 역임. 저서로 『호다세비치: 그의 삶과 예술』(Khodasevich: His Life and Art, 1983), 『현대 러시아 소설의 아포칼립스적 형상』(The Shape of Apocalypse in Modern Russian Fiction, 1989), 『조지프 브로드스키와 망명자의 창작』(Joseph Brodsky and the Creation of Exile, 1994)이 있고, 『슬라브리뷰』(Slavic Review), 『PLMA』, 『슬라브 및 동유럽 저널』(Slavic and East European Journal), 『러시아리뷰』(Russian Review), 『캘리포니아 슬라브 연구』(California Slavic Studies), 『뉴욕타임즈 북리뷰』(NY Times Book Review) 등에 여러 논문을 발표했다. 『오늘의 푸슈킨』(Pushkin Today, 1993), 『베르베로바에게 보낸 호다세비치의 서신들』(Pis'ma V. Khodasevicha k N. Berberovoi)의 편집자이기도 하다.

라 그에 못지않게 미래의 행동을 품고 있는 어떤 것을 예측해 내는 일종의 유전자 코드가 될 수 있다. 말하자면 문화의 역사적 상상력의 형식들이 될 수 있다는 말이다. 텍스트의 변주는 한이 없는 듯 보이지만, 그럼에도 어떻게 그 문학작품이 러시아 작품이 틀림없다고 우리가 판단할 수 있게 되는 걸까? 플로베르의 엠마 보바리는 어떤 점에서 안나 카레니나를 창조한 위대한 리얼리즘 작가가 만들어 낸 것이라고 여겨지지 않을까? 도스토예프스키의 마르멜라도프는 디킨스의 미코버와 어떻게 닮았고, 더 중요한 것은 어떻게 다르단 말인가?[1] 요컨대 되받아 말하는 거울 속에 무엇이 보여지는가?

근대(1800년에서 현재까지) 러시아보다 전체적인 의미(사회적·심리학적·정치적·역사적·종교적·성적 의미)를 얻기 위해 문학에 의존하는 사회는 없을 것이다. 여러 이유로 우리는 앞으로 이어질 페이지에서 러시아인들이 자신들의 국가정체성 및 문화 신화의 주요 원천인 문학에 반복적으로 의지하고 있음을 다루게 될 것이다. 그러나 글에 대한 이런 관계는 양날의 칼이다. 그것은 진정으로 영감을 불어넣어 줄 수 있는 고도의 진지함을 부여하는 동시에 보다 다원적인(혹은 '세속적인') 서구 독자들을 괴롭힐 수 있는 교훈적 경향을 러시아 문학에 부여하기도 한다. 그러나 독자의 입장이 어떻든 간에 러시아 문화는 문학 없이는 생각할 수 없다. 이는 서구인들에게 '러시아성'에 대한 자신들만의 견해를 수십 년간 만들어 오게 했던 톨스토이와 도스토예프스키의 위대한 소설에만 해당되는 것은 아니다. 이 장의 목표는 일반 독자에게 러시아 문학을 읽

---

1 마르멜라도프는 도스토예프스키의 첫 장편소설인 『죄와 벌』(1866)의 여주인공 소냐의 아버지로 술 주정뱅이로 등장한다. 미코버는 찰스 디킨스의 소설 『데이비드 카퍼필드』(1850)에 나오는 낙천적인 빈털터리 한량이다. ──옮긴이

고 이해하는 데 필요한 기본적인 문화의 윤곽을 알려주는 것이다. 전반부에서 나는 근대 러시아 문학의 몇몇 형성 요인과 두드러진 주제들의 윤곽을 그릴 것이다. 후반부에서는 시기와 장르, 주요 문인들에 관한 골격을 제시할 것이다. 그런 방식을 따라가며 적절한 곳에서 나는 몇몇 중요한 러시아 작가들과 문화 인사들이 어떻게 동시대 서구 사상을 창조적으로 수용하였는지에 대해서도 논할 것이다. 이 장의 목표는 역사적으로 정확하게 기술한다든지 전범을 제시하는 것이 아니다. 그보다는 오히려 이성적으로 정확한 독서 방향을 잡는 것, 즉 우리의 주제 ――그 문화적 가치를 진지하게 다루고, 적절한 맥락에서 그 다양한 말의 자취를 이해하려고 노력하는――를 대하는 자세를 제시하는 것이다.

형성 요인과 두드러진 주제들

최근, 문화는 구름이 둘러싸고 있는 지구의地球儀 위를 맴도는 일종의 '집단무의식'supraconsciousness에 비유되고 있다. 문화는 모든 인간이 자신의 개별 세계 안에서 조종하는 것과 똑같은 의사소통 코드를 대규모로 조작하는 것이다. 러시아의 이론가이자 문학 연구자인 유리 로트만은 세포생물학과 유기화학, 두뇌과학에서 발견한 것들을 토대로, 문화 생태계로서의 인간 커뮤니케이션이라는 개념을 포착하기 위해 '기호계'semiosphere라는 용어를 고안해 냈다. 기호계란 두개골 안의 뇌 기능(즉 '우뇌와 좌뇌의 관계')과 의미 생산, 우리가 외부 세계를 투사하는(혹은 추출하는) 형태들과 상징들이 우리들의 집합적 유기체의 성장과 발견을 향한 정신적 충동이라는 것으로 합쳐지는 곳이다. 이 지점은 메타포, 즉 언어의 산물이며 그렇기 때문에 지구 위 대기처럼 눈에 보이지 않는다는 사실이 기호계를 타자들과의 상호작용에서 생성되는 의미에 비해 덜 '실재적인' 것으로 만들지는 않는다. 이런 점에서 문학은 전통적으로 커뮤니케이션(즉 새로운 정보)의 풍부한 원천으로 여겨졌다. 이는 잠재적으로, 서로 다른 많은 코드들과 '언어들'(문체의 사용역stylistic registers, 방언, 특이한 발화 패턴 등의 의미에서)이 공존할 수 있고 그 경계 내에서 기교적으로 배치될 수 있기 때문이다.

이미 암시했듯이, 근대 러시아 문학은 러시아 문화라는 더 큰 '생태계' 내에서 역동적이며 결정적이기까지 한 역할을 해왔다. 이 역할을 평가하기 위해 다른 메타포(러시아 문학 '뇌'의 내부 사진, 즉 신경외과의들이 CT 촬영이라고 부르는 것)를 제시해 보자. 이런 비유는 물론 부정확하며 (모든 메타포들이 그렇듯이) 차이점보다는 유사점을 나타내기 마련이다. 게다가 그런 비유는 시간에 따른 미묘한 변화들이나 어떤 현상들의 역사적 특수성을 제대로 보여 줄 수 없다. 그럼에도 불구하고, 그 비유는, 이를테면 보다 큰 사회 유기체의 기억에 각인되었던, 분석적인 보편 심리 경향들로서 발견적 가치가 있다. 이 경향들에는 예외들이 존재하고 틀림없이 몇몇 예외는 아주 중요하다. 그러나 이러한 예외들이 경향들을 고려한다는(즉 그 예외들이 경향들을 방해하거나 손상시키기는 하지만 '무시'하지는 않는다는) 사실은 이 정신적 함수 관계가 눈에 보이지 않는다는 것을 의미한다. 왜 이 경향들과 타자가 아닌 것들이 러시아의 상황에서 두드러지게 되었느냐는 것은 과거에 깊이 묻혀 있고, 문화 신화(그들 자신에 관한, 그리고 국민으로서의 운명에 관한 러시아인들의 신성한 전설들)에 대한 질문은 역사 그 자체에 대한 질문과 같다. 물론 목록은 확장될 수 있지만 다음의 목록은 출발점으로 좋은 것 같다.

① 영성

② 극단주의

③ 세속 성자로서의 작가

④ 비정통적 문학 형식들

⑤ 후진성

⑥ 사회적 양심으로서의 문학

⑦ 개인의 문제

⑧ 공간-시간 대립쌍들(동/서, 구/신)

⑨ 에로스 겸 국가 신화

① 영성. 뇌리에 떠오르는 첫번째이자 분명 가장 중요한 형성 요인이자 심리적 특성은 아마 러시아 문화 곳곳에 스며 있는 영성dukhovnost', 그리고 그것과 연관된, 전통적으로 신성한 글의 위상일 것이다. 러시아(키예프 루시)는 988년 블라디미르 공에 의해 기독교화되었는데, 대략 그 시점에서부터 17세기와 18세기에 이르기까지, 오락이나 교화의 세속적인 형식으로서의 문학이라는 개념은 대체로 고려할 가치가 없는 것으로 여겨졌다. 성자들의 생애전vitae, 설교, 연대기와 영웅 서사시(예를 들어 『이고르 원정기』) 같은 것이 있었지만, 근대라는 유리한 위치에서 본 흥미로운 점은 '픽션'이라는 카테고리(즉 인위적이기에 '진실되지 못한' 것이라고 독자들이 파악했던 이야기를 통해 완벽히 창조된 자기충족적인 세계)가 러시아 문학에 뒤늦게 나타났다는 점이다. 사실 러시아 문학의 위대한 작품들이 지닌 매력 중 많은 것이 이러한 독자 수용/지각reception/perception 경향 때문이라고 할 수 있다. 세계에 관한 러시아 '픽션들'은 그 픽션들이 읽혀지거나 흡수되는 실생활의 컨텍스트보다 훨씬

'현실적'이다. 러시아 작가들은 자신들이 책을 한 권 더 쓰는 것이 아니라 신성한 방식으로 제각각 일종의 성서를 쓰고 있다는 신념으로 오랫동안 작업해 왔다. 따라서 일부 근대 러시아 작가들이 투쟁적 유물론자이자 반反영성주의자로서 현실에 접근했다고 여겨졌을 때, 새로운 신앙체계에 대해 그들이 온 마음을 다해 열렬히 전념했던 것은, 개종 테마들로 가득한 다양한 중세적 행위 모델들을 재연/되풀이한 것이었음을 자주 연상시키고 있다. 게다가 톨스토이의 반교권주의 및 정교회의 교리와 의식에 대한 그의 날카로운 비판은, 의미심장하게도 볼테르적 계몽주의와 점잖은 세속주의라는 이름으로 행해진 것이 아니라 '톨스토이주의'로 알려진 '새로운' 종교의 이름으로 행해진 것이었다.

일부 가장 영향력 있는 러시아 시와 소설, 희곡의 그림자 인생shadow life 속에서 지속되고 있는 이러한 영성의 한 특성은 성스러운 글쓰기의 중세적 형식들(특히 성자전)을 이후 세속적 작품들로 바꾸는 것이었다. 이반 투르게네프의 「산송장」, 니콜라이 체르니셰프스키의 『무엇을 할 것인가?』, 도스토예프스키의 『백치』와 『카라마조프 가의 형제들』, 세르게이 스테프냐크-크라프친스키의 『안드레이 코주호프』, 막심 고리키의 『어머니』가 이러한 예에 속한다. 전기vita가 요구하는 것은 개인이 신성화되고 기념비화되며 신성함이라는 탈인격성에 포함되는 것이다. 그런데 유럽과 앵글로아메리카 '부르주아' 전통 속의 근대소설이 개방되어 발전하는 전기와 역사(예컨대 교양소설Bildungsroman[2])의 개인적이고 구체적인 예들에 얼마나 많이 의존하고 있는가를 생각해 본다면 이런 것

[2] 주인공의 정서적·정신적 성장을 테마로 하는 소설로서 독일 문학에서 두드러진다. 괴테의 『빌헬름 마이스터의 수업 시대』나 헤르만 헤세의 『데미안』 등이 대표적이다. ─옮긴이

은 많은 경우 러시아 소설이 서구 관습에서 두드러진 추세들을 거스르게 되리라는 것을 의미한다. 성자다운 행동은 적극적으로 순종적이거나(수난받은 보리스와 글레프 형제의 '무저항' 모델) 도전적으로 파괴적으로 될 수 있다(알렉산드르 네프스키의 '성스러운 전사' 모델). 하지만 한낱 개인적인 임무를 가진 개별 자아로서 자신만의 필요와 의식적으로 연관되어 있는 것은 성자다운 행동이 될 수 없다.

수학자이자 성직자인 파벨 플로렌스키의 선구적인 저작에 따르면, 러시아의 영성에 대한 문학적 표현의 또 다른 중요한 속성은 경계성 liminality 혹은 '이콘 공간'이라고 명명될 수 있는 것에 대한 강조이다. 자연 재료들(나무 위에 그림 그리기), 초자연적이며 이차원적인 형상들, 성스러운 저작이란 관념(이콘 화가는 그저 숭고한 힘의 도구일 뿐이다)을 지니고 있는 이콘은 관찰자에 의해 성스러움의 재현으로 지각되는 것이 아니라 성스러움 자체로 지각된다. 즉 회개하는 한 인간이 이콘에 입을 맞출 때, 그 인간은 말하자면 이콘의 프레임을 '통해' 불경스런 영역에서 성스러운 영역으로 걸음을 옮기게 되는 것이다. 이콘 자체가 매개 mediation라는 서구식 표현(즉 르네상스의 결과 재현적 회화에서 점점 인간을 대신하게 된 삼차원 형상들)으로는 이해될 수 없는 것과 마찬가지로, 이 기적적인 변형을 향해 나아가는 도중에 중간지대나 확장 공간이란 것은 존재하지 않는다. 도스토예프스키 같은 작가가 경계성의 심리주의적 역학관계를 둘러싸고 구성된 주인공이나 상황들, 가령 나스타샤 필리포브나의 초상화와 홀바인의 그리스도 그림 앞에 선 미슈킨을 그리거나 성모 마리아 이콘이 나오는 부분에서 반쯤 미친 자신의 어머니를 회상하는 알료사 카라마조프를 그릴 때, 이와 동일한 이콘 공간, 즉 종교적 회심의 공간(혹은 그것의 악마적인 정반대 위치인, 모든 믿음을 잃어버린 공간)에 우리가 현존하고 있다고 주장할 수도 있다.

　게다가 그 누구도 감행하지 못했던 것을 차르에게 말하는 알렉산드르 푸슈킨의 인물(『보리스 고두노프』)에서부터 소비에트 사회의 술주정뱅이들과 부랑자들에게 복음서 비유들의 과장된 버전을 이야기해 주는 유리 올레샤의 이반 바비체프(『질투』)에 이르기까지, 유로디비iurodivyi(성스러운 바보, 그리스도 상태의 바보)[3]는 러시아 문학 속에서 그토록 중요한 형상이 되고 있다. 그 이유는 유로디비가 대단한 섭리와 표현력을 지니고서 한 인간 안에서 이러한 이콘적 경계성을 포착하기 때문이다. 그는 자진해서 스스로 모욕당하고, 그로 인해 그리스도의 길을 다시금 오가는 것이다. 말하자면, 자신의 자존심과 배제 논리('순수하지 못한 것'에서 '순수한 것'을 추방하는 것)로 사회에 창피를 주기 위해서 말이다. 발가벗은 채로 혹은 허리춤에다 죽은 개의 몸통을 줄로 묶은 채로[4] '상류사회'의 한복판에 뛰어듦으로써, 유로디비는 자신을 강등시키고 소외시키는 것이다.[5] 독자는 선택을 해야만 한다. 이 자는 그저 바보인가 아니면 신성한 지혜의 효과를 드러내는 우스꽝스러운 바보인가? 나는 판결을 내리며 근대 바리새인의 대열에 합류하는가, 아니면 그리스도를 모방하며 역할 바꾸기와 웃음, 바보짓의 카니발적 논리를 축복하는가?

　② 극단주의. 러시아의 영성은 강한 극단주의적 경향을 지니는데, 이 사실은 러시아 역사의 비극적인 인물에 비춰 보면 놀라운 것이 아니

---

3 겉으로는 바보, 광인으로 보이지만 이곳저곳을 떠돌아다니며 고행을 하며 진리를 설파하는 러시아 정교회의 성직자를 가리킨다. ──옮긴이

4 러시아 고행자들에게 많이 알려져 있던 팔레스타인 성직자 시메온의 유로디비적 행동을 기록한 생애전에는 허리춤에서 띠를 풀어 죽은 개를 자신의 몸에 묶고 달렸다는 내용이 나온다. ──옮긴이

5 Harriet Murav, *Holy Foolishness: Dostoevsky's Novels and the Politics of Cultural Critique*, Stanford, CA, 1992.

다. 철학자 니콜라이 베르쟈예프가 언젠가 『러시아의 사상』에서 썼던 것처럼, "민중 삶에서 역동적일 수 있는 두 개의 주도적인 신화, 즉 기원에 대한 신화와 종말에 관한 신화가 있다. 러시아인들에게 우세한 것은 두번째 신화, 즉 종말론적인 신화이다".[6] 게다가 근대 러시아 문학에서 가장 잘 알려진 작품 중 일부(푸슈킨의 「청동 기마상」, 고골의 『죽은 혼』, 도스토예프스키의 『악령』, 고리키의 『어머니』, 안드레이 벨리의 『페테르부르크』, 알렉산드르 블로크의 『열둘』, 예브게니 자먀틴의 『우리들』, 안드레이 플라토노프의 『체벤구르』, 미하일 불가코프의 『거장과 마르가리타』, 보리스 파스테르나크의 『닥터 지바고』 등)는 성서적/아포칼립스적 혹은 유토피아적 신화의 '심층 구조'를 지니고 있다. 의미는 극적이고 대체로 폭력적이며 '엄격한' 해결책 속에서 찾을 수 있는데, 그 해결책이란 신이라는 저자가 바깥/저편에 선 채로 자신의 이야기(인간의 역사)를 불타는 결말ekpyrosis로 끝내려고 결정하거나, 혹은 인간은 자신이 단독 저자요(신은 죽었다), 지상에서의 완벽함이 가능하다고 인지하며, 역사 플롯의 결말로 자신만의 이상적인 폴리스(신의 현세 도시)를 고안해 내는 것이다.[7] 의미가 외부에서 생성되든 내부에서 생성되든, 그 어떤 경우든 '계시'(최후의 진실)와 '혁명'(폭력적인 사회적/정치적 격변) 사이에는 등호가 놓이게 된다. 무신론적 상황을 '새로운' 종교를 가지고서 겨누고 있는 아포칼립스적인 천벌로 묘사된 반란들을 주도한 카리스마 있는 대중적 지도자들(스텐카 라진, 예멜리얀 푸가초프)뿐만 아니라 아마 모든 차르 가운데서 가장 유명한 표트르 대제도 일부 대중(예를 들어 구교도들) 사

---

6 Nokolai Berdiaev, *Russkaia ideia*, Paris, 1946, p.35 [니꼴라이 베르쟈예프, 『러시아 사상사: 19세기와 20세기 초의 러시아 사상의 근본 문제』, 이철 옮김, 범조사, 1980. ──옮긴이].

7 David Bethea, *The Shape of Apocalypse in Modern Russian Fiction*, Princeton, NJ, 1989.

이에서는 적그리스도로, 또 다른 대중(예를 들어 푸슈킨) 사이에서는 대
혁명가로 간주되었던 것이 사실이다.

그러나 러시아인들에게 이러한 극단주의적 멘탈리티를 강요한 것
이 역사적 상황만은 아니었다. 그들의 종교적 상상력의 구조 자체가 얼
마간 확실한 어떤 결론들을 가진다고 주장할 수 있다. 예를 들어, 러시
아의 성자들과 종교사상가들은 가치론적으로 중립적이거나 '중간지
대', 즉 천국으로 가는 도중에 점진적으로('전진'의 개념과 비교하라) 자
신의 죄를 속죄할 수 있는 가톨릭 교회의 연옥에서부터, 불운한 사람들
이 배제되거나 보이지 않게 되는 바로 그때에 그 사람의 개인적인 행복
을 볼 수 있는 '중간층 가치'에 이르는 '중간지대'를 잘 참지 못한다는 것
이 전통적으로 입증되었다. 마찬가지로 러시아인들이 일상생활byt의 리
듬에 아주 회의적인 태도를 보여 온 것 또한 전통적이다. 이 일상적인
공간/시간은 아주 힘겹게만, '의미를 지닐' 수 있는 것으로 보인다. 더욱
이 로트만과 다른 학자들이 보여 준 것처럼, 러시아인들과 어쩌면 대체
로 (동?)슬라브인들이 '협상'과 '합의'dogovor처럼 체면을 구기는 타협적
개념들이 악마의 영역이라고 느끼는 반면, 로마법과 가톨릭 교회를 가
진 서구 전통에서는 그런 생각들이 다소 눈에 띄지 않는다. 즉 인간은
내세에서의 자신(혹은 자신이 사랑하는 사람들)의 위치를 이 세계에서 선
행을 행하고 기부를 하는 등으로 '조정할' 수 있게 된다. 그러나 어떤 신
자든 프레임을 통해서 불경스런 것에서 성스러운 것으로 곧바로 걸음
을 옮겨 갈 수 있는 플로렌스키의 이콘 공간에서처럼, 합의 혹은 '조건
부로 주기' 같은 개념은 "전부 아니면 무"라는 러시아의 종교심이 아주
싫어하는 것임이 자주 증명된다. 따라서 이 맥락에서는 러시아 문화가
수많은 근대 사상가들, 특히 서구에서는 사실상 상상할 수도 없는 인성

의 실제 변용을 향한 야심찬 비전들을 제시한 블라디미르 솔로비요프와 니콜라이 표도로프를 만들어 냈다는 것은 결코 이상하지 않다. 예를 들어, 솔로비요프는 서방 기독교와 동방정교의 신정 혼인이라는 상황을 만들어 냈고, 표도로프는 다름 아닌 우리 조상들의 실제적인 생물학적 부활을 분석·시험해 보았다. 게다가 (이미 언급된 플로렌스키를 포함한) 여러 철학자들은 근대 작가들에게 상당한 영향력을 끼쳤다. 즉 그들의 사상은 고리키, 표도르 솔로구프, 블로크, 벨리, 블라디미르 마야코프스키, 불가코프, 플라토노프, 니콜라이 오그뇨프, 니콜라이 자볼로츠키, 파스테르나크 등의 작품 속에서 변형된 형태로 드러난다.[8]

③ 세속 성자로서의 작가. 러시아 사회는 서구의 세속적 방식들을 수용하는 데에 더뎠고 글은 교회와 정부에 의해 아주 주의 깊게 검토되고 검열되었기 때문에(그로 인해 그 '신성한' 위상이 절대적으로 인정받고 관리되었다), 일반적으로 작가, 특히 시인은 세속 성자이자 매우 자주 수난자(혹은 고통받는 '성스러운 바보')가 되었다.[9] 이 점에 있어서 원본이 되는 것은 푸슈킨의 1826년작 시 「예언자」인데, 이 시의 화자는 여섯 날개의 세라핌(출처는 『이사야서』이다)에게 자신의 죄 많은 예전의 혀를 뽑히게 되고, 이후 그의 말은 메시지로 "사람들의 가슴을 불태우게" 된다. '수난받은' 작가들의 목록은 아주 길고, "신념을 위해 고통받는" 역할은 러시아의 문학적 상상력의 진정으로 결정적인 특성들 중 하나로 여겨짐에 틀림없다. 바실리 트레디야코프스키, 알렉산드르 라디셰프, 푸슈킨, 레르몬토프, 고골, 체르니셰프스키, 도스토예프스키, 블로크, 벨리미

8 Irene Masing-Delic, *Abolishing Death: A Salvation Myth of Russian Twentieth-Century Literature*, Stanford, CA, 1992.
9 Marcia Morris, *Saints and Revolutionaries: The Ascetic Hero in Russian Literature*, Albany, NY, 1993.

르 흘레브니코프, 니콜라이 클류예프, 예브게니 자먀틴, 이사악 바벨, 오시프 만델슈탐, 안나 아흐마토바, 마리나 츠베타예바, 불가코프, 파스테르나크, 알렉산드르 솔제니친, 바를람 샬라모프, 안드레이 시냐프스키, 조지프 브로드스키가 그러한 수난자 목록에 들어간다. 목록을 더욱 늘여 보면 심지어 유명한 자살자들, 가령 알렉산드르 라디셰프, 세르게이 예세닌, 마야코프스키, 츠베타예바까지도 '단순히' 자살을 한 것이 아니며(즉 그들은 사회/국가에 의해서 '죽임을 당했던 것이다'), 이 명부에 적히게 된다. 러시아 작가는 결코 '시민적'이지 않았던 사회에서, 그리고 개인의 권리와 법치에 대한 존중이라곤 없었던, 얼굴 없이 쭉 뻗어나가는 관료제 정부(차르 정부, 이후엔 소비에트 정부)하에서 피뢰침(혹은 채찍)이 되었다.

이 수난자 목록 작업은 어떻게 이루어졌으며 그 정신적 메커니즘들이란 무엇이었는가? (푸슈킨에서 재차용한) 시인 블라디슬라프 호다세비치의 글에서 보면, 러시아 사회와 그 사회의 작가들은 일종의 숙명적인 계약이나 '피비린내 나는 식사'krovavaia pishcha를 시작했다. 타협의 정신이라고는 거의 없는 계약이었다. 시인/수난자는 더 높은 이상(러시아 문화, 러시아 시어)에 봉헌했기에 박해를 당했고 결국에는 (그리스도처럼) 죽임을 당했던 반면, 사회는 십자가 발치에 있었던 본디오 빌라도나 로마 병사들의 역할을 했다. 이 논리에 따르면 박해자들은 다른 식으로 행동할 수가 없었다. 신성한 인물을 죽음에 이르게 함으로써 그들은 더 큰일을 완수하고 있었던 것이다. 그리스도 같은 인물에게 자신의 희생을 통해 '그들을 구원할 수 있는' 기회를 주는 것이다. 박해를 견뎌 낸 인물들(아흐마토바, 파스테르나크)이나 수용소라는 지옥에서 살아서 나온 인물들(솔제니친, 샬라모프)까지도 순교자의 후광을 지닌 채 손상되지 않았으며, 반쯤 신앙과도 같아진 그들의 증언 신화는 확고해졌다. 그로 인해 시인들이 다루긴 힘들지만 없어서는 안 될 무리와 맺은 이 계약으로부터 자신들만의 '운명 지어진' 결말을 어떻게 맞추려 했느냐는 것이 러시아 문학 연구의 매력적인 질문 중 하나가 되었다(푸슈킨의 작품이 다시 한번 전형적인 예가 된다). 러시아의 시인들은 살해당한 형제들(동시에 최초의 '순교자들')인 보리스와 글레프의 유명한 생애에서처럼 온순하게 신의 뜻을 받아들이기보다는, 교회와 정부의 공식적인 신념을 받아들이지 않았다는 이유로 1682년 자신의 종파 추종자들과 함께 산 채로 매장되었던, 굴복하지 않고 '직언하는' 사제장 아바쿰의 생애에 자신들의 생애를 맞추려는 경향이 있었다.

④ 비정통적 문학 형식들. 러시아 작가들은 문학 형식에 대한 독특한 이해로 인해 서구에서 명성을 높여 갔다. 예를 들어, 헨리 제임스는 러시아 소설들의 엄청난 외형을 보고 자신과 다른 동시대인들이 느낀 당혹감을 잘 포착한 유명한 문구에서 러시아 소설들을 "느슨하고 축 늘어진 괴물"이라고 불렀다(그는 톨스토이의 『전쟁과 평화』를 논하는 중이었다). 그러나 논점은 제임스와 그의 유파 전통이 상상할 수 있었던 것보다 훨씬 더 깊어진다. 최소한 가브릴라 데르자빈, 니콜라이 카람진과 푸슈킨의 시대(18세기 후반~19세기 초반)부터 솔제니친과 시냐프스키의 최근작에 이르기까지 러시아 문학은, 서구의 장르 체계를 고려하기도 하고 뚜렷하게 러시아적인 것을 창조해 내기 위해 그에 맞서 동일한 체계를 과감하게 사용하기도 하는, 주요 견본들을 만들어 냈다. 여기서 우리는 두 가지 요소, 즉 ⓐ 단순히 서구의 형식을 복사/모방하는 것이 아니라 자신들만의 것을 만들어 내려는 러시아인들의 욕구와 ⓑ 서구의 유행들(사상 학파, 현재 유행하는 '이즘들' 등)이 근대부터 시작하여 엄격

한 연대순으로 수입되거나 동화된 것이 아니라 성급한 비동시적 조합 속에서 자주 뒤섞인다는 사실을 기억해야만 한다(이어지는 ⑤를 볼 것).

따라서 러시아 작가들은 자신들이 뒤처져 있다는 사실을, 그리고 유럽 문화의 '향연'에 대등하게 도달하기 위해서는 존재하고 있는 모델들을 능가해야 할(혹은 자신들만의 이미지로 다시 만들어야 할) 필요성을 강하게 인지하고 있었다. 대부분의 경우 장르에 대한 기대에 못 미치는 그들의 작품을 세련되지 못한 것으로 부를 수는 없다. '부적합'misfit하다고 통칭되기도 하는 러시아 문학의 걸작 목록은 놀랄 만하며, 어떤 점에서는 그와 동일한 극단주의의 논리적 연장('불가능한 것을 하는 것'과 '예상되는 것을 하지 않는 것')이 국가정체성 속에서 정신적 분투를 지닌 채 관찰되기도 한다. 예를 들어, 데르자빈의 우스꽝스런 송시 「펠리차」, 카람진의 문학 형식으로 된 역사서인 『러시아 국가사』, 푸슈킨의 운문소설 『예브게니 오네긴』, 고골의 소설-포에마(서사시) 『죽은 혼』, 체르니셰프스키의 반反소설적 소설 『무엇을 할 것인가?』, 도스토예프스키의 소설-회상록 『죽음의 집의 기록』, 톨스토이의 괴물 같은 역사소설 『전쟁과 평화』, 소설과 시가 연작을 이루는 파스테르나크의 『닥터 지바고』, 솔제니친의 '문학적 조사 보고 실험'인 『수용소 군도』를 보라. 이와 같은 이종 교배에 한 가지 덧붙일 수 있는 것은, 러시아에서 가장 유명한 창조적인 작가들이 전문적인 역사 기록에 손을 대어 보았거나(카람진, 푸슈킨), 과거를 (완전히 픽션적인 것도 논픽션적인 것도 아닌 형태로) 재구성하려 시도하면서 학계의 역사가들과 공개적으로 경쟁했다(톨스토이)는 사실이다.

⑤ 후진성. 러시아 작가와 사상가, 문화 인사들은 서구에 비해 후진적인 자신들의 상태를 해결하려고 오랫동안 노력해 왔다. 수많은 요인

들로 인해 러시아는 근대 인본주의 사상의 가장 근본적인 두 경향인 르네상스와 종교개혁으로부터 직접적인 수혜를 받지 못했는데, 13세기에서 15세기에 걸쳐 일어났던 몽골의 침입과 점령이 의심할 바 없이 가장 중요한 요인이었다. 그다음 세기들에도 계속해서 러시아인들은 어떻게 서구를 '따라잡을' 수 있을 것인가라는 딜레마에 봉착하게 되었다. 일부는 러시아를 가망 없이 뒤처져 있으며 아웃사이더로 운명 지어진 것으로 보았고(차아다예프), 다른 이들은 유럽이 저지른 실수를 피할 수 있는 기회를 가진 자국의 기이한 위치를 보았으며(게르첸), 또 다른 이들은 바로 그 부족함을 다름 아닌 구원의 임무로 바꾸어 놓았는데, 거기에는 그리스도의 사랑과 희생이라는 최고의 제스처로부터 유럽이 지금 배울 수 있도록 하기 위해 러시아가 야만성으로부터 유럽을 '구했다'는 시나리오가 있다(도스토예프스키). 어떤 경우든 분명한 점은 러시아 작가들이 이 후진성을 무시할 수 없었다는 것이다. 그들은 그것을 다루어야만 했고 어떤 방식으로든 '극복해야' 했다. 슬라브주의자와 서구주의자 간 논쟁(1830년대 후반~1840년대)에서 시작해서 19세기 러시아 사상과 문화 내에 있었던 사실상 주요한 모든 경향들은, 이전에 강제되었던 '다른' 가치와 제도들에, 혹은 '우리의 것'이었고 확실히 토착적이었던 것들의 득실을 계산하면서, 이 후진성의 문제를 다루었다. 고전주의, 낭만주의, 리얼리즘, 상징주의 같은 서구 경향들이 러시아에 들어왔을 때, 러시아 상황(거대한 문맹 소작농 무리에 둘러싸인 저항적인 소규모의 인텔리겐치아가 있는 독재적/관료적 국가)에 그것들을 적용하는 것은 너무 인위적이라는 자각도 자주 있었다. 후진성의 문제들 중 하나는 러시아인들은 자신들이 서구인이 되려 '연기를 하고' 있었다는 것과 이러는 것이 죄스럽다고 자주 느꼈다는 것이다. 예를 들어, 표트르 대제가 강제로 서양 복식을 입히려 시도하자 귀족들은 새로운 유행으로 모직 셔츠를 입음으로써 황제를 방해하기도 했다.

⑥ 사회적 양심으로서의 문학. 일찍이 나데쥬다 만델슈탐이 러시아 문화 내에서의 시의 역할에 관해 썼던 것처럼, "이곳[러시아]에서는 시 때문에 사람이 죽임을 당할 수도 있는데 이는 비할 데 없는 존경의 표지이다. 왜냐하면 사람들은 시로 인해 계속 살 수도 있기 때문이다".[10] 물론 그녀는 시(그리고 문학) 일반에 대해서뿐만 아니라 20세기 위대한 시인인 자신의 남편 오시프 만델슈탐의 작품에 대해서도 말하고 있는 것이다. 오시프 만델슈탐은 그의 저작이 반역죄(그리고 보다 결정적으로 정부 지도자에 대한 모욕)를 지었다는 판결을 받고 스탈린 강제수용소에서 사망했다. 요점은 아이러니컬하게도, 그 정부는 아주 최근까지도 작가들을 잔인하게 박해함으로써 '비할 데 없는 존경'을 보여 왔다는 점이다. 작가들을 침묵시키려 했던 정부의 시도가 글로 쓴 독립 시위의 외침을 한층 강조해 줄 뿐이었기 때문이다. 그리고 정부는 개인을 보호해 주지 않았을 뿐만 아니라 기본적인 인권 개념을 조롱거리로 만들었기 때문에, 전통적으로 문학의 역할은 사회적 양심으로 봉사하게 되었다. 즉 학대받는 자들(소작농, '작은 인간'malen'kiy chelovek[11]인 하급 관리chinovnik, 공장 노동자, 여자와 아이들)을 변호하고, 권력기관(검열, 비밀경찰, 사법체계, 강제 노역 수용소)을 지닌 전제적인 차르제를 비판하는 것이었다. 부분적으로는 검열과 '이솝식' 암호화 및 완곡표현으로 포장되었더라도, 여

---

10 Nadezhda Mandelstam, *Hope Abandoned*, trans. Max Hayward, New York, 1974, p.11.
11 근대 러시아 사회에서 억압받고 소외된 하층민들을 문학적으로 형상화한 명칭으로서 고골, 도스토예프스키 등의 작품에서 생생하게 표현되었다. 「외투」의 아카키 아카키예비치, 『가난한 사람들』의 마카르 데부슈킨 등이 대표적이다. —옮긴이

타 사회기관들을 통해 발언될 수 없었던 관심사를 표명하는 경향은 러시아 문학에 강한 교훈적 경향과 도덕적 강직함이라는 감각을 주었다. '문학'을 (폭넓게 정의하여) 사회 변혁의 수단으로 사용하고자 하는 이같은 충동이 러시아 문화 내에 항상 있어 왔느냐에 대해서는 논쟁의 여지가 있다. 하지만 근대에 그 충동이 커지게 된 것은 잡계급raznochinets 출신의 위대한 비평가 비사리온 벨린스키라는 이름 및 1830~1840년대의 그의 문학 저널리즘과 통상 연관되어 있다. '벨린스키 노선'의 여러 주도적 실천자들이 쓴 저작들이 달고 있는 의문형의 제목은 현 상황에 대한 양심적 저항으로서의 문학이라는 이러한 견해를 강하게 말해 주고 있다. 예를 들어, 게르첸의 소설 『누구의 죄인가?』(1847),[12] 니콜라이 도브롤류보프의 에세이 「오블로모프주의란 무엇인가?」(1859)와 「참된 날은 대체 언제 올 것인가?」(1860), 체르니셰프스키의 소설 『무엇을 할 것인가?』(1863)[13]가 있다.

⑦ 개인의 문제. 개인/개인성lichnost'의 문제는 사회적 양심으로서의 러시아 문학의 기능(위의 ⑥번)과 밀접하게 연관되어 있다. 만약 벨린스키와 시민 비평가 전통이 러시아라는 존재의 부정적인 면(정부가 기본적 존엄과 자존심에 관한 시민들의 요구를 거절했던 것)을 가차 없이 폭로했다면, 다른 많은 작가 측의 관심은 '긍정적 주인공'polozhitel'nyi geroi을 모색하며 표현되는 '개인(성)'을 위한 긍정적인 내용을 찾는 것이었다.[14] 19세기와 20세기의 러시아 문학에는 인물 '전형'이 수없이 나타났다. 예를 들어, 재능이 있고 종종 '고귀한' 신분일 때도 있지만 활동할 만한 역사

---

12 알렉산드르 게르첸, 『누구의 죄인가?』, 박현섭 옮김, 열린책들, 1991. ──옮긴이
13 니꼴라이 체르니셰프스끼, 『무엇을 할 것인가?』, 서정록 옮김, 열린책들, 2009. ──옮긴이
14 Rufus Mattewson, Jr., *The Positive Hero in Russian Literature*, Stanford, CA, 1975.

적 장소가 없고 그로 인해 의지 상실을 반복적으로 겪게 되는 '잉여 인간'lishnii chelovek(알렉산드르 그리보예도프의 차츠키, 투르게네프의 루딘, 이반 곤차로프의 오블로모프), 엄밀하고 비감상적이며 과학적인 유물론자이지만 불가피하게 그를 '따라잡을' 사회를 기다려야만 하는 1860년대(그리고 그 이후 소비에트 시대)의 '새로운 인간'(투르게네프의 바자로프, 체르니셰프스키의 라흐메토프, 고리키의 파벨 블라소프), 러시아의 숨겨진 잠재력을 보여 주기 위해 자주 창조되는, 나약한 남자 주인공들에게는 부족한 용기와 결연한 이상주의를 가지고 있는 '강한 여성'(푸슈킨의 타티아나 라리나, 곤차로프의 올가 일린스카야, 표도르 글라드코프의 다샤 추말로바, 불가코프의 마르가리타)이 나타났다. 게다가 글에 대한 세속적/'회의적' 접근에 상반되는 것으로 종교적/'극단주의적' 접근을 제시하는 방식으로, 러시아 독서계는 소설 속 카리스마 있는 행동의 묘사와 텍스트 밖 현상계 내에서의 행동법칙들 간의 직접적이고 규범적인 연관성을 자주 만들어 냈다. 플로렌스키의 이콘 공간과 마찬가지로, 말은 메타포적으로 말해, 사람을 대신하는 것이 아니라 그 사람 자체, 그의 가장 실재적이고 신성한 자취인 것이다.

⑧ 공간–시간 대립쌍(동/서, 구/신). 최초의 형성기에서부터 러시아는 '여러 국가의 역사' 속에서 자신을 어떻게 보아야 할 것인가(예컨대 동방 기독교나 서방 기독교 중에서 자신을 위해 어떤 것을 선택해야 하는가)라는 문제에 직면해 왔다. 러시아 역사 속의 많은 전환점들과 (대부분이 아니라면) 수많은 문화적 기념비들은, 점점 더 방대해지고 다양해지는 이 국가와 국민들이 '서양인'인지 '동양인'인지 아니면 보다 중요한, 이 둘의 새로운 조합인지에 대한 문제에 집중해 왔다. 그러나 최근까지 충분하게 논의되지 못한 것은 동/서라는 공간적인 대립쌍 속에 구/신이라는

또 다른 시간적인 대립쌍이 어떻게 동시적으로 단단히 고정되었냐는 것이다. 다른 말로 하자면, 이 대립쌍들은 의미 구축을 위해 필요한 것들인데, 어떤 고조된 상황에서는 각각의 연장으로 보여질 수도 있다. 그 대립쌍들의 저마다의 가치(득/실, 좋음/나쁨, 우리/그들)는 상황에 따라 바뀔 수 있지만 러시아의 역사적 상상력 속에서 그것들이 서로 연관되어 있다는 것은 현재로선 의심의 여지가 없는 것으로 보인다.

두드러진 몇몇 예를 들어보자. 초기의 『율법과 은총에 대한 설교』 (1037~1050년경)[15]에서 일라리온은 러시아인들의 '새로운' 언약을 자유를 지닌 신부 사라(따라서 신약성서의 은총)에, 비잔틴의 '옛' 언약을 여종 하가(따라서 구약성서의 율법)에 비유한다. 몇 세기 후, 사제장 아바쿰은 1660년대의 교회 대분열 기간에 이 가치들을 전복하고자 하였다. 즉 교회/정부에 의해 강요된 니콘의 '새로운' 개혁들은 이제 적그리스도의 영역이자 구교에 대한 배반으로 간주되었다. 게다가 콘스탄티노플('제2로마')이 1453년 오스만투르크족에 의해 무너졌을 때, 바실레우스(기독교 왕국의 영적 지도자이자 동시에 세속적 지도자였던 황제)로서의 차르를 지닌, 제3로마(이자 마지막 로마)로서의 모스크바의 역할은 분명해졌다. 외국 알파벳을 사용하는 정자법, 서구 건축에 대한 애착, 새로운 역법을 포함한 표트르 대제의 개혁은 구교 분리파 신도들을 분명히 자극했다. 왜냐하면 이러한 혁신들이 신/서구라는 신성하지 않은 범주를 합쳤고, 이 둘을 호환 가능한 것으로 만들었기 때문이다. 구교 분리파 신도들은 차르 표트르가 진정한 바실레우스가 될 수 없기에 사기꾼, 말하자면 적그리스도임이 틀림없다고 주장했다. 최근 몇 세기 동안 이러한 이항 대

---

15 조주관 편역, 『러시아 고대문학 선집 1』, 열린책들, 1995, 87~99쪽에 실려 있다. ──옮긴이

립쌍들은 신화로 포화된 러시아의 지리학 속에서 특히 두드러졌다. '오래되고' 보다 토착적인 도시인 모스크바 대對 '새롭고' 보다 서구화된 도시인 상트페테르부르크가 그 예이다. 일반적으로 말해 러시아의 문화적·정치적 인물들은, 그리고 더 확실한 이유로 작가들은 긍정적인 미래의 이상(신/서구의 관념에서 나타나는 근대 도시나 기술 유토피아)이나 긍정적인 과거의 이상(구/토착적 관념에서 생겨난 소작농 미르mir/오프쉬나 obshchina[16] 같은 고대의 마을 유토피아)에 시선을 돌림으로써 문제가 많은 현재를 바라보는 경향이 있었다.

⑨ 에로스 겸 국가 신화. 러시아/슬라브 문화의 이교도적 뿌리는 기독교의 전래로 잊혀진 것이 아니었다. 실제로, 학자 보리스 우스펜스키가 지적하고 있는 것처럼, 이 뿌리는 신화 차용이란 형식 속에서 전이를 통해 자주 '기억되고 있다'. 즉, 기독교 수용 이전의 신들은 러시아 기독교 세계의 악마들이 되었다(예컨대 볼로스/벨레스는 볼로사티크, 즉 '나무 악귀'가 되었다). 이런 점에서, 러시아 작가들과 사상가들이 시간과 공간을 신화화하는 가운데 불가피하게 발전되었던 것 중 하나는 '어머니 대지'mat' syra zemlia라는 이교도적 개념과 '성스러운 루시'Sviataia Rus'(이 용어는 16세기 안드레이 쿠르프스키 공이 이반 4세와의 서신 왕래에서 처음 사용했다)라는 기독교적 개념이 합쳐진 데다 각 개념을 확장시켰다는 점이다. 그 결과, 과거 두 세기에 동안의 수많은 탁월한 작품 속에서 표현된 근대 러시아 문학의 온갖 플롯 중 가장 훌륭한 플롯은 아마도 그리스도 같은 용사가 국가의 거대한 잠재력을 상징하는 여주인공을 구출/구원하는 것을 포함하는 것이었다. 동화의 논리와 기독교의 신성혼 논리(「요

---

16 혁명 전까지 러시아의 시골에 존재했던 마을 공동체를 가리킨다. ──옮긴이

한계시록」에 나타난 양과 신부의 결혼)가 손을 잡은 것이다.

이는 러시아 국가의 신화가, 그 핵심에 있어서는 심히 에로틱화되었으며 동시에 기이하리만치 승화/추상화되었음을 가리킨다. 인간의 사랑은 이처럼 보다 높은 소명 바깥에서는 의미를 가질 수 없다. 푸슈킨의 타티야나, 도스토예프스키의 나스타샤 필리포브나, 톨스토이의 안나 카레니나, 솔로비요프의 소피야, 블로크의 아름다운 여인/낯선 여인, 불가코프의 마르가리타, 파스테르나크의 라라, 이 모든 여주인공들과 이보다 더 많은 여주인공들은 주로 러시아 역사의 비극적 화신으로, (넓게 말해) 러시아 역사와 연결된 숙명을 지니고 있다. 그들 중 많은 이들이 사랑 때문에 죽는다. 어떤 의미에서, 이 여주인공들의 삶과 사랑은 제대로 된 '백마 탄 왕자님'이 그를 맞이할 준비를 하고 있는 역사적 배경 속에 나타날 때까지는 해피엔딩을 맞을 수 없다. 하지만 뒤처져 있는 러시아 문화를 고려해 볼 때 '백마 탄 왕자님'이 나타날 가능성은 희박하다. 위대한 여류 시인들인 츠베타예바와 아흐마토바마저도 러시아의 역사적 시간이라는 비극 속에 고통받는 아내, 어머니, 애인으로 참여한다. 츠베타예바의 자유 여전사(애인을 구해야만 하는 '그녀') 및 남성 역할 연기의 덫에 걸려 버린 전형적인 여주인공(오필리어, 거트루드, 페드르)으로서의 역할이나 아흐마토바의 「레퀴엠」 속에서 실제로 고통받고 있는 어머니의 메타포가 그러하다(그녀의 첫번째 남편인 시인 니콜라이 구밀료프는 총살당했고, 그녀의 가까운 친구 만델슈탐은 스탈린 수용소에서 사망했으며, 그녀의 외아들 레프 또한 투옥되었다). 요컨대 러시아 문학의 에로틱한 테마는 전통적으로 부르주아적 사랑이나 가족의 행복보다 훨씬 더 많은 부분을 차지해 왔다. 만약 여자 주인공이 천상적인 어머니와 지상적인 창조자demiurge의 어떤 조합으로 그려진다면(예를 들어, '낯선 여인'은 매춘부인 동시에 지상적이지 않은 매혹적인 여인이고, 마르가리타는 희망/용서의 영혼인 동시에 벌거벗은 채로 날아다니는 마녀이며, 라라는 막달라 마리아 형상인 동시에 다시 태어나길 기다리고 있는 러시아의 형상이다), 남자 주인공 역시 그리스도적인 패러독스로 나타나는 듯 보인다(예를 들어, 『열둘』에서 양성적 모습으로 습격을 일삼는 적군 열두 제자의 리더, 의지가 약한 적십자 기사로서 시인이자 의사인 지바고, 가망 없을 정도로 과대망상에 사로잡혀 미치기 직전인 위대한 예술가 '거장').

따라서 주목할 만한 몇몇 예외(예를 들어 푸슈킨)에도 불구하고, 근대 러시아 문학은 세련된 억압이나 '빅토리아니즘'이라는 자신만의 특별한 낙인에 시달렸다. 육체적 쾌락의 원천으로서의 섹스 그 자체나 자식을 만들기 위한 생식 수단일 뿐인 섹스는 돈키호테적인 러시아 진리 추구자에게는 '모욕'과 같은 것이 될 수 있다. 마찬가지로 성행위를 본질상 굴욕적으로 느꼈거나 생물학적 아이가 생길 가능성을 두려워했던 영향력 있는 작가와 사상가들(솔로비요프, 표도로프, 블로크, 벨리, 마야코프스키 등)의 수가 두드러진다. 철학자 바실리 로자노프 같은 경우는 극히 드문 예외였는데, 일상생활에서의 섹스와 가족적 삶을 옹호했던 그는 성직자답지 않은 스캔들을 일으켰지만 이는 그저 일반적인 법칙을 증명해 줄 뿐이었다. 두려움이란 가톨릭과 프로테스탄트 서구에서와 같은 죄악이라기보다는 우주적 무관심, 무목적성이었다. 어쩌면 러시아 문학 전체에서 에로틱한 쾌락의 '악마적' 기원을 가장 강력하게 비난한 것은 소설 「크로이체르 소나타」 속의 톨스토이에 해당될 것이다. 톨스토이는 전형적인 극단주의적 풍조 속에서 '의미 없는 섹스'보다는 금욕과 그로 인한 인류 자체의 종말을 더 선호했다.

장르, 시기, 주요 인물들

이 장의 목적에 맞게도 러시아 문학은 세 개의 표준 장르 범주, 즉 시·산
문·희곡으로 나눌 수 있다. 각 장르는 결과적으로 수많은 형식적 변형/
하부 장르들을 포함한다. 즉 '시'에는 송시·발라드·비가·서정시·소네
트·서사시가, '산문'에는 장편·중편povest'·단편·여행기가, '희곡'에는 희
극·비극이 포함된다(이 책의 다른 장에서 다룰 러시아 연극과 희곡에 대해
서는 거의 언급하지 않을 것이다). 보다 산문 지향적인 서구에서 반드시
이해받거나 인정받았던 것은 아닌 러시아 문학사의 중요한 디테일은
러시아에서는 시가 주도적인 장르로 역할을 해왔다는 것이다. 러시아
문학에서 소위 19세기 초에 시작된 '금세기'와 20세기 초에 시작된 '은
세기'에 선두에 섰던 것이 시와 시인들이었다. 사실 국가 신화의 관점에
서, 결투에서 얻은 부상 때문에 그가 세상을 떠난 그날(구력 1837년 1월
29일) 블라디미르 오도예프스키가 "우리 시의 태양이 졌다"라고 공표한
이래로 줄곧, 푸슈킨은 러시아 문화의 '금고'와 그 '빛'의 주요 원천으로
여겨져 왔다(그로 인해 '금'세기라는 표현이 나타난 것이다). 이와 마찬가
지로, 새로운 소비에트 시대가 시작되기 직전 혁명 후 독서계는 1921년
에 있었던 은세기 최고의 시인인 상징주의자 알렉산드르 블로크의 미
스테리한 죽음을 한 시대의 죽음이자 일종의 '월식'으로 여겼다.

러시아 문학이 주로 가장 접근하기 쉽고 가장 번역이 용이한 장르
들, 즉 단편, 희곡, 그 무엇보다 장편소설을 통해 서구로 진출했던 것은
필연적이다. 그럼에도 불구하고 러시아의 문학적 상상력에 있어 기본
적인 동인이 되어 왔던 것은 바로 시다. 가령 위대한 소설은 시의 혁신,
시가 열었거나 지나쳐 왔던 문들을 따르는 경향이 있었다. 교육받은 많

은 러시아인들은 시인들, 예를 들어 19세기의 푸슈킨, 예브게니 바라틴스키, 레르몬토프, 표도르 튜체프, 니콜라이 네크라소프, 아파나시 페트와 20세기의 블로크, 마야코프스키, 흘레브니코프, 파스테르나크, 아흐마토바, 만델슈탐, 츠베타예바와 브로드스키 등이 자국 최고의 작가들이라고 여기곤 했다. 언어 내의 고유한 가능성들(예를 들어 언어의 굴절 어미들이 끊임없는 압운 조합들을 만들어 낸다)과 외부 역사적 현실의 비극적인 핵심(후진성, 실패한 모반들, 암울한 현재, 과거를 '뛰어넘고자' 하는 충동)이 러시아 시인을 수직적/메타포적 시간의 장인으로, 탁월한 신화 직조자로 만들어 주었다.

여기서 최근의 역사서[17]에 따라, 일반적인 시대 구분을 통해 러시아 문학을 살펴 보는 것이 도움이 될 것이다.

① 고대 러시아 문학(988~1730)

② 신고전주의/계몽주의(1730~1790)

③ 감상주의/전기낭만주의(1790~1820)

④ 낭만주의(1820~1840)

⑤ 자연주의와 그 영향(1840~1855)

⑥ 리얼리즘 시대(1855~1880)

⑦ 리얼리즘에서 모더니즘으로의 이행(1880~1895)

⑧ 모더니즘(1895~1925)

⑨ 사회주의 리얼리즘(1925~1953)

⑩ 소비에트 시대의 여명(1953~1987)

17 Charles Moser ed., *The Cambridge History of Russian Literature*, 2nd ed., 1992.

⑪ 글라스노스트와 포스트글라스노스트(1987~)

도식화를 통해서는 도식상의 시기 구분이나 우세한 경향 속에 중요한 인물들을 모두 포함할 수가 없다. 가장 두드러진 문제들 중 둘만 예로 들어 보자. 고골이 벨린스키가 그를 가리켜 일컬었던 '자연주의자' 그 이상이기도 하고 그 이하이기도 한 것처럼, 푸슈킨은 낭만주의 시기에 정확히 떨어지지만 많은 방식에서 낭만적이지 않다. 그럼에도 불구하고 이런 도식화는 대다수의 러시아 작가들에 있어서는 꽤 정확하기에 우리들은 이어질 논의에서 이 도식을 다시 언급하게 될 것이다.

근대 러시아 작가들에게 고대 러시아 문학이란 우선 참조할 수 있는 정신적인 틀이며 공유 유산으로서 중요한 것이었다. 연대기, 성자전, 번역 기도문 텍스트와 원전 기도문 텍스트(기도, 찬송가, 설교), 군사 이야기/서사시, 여행기, 이 모든 것들은 분명 러시아 문화에 지워지지 않는 흔적을 남겼다. 그러나 고대 러시아 문학 텍스트는 대다수가 독자들에게 '순수문학'이나 '픽션'으로 여겨지지 않기 때문에, 근대의 세속 문학에 실제적인 형식이나 장르를 제공할 수는 없었다. 따라서 고대 문학의 그림자 존재는 세속적 대응물에 있어서는 '심층 구조'나 '지배적 플롯'이 되는 것이다. 예를 들어, 생애전은 도스토예프스키의 『카라마조프 가의 형제들』이나 체르니셰프스키의 『무엇을 할 것인가?』의 소설 구조를 통해서 보여질 수 있다. 18세기에 와서야 러시아 신고전주의의 도래와 계몽주의 가치관의 수입과 함께, 서구의 장르 체계와 시학이라는 개념(예를 들어 니콜라 브알로-데프레오의 『시학』)이 교육받은 러시아 작가와 독자들의 주요 관심사가 되었다. 바실리 트레디야코프스키(1703~1769)와 알렉산드르 수마로코프(1717~1777)는 정교한 문학 장르 체계를 위한 법칙들을 개발했다. 트레디야코프스키와 미하일 로모노소프(1711~1765)는 음절 강세법[18]이라는 새로운 작시법을 고안했고, 로모노소프는 삼문체(상문체, 중문체, 하문체)[19]라는 고전 체계의 변형을 러시아 문학어에 적용시켰다.

푸슈킨이라는 현상, 그리고 러시아 시의 금세기라는 현상을 가능하게 만들었던 주요 선구자로 두 인물, 즉 가브릴라 데르자빈(1743~1816)과 니콜라이 카람진(1776~1826)이 두드러졌다. 군인이자 정치가이며 예카테리나 여제의 고문이었던 데르자빈은 시 쓰는 일이 직업이라기보다는 취미였던 때에 단번에 당대 최고의 시인이 되었다. 그는 신고전주의의 장르들, 무엇보다 송시ode를 기묘하고도 매력적으로 러시아적인 것으로 만들었다. 그의 성숙한 언어는 모방적인 것(러시아 신고전주의의 폐해)이 아니라 색채와 소리들, 정통이 아닌 어법, '상문체'와 '하문체'가 뒤섞인 문체들(놀랄 만큼 사실적인 디테일을 지닌 고대교회슬라브어적 의고주의)로 가득 차 있었으며, 일종의 거친 광채와 현상계에 대한 사랑에 홀려 있었다. 유명한 송시 「펠리차」(1782)에서 그는 예카테리나 여제

18 각 시행에 일정 수의 강세와 일정 수의 음절을 조합하여 만드는 작시법의 일종으로, 18세기 중엽 트레디야코프스키와 로모노소프의 개혁에 의해 도입되어 오늘날까지 러시아에서 널리 이용되고 있다. 음절 강세법이 도입되기 전에는 폴란드를 통해 들어온 음절법이 유행하였으나 각 시행마다 고정된 수의 음절을 가져야 하고 각 시행의 중간에는 반드시 휴지부가 나타나야 하며 각 시행은 여성운으로 끝나야 한다는 규칙을 지닌 이 음절법은 러시아어 특성에는 맞지 않았기에 음절 강세법이 도입된 이후 완전히 사라지게 되었다. ── 옮긴이

19 삼문체론이란 과학·교육·역사·문학 등 여러 분야에서 수많은 업적을 남긴 학자 로모노소프가 「러시아어로 쓰인 교회 서적의 유용성에 관한 서문」(1757)에서 주장한 문체론이다. 그는 러시아어 단어를 세 가지 유형(교회슬라브어, 슬라브-러시아어, 러시아어)으로 나누고 이에 근거해 문체를 상문체·중문체·하문체로 분류한 뒤, 글의 성격에 따라 문체를 구분하여 쓸 것을 당부한다. 그는 영웅 서사시, 송시 등은 상문체로, 비극, 운문 서한, 풍자, 비가 등은 중문체로, 희극, 오락성 경구, 노래, 산문 서한 등은 하문체로 써여야 한다고 주장하였고, 실제로 이 삼문체론에 입각해 여러 종류의 글을 썼다. ── 옮긴이

의 변덕스러운 간신배들을 은밀하게 조롱하면서 여제를 칭송하는 방식을 찾아냈고, 후기('아나크레온풍'[20])에 그의 시는 음식과 포도주로 넘치는 테이블과 민속 의상을 입은 매력적인 소작농 아가씨들, 그런 순간들이란 드물고 소중하다는 것을 알고 있는, 즐겁게 늙어 가고 있으며 얼핏 보면 사티로스 같은 거장의 눈부신 만화경이 된다.

모든 면에 있어 데르자빈과 정반대되는 인물은 카람진이다. 데르자빈이 휘몰아치고 과장하는 반면, 카람진은 점잖고 양식화되었다. 데르자빈이 고풍적이고 '러시아적인' 반면, 카람진은 유럽적이고 특히 '프랑스적'이다. 데르자빈의 지향이 주로 ('바로크적' 풍성함이 혼합된) 신고전주의적인 반면, 카람진은 로렌스 스턴과 루소식으로 '감상적'이다. 그럼에도 불구하고 카람진의 주요 작품들, 특히 『러시아 여행자의 편지』(1797, 최초 완간 1801), 컬트적 위상을 지닌 단편소설 「가련한 리자」(1792)와 그 무엇보다 기념비적인 『러시아 국가사』(1818~1826)는 문학어를 개혁하는 데 있어서나 좀더 의식적이고 세계시민주의적인 새로운 독자(특히 여성 독자)를 길러 내는 데 있어서나 전례가 없을 만큼 성공적이었다. 데르자빈이 독자에게 상문체인 고대교회슬라브어적 뿌리 없이는 러시아 문학이 그 이름에 걸맞게 나아갈 수 없다는 것을 상기시켰다면, 카람진은 자신의 독자에게 정반대의 것을 상기시켰다. 즉 더 넓은 배경 속에서 자신들의 역사적 자의식을 가지기 전까지 러시아인들은 유럽인이 될 수 없다는 것이다. 돌이켜 보면, '운명 지어진' 것까지는 아니라 하더라도, 데르자빈과 카람진은 두 개의 문학 단체, 즉 상문체적

---

20 아나크레온은 고대 그리스의 시인으로, 그의 서정시의 기본적인 모티프는 육체적인 사랑, 포도주, 태평한 삶 등이다. 이후 이런 테마로 쓰여진 시를 '아나크레온풍의 시'라고 부른다. ──옮긴이

인 '러시아어 애호가들의 대담'Beseda liubitelei russkogo iazyka과 프랑스-러시아적인 '아르자마스'Arzamas의 우두머리에 해당하여 이들의 위트 넘치는 논쟁에서 젊은 푸슈킨이 태어날 수 있었다고 볼 수 있다.[21] 게다가 연로한 데르자빈이 차르스코예 셀로에서 있었던 학생 푸슈킨의 생애 첫 공식 낭송 자리에 있었고, 시인 반열에 들도록 푸슈킨에게 (로트만의 표현으로) "작위를 수여"했다는 점, 그리고 생애 후반부에 푸슈킨이 푸가초프의 난을 조사하면서 카람진의 '고결한 인간의 공적'(차르 가까이에서 독립적이며 사실에 기반한 정확하고도 나무랄 데 없는 조사를 거친 역사물)을 자신의 말로 반복하려고 시도했었다는 점도 딱 맞아 떨어지는 듯 보인다.

푸슈킨(1799~1837)은 19세기와 20세기 러시아 시 문화의 중심에 서 있다. 그의 초기작이 전기낭만주의적인 바실리 주코프스키(1783~1852)와 콘스탄틴 바튜슈코프(1787~1855)의 작품, 특히 바튜슈코프가 『그리스 선집』에서 취한 아나크레온풍 테마를 러시아식으로 개작한 것으로 가득 차 있다면, 성숙기의 작품은 러시아의 모든 작가들, 무엇보다 뒤이어 나타날 시인들을 위한 전례 없는 어젠다를 세운다. 그것은 유명한 러시아 국내외 선구자들(데르자빈, 카람진, 바이런, 셰익스피어, 스콧)을 동급으로 결합시키고, 역사와 국가 운명에 관한 논쟁점(동란의 시대, 표트르 대제의 유산, 푸가초프의 난)을 객관적으로 정의한다. 게다가 차세대 작가들에게 인물 유형 갤러리를 제공한다(『예브게니 오네긴』의 타티

---

21 '러시아어 애호가들의 대담'은 데르자빈과 알렉산드르 시슈코프의 주도로 1811년 페테르부르크에서 조직된 문학 단체이다. 보수적인 입장을 취하며 문학어 개혁에 반대하였기에 이 단체에 맞서 진보적인 문학 단체 아르자마스가 탄생하게 된다. 1815~1818년 사이 카람진을 중심으로 뭉쳤던 아르자마스는 주코프스키, 바튜슈코프, 뱌젬스키, 푸슈킨 등의 작가들이 회원으로 있었다. ─옮긴이

야나 같은 강한 여성, 오네긴과 같은 잉여 인간, 「집시들」의 알레코와 「그 일발」의 실비오 같은 바이런적 반反주인공, 「스페이드의 여왕」의 게르만 같은 '나폴레옹적' 노력가, 「역참지기」의 삼손 비린과 「청동 기마상」의 예브게니 같은 '작은 인간'). 또 그는 '러시아의 프로테우스'라는 이름을 얻을 만큼 매혹적이고 다양한 방식으로 장르의 경계(서정시/비가, 시적 내러티브, 운문소설, 무운 드라마, 산문 소설, 역사 기술)를 확장시킨다. 그에 못지않게 중요한 여러 사건으로 가득 차 있는 그의 인생 스토리, 즉 조숙한 학생으로서의 신화적인 어린 시절, '자유지향적' 시로 인한 유형流刑, 비밀스런 연애 사건들, 데카브리스트들과의 우정, 차르 니콜라이와의 곤란한 관계, 자신의 부인의 명예를 지키기 위해 벌였던 치명적인 결투는 아주 중요하다. 왜냐하면 호다세비치의 예리한 표현을 따르자면, 그의 삶은 "삶이 유기적이며 의식적으로 예술에 녹아 든 러시아 최초의 전기이며 …… [푸슈킨은] 시인으로, 단지 시인으로만 살았던 최초의 인물이며 이를 위해 죽었기" 때문이다.[22] 간략히 말해, 푸슈킨의 삶은 전형적인 시인의 삶이었으며, 이는 레르몬토프, 블로크, 만델슈탐, 아흐마토바, 츠베타예바, 파스테르나크가 그 누구보다 잘 알고 있었던 사실이었다.

따라서 푸슈킨은 마법과도 같은 버팀목 혹은 그 이상이다. 즉 그는 근대 초기 러시아 문학의 신화시학적 '투석기'인 것이다. 멋지게 말하자면, 그는 구/신과 동/서의 완벽한 조합물(18세기 프랑스 계몽주의의 가치들, 19세기 낭만주의, 러시아의 역사의식과 민중의식, 리얼리즘의 첫번째 빛)이 됨으로써 서구를 따라잡기 위한 격렬한 경쟁 속으로 차세대 작가들

---

22 Vladislav Khodasevich, "Pamiati Gogolia", ed. Nina Nikolaevna Berberova, *Literaturnye stat'i i vospominaniia*, New York, 1954, p.89 [「고골의 기억」, 『문학 에세이와 회상들』]. 강조는 인용자.

을 발사했던 것이다. 그는 러시아 작가들로 하여금 러시아 문화가 성년에 이르렀다는 것을 의식하도록 해주었다. '푸슈킨 거성군', 즉 푸슈킨의 '귀족적' 편향을 공유했던 안톤 델비크(1798~1831), 예브게니 바라틴스키(1800~1844), 표트르 뱌젬스키(1792~1878) 같은 동시대 시인들을 통해 푸슈킨은 19세기 러시아 시를 (그것이 항상 대중적인 것은 아닐지라도) 특징지을 만한 속성 하나를 제공했다. 이데올로기적이며 사회적인 행동주의자에 반대되는, 무엇보다 미학적/사적/명상적인 인물이 바로 그것이다(이는 네크라소프 노선에 반하는 아파나시 페트 같은 시인을 칭하는 것이기도 하다). 푸슈킨은 델비크의 잡지 『북방의 꽃』과의 연대를 통해, 그리고 자기 소유의 잡지 『동시대인』을 통해 독립적인 직업 작가라는 새로운 계층을 구현하고자 했다. 독립적인 직업 작가들이란, 푸슈킨의 주요 논쟁 상대이자 대조적 인물이었던 파데이 불가린이 그랬던 것처럼, 정부와의 협력 없이 자신들의 저작과 출판이라는 모험적 사업을 통해서 스스로를 지탱해야만 하는 이들이었다. 그리고 마지막으로 푸슈킨은 자기 작품의 인기가 떨어지자, 특히 고골과 벨린스키 같은 젊은 작가와 평론가들의 협력과 지지를 통해서 차세대와의 생생한 유대를 맺기도 했다.

미하일 레르몬토프(1814~1841)와 니콜라이 고골(1809~1852), 비사리온 벨린스키(1811~1848)는 푸슈킨 이후의 문학계에서 세 개의 강력한 흐름을 대표한다. 이들은 각각 시와 산문에서의 강렬한 낭만주의, 산문 속 '낭만적 리얼리즘'(『도스토예프스키와 낭만적 리얼리즘』에서 쓴 도널드 팬거의 용어), 비판적인 영향의 글쓰기 방식 혹은 글쓰기 학파로서의 자연주의에 해당된다. (논외로, 일반 독자는 형이상학적인 성향의 위대한 낭만주의 시인이자 푸슈킨의 동시대 시인인 표도르 튜체프가 다소 고독한 인물이며 적어도 다음 세기의 상징주의자들에 의해 재발견될 때까지, 그는 19세기 전통의 '선택받지 못한 길' 중 하나였다는 사실을 알아야 한다.) 여러 점에서 레르몬토프는 푸슈킨 현상의 자연적인 소산이다. 푸슈킨의 죽음에 대해 사교계와 궁정을 격렬히 비난했고, 결국 젊은 시인의 유형으로 끝나게 되었던 한 편의 시(1837년작 「시인의 죽음」)로 인해 공식적으로 시작된 경력, 산문과 희곡 장르에도 자연스럽게 끌렸던, 일찍 꽃피우며 유성처럼 화려하게 나타났다 사라진 시적 재능, 무시무시할 정도로 정확하게 결투에서의 자신의 죽음을 예상했던 '운명적인' 삶이 이를 뒷받침한다. 그러나 형태적 유사성은 여기서 멈추어야 한다. 기본적으로 레르몬토프는 그의 위대한 선배와는 아주 다르기 때문이다. 레르몬토프에게는 규범을 좀더 의식했던 '18세기'적 푸슈킨과는 맞지 않는, 낭만적 마스크 쓰기를 향한 젊은이 특유의 술기 없는 깔끔함도 있고, '순수한' 심리주의도 있다. 게다가 레르몬토프가 확실히 바이런이 아니었을 때(「아니다, 나는 바이런이 아니다, 나는 다른 사람이다」라는 시를 참조하라), 그는 꽤 정제된 형식으로 러시아의 바이런(즉 생각에 잠겨 있고, 고뇌하며, 사회적으로 냉소적이고, 무모할 정도로 재능을 지닌 인물)이 비슷하게 했을 법한 것을 표현하게 된다. 우리는 푸슈킨이 적어도 「집시들」(1824) 이후부터 강한 패러디와 자기비하의 조짐으로 바이런적 전형을 불러내고 있음을 항상 감지하게 된다. 그러나 레르몬토프의 경우, '인간'이 제 역할을 수행하면서 조롱하며 윙크하는 것이 허락되지 않도록 마스크가 인간으로 되어 버린다. 심지어 '악마적인' 빈정댐과 사회적 풍자도 가차 없이 '낭만적'이며, 이는 푸슈킨의 '천사적' 믿음의 이면이자 직접적인 반작용인 것이다. 어떤 면에서 레르몬토프는 가령 「만프레드」라는 초기의 '거인적' 바이런을 뛰어넘어 「베포」와 「돈주앙」이라는 후기의 보다 쾌활한 바이런으로 발전하려는 성향(혹은 그럴 만한 시간)을 가지고 있지 않은 것으로 보인다. 그럼에도 불구하고 그는 잊을 수 없는 자연 숭배자이자 풍경화가로서(그는 특히 카프카스를 생생하게 그려 낸 재주 많은 화가이기도 했다), 영원한 젊음으로서(27살에 세상을 떠난 그의 문학이 지니고 있는 '이유 없는 반항'), 그리고 고독하게 떠도는 영혼으로서(「악마」를 보라) 러시아 파르나소스 산정, 즉 문단에서 영광의 자리를 차지하게 되었다. 레르몬토프 최고의 마스크는 의심의 여지없이 『우리 시대의 영웅』(1840)에 나오는 페초린이다. 페초린은 다른 사람들을 멜로드라마 역할에 빠뜨리는 데 명수인 '운명론자'였는데, 끝까지 사교계 가면무도회의 치명적인 결과들을 보다 가차 없이, 보다 기꺼이 연기하기 때문이었다.

고골은 러시아 문학의 가장 수수께끼 같은 인물이다. 매우 뛰어난 문장가인 그는 코믹한 세계와 무시무시한 세계를 번갈아 가며 창조하기 위해 우크라이나 민속과 관련된 자신의 민족적 유대와 이교도적 요소들로 장식된 모호한 기독교dark Christianity를 사용했다. 고골의 '창작 여정'tvorcheskii put'에서 중심적인 것은 무한히 의욕적이고 비밀스러우며 소요학파적인 그가 러시아 문학의 리더로서의 푸슈킨의 망토를 (벨린스키의 도움으로) 받아들였던 동시에 자신의 속임수(사기꾼 테마)와 견고한 내적 실체의 결여로 인해 내적으로 고통을 받았다는 의문스러운 사실이다. 그 자신이 재능 있는 코믹 배우였던 고골은 기괴하고 정신 나간 듯한 삶을 불어넣기 위해 외부적인 상황을 받아들이기만 하면 되었다(그는 푸슈킨을 비롯하여 다른 사람들이 그에게 제시한 플롯을 자기 것으로 만드는 걸로 악명 높았다). 물불을 가리지 않고 모방하고 윤색하는 것(예를 들어, 저절로 이어 나가는 '호메로스식 비유'를 끊임없이 풀어놓는 것)을 제외하면, 그는 언어적 풍부함 외에는 보잘 것이 없었다. 심지어 그의 최고작인 「외투」(1842), 「검찰관」(1836), 『죽은 혼』(1842)의 1부에서조차, 고골의 인물들은 내적 세계는 지니지 못한 채 전적으로 외부의 디테일로 만들어진다. 그가 주변 환경에 둔하다는 것을 보여 주는 아카키의 모자에 떨어지는 참외 껍질, 치치코프의 여행 가방 '내용물'을 비밀스럽게 만드는, 주의 깊게 작성되었지만 완전히 제멋대로인 문서 항목 등이 그 예이다. 푸슈킨의 '시인의 삶'의 '밝음'에 대조적인 고골의 수난은 근대 러시아 문학 최초의 악마와의 한판 승부를 포함하고 있다. 희미하게 빛나는 가능성을 지닌 실체 없는 시공간인 나라(치치코프의 트로이카 여행과 같은 고골의 유명하고 화려한 산문의 조각들), 독자들에게 러시아 지옥의 위와 밖으로 향하는 길을 결코 보여 주지 못하는 단테의 수직성에 기초한 '서사소설'(『죽은 혼』), 자신의 평생의 역작을 태워 버리고 종교적 열광으로 자신을 광기로 몰아대고 기아를 자청하여 발작으로 죽어 버린 작가인 것이다. 그의 최후 저작 『친구와의 서신 교환선』(1847)[23]은 아마 그 반동적인 메시지보다는, 화가 치민 인텔리겐치아를 대표하여 벨린스키가 보였던 반응으로 더 유명할 것이다. 이 저작은 일단 말의 허세의 외피가 벗겨지기만 하면, 작가의 '실체'란 것이 얼마나 슬프게도 평범하고 빤히 들여다보이는 것인지를 보여 준다. 그럼에도 불구하고, 고골의 '장식적인' 산문과 '눈물이 스민 웃음'은 도스토예프스키, 니콜라이 레스코프, 벨리, 불가코프, 시냐프스키를 포함한 19세기와 20세기의 다른 위대한 문장가들에게 아주 중요한 것이 된다(도스토예프스키는 "우리 모두는 고골의 외투로부터 나왔다"라고 말한 것으로 알려져 있다).

---

23 니콜라이 고골, 『친구와의 서신 교환선』, 석영중 옮김, 나남출판, 2007. ── 옮긴이

(윤리적 실체를 모색하는 언어의 천재인) 고골의 패러독스에서 필연적으로 나올 수밖에 없었던 부산물들 중 하나는 자신들만의 실체를 지녔던 강력한 손아귀에서 다른 독자에게 다른 것들을 말할 수 있게 되었다는 것이다. 벨린스키는 러시아 문학에서 전형적인, 실체적이고 도덕적인 내용이며 양심이었다. 그는 몇 명의 위대한 19세기 작가들을 발견하는 데 있어서나, 그들의 작품이 말하게 될 것을 예리하게든 그다지 예리하지 않게든 그들에게 설명하는 데 있어서도 홀로 책임을 졌던 것이다. 벨린스키는 러시아 최초의 전문 비평가가 되기 위해 다양한 역할, 즉 인텔리젠트intelligent(교육을 잘 받은, 점잖은 진보적 행동주의자), 잡계급raznochinets(비귀족 혹은 비신사계급 출신), 서구주의자zapadnik를 겸했다. 리처드 피스가 설명하길, "벨린스키는 규준을 만든 사람이었다. 그는 러시아 문학이 어떠했었는지를 결정했고, 주요 작가들에 대한 그의 본능은 거의 정확했다. 푸슈킨, 고골, 레르몬토프, 투르게네프, 곤차로프, 도스토예프스키가 러시아 문학의 대로를 건설하였고, 벨린스키는 그 대로의 '시민적 엔지니어'였다".[24] 벨린스키가 가지고 있던 사회적 메시지, 합리적 체계에 대한 열정(예컨대 그의 '헤겔적' 문구들), 순교자적인 명예(그는 죽음에 이를 만큼 자신을 혹사시키며 젊은 나이에 결핵으로 사망했다)는 '1860년대 사람들'(급진주의적 비평가들인 체르니셰프스키, 드미트리 피사레프, 도브롤류보프)에 의해서 조명되었고, 이후 소비에트 시기에 사회주의 리얼리즘의 건축가들에 의해 공식적인 도그마로 삽입되었다. 그러나 그 무엇보다도 생전 벨린스키의 역할은, 고골이 러시아 삶의 '종

---

24 Richard Peace, "The Nineteenth Century: the Natural School and its Aftermath, 1840-55", ed. Charles Moser, *The Cambridge History of Russian Literature*, rev. ed., Cambridge, 1992, p.196.

기들'을 선택했을 때 고골이 진정으로 의도했던 것이 무엇인가를 러시아 독자들에게 말해 주는 것이었다(예를 들어, 그 작가는 '리얼리스트'이다). 벨린스키는 고골의 소설이 그 명칭과 방식을 획득할 수 있도록 하기 위해 '자연주의 학파'라는 용어를 만들어 냈다. 자연주의 학파는 꾸미지 않은, '자연주의적' 디테일들로 도시의 가난한 사람의 일상적인 어려운 상태를 노출시키는 접근법을 가리킨다. 그리고 드미트리 그리고로비치(1822~1899), 블라디미르 달(1801~1872), 청년 시절의 니콜라이 네크라소프(1821~1878)와 청년 시절의 도스토예프스키 같은 작가들은 확실히 벨린스키의 지휘를 따랐고, 이 학파 내에서 수용할 수 있는 주제의 경계들을 충분히 확장시켰다. 그들은 자신들만의 하부 장르, 발자크 스타일의 '생리학적 스케치'를 발전시키기까지 했다. 그러나 고골의 풍자적인 맹폭격 임무들을 추진하게 한 힘이 (보고서나 사회비평에서와 같은) '리얼리즘'은 아니었다(혹은 리얼리즘만은 아니었다). 그렇기에 벨린스키의 '자연주의' 어젠다 내에 『가난한 사람들』(1846)과 『분신』(1846)을 쓴 유형 이전의 도스토예프스키를 포함시키는 것은 극히 불가능한 것일 수도 있다. 작은 인간 내면의 심리적 존엄에 대해 도스토예프스키가 고골과 벌인 논쟁(「외투」의 아카키 아카키예비치 대對 『가난한 사람들』의 마카르 데부슈킨) 및 광기로 이끄는 환경 결정 요인들과 대조적인 심리적 비정상에 관한 그의 연구(「분신」에 나타난 골랴드킨의 호프만식 분열증[25])는 1840년대의 벨린스키식 사회 논평이라기보다는 성숙한 작가의 테마들을 이미 시사해 주는 것이었다.

---

25 독일 후기의 낭만파 소설가인 에른스트 호프만은 환상과 꿈, 초현실을 소재로 하여 괴기분방한 환상을 자아내는 작품을 많이 썼다. 분열증적이고 기지와 풍자가 뛰어난 그의 작품들은 발자크, 보들레르, 포, 도스토예프스키, 바그너 등에게 많은 영향을 주었다. ──옮긴이

러시아 문학의 리얼리즘 시대는 대략 1855년 혹은 니콜라이 1세 통치기(1825~1855)가 끝났을 때부터, 1880년 혹은 톨스토이의 '회심' 때까지 등장했던 '분량이 두꺼운' 탁월한 소설들과 연관되어 있다. (1881년 도스토예프스키와 알렉세이 피셈스키, 1883년 투르게네프의 죽음이 곧바로 뒤따랐기 때문에 『전쟁과 평화』와 『안나 카레니나』를 저술했던 톨스토이의 회심과 자아 거부는 통상 편리한 종착점으로 받아들여졌다.) 이 시기의 가장 중요한 작품을 쓴 소설가 중에는 곤차로프(1812~1891), 투르게네프(1818~1883), 피셈스키(1821~1881), 도스토예프스키(1821~1881), 미하일 살티코프-셰드린(1826~1889), 톨스토이(1828~1910), 레스코프(1831~1895)가 있다. 이와 관련해 상인의 생활에 대해 쓴 다작의 극작가 알렉산드르 오스트로프스키(1823~1886) 또한 언급할 수 있을 것이다. 오스트로프스키의 초기 희곡 작품들은 자연파와 슬라브주의와 연결되어 있지만 그의 가장 유명한(그리고 가장 로맨틱한) 작품인 『뇌우』(1859)는 후기 작품에 속한다. 수많은 유명 소설들이 최초로 연재되었고 헤게모니를 얻기 위해 다양한 이데올로기적 싸움이 벌어졌던 (많은 페이지와 다양한 항목들로 채워진) '두꺼운' 잡지는 당대 문학계에서 절대적으로 필요한 요소였다(예를 들어, 급진적인 『러시아말』과 『동시대인』, 벨린스키가 기반을 둔 바 있고 점차 인민주의적으로 되어 갔던 『조국잡기』, 정치적으로 보수적인 『러시아통보』, 적당히 자유주의적인 『유럽통보』).

리디야 긴즈부르크가 자신의 저서 『심리 소설에 관하여』에서 주장했던 것처럼, 정신 양식의 주요 변화는 1830년대와 1840년대의 문학 서클들 속에서 나이를 먹은 포스트데카브리스트 세대 안에서 일어났다(니콜라이 스탄케비치, 미하일 페트라셰프스키). 보다 중대한 심리주의 분석과 자아 표출을 향한 이 변화의 특징이 잘 나타나는 곳은 게르첸의 사상과 그의 자전적 저작들, 특히 『과거와 사상들』(1852~1868년 집필)이다. 긴즈부르크의 주안점은 푸슈킨 시대에 사적인 영역을 봉쇄했던(혹은 양식화했던) 시적 인습이 무너짐으로써 주요 분수령이 지나갔고 그 길이 리얼리즘 소설의 '산문 문화'를 향해 분명해졌다는 점이다. 푸슈킨 세대가 숨겨진 내적 삶을 "친구들과의 대화 속에서도 편지와 잡지들 속에서도 아닌", 단지 시의 "미학적으로 변형된 형식" 속에서만 내보였던 반면, 이제 그러한 삶은 톨스토이와 도스토예프스키가 함축적으로 이해할 수 있었던 방식으로 엄밀하게 검토되었다.[26] 개인적 행위에 단일한 기준이 적용되기 시작했다. 만약 이전에 개인 공간의 어떤 양상들이 러시아 문학 내에서 '눈에 보이지 않는' 것이었고, 그로 인해 데카브리스트의 의복이나 음식 혹은 일상적 행위들은 그것들이 '의미를 부여했던' 경우만(즉 이 세대의 행동을 조직하거나 '모범에 맞춘' 시민적 신화들의 관점에서 무언가를 의미했을 경우만) 포함될 수 있었다면, 이 중간 세대에게 사적/공적, 시적/산문적 '단층선들'은 보다 두드러지게 되었고, 분석에 보다 열려 있게 되었으며, 보다 쉽게 한도를 넘어서게 되었다.[27] 이 변화의 결과는 톨스토이와 도스토예프스키가, 푸슈킨에게는 사실상 떠오르지도 않았을 방법으로, 죄와 수치심, 자아 분석에서 시작해서 자신들의 등장인물들의 내외적 세계의 양상을 묘사할 수 있었다는 것이다. 푸슈킨이 알고 있었던 시적 관례들(예를 들어, 서정시에서 말해질 수 있었던 것과 말해질 수 없었던 것)은 기교였지만 여전히 진지하게 다루었고, 톨스

---

26 Lidia Ginzburg, *On Psychological Prose*, trans. and ed. Judson Rosengrant, Princeton, NJ, 1991, p.32.

27 Yury Lotman, "The Decembrist in Daily Life(Everyday Behavior as a Historical-Psychological Category)", eds. Alexander Nakhimovsky and Alice Stone Nakhimovsky, *The Semiotics of Russian Cultural History*, Ihtaca, NY, 1985, pp.95~149.

토이는 이제 신랄한 아이러니를 인위적인 것, 잘못된 것으로 제시하고 있다(저 유명한 『전쟁과 평화』의 오페라를 보고 있는 나타샤 로스토바의 '낯설게 하기'Ostranenie[28] 장면을 보라).

곤차로프와 투르게네프는 톨스토이와 도스토예프스키라는 위대한 듀오에 '마이너' 리얼리스트로 자주 짝을 이루고 있다. 『오블로모프』(1859)와 『아버지와 아들』(1862)을 포함하여 그들의 최고작들은 오늘날의 독자들에게 전성기 러시아 리얼리즘 산문의 예로 전해 내려오기 때문에 이러한 평가는 분명 부적절한 것이라 할 수 있다. 게다가 이 소설들 속 주인공들, 가령 침대에서 일어나는 데만 몇 페이지를 차지하는 나태하지만 사랑스런 오블로모프와 자신의 인간애로 인해 스스로를 망쳐버린 니힐리스트 바자로프는 '전형들'에 관한 그 시대의 이데올로기적·문화적 논쟁의 중심에서 맹위를 떨쳤고, 이는 피사레프, 도브롤류보프와 급진적인 동료 비평가들이 쓴 에세이와 서평의 주제가 되었다. 그럼에도 불구하고 이 작가들의 성숙한 산문 속에는 기질상 '보다 부드럽고' 보다 관대한 아이러니, 톨스토이와 도스토예프스키의 '극단주의'와는 전혀 어울리지 않았던, 세계의 패러독스 및 부당함과의 화해라는 감각이 있었다. 바자로프는 말 그대로 자신의 과학적 세계 모델이 치료에 도움이 되고자 자신을 질병(티푸스)에 노출시켰기 때문에 죽는다(그가 더 조심성 있고 더 '과학적'이었더라면 이 불필요한 죽음을 피할 수 있었다는 것이 이성주의자의 논리이다). 그러나 투르게네프의 아이러니는 그것보다

---

28 러시아의 형식주의자 빅토르 슈클로프스키가 「기법으로서의 예술」이라는 논문에서 사용한 용어로, 일상적으로 친숙한 대상이나 관념을 독특한 지각 방식을 통해 낯설게 묘사하여 사물에게 본래의 모습을 찾아 주고자 하는 예술적 양식을 가리킨다. 형식을 난해하게 하고 지각에 소요되는 시간을 연장시킴으로써 독자가 표현 대상을 새롭게 의식·경험하게 하여 궁극적으로 독자의 기대 지평을 무너뜨려 새로운 양식을 낳는다. ──옮긴이

좀더 미묘하다. 의식적이든 무의식적이든 바자로프는 자신의 타입 중 하나로 인해, 즉 열정적이고 원기 왕성한 그가 냉정하고 답이 없는 오딘초바와 사랑에 빠짐으로 인해 결정적인 오류를 범했기에 "자기 자신을 벌하게 된다". 그와 대조적인 인물인 냉정하고 귀족적인 파벨 키르사노프('아버지' 중 한 명)처럼, 바자로프는 생명에 지나치게 많은 요구를 했고 그 결과 부서지게 된다. 바자로프의 친구 아르카디와 오딘초바의 여동생 카챠처럼 살아남아 결말을 맺는 자들은 계절 및 가정생활의 원초적인 리듬과 보다 많은 접촉을 하고 있다. 바로 이런 감각이 투르게네프가 바자로프를 '죽게 하고' 결국에는 러시아의 농업적 뿌리(즉 구체제)를 확고하게 하는 듯 보이게 했다. 이것은 급진주의자들을 격분시켰으며 환멸을 느낀 자유주의 작가 투르게네프로 하여금 젊은 세대와 절교하고 러시아를 떠나게 만들었다.

　서구 내 러시아 문학에 대한 이해와 수용에 있어 도스토예프스키보다 더 중요한 작가는 없다. 서구에서 그토록 사랑을 받은 러시아 문학에 대한 수많은 클리셰(예를 들어 '러시아의 혼')와 우리가 '러시아의 패러독스'와 연결시키는 많은 인물과 상황들(지하생활자, 라스콜니코프, 소냐 마르멜라도바, 미슈킨, 나스타샤 필리포브나, 스타브로긴, 대심문관, 카라마조프 가의 형제들)은 본질적으로, 확실히 '도스토예프스키적인 것'이다. 자신의 언어를 절망적으로 신뢰할 수 없게 만들기 위해 그 자체를 경멸하고 도전하는 이야기하는 의식(『지하로부터의 수기』), 자신이 그것을 할 수 있는지를 알아내기 위해 다른 인간을 죽인 명석한 젊은이(『죄와 벌』), 종교적 믿음으로 자신과 타인들을 구원하는 창녀(『죄와 벌』), 주변 사람들의 타락 후 자아 필요의 존재를 부인하기에 그 주변 사람들을 격분하게 만드는 타락 전의 '절대적으로 아름다운 인간'(『백치』), 금 시계를 위해 친구의 목을 자르고 곧바로 용서를 구할 준비가 되어 있는 농부(『백치』), 죽음이 존재하지 않는다는 것을 증명하기 위해 자살하는 혁명가(『악령』), 과거에 자신을 학대했다는 이유로 자신을 사랑하는 사람을 시험하고 괴롭히는 '악마 같은 여자'(『백치』, 『카라마조프 가의 형제들』), 죄 없는 아이들이 고통받고 있기에 신의 세계로 가는 '자신의 티켓을 돌려주는' 지적으로 반항하는 형제(『카라마조프 가의 형제들』), 이 모두가 도스토예프스키적인 전형들로, 그들이 없는 러시아 문학 혹은 서구 문학 전통을 상상하는 것은 불가능하지는 않겠지만 어려울 것이다. 도스토예프스키는 무엇보다 멜로드라마적인 플롯과 '격렬한'(어떤 이들은 과열되었다고 말한다) 언어의식을 제공했던 예술가였다. 그것들은 20세기 사상의 주요 흐름, 가령 맑스주의(신 없는 정치), 프로이트주의/정신분석(신 없는 심리학), 니체주의(신 없는 철학), 포스트구조주의/해체주의(신/로고스 없는 언어학)를 예상했고 그 흐름들에 필요한 내러티브 형식을 제시했다.

러시아의 이전 세대들에게 도스토예프스키는 자신이 쓴 저작을 통해 대부분 정치적으로 보수적인 배경('성숙한' 슬라브주의)에서 읽혔다. 그의 작품들은 1905년과 1917년 혁명의 전조로 보였다. 상류사회와 가부장적 형식들의 파탄을 겪었던, 불안감으로 가득 찬 '1860년대 사람들'이 갖고 있던 르상티망[이 책 5장의 각주 10번 참조—옮긴이]에 대한 정확한 지표들이라 할 주요 소설들은 레닌 같은 철면피 새 지도자의 도래를 예언한 것처럼 보였다. 그러나 보다 최근 세대들, 특히 언어 철학자 미하일 바흐친의 독창적인 이론에 영향을 받은 사람들은 그의 과격한 '대화적' 세계의 재형상화 및 새로운 소설 형식을 발전시키기 위한 선구적인 노력들이란 이름으로 도스토예프스키의 정치적 보수주의를 경시해 왔다. 러시아 문학과 관련해서 바흐친의 용어는 주로 도스토예프스키와 연관되어 비평 어휘로 들어갔는데, 바흐친은 도스토예프스키를 '소설화'를 향해 내달렸던 유럽 문화의 추동의 역사에서 정점으로 보았다. 라블레 및 도스토예프스키에 관한 저서[29]와 많은 에세이에서 바흐친은 보다 큰 의사소통의 개방성과 개성을 향한 그의 다소 별난(암시적으로는 헤겔적인) 이동의 역사를 추적했다. 여기서 개성이란, 말 형식의 개성(대화주의), 소설 구조의 개성(다성악), 공간-시간 관계의 개성(흐로노토프), 문체적 다양성 내에서 드러나고 그 자체와 논쟁하는 언어의 개성(헤테로글로시아), '권위화' 과정의 개성('타자의 말'chuzhaia rech'), 역할 바꾸기와 그 많은 구멍들을 축복하는 몸의 개성(카니발)을 말한다. 도스토예프스키의 작품들이 '경계성 + 범죄 + 자백'이라는 공식을 (문자 그대로) 가장 완전히 구체화하였기 때문에 도스토예프스키는 이 발전의 중심에 있었던 것으로 여겨졌다. 도스토예프스키가 자신의 근심거리와 정치적 어젠다에도 불구하고, 다른 인물들뿐 아니라 저자와도 동등한 조건으로 이야기를 계속하는 각각의 인물들이 완전히 생생한 의식이 되는 하나의 형식(다성악 소설)을 창조했다는 바흐친의 주장은 분명 논쟁의 여지가 있다. 결국 설교적 접근이 성공하지 못할 것이라는 것을 알고 있는 저자가 (그가 서신에서 주장했던 대로) 자신의 사상들을 몰래 들여오기 위해 트로이 목마처럼 분산 전략을 발전시켰던 건 아닐까, 혹은 소설의 세계로 나가다가 정치적 메시지가 '무력화'된 것은 아닐까? 그럼에도 불구하고, 바흐친의 사상들은 도스토예프스키 연구나 문학 이

---

29 미하일 바흐찐, 『프랑수아 라블레의 작품과 중세 및 르네상스의 민중문화』, 이덕형·최건영 옮김, 아카넷, 2001; 미하일 바흐찐, 『도스또예프스끼 시학』, 김근식 옮김, 정음사, 1989.──옮긴이

론 전반에 거대한 영향력을 행사하고 있으며, 그는 서구 포스트모더니즘 사상 내 가장 강력한 목소리 중 하나가 되기까지 했다.

드미트리 메레쥬코프스키에서 조지 슈타이너에 이르는 비평가들이 주장해 온 것처럼, 톨스토이는 도스토예프스키의 주요 반대자이다. 톨스토이는 시각적이고 회화적(삼차원적, '묘사적', '이콘적'이지 않은)이고 환유적(신화적 시간의 '은유적' 축에는 관심이 덜한)이며, 가부장적이고 귀족적이며, 분석적이며 실증주의적이다. 그는 최후이자 가장 훌륭한 구체제 옹호자이지만 투르게네프와 곤차로프와는 대조적으로 노스탤지어나 화해에 만족하려 하지 않는다. 자신의 반대자인 도스토예프스키처럼, 그는 전통 내 최고의 전사들 중 하나였다. 그는 가만히 서 있기를 원치 않았으니 그가 시골 기차역에서, 길 위에서en route 사망했다는 것은 어쩐지 상징적이다. 푸슈킨의 서정시에 대한 반감, 셰익스피어에 대한 비난, 자신의 획기적인 두 편의 소설[『전쟁과 평화』와 『안나 카레니나』를 가리킨다―옮긴이]을 거짓이자 비뚤어진 것이라며 거부한 것 등 러시아 문학 전통 전체에서 가장 기이한 판단의 일부가 톨스토이의 펜에서 나왔다. 『전쟁과 평화』(1863~1869)에서 톨스토이는 모든 것을 다 갖춘 역사소설을 만들어 냈다. 그 속에는 허구적 인물들, 역사적 인물들, 평범한 시절과 위기 시절의 가족들, 이 요소들을 결합한 플롯(나폴레옹 전쟁), 최고의 역사적 사건들이 어떻게 해석될 수 있는가를 설명해 주는 분석의 페이지들도 있다. 톨스토이는 한 권의 책 안에서 픽션 쓰기와 역사 기술을 결합함으로써 당대 꽤 대표적이었던 변화 속에서, 다른 그 누구도 아닌 그 전통의 주요 권위자 푸슈킨이 세워 놓은 일반적인 예법의 규칙들에서 획기적으로 벗어나는 데 성공했다. 푸슈킨은 『푸가초프사史』와 『대위의 딸』을, 동시에 집필되었지만 서로 다른 독립적인 두 작품으로 쓴 바 있다.[30] 톨스토이식 '픽션'(실제 역사적 공간인 보로디노 전장에 허구적 인물인 피에르를 등장시키는 식)에 나타난 솔직함과 분석적 엄밀함, 대담함은 공적 및 명예에 관해 다른 규준을 가지고 있었던 군 역사가들이 닿을 수 없었던 '진실'에 도달할 수 있었다.

마찬가지로 『안나 카레니나』(1873~1877)에서 작가는 아주 '사실적인' 여주인공과 당대 러시아 여성의 비극에서 취한 여주인공의 삶을 아주 설득력 있게 전개시켜 나갈 수 있었다. 여주인공의 삶은 독자가 소설의 기교라는 것을 완전히 망각하고 전적으로 '있을 법한'(정통 리얼리즘의 표식) 세계인 양 그 소설의 세계로 들어가게 만들었다. 게다가 안나의 어려운 상황은 아주 꼼꼼하게 구체화되어 있어서 도스토예프스키적 다성악의 경우에서와 마찬가지로, 우리는 톨스토이/신이 그녀를 '벌하고' 있는 것인지(전가된 저자의 의도를 지니고 있는 "복수는 나의 것이니 내가 보복하리라"라는 제사), 아니면 사랑을 위해 모든 것을 버렸기에 그 사랑이 식어 버릴까 극도로 두려워하는 사랑에 빠진 여인이 스스로 자신을 벌하고 있는 것인지 더 이상 말할 수 없게 된다. 독백적 도덕주의자 톨스토이는 대화적 인격주의자/예술가 톨스토이와 격론을 벌이는 것이다.[31] 리처드 프리본은 다음과 같이 적고 있다. "페미니즘의 견해는 톨스토이가 안나 카레니나를 창조하며 이루어 낸 것을 부인하기도 한다. 그렇지만 당연한 정의감은 그 초상이 지니는 모든 결함에도 불구하고 그것이 안나의 죽음을 사랑이 끝났을 때의 여느 슬픈 자살만큼이나 무자

30 Andrew Wachtel, *An Obsession with History: Russian Writers Confront the Past*, Stanford, CA, 1994.
31 Gary Saul Morson, *Hidden in Plain View: Narrative and Creative Potential in War and Peace*, Stanford, CA, 1990.

비한 것으로 보이게 만드는 생생한 유사점과 호소력, 허약함을 지니고 있음을 받아들여야 한다. 톨스토이는 무의식중에 그녀에게 생기를 불어넣었으며, 그로 인해 그녀의 죽음은 그의 도덕보다 더 오래 살아 있다."[32] 1880년 이후 톨스토이는 이 훌륭한 리얼리즘 작품들을 단순한 기교로 치부하며 등을 돌렸고, 사회활동가와 교육자, 설교적 작가라는 다양한 역할이 완벽한 모습의 실용주의적 기독교('톨스토이주의') 속에서 통합될 수 있었던 위치를 향해 움직였다. 이러한 사실은 반은 백작이요, 반은 인색한 부농kulak이었던 톨스토이가 얼마나 극단주의자였는지를 보여 줄 뿐이다.

안톤 체호프는 러시아 문학 금세기의 '황혼'과 가장 많이 연관되어 있는 인물이다. 금세기의 '황혼'이란 금세기에서 모더니즘으로의 이행기이자 상징주의/데카당스와 혁명 전 시기의 '온실' 환경을 조성하기 위한 준비기를 가리킨다. 19세기 마지막 20년을 주도했던 그 밖의 작가와 사상가들로는 말년의 톨스토이·레스코프·페트, 프세볼로드 가르신, 블라디미르 코롤렌코, 시인 세묜 나드손과 콘스탄틴 슬루체프스키, 중요한 철학자이자 상징주의의 '대부' 블라디미르 솔로비요프가 있다. 그래도 1881년 알렉산드르 2세의 암살 이후에 나타난 반동과 침울, 자아성찰의 시기는 체호프의 '결핵에 걸린 뮤즈'[33]에 안성맞춤인 듯 보였다. 제화공의 아들이자 농노의 손자이기도 했던 의사 겸 작가 체호프는 도스토예프스키의 종말론이나 톨스토이의 웅장한 서사에 똑같이 부합하지 않는 시각을 지니고 있었다. 그의 분석적 시각과 동정적으로 캐묻는

---

32 Richard Freeborn, "The Nineteenth Century: the Age of Realism, 1855~80", ed. Moser, *The Cambridge History of Russian Literature*, pp.321~322.

33 결핵을 앓으며 창작 활동을 했던 체호프에 대한 은유적 표현이다. ——옮긴이

듯한 아이러니, 보다 작고 '과도기적'인 장르 형식(부조리 소품, 여행기, 중단편, 1막극 등)에 대한 선호, 삶의 '회색지대'에 대한 암묵적 이해와 결단력 부족은 그의 시대에서 자라나기도 했고, 그 시대에 형식을 부여하고 정의를 내리기도 했다. 러시아의 뛰어난 체호프 연구자 알렉산드르 추다코프가 이러한 '주변적인' 비전을 공식화했듯이, 체호프는 미니멀리즘 시인이자 '가로막힌 사상'의 시인이다. 그의 작품에서 "사상은 독단적이지 않으며 …… [또한 그것은] 그 결론에 결코 뒤따르지도 않는다. 그것은 일관되거나 철저한 논쟁을 수반하지도 않는다. …… 몇몇 문제들이 언급되기도 하는데, 그 순간에 사상의 발전은 일상적인 삶의 흐름에 의해서 방해를 받거나 종종 완전히 깨어지게 된다."[34]

예를 들자면, 체호프의 '안나'들(단편 「목에 걸린 안나 훈장」과 「개를 데리고 다니는 여인」의 여주인공들)이 안나 카레니나의 일상적 버전을 우리에게 제시한다는 점은 특징적이다. 즉 (톨스토이의 여주인공이 읽었고 자신을 비교하기도 했었던) 낭만주의적인 프랑스 소설들 속에 나오는, 자살을 택할 수는 없었지만 꺾여 버린 기대감과 좌절감을 지닌 채 정부와 남편이 있되 마땅한 출구가 없는 혼란스러운 상태로 살아가야만 한다는 버전이다. 체호프 이전 혹은 이후 시대의 러시아 문학에서 아주 유행했던 교훈주의로부터 체호프는 아주 자유롭다(이 점에서 그는 푸슈킨과 유사하다). 그의 여성 인물들(그리고 남성 인물들)은 이상화되지도 악마화되지도 않는다. 톨스토이는 때가 나빴다는 이유로 자신의 사랑스런 인물들을 '벌하지는' 않는다(예를 들어, 처음에 키티가 브론스키와 사랑에 빠져 모든 것이 가망 없는 듯 보였지만 그래도 레빈은 키티를 얻는다). 그러

---

34 Aleksandr Chudakov, *Poetika Chekhova*, Moscow, 1971, pp.246~247 [『체호프의 시학』].

나 이와 반대로 체호프는 때가 나빠서 일어난 결과를 자신의 등장인물들에게 남겨 준다. 예를 들어, 체호프의 안나는 '카레닌'과 그의 큰 귀와 남겨지는 것으로 결말을 맞는다. 체호프의 키티는 실제로 브론스키 같은 사람과 결혼하지만 정당한 이유는 없었다. 체호프의 작품 속에서 삶의 지루한 이야기는 보다 웅장하고 보다 '문학적인' 상대를 반드시 이긴다. 「스텝」(1888), 「영명축일」(1888), 「신경발작」(1889), 「6호실」(1892), 1898년의 3부작인 「상자 속의 사나이」와 「산딸기」와 「사랑에 관하여」, 「귀여운 여인」(1899), 「개를 데리고 다니는 여인」(1899), 「골짜기에서」(1900) 같은 체호프의 몇몇 단편들은 모두가 인정하는 러시아 문학의 보석이다. 그의 완숙한 희곡들, 즉 『갈매기』(1896), 『바냐 아저씨』(1899), 『세 자매』(1901), 『벚꽃 동산』(1903)은 전범을 제시하는 데 있어 중요할 뿐 아니라 서구, 특히 영국으로 러시아 문화를 수출하는 데 있어 톨스토이와 도스토예프스키의 소설만큼이나 중요하게 되었다.

20세기 문학은 굉장히 다양하고도 복잡하다. 인상적으로 말해, 19세기가 몇 개의 K2와 에베레스트 산(푸슈킨, 도스토예프스키, 톨스토이와 같은 강력한 존재들)을 가졌었던 반면, 20세기는 예술적 재능이나 카리스마 있는 인물이란 측면에서 똑같이 놀랄 만한 많은 완벽한 산들, (조금 덜 알려졌을지는 모르지만) 빽빽한 환상적인 봉우리군을 가졌다고 말할 수 있을 것이다. 만델슈탐과 츠베타예바의 시, 불가코프의 『거장과 마르가리타』, 나보코프의 『재능』 같은 20세기의 몇몇 작품은 푸슈킨의 시, 도스토예프스키의 『카라마조프 가의 형제들』, 톨스토이의 『안나 카레니나』의 그림자에 가려져 있는 것이 아니라 그 작품들과 나란히 설 수 있다. 그러나 이전과 마찬가지로 번역의 문세가 결정적이라 하겠다. 푸슈킨의 시적 재능을 다른 언어로 정확히 담아내는 것이 불가능하진 않지만 어렵기 때문에, 러시아 문학 전통에서 가장 중심적인 인물인 그는 서구에서는 제대로 평가를 받지 못했다. 이와 마찬가지로 위대한 모더니스트(그리고 현재의 포스트모더니스트) 시인들(블로크, 마야코프스키, 흘레브니코프, 아흐마토바, 만델슈탐, 츠베타예바, 자볼로츠키, 브로드스키)의 유산 역시 그들의 특정한 언어적 배경 밖으로 나아가기는 아주 어렵다. 20세기의 러시아 문학(그리고 보다 넓게 '슬라브' 문학) 전통이 문학 연구사에서 최고의 이론적·인문학적 정신을 지닌 채 긴밀한 공생 관계 속에서 성장해 갔다는 사실을 이런 문맥에서 이해하는 것 역시 중요하다 하겠다. 로만 야콥슨과 러시아 형식주의자들(빅토르 슈클로프스키, 보리스 에이헨바움, 보리스 토마셰프스키, 유리 티냐노프)과 프라하 구조주의 학파(얀 무카르조프스키), 바흐친과 그의 그룹, 리디야 긴즈부르크, 유리 로트만과 모스크바-타르투 기호학파(보리스 우스펜스키, 뱌체슬라프 이바노프, 블라디미르 토포로프)를 그 예로 들 수 있겠다. 전적으로 그렇다는 것은 아니지만, 만약 이전 세기들에서 러시아 문화가 서구를 따라잡기에 서둘렀다면, 20세기에는 서구가 러시아인들이 이미 발견해 낸 것들을 천천히 배우려 하고 있었다고 말할 수도 있을 것이다.

앞에서 제시한 도식화가 보여 주듯이, 20세기 러시아 문학은 편의상 네 시기, 즉 모더니즘(1895~1925), 사회주의 리얼리즘(1925~1953), 소비에트 시대의 '해빙기'와 여명(1953~1987), 글라스노스트와 포스트글라스노스트라는 현재의 10년(1987~)으로 나누어질 수 있다. 상황을 감안해 보면, 이러한 항목들은 어쩔 수 없는 역사적·정치적 함의를 갖게 된다. 데카브리스트 난과 니콜라이 1세의 즉위(1825), 유럽 혁명(1848), 농노 해방(1861), 알렉산드르 2세 암살(1881)을 포함하여, 당시의 사회정치적 상황과 그와 관계된 것들을 문학작품으로 드라마틱하게 옮겨 놓았던 다양한 '분수령'들이 19세기에 있었다. 이와 마찬가지로, 20세기에도 획기적인 전환점들이 있었다. 10월혁명(1917), 저명한 인텔리겐치아 160명 이상의 강제 추방(1922), 레닌의 사망(1924)과 스탈린의 세력 부상(1925~1928), 개별 문학 그룹들의 정리와 소비에트 러시아문학의 공식적인 방식으로서의 사회주의 리얼리즘의 확립(1932~1934), 국가의 심리 상태에 끼친 제2차 세계대전(1939~1945)의 영향, 스탈린사망(1953), 문학계에 있었던 세 차례의 '해빙기들'(1953~1954, 1956, 1961~1963)과 이어진 결빙기들, 동유럽과 이후 러시아 본토에서 있었던 3년 내에 벌어진 공산주의의 놀랄 만한 붕괴에 뒤따른 고르바초프하에서의 글라스노스트 확립(1987) 등이 바로 그런 전환점이다.

그림자 인생을 살았던 러시아 망명 문학은 이러한 연대기를 따라, 소비에트 문학의 전반적인 역사 및 발전과 나란히 달리고 있었다. 이 대립적 현상은 세 개의 분명한 '흐름들' 속에서 서구(그리고 종종 동양)로 흘러들어 갔으며 목전에 있었던 혁명 후 시기부터 곧바로, 주요 존재 이유를 상실했던 시점인 글라스노스트 시기까지 20세기의 대부분을 채웠다. 다른 관점에서 보면 신뢰할 만한 현대 러시아 문학에 대한 설명들이 종종 얼버무려지고 넘어갔거나, 무관한 것으로, 즉 지정학적 조작의 예측 불가능한 변화들로 무시당해 왔다는 사실을 서구 독자는 끊임없이 기억할 필요가 있다. 공식 대변인(즉 '사회주의 리얼리스트')의 것이든 그저 소련 거주증을 가진 '다른 생각을 하는'inakomysliashchii[35] 사람의 것이든, '소비에트' 지위는, 훌륭한 산문 문장가이자 러시아의 첫번째 노벨상 수상자인 이반 부닌(1870~1953), 양식화된 민담의 돈키호테적 이야

---

[35] 러시아어로 '다른 생각을 하는 자'는 반체제 인사를 일컫는다.——옮긴이

기꾼인 알렉세이 레미조프(1877~1957), 포스트상징주의 시인 블라디슬라프 호다세비치(1886~1939), 흐름을 거스르는 낭만적 시인 마리나 츠베타예바(1892~1941), '러시아인' 블라디미르 나보코프(1899~1977)와 니힐리스트 시인 게오르기 이바노프(1894~1958)를 포함하여 20세기의 일부 위대한 러시아 작가들에게는 맞지 않는다. 최근 몇십 년간, 오늘날에도 글을 쓰고 있는 가장 주요한 세 명의 작가 알렉산드르 솔제니친(1918~2008)과 조지프 브로드스키(1940~1996), 안드레이 시냐프스키(1925~1997)는 망명해서 살고 있으며, 대체로 소비에트 리얼리티에 (결코 배타적이지는 않더라도) 대항하고 있는 것으로 자신들을 정의하고 있다. 최근 브로드스키의 사망으로 인해 솔제니친은 러시아의 유일한 생존 노벨문학상 수상자가 되었다.[36]

두 번의 혁명(1905, 1917)과 점점 붕괴의 가장자리로 내몰리고 있는 구세계에 대한 예감이 러시아 모더니즘을 지배했었다. 특정한 운동(맑스주의)의 논리에서는 여전히 강력했던 전前 세기의 실증주의와 유물론은 많은 아방가르드 예술가들(그들 중에는 심지어 막심 고리키 같은 맑스주의자들도 있었다)의 실제 작품에서 철저히 훼손되었다. 그 예술가들이 새롭게 발견한 이상주의와 니체적 낭만주의는 열에 달뜬, 심지어 '신경쇠약적'이라고도 말할 수 있을 광채로 달아올랐다. 대부분 시대정신으로 말했던 이들은 자신들 뒤에서 점점 커지고 있었던 역사의 힘, 블로크의 연상적인 문구 속에 나온 "혁명의 음악"을 느꼈으며, 이 광풍 속에서 동시대인이자 문화의 상징주의자 버전인 윌리엄 버틀러 예이츠가

---

36 솔제니친은 소비에트의 집단수용소를 적나라하게 묘사한 소설 『이반 데니소비치의 하루』로 인해 1974년에 국외로 추방당한 뒤 미국에서 망명 생활을 하다 1994년에 러시아로 되돌아왔으며 2008년 8월 3일 모스크바에서 사망하였다. ──옮긴이

"사물들의 유령 같은 패러다임 위에서 노니는 거품"[37]이라고 불렸던 것을 찾았다. 시가 다시금 주도적인 장르가 되었고, 벨리의 (「교향곡」들은 말할 것도 없고) 『페테르부르크』 같은 상징주의 산문의 주요한 견본 작품조차도 운율상으로(혹은 벨리가 이 경계들을 흐릿하게 했던 대로 '음악적으로') 조직되었으며, 다양한 시적 비유들을 지닌 '폭발'(소설의 핵심 메타포)에 가까워졌다. 결국 이 위기의 시대의 작가들은 정치·사회적인 리얼리티를 계시록적인 '종말'Endzeit 이후의 보다 고차원적인 리얼리티로의 밀착을 통해 보고자 하는 밀레니엄적인 자극으로 소진되어 버렸다. 그들은 성서의 마지막 서인 「요한계시록」의 코드를 통해 세계라는 '텍스트'를 읽는다. 상징주의 시인이자 이론가인 뱌체슬라프 이바노프의 공식 속에서 그들은 "현실적인 것에서 보다 현실적인 것으로"a realibus ad realiora를 보려고 노력했다. 니체와 함께 그 시기 '예언적' 직관의 가장 유명한 모델이자 원천은 아마 철학자이자 시인인 블라디미르 솔로비요프였을 것이다. 솔로비요프는 의미심장하게도 새로운 세기의 전환점에서 사망했고, 자신의 후기 저작에서 종말론적 예언들을 만들어 냈으며, 그의 개인적 삶은 몇몇 젊은 상징주의 지지자들의 문학적 출발점과 극적으로 뒤섞였다(즉 그는 스스로 성유를 바른 그리스도 형상이 될 가능성이 있는 이들에게 계시자 요한의 역할을 했던 것이다). 그의 생생한 대척점은 동시대를 산 바실리 로자노프(1856~1919)였다. 그는 '구약'의 가정생활을 숭배했고 솔로비요프와 그의 후계자들이 육체적이거나 삼차원적인 모든 것들을 추상적인 신비적 해석 체계로 변화시키는 것을 좋아했던

---

37 William Butler Yeats, "Among School Children", ed. Richard Finneran, *The Collected Poems of W. B. Yeats*, New York, 1989, p.217.

것만큼이나 섹슈얼리티를 구체화했던, 이중적인 정치적 견해를 지닌 철학자이자 훌륭한 경구 문장가였다.

20세기 초반 몇십 년은 수많은 경향들을 포함하고 있었지만 오늘날은 주로 세 개의 경향, 모두 근본적으로는 시적인 경향으로 기억되고 있다. 상징주의/데카당스(1890년대 초~1910년)는 새로운 미학주의와 이중 세계dvoemirie[38]의 진실, 혹은 '이' 세계와 '저' 세계 간의 신화적 소통을 강조했다. 미래주의(자아미래주의Egofuturizm, 시의 메자닌Mezonin poezii, 원심분리기Tsentrifuga, 입체미래주의Kubofuturizm 포함, 1910~1930년)는 실험적인 형식들, 참여 정치, (의식적으로 행한 무례함으로서의) 사회적으로 충격적인 행동épatage, 도시 테크놀로지, '초이성적' 언어zaumnyi iazik와 '말 그 자체'slovo kak takovoe를 수용하는 대신에 상징주의자들의 '기운 빠진' 이상주의와 저 세계 지향성을 거부했다. 아크메이즘Akmeizm(1910년대 초~1920년대 초)[39]은 인간 중심적 문화의 지속성과 테우르기theurgy[40]

---

38 낭만주의에서와 마찬가지로 상징주의에서는 세계를 두 개의 세계, 즉 현실의 세계('이' 세계)와 이상의 세계('저' 세계)로 상정한다. ─옮긴이

39 추상성, 음악성, 주관성, '저 세계' 지향성을 주요 특성으로 했던 상징주의에 맞서 구체성, 건축성, 객관성, '이 세계' 지향성을 주장하며 나타난 러시아 포스트상징주의기의 문학 경향. 페테르부르크의 젊은 시인들은 상징주의적인 경향을 탈피하여 새로운 시 형식을 배우고 토론하기 위해 1911년 10월에 시인조합(Chekh poetov)이라는 문학회를 결성하였고 이 문학회에서 적극적으로 활동하던 여섯 명의 시인들(구밀료프, 아흐마토바, 만델슈탐, 세르게이 고로데츠키, 블라디미르 나르부트, 미하일 젠케비치)이 뜻을 모아 아크메이즘이라는 문학 유파를 만들어 냈다. 1913년 1월 잡지 『아폴론』에 아크메이즘 선언문을 발표하면서 공식적인 활동을 시작하였으나 1914년 제1차 세계대전이 발발하고 유파의 대표자였던 구밀료프가 전선으로 떠나면서 사실상 역사 속으로 사라지게 되었다. ─옮긴이

40 '성스러운 의식', '신성한 행위'를 의미하는 고대 그리스어에서 유래한 용어로, 러시아 상징주의 미학 및 철학 이해에 있어 중요한 개념이다. 베르쟈예프에 따르면 테우르기는 '저 세계, 다른 존재, 다른 삶, 본질로서의 미를 창조하는 예술'이고 '신에 상응하는 인간의 행위로 신성 행위, 신인(神人)적인 창작'을 말하는 것이다. 한편 지상과 천상의 진정한 합일을 미(美)가 도달할 수 있는 최상의 형태라고 여겼던 상징주의자 솔로비요프는 창작의 신성한 힘을 통해 이런 합일이 이루어질 수 있다고 믿었다. 신비적 성격을 강하게 띤 성스러운 창작 행위에 대한 솔로비요프의 강조는 러시아 제2기 상징주의자들(블로크, 벨리, 뱌체슬라프 이바노프)에게 큰 영향을 끼쳤다. ─옮긴이

에 대조적인 수공업(건축·건설의 메타포)으로서의 시적 언어를 지지하여 (지나치게 추상적인) 상징주의자들과 (지나치게 전통파괴적인) 미래주의자들 모두에게 맞섰다. 이러한 미학적 입장들은 각 그룹의 선언문들 속에서 격렬하게 다투었다. 상징주의, 미래주의, 아크메이즘의 이론과 실제에 있어 중심적인 인물들은 다음과 같다. (종종 '데카당'decadents이라 불리는) '구'舊상징주의자들로는 드미트리 메레쥬코프스키(1865~1941), 발레리 브류소프(1873~1924), 콘스탄틴 발몬트(1867~1942), 지나이다 기피우스(1869~1945), 표도르 솔로구프(1863~1927), '젊은' 상징주의자들로는 알렉산드르 블로크(1880~1921), 안드레이 벨리(1880~1934), 뱌체슬라프 이바노프(1866~1949), 미래주의자로는 블라디미르 마야코프스키(1893~1930), 벨리미르 흘레브니코프(1885~1922), 알렉세이 크루춘니흐(1886~1969?), 이고르 세베랴닌(1887~1941), 젊은 시절의 보리스 파스테르나크(1890~1960), '전기'前期 아크메이스트들'로는 인노켄티 안넨스키(1855~1909)와 미하일 쿠즈민(1872~1936), 아크메이스트들로는 니콜라이 구밀료프(1886~1921), 안나 아흐마토바(1889~1966), 오시프 만델슈탐(1891~1938) 등이 있다. 두 명의 재능 있는 '농촌 시인들', 즉 이미지스트들과 연합했던 세르게이 예세닌(1895~1925)과 니콜라이 클류예프(1884~1937) 역시 혁명 전후의 시단에 중요한 역할을 했다. 러시아 산문은 여전히 '지식'Znanie 그룹의 '네오리얼리스트들'에 의해 대표되고 있었는데, 여기에는 막강한 영향력을 행사하던 막심 고리키(1868~1936)와 초기의 부닌, 레오니드 안드레예프(1871~1919), 알렉산드르 쿠프린(1870~1938) 등이 있었다.

한 그룹의 주도적인 두 인물들 간의 유사성 속 차이점들이 단일 개인이나 작품으로는 불가능한 방식으로 시적 가능성의 한계를 보여 준다 하더라도, 이 세 주요 경향 모두가 각각 현대 독자들의 마음속에 '짝 맞추기'의 심리를 낳았다는 점은 흥미롭다. 요컨대 블로크와 벨리는 종종 상징주의의 '쌍둥이'로 연결된다. 그들은 플라톤의 비유[41]에 대한 예이츠의 표현처럼 "하나의 달걀 껍질 속 노른자와 흰자"였던 것이다.[42] 블로크의 서사시 『열둘』(1918)과 벨리의 소설 『페테르부르크』(여러 판본, 특히 1916년판과 1922년판)는 혁명에 대한 상징주의의 가장 위대한 두 발언이라 하겠다. 블로크는 그가 할 수 있는 한 서사적인 '미토스' 쪽으로 나아간 상징주의의 주요 서정시인임을 보여 주며, 벨리는 시적 산문의 경계를 시험한 상징주의의 가장 강력한 추상적 사변가이자 수학적 논리주의자임을 보여 준다. 이 두 친구의 엄청난 양의 서신이 보여 주듯이 그들은 상대방에게 있는 자신의 부족한 점에 이끌렸던 것이다. 즉 벨리에게 그것은 그리스도적인 로고스('남성적' 원칙)에 대한 집착이었고, 블로크에게 그것은 '타락한' 물질과 감각 세계의 수동성(아름다운 여인이자 낯선 여인 혹은 '여성적' 원칙)에 대한 주요 관심이었다. 그들의 삶과 작품들은 지속적인 열띤 대화 속에 있었다(예를 들어, 블로크의 『열둘』과 벨리의 「그리스도 부활하셨도다」를 비교해 보라). 같은 해에 태어나 '기적적으로' '형제'처럼 양육된 이 둘은 솔로비요프와 초자연적으로 가깝다고 느꼈다. 게다가 이 둘 모두 블로크의 아내 류보프 멘델레예바를 매혹적이고 놀랄 만한, '영원한 여성성'의 화신이라고 보았다.

　뿐만 아니라, 마야코프스키와 흘레브니코프에 대해서도 각각을 미래주의의 희비극적 어릿광대, 성스러운 바보라고 말할 수 있다. 혁명 전

---

41 이 장의 각주 37번에서 제시된 예이츠의 시 「학교 아이들 사이에서」를 보면 플라톤은 자연을 "사물들의 유령 같은 패러다임 위에서 노니는 거품"에 비유한 바 있다. ──옮긴이
42 Yeats, "Among School Children", p.216.

에 쓰여진 마야코프스키의 두 편의 유명한 서사시 「바지를 입은 구름」(1915)과 「척추 플루트」(1915), 그리고 혁명에 관한 흘레브니코프의 시 「한밤의 수색」(1921)을 포함한 그들의 최고작들은 아방가르드의 '입체파적' 측면 위에서 동시에 발생하는 기본적인 '단계들' 중 한 단계를 구성하였다. 이 두 시인과 그들의 동료들이 시각예술(다비드 부를류크, 카지미르 말레비치, 나탈랴 곤차로바, 미하일 라리오노프, 바실리 칸딘스키, 블라디미르 타틀린), 음악(미하일 마튜신), 연극(프세볼로드 메이에르홀드), 필름이라는 새로운 매체(세르게이 에이젠슈테인)의 리더들 및 문학 이론가들(형식주의자들)과 작업하게 했던 창작적 효모는 그야말로 취할 만큼 놀라운 것이었다. 둘 모두 놀랄 만한 혁신가들이었던 마야코프스키와 흘레브니코프는 언어 혁명의 가능성들을 언어 외적 한계까지 밀고 나갔다. 마야코프스키는 시행詩行의 외부 혹은 '가장자리'에서부터 작업을 했다(구문적으로나 의미론적으로 기이한 압운과 '사다리 구조'lestnitsa, 즉 각 연이 페이지의 상하좌우로 움직이며 쓰여지는 방식이 그의 서명이라고 할 수 있다). 한편 흘레브니코프는 언어(그의 기발한 어원 설명들과 원형-신화적인 신조어들) 안에서부터 작업을 했다. 이 점에 있어서, 가장 '러시아적'이고 '미래주의자적'인 것은 자살과 자발적 방치에 의한 사망이라고 해도 좋을 정도로, 마야코프스키와 흘레브니코프가 '새롭게 만들기'라는 자신들의 경향의 정치적/미학적 임무를 실행했다는 사실이다. 새로움과 신랄함이 더 이상 적절한 것이 되지 못했을 때(혁명에 한계가 찾아왔을 때), 자신의 머리에 총알을 박아버리거나(마야코프스키) 지방의 병원에서 잊혀진 떠돌이로 죽으려고 눕는 것(흘레브니코프) 외에는 할 수 있는 것이 없었다. 파스테르나크가 『야간 통행증』(1931)에서 회고적으로 묘사했듯이, 특히 마야코프스키는 혁명을 앞으로 나아가게 하는 추진력의 치명적인 혼합체였다. 마야코프스키는 유능한 조직자, 선전가이자 휘트먼적 진보[43]를 이룬 공인이었으며, 자신만의 자가 홍보적인 거리 극장의 배우이자 연출자였고, '부르주아적인' 가치들에 대한 악명 높은 혹평가요 도달하기 어려운 얼음 같은 선_善에 여전히 상처받기 쉬운 연인이었고, 그만이 자신의 시대가 지니고 있는 극적인 모순점들을 포착해 낸 바 있다. 마야코프스키가 아방가르드의 프로스페로-캘리번이라는 창작축이었다면 흘레브니코프는 프로스페로-에어리얼이라는 창작축이었다.[44]

만델슈탐과 아흐마토바는 두 명의 위대한 아크메이스트들이다. 그들의 개인적인 명성이 아크메이즘이라는 문학운동의 일시적이고 협소한 당파적 범위보다 빨리 자라나는 동안에도 어떤 의미에서는 그들이 생애 마지막까지 (1919년 출판된 선언문적 에세이 「아크메이즘의 아침」과 1922년 출판된 「말의 본성에 관하여」에서 만델슈탐이 선언한) 아크메이즘의 기본적인 독트린인 명료함, 정확함, 엄격함에 충실했다는 것 역시 사실이다. 그들의 작품 속에서 러시아 시의 '상트페테르부르크적/푸슈킨

---

43 인간의 자유와 투쟁의 문제에 큰 관심을 가졌던 월트 휘트먼은 형식을 파괴한 자유시를 통해 가공되지 않은 19세기 미국의 실제 모습을 노래함으로써 당대의 주류를 거스르고자 한 인물이었다. 휘트먼이 보여 준 이와 같은 형식 및 내용 차원에서의 진보는 전통적인 정형시에서 탈피하여 혁명기 러시아의 격정적인 모습을 즉각적이고도 자유로운 방식으로 그려 내고자 한 마야코프스키의 창작에서도 찾아볼 수 있다. ─옮긴이

44 프로스페로, 캘리번, 에어리얼은 셰익스피어의 희곡 「폭풍우」의 주요 등장인물이다. 극 중에서 프로스페로는 마력을 지니고 있는 지배자로, 캘리번과 에어리얼은 프로스페로가 지배하는 섬의 원주민으로 등장하는데, 캘리번은 프로스페로의 지배에 대항하며 자의식을 잃지 않고 대항하는 인물로 그려지는 반면 에어리얼은 캘리번과는 달리 프로스페로의 지배 이데올로기에 동조하는 인물로 그려진다. 이 글의 저자는 러시아 아방가르드의 주요 두 인물 마야코프스키와 흘레브니코프의 창작 특징을 제시하기 위해 보다 반항적인 기질의 마야코프스키를 프로스페로-캘리번에, 마야코프스키보다는 표면적으로 유순한 기질을 가지고 있는 것으로 보였던 흘레브니코프를 프로스페로-에어리얼에 비유하고 있다. ─옮긴이

적' 에토스가 다시 태어났다. 팽팽하고 즐거운 균형 상태에 있는 존재의 무게에 맞서 일어서는 것에 대한 강조(만델슈탐의 유명한 1912년작 사원시 「노트르담」을 보라), 물리적으로 만질 수 있고 살아서 숨 쉬는, 자발적이며 기적적인 무언가로서의 시어/로고스(돌진하는 '제비-영혼'[45]), 문명화된 인간이 역사적 위기의 순간에 온기와 방어를 위해 둘레에 모이게 되는 아크로폴리스 속 불로서의 문화, 창작 행위의 기본으로서의 그리스도의 희생이 바로 그것이다. 만델슈탐과 아흐마토바는 그들의 진한 우정, 고통과 박해라는 공통된 전기傳記, 세계문화에 대한 깊이 있는 교양과 애정(특히 1930년대 그들의 우상이자 필수적인 대담자는 단테였다. 예를 들어 만델슈탐의 「단테에 관한 대화」를 보라), 초기에서 후기 단계에 이르기까지의 놀랄 만한 성장과 그 세기의 시적 신화 속에서 그들이 맡았던 영감을 불러일으키는 역할들(전제적인 아버지[스탈린]에 의해 고문당한 카리스마 있는 아들, 십자가 아래서 고통받고 있는 어머니)을 통해 짝을 이루었다. 만델슈탐이 구밀료프(아흐마토바의 첫 남편)처럼 문학에 가한 소비에트의 정치공작의 희생양으로 너무 일찍 사망해 버린 반면, 아흐마토바는 특히 그녀의 후기 두 편의 걸작인 연작시 『레퀴엠』(1935~1941년 집필)과 서사시 『주인공 없는 서사시』(1940~1966년 집필)에서 비극적 목격자로 계속 살아야 했다는 사실을 함축적으로 이해하는 것이 이 두 시인 쌍에는 필수적이다.

오시프 만델슈탐은 러시아 시사詩史에서 타의 추종을 불허할 만큼 암시가 많은('상호텍스트적인'intertextual) 시인이다. 인문학적으로 재구성

---

45 만델슈탐은 쌍둥이처럼 닮은 1920년작 두 편의 시 「프시케—삶이 그림자 쪽으로 내려갈 때」와 「제비」에서 시어를 명계로 날아간 프시케(영혼)와 그녀와 동행한 제비에 비유한 바 있다. ——옮긴이

하는('하부텍스트의'subtextual) 연구(예를 들어, 키릴 타라노프스키)를 하는 학파 전체는 만델슈탐이 다른 시인들과 전통들로부터 취한 레미니센스 reminiscence[46]의 많은 층위들을 밝혀내려는 노력 속에서 성장하였다. 그러나 만델슈탐의 시, 그 시의 놀랄 만한 운율, 미묘한 '심호흡 연습들'(시인이 가장 좋아했던 메타포 중 하나가 공기, 숨쉬기의 어려움과 수월함이다)이 주로 만델슈탐이 자신의 교양을 뽐내려는 충동에서 나온 것이라고 주장할 수도 있으나 사실은 그렇지 않다. '성스러운 바보' 방식으로 보여지는 만델슈탐의 그 암시들은 시인에게 그런 것보다 더욱 실재적인 것이다. 오히려 자신과 독자에게 어떻게 문화가 여전히 살아 있는지("어제는 아직 태어나지 않았다"), 어떻게 문화가 움직이는 것을 멈출 수 없는지, 다른 예를 인용하자면 어떻게 단테가 죽지 않고, 화가 난 추방자이자 유배자인 만델슈탐 자신의 시적 보행과 '몸짓' 속에서 아주 생생하게 들리는지를 증명해 보이기 위해 그는 문화를 사용하거나 그가 좋아했던 도둑 프랑수아 비용[47]처럼 문화를 "훔치는 것이다". 만델슈탐의 초기 시집들『돌』(1913)과『트리스티아』(1922)는 저자가 비범한 재능을 지닌 유대계 러시아인 아웃사이더임을 보여 주었다. 그는 서구의 고상한 문화에 자신이 동화되어 있다는 것을, 다가오는 새 시대와 연결된 러시아 '기독교' 문화의 축제로 들어가기 위해 필요한 출입증으로 보았다(「푸슈킨과 스크랴빈」). 그러나 곧 이런 희망들은 꺾여 버렸고, 『트리스티아』에서 이미 어두워지고 피투성이로 변하고 있었던 그의 시상은 출판되

---

46 러시아어로는 레미니스첸치(reministsentsii). '회상'이라는 뜻으로, 예술비평에서는 상호텍스트적 관점에서의 '무의식적인 차용'을 의미한다. ——옮긴이

47 여자 문제로 다툼 끝에 한 성직자를 살해하기도 하고 나바르대학의 금고 도난 사건에 연루되어 파리 추방령을 당하기도 하는 등 부랑자이자 불한당으로 살았던 15세기 중반의 시인이다. 파리에서 추방당하면서 써 놓고 간 『소(小)유언』이라는 책자 속에 담긴 시가 유명하다. ——옮긴이

지 않았다. 노트 형태로 모아져서 출판되기까지 시인의 아내에 의해 보존되었던 후기 시 속에서 만델슈탐은 자신의 거부당한 유대 신분에 대한 자부심을 다시금 획득하게 되었다. 그는 희비극적이고 기민하며 굉장히 창의적인 찰리 채플린, 즉 스탈린 시대 러시아의 작은 방랑자가 된다. 이 시들, 특히 시인이 체포·투옥되고 종국에는 수용소에서 사망하기 직전에 집필된 「보로네주 노트들」은 현대의 그 어떤 작품과 비교해도 손색이 없다.

러시아의 모든 현대 시인들 가운데서 마리나 츠베타예바보다 더 풍부한 논쟁거리와 예술을 삶으로 만드는 신화 창조를 제공하는 이는 없을 것이다. 그녀의 시집들, 특히 『수공예』(1923), 『러시아 이후』(1928)와 그녀의 수많은 장시, 희곡, 에세이는 그 에너지와 다양함에 있어 무궁무진하고 기진맥진하게 만드는 예술적 유산을 구성한다. 츠베타예바는 그 전통 내에서 아주 힘 있고 독특한 목소리를 가지고 있기 때문에 시인으로서의 그녀의 위치가 먼저인가 아니면 여성으로서의 그녀의 위치가 먼저인가라는 것이 자주 최근 학계의 물음이 되고 있다. 그녀가 여성이라는 사실이 그녀를 시인으로 만들고, 그로 인해 그녀의 성性만이 할 수 있었던 새로운 형식들(소위 '여성적 글쓰기'), 즉 시인인 그녀가 거부해 왔던 본질적인 제스처를 만들어 냈던 것일까, 아니면 그녀가 여성 시인이라는 사실이 비극으로 포화된 러시아 상황에서조차 (여성 시인이며 자살을 했다는 점에서) 특별한 예가 되는 그녀의 전기와 그녀만의 '시인의 삶'을 만들었던 것일까? 예를 들어, 츠베타예바의 레즈비언적 성향들, 남성 신화에 의해 맹목적으로 숭배된 문학적 여주인공들(오필리어, 페드르, 에우리디케)에게 목소리와 힘을 주고자 한 그녀의 고집, 보다 '여성적인' 아흐마토바의 가정적인 의미론들을 버리고 삶의 '큰길'로 여성 독자를 끌고 간 것, '여류시인'poetess이란 단어 속에 있는 전통적인 접미사를 차츰 잃게 한 것, 그녀 자신이 뮤즈가 되길 거부한 것, 「붉은 말 위에서」나 다른 시 작품들 속에서 자신의 남성적인 '천재'(러시아어에서 남성형)를 수용한 것을 어떻게 이해해야 하는가? 전통적인 시 전문 연구자들에게나, 잘 알려진 유럽 대륙의 페미니스트와 후기구조주의자(예를 들어 줄리아 크리스테바, 엘렌 식수), 슬라브 연구자(예를 들어 바르바라 헬트, 스베틀라나 보임)에게나 츠베타예바를 집중적인 관심의 대상으로 만들고 있는 것은 엄밀히 말해 '어떤 것이 먼저인가'를 해결하려는 이러한 도전인 것이다.

그녀의 전기는 다른 주요 시인들과도 연관된 아주 흥미로운 유형학적(혹은 알레고리적) 방향과 일치하고, 아직까지도 항상 바깥, '저 너머에' 머물 수 있으며 그로 인해 '마지막 말'에 도달할 수 있었기에 츠베타예바는 단연 돋보인다. 이와 같은 저 너머로의 발걸음은 블로크와 일치하고(만약 블로크가 자신의 고통스런 남성성 속에서 '아름다운 여인'을 찾고 있는 그 시대의 기사였다면, 그녀는 자신들 속에서 '남성적 뮤즈'를 찾고 있는 여전사였다), 만델슈탐과도 일치하며(그는 그녀의 강인한 존재로 인해 모스크바로, 그리고 그녀의 신화로 이끌렸던 연약한 애인이었다), 릴케와도 일치하고(그의 독일어 및 독일 정신과의 유대는 그녀의 시 속에서 강력한 자석이었다), 아흐마토바와도 일치하고(뮤즈 대 안티뮤즈로서의 여성 시인), 파스테르나크와도 일치하며(그는 그녀의 가장 가까운 소울메이트였고 절반쯤은 플라토닉하고 절반쯤은 실제적이었던 불가능한 욕망의 대상이었다), 마야코프스키와도 일치한다(일상byt에 대한 그의 공포와 부르주아적 가치들에 대한 반감, 과도한 자아 몰두는 그녀의 특성이기도 했다). 그러나 이 모든 유사점들 위에 불길하게 드리운 것은, 한편으로는 가족(남편과 아이들)에 대한, 다른 한편으로는 시에 대한 츠베타예바의 격렬한 충심이 소련으로의 치명적인 귀환을 이끌었으며 목매 자살하도록 만들었다는 엄연한 사실이었다. 그녀가 목을 매 자살한 것은 이 '피비린내 나는 식사'에 대한 러시아의 애호마저도 뛰어넘는 방법이었다. 위대한 남성 시인들이 전통 내에서 비극적인 그리스도의 형상으로 자신들의 정당한 지위를 차지할 수 있었고 츠베타예바의 주요 대적자(이며 그녀가 절대 될 수 없었던 그런 부류의 여성이자 시인)인 아흐마토바가 자신의 역할을 유혹하는 요부나 이해받지 못하는 부인(초기 시)에서 온갖 고통을 받고 있는 어머니(후기 시)로 스스로를 전환시킬 수 있었던 반면, 츠베타예바는 '적응할 수가' 없었다. 그녀는 '술집 여왕'과 '죄수 공주' 같은 자신의 범법자 지위에 얼마간 자부심을 가지고 있었다. 그녀는 항상 홀로 지내며 그 어떤 문학 학파나 '이즘들'에 속하지 않았다. 앙장브망enjambment[48]이 놀랄 정도로 증가한 것, 대담한 운율의 변화와 혼합, 휘갈겨 쓴 특별한 서명(에밀리 디킨슨의 필치가 내향적이고 자기방어적이었던 만큼이나 그녀의 필치는 개방적이고 저돌적이다), 이 모든 것이 문체적 차원에서 '심연으로 뛰어들려는' 그녀의 충동을 모방하고 있는 것이다. 츠베타예바의 '무시무시한' 문제는 언어를 거치지 않고서는 타자 속으로 들어갈 수 없는 강력한 의미를 지니는 여성의 문제인 것이다. 그녀는 스스로 지탱하는 역할들의 '여성' 스크린(뮤즈)을 남성 시인의 방식으로 표현할 수도 없었고, 그녀의 문화에 의해 할당된 전통적인 성 역할 내에서 아흐마토바의 방식으로 작업을 할 수도 없었다. 그녀는 극도로, 비극적으로 고독

---

[48] 시구가 한 행 혹은 한 연에서 끝나지 못하고 다음 행 혹은 다음 연으로 이어지는 것을 가리키는 시 분석 용어이다. 불완전한 행 혹은 연 구조를 형성함으로써 시의 단조로운 정형성을 깨뜨리는 효과를 낳는다. ─옮긴이

했다. 신기하게도 아흐마토바-츠베타예바라는 이런 양분은 올가 세다코바와 엘레나 슈바르츠의 작품을 통해 현대 시에서 명확하게 다시 나타나고 있다.

　사회주의 리얼리즘은 '숭고한' 스탈린 문화 시기(1932~1953)에 소비에트 문학의 공식적인 방법이 되었다. 반체제 작가 안드레이 시냐프스키가 도발적인 에세이 「사회주의 리얼리즘에 관하여」에서 주장하고 있듯이, 사회주의 리얼리즘의 정의는 '고전주의'(정적인 이원二元의 이상), '낭만주의'(사회주의가 지향하거나 '그렇게 되어야만 하는' 것), '리얼리즘'(사회주의의 역사적 발전의 현 단계 혹은 '현재의 것')의 요소들을 다루기 힘든 양식상의 패러독스로 결합했다. 기록으로 남아 있는 이 용어의 최초 사용은 1932년 5월 새롭게 설립된 작가연맹의 조직위원회 의장(이반 그론스키)에 의해서였으며, 실제적인 정의는 2년 뒤에 나타났다. "소비에트 문학과 문학비평의 기본적인 방법이 된 사회주의 리얼리즘은 예술가에게서 혁명적 발전 속에 있는 리얼리티에 대한 진실된, 역사적으로 구체적인 기술을 요구한다. 동시에 리얼리티의 역사적 기술의 진실성과 역사적 구체성은 사회주의 정신으로 일하는 국민들을 이데올로기적으로 개조하고 교육시키려는 과제와 결합되어야 한다"(『문학신문』, 1934년 9월 3일). 이 방식이 작가로 하여금 한편으로는 역사적으로 진실되고 구체적으로, 즉 객관적으로 되어야 하고, 다른 한편으로는 이데올로기적으로 심지가 바르고 적절히 설교적으로, 즉 규범적으로 되기를 '요구했다'는 사실은 그 틀이 양 방향을 끌어당겼으며 다른 사건들을 다른 맥락에서 말할 수 있도록 해주었다는 것을 의미했다. 그러나 어떠한 경우에라도 당의 공식 입장에 대해서 공개적으로 비판할 수는 없었다.

1981년에 나온 획기적인 연구『소비에트 소설: 의식으로서의 역사』에서 캐터리나 클라크는 사회주의 리얼리즘 소설의 종종 따분한 견본들을 자기 방식대로 대중문화 텍스트로 흥미롭게 만드는 데 최초로 성공했다. 그녀는 초점을 일련의 집필상의 법칙들(즉 당에 의해 당의 작가들에게 전해진 고정된 정의)에서 서로 바뀔 수 있는 '마스터플롯'이라는 개념으로 옮겼다. 그 '마스터플롯'은, 평균적인 소비에트 독자가 이해할 수 있고 동일시할 수 있었던 인간의 전기라는 관점에서, 신화적 과거(신화학자 미르치아 엘리아데가 혁명의 '대시간'이라고 불렀던 것)에서부터 문제가 있는 현재를 거쳐 신화적 미래(공산주의 도달)로 향하는 사회주의의 영웅적 행진을 복제하는 것이었다. 공식적인 소비에트 소설은 바흐친 용어로 하자면 근대의 '소설' 시대보다 중세의 '서사' 시대와 더 많은 공통점을 지니고 있다는 것이 이제는 분명해졌다. 그 장소들topoi이 성자 생애의 어떤 면들과 일치하고, 그 목적이 '숭고한 문학'high literature 그 자체가 아니라(그로 인해 많은 장르 비평이 잘못 놓였었다) 주민의 의식적 유대였던 마스터플롯은 이후 모든 '고전'에서 작지만 항상 상황에 민감한 변주/전도로 반복되었다. 이러한 몇 편의 고전들은 실제로 방법론을 채택하기 전에 나타났는데, 이는 역사적 의식에 대한 대중적인 표현이 이론가와 문학 정책가들이 도그마로 그것을 신전에 모시기 이전에 그 문화에서 꽤나 영향력을 행사하고 있었다는 것을 의미한다. 예를 들어 고리키의『어머니』(1906), 드미트리 푸르마노프의『차파예프』(1923), 알렉산드르 세라피모비치의『강철 흐름』(1924), 표도르 글라드코프의『시멘트』(1925), 알렉산드르 파데예프의『파멸』(1927), 알렉세이 톨스토이의『고난 행로』(1921~1940), 니콜라이 오스트로프스키의『강철은 어떻게 단련되었는가』(1932~1934), 미하일 숄로호프의『고요한 돈 강』(1928~1940) 등이 이에 해당된다. 클라크의 연구는 많은 이들에게 서구/러시아의 비평적 사고(바흐친, 블라디미르 프로프, 미르치아 엘리아데, 빅터 터너, 드미트리 리하초프 등)의 견지에서 이 작품들을 새롭게 읽는 법을 가르쳤다. 최근에는 지적인 망명 역사가 보리스 그로이스가 전제주의와 아방가르드 간의 친화적인 상호관계를 다룬 도발적인 연구를 통해 클라크의 연구를 보강한 바 있다.

보리스 필냐크의 『벌거벗은 해[年]』(1921), 예브게니 자먀틴의 『우리들』(오류가 많은 1927년판과 1952년의 완성판), 이사악 바벨의 『기병대』(1920년대 초에 씌어진 단편들을 묶어 1926년 최초 출간), 유리 올레샤의 『질투』(1927)를 포함하여 소비에트 시기의 주요 비공식 산문 작품들도 포함시켜야 한다는 것은 독트린 이전 단계에서나 독트린 이후 단계에서나 사회주의 리얼리즘의 이런 배경에 의문을 제기하는 것이다. 그러나 '달리 생각하는 사람들'(예를 들어 동반자 작가들poputchiki,[49] 내부 망명자들[50]과 실제 망명자들) 사이에서도 다른 작가들처럼 그 시기(그리고 그것의 망명 대응물)를 한정할 수 없는 네 편의 뛰어난 소설, 즉 안드레이 플라토노프의 『체벤구르』(1920년대 후반에 집필, 1972년 서구에서 최초

---

49 1917년 혁명에 긍정도 부정도 아닌 불분명한 입장 및 태도를 취했던 소비에트 초기 일군의 작가들을 말한다. 트로츠키 및 보론스키, 폴론스키 등의 몇몇 비평가들에 의해 프롤레타리아 작가들의 예술적 '동반자'라는 의미로 이해되었으나 이 표현에는 혁명적인 시류에 소극적으로 그저 따를 뿐이라는 부정적인 뉘앙스도 내포되어 있었다. 그로 인해 동반자 작가들의 예술은 '과도기적 예술'로 간주되기도 했다. 가장 활발하게 활동했던 동반자 작가들로는 '세라피온 형제'라는 문학 그룹에 속했던 조셴코, 페딘, 룬츠, 니키틴 이외에도 자먀틴, 필냐크, 바벨, 파스테르나크 등이 있다. 동반자 작가들의 예술적 재능과 안목은 천편일률적인 프롤레타리아 작가들 틈에서 더욱 빛났으며 이들 덕분에 소비에트 문학의 수준은 질적으로 향상될 수 있었다. ─옮긴이

50 1917년 혁명 이후, 실제 해외로 떠난 망명자들과는 달리 러시아에 머물면서도 소비에트 정권에는 동조하지 않은 채 자의 반 타의 반으로 망명자의 신세로 살아야 했던 이들을 일컫는다. 아흐마토바, 만델슈탐 등이 대표적이다. ─옮긴이

출간), 불가코프의 『거장과 마르가리타』(1928~1940년 집필, 1966~1967년 발표), 나보코프의 『재능』(1937~1938), 파스테르나크의 『닥터 지바고』(1957년 서구에서 최초 발표)가 있다. 19세기에 『아버지와 아들』, 『오블로모프』, 『안나 카레니나』, 『카라마조프 가의 형제들』이 성취했던 방식으로 이 작품들은 시간이 지나면서 20세기 최고작을 의미하게 될 것이다.

흥미로운 점은 이 네 편의 소설 모두가 내러티브 구조(작가/화자/인물의 경계)와 자신들의 공식적인 상대자들에게는 절대 나타나지 않는 아이러니를 지닌 이데올로기적 메시지(긍정적인 인물의 집산주의 파토스)를 문제화하면서, 사회주의 리얼리즘의 마스터플롯에 대한 패러디적 안티버전을 제시하고 있다는 사실이다. 이 소설들의 플롯은 러브스토리(익숙한 에로스 테마: 사샤/소냐와 코펜킨/로사, 거장과 그의 마르가리타, 표도르와 지나, 유리와 라라)도, 러시아 역사에 대한 암호화된 좀더 큰 '동화들'(정치에 관심이 없는 나보코프의 작품 속에 나타나는 러시아 '문화'사)도 포함하고 있다. 또한 이 소설들은 저자와 내러티브의 위계라는 논점을 의도적으로 신비화함으로써 공식적인 '정전'과는 근본적으로 차이를 보인다. 예를 들어, 플라토노프의 작품 속에는 화자와 인물 사이에, 지적인 일꾼 '똑똑한 사람'umnik과 본능적인 일꾼 '바보'durak 사이에 인식론적 거리(혹은 특권)가 없다. 불가코프의 작품 속에서 독자는 누구의 의식이 내러티브의 안팎(모스크바/예루살렘), 또는 악마(볼란드)와 신(예수아) 사이에서 끊임없이 움직이고 있는지를 분명히 결정할 수 없다. 『파우스트』에서 취한 "영원히 악을 원하고, 영원히 선을 행하는" 힘을 지닌 악마에 관한 제사題詞가 이 문제를 어느 정도 분명하게 해주고 있음에도 말이다. 나보코프의 작품 속에서 화자 '그'와 화자 '나'는, 마우리츠 에셔[51]의 신비한 작품에서와 유사한 착시 구조 속에서 시점을 교체한다. 이것은 등장인물 표도르와 미래의 저자 표도르 사이의 차이점을 가리키는 것이다. 파스테르나크의 작품 속에서 혁명에 관한 산문적 내러티브는 이후 유리 지바고의 시 속에서 신화적으로 암호화되는 에피소드들을 제공한다. 유리 지바고의 시는 다시 한번 순환적인 '기독교의' 리듬과 뒤섞여 앞 부분의 소설 텍스트를 뒤이으며 에워싸게 된다.

뿐만 아니라 소비에트 문학의 '메타 시인'(토마스 자이프리트의 표현이다)이라고 불렸던 플라토노프를 제외한 다른 주요 소설가들은 맑스주의와 변증법적 유물론의 선적線的 논리를 망쳐 버리는 '마술상자' 구조를 자신들의 걸작 속에서 구체화했다는 사실도 드러나고 있다. 소설 속에서 거장과 마르가리타는 죽지만, 그 스토리는 그들의 죽음으로 끝나는 것이 아니다. 그 대신 불가코프는 우주적 정의의 저울로 끝을 장식하고 림보와 유사한 독특한 사후세계에서 보상을 받는 작가의 자전적인 남자 주인공과 여자 주인공의 모습을 제시하고 있다. 역설적이지만 '이 세계 밖'이기도 하고 여전히 이 세계(이반 베즈돔니의 목소리와 비전들)와 이야기를 계속하는 것이기도 하는 더블엔딩인 셈이다. 또한『재능』의 마지막 문장들 속에 삽입된 오네긴 연[52]은 우리를 슬며시 소설의 도입부로 되돌아가게 한다. 그로 인해 등장인물 표도르가 저자 표도르가 되는데, 우리가 지금 읽고 있는 것이 그의 첫번째 완성작이 되는 것

---

51 현대 네덜란드의 판화가로 착시 현상을 일으키는 초현실주의적인 작품을 다수 창작했다. 반복과 순환, 대칭을 주요 기법으로 삼아 패턴의 시작과 끝이 이어지면서 현실과 허상의 경계를 허무는 환상적인 작품을 만들어 냈다. ──옮긴이

52 푸슈킨은 운문소설『예브게니 오네긴』에서 영국식 소네트와 이탈리아식 소네트를 변형하여 약강 4보격의 14개행으로 이루어진 연을 일정한 압운 형식(AbAb CCdd EffE gg)으로 창작하였는데, 이러한 독특한 연 구조를 가리켜 '오네긴 연'이라 부른다. ──옮긴이

이다. 기독교 문화의 마술상자와 단테류의 착시에서 손을 뗀 사람은 승리한 종말론자들(불가코프, 파스테르나크)이나 영지주의자(나보코프)라기보다는 실패한 유토피아론자인 플라토노프뿐이다. 그의 주인공 사샤 드바노프는 새로운 소비에트 언어 속에 삽입된(그리고 볼셰비키의 태양의 도시 체벤구르 속에서 구체화된) 시공간 속의 희망들이 실현되지 않았고, 그곳에는 '상위 문화적인'high cultural 출구나 그 밖의 다른 출구가 없었기 때문에 자살하고 만다. 따라서 이 소설들은 러시아 문학이 지독한 '독백화'를 겪고 있던 시기에 등장한 지나치리만치 풍성하고 다음성적인 소설이라는 사실 이외에도, 그 문화 내에서 완전히 사라지지 않았던 요구에 응답하는 것처럼 보인다. 그 요구란 방랑하는 진리 추구자이자 잠재적인 순교자로서의 작가인 것이다(플라토노프와 불가코프, 파스테르나크는 모두 정권에 의해 박해를 당했던 반면, 나보코프는 망명하여 성공을 거두었다). 이들은 모두 현 상황을 뒤엎고 신념과 양심의 경계를 시험하는 괴상한 세계들의 창조자인 것이다.

최근 글라스노스트의 격동기에 이르기까지 스탈린 이후의 소비에트 러시아 문학은 두 가지 현상에 좌우되었다. 즉, 예전에 억압받던 작가들을 복권시키고 젊거나 주목받지 못한 인재를 발굴할 수 있는 아주 단기간의 기회를 제공했으며 흐루쇼프 시기(1953~1964)와 연관되어 있는 세 번의 '해빙기', 그리고 브레주네프 시기의 숨막힐 정도의 평범함과 잿빛 둔감함에서 그 이름을 얻은, 이어진 '침체기'zastoi가 바로 그것이다. 이 시기를 강조하는 몇 가지 유명한 원인들이 있는데,『닥터 지바고』의 이탈리아 출판 및 (시상식에 불참한 상태에서의) 노벨상 수상으로 발생한 '파스테르나크 사건'(1957~1958), '사회의 기생충'이란 이유로 레닌그라드의 젊은 시인 조지프 브로드스키를 체포하여 강제노동형을 구형한 사건(1964), 반체제 작가들인 율리 다니엘(필명 니콜라이 아르자크)과 안드레이 시냐프스키(필명 아브람 테르츠)의 투옥 및 공판(1965~1966),『수용소 군도』의 국외 출판에 따른 알렉산드르 솔제니친의 체포와 소련으로부터의 추방(1974), 바실리 악쇼노프와 그의 동료들이 자신들의 비공식적 저작물들에 대한 검열을 거치지 않는 출판 허가 주장을 촉구하려는 노력이 만들어 낸 '메트로폴 사건'(1979)이 여기에 해당한다. 뿐만 아니라, 이 30여 년간 많은 유명 작가들이 일부는 완전한 반체제 작가로 장성했고, 다른 이들은 작품 일부를 은밀하게 '자가 출판'samizdat하거나 '국외 출판'tamizdat함으로써 여전히 작품을 출판하는 준非공식 작가로 장성했다. 이 스탈린 이후 시기의 주도적인 문학계 인사 가운데서 브레주네프 치하의 소련을 결국에는 떠난 (혹은 추방당한) 많은 인물들은 다음과 같다. 산문 작가들로는 콘스탄틴 파우스토프스키(1892~1968), 바실리 그로스만(1905~1964), 바를람 샬라모프(1907~1982), 빅토르 네크라소프(1911~1987), 솔제니친(1918~2008), 알렉산드르 지노비예프(1922~2006), 안드레이 시냐프스키(1925~1997), 유리 트리포노프(1925~1981), 유리 카자코프(1927~1982), 친기즈 아이트마토프(1928~2008), 파질 이스칸데르(1929~), 유즈 알레슈코프스키(1929~), 게오르기 블라디모프(1931~2003), 악쇼노프(1932~2009), 블라디미르 막시모프(1930~1995), 블라디미르 보이노비치(1932~), 안드레이 비토프(1937~), 발렌틴 라스푸틴(1937~), 베네딕트 예로페예프(1938~1990), 세르게이 도블라토프(1941~1990), 사샤 소콜로프(1943~)가 있고, 시인들로는 아르세니 타르코프스키(1907~1989), 보리스 슬루츠키(1919~1986), 나움 코르자빈(1925~), 예브게니 예프투셴코(1933~), 안드레이 보즈네센스키(1933~2010), 예브게니 레인(1935~), 알렉산드르 쿠슈네르(1936~), 나탈랴 고르바네프스카야 (1936~), 벨라 아흐마둘리나(1937~2010), 윤나 모리츠(1937~), 브로드스키(1940~1996)가 있으며, '음유시인들'(대중가수/시인들)로는 알렉산드르 갈리치(1918~1977), 불라트 오쿠자바(1924~1997), 블라디미르 비소츠키(1938~1980)가 있다.

스탈린 이후 기간 동안 독특한 예술적 비전과 집필 재능으로 인해 네 명의 이름, 즉 솔제니친, 브로드스키, 악쇼노프, 시냐프스키가 두드러지게 되었다. 솔제니친은 톨스토이와 도스토예프스키의 위대한 고차원적 리얼리즘 소설과 관련된 '큰 형식'과 도덕적/예언적 차원이라는 전통의 뒤늦게 나타난 후계자이다. 그는 힘겨울 정도로 진지하고 청렴한 사람이며 수용소를 몸소 체험한 사람으로 초기 소설 작품들 속에서 놀랄 만한 산문 문장가이기도 하다. 그는 의미론적 토대 및 (지독히도 진지한 것에서부터 잔인하게 냉소적인 것에까지 이르는) 서사적 어조를 가지고 놀랄 만한 유희를 펼친다. 브로드스키는 아마도 '음유시적' 방식을 쓴 최후의 위대한 시인이었던 것 같다. 그는 러시아 시에는 독특한, 서구와 러시아의 견본들(존 던, 위스턴 오든, 츠베타예바, 만델슈탐)의 '형이상학적인' 혼합체이다. 브로드스키는 모국의 전통에 소비에트 시대가 잊거나 무시하도록 만들었던 것을 알려주기 위해 '네오아크메이즘' 시학 논리와 복잡하며 고도로 지적인 구문을 전개시켜 나갔다. 악쇼노프는 '젊은 산문' 운동의 리더인데, '60년대 사람들' 중 한 사람으로 활동하던 때부터 비전통적 방식을 쓰는 주도적인 망명 산문 작가라는 최근의 지위에 이를 때까지 언어를 대중문화('금지된' 아메리카니즘과 자연스런 재즈 같은 즉흥적인 것의 도입)라는 전복적인 형태로 사용했다(1981년작 『크림반도』를 보라). 이는 후기 소비에트 문화의 운명을 알레고리화하기 위함이었다. 시냐프스키(필명 테르츠)는 자기 세대의 잃어버린 사지를 이전의 보다 생명력 있는 전통의 몸(푸슈킨, 고골, 로자노프)에 재봉합하기 위해 대화적으로 뒤엉킨 두 명의 인물, 즉 소심하고 박식한 '시냐프스키'와 도발적이고 '공상적인' 테르츠를 발전시켰다. 작가의 성자로서의 소명과 지위에 대한 그 문화의 (최근까지도 이어진) 변치 않는 믿음을 감안하면, 이 네 명의 작가들이 모두 정부에 반하는 '정치적' 범죄들에 연루되었으며 어떤 형태로든 적극적으로 박해당해 왔음은 당연하다. 게다가 세 명의 작가는 여러 번 투옥되었고 러시아 내에서 유배당했다는 사실도 의미심장하다. 그리고 네 작가 모두 궁극적으로 국외 생활을 선택했던, 아니 정확히 말하자면 선택하도록 강요받았던 것이다(후자는 브레주네프 시기에 선호된 전략이었다). 1994년 5월 현재, 그들 중 최고연장자인 솔제니친은 자신의 고국으로 돌아갔다. 브로드스키와 시냐프스키는 1996년과 1997년에 각각 해외에서 사망했다. 반면 악쇼노프는 기본적으로 망명 작가라는 자신의 소속을 유지할 것으로 예상된다.[53] 통과할 수 있는 새로운 국경이 있기에 이런 구분은 예전만큼 결정적일 수 없다는 것은 확실하다.

솔제니친의 경우는 어쩌면 현재 러시아 문학이 직면하고 있는 문화적 가치 내에서 가장 상징적인 변화라 할 수 있다. 어떤 의미에서는 나보코프 이후 그 어떤 망명 작가보다 성공한 브로드스키가 옛 소비에트 연방에서 나고 자랐던 미국의 문학가이자 노벨상 수상 시인으로 성공했던 것과는 달리, 솔제니친은 자기 세대의 한 사람이자 도덕적 나침반

---

53 1980년 미국의 초청을 받아 미국에 갔다가 소련 국적을 상실했던 악쇼노프는 1990년에 국적을 회복할 수 있었다. 프랑스, 모스크바, 미국을 거쳐 다시 모스크바에 정착한 그는 뇌졸중으로 투병하다 2009년 7월 6일 사망했다. ──옮긴이

인 것에 걸맞게, 자신이 러시아적 뿌리와 혁명 전 문화에 존재했던 최상의 것들과 연결되어 있다는 데 대한 우월감을 주장했다. 자신의 위대한 두 편의 소설 작품에 등을 돌리고 1880년 이후에는 러시아(그리고 어쩌면 러시아만이 아닌) 세계의 윤리적 지도자라는 보다 큰 임무에 자신을 바쳤던 톨스토이와 아주 유사하게, 고령의 솔제니친은 중년기의 자기 자신 —— 알렉산드르 트바르도프스키에 의해 발굴되어 잡지『신세계』에 실렸고 놀랍게도 흐루쇼프에 의해 인정받았던 두 작품『이반 데니소비치의 하루』(1962)와「마트료나의 집」(1963)을 썼던 걸출한 작가 —— 을 뛰어넘었던 것이다. 19세기에 있었던 슬라브주의자-서구주의자 논쟁이 반복되는 가운데 브로드스키는『아름다운 시대의 종말』(1977)과『말의 부분』(1977) 같은 시집 속에서 러시아 문화를 보다 '세계시민주의적인 것'으로 만듦으로써 그 문화에 대한 의식을 높이려고 시도했던 반면, 솔제니친은 서구의 물질주의 및 민주주의적 다원주의와 '공짜' 자유 발언으로 버젓이 통용되고 있는 도덕심 결여를 포함한 서구의 행로를 잘못된 것으로 보았다. 도스토예프스키가 자신의 거짓 사형 집행과 시베리아 유형을 페트라셰프스키 서클의 '무신론적' 경험에 뒤따른 그리스도교적 신앙으로의 속죄와 복귀로 보았던 것과 꼭 같이, 솔제니친은 수용소에서의 경험과 그 결과로 뒤따르게 된 그리스도교적 비전의 재발화再發火를 자신의 삶과 예술적 재능에 있어서 신뢰할 만한 대전환점으로 보고 있는 것이다.

최근 많은 러시아인들이 정교 신앙으로 되돌아가고 있음에도 불구하고, 솔제니친의 나머지 작품들은 가속화되고 있는 세속화와 물질주의 및 서구의 '부르주아 가치들'을 지닌 대중적인 청년문화라는 사막의 바람에 맞서 황야에서의 목소리를 높였다. 솔제니친은 현재『이반 데니

소비치의 하루』와 「마트료나의 집」, 뛰어난 장편소설 『제1원』(1968년 서구에서 최초 출판)과 『암병동』(1968년 서구에서 최초 출판)에서 보여 준 탁월한 리얼리즘과 날카로운 도덕적 고결함에서부터 톨스토이적 위대함, 즉 억압받은 소비에트 역사의 재건(『수용소 군도』에 나타난 수용소의 복원과 소설 연작 『붉은 수레바퀴』에 나타난 제1차 세계대전 중 볼셰비키 권력 상승에 대한 현재의 조사)과 궁극적으로 이 새로운 지식에 기초한 혁명 이전 노선을 따라 재상상하기라는 프로젝트로 옮겨 가고 있다. 솔제니친 안에는 '노인' 시기의 톨스토이에 필적할 만한 '극단주의'가 자리 잡고 있다. 할 수만 있었다면, 그는 역사의 조류를 되돌리고, 수문 위에 서서 다른 방향으로 바꿀 수도 있었을 것이다. 의미를 향한 그의 갈망이 영감을 불러일으키는 것이기는 하지만, 그것은 모든 고난이 보상받을 수 있고 '증명할 수 있는' 것은 아니라는 인식으로 완화될 필요가 있다. 수용소의 잔악행위를 목격한 솔제니친의 주요 대척점인 바를람 샬라모프의 『콜리마 이야기』(1978년 서구에서 최초 출간)[54]에 나온 것처럼, 종종 독자들은 '문명 사회'의 제도들이 얼마나 허약하고 쉽게 짓밟히는지 보게 된다. 더불어 그런 이유로 이 '중간지대' 제도들이 솔제니친이나 톨스토이 같은 사람의 격렬한 정신적 아름다움과 극단주의적 투쟁만큼은 (그보다 더는 아니라도) 러시아에 필요하다는 것을 보게 된다.

포스트글라스노스트 시대가 도래하자 20세기 러시아 문학의 두 흐름인 소비에트 문학과 망명 문학이 마침내 합쳐지게 되었다. 망명 문학의 세 '흐름'에서 중요했던 이름들, 즉 산문 작가이자 회상록 작가인 니

---

54 1938~1951년에 콜리마 수용소에서 수감 생활을 경험한 샬라모프가 콜리마에서 돌아온 뒤 1954년에서 1962년 사이에 썼던 첫번째 선집이다. ─옮긴이

나 베르베로바(1901~1993), 보헤미안 초현실주의자 보리스 포플라프스키(1903~1935), 시인 이반 옐라긴(1918~1987)과 니콜라이 모르셴(1917~2001)이 현재 러시아에서 발견되어 재조명되고 있다. 이렇게 모든 지류들이 강력하고 다채로운 큰 흐름에 합쳐지는 것은 성별의 경계를 넘나들고 있어서 시인(슈바르츠, 세다코바)뿐 아니라 타티야나 톨스타야(1951~)와 류드밀라 페트루셰프스카야(1938~) 같은 주요 여성 산문 작가와 극작가가 현재 러시아 문단의 선봉에 서 있다(산문과 희곡은 전통적으로 남성에 의해 주도되었던 장르들이다). 이에 못지않게 중요한 것은 러시아의 극단주의적 정신이 들어오지 못하도록 저지하거나 접근을 막고 있었던 서구의 회의주의와 아이러니의 시대가 결국 본격적으로 도래한 듯 보인다는 것이다. 푸슈킨, 톨스토이, 도스토예프스키, 블로크, 만델슈탐, 불가코프, 츠베타예바의 '고상한' 문화적 가치들, 즉 성자로서의 작가, 삶의 모델을 제시하는 것으로서의 작품이 우리가 서구에서 발견하는 자본주의 시장의 동일 법칙들에 의해 날마다 지배당하고 있다. 굉장히 난해한 시인 만델슈탐은 이제 전철역과 길모퉁이 책 가판대 위에 있는 애거서 크리스티나 섹스 매뉴얼과 경쟁해야 한다. 장난꾸러기 팝아티스트인 드미트리 프리고프(1940~2007)와 일부러 '스캔들을 일으키는' 베네딕트 예로폐예프(1938~1990), 블라디미르 소로킨(1955~)처럼 '예언적'이고 '음유적인' 목소리의 치명적인 유혹을 알고 있는(그리고 어쩌면 얼마간은 그것을 비밀스레 원망하고 있는) 현대 작가들은 그들이 사회주의 리얼리스트이든 메시아적/'진리추구자'이든 간에 안정적인 모든 문화적 가치에 대한 전면적인 공격을 취하고 있다. 그들은 과거의 문화 아이콘들과 전통적인 독자의 '교양'에 대한 기대와 개념을 부수고 있다. 예로폐예프의 최근 에세이 제목을 패러프레이즈하자면, 보들레르의 「악의 꽃」의 자신들의 버전, 즉 서구에 못지않게 의미의 '심연들'을 탐색하고 걱정하고 있는 자의식을 러시아인들이 결국 맛볼 수 있도록 하려고 말이다.[55] 한마디로 '해체'는 서구의 엘리트주의적인 아카데믹한 경향보다 훨씬 대규모적이고 광범위하다. 이러한 많은 최근 세대 러시아 작가들에게 솔제니친의 귀환은 이미 오래된 뉴스로, 솔제니친의 저작들은 더 이상 그들에게 말을 하지 않는, 박물관 전시용으로 준비된 미라인 것이다. 그러나 도스토예프스키의 표트르 베르호벤스키나 "해체의 욕구 또한 창작욕이다"[56]라고 주장했던 바쿠닌이 몰랐던 극단주의가 여기서 다시 한번 나타난다. 관습을 깨뜨리고 있는 현대 작가들이 그 작업을 마친 뒤 남겨지게 될 그것이 21세기를 위한 이야기가 된다.

박선영 옮김

---

55 여기서 언급하고 있는 예로페예프의 에세이 제목은 「러시아의 악의 꽃」(1997)이다. 한편 동일 제목은 세르게이 도블라토프, 발레리 포포프, 사샤 소콜로프, 소로킨, 프리고프, 빅토르 펠레빈, 타티야나 톨스타야 등 러시아 현대 작가들의 작품을 엮어 1999년에 출판한 단편선의 제목으로 쓰이기도 했다. ─옮긴이

56 Michael Bakunin, "The Reaction in Germany: a Fragment from a Frenchman", eds. James Edie, James Scanlan, and Mary-Barbara Zeidin, *Russian Philosophy*, vol.I, Chicago, 1965, p.406.

9장

미술

· 존 볼트

신러시아 스타일

특정한 역사적 순간이 특정한 문화운동의 시작을 나타낸다고 주장하는 것은 위험한 제안이 될 수 있다. 하나의 역사적 순간이란 그런 운동을 특징짓거나 규정하는 선·후행되는 일련의 상황 속 하나의 연결 고리에 지나지 않기 때문이다. 그러나 선행 사건이자 결과로서의 '마법 같은 순

---

* 존 볼트(John E. Bowlt). 서던캘리포니아대 교수, 블루라군 소재 현대러시아문화연구소 소장. 저서로 『러시아 아방가르드: 이론과 비평 1902~34』(*The Russian Avant-Garde: Theory and Criticism 1902-34*, 1976), 『러시아 예술 1875~1975』(*Russian Art 1875-1975*, 1976), 『은세기: 20세기 초 러시아 예술』(*The Silver Age: Russian Art of the Early Twentieth Century*, 1979)이 있고, 『형식』(*Form*), 『아트저널』(*Art Journal*), 『소비에트연구』(*Soviet Studies*), 『슬라브 및 동유럽 리뷰』(*Slavonic and East European Review*), 『아폴로』(*Apollo*), 『아트뉴스』(*Art News*), 『러시아사상』(*Russkaya mysl*), 『러시아리뷰』(*Russian Review*), 『러시아연구 저널』(*Journal of Russian Studies*), 『메트로폴리탄미술관 저널』(*Metropolitan Museum Journal*), 『공연예술 저널』(*Performing Arts Journal*), 『20세기 연구』(*Twentieth Country Studies*), 『코넬리뷰』(*Cornell Review*), 『타임즈 문예 부록』(*Times Literary Supplement*), 『뉴욕북리뷰』(*New York Review of Books*) 등에 많은 글을 발표했다. 러시아 예술 연구 관련 저작물의 편집자이자 『러시아 형식주의』(*Russian Formalism*, 1973), 『카지미르 말레비치』(*Kazimir Malevich*, 1991)의 공동 편집자이다. 러시아 예술, 무대, 의상 디자인 관련 많은 전시회의 큐레이터이자 고문으로 활동하고 있다.

간'(예를 들어 1917년)이 발견될 때엔 여러 사건과 상황들의 집합체가 나타나게 마련인데, 그것은 잠재적 행위일 수 있는 것을 촉진시키거나 강조하기도 하여 마법 같은 순간의 징후를 문화적 표현으로 만들어 낸다(예를 들어, 10월혁명 후의 구성주의). 그리고 적어도 이런 방식을 따를 때 통념이란 것이 존재한다. 1850년대가 바로 그런 순간이다. 이 시기는 러시아 문화 발전상 중요한 시점이었는데, 러시아 시각예술의 '고전'기와 '근대'기를 구분할 수 있는, 전략적으로 중요한 날짜를 우리에게 제시해 주기 때문이다.

모스크바와 지방의 이콘 화파[1]들과는 대조적으로 러시아의 회화 및 조각 화파는 18세기 중반부터 줄곧 상트페테르부르크에 집중되어 있었다. 상트페테르부르크에는 신고전주의적이며 이상주의적인 규범을 지지하는 황실예술아카데미Imperatorskaia Akademiia khudozhestv[2]가 지배하고 있었다. 러시아 고유 문화의 수원지에서 멀리 떨어져 있었던 상트페테르부르크 아카데미는 고전주의적인 유풍의 화법과 미학적 규범에 따라 예술적 이상을 갈고 닦았으며 대人화가들Old Masters[3]이 세워 놓은 방식

1 러시아의 이콘 화파는 12~13세기경 키예프 공국의 세력이 약화되기 시작하면서 노브고로드, 블라디미르, 수즈달, 야로슬라프, 프스코프 화파로 분리되기 시작하였고, 15~16세기경에는 모스크바 화파가 형성되어 안드레이 루블료프 같은 훌륭한 이콘 화가를 배출했다.―옮긴이
2 유럽식 예술 교육을 위해 페테르부르크에 설립된 러시아 제국 내 최고의 예술아카데미. 이반 슈발로프 공작의 제안으로 엘리자베타 여제 시대인 1757년에 설립되었다. 처음에는 슈발로프 공작의 저택에 자리잡고 있었으나 1764~1788년 사이에 신축된 새 아카데미 건물(우니베르시체츠카야 나베레주나야 17번지)로 이전하여 현재까지도 그곳에 자리하고 있다. 현재는 러시아 최고의 역사화가 일리야 레핀을 기념하여 '레핀 상트페테르부르크 국립 아카데미 회화·조각·건축연구소'로 불리고 있다. '수리코프 모스크바 국립 아카데미 예술연구소'와 함께 러시아 예술아카데미를 구성하고 있다.―옮긴이
3 13~18세기, 특히 1500~1800년 사이에 활동했던 유럽 회화의 거장들을 지칭한다. 레오나르도 다빈치, 미켈란젤로, 라파엘로 등 이탈리아 르네상스의 주역들뿐만 아니라 뒤러, 루벤스, 벨라스케스, 렘브란트 등 많은 화가들이 포함된다.―옮긴이

을 익혔다. 그러나 1850년대에 아카데미가 배출한 가장 훌륭한 일원인 카를 브률로프(1799~1852)와 알렉산드르 이바노프(1806~1858)의 사망과 함께 아카데미의 절대권은 급속히 약화되었고 아카데미의 공식적인 스타일은 점점 더 보수적으로 되어 갔다. 그와 동시에 아카데미의 신세대 학생들은 자신들의 틀에 박힌 과제들과 동시대 러시아의 사회정치적 사건들 사이의 차이를 점점 더 의식하게 되었다. 의심의 여지 없이 니콜라이 체르니셰프스키에 의해 주도된 민주 운동의 개화는 이 새로운 예술적 임무를 발전시키는 데 직접적으로 공헌했다. 그 당시에는 물론, 그 이후에도 체르니셰프스키의 에세이 『현실에 대한 예술의 미학적 관계』(1855)는 이반 크람스코이와 바실리 페로프 같은 몇몇 예술가 제자들을 사로잡았다.

　새로운 예술가들은 "그 자체로 삶을 표현하거나 우리에게 삶을 상기시키는 대상은 아름답다"[4] 같은 언명 속에서 자신들의 견해를 뒷받침하는 철학적 정당성을 찾으며, 예술의 해설적이며 교훈적인 힘에 대해서, 그리고 어떻게 예술이 '저주받은 문제들'에 반응해야 하는가에 대해서 점점 더 많이 생각하게 되었다. 체르니셰프스키의 소책자는 1863년에 일어난 14명의 아카데미 학생들의 반란에도 영향을 끼쳤다. 그들은 크람스코이의 주도하에, 매년 열리는 금메달 경쟁에 필요한 틀에 박힌 과제를 거부했으며 전원이 경쟁을 그만두었다.[5] 7년 뒤, 이 학생들 중 몇

---

4 Nicolai Chernyshevsky, *Esteticheskie otnosheniia iskusstva k deistvitel'nosti*, Moscow: Gosizdat, 1948, p.10 [『현실에 대한 예술의 미학적 관계』]. 이 장의 영어 번역은 존 볼트가 한 것이다.
5 러시아 예술사에서 '14인의 반란'(Bunt chetyrnadtsati)이라고 불리는 이 사건의 보다 정확하고 상세한 정황은 다음과 같다. 1863년 예술아카데미는 「모세가 바위를 쳐서 물을 솟게 하다」를 그린 크람스코이에게 소(小)금메달을 수여했다. 이제 졸업생들은 대(大)금메달을 위한 계획서를 쓰고 해외 유학 장학금을 받는 일을 남겨 두고 있었다. 아카데미 위원회는 콩쿠르 주제로 스칸디나비아 전설에서 따온 '오딘 신 전당의 주연'을 내놓았다. 그러나 14명의 졸업생들은 판에 박힌 이 주제를 거

몇은 '이동전시협회'를 설립했다. 거침없는 비평가 블라디미르 스타소프의 지지를 받았고, 이후에는 수집가 파벨 트레티야코프(그의 이름을 유지하고 있는 모스크바 소재 갤러리 설립자)의 후원을 받았던 이동파 화가들peredvizhniki은 단순히 형식상의 성취보다는 사회·정치적 차원을 강조하도록 예술가들을 자극하는 새로운 예술적 독트린을 만들어 냈다. 이는 도스토예프스키와 톨스토이에 의해 대표되는 문학 속의 리얼리즘 경향과 일치하는 입장이기도 했다. 때로 초상화를 그려 주며 당대 진보적인 작가들과 교류를 했던 크람스코이, 페로프, 일리야 레핀 같은 화가들은 1860~1890년대 새로운 시각적 리얼리즘에 큰 공헌을 한 인물들이었다. 페로프의 「부활절 행렬」(1861, 트레티야코프 갤러리[TG] 소장)과 레핀의 「볼가 강의 배 끄는 인부들」(1870~1873, 러시아미술관[RM] 소장)처럼 '실제' 러시아를 그린 그들의 신랄한 장면들을 보면 분명히 알 수 있다.

이동파 화가들은 서구 문화에 대해 모호한 태도를 취했다. 리더들은 유럽의 운동들을 확실히 의식하고 있었기에, 가령 페로프와 귀스타브 쿠르베 혹은 레핀과 아돌프 멘젤 사이의 유사점을 끌어낼 수도 있다.[6]

부하며 각자가 자유로이 자신의 주제를 택할 수 있게 해달라고 요청했지만 위원회는 이를 받아들이지 않았다. 1863년 11월 9일, 크람스코이는 동료들을 대표하여 "우리들은 아카데미의 결정 번복을 감행할 생각은 하지 않으니 콩쿠르 참가에서 제외시켜 주시기를 위원회에 삼가 부탁드린다"라는 내용의 성명을 위원회에 발표했다. 크람스코이, 베니크, 그리고리예프, 드미트리예프, 주라블료프, 자볼로츠키, 코르주힌, 레모흐, 리토프첸코, 마코프스키, 모로조프, 페스코프, 페트로프, 수스토프가 이 반란에 참가한 14명의 화가들이다. 이 사건을 계기로 아카데미에서 나온 이 화가들은 '페테르부르크 화가 조합'을 결성하여 1871년까지 이 단체를 유지했다.──옮긴이

6 쿠르베와 멘젤은 각각 프랑스와 독일에서 리얼리즘적 경향의 대표적 화가로 꼽힌다. 쿠르베의 대표작으로는 「돌 깨는 사람들」(1849), 「화가의 아틀리에」(1855), 「앵무새와 여인」(1866), 「샘」(1868) 등이 있고, 멘젤은 「베를린-포츠담 철도」(1847), 「발코니와 방의 실내」(1845), 「버드나무가 있는 건설 현장」(1846), 「주물공장」(1872~1875) 등으로 유명하다.──옮긴이

그러나 그들 자신의 어젠다는 '국제적'이라기보다는 '러시아적'이어서 그들의 한결같은 테마 가운데는 러시아 농민, 러시아 풍경, 러시아 성직 자 등이 있었다. 레핀 같은 예술가들은 프랑스 인상주의의 혁신을 인지 하고 있었으나 일반적으로 그들은 '형식'보다 '내용'을 선호한다고 공언 하였다. 그것은 적어도 1890년대까지는 러시아 내 인상주의의 개화를 장려하기보다는 막고 있었다. 그와 동시에, 이동파 화가들의 상대적 내 향성과 자주 관찰되는 일관성 없는 화법이 서구에서의 그들의 인지도 를 전반적으로 떨어뜨렸다. 그 결과, 러시아의 삶에 대한 이와 같은 유 기적 애착으로 인해 이동파 화가들은 부득이 당대의 사회·정치적 현실 이라는 맥락 속에서 평가받아야 했다. "레핀은 러시아 바깥에서는 생각 할 수 없다. 그를 받아들이든 거부하든, 그는 개인적인 평가 너머에 있 다. 그는 민중으로부터 나왔으며 말 그대로 그는 민중적이다"라고 1915 년 한 비평가는 쓰고 있다.[7] 이동파 화가들의 진정성 있는 목적과 조국 애에도 불구하고, 콘스탄틴 마코프스키처럼 덜 급진적인 동료들이 그 룹에 들어오자, 이동파 화가들의 예술적 이상들은 곧 흐릿해졌다. 마코 프스키 같은 화가들은 러시아 사회의 병폐들을 노출시키기는커녕 응용 미술과 건축을 포함하여 당시 러시아 시각예술의 다른 분야들에 악영 향을 끼쳤던 퇴보라 할 만한 스타일상의 절충주의와 주제상의 감상주 의에 빠져 있었던 이들이었다.

　1850년 이후 러시아 문화에서 일어났던 심층적 변화들은 러시아가 급속히 산업화되고 농민들이 대도시의 유혹 때문에 자신들의 가부장

7 1915년 스테판 야레비치가 레핀에 대해 언급한 내용. I Vydrin, "S. Yaremich o Repine-portretiste", *Iskusstvo*, Moscow, 1969, no.9, p.60 [「초상화가 레핀에 관한 야레미치의 견해」]에서 재인용.

적인 삶의 방식을 포기함에 따라, 시골에서 특히 강하게 감지되었던 새로운 사회적 유동성으로 인해 촉진되었거나 적어도 병행되었다. 예술에 관한 한 이콘 제작, 목조 조각, 자수처럼 전통적인 수공 방식들로 이루어지는 분야 전체가 기계화된 대량생산 제품들로 갑작스레 대체되었다. 그러나 문화유산 전체가 곧 사라져 버릴 수 있음을 인식한 몇몇 의식 있는 인물들은 농민 예술을 그 출처로 기록하고 보존하려고 노력함으로써 이 파괴적인 흐름을 역전시키려 하였다. 아이러니컬하게도, 그 일을 한 것은 이러한 고유 전통을 약하게 만들었던 바로 그 계급들, 즉 사바 마몬토프와 마리야 테니셰바 공작 부인 같은 러시아의 신흥 부유층이었다. 이들의 상업적 관심은 러시아의 새로운 자본주의 경제에 박차를 가했으며 이들의 미학적 취향이 러시아 은세기의 문화 부흥에 기여했다. 예를 들어, 마몬토프와 테니셰바는 모두 세르게이 댜길레프의 잡지 『예술세계』와 댜길레프의 전시회 후원자였던 것이다.

1870년에 마몬토프는 아브람체보라고 불리는 모스크바 근교의 영지를 얻게 되었다.[8] 세르기예프 포사드(자고르스크) 근처에 위치한 이 목가적인 장소는 곧 예술가들의 은신처이자 진정한 예술적 실험장이 되었다. 이곳에서 러시아의 수많은 세기말 화가들과 배우들, 비평가들이 거주하며 연구를 하였던 것이다. 윌리엄 모리스의 팬이자 전통예술과 수공예에 많은 관심을 가지고 있었던 마몬토프와 그의 아내 엘리자베

---

8 마몬토프는 모스크바에서 70킬로미터 떨어진 아브람체보 영지를 악사코프 가문으로부터 구입하여 당대의 예술가들에게 저택을 교류의 장이자 작업장으로 제공하였다. 1843년 세르게이 악사코프가 이 영지를 구입한 후, 투르게네프와 고골 등이 묵으며 창작을 한 곳으로 유명한 이 영지에 이제 일리야 레핀, 발렌틴 세로프, 미하일 브루벨, 바스네초프 형제 등이 체류하면서 자유롭게 창작 활동을 하게 되었다. 마몬토프를 비롯하여 알렉세이 수보린, 사바 모로조프 등의 자본가들에 대해서는 이 책 11장의 각주 15~17번을 참조하라. —옮긴이

타는 콘스탄틴 코로빈과 빅토르 바스네초프 같은 자신들의 예술가 동료들이 고대 러시아 문화의 전통들을 다시 살펴보고 그 전통들을 그들의 회화, 목공품, 도자기, 극장용 디자인으로 통합해 낼 수 있도록 격려해 주었다. 이런 큰 뜻이 아브람체보 화실과 마몬토프 자신의 사설 오페라단의 성격을 아주 유사하게 만들었으며 엘레나 폴레노바, 미하일 브루벨, 심지어는 레핀까지 포함하는 수많은 재능 있는 예술가들을 매혹시켰던 것이다.

이와 유사하게, 스몰렌스크 근교에 위치한 테니셰바 공작 부인의 영지이자 은신처였던 탈라슈키노는 아브람체보와 많은 공통점을 지닌 공방 기업이었다. 비록 탈라슈키노의 주요 강점이 세르게이 말류틴과 그 이후 니콜라이 레리흐가 감독한 섬유 및 가구 디자인에 있었다 하더라도 말이다. 탈라슈키노는 화가와 디자이너, 음악가들을 매료시키기도 했지만(이고르 스트라빈스키는 이곳에서 「봄의 제전」을 작업했다), 여기서 만들어진 제품들이 모스크바, 런던, 파리의 판매점에 등장하고 언론에 종종 나타났을 때조차 탈라슈키노는 아브람체보에 가려져 있었다. 이는 어느 정도는 마몬토프의 성격이 보다 열정적이고 매력적이었기 때문에, 또 어느 정도는 공작 부인이 경제적 지불 능력을 끊임없이 강조해 댔기 때문이라고 할 수 있다. 어쨌든 두 기업은 전통적인 러시아 예술, 전문적인 아틀리에 회화와 산업디자인 사이의 보다 긴밀하고 보다 유익한 상호작용을 보여 주었다. 그 발전은 발레뤼스Ballet Russ의 재기 넘치는 디자인과 혁명 후 구성주의의 유토피아 프로젝트에서 그 절정을 맞이한 것이었다. 사실 아브람체보와 탈라슈키노가 이룬 예술적 업적은 결코 순수하거나 단순하지 않았다. 종종 예술가들은 현지의 모티프와 방식을 합성하기도 했고, 그것들을 알렉산드르 골로빈과 브루벨 같은 예술가들이 잘 알고 있었던 아르누보art nouveau와 유겐트슈틸Jugendstil[9]의 요소들과 뒤섞기도 했다. 이 경향은 마몬토프의 오페라단과 테니셰바의 사설 극장을 위한 무대디자인에서 분명히 표현되기도 했다. 그러나 예술아카데미와 모스크바 회화·조각·건축연구소의 졸업생들, 즉 아틀리에 예술가들이 당시 디자이너로 일하고 있었다는 사실은 그 자체로 급진적인 진보였고, 상트페테르부르크의 『예술세계』와 발레뤼스의 보다 스펙터클한 디자인 업적들을 위한 길을 준비하는 것이었다.

상징주의 미학

아브람체보와 탈라슈키노의 선동으로 일부 전통 예술 형식들이 부활했음에도 불구하고, 1880년대와 1890년대 아틀리에 예술의 처지는 상대적 쇠퇴의 상태에 이르렀다. 이사악 레비탄, 레핀 같은 영향력 있는 인물들과 뛰어난 발렌틴 세로프(그가 그린 무용수 이다 루빈슈테인의 초상화[1910, RM]를 보라)에 의해서만 겨우 활기를 띠었던 것이다. 아카데미와 이동파 화가들의 고갈된 독트린은 허약한 화법과 반복적인 주제로만 구성된 결과물을 지루하게 재생시키는 교착상태를 만들었다. 40년 전, 러시아 예술이 그 무엇보다 테마와 스타일 면에서 소생이 필요했던 것과 마찬가지로, 20세기의 문턱에서 러시아 예술은 새로운 훈련, 새로운 화파가 필요했다. 이는 알렉산드르 베누아와 다길레프가 주도한 예

---

9 아르누보와 유겐트슈틸은 19세기 말 각각 프랑스와 독일에서 나타난 모더니즘 예술 양식으로, 회화·건축·공예 등의 분야에서 특히 두드러졌다. 명칭 자체에 '새로움', '젊음'이란 의미를 담고 있는데, 자연에서 모티프를 따온 꽃무늬 패턴 등 곡선미를 한껏 살린 장식적인 요소가 강조된 응용예술의 일종으로, 20세기 디자인 분야에 큰 영향을 끼쳤다. 알폰스 무하, 오브리 비어즐리의 작품은 곡선 미학의 절정을 보여 준다. ──옮긴이

술세계 그룹에 의해서 이 그룹의 잡지, 전시회, 그 밖의 많은 예술적·비평적 업적들을 통해 이루어졌다.

예술세계 그룹의 장식품은 아브람체보와 탈라슈키노 실험의 대담한 양식화와 강렬한 색채에서 무시할 수 없을 만큼 많은 힘을 얻었다. 1898년 11월에 출간된『예술세계』창간호가 바스네초프의 작품을 집중적으로 조명했다는 사실은 이 그룹이 아브람체보와 탈라슈키노에 이러한 빚을 지고 있음을 보여 주는 것이었다. 왜냐하면 골로빈과 코로빈, 바스네초프, 브루벨은, 레온 박스트와 베누아, 콘스탄틴 소모프 같은 예술세계의 주요 예술가들의 작품 속에서 분명히 나타난 '기하학화', 양식화, 복고주의를 이미 지니고 있었던 농민 모티프와 단순화된 구성을 사용하는 많은 예술가들에 속하기 때문이었다. 그러나 일반적으로 받아들여지는 견해와는 달리 예술세계는 아방가르드 그룹이 아니었고, 베누아와 박스트, 소모프 같은 멤버들은 리얼리스트들을 싫어했음에도 불구하고 실제로는 전통주의자들이었다. 그들은 이후에 신원시주의자들과 입체미래주의자들이 이루어 낸 업적들을 받아들일 준비가 되어 있지 않았던 것이다. 이는 니콜라이 랴부신스키의 잡지『황금 양털』과 전시회들이 러시아 모더니즘 운동의 전진에 큰 공헌을 했음에도 불구하고, 예술세계의 예술가들이 최초의 후원자인 은행가 랴부신스키를 무분별하고 천박하다고 비난하며 모스크바에서 싹트고 있었던 아방가르드를 파르나소스 정상에서 의심의 눈초리로 바라보았던 하나의 이유이기도 하다.

예술세계는 화가·작가·음악가·비평가들로 이루어진 단체, 베누아와 댜길레프가 편집한 잡지, 주기적으로 열린 전시회들(1899~1906, 1910~1924)을 포괄하는 복합적인 명칭이다. 발레뤼스의 조직자로 오늘날 기억되고 있는 댜길레프는 예술세계의 많은 사업에 실제적인 영감이 되었다. 박스트, 베누아, 레리흐를 포함한 댜길레프의 동료 예술가들이 발레용 세트 및 의상 디자이너로 유럽과 미국에서 명성을 얻게 된 것 역시 그의 조력을 통해서였다. 그럼에도 불구하고, 예술세계를 어떤 한 개인이나 하나의 미학적 독트린과 너무 가깝게 연결시키는 것은 오해를 불러일으킬 수 있다. 예술세계가 제1기 상징주의 작가들(콘스탄틴 발몬트, 발레리 브류소프, 지나이다 기피우스, 드미트리 메레쥬코프스키)과의 특별한 공감을 불러일으켰을지라도 말이다. 그러나 예술세계의 잡다한 관심들은 이보다 더 넓은 범위의 세계관을 고무했다. 그룹의 성향이 예술을 '종교'라기보다는 '수공예'로 해석하려는 것이었음에도 불구하고 예술세계는 안드레이 벨리, 알렉산드르 블로크, 뱌체슬라프 이바노프 같은 후기 상징주의자들을 지지하기도 했고,[10] 빅토르 보리소프-무사토프가 영감을 주었고 파벨 쿠즈네초프가 주도한 모스크바의 신비주의적 화가 그룹인 '청장미'Golubaia roza를 만들어 내기도 했다.

그러나 여기서는 러시아 상징주의 시인들, 특히 벨리와 블로크의 비평적·철학적 관심들을 기억하고, 예를 들면, 1905년에 씌어진 블로크의 훌륭한 에세이 「색채와 말」, 그리고 리하르트 바그너에 대한 전반적인 열광 속에 분명히 나타난 종합예술Gesamtkunstwerk 창작을 위한 그들의 상호 노력과 비문학적 예술 형식들에 대한 열광을 올바르게 인식하는 것만으로도 충분하리라 본다. 사실 예술세계는 시각예술과 공연예술을 강조했지만 인문학 분야 전체의 주도적인 대표자들과 교류를 하며 미

10 예술세계의 '수공예로서의 예술'관과는 달리 후기 상징주의자들은 예술을 영감에 의해 창작되는 것으로 보았으며 더 나아가 예술을 종교로 바라보기도 했다. ──옮긴이

학적 개념들의 상호 교류를 위한 플랫폼의 역할을 했었다. 그 결과 예술세계는 가장 다채로운 예술적 현상들, 즉「풀이 죽은 데몬」(1902, TG) 같은 브루벨의 열정적인 비전과 바스네초프의 「용사들」(1898, TG) 같은 양식화된 신러시아 양식, 오브리 비어즐리의 「백과 흑」과 찰스 레니 매킨토시의 '예술과 공예'Arts and Crafts 디자인들, 브류소프의 시, 바실리 로자노프의 문학비평을 모두 수용했다. 이러한 절충주의는 러시아나 해외에서 열렸던 예술세계 전시회들에서 분명하게 나타났다. 예를 들어, 1899년 상트페테르부르크에서 열린 최초의 전시회는 그룹의 멤버뿐 아니라 에드가 드가, 클로드 모네, 퓌비 드 샤반 같은 당대 서구 예술가들도 포함되어 있었다. 가장 과격한 전시회는 알렉세이 폰 야블렌스키, 쿠즈네초프, 미하일 라리오노프와 여타의 혁신적 예술가들이 제대로 조명되었던 1906년의 전시회였다. 같은 해 파리의 '가을 살롱'Salon d'Automne 에서 댜길레프가 조직한 러시아 섹션에도 역시 그들이 있었다.

바실리 칸딘스키 역시 예술세계의 멤버였고 잡지에 공헌을 했으며, 대체로 이 그룹의 전반적인 큰 뜻에 공감하고 있었다는 사실을 우리는 자주 잊고 있다. 실제로 칸딘스키의 추상을 향한 움직임은 여러 상황에 자극을 받았을지라도, 러시아의 세기말 미학적·철학적 문화 양식에 가장 큰 빚을 지고 있다. 칸딘스키가 정신적인 것을 선호하여 물질주의를 거부한 것은 「즉흥」들과 「구성」들, 그의 많은 에세이들, 특히『예술에 있어서 정신적인 것에 관하여』(1911)[11]의 주요 동기를 구성하고 있다. 칸딘스키는 예술을 초월적인 것의 매개물로 해석하고, 구체적인 것

11 바실리 칸딘스키, 『예술에 있어서 정신적인 것에 관하여: 칸딘스키의 예술론』, 권영필 옮김, 열화당, 1981. ─ 옮긴이

으로부터 나와 추상적인 것을 열망하면서, 벨리, 블로크, 솔로비요프 같은 러시아 상징주의 작가들의 공통적인 갈망을 공유하게 되었다. 예술세계와 자주 교류했던 이 작가들과 기타 많은 러시아 시인들, 예술가들, 음악가들이 칸딘스키에게 중요했다. 이후에는 신지론자 작곡가들인 포마 가르트만과 알렉산드라 자하리나-운코프스카야, 화가이자 의사인 니콜라이 쿨빈, 신지학과 이후엔 신비주의자 구르지예프에 빠졌던 철학자 표트르 우스펜스키 같은 인물들이 칸딘스키에게 중요했다. 그들의 활동에 대한 참고 자료는 칸딘스키의 몇몇 기본적인 예술적 입장을 설명해 주는 데 도움을 준다. 칸딘스키와 마찬가지로 이 인물들은 현상계가 '진짜' 세계를 숨기고 있으며 그로 인해 현상계는 정신적인 것과는 거의 혹은 전혀 같지 않다고 확신했었다.

베누아의 「몽플레지르, 페테르고프」(1900, TG)와 소모프의 「베르사유 공원에서」(1901, TG)에서 감지할 수 있듯이, 칸딘스키를 포함한 예술세계 소속 대부분의 예술가들은 페테르고프나 베르사유의 질서정연함과 고요함을 선호하며 긴급한 사회·정치적 현실의 요구로부터 자신들을 떼어 놓았다. 그 결과 베누아와 소모프 같은 예술세계 화가들에게는 리얼리스트들의 경향적 발언들이 낯설었다. "예술은 자유롭다, 삶은 마비되었다"라는 그들의 로고는 일상의 가혹한 현실을 초월했던 정신적인 것의 표현으로서의 예술이라는 구상을 구현하는 것이었다. 사실 이반 빌리빈과 므스티슬라프 도부진스키 같은 예술세계의 몇몇 예술가들은 1905년 혁명 기간에 『허수아비』, 『지옥의 우체국』 같은 풍자 평론지에 카툰과 캐리커처를 그림으로써 사회의 반란 문제들을 직시했다. 그러나 그들이 이데올로기에 개입하는 정도는 변덕스러웠고, 그로 인해 결국 10월혁명과 내전 같은 엄청난 사회적 급변기에도 그들은 고요한 회고적 사색을 선호하게 되었다.

예술세계의 대다수 예술 및 문학작품들에서 확인되는 동시대의 실재에 대한 상대적 경시는 공예품 개념에 대한 강조, 즉 예술세계를 프랑스와 벨기에 상징주의 선임자들과 연결시켜 주었던 것에 거스르는 것이었다. 박스트, 베누아, 소모프 같은 예술가들은 마치 그 행위가 무대 위에서 일어나고 있는 것인 듯, 주어진 내러티브를 극장 포맷 내로 자주 한정시키면서, 기술적인 전문 지식의 가치와 선·색·부피·중량·질감 같은 통합적 자질들의 가치를 강조했다. 예술세계 측이 형식적 요소들에 이처럼 눈에 띌 정도로 주목했던 것은 어쩌면 1910년대와 1920년대에 러시아 아방가르드 예술가들이 갈고 닦았던 기하학적 형상에 대한 특별한 강조를 미리 보여 준 것이었을지도 모른다. 결국 벨리는 정밀 미학을 체계화하려고 노력했던 한편, 브류소프는 '과학적인 시'의 필요성을 표명했다. "우리는 형식이나 양식에 대해서는 걱정하지 않았으나 내적 비전에 관해서는 걱정했다"라는 벨리의 단언에도 불구하고,[12] 문체적·형식적 무기고를 혁신하자는 호소는 그 반대의 것을 입증해 보였다. 잡지 『예술세계』에도 작품을 발표했던 블로크처럼 아주 철학적이고 내성적인 시인조차 가지고 있었던 시적 구조에 대한 확실한 관심은 중심축과 대칭면들이 있는 베누아와 소모프의 도식적 풍경화와 유사하다.

그럼에도 불구하고, 예술세계가 공예품의 자율성을 강조했다는 것이 '예술을 위한 예술'이란 용어를 보편적으로 적용하는 것을 정당화하지는 않는다. 사실 헨리크 입센, 프리드리히 니체, 솔로비요프와 오스카

---

12 Andrei Bely, *Vospominaniia ob Aleksandre Bloke*, Letchworth: Bradda, 1964, p.31 [『알렉산드르 블로크에 관한 회상록』].

와일드로 이루어진 상징주의의 전당을 조성하며, 예술세계는 벨리와 뱌체슬라프 이바노프의 초월적 이상주의뿐만 아니라 리얼리스트 레핀과 톨스토이의 업적 역시 인정하였다. 다시 말해, 예술세계는 단일 사상의 옹호자라기보다는 문화 교차점의 역할을 했던 것이다. 왜냐하면 이그룹의 한 멤버가 기억하는 바와 같이, "그것은 그 단어의 진정한 좋은의미에서 딜레탕티즘dilettantisme[13] 예찬"이었기 때문이다.[14]

엄격하게 축소된 한도 내에 풍부한 디테일을 포함해야만 했던 그래픽예술과 무대예술을 통해서 예술세계의 예술가들은 기법상의 대담함을 확실히 드러내 보였다. 최고의 북 일러스트레이터는 아마도 소모프였을 터인데, 코메디아 델라르테commedia dell'arte[15]에 대한 그의 애정은 블로크의 희곡 작품집의 인상적인 표지 제작에 영감을 주었다. 소모프는같은 해, 블로크의 책 표지만큼이나 유명한, 뱌체슬라프 이바노프의 시집『불타오르는 가슴』과 발몬트의 시집『불새』표지들을 제작하기도 했다. 이 밖에도 1901년 이후 출간된 러시아 동화 시리즈를 위한 이반 빌리빈의 정교한 표지와 삽화들, 1911년에 출간된 베누아의 삽화가 실린푸슈킨의「스페이드의 여왕」판본도 언급할 수 있을 것이다. 개괄적으

---

13 '즐기다'라는 뜻의 이탈리아어 딜레타레(dilettare)에서 유래한 용어로, 예술이나 학문 등을 직업으로 하는 것이 아니라 취미로 즐기는 태도나 경향을 말한다. 한편 '즐기는 사람'을 뜻하는 딜레탕트(dilettante)는 예술이나 학문의 열렬한 애호가를 가리킨다. ──옮긴이

14 드미트리 필로소프의 표현이다. A. Grishchenko and N. Lavrsky, *Aleksandr Shevchenko. Poisiki i dostizheniia v oblasti stankovoi zhivopisi*, Moscow: IZO NKP, 1919, p.3 [『알렉산드르 셰프첸코: 아틀리에 회화 분야에서의 탐색과 성취』]에서 재인용(원 출처는 인용되어 있지 않다).

15 16~18세기에 유행한 이탈리아의 즉흥 가면극. 리얼리즘 연극에 싫증을 느낀 모더니스트들에 의해 20세기 초 재조명된 연극 형태이다. 블로크의 서정희곡「빌라간치크」가 그 대표적인 예로, 이작품 속에는 코메디아 델라르테의 여러 인물들이 주인공으로 등장하고 있다. 소모프는「발라간치크」가 포함된 블로크의 희곡집『서정 희곡』의 삽화를 그렸을 뿐 아니라「아를레킨과 죽음」(1907), 「피에로와 귀부인」(1910),「콜롬비나의 혀」(1915),「아를레킨과 귀부인」(1921) 등 코메디아 델라르테의 인물들을 주제로 한 많은 작품을 완성했다. ──옮긴이

로 말해서, 예술세계 예술가들의 장식품 속에서 마주치게 되는 그래픽 기술은 그들의 '비철학적인' 세계관의 결과로 해석되어야 한다. 왜냐하면 그들은 구체적인 이데올로기적 언급 없이, 자신들의 예술을 말 그대로 제멋대로 내버려 두었고, 선·색·부피라는 예술의 구성요소들을 솜씨 있게 다루도록 내버려 두었기 때문이다.

하지만 예술세계 예술가들이 철학적인 차원을 완전히 무시한 것은 아니다. 그들은 신화, 에로, 죽음과 같은 주제를 선택할 뿐만 아니라 그 주제들을 유사한 양식으로 체계화하면서 언급한 주제에 집중적인 관심을 보인다는 점에서 자신들의 작가 동료들과 상호적인 입장을 공유했다. 예를 들어, 상징주의 시가 순환적인 시 구조나 합창 같은 반복에 기대어 불가피성이나 권태의 감각을 전달할 수 있었다면, 예술세계의 회화는 오브제들로 가득 찼지만 인간은 없는 실내를 포착할 수 있었다. 도부진스키도 이러한 구상을 공유했었는데, 상트페테르부르크, 리가, 런던에서 선보인 그의 날카로운 도식적 무대장치들은 인간의 감각을 누른 기계적 테크놀로지의 승리를 보여 주는 듯했다. 이와 유사한 개성 상실과 수정 같은 정적이 「잠자는 미녀」(1909, TG)처럼 17세기와 18세기를 불러낸 콘스탄틴 소모프의 작품 속에서 발견된다. 도덕적·사회적 통합의 구체화로서의 옛것에 관심을 가졌던 박스트와 베누아, 레리흐와는 대조적으로, 소모프는 어쩌면 자신의 사악하고 인공적인 시대의 알레고리로 사용하거나 자신의 복잡한 자아를 설명하기 위해 종종 자신의 주제들을 풍자하거나 패러디했다. 이에 반해 예술세계 내에서 댜길레프의 멘토이자 친구였던 베누아는 "카오스가 지배하고 있다. 그것은 그 어떤 가치도 없고, 가장 이상하게도, 아무런 특징도 없는 과장된 그 무언가이다. …… 개인주의는 대체로 소통을 부정하기 때문에 이단이다"[16]라고 천명하면서 그런 나르시시즘을 반대했다. 실제로 종종 유머스럽고 따뜻한 베누아의 베르사유 묘사는 시기상 조금 떨어져 있긴 하지만, 여전히 소중한 어린 시절을 이끌어 내는 것처럼 보인다.

예술세계 예술가들의 '회상적 꿈'이 어떤 특정한 역사적 시대에 한정되지는 않았지만, 그들은 미래를 바라보기보다는 과거를 바라보았다. 바스네초프와 브루벨의 주장으로 증명되었듯이, 그들은 이집트·그리스·베르사유 이외에 '원시' 문화에 대한 깊은 관심도 키워 갔다. 그들은 바스네초프와 브루벨의 예술을 원시적이고 야만적인 힘, 고대 신화의 세계와 자연력적 통일체의 구체화로 간주했다. 박스트가 (벽화 「고대의 공포」[1908, RM]에서 그랬던 것처럼) 고대 그리스를 해석하며 민족지학적 사실과 신비적 공상을 통합한 것은, 인류로 하여금 이전의 보다 자연적인 상태를 되찾게 한다는 상징주의자들의 요구를 구체화한 것이었다. 이 구상은 박스트 역시 자신의 주요 에세이 「고전주의의 새로운 길들」(1909)에서 발전시켰던 것이다. "새로운 예술은 정제된 것을 참을 수 없기에 미래의 회화는 돌에 새기는 방식lapidary style을 요구한다. …… 미래의 회화는 조잡함의 깊숙한 곳까지 기어 들어갈 것이다."[17] 박스트는 새롭고 젊은 문화의 도래뿐 아니라 예술세계 자체의 종말도 예상하고 있었다. 왜냐하면 예술세계의 허약하며 에피쿠로스적인 꿈은 새로운 세대, 즉 러시아 아방가르드의 거친 압박들을 당해 낼 수가 없었기 때문이다.

---

16 Alexandre Benois, "Khudozhestvennye eresi", *Zolotoe runo*, Moscow, 1906, no.2, pp.80~81 [「예술적 이단들」, 『황금 양털』].

17 Lev Bakst, "Puti klassitsizma", *Apollo*, St. Petersburg, 1909~1910, no.3, p.60 [「고전주의의 길」].

아방가르드

아방가르드는 1910년대와 1920년대에 러시아 문화의 추이를 바꾸었던, 수많은 인물들과 양식들로 이루어진 복잡한 모자이크였다. 물론 러시아 아방가르드는 갑작스레 나타난 것이 아니었고, 오히려 기존의 경향들을 창조적으로 확장·통합한 것이었다. 19세기 말 아브람체보와 탈라슈키노에서 있었던 민속예술에 대한 신민족주의자들의 관심은 나탈랴 곤차로바와 미하일 라리오노프가 주도한 신원시주의 운동을 예시한 것이었다. 물질계에 대한 상징주의자들의 거부는 추상주의 작품에 직접적인 자극이 되었다. 게다가 현학적이었던 상트페테르부르크 예술아카데미조차 절대주의 및 구성주의의 미니멀한 구성들 속에서 다시 나타난 표 모양이나 신체구조도라는 형식을 통해 연역적인 분석을 제시하기도 했다. 결국 구·정육면체·직사각형 그리는 법을 알려주는 19세기의 교과서들에서 카지미르 말레비치의 절대주의까지는, 해부도에서 파벨 필로노프가 그린 표현주의적 머리들까지는, 혹은 관습적인 원근법 표현에서 류보프 포포바의 '선보다 색채를 강조하는 구도'까지는 그렇게 멀지 않을지도 모른다.

1910년 12월 10일, 모스크바에서는 '다이아몬드 잭'Bubnovyi valet이라고 불린 전시회가 열렸는데, 어떤 관점에서 보더라도 그것은 아주 유별난 것이었다. 예술 전시회에 붙여진 그런 새로운 타이틀에 익숙하지 않았던 대중은 '다이아몬드 잭'이란 것이 도박장이거나 매음굴이지 결코 예술 전시회라고 생각하지는 못했다. 그러나 다이아몬드 잭 그룹과 그 그룹의 전시회, 논쟁, 출판물들은 오늘날 러시아 아방가르드 발전에 있어 본질적인 것으로 인정받고 있다. 라리오노프에 의해 주도된 다이아몬드 잭은 대중의 취향에 따귀를 때리기[18] 위해 친분이 있던 아웃사이더 및 급진주의 그룹들이 죄수복을 착용한 채 나타나도록 초대했다.[19] 다이아몬드 잭의 주요 멤버들, 즉 곤차로바와 칸딘스키, 라리오노프, 아리스타르흐 렌툴로프, 말레비치, 블라디미르 타틀린은 신원시주의, 입체미래주의, 광선주의 같은 기이한 예술 시스템들을 폭발시켜 러시아 예술의 관습들을 전복시켰는데, 이것들은 1910년대와 1920년대 초의 이즘들, 예를 들어 절대주의, 에브리씽이즘, 낫씽이즘, 구성주의의 진정한 폭발을 위한 길을 닦아 주었다.

19세기의 보고서와 같은 리얼리즘과 간단치 않은 상징주의의 비전들을 거부하면서, 새로운 물결의 예술가들은 자신들이 서구에 빚을 지고 있다는 것을 인정하고 있었음에도, 모스크바가 이제 현대문화의 중심지가 되었고, 자신들이 서구 문화의 무미건조한 일상에 순수함과 활기를 가져다주고 있다고 주장했다. 신선한 아이디어들을 찾고 있던 다이아몬드 잭의 예술가들은 기법과 모티프들을 자신들만의 회화적 어휘로 변경하며, 즉 원시주의 미학을 공식화하며, 장난감, 이콘, 루복(손으로 직접 그린 값싼 판화), 도시의 민속공예 같은 고유한 전통예술과 수공예에 지대한 관심을 보였다. 러시아의 가부장 전통에 대한 인지는 러시아 아방가르드 발전에 중요한 역할을 한다. 알렉산드르 셰프첸코가 1913년 자신의 신원시주의 선언문에서 역설했던 것처럼, "이콘, 루복, 쟁반, 간판, 동방의 직물 등은 진정한 가치와 회화적인 미를 보여 주는

---

18 러시아 미래주의의 선언문 제목인 『대중의 취향에 따귀를 때려라』(1912년 12월 18일)를 염두에 둔 표현이다. 블라디미르 마야코프스키, 『대중의 취향에 따귀를 때려라』, 김성일 옮김, 책세상, 2005. ─옮긴이
19 1917년까지 러시아에서는 죄수를 '다이아몬드 잭'이라고도 불렀는데, 이는 그들이 입는 푸른색 죄수복 등에 검정색 다이아몬드가 달려 있었기 때문이었다. ─옮긴이

예들"[20]이기 때문이다. 다비드 부를류크와 블라디미르 부를류크 형제, 마르크 샤갈, 라리오노프, 말레비치는 러시아 민속문화의 밝은 색채와 거친 선, 조야한 유머에 흥미를 느꼈고, 이 고유한 유산을 자신들만의 회화적 언어로 번역했으며, 제1차 세계대전 시 애국심을 불러일으키는 포스터에서 사회정치적 무기로 그것을 되살리기까지 했다. 사실 신원시주의자들의 출현은 예견된 것이었다. 모스크바고고학연구소가 1913년에 조직했던 대규모의 '고대 러시아 예술 전시회'가 증명한 것처럼, 러시아의 전통예술 및 수공예가 학자·비평가·수집가들에 의해서 재발견되고 있던 바로 그때(1910년경)에 그들은 대학생이었기 때문이다.

폴리네시아의 고갱과 마찬가지로, 곤차로바, 라리오노프, 말레비치와 그들의 동료들 또한 토착민, 예를 들어 말레비치의 「밀 수확」(1912, 암스테르담시립미술관)에 표현된 러시아와 우크라이나 농부의 삶과 문화에 특별한 관심을 기울이며 보다 원시적인 예술 표현을 찾아서 "원주민과 같은 생활을 했다". 이들은 아이들의 그림, 아프리카 예술, 시베리아의 유물들을 살펴보았고, 이 공예품들이 도시 문명화의 인공적 가치들에 의해 아직 건드려지지 않은, 보다 높은 리얼리티를 표현하고 있다고 결론지었다. 곤차로바가 1909년의 「낚시」(마드리드 티센-보르네미사 컬렉션)에서처럼, 결국 말레비치에게 지속적인 영향을 끼쳤던 주제인 시골 생활의 일반적인 사건들(들판에서 일하는 농부들, 낚시, 수확, 포도 으깨기, 원무圓舞)을 그렸을 때, 그녀가 과거에 대한 이런 요청에 주의를 기울이고 있었다는 것은 확실하다. 이에 반해, 곤차로바의 동료인 라리

---

20 Aleksandr Shevchenko, "Neo-primitivizm"(1913), trans. and ed. John Bowlt, *Russian Art of the Avant-Garde*, London: Thames and Hudson, 1988, p.45.

오노프는 우리가 「쉬고 있는 군인」(1911, TG) 같은 그림들 속에서 보게 되는 대도시와 그래피티, 가게 간판들, 판잣집, 술집이 있는 지방 도시에 더 매료되었다.

대부분의 아방가르드 예술가들은 정교회 신자들이어서 이콘과 이콘 벽iconostasis 같은 러시아 교회 미사의 구성요소들은 엄청난 시각적 효과를 남겼다. 곤차로바는 성서의 장면들을 그려 모스크바 검열관들의 불만을 끌어내면서 자신의 혁신적인 예술 안에서 중세 러시아 예술을 부활시키고자 갈망하였다. 그 적절한 예는 1912년에 열린 '당나귀 꼬리' Oslinyi khvost 전시회에 내놓은 4부작 「복음서 저자들」(1910)이었는데, 이미지와 제목이 불일치한다는 주장이 제기되어 신성종무원의 주도로 검열관에 의해 전시가 금지당했다. 말레비치가 1915~1916년 페트로그라드에서 열린 전시회 '0.10'에서 '붉은 구석'krasnyi ugol[21], 즉 '성스러운 구석'에 자신의 가장 급진적인 그림 「검은 사각형」을 놓아두었을 때, 그 또한 자신의 종교적인 성장 과정을 상기한 듯 보인다. 성 게오르기와 용 같은 이콘적 주제에 대한 칸딘스키의 탐구(예를 들어 「성 게오르기 기사」 [1911, TG]) 또한 1912년 무렵 추상화 양식의 발전에 기여하였다. 그럼에도 불구하고, 러시아 아방가르드 예술가들은 이콘과 루복을 제식 용품이라기보다는 형식적 배열을 연습하는 것으로 생각하는 경향이 있었다. 이 견해는 라리오노프가 1913년 모스크바에서 열린 자신의 '이콘과 루복 전시회'를 배치하면서 옹호한 것이었다. 예술가들(러시아 예술가들 뿐만이 아니다)이 이와 같은 문화유산에 특별한 관심을 기울이게 했던 것은 그런 공예품들의 역逆원근법, 해부학적 연장延長, 밝은 색채들이었

---

21 러시아 가정에서 이콘을 놓아두는 성스러운 구석 장소를 말한다. ——옮긴이

다. 1911년 모스크바와 상트페테르부르크를 방문한 뒤 앙리 마티스는 크레믈린에 있었던 이콘들이 "모스크바가 제공했던 최고의 것"[22]이었다고 말하기까지 했다.

반면, 다이아몬드 잭의 예술가들과 라리오노프가 1912년과 1914년 사이에 만들었던 또 다른 세 그룹인 당나귀 꼬리, 표적Mishen', No.4[23]도 프랑스 후기인상주의와 입체파에 반응을 보였다. 샤갈, 라리오노프, 렌툴로프와 같은 일부 예술가들은 단기간 혹은 장기간 파리를 여행했었고, 다른 이들은 이반 모로조프와 세르게이 슈킨 같은 모스크바 상인들의 거대한 컬렉션을 통해 조르주 브라크와 고갱, 마티스, 피카소를 알게 되었으며, 또 다른 이들은 러시아 언론에 실린 동시대 프랑스 및 독일 예술에 관한 많은 비평과 리뷰를 읽었다. 예를 들어, 라리오노프의 「티라스폴의 집시 여자」(1908, TG)는 고갱의 폴리네시아 미인들에 대한 명백한 레미니센스이고, 말레비치의 「미하일 마튜신 초상화」(1913, TG)처럼 그가 1912~1913년경에 그린 그의 정물화와 도식적인 인물화들은 피카소에 많은 빚을 지고 있다. 그럼에도 불구하고 러시아인들은 알렉산드라 엑스테르와 렌툴로프, 게오르기 야쿨로프의 작품에 상당한 영향력을 끼쳤던 소용돌이파vorticism 및 로베르 들로네와 소냐 들로네 부부의 동시주의simultanism를 포함하는 온갖 종류의 '새로운' 아이디어를 수용하기 위해 입체파와 미래파라는 단어를 심지어는 입체미래파라는 한 단어로 합쳐 사용하기까지 했다. 즉, 러시아인들은 유럽의 최신 경향

[22] 1911년에 신문 『역류』와 가진 마티스의 인터뷰. Yury Rusakov, "Matisse in Russia in the Autumn of 1911", *The Burlington Magazine*, London, May 1975, p.289에서 재인용.
[23] 1914년에 라리오노프가 조직했던 이 전시회의 정식 명칭은 'No.4. 미래주의자들, 광선주의자들, 원시주의자'(No.4. Futuristy, luchisty, primitiv)이다. ──옮긴이

들을 잘 알고 있었던 것이다. 비록 그들의 예술적 실험과 애국적 자부심이 입체파적 파리, 표현주의적 뮌헨, 혹은 미래파적인 밀라노에 대한 일종의 의무감을 대신했을지라도 말이다. 실제로 필로노프와 곤차로바, 말레비치는 초기 견습 시절을 거친 뒤, 러시아는 문화적 르네상스를 이제 막 경험하려고 한다든가 디에고 벨라스케스와 라파엘로는 러시아가 지금 막 배출하려는 위대한 예술가들에 비하면 그저 '정신적 속물들'일 뿐이라는 식으로 서로 다른 방식으로 주장을 펼쳤다.[24]

지나친 자신감과 청춘의 에너지만이 그러한 감정들을 일으킬 수 있었고, 러시아 아방가르드 예술가들은 벼룩시장, 유원지, 운동회가 있는 거리의 일상생활 속에서 이러한 동일 자질들을 발견하려는 듯 보였다. 이들 반체제 인사들의 거친 말들과 화려한 의상, 추행들은 그러한 출처를 반영하고 있다. 예를 들어, 다비드 부를류크가 실크햇에 나무 스푼, 오페라글라스를 걸치고 다녔고, 바실리 카멘스키와 블라디미르 마야코프스키가 화려한 조끼를 입고 다녔다면, 곤차로바, 라리오노프, 일리야 즈다네비치는 자신들의 얼굴과 몸에다 상형문자를 그렸다. 이런 별난 짓들은 '고상한' 예술을 '저급한' 예술로 격하시키고, '저급한' 예술을 '고상한' 예술로 끌어올리려는 강한 열망을 반영한 것이었다. 광선주의라 불리는 라리오노프의 품격 있는 추상 체계조차도 광학적 굴절에 대한 세심한 연구보다는 가로등과 자동차 헤드라이트에 영감을 받은 듯 보인다(「가로등이 있는 거리」, 1913, 마드리드 티센-보르네미사컬렉션).

1910년대에 아방가르드는 떠들썩한 모스크바에서뿐 아니라 차분한 상트페테르부르크에서도 '부르주아를 경악시켰다'. 다이아몬드 잭

---

24 Benedikt Livshits, *The One and a Half-Eyed Archer*, Newtonville: ORP, 1977. p.81.

에 대한 북쪽의 응답인 '청년동맹'Soiuz molodezhi[25]은 다비드 부를류크에서 필로노프, 말레비치에서 올가 로자노바, 이반 푸니(=장 푸그니)에서 타틀린에 이르는 다른 많은 예술가들의 작품들을 진척시켰다. 게다가 칸딘스키를 포함한 뮌헨의 청기사Blaue Reiter 그룹과 같은 스칸디나비아 및 독일 예술가들과도 관계를 유지했다. 청년동맹은 많은 활동을 후원했었지만, 이들이 아방가르드 운동에 끼친 아마도 가장 확실한 공헌은 입체미래파 오페라 「태양에 대한 승리」(1913)에 대한 후원이었을 것이다. 미하일 마튜신의 불협화음 음악, 벨리미르 흘레브니코프와 알렉세이 크루촌니흐의 신조어 리브레토, 말레비치의 도식적인 세트와 의상들로 이루어진 이 작품은 자움zaum'(초이성어)과 멜리스마melisma,[26] 기하학적 단순화 같은 새로운 미학적 아이디어들을 모색했다. 만약 말레비치가 디자인한, 검정색과 흰색의 삼각형들로 이루어진 2막 5장의 배경막이 무無대상적 구성으로 읽혀질 수 있다면 말이다. 사실 말레비치는 신원시주의를 충분히 연구한 후에 추상 시스템에 이르게 되었지만, 현재 그는 이반 클륜, 포포바, 로자노바 등이 그린 다른 급진적인 회화들과 함께 1915년 '0.10'에 최초로 전시했었던 절대주의적이거나 비구상적인 습작들로 기억되고 있다. 그가 전시회에 내놓은 작품 가운데는 「검은 사각형」(1915, TG)과 「붉은 사각형」(1915, RM)이 있는데, 이 중 후자에는 '2차원에 있는 농민 여성'이라는 부제가 달려 있다.

　　말레비치는 주저 없이 자신의 절대주의적 책임을 수행하였고, 수

---

25 다이아몬드 잭이 모스크바에서 결성된 반면 청년동맹은 상트페테르부르크에서 결성되었기에 지리상의 특성으로 인해 이런 표현이 나온 것이다.──옮긴이
26 넓은 의미에서 선율이 화려하고 아름다운 음악을 말한다. 성악곡에서는 가사의 한 음절에 많은 음표가 달리는 화려하고 장식적인 성악 양식을, 기악곡에서는 카덴차를 의미한다.──옮긴이

많은 추종자들을 매료시켰다. 예를 들어, 1919년에 말레비치가 비테프스크 민속예술학교 교장직에서 샤갈을 쫓아낸 뒤,[27] 말레비치는 일리야 차슈니크, 엘 리시츠키, 니콜라이 수예틴 같은 새로운 절대주의자들로 구성된 세대를 격려했고 키워 냈다. 이 예술가들은 옷에다 자그마한 검정 사각형을 달고서 자신들만의 단체인 우노비스Unovis, Utverditeli novogo iskusstva('새로운 예술 주창자들')를 만들었으며, 1922년 자신들의 스승 말레비치가 페테르부르크로 떠날 때까지 절대주의 시스템을 갈고 닦는 데에 큰 기여를 했다. 예를 들어, 리시츠키는 말레비치의 후원 아래서 '프로운'Proun, Proekt utverzhdeniya novogo('새로운 것 확립 프로젝트')이라는 개념을 절대주의 독트린의 연장으로 발전시켰고(마드리드 티센-보르네미사컬렉션에 있는 1919년작 「프로운 1C」가 훌륭한 예이다), 절대주의의 차분한 구성에 많은 영향을 받은 우노비스 예술가들은 곧이어 자신의 경험들을 실용예술, 즉 건축, 도자기, 북디자인, 심지어는 의류로까지 옮겼다. 그들의 기하학적 표현 양식은 초기 소비에트 디자인에 지워지지 않는 흔적을 남겼다.

그러나 사실 말레비치는 회화면에 매료된 화가로, 궁극적으로, 신성시된 예술 전통을 새롭게 했다기보다는 그 전통을 완결했던 화가라 할 수 있다. 반면 그림으로 전향하기 전에 선원으로 활동했던 타틀린은 구성주의로 이끈 새로운 시도를 분명하게 내보였다. 이 제작자는 제3인터내셔널을 기념하는 탑이나 기념비 설계도들(1919~1920, 실제로 세워

27 1919년 말레비치는 샤갈이 설립하여 학교장으로 있었던 비테프스크 민속예술학교로 초빙되어 가서, 그곳에서 추상적이며 절대주의적인 창작법을 정착시키고자 했다. 이 과정에서 샤갈과의 방법론적 논쟁을 불러일으켰으며 그 결과 권력 다툼에서 밀려난 샤갈은 비테프스크를 떠났고 학교장 자리를 말레비치가 맡게 된다. —옮긴이

지지는 않았다)과 의복, 스토브, 가구, 심지어는 비행기(1930년경, '레타틀린'Letatlin이라고 불렸다)용 산업디자인으로 상징화되었던 열망, 즉 공학 기술과의 협력을 지지하면서 초월적인 영감과 개인의 재능이라는 개념을 거부했다. 「아상블라주」(1914, TG)처럼 1914년 이후에 나타난 타틀린의 부조 작품들은 구성주의 미학을 발전시켜 나갔던 비슷한 생각을 가진 다른 몇몇 예술가들, 특히 포포바와 알렉산드르 로드첸코를 사로잡은 이런 합리성을 향한 하나의 제스처이기도 했다. 형태, 질감을 갖는 재료, 합리적 구조의 결정소로서의 기능이 새로운 언어의 중심 개념이 되었는데, 그 새로운 언어란 말레비치의 세계관보다는 타틀린의 세계관에 더욱 몰두하도록 만들고, 새로운 세대를 혁명적 에토스를 지닌 산업적이며 민주적인 요구에 직접 부응하도록 채비시키고 있었다.

10월혁명

1917년 10월혁명은 그 영향력의 범위가 흔히 잘못 해석되고 있기는 하지만, 러시아 예술 발전에 영향을 끼쳤다. 물론 혁명은 많은 문화 기관들을 파괴하거나 손상시켰지만 급진적인 정책을 실제적으로 확장시킨 것으로서의 혁명은 말레비치, 로드첸코, 타틀린, 심지어는 칸딘스키 같은 급진적인 예술가들에게 대단한 이데올로기적·교육학적 힘을 행사할 수 있는 자리를 부여하기도 했다. 해외에서 되돌아온 망명자들, 예를 들어 샤갈, 나움 가보, 다비드 슈테렌베르크로 인해 그들의 지위는 높아졌다. 많은 이들이 인민계몽위원회 위원장 아나톨리 루나차르스키의 환영을 받았다. 루나차르스키는 로드첸코, 슈테렌베르크, 타틀린과 그 밖의 많은 급진주의자들을 자신이 맡고 있던 기관의 시각예술분과에 동참하도록 독려하면서, 문화 연구에서의 더 많은 극단적인 표현을 높이 평가하거나 적어도 묵인했다. 그 결과, 이 분과는 미술관 소장용 작품들을 구입하고, 기존의 예술 학교들을 자유아틀리에Svomas, Svobodnye masterskie로 재편성하며, 예술문화연구소InKhuk, Institut khudozhestvennoi kul'tury 와 러시아예술과학아카데미RAKhN, Rossiiskaia Akademiia khudozhestvennykh nauk 같은 두뇌집단을 설립하기도 하고, 레닌의 기념비 선전 계획(1918년 이후)과 타틀린의 제3인터내셔널 기념비 같은 주요 사업들을 조직함으로써 아방가르드의 아이디어 보급을 위해 많은 일을 했다. 이러한 일련의 상황들이 많은 예술가들로 하여금 새 공화국 내에서 영향력 있는 지위를 얻을 수 있도록 해주었는데, 이것은 특히 모스크바에서 두드러졌던 짤막했던 좌파의 독재권을 이끌어 내기도 했다.

이제 예술가에게 닥친 첫번째 물음은 프롤레타리아 양식을 어떻게 정의하는가였다. 많은 사람들에게 1921년에 조직된 구성주의는 새로운 이데올로기를 가장 분명하게 표현할 수 있는 것으로 보였다. 왜냐하면 공산주의와 마찬가지로 구성주의 또한 현대의 과학기술과 공장에 의해 고취된 전 세계적이며 민주적인 운동이 될 것이라고 주장했기 때문이다. 구성주의자들 역시 아틀리에 회화와 조각 같은 기존의 예술적 규율이 소멸 직전에 있고, 영화·사진·상업광고·산업디자인·운동경기라는 새로운 예술들이 그것들을 대체하게 될 것이라고 주장했다. 반대 의견을 받아들이지 못한 구성주의자들은 소란스런 수사법으로 자신들의 생각을 표현했는데, 그들의 극단적인 편협함은 스탈린 시대의 문화적 독재를 알리는 별난 전주곡이었다. 비록 행동으로는 아니더라도 말로는 말이다. 그러나 산업디자인 경향(인쇄 예술, 직물, 건축)을 지닌 구성주의의 기하학적 절제는 사회주의적인 요구에 부합하는 직접적 반응이라기보다는 선행하던 미적 경향들과 혁명 이전 급진적인 예술가들이 실용 디자인에서 보여 주었던 중요한 위업들——말레비치와 타틀린의 포스터들과 북디자인, 알렉산드라 엑스테르와 이반 푸니의 액세서리들, 곤차로바와 로자노바의 의류 등——에 대한 직접적 반응이었다. 어쨌든, 구성주의자들이 자신들이 선전했던 것들을 항상 실행한 것은 아니었다 (예를 들어, 포포바와 로드첸코는 산업디자인에 큰 공헌을 했음에도 불구하고 아틀리에 회화를 계속해서 그렸다).

그렇다 하더라도, 구성주의 프로그램은 혁명이라는 이데올로기적 압박에 힘입은 바가 컸다. 구성주의의 주도적인 주창자들, 즉 로드첸코, 비평가 알렉세이 간, 니콜라이 타라부킨은 서둘러 자신들의 정치적 충성도를 증명해 보이고자 했다. 이런 점에서 로드첸코는 구성주의자들 중의 구성주의자였다. 왜냐하면 급진적인 예술가인 그는 산업디자인과 사진을 새로운 러시아의 주요 미디어로 여기며, 정치적·사회적·문화적 요구에 즉각 반응하였기 때문이다. 로드첸코는 이미 1916년에 컴퍼스와 자로 그린 드로잉 여섯 점을 '상점'Magazin이라 불린 타틀린의 모스크바 전시회에 내놓았으며, 이후 1921년 전시회 '5×5=25'에 전시했던 빨강·노랑·파랑의 삼면 그림triptych(모스크바 로드첸코 가家 소장)을 포함하여 질감·색채·리듬·형태들 간의 단순 교차에 의존했던 일련의 '미니멀리즘적' 작품들을 그려 냈다. 아틀리에 회화에 작별을 고하는 이런 제스처를 취하며, 로드첸코는 복제디자인, 사진, 무대디자인 같은 좀더 '적절한' 매체로 관심을 돌렸다. 포포바 역시 1917~1918년의 구성적 그림들에서 보다 실용적인 용도로 옮겨 갔는데, 이는 특히 프세볼로드 메이에르홀드의 연극 무대, 그리고 직물 및 잡화업 프로젝트에서 두드러졌다. 연극 「도량이 큰 오쟁이」(1922), 「똑바로 선 지구」(1923)를 위한 포포바의 무대장치들은, 배우들이 언제 어디서건 그리고 어떤 연기를 위해서 건 그것들을 소품으로 사용할 수 있었다는 점에서 전적으로 기능적이며 보편적인 리허설 조각물들walk-through sculptures처럼 보였다. 무대장치를 무대 부조scenic relief로 간주한 포포바는 1923~1924년에 제작된, 밝고 효율적이며 위생적인 의상디자인이 가지는 연결식 이동성을 강조하며 인간의 몸을 동적인 구조물로 해석하기도 했다.

그들의 소란스런 선언에도 불구하고, 사실 구성주의자들은 소수에 불과했다. 우리가 아방가르드의 최종 단계를 연구하면 할수록, 적어도 1930년대 초 사회주의 리얼리즘이 완전히 도입되기 전까지 지속적으로 나타났던 아이디어들과 사조들이 놀랄 만큼 방대하기 때문이다. 다른 많은 예술가들은 자신의 특별한 예술적 표현이 혁명적이고 현실 참여적이라고 느꼈지만, 결코 그들 모두가 구성주의에 매료되었던 것은 아니었다. 예를 들어, 필로노프와 그의 제자들은 아틀리에 회화의 잠재력에 대해 항상 확신하고 있었고, 1920년대에는 「살아 있는 머리」(1926, RM) 같은 자신들의 가장 훌륭한 그림 중 일부를 그렸다. 표현주의와 초현실주의는 1920년대 중반의 소비에트 예술가들, 특히 알렉산드르 데이네카와 유리 피메노프 같은 아틀리에예술가협회OST, Obshchestvo stankovistov[28]의 멤버들에게 큰 인상을 남겼는데, 그들이 오토 딕스와 조지 그로스[29]의 공동 작업을 알고 있었다는 사실이 「페트로그라드 방어」

28 최고예술기술아틀리에(Vkhutemas, Vysshie khudozhestvenno-tekhnicheskiye masterskie) 졸업생들로 구성된 모스크바의 예술가 창작 연합. 1925년부터 1932년까지 존재했다. 회장인 슈테렌베르크를 비롯하여 볼코프, 곤차로프, 데이네카, 피메노프, 티실레르 등이 이 단체에 소속되어 있었는데 그들의 목표는 '적극적인 혁명 예술'을 창조하고 현대 실생활의 전형적인 현상들을 반영하는 것이었다. ─옮긴이
29 딕스와 그로스는 독일의 신즉물주의(Neue Sachichkeit)의 대표적 화가들이다. ─옮긴이

(1927, TG)와 「중공업을 이룩하라!」(1927, TG) 같은 그림 속에서 분명하게 보여진다. 아틀리에예술가협회 예술가들은 아틀리에 회화야말로 스포츠·산업·항공이라는 새로운 테마들을 매력적이고도 여전히 실험적인 양식으로 표현할 수 있다고 주장한다. 즉, 1920년대 후반 예술이 리얼리즘으로 거침없이 후퇴했음에도 불구하고, 여전히 예술적인 다양성이 존재했고, 심지어 1929년까지만 해도 모스크바의 트레티야코프 갤러리는 말레비치에게 최초의 개인전을 허가해 주기도 했다. 레닌그라드의 러시아미술관이 필로노프의 전시회를 기획하고, 타틀린이 자신의 레타틀린을 디자인하고 있었던 것과 마찬가지로 말이다.

그러나 그즈음 아방가르드의 '하늘'과 '땅'의 주인[30]이었던 말레비치와 타틀린은 중년이었고, 유토피아에 대한 그들의 비전들은 첫번째 5개년 계획, 집단농장화, 지도자 찬양이라는 사안들에 붙들린 사회 속에서 급속도로 시들어 가고 있었다. 지금 요구되는 것은 쉽게 그리고 분명하게 읽힐 수 있는 예술 형식, 즉 스탈린의 사회주의 재건에의 헌신을 반영하고 고전적인 규범을 강조함으로써 대중의 인정과 존경을 여전히 이끌어 낼 수 있었던 예술 형식이었던 것이다. 1934년에 소비에트 러시아에게 유일하게 허용된 문화 양식으로 지지받은 사회주의 리얼리즘은 이데올로기적이며 관료적인 엘리트의 요구를 충족시킬 수 있었고, 사회주의 리얼리즘의 기본 사상들은 이후 반세기 동안 소비에트 예술을 이끌었던 엄격한 법규에 영향을 끼쳤다.

---

30 비평가 니콜라이 푸닌은 말레비치와 타틀린을 각각 이런 용어로 언급했다. Evgenii Kovtun, "K. Malevich, Pis'ma k M. V. Matiushinu", *Ezhegodnik rukopisnogo otdela Pushkinskogo doma na 1974 god*, Leningrad: Nauka, 1976, p.183 [「말레비치, 마튜신에게 보낸 서한들」, 『푸슈킨스키 돔 필사본 분과의 1974년 연감』]을 보라.

소비에트 사회주의 리얼리즘

사회주의 리얼리즘은 진공 상태에서 탄생했던 것이 아니라 상당히 분명하게 지속적으로 나타났던 경향들을 요약한 것이었다. 혁명 직후 아방가르드 활동이 격정적이었던 때조차 일부 비평가들은 "리얼리즘이 명성을 얻고 있다"[31]라고 주장했는데, 이는 1920년대를 거쳐 나타났던 일련의 구조적·조직적 발전들로 인해 강화된 감정이었다.

이 가운데 가장 광범위한 조치는 이동전시협회의 제47회 전시회가 끝난 직후인 1922년 모스크바에 혁명기러시아예술가협회AKhRR, Assotsiatsiia khudozhnikov revoliutsionnoi Rossii[32]를 설립한 것이었다. 이 협회 소속 예술가들의 첫번째 목표는 프롤레타리아, 농민 계층, 적군 등의 평범한 삶을 강조함으로써 혁명기 러시아를 소박하고 알기 쉬운 방식으로 제시하는 것이었다. 그들은 1922년 첫번째 선언문에서 "우리들은 인터내셔널 프롤레타리아 앞에서 우리 혁명의 위신을 실추시키는 추상적 조작이 아닌, 사건들의 실제 장면을 제공할 것이다"[33]라고 이러한 갈망을 표명한 바 있다. 협회는 예술의 다큐멘터리적 가치를 갈고 닦으며 19세기 리얼리즘의 전통을 재단장하였고 이에 동의하지 않는 자들을 혹평했다. 협회는 표도르 보고로드스키, 이사악 브로드스키, 알렉산드르 게

31 David Aranovich, "Desiat' let iskusstva", in *Krasnaia nov'*, Moscow, 1927, no.11, p.219 [「예술 10년」, 『붉은 처녀지』].
32 정부의 이데올로기 노선을 지지한 덕분에 나타나게 된, 예술가, 그래픽예술가, 조각가 연합. 1920년대 가장 규모가 컸던 단체였다. 1922년 조직되어 1928년까지 AKhRR로 존재했고, 이후 AKhR(Assotsiatsiia khudozhnikov revoliutsii)로 명칭이 변경되었다가 1932년 해체되었다. 소비에트 연방예술가동맹의 전신이라고 볼 수 있다. ──옮긴이
33 "Deklaratsiia Assotsiatsii khudozhnikov revoliutsionnoi Rossii"(1922), ed. John Bowlt, *Russian Art of the Avant-Garde*, pp.266~267 [「혁명기러시아예술가협회 선언문」]에서 재인용.

라시모프, 예브게니 카츠만, 게오르기 랴쥬스키 같은 젊은 예술가들을 사로잡았는데, 이들은 회화와 조각의 교훈적 기능을 받아들여 자신들의 재능을 새로운 현실을 묘사하는 데 사용하였다(예를 들어, 랴쥬스키의 「여성 대표위원」[1927, TG]). 대부분의 협회 멤버들은 프롤레타리아 가정 출신이었고, 1924년의 '혁명, 삶 그리고 노동' 같은 그들의 전시회는 대중에게도, 군인 및 정치엘리트에게도 아주 인기가 있었는데, 이는 1929년 브로드스키가 그린 미하일 프룬제의 초상화(모스크바 군 중앙박물관 소장)와 같은 주요한 그림 주문의 계기가 될 정도였다.

이데올로기적 메시지 전달에 열성적이었던 혁명기러시아예술가협회 예술가들은 종종 기술적인 전문 지식을 무시했고, 그들의 보고서적 양식은 종종 일관성이 없거나 심지어는 아마추어적이기까지 했다. 19세기 리얼리즘 양식을 본따 주제화tematicheskaia kartina(명확한 태도의 주제가 있는 그림)에 특별한 관심을 가지면서 그들은 종종 사진 같다거나 피상적이라는 비난을 받기도 했다. 1930년대 소비에트 사회주의 리얼리즘의 열렬한 지지자가 되었던 헝가리 비평가 알프레드 쿠렐라는 협회가 혁명적 양식을 만들어 내지 못했고 심지어 그들의 모티프 선택은 그저 전통적인 모티프를 패러프레이즈한 것에 불과했으며 만약 그들의 외적 상징이 아니었다면 협회의 회화와 조각들은 이동파 예술가들에 의해서도 만들어질 수 있었다고 주장하면서 1928년에 열띤 논쟁에 불을 댕겼다. 그 결과는 혁명적인 러시아와는 전혀 상관이 없는 '프티부르주아' 예술, "서툴게 그리는 핑커턴"이었다고 그는 결론지었다.[34] 참

---

34 Alfred Kurella, "Ot 'iskusstva revoliutsionnoi Rossii' k proletarskomu Iskusstvu", *Revoliutsiia i kul'tura*, Moscow, 1928, no.6, p.42 [「'혁명기 러시아 예술'에서 프롤레타리아 예술로」, 『혁명과 문화』] [앨런 핑커턴은 19세기에 활약한 미국의 유명한 사설 탐정으로, 그를 모델로 한 탐정 추리

으로 이상하게도, 이는 적대적인 비평가들이 아방가르드에 적용했던 것과 같은 종류의 주장이었다. 혁명에 뒤이어 리시츠키, 말레비치, 로드첸코, 타틀린 같은 예술가들은, 자신들의 혁명적 예술 시스템이 볼셰비키의 사회정치적인 대변혁을 예상하고 있었다고 단언했다. 예를 들어 기하학적 추상이 산업 프롤레타리아의 과학기술 세계와 가까이 있었으며 그것은 건축·포스터·가구·의류를 포함하는 산업디자인계에 적용될 수 있다고 추론했던 것이다. 이는 기하학적 추상과 '국제주의 양식' International Style[35]이 부르주아적인 프랑스와 자본주의적인 미국에서 훨씬 더 유행하고 있음을 지적당하기 전까지는 설득력 있는 논거였다.

이런 논쟁들은 예술 형식과 내용, 문화적 복수성에 관한 적절성, 그리고 대개는 프롤레타리아 혹은 공산주의 양식의 지류들에 대한 당의 위상을 둘러싼 진지한 논쟁의 일부였다. 합법적인 소비에트 양식을 만들 수 있는 복잡한 메커니즘을 확립하기 위해 더욱 엄격한 문화 통제가 이루어져야 했다. 이는 1932년 4월 '문학과 예술 조직들의 재편성에 관하여'라는 당 법령이 통과되고 1934년 8월 제1차 소비에트작가동맹 총회가 진행되면서 상당 수준 완수되었다.

이 법령의 직접적인 성과는 모든 예술 및 문학 파벌들을 정리한 것이었으며, 법령이 요구하는 것은 전문적인 예술 노동자들이 자신들 각

소설이 20세기 초 미국뿐 아니라 러시아를 포함한 유럽 전역에서 엄청난 인기를 끈 바 있다. 사실 이 추리소설의 주인공인 냇 핑커턴은 부르주아 계층의 비호자로 등장했는데, 10월혁명 이후에도 핑커턴의 인기가 식지 않자 소비에트 정권은 핑커턴에 이념적 변형을 가해 혁명 이념을 선전할 수 있는 '붉은 핑커턴'을 만들어 내려는 시도까지 하게 되었다. 쿠렐라는 혁명기러시아예술가협회의 예술가들을 "서툴게 그리는 핑커턴"이라고 표현함으로써 그들의 혁명 이념 부재 및 실제적인 창작 능력 부족을 모두 비판하였던 것이다. ─옮긴이]

35 1950~1960년대 미국에서 절정을 이루었던 건축 양식으로, 금속·유리 등의 산업 소재를 적극 활용하는 한편 장식적인 요소를 배제하여 단순함을 극대화한 고층건물을 가리킨다. ─옮긴이

자의 동맹들을 결합시키는 것이었다. 소비에트예술가동맹은 제1차 러시아연방예술가총회와 함께 1957년이 되어서야 조직되었지만, 특별위원회는 각종 예술 관련 사건들을 책임지기 위해 이미 조직되어 있었다. 이처럼 과감한 소비에트 예술계의 재조직은 2년 뒤 모스크바에서 개최될 제1차 소비에트작가동맹 총회에서 사회주의 리얼리즘을 확실히 옹호하기 위한 방법을 준비한 것이었다. 막심 고리키가 위원장으로 있었던 의회는 소비에트 문화 발전에 결정적인 역할을 했다. 그 이유는 의회가 결속이라는 감동적인 상징을 만들어 냈기 때문만이 아니라(거의 50개에 달하는 소비에트 민족들로 구성된 600여 명의 대표들뿐만 아니라 해외에서 온 41명의 내빈이 참석했었다) 의회가 사회주의 리얼리즘을 소비에트 문학 및 예술의 요구에 부합하는 단 하나의 예술적 매체로 선택했기 때문이기도 했다. 의회 공로자들, 특히 고리키와 안드레이 주다노프(소련공산당 서기)는 '혁명적 낭만주의', '혁명적 발전 속의 리얼리티', '전형성', '당 정신'과 같은 독트린이 사회주의 리얼리즘 공식의 필수 요소들이라고 제시했다. 스탈린 자신이 소비에트 리얼리즘이라는 '천재적인 정의'[36]를 만들어 낸 공이 있고,[37] 향후 20년간 비평가들은 "소비에트 회화는 그 발전에 대해 스탈린이라는 훌륭한 지도자에게 감사하고 있다"[38]라고 반복하였다. 그러나 다른 당 지도자들 역시 예술비평가이자 역사

36 German Nedoshvin, "Stalinskii printsip sotsialicheskogo realizma v razvitii sovetskoi zhivopisi", *Uchenye zapiski* ,Moscow: Akademiia obshchestvennykh nauk, 1951, no.2, p.165 [「소비에트 회화 발전에 있어서의 사회주의 리얼리즘의 스탈린적 원칙」, 『학자 노트』].
37 '사회주의 리얼리즘'이라는 용어는 스탈린이 고리키와 대화하던 중에 만들어졌다고 전해진다. ——옮긴이
38 Aleksei Fedorov-Davydov, "Obraz I. V. Stalina v sovetskoi zhivopisi i risunke", *Uchenye zapiski*, Moscow: Akademiia obshchestvennykh nauk, 1951, no.2, p.141 [「소비에트 회화 속 스탈린의 이미지」, 『학자 노트』]..

가를 겸한 정치가의 역할을 해냈다. 주다노프는 모더니즘 예술과 문학에 대한 가장 가차 없는 비평을 써낸 바 있고, 라브렌티 베리야조차도 1937년 모스크바에서 열린 '그루지야 예술가들 작품 전시회'를 공동 조직하기 위해 비밀경찰 책임자라는 자신의 임무를 잠시 쉬기도 했다.

의회 대표자들은 고리키의 저작들, 특히 그의 소설 『어머니』(1906)는 사회주의 리얼리즘의 기본 원칙들의 씨앗을 지니고 있기 때문에 사회주의 리얼리즘 양식의 초석 위에 있다고 주장했다. 그러나 시각예술 분야에서는 그런 위업을 가진 전례가 없었다. 이동파 예술가들이 확실한 전통적 근거를 제공했고, 이동파 회원이었다가 이후에 혁명기러시아예술가협회의 회원이 된 아브람 아르히포프와 니콜라이 카사트킨 같은 예술가들이 비판적 리얼리즘과 사회주의 리얼리즘 사이의 중요한 가교였음에도 불구하고 말이다. 여하튼 의회는 글의 중요성을 강조했지만, 의회의 일반적인 결정은 소비에트 예술 전체, 특히 시각예술과 관련된 것이었다. 소비에트연방의 예술 정책은 이제 "맑스-엥겔스-레닌-스탈린의 위대한 불굴의 독트린, 우리 당과 우리 소비에트인에 의해 실행에 옮겨진 독트린"[39]에 의존하고 있음은 의심의 여지가 없었다.

새로운 리얼리즘을 지지하면서 소비에트 당국은 기존의 아방가르드를 무자비하게 해체하고 예술적 발견을 이룩한 시대 전체를 말살하기 시작했다. 예술적 노력의 모든 경로들, 예컨대 전시회, 작품의 매입, 연금, 보급품이 이제는 당의 통제 아래 있었기 때문에 체제 불순응 예술가들은 전시회 개최 권리와 재정적 지원을 자동적으로 거부당했다. 리

---

39 제1차 소비에트작가협회 총회(1934)에서 행한 주다노프의 발언 중에서. Bowlt ed., *Russian Art of the Avant-Garde*, p.293에서 재인용.

얼리즘 전통에서 아주 살짝 일탈했던 쿠즈마 페트로프-보드킨 같은 모더니즘 예술가들조차도 이제는 그들이 저지른 과거의 과오들이 다시금 상기되어 일반 대중과 조화를 이루지 못하는 것으로 여겨졌다. 일부 용기 있는 인물들은 실험을 계속했다. 예를 들어, 리시츠키와 로드첸코는 『건설 중인 소련』이라는 선전 잡지를 위해 흥미로운 포토몽타주 작품을 제작했다. 1940년대 초, 로드첸코는 잭슨 폴록의 작품을 강하게 연상시키는 몇 편의 추상 표현주의적 유화 작품을 그렸으며, 필로노프는 자신의 표현주의 양식을 계속해서 추구했다. 그러나 이들은 예외일 뿐이었고, 만약 아방가르드가 살아남았다고 한다면 그것은 망명자들(샤갈, 가보, 칸딘스키 등) 사이에서만 그 가속도를 유지하고 있었다.

1930년대에 실습했던 것처럼 사회주의 리얼리즘 양식은 "형식에 있어서는 국가적이고, 내용에 있어서는 사회주의적"[40]이어서 '계급 연관성'이 없는 것으로 여겨졌다. 그럼에도 불구하고, 그것은 여전히 내적 위계에 의존하고 있었다. 예를 들어, (복수적이고 '민주적인') 영화나 사진 같은 새로운 매체가 1920년대에 혁명적인 것으로 간주되었다고 한다면, 그것들은 이제 금박 액자를 두른 유화, 기념비적 조각, 스탈린 시대의 '웨딩케이크' 모양의 건축에 자리를 내주었다. 사회주의 리얼리즘의 이론적·실제적 성과는 '적군과 해군 20년'(모스크바, 1938), '시각예술 속의 스탈린'(모스크바, 1949)처럼 정교하며 재정 후원을 잘 받은 전시회 구성을 통해서나 라파일 카우프만, 블라디미르 케메노프 같은 비평가들의 교훈적 단행본을 통해서, 그리고 세라피마 랸기나가 그린 「더

---

40 Aleksandr Gerasimov, *Za sotsialisticheskii realizm*, Moscow: Arfdemiia khudozhestv, 1952, p.80 [『사회주의 리얼리즘을 옹호하며』]에서 재인용.

높이!」(1934, 키예프미술관) 같은 걸작들의 꾸준한 제작을 통해서 전파되었다. 그런 수단들은 사회주의 리얼리즘의 원칙을 널리 장려하고 전파했던 효율적인 엔진이었다.

아마도 가장 인상적인 사회주의 리얼리즘 예술작품은 산업이 발달한 도시의 복합단지를 묘사한 것일 터인데, 그런 묘사에서는 좀더 젊은 세대가 특히 창의적이었다. 게오르기 니스키가 그린 「철길 위에서」(1933, TG)처럼 생동감 있는 그림들은 기술이 발달한 미래를 건설 중인 낙관적인 사회를 보여 주었다. 사회주의에 대한 그와 같은 긍정적인 해석은 세묜 추이코프, 세르게이 게라시모프, 아르카디 플라스토프가 그린 집단농장 장면 속에서 분명히 나타났다. 엄격한 통제에도 불구하고 사회주의 리얼리즘은 변화에 둔감하지 않았다. 다른 예술 프로그램이 그런 것처럼 사회주의 리얼리즘의 본질적인 용어와 사상들은 다양한 해석이 가능하다. "혁명적 발전상의 리얼리티"[41] 혹은 "스탈린 이미지 작업은 사회주의 리얼리즘의 기본적이고 중심적인 테마를 구체화한 것이다"[42]와 같은 문구들은 '자유'와 '민주주의' 같은 단어들이 추상적인 것만큼이나 수사적으로 유사하다. 따라서 스탈린 양식의 주제는 예측할 수 있는 것이었을지언정 그것의 해석은 그렇지 않았던 것이다. 스탈린이 홀로 묘사되었는가 혹은 집단과 함께 묘사되었는가? 오늘날의 정치적 영웅들이 내일에도 계속 그럴 수 있을 것인가? 이런 물음들은 작가와 예술가들로 하여금 자주 자신의 작품들을 공개적으로 부인하게 만들거나 위로부터의 강요된 제안에 따라 예술작품을 수정하도록 만들

---

41 주다노프의 발언 중에서. Bowlt ed., *Russian Art of the Avant-Garde*, p.293에서 재인용.
42 Fedorov-Davydov, "Obraz I. V. Stalina", p.128.

었으며, 1930~1940년대의 논쟁적인 상황을 부채질했다. 예를 들어, 알렉산드르 게라시모프가 자신의 「크레믈린의 스탈린 동지와 보로실로프 동지」(1938, TG)에 붙였던 첫번째 제목은 '평화 순찰'이었다. 1940년에 보리스 이오간손은 「10월의 지도자들」을 그렸지만 작품의 '심리주의적 측면'을 소극적으로 다루었다는 이유로 비판받았고, 1948년에 보다 적절한 "리드미컬한 구성"[43]을 얻기 위해 이를 다시 그린 바 있다. 1956년 흐루쇼프가 개인 숭배에 대해 폭로한 이후에는 사회주의 리얼리즘이 유일하게 적법한 문화 규범으로 여전히 지지를 받고 있었을 때조차 스탈린은 지워지게 되었고, 그의 동상들은 공공장소에서 철거되었다.

제2차 세계대전으로 소비에트 예술가들은 다시금 이데올로기적으로 동원되었다. 화가들은 실제 사건들을 묘사하기 위해서뿐만 아니라 대형 풍경화 및 초상화 자료를 얻기 위해서도 전선으로 보내졌고, 그 중 일부 작품은 전쟁이 끝난 뒤 완성되었다. 애국심에 한껏 고취된 예술가들은, 예를 들어 파벨 코린의 삼면 그림 「알렉산드르 네프스키」(1943, TG)에 영감을 준 것과 같은 러시아의 과거 위인들과 위대한 순간들에 눈을 돌리게 되었다. 순수한 풍경과 집 안의 인테리어 묘사에 만족했던 사람들이 이제는 군사적이고 국가적인 메시지들로 자신들의 그림을 보강할 것으로 기대되었다. 예를 들어, 아르카디 플라스토프는 시골의 즐거움을 묘사하던 것에서 「파시스트가 지나쳐 날아갔다」(1942, TG)와 같은 보다 경향적인 그림으로 옮겨 갔다. 이와 유사하게 세르게이 게라시모프는 「집단농장 수확 축제」에서처럼 마을 축제를 그리다가 「파르티잔의 어머니」(1943, TG)에서처럼 보다 거친 현실로 옮겨 갔다. 알렉산

---

43 Ibid., pp.148~150.

드르 데이네카의 전쟁 유화들은 특히나 흥미롭다. 「세바스토폴 방어」 (1942, RM)와 「모스크바 근교. 11월」(1941, TG)처럼 기법적으로 훌륭히 제작되었지만 그렇다고 해서 단순히 사진처럼 그려진 것만은 아닌 장면들은 전쟁의 공포에 대한 감정적인 설명을 첨가한 반면, 피메노프와 블라디미르 세로프는 세로프가 개인적으로 목격했던 순간인 「네바 강에서의 만남, 봉쇄의 틈」(1943, RM, 세로프와 그 밖의 화가들) 같은 실제 삶의 사건들을 상세히 기록하였다. 그들의 반反독일 캐리커처와 카툰들은 유명하니 제외한다면, 쿠크리니스키 트리오(미하일 쿠프리야노프, 포르피리 크릴로프, 니콜라이 소콜로프를 줄여 만든 이름) 역시 「노브고로드에서 피난 온 파시스트들」(1944~1946, RM) 같은 시국적인 아틀리에 회화에 자신들의 재능을 쏟았다.

주다노프 행정부의 제한에 영향을 받긴 했지만, 전후 시대의 소비에트 예술은 로맨티시즘, 심지어 노스탤지어라는 새로운 요소를 표현해 내기도 했다. 이는 보고로드스키의 「쓰러진 영웅들을 찬양함」(1945, TG) 같은 1940년대 중반의 몇몇 전쟁화 속에 분명히 드러나고 있다. 사기를 높여 주는 1930년대의 힘찬 리얼리즘적 작품은 살롱 회화를 더욱 연상시켰다. 플라스토프의 「트랙터 기사의 저녁식사」(1951, TG) 같은 그림들 속에서는 감성적인 부분이 확대되어 있음을 보여 주고 있다.

스탈린 사후 사건들

분명 스탈린 독재정권은 사회주의 리얼리즘의 확정된 규정에서 공개적으로 일탈하는 것을 허용하지 않았으나, 1953년 스탈린의 사망과 함께 소비에트 문화는 느릿하지만 확실하게 좀더 자유로운 시대로 들어서게 되었다. 스탈린이 죽고 이 시대가 시작된 이후, 소련 내의 반체제 예술은, 그것을 키우기도 했고 저지하기도 했던 정치 메커니즘들과 지속적으로 연관을 맺고 있었다. 뿐만 아니라 강력한 타성에 젖어 새로운 예술적 아이디어들에 적응하는 것이 더뎠던 다양한 이데올로기적 대리자들과도 지속적으로 연관을 맺었다. 소련의 문화부, 예술가동맹, 예술아카데미는 오랫동안 당 기구의 직접적인 확장이었고, 그들이 지지했던 독트린인 사회주의 리얼리즘은 외국인 정책과 5개년 계획이 세워졌던 것과 똑같은 방식으로 칙령, 법령, 통계 분석을 통해 지속적으로 강화되고 있었다. 해방의 과정은 고르지 않은 지그재그 길을 따라갔고 브레주네프 통치기에는 1937년의 그림자가 되돌아왔지만, 현대 소비에트 예술사는 단일 규범에서 다양한 양식으로 넘어간, 그리고 이상한 이야기지만 배타적이고도 거의 신성시되는 표현이라는 지위에서 세속적이고 시장성 높은 상품이라는 지위로 넘어간 엄연한 진보의 역사였다.

소련 내 비공식 예술에 대한 연표는 여러 차례 만들어졌으니 여기서는 주요 사건들만을 반복해 보도록 하겠다. 예를 들어, 1962년 마네지 manège[44]에서 열린 '모스크바예술가동맹 30년' 전시회(엘리 벨류틴, 에른스트 네이즈베스트니, 블라디미르 얀킬레프스키의 작품이 포함되어 있었다)에서 보여 준 최초의 반체제인사에 대한 흐루쇼프의 반응,[45] 1970년 7월

---

44 마네지는 본래 '승마 훈련장', '말 조련장'이란 뜻이다. 근위기병대의 말 조련을 위한 용도로 페테르부르크(1804~1807년)와 모스크바(1817년, 대對나폴레옹 전쟁 전승 5주년 기념)에 세워졌지만, 이후 본래의 목적을 상실하고 전시회나 음악회 등이 열리는 장소로 변모하였다. 모스크바의 마네지는 1957년부터, 페테르부르크의 마네지도 1970년대 초에 전시회장으로 변하여 현재까지 각종 전시회를 개최하고 있으며 그 공식 명칭도 '중앙전시회장 마네지'가 되었다. ──옮긴이

45 1962년 12월 1일, 이 전시회장 한 켠에 자리한 엘리 벨류틴의 '새로운 현실'(Novaya real'nost') 전시회에 참석한 흐루쇼프는 벨류틴의 작품을 보고 '이런 건 소비에트 인민에게 필요없다'며 혹평했다. 이후 반체제 예술가들이 추구하던 추상주의와 형식주의에 대한 당국의 탄압은 한층 심해지게 되었다. ──옮긴이

모스크바에서 열린 스테벤스 전시회(뱌체슬라프 칼리닌, 레프 크로피브니츠키, 블라디미르 네무힌, 드미트리 플라빈스키, 예브게니 루힌의 작품이 포함되어 있었다), 1974년 9월 모스크바에서 열린 '제1회 가을 야외 회화전'('불도저 전시회[46]'), 1975년 1월 모스크바에서 열린 국가경제달성 전시회의 '양봉 전시관에서의 전시회'와 모스크바의 말로-그루진스카야 거리와 베고바야 거리 위에서 펼쳐진 수많은 도발적인 전시회들이 있었다. 1980년대 중반에는 대단원이 찾아왔는데, 그것은 고르바초프의 취임, 글라스노스트와 페레스트로이카의 공표, 젊은 유대계 러시아인 예술가 그리고리 브루스킨이 제작한 「유대 알파벳」 패널화 한 점에 기록적인 낙찰가를 남긴 1988년 7월 모스크바에서 열린 소더비 경매 '러시아 아방가르드와 소비에트 현대예술'과 함께 찾아온 것이었다.

새로운 예술이 관습에서 벗어났던 방식이 종종 명백한 정치적 상징들과 직접적으로 대립한 결과였음은 분명하다. 예를 들어, 마네지 전시회에서 있었던 네이즈베스트니와 흐루쇼프의 유명한 논쟁, 불도저 전시회에서 있었던 경찰 투입, 오스카르 라빈, 야코프 빈코베츠키, 알렉산드르 글레제르 같은 예술가와 수집가들에 대한 KGB의 심문과 이어진 투옥이나 제명이 바로 그러하다. 이 예술가들과 이들의 문학적 동료들에게는 '매국노', '적국의 대리인'이라는 딱지가 붙여졌다. 그들의 액션 페인팅action painting이나 과장된 행위painted actions는 소비에트 젊은이들의 바람직한 미학관뿐만 아니라 국제 사회주의 조직에도 치명적인 것으로 해석되었기 때문이다. "맑스주의와 레닌주의 미학 덕분에 이 원칙들은

---

46 소비에트 정부는 수많은 경찰력과 살수기, 불도저 등을 동원해 이 전시회를 강력 진압하였는데, 이 때문에 '불도저 전시회'라는 별칭을 얻게 되었다. ──옮긴이

인간과 인간 존재의 환경들을 심도 있게 탐구할 수 있는 토대가 되었다. 이 원칙들에서부터 예술 속에 있는 반反예술적인 모든 것들은 자동적으로 반인도적·반인간적인 것이 된다는 결론이 나온다."[47] 서구 언론 보도에서, 이런 연상들이 "탄압받는 예술가들", "금지된 예술가들"[48] 같은 수많은 틀에 박힌 문구들을 만들어 냈는데, 보통 이 문구들은 실제로 문제가 되는 그림이나 시 작품들과는 아무런 관련이 없기도 했다. 서구 언론이 기관에서의 제명이나 국외로의 강제 추방을 보도하면서 보였던 특별한 관심은 예술적 자유 추구와 정치적 자유 추구를 동일하게 다루는 이런 경향의 전조였다. 사실 예술학교나 과학아카데미에서 제명당하는 것이 흔히 망명을 예기하는 것이기는 했지만, 어떤 경우에는 그 행위가 순수하게 '예술적인' 행위이기도 했다. 예를 들어, 올레그 첼코프가 1955년 예술아카데미에서 추방당했을 때, 그 죄명은 반정부적 과오라는 죄명이 아니라 '형식주의'라는 죄명이었다. 당의 관점에서는 '형식주의'라는 죄명이 반역 행위를 구성할 수 있는 것이었는데도 말이다.

그건 그렇다 치더라도, 소비에트연방의 반체제 운동을 분석하려면 그림들의 기원에 관한 기본적인 물음에서 시작해야만 한다. 즉 만약 반체제 예술가들이 사회주의 리얼리즘의 원칙으로 양육되었고 도처에 있는 당 프로파간다의 메커니즘으로 둘러싸여 있었다면, 어떻게 그들이 '부르주아 형식주의'와 추상예술에 대해 알 수 있었단 말인가? 여기에

---

47 Vasily Zvontsov, "Esli tebe khudozhnik imia…", *Leningradskaia pravda*, Leningrad, 16 October 1975, p.3 [「만약 그대에게 예술가란 이름이 주어진다면……」, 『레닌그라드 프라브다』]. 저자는 레닌그라드의 네프스키 지구 문화궁전에서 있었던 '공식적이고 비공식적인' 전시회를 리뷰하고 있는데, 그 전시회에는 많은 체제 불순응 예술가들이 참석했었다.
48 "Persecuted Artists in Moscow", *Der Spiegel*, Hamburg, November 1974, no.39; K. Herwig, "Forbidden Artists in the USSR: the Glezer Collection", *Die Furche*, Vienna, 1 March 1975.

대한 답은 복잡하긴 하지만 적어도 해당 질문에 대해 두 가지 주요 방법을 기술할 수 있을 것이다. 하나는 1910년대와 1920년대의 아방가르드를 더디지만 확실하게 재발견한 것이었고, 다른 하나는 드문드문 있었던 현대 서구 문화와의 만남이었다.

여느 예술 단체나 정치 단체가 다 그렇듯이, 소비에트의 반체제 운동에는 선구자와 제자들, 권위자와 아류들이 있었다. 1960년대와 1970년대 초에 미하일 쿨라코프와 네이즈베스트니, 네무힌, 라빈, 루힌, 울로소오스테르, 첼코프가 최초의 관습 타파적인 발언을 하지 않았더라면, 반체제 운동은 더 커 나갈 수 있는 힘을 거의 찾지 못했을 것이다. 이 예술가들의 거친 이미저리와 그들이 정치적 현 상황과 벌인 대담한 논쟁들은, 이후 세대들이 KGB 조직과 투옥·입원·추방이라는 위협에 대항할 수 있게끔 도와주었던 행위 코드 및 전략을 세우면서 소비에트 구조의 허약성을 시험하였다. 의심할 바 없이, 이런 혹독한 경험들이 그 최초의 반체제 단체들의 뚜렷한 표현주의적 지향을 자극했던 것이다. 예를 들어, 라빈의 음울한 도시의 추악함(예를 들어 「유대인 여권」, 1972, 개인 소장)[49]과 루힌의 부서진 사물들, 유리 디슐렌코와 빈코베츠키의 격발적인/격정적인 제스처(예를 들어 빈코베츠키의 「주요 버지니아 시리즈」, 1978, 개인 소장)가 그러하다.

벨류틴, 일리야 글라주노프, 네이즈베스트니, 예브게니 예프투셴코, 안드레이 보즈네센스키로 대표되는 1세대 반체제 예술가들과 작가

---

49 라빈은 어두컴컴하고 흐릿한 도시를 배경으로 화가 자신의 여권을 중앙에 크게 그려 넣었는데, 여기서 눈여겨볼 점은 그 여권에 기재된 항목과 내용으로 다음과 같다. ① 성, 이름, 부칭: 라빈 오스카르 야코블레비치, ② 출생 시간과 장소: 1928년 1월 2일, 모스크바 시, ③ 사망 장소: 이스라엘의 울타리 밑?, ④ 인종: 라트비아 레트족(유대인). ─옮긴이

들이 나타났던 1950년대에는 연로한 몇 명의 아방가르드 예술가들이 여전히 생존해 있었다. 그들은 아마도 필로노프나 말레비치 같은 진정한 선구자들은 아니지만 적어도 과거에 대해 기억할 수 있고 자세히 말할 수 있었던 예술가들이었다. 니콜라이 아키모프, 로베르트 팔크, 쿠즈네초프, 블라디미르 스테를리고프, 알렉산드르 티슐레르는 세대 간 간극을 메우는 데 큰 역할을 했다. 비록 그들의 예술이 특별히 실험적으로 보이지는 않았을지라도 그들은 예술적 자유의 옹호자들로 존경받았고, 그들의 그림은 미학적 순수의 상징으로 여겨졌다. 이 생존자들은, 오랫동안 은폐되어 있었으며 공개적으로 비난받아 왔던 후기인상주의와 입체파라는 세계적인 유산과 섬세한 유대를 형성하기도 했다. 결국 미술품들이 유물 보관실zapasnila에 처박히거나 특수 컬렉션spetskhrany으로 관리되는 동안, 소비에트의 일반 국민은 국내에서도 해외에서도 달리, 칸딘스키 혹은 피카소의 작품을 본다거나 '모던아트'로 간주되는 문학작품을 읽을 수 있는 모든 가능성을 차단당했다. 바로 이 때문에 게오르기 코스타키스와 야코프 루빈슈테인 같은 몇 안 되는 러시아 아방가르드 수집가들이 새로운 세대에게 특히 중요했던 것이다. 수집품으로 가득 찬 그들의 아파트는 예술가들에게 칸딘스키, 말레비치, 포포바, 로드첸코 등의 작품들을 직접 보면서 알아 갈 수 있게 해주었기 때문이다. 글레제르, 타티야나 콜로제이, 게오르기 미하일로프, 예브게니 누토비치, 레오니드 탈로츠킨 같은 또 다른 인물들도 소련의 주요 반체제 작가들의 컬렉션을 수집하고 있었지만, 코스타키스는 신아방가르드, 예를 들어 드미트리 크라스노페브체프, 플라빈스키의 작품들까지도 소장하고 있을 정도였다.

예술가들이 추상예술에 대해 알 수 있었던 두번째 방법은 동시대 서구 문화와의 만남을 통해서였다. 1960년대 젊은 소비에트인들이 품었던 팝아트·비트족 시[50]·록큰롤·재즈에 대한 강렬한 욕구와 이런 예술적 표현들을 보며 그들의 연장자들이 분출했던 분노를 오늘날에는 상상하기 어렵다. 엘비스 프레슬리의 음반이나 르네 마그리트의 복제품 같은 것을 소지하면 심문당하거나 강제노동에 끌려갈 수 있었던 때에 그 효용성의 문제를 이해하는 것 또한 어렵다. 그러나 공격 대상들을 복제할 수 있게 해준 외국 예술 전시회들과 추상예술에 대한 공식적 규탄 같은 '합법적인' 배포 경로들도 있었다. 미국예술아카이브가 1959년 모스크바에서 개최한 '미국 회화 및 조각전'은 특히 중요한데, 이 전시회가 잭슨 폴록, 윌렘 드 쿠닝, 조지아 오키페 등의 작품들이 전시된 소련 최초의 공식 전시회였기 때문이다. 이 전시회를 찾았던 네이즈베스트니와 네무힌 같은 예술가들은, 사회주의 리얼리즘의 자력에 대한 의심과 대안적 체계를 세우고자 하는 노력을 키워 가며, 그 전시회가 어떻게 자신들의 문화 인생을 변화시켰는지에 대해 말한다.

이러한 상황들이 아무리 복잡했다 하더라도, 그들은 반체제 인사가 양산되고 있음을 보여 주었고 또한 많은 영향을 끼쳤다. 추상 표현주의(벨류틴과 그의 제자들), 키네틱아트(레프 누스베르크와 그룹 '움직임' Dvizhenie), 환경예술(프란시스코 인판테-아라나), 행위미술acting painting (쿨라코프), 기하학주의(미하일 체르니쇼프, 미하일 로긴스키, 에두아르드 슈테인베르크), 서정 추상주의(겐리 엘린손, 리디야 마스테르코바, 예브게니 미흐노프-보이텐코)와 매직 리얼리즘(미하일 셰먀킨, 블라디미르 오브친

니코프, 이고르 튤파노프)까지도 반체제 시기에 유행했던 여러 해석들 중 일부였다. 사실 에리크 불라토프, 칼리닌, 라빈 같은 반체제 지하단체의 리더들은, 박식한 '독자'에게 크게 의존했던 이데올로기적 메시지들에 의문을 제기하고 그것을 뒤집으면서 소비에트 리얼리티를 내러티브적 이며 대체로 경향적인 하나의 유행 방식으로 해석했다. 그러나 그들이 한편으로는 러시아 아방가르드와, 다른 한편으로는 뉴욕 화파와 재결 합하고자 노력하고 있었을 때, 이런 접근법을 거부했었던, 좀 덜 알려진 다른 많은 예술가들도 있었다.

망명 역사가인 이고르 골롬슈토크는 형식의 혁신과 정신의 혁신이라는 두 종류의 예술적 혁신이 있다고 주장했다.[51] 서구의 관찰자가 정신적인 것을 우위에 두려는 러시아의 고집이 압도적인 것임을 알게 되더라도, 칸딘스키의『예술에 있어서 정신적인 것에 관하여』에서부터 바실리 체크리긴의 영혼 부활에 대한 믿음에 이르기까지 정신적 조건에 대한 강렬한 열망이야말로 20세기 러시아 문화 속의 견인력이었던 것이다. 게다가 비록 러시아 철학적 르네상스의 '구신론자들'godseekers(니콜라이 베르쟈예프, 세르게이 불가코프, 블라디미르 솔로비요프 등)을 아방가르드의 예술적 성과들과 연결시키는 것이 위험할 수 있을지라도, 어떤 맥락에서는 필로노프, 칸딘스키, 말레비치와 그들 동료들의 실험적 예술은 은세기의 테우르기적 탐구에 큰 빚을 지고 있다. 이 잃어버린 유산을 재발견하려다 많은 현대예술가들이 자신의 선조들이 했던 정신 탐구에 빠져들었고, 정교, 신지학, 유대주의, 동양의 종교들에 곧바로 공

---

51 알렉산드르 글레제르가 다음 책에서 보고한 바와 같다. Aleksandr Glezer, *Russkie khudoxhniki na Zapade*, Paris: Tret'ia volna, 1986, p.5 [『서구의 러시아 예술가들』].

감하게 되었다. 반체제적 회화에 관한 한, 예술가들은 이 전통을 러시아 교회, 성자들, 유대교의 축제일인 부림절 등을 묘사하는 테마적 원천으로 받아들였거나, 보다 개인적이고 신비적이며 추상적인 방식으로 그 것을 사용했다.

예를 들어, 리디야 마스테르코바는 말레비치가 절대주의 기하학으로 만들어 냈던 신비적인 우주를 관통하여 정신적인 길을 따라가고 있는 것처럼 보인다. 그녀의 절제된 색채와 형식으로 제시된 분명한 평정 상태와 1970년대 초에 그린 (뉴저지 주 뉴브런즈윅 시 짐머리미술관의 노턴도지컬렉션에 있는 것과 같은) 무제의 구성들에 그득하게 차 있는 침묵은, 알 수는 없지만 어디에나 계시는 멀리 떨어져 있는 신에게 기도하는 사람들이 바쳤던 것과 유사한 힘을 만들어 낸다. 분명 칸딘스키와 말레비치에게 그랬던 것과 마찬가지로, 마스테르코바에게 1960년대 초 그녀가 연구하기 시작했던 무대상 그림은 보다 고차원적인 조화와의 정신적 약속의 매개체, 즉 경건한 고독 상태에 있는 그녀의 예술과 교감하도록 관객을 초대하고 있는, 그림으로 표현된 예배식이다. 반면 쿨라코프는 1959년의 「우주」와 1962년의 「배아」(화가 소장, 로마) 같은 개념들을 연구하고 묘사하면서, 러시아의 신비주의적 경험을 선불교에 대한 본질적인 언급까지 포함하도록 확장시켰다. 빈코베츠키에게 그런 것처럼, 쿨라코프에게 추상화는 엑스터시적이고 초월적인 힘을 지니고 있는 것이었다. 쿨라코프는 우주의 표면적인 무질서의 알레고리로 추상화를 이용했다. 하지만 그 우주는 채색 구성이 화가에 의해 통제되는 것과 같은 방식으로 창조주에 의해 통제되고 있는 것이다. 레프 크로피브니츠키는 '존재', '궤도', '분노'처럼 눈에 보이지 않는 개념들을 우주가 지닌 최상의 에너지의 발현으로 시각화하면서, 이따금씩 그린 추상화 속에서 동일한 탐색 방식을 추구했다. 중국철학을 배우던 학생이었던 크로피브니츠키는 길었던 전쟁 기간과 투옥, 박해마저도 약하게 만들지 못했던 방어 체계를 구축하면서, 심리적 거리감과 내적 평화를 계속 유지하였고 표현하였다. 마스테르코바와 쿨라코프, 빈코베츠키, 크로피브니츠키는 지각 변동의 냉혹한 대립 너머에는 침묵의 숭고한 균형이 존재하고 있으며 예술가의 주요 임무란 성직자의 임무와 마찬가지로 이러한 궁극 진리를 밝혀내고 전달하는 것임을 우리에게 알려 준다.

그 점에서 블라디미르 네무힌이 지속적으로 그려 낸 카드게임은 러시아 문화에 중심이 되고 있는 도박과 점치기라는 라이트모티프를 이용하고 있기에 특별한 의미를 지닌다. 푸슈킨의 「스페이드의 여왕」과 도스토예프스키의 『노름꾼』은 바로 그 테마를 분명하게 문학적으로 굴절시킨 것이다. 하지만 알렉세이 베네치아노프의 「카드 점」(1842, RM)에서 말레비치의 「비행사」(1914, RM) 속에 그려져 있는 클럽 에이스까지, 파벨 페도토프의 「도박꾼들」(1852, 키예프 소재 국립 러시아예술박물관)에서 1915년경에 그린 올가 로자노바의 카드게임 그림들까지 시각적 코멘터리 역시 각양각색이었다. '카드게임의 데몬'이라 불리는 19세기의 루복이 우리에게 말해 주고 있는 것처럼, 카드게임은 사회의 도덕관을 망치고 사악한 힘을 불러일으키는 사탄의 계략이다. 게다가 마술사 네무힌은 지배층을 향해 카드를 들어올리며 이 함축적 의미를 충분히 알고 있는 것처럼 보였다. 즉, 질감과 리듬의 형식적 대비에 그 효과를 의존하고 있는 추상화로 보이게 하는 것은, 사실상 러시아의 밀교적 전통 속에 확실하게 위치시키고 있는 이데올로기적 메시지로 채워진 난해한 내러티브이다. 「해변에서의 포커」(1974, 짐머리미술관 노턴도지 컬렉션)가 그 좋은 예이다.

1950~1960년대에 벨류틴은 추상적이거나 추상적인 것에 가까운 예술의 열렬한 옹호자였다. 그는 격렬한 반란적 행동과 단호한 태도 때문에 1959년 모스크바 출판인쇄연구소에서 해고당했고 이후에도 지속적인 괴롭힘을 당하게 되었다. 그러나 많은 점에서, 벨류틴은 그를 처벌했던 바로 그 체제의 유기적인 연장이었다고 볼 수 있다. 왜냐하면 그는 사회주의 리얼리스트들이 자신들의 예술적 신념에 교조적이었던 것에 못지않게 자신의 예술적 신념에 교조적이었고, 당이 반체제 운동을 배반과 반역죄로 기소했던 것과 똑같은 방식으로 문화 시설을 편협하고 부패했다는 이유로 비난했기 때문이다. 필로노프와 그의 분석예술 화파가 1920년대 그랬던 것과 꼭 같이, 1946년부터 벨류틴은 열정적인 학생들로 구성된 아틀리에를 끌어갔다. 현재 그 아틀리에는 아브람체보의 수풀 속에 한적하게 위치하여 헌신적이고 거의 금욕적인 삶의 방식을 이어 가고 있다.[52] 벨류틴은 자신의 예술적 요구를 지키려 애쓰고 있으며, 그것을 진정한 감상자에게 설명하고 싶어 한다. 또한 역설적이지만 필로노프와 마찬가지로 아카데미의 교육법들을 인정하고 있다. 그의 예술적 실습이 아카데미 교육법의 정반대에 있는 것처럼 보일지라도 말이다. 벨류틴의 그림은 네이즈베스트니가 그랬던 것과 같은 방식으로 자신의 억제되지 않은, 날것의 예술적 재능의 무한한 힘을 보여 주고 있다. 종이 위에 그린 수많은 수채화들이 분명 벨류틴이 그려야 할

---

52 1954년에 벨류틴의 아틀리에 '새로운 현실'(Novaia real'nost')이 교사의 집(Dom uchitelia) 부설로 조직되어 공식적인 지위를 얻게 되었지만 1962년에 교사의 집 결체에서 열린 일일 전시회가 큰 관심을 끌어 이 작품들이 마네지에서 열리고 있었던 '모스크바예술가동맹 30년' 전시회로 옮겨 가게 된다. 그러나 이 전시회를 방문했던 흐루쇼프의 혹평 이후 이 작품들은 치워지게 되고 이후 전시를 금지당하게 된다. 이로 인해 예술가들은 지하로 숨어들 수밖에 없었고 1964년 벨류틴 아틀리에는 아브람체보에 있는 벨류틴의 별장으로 옮겨가게 되었다. ──옮긴이

운명을 타고 태어났던 거대한 프레스코화의 허약한 대체물이라 하더라도 말이다. 네이즈베스트니의 조각품 전체가 그의 이상적 작품 「생명수」生命樹를 위한 습작들로 간주될 수 있는 것과 같다.

이 맥락에서 움직임 그룹과 뒤이어 나타난 이 그룹의 변종들이 보여 준 활동은 보다 현대적이고 보다 국제적이며 이론에서나 실제에서나 소비에트 문화 내에서 추상 전통을 가장 흥미롭게 표현한 것이다. 쾌활한 레프 누스베르크가 1962년 모스크바에서 조직한 '움직임'은 인물 간 대립, 질투, 내부 다툼으로 얼룩진 파란만장한 역사를 겪었다. 일반적으로 말해, '움직임'이 이루어 낸 주요한 예술적 공헌은 절대주의적이며 구성주의적인 체계를 기능적 디자인(예를 들어, 1966년 10월혁명 50주년을 기념하기 위한 도시 디자인들)과 실내 디자인, 옥외 퍼포먼스(예를 들어, 1967년의 갤럭시 키네틱 콤플렉스) 형식의 보다 종합적인 환경으로 바꾸었다는 점이다. 이와 같은 방식으로, '움직임'은 정부의 제작 주문을 받는 '공식적인' 디자인 팀과 그들의 키네틱액션의 '경박함'으로 인해 공공적 분노를 불러일으키는 '비공식적인' 예술가 그룹으로서, 두 개의 사회적 레벨을 조정했다.

움직임 그룹은 충성도의 차이와 개인 간 불협화음으로 1970년대 초에 분열되었다. 키네틱아트에 대한 '움직임'의 관심은, 곧바로 영향력 있는 새로운 서클들을 결성했던 인판테와 뱌체슬라프 콜레이추크 같은 멤버들에 의해 수정되고 확장되었다. 인판테와 그의 '작가적 작업 그룹'ARGO은 "자연환경에 들어온 기하학적 사물"[53]에 진지한 관심을 보이기 시작했다. 하지만 이것은 처녀지에 외래의 몸체를 기계적이며 계획

---

53 Francisco Infante, "Nature and Art", *The Structurist*, Saskatoon, 1983~84, no.23-24, p.35.

적으로 배치하는 것이라기보다는 우연성과 순간성에 근거한 행동, 인판테가 설명하듯 '개별 전치'discrete displacement이다.[54] 예를 들자면, 그 예술가들은 땅·물·눈·나뭇잎을 격식을 차린 대화의 파트너로 이용하면서 거울과 그 밖의 다른 반사면들을 자연 풍경 속에다 놓아둔다. 자연의 가벼움과 덧없음 속에서, 이런 설치들은 풍경이 있는 유기적 지속성이라는 감각을 깨운다. 비록 그것들의 변형된 반사 이미지가 실제가 아닌 것을 전해 준다고 하더라도 말이다. 그 결과 인판테는 모호성·진실성·인공성이라는 논쟁 전체를 다루고 있는 자연 풍경과 예술가·관객 사이의 담화를 창조하게 된다. 그러고 나서 그는 프레임의 순서를 새롭게 재배열하면서 각각의 시나리오를 사진으로 찍어 둔다. 그의 앨범 '현존' Prisutstvie은 그 예이다. 인판테에게, 그리고 논나 고류노바 같은 동료들에게 예술가라는 존재는 자연과 인공물 사이의 중재자로서, 이들은 자연은 경계가 없다고 주장하는 동시에 금속과 플라스틱으로 된 기본적이며 인공적인 형태들이 자연적 특성을 띨 수도 있다고 주장한다. 이는 1970년대에 인판테와 고류노바가 착수했던 눈[雪] 퍼포먼스에서 특히 분명히 나타났다. 이 퍼포먼스에서는 이상한 형상들이 눈으로 만든 극장을 가로지르거나 은박지를 덧대 놓은 나무 줄기와 덤불 속에서 움직였다. 바로 이러한 상황들의 상호작용이 '대칭'과 '비대칭', '이곳'과 '저곳', '시작'과 '끝'이 지니는 관습적인 개념들을 몰래 손상시키게 된다.

스탈린 사후 꾸준하게 일어난 저항 과정 덕분에, 1990년대의 러시아 예술가들과 비평가들은 전례 없이 자유로운 분위기 속에서 작업을

---

54 Infante, "On My Concept of the Artefact", *Catalog of exhibition at International Images*, Sewickley, 1989, p.18.

할 수 있었고, 독립국가연합 내에서 자기 표현을 위한 투쟁을 계속해 왔던 신세대는 1960~1970년대와는 상당히 다른 분위기에서 활약하기 시작했다. 아프리카Afrika(세르게이 부가예프의 예명)와 이고르 차츠킨, 알렉산드르 마레예프, 콘스탄틴 즈베즈도초토프 같은 예술가들은 아이러니, 타락, 무분별함을 기본 테마로 강조하기 시작했고, '파트빌'Fartville이라고 불리는 시리즈에서 보여지는 바와 같이 자신들의 병든 국가를 야한 색깔들, 사나운 짐승들, 음담패설 등으로 장식하기 시작했다. 그러나 이 미스터리는 실패하고 있다. 예술가들은 자신들의 신랄하고 무자비한 메시지를 통해 양식과 아이디어의 단순한 대체물인 즉석 퍼즐과 글자 맞추기를 만들어 내고 있는 것처럼 보였다. 1990년에 바딤 자하로프가 썼듯이, "마침내…… 나는 숨고 싶다. 구석에서 나를 밀치고, 벽 뒤로 사라지게 하라. 그곳은 내가 기분 좋아지고 평온해질 수 있고, 내가 모든 사람들을 속인 뒤에 마침내 평온하게 죽을 수 있는 곳이다".[55] 새로운 물결이 이루어 낸 업적들을 강조하며 그 업적들을 러시아 현대예술 분야의 특성으로 간주하려는 유혹이 드는 것도 당연한 일이다. 사실 아프리카, 유리 알베르트, 즈베즈도초토프와 그 동료들의 작품은 스마트하고 거칠며 국제적인 포스트모더니즘 예술시장의 경향에 완벽히 부합하는 것이다. 그와 동시에 우리는 이들의 활동은 수많은 것 중의 일부이며, 더 나은 단어를 찾을 수 없기에 이 단어를 쓴다면 '리얼리즘'은 살아남아서 잘 지내고 있으며, 블라디미르 브라이닌과 레오니드 바라노프에서부터 타티야나 나자렌코와 드미트리 질린스키에 이르는 젊거나 나

---

55 Vladim Zakharov, untitled statement in Contemporary Russia Artists/Artisti Russi Contemporanei. Catalog of exhibition at the Museo d'Arte Contemporanea, Prato, 1990, p.65.

이 든 수많은 러시아 예술가들이 보다 부드러운 19세기 양식들을 따르는 방식으로 그림을 그리거나 조각을 계속해 오고 있음을 기억해야 한다. 그렇기는 하지만, 소련 붕괴 후 현대의 모든 러시아 예술가들은 사회적 진공 속에서 작업하고 있다. 의견과 반대의견, 구심력과 원심력이 합쳐지고 있으며 예술 속의 정신적인 것과 신의 의미에 관한 가열된 논쟁들이 자본주의화와 소비를 향해 돌진하는 것으로 대체된 사회적 진공 속에서 말이다. 어떤 이들은 사회주의 리얼리즘에 대한 향수를 간직하고 있는 반면 다른 이들은 서구 예술시장의 요구에 맞추고 있다. 하지만 어쨌든 러시아 예술은 국제적인 주류의 한 부분이 되어 가고 있으며, 좋든 싫든 특별하고 이국적인 대안품이라는 그릇된 지위는 잃어 가고 있다.

박선영 옮김

10장

음악

· 할로 로빈슨

러시아 음악 전통은 지난 천 년 동안 두 개의 근원으로부터 자라나 왔다. 하나는 러시아 정교 교회음악의 전통이고, 다른 하나는 민속 전통이다. 이 두 가지 흐름은 수 세대의 작곡가들에게 풍요로운 선율과 정서의 영감을 제공해 왔고, 그리하여 미하일 글린카, 모데스트 무소르그스키, 니콜라이 림스키-코르사코프, 알렉산드르 보로딘, 표트르 차이코프스키 등 19세기 러시아 거장들의 음악으로 흘러들어 갔다. 20세기에 와서도 여전히 교회음악 전통과 민속 전통은 세르게이 라흐마니노프, 이고르 스트라빈스키, 세르게이 프로코피예프, 드미트리 쇼스타코비치 등의

---

* 할로 로빈슨(Harlow Robinson). 노스이스턴대학의 교수이자 학장. 저서로 『마지막 흥행주: 솔 휴록의 삶과 시대, 그리고 유산』(The Last Impresario: the Life, Times, and the Legacy of Sol Hurok, 1994), 『세르게이 프로코피예프의 전기』(Sergei Prokofiev: a Biography, 2002), 그리고 『계간 음악』(Musical Quarterly)가 있으며, 『오페라뉴스』(Opera News), 『계간 오페라』(Opera Quarterly), 『계간 댄스』(Dance Quarterly), 『댄스 매거진』(Dance Magazine), 『러시아리뷰』(Russian Review), 『슬라브리뷰』(Slavic Review), 『슬라브 및 동유럽 저널』(Slavic and East European Journal), 『뉴욕타임즈 북리뷰』(New York Times Book Review) 등에 다수의 논설과 에세이, 평론을 기고했다. 러시아 음악과 문화에 대한 라디오와 텔레비전 평론가이자 『세르게이 프로코피예프의 오페라들에서 나타난 러시아 문학』(The Operas of Sergei Prokofiev and their Russian Literary Source, 1980), 『세르게이 프로코피예프의 서간 선집』(Selected Letters of Sergei Prokofiev, 1998)의 편집자이다.

작곡가들의 음악에서 본질적 요소가 되고 있다.

러시아 민속 전통과 교회음악의 재료들은 특히 무소르그스키의 역사 오페라 「보리스 고두노프」와 「호반시나」, 림스키-코르사코프의 「보이지 않는 도시 키테쥬와 처녀 페브로니야의 이야기」, 그리고 세르게이 에이젠슈테인의 영화 「이반 뇌제」에 삽입된 프로코피예프의 음악에서 서구적 조성과 대위법을 통해 병합되고 변형되어 이른바 러시아 고전음악 전통으로 인식되는 음악을 형성하고 있다.

그러나 1917년 이후 러시아 음악은 러시아 문화의 여타 영역과 마찬가지로 소비에트 공산주의 체제의 문화 정치의 영향을 심각하게 받았다. 음악 전통에서 특별히 중요한 문제가 된 것은 러시아 정교 교회에 대한 공식적인 박해였다. 이는 소비에트 작곡가들에게 고전음악 작곡에서 교회음악 사용이 거의 완전히 금지된다는 것을 의미했다. 예외는 제2차 세계대전 시의 짧은 완화 기간뿐이었다. 현대 러시아 문화의 다른 분야에서와 마찬가지로, 1917년 볼셰비키 혁명이 도래하자 수많은 뛰어난 작곡가들과 음악가들은 유럽과 미국으로 영구 이민을 떠났다. 이 중에는 스트라빈스키, 라흐마니노프, 그리고 피아니스트이자 작곡가인 니콜라이 메트네르 등 다수가 포함되어 있었다.

러시아 음악은 다양한 지리적·정치적·종교적 요소들로 인하여 유럽과는 매우 다른 모습으로 발전했다. 러시아 '고전' 음악은 19세기 중반에 와서야 성숙기를 맞았다. 러시아 최초의 콘서바토리(전문음악학교)는 1860년대에 세워졌는데, 이것은 이에 준하는 음악기관이 유럽에 세워진 지 수세기가 지난 후의 일이었다. 서구식 고전음악의 발전이 뒤처진 주된 이유는 1700년대까지 러시아 문화에서 종교가 지배적인 역할을 담당하고 있었기 때문이었다.

러시아 정교 음악은 러시아 정교 자체와 마찬가지로 원래 10세기에 비잔틴으로부터 러시아로 들어왔다. 서기 988년 키예프 공국의 국교로서 동방정교가 수용된 이후, 비잔틴으로부터 교회 인사들이 다양한 종교문화를 교육할 임무를 띠고 들어왔다. 이들이 담당한 교육 내용으로는 성화와 프레스코화, 그리고 음악의 작곡과 연주가 포함되어 있었다. 비잔틴 정교는 예배 중 악기 사용을 허락하지 않았는데, 이것이 이후 러시아 음악의 발전을 결정짓는 중요한 의미를 가지게 되었다. 실로 악기의 사용은 19세기 중반까지 처벌되는 범죄로 엄하게 죄악시되었다.

정교 예배에서 성가는 일종의 단성부곡 송가로 완전히 사람의 목소리만 이용하여 남성 아카펠라로 연주되었다. 소비에트 시대에도 이러한 합창단은 당시 유지되던 소수의 수도원에 존재하고 있었다. 모스크바 외곽 자고르스크에 있었던 합창단이 특히 주목할 만했다. 종종 이러한 단성조에 극적인 대조 효과를 부여하기 위해 지속저음drone[1]이 배음으로 추가되거나, 번갈아 노래를 부르는 두 개의 대립적 음 그룹으로 합창단이 나누어지기도 하였다.

세월이 지나면서 비잔틴으로부터 러시아로 들어온 성가는 독립적으로 발전하기 시작했다. 이콘의 전통이 비잔틴 모델로부터 현저히 분리되기 시작한 것과 마찬가지의 현상이었다. 전통의 분기를 촉진한 것은 몇 가지의 외부적인 정치적 요소들이었다. 여기에는 오토만 제국이 비잔틴을 정복하게 되고 몽골이 러시아를 정복하게 된 사건이 있었다. 이 두 가지 사건이 러시아가 13세기 초반부터 17세기까지 외부 세계로

---

1 악곡 구성과 관계없이 동일음상에 지속되는 1성 또는 다성의 저음. 딸림음을 많이 사용하지만 으뜸음도 사용되며, 드물게 딸림음과 으뜸음을 동시에 끌고 있는 경우도 있다. ——옮긴이

부터 고립되는 요인이 되었다. 이 시기에 러시아 교회음악은 고도로 개성적인 성격으로 발전하였다. 이러한 국면은 1700년경 표트르 대제의 강압적인 서구화 정책이 러시아의 종교와 음악 관습에 엄청난 영향을 끼치기 시작하면서 마감되었다.

무소르그스키는 오페라 「호반시나」(1872~1880년 작곡, 미완성이었으나 림스키-코르사코프가 완성)의 종결부에서 표트르 1세의 즉위와 함께 러시아 문화와 음악에 도래한 변화를 훌륭하게 보여 준다. 17세기 말을 배경으로 한 이 작품은 표트르 1세를 중심으로 하여 러시아를 유럽에 필적하도록 만들려는 서구주의자들과 변화를 죄악시한 보수적인 정교 구교도들을 갈라놓는 날카로운 이념적·문화적 갈등을 그린다. 결말에서 구습을 수호하려는 구교도들은 정부의 강압적인 서구화 정책에 항거하여 전통적인 교회 성가를 부르며 분신한다. 막이 내려가며 이와 대조적으로 승리를 구가한 표트르의 군악대 음악이 들려온다.

12세기경 러시아에서 발전되기 시작된 성가의 형식은 즈나멘니 성가znamenny raspev라고 불렸다. '즈나멘니'라는 말은 러시아어 즈나먀 znamya, 즉 성가를 기록하는 데 쓰이는 '악보기호'를 의미하는 말로부터 왔다. 즈나멘니 성가는 여덟 개의 '성부'voice 체계로 분리되어 있다. 성부들은 서로 다른 선법mode(비잔틴과 그레고리안 성가의 음조contour의 기초로 쓰이는 표준 음계)이 아니라 서로 다른 선율적 패턴에 상응한다. 각각의 '성부', 혹은 선율적 패턴은 많은 변주가 가능한데(거의 90개에 이를 정도이다), 이 변주들은 모두 소리에서 일반적인 유사성을 가진다.

음악학자 알프레드 스완에 따르면 즈나멘니 성가(그리고 러시아 교회음악 전통 전체) 역시 시간이 지나면서 러시아 민속음악의 영향을 매우 강하게 받았다.

적절한 평가를 내리자면, 즈나멘니 성가는 전체가 중세건 고대건 어떤 것과도 다른 음악 유형으로서 구별되어야 하는 음률적 총체로서, 여타의 음악 부문과 나란히 보면 그레고리안이나 암브로시안 성가, 혹은 다른 교회 음악 종류보다는 러시아 민요라는 광대한 영역에 더 가깝다는 것이 점점 분명해진다. 여기서 경배나 기도, 찬양의 목적에 관련한 요소들이 성가의 흐름과 위엄, 고양된 엄숙한 진행을 결정하긴 했지만 이보다도 지배적인 요소는 러시아적 개성이다.[2]

즈나멘니 성가의 또 다른 특징은 가사의 중요성이다. 음악의 목적은 말씀을 영광되게 하는 것이지, 과도한 화음적 장식이나 대위법적 장식으로 말씀을 모호하게 하는 것이 아니었다. 러시아 정교 교회의 언어는 원래 그리스어였지만 12세기에 이르러 러시아의 고대교회슬라브어와 섞이고 있었다. 14세기에 와서 예배에서 그리스어는 완전히 사라지고 대신 교회슬라브어가 그 자리를 대신하게 되었다. 교회슬라브어는 현대 러시아어의 고어로 여전히 러시아 정교 예배와 음악에 남아 있다.

현대의 학자들과 러시아 정교 교회음악 연주자들에게 가장 큰 어려움은 아마 악보였던 것 같다. 수세기 동안 즈나멘니 성가는 정확한 음의 높낮이를 표시하지 않고 선율의 윤곽만을 표기하는 네우마 기보법으로 쓰여졌다. 이러한 기보법은 주로 연주자들이 노래를 암기하여 구전해주는 데 의존하였다. 17세기 후반에 이러한 구전 전승이라는 전통이 단절되자 최초의 네우마 악보를 해독하는 것은 사실상 불가능해졌다.

2 Alfred Swan, *Russian Music and Its Sources In Chant and Folk-Song*, London: John Baker, 1973, pp.37~38.

18세기에 서구식의 음악 기보법이 러시아로 들어오고 이와 함께 들어온 여러 서구 음악가들이 궁정에서 일하면서, 고대의 즈나멘니 성가를 보표로 기록하려 시도하게 되었다. 1772년에 이루어진 악보 표기 작업에서 가장 성공적인 경우는 모스크바 종교회의 조판소에서 즈나멘니 성가와 이와 관련된 양식들로 된 다양한 합창성가 모음집을 찍어 낸 일이다. 이 모음집은 러시아에서 새로 등장하던 세속 작곡가들이 정교 음악에서 서구식 화음 조성을 사용하기 시작한 것에 그 기초가 되었다.

이러한 세속 작곡가들 중의 하나가 드미트리 보르트냔스키(1751~1825)로 그는 종종 이탈리아의 다성부 합창음악 거장의 이름을 따 '러시아의 팔레스트리나'로 불렸다. 보르트냔스키는 표트르 대제 이후 러시아 작곡가의 소수의 첫 세대로서 매우 전형적인 경력을 가지고 있었다. 우크라이나 출신으로 소년이었을 때 궁정교회에 노래를 부르기 위해 왔던 보르트냔스키는 예카테리나 여제의 오페라단 단장이었던 이탈리아인 작곡가 발다사레 갈루피와 같이 공부하게 되었다. 물론 여제는 유럽 문화의 추종자였고 음악에 관해서도 그러했다. 보르트냔스키는 1768년에 갈루피와 함께 이탈리아로 가서 11년간을 그곳에서 공부했다. 1779년 러시아로 돌아온 보르트냔스키는 궁정교회 합창단의 단장으로 발탁되어 사망 시까지 자리를 지켰다.

보르트냔스키가 작곡한 작품들은 러시아풍이라기보다 이탈리아풍으로 들렸고, 이후 러시아 교회 전통에 엄청나지만 그다지 바람직하지 않은 영향을 끼쳤다. 그의 이탈리아 양식을 잘 보여 주는 예는「주여, 당신께 찬송하나이다」로 교회음악회 합창 장르에 속하는 작품이다. 화려하게 장식적인 다성부 음악인 이 곡은 부활절을 포함한 중요한 성일에 고해성사 전 연주되는 곡이다.

현존하는 러시아 교회음악 인쇄본은 19세기와 20세기에까지 진본성이 의심되었다. 이러한 상황은 차이코프스키(1840~1893)가 1881년 「정교 저녁 기도」(op.52)의 곡조를 만들고 있던 당시 동생에게 쓴 편지에서 나타난다.

요즘 나는 고대 교회음악의 법칙들 혹은 '규칙들'을 공부하고 고대 교회음악의 선율들을 합창으로 정리하는 일을 하고 있다. 주로 저녁 기도 시간에 불렸던 노래들이다. 모든 것이 크게 혼란스럽구나. 구교를 사랑하는 많은 이들은 교회음악에 순수한 원전의 성격을 회복시키려 한다. 그러나 나는 그 역사를 모르지 않나! 그러한 일은 불가능하다는 것을 알게 되었다. 지난 세기 유럽의 관습이 다양한 세속적 형식을 가지고 우리 교회로 밀고 들어왔다. 예를 들어 딸림7화음the dominant seventh chord 같은 것 말이다. 이러한 유럽적 형식들은 너무나 뿌리 깊게 침투해 있다. 이제 외딴 시골에서도 합창 지휘자들이 도시에 나와 공부를 하게 되어 원래 음악 형식과는 동떨어진 것을 부른다. 악보는 예전의 법칙에 맞추어져 쓰였지만, 노래는 페테르부르크의 카잔 성당에서 노래하는 것에 훨씬 가깝다. 합창 지휘자들은 모두 이러한 노래들을 알고 있어서 요즘에 적합한 억양으로, 성모송과 세달리온Sedalion을 요즘 세상에 적합한 '목소리'로 노래한다. 그러나 이러한 요즘 노래 방식은 전통을 희미하게 상기시킬 뿐이다. 화음의 관점에서 보면, 우연히 모인 합창단으로부터 나오는 것은 흔한 유럽적인 것들을 어색하고 거칠게 뭉뚱그려 놓은 것에 불과하다.[3]

3 Pyotr Tchaikovsky, *Letters to His Family, An Autobiography*, trans. Galina von Meck, New York: Stein and Day, 1981, pp.263~264.

차이코프스키 역시 저녁 기도에 붙인 곡조에서 원래 비잔틴에서 수입된 기성의 단성부 성가로부터 상당히 벗어나 있다. 이 작품은 서구화된 화음과 리듬 양식에 의한 혼성합창으로 작곡되었다.

차이코프스키가 위에서 말하고 있는 문제점들을 예리하게 인식한 몇몇 작곡가들과 음악학자들은 19세기 말의 수십 년 동안 러시아 교회음악의 원전에 대해 보다 학문적이고 체계적으로 조사하기 시작하였다. 이러한 노력은 당시 일단의 러시아 화가들[즉 이동전람화파—옮긴이]에 의해 회화에서도 이루어지던 것이었다. 이들은 "농민 예술의 색채와 디자인, 모티프들"을 재발견하고 "과거의 프레스코화와 이콘을 복원하기 시작했다".[4] 러시아 민속과 교회음악의 진본에 대한 조사는 19세기 말의 예술감독 세르게이 댜길레프(1872~1929)의 미학에서 중요한 부분을 차지했다. 그는 제1차 세계대전 발발 직전 파리에서 열린 수차례의 유명한 공연을 통해 러시아 문화의 다양한 양상들을 서구에 알린 발레 및 오페라단인 발레뤼스의 창설자이다.

교회음악에 대한 관심을 복구하는 데 기여한 이들 중에는 스테판 스몰렌스키(1848~1909)와 알렉산드르 카스탈스키(1865~1926)가 있다. 이들은 모두 교회음악의 연구와 연주의 중심이던 모스크바 종교회 학교의 일원이었다. 이들은 서구식의 온음계 화성의 틀 안에서 가능한 한 음악의 원전적 성격을 보존하려 했다. 스몰렌스키는 러시아 교회음악이 서구의 것과 얼마나 근본적으로 다른지를 설명하기 위해 '고유 대위법' 이론을 고안해 냈다.

모스크바 종교회 학교의 졸업생으로 콘스탄틴 슈베도프(1886~

4 Swan, *Russian Music*, p.139.

1954)와 니콜라이 골로바노프(1891~1953)가 있었다. 슈베도프는 볼셰비키 혁명 이후 러시아를 떠나 이민을 택했지만 골로바노프는 소비에트 러시아에 남아 지휘에 전념하여 소비에트 시대 최고의 오페라 발레 극장인 볼쇼이 극장의 오케스트라 지휘자가 되었다. 골로바노프는 1917년 이전에는 「여섯 개의 교회 성가」(Op.1)와 같은 중요한 교회음악을 썼지만 검열로 인하여 작곡 방면의 창조성은 더 이상 발전시키지 못했다.

모스크바 종교회 학교의 작업이 볼셰비키 혁명에 의해 중단된 것은 비극적이었다. 교수들과 학생들은 이민을 가거나 아니면 굳건한 무신론을 신봉하는 소비에트 체제를 칭송하는 세속적 합창곡들을 쓰도록 강요받았다. 그리 유명하지 않은 작곡가 게오르기 이즈베코프와 같은 몇몇 이들은 더 혹독한 운명을 맞았다. 소비에트 정부는 1920년대와 1930년대에 신앙을 문제삼아 이즈베코프와 같은 사람들 수천 명을 탄압하고 수감하였다. 이즈베코프는 감방의 벽에 석탄 조각으로 「눈물로 내 죄의 명부를 씻기 원하네」라는 합창 협주곡 작품을 썼다. 이즈베코프는 그 후 일주일 만에 사망했다.

다행히 사회주의와 소비에트 체제의 몰락은 이념적 검열과 공식적 무신론에 종말을 가져왔다. 1980년대 후반, 특히 1988년 러시아 기독교 수용 천 주년 기념일 이후 러시아에서는 음악을 포함하여 러시아 정교 전통의 모든 측면에 대한 관심이 빠르게 높아져 갔다. 이전에 폐쇄되었던 많은 교회들이 다시 재건되어 문을 열었고 교회음악 레퍼토리를 전문적으로 연주하는 악단이 수없이 만들어졌다. 이렇게 러시아 정교음악의 연구와 연주에 있어 새로운 희망적인 시대가 열리게 되었다.

물론 정교 성가의 발전보다 현대 러시아 음악의 역사에 관한 이야기가 더 많다. 현대 러시아 문화의 여타 형식들과 마찬가지로 서구화된 음악은 주로 모스크바와 상트페테르부르크, 두 도시에서 발전하였다. 북방평원과 습지를 사이에 두고 겨우 640킬로미터 떨어진 상트페테르부르크와 모스크바는 1900년에 이르러서 서로 다르지만 불가피하게 상호 의존적인 성격을 가진 두 수도들로 발전하고 있었다. 표트르 1세가 1700년대 초반 무無로부터 상트페테르부르크를 창조해 낸 이후, 두 도시는 러시아 문학·미술·음악·무용의 발전을 지탱하는 축의 두 바퀴가 되었다.

1300년대 초반부터 러시아 정교의 요람으로서 고대의 종교적 모스크바와 이성적인 '유럽적' 페테르부르크 간의 오래된 긴장과 경쟁 관계는 러시아의 근본적인 문화적 정체성 위기를 보여 준다. 동과 서의 투쟁을 함의한 이와 같은 정체성의 위기는 글린카, 무소르그스키, 차이코프스키와 같은 작곡가들을 포함하여 러시아의 거의 모든 걸출한 창조적 예술가들에게 어느 한 방향으로건 영향을 주었다. 모스크바가 언제나 혼란스럽고 '유기적이며' 여성적이고 동양적이라면, 상트페테르부르크는 질서 잡히고 '인공적이며' 남성적이고 서구적이라고 정의되었다.

상트페테르부르크가 세워지기 전 400년 동안 모스크바는 러시아 정교의 중심이었으므로 러시아 음악의 중심이기도 했다. 모스크바를 방문한 외국인들은 언제나 수도의 여러 교회 합창단 가수들의 힘과 전문성에 놀라곤 했다. 베이스 성부의 가수들은 특히 인상적이었고 그들의 정력, 놀라운 보드카 음주량과 공명하는 저음역의 목소리로 인해 널리 알려져 있었다. 그 중 하나가 표도르 샬랴핀(1873~1938)으로 그는 러시아 오페라 베이스로서 러시아 음악을 전 세계에 널리 알리는 데 크게 공헌하였다. 그가 1921년 후반 뉴욕 메트로폴리탄 오페라에서 공연된 무소르그스키의 오페라 「보리스 고두노프」(이 작품은 1600년경 '동란의 시대'를 배경으로 한 푸슈킨의 동명의 희곡을 바탕으로 작곡되었다)에서 차르 고두노프로 출연하자 소란을 야기할 정도로 반응이 대단했다.

1682년 표트르 1세가 즉위할 때까지 차르들은 자신이 신의 종복이며 정교 신자인 러시아인들의 정신적 지도자라 생각하였다. 차르 이반 뇌제는 예배에서 직접 노래를 부르고 많은 성가를 작곡한 우수한 교회 음악가였다. 따라서 차르는 세속 음악에 적대적이었고, 외국으로부터 들어온 서구 음악과 자국의 민속음악 모두를 반대하였다. 방랑음유시인인 스코모로히skomorokhi와 마찬가지로 감히 이러한 음악을 대중적으로 공연하는 이들은 범죄자로 처벌되었다.

그러나 표트르가 러시아를 장악하면서 가망 없이 후진적이며 미신적인 것들에 대해 즉각적인 현대화·서구화 작업에 착수함에 따라 이 모든 상황은 변화하였다. 수도를 상트페테르부르크로 옮긴 이후 표트르 대제는 마땅치 않아 하는 귀족 신하들에게 서구식의 궁정무도회에 참석하라고 명령하였다. 여기서 신하들은 미뉴에트, 폴로네즈, 앙글레즈 같은 유럽 춤에 발을 굴러야만 했다. 표트르 대제는 또한 독일식의 '군악대'를 창설하여 급격히 성장한 자신의 군대를 따라다니며 궁정의 기념행사에서 연주하도록 했다. 1721년에 마침내 슐레스비히-홀슈타인 공 카를 프리드리히는 자신의 딸을 표트르에게 시집 보내기 위해 전체 구성원이 다 참여한 독일 실내악 오케스트라를 동반하고 러시아에 왔다. 당시 이러한 실내악단은 귀족 사회의 빼놓을 수 없는 일부였고 아르칸젤로 코렐리, 게오르크 필리프 텔레만, 그리고 당대 유럽 작곡가들의 음악을 연주하였다.

표트르의 후계자들은 음악가와 작곡가들을 외국에서 데려오고 보조금을 물 쓰듯 지급하였다. 18세기 말에 이르러 많은 부유한 러시아 귀족들은 자신의 영지에 사유 오케스트라, 합창단, 오페라와 발레 극장을 창설하였다. 많은 뛰어난 연주가들이 유럽 선생들에게서 훈련받은 농노들이었다. 농민 출신 무용가들 중 일부는 황실 가족의 총신이 되기도 했는데, 그 한 예가 발레리나 마틸다 크세신스카야(1872~1971)로 그녀는 이후 차르 니콜라이 2세의 연인이 된다.

네바 강변에 세워진 새 수도('서구로 열린 러시아의 창')는 명백히 이처럼 새로이 움트는 세속 문화의 중심이었다. 차르와 궁정이 이곳에 있었기 때문에 19세기 초반에 와서는 러시아 음악에 관련한 대부분의 사건은 상트페테르부르크에서 일어나고 있었다. 여기서 '러시아 음악의 아버지'로 알려진 미하일 글린카가 자신의 오페라 「차르를 위한 삶」(1836, 원제 「이반 수사닌」)과 「루슬란과 류드밀라」(1842)의 첫 공연을 지휘하였다. 글린카의 이 오페라들은 러시아 오페라의 기틀을 다진 작품으로 알려져 있다.

1860년대 이전에 러시아에는 콘서바토리가 없었으므로 글린카는 음악 교육을 대부분 외국에서, 그리고 상당히 체계적이지 못한 방식으로 받았다. 그는 이탈리아에서 많은 우수한 스승들과 공부를 하게 되었고 빈첸초 벨리니와 가에타노 도니제티와 같은 뛰어난 작곡가들과 교류하게 되었다. 그들의 선율적인 벨칸토[5] 양식의 영향은 글린카의 두 오

---

5 벨칸토(bel canto)란 이탈리아어로 '아름다운(bel) 노래(canto)'라는 의미로, 가사 중심의 '스틸레 레프레젠타티보' 창법에 대항해 선율을 중시했던 새로운 창법이다. 16세기부터 나타났던 벨칸토 창법은 17, 18세기에도 계속 발전해 갔고, 오늘날에는 주로 19세기 전반 이탈리아 오페라에 쓰였던 기교적 창법을 의미한다. 또한 다만 아름답게만 노래하는 것이 아니라 성악가가 발휘할 수 있는 극한의 기교를 총동원해 노래하는 것을 뜻하므로 치밀한 성량 조절, 유연한 레가토, 화려한 기교가 중요시된다. 그러나 19세기 후반에 이르러 극장 규모의 확대와 오페라 소재 등의 변화로 큰 성량을 요구하는 새로운 창법이 벨칸토를 대신하게 되면서 벨칸토 창법은 쇠퇴하게 되었다. ── 옮긴이

페라에서 매우 강하게 느껴진다.

글린카는 피아니스트이자 성악가로도 뛰어난 연주자였다. 그는 다양한 문화권의 민속음악을 체계적으로 공부하였고 당대의 위대한 유럽 작곡가들 다수를 알고 있었다. 또 하나의 '민족적' 작곡가였던 헝가리의 프란츠 리스트는 글린카를 '천재'라고 불렀고 글린카의 두 오페라의 주제에 대한 즉흥곡을 짓기도 했다. 프랑스의 작곡가이자 비평가인 엑토르 베를리오즈 또한 자신의 동시대인인 이 러시아 작곡가를 높이 평가하며 1845년의 기고문에서 "놀랍고 활력 있는" 오케스트라 작곡가로서의 그의 능력을 칭찬하였다.[6]

인간적으로나 음악적으로나 글린카는 '진지한' 러시아 음악, 무엇보다도 러시아 작곡가들이 처음 두각을 드러낸 장르인 오페라의 발전에 거대한 영향력을 발휘했다. 1836년 11월 27일 상트페테르부르크에서 「차르를 위한 삶」의 성공적인 초연이 있기 이전에 러시아는 이렇다 할 만한 오페라 전통을 가지고 있지 못했다. 18세기 후반 예카테리나 여제는 유행을 좇는 궁정을 위한 모방적 오페라들을 일소하기 위해 이탈리아 작곡가들을 외국에서 데려왔고, 소수의 러시아인들, 특히 알렉세이 베르스토프스키만이 민요의 곡조와 주제를 사용한 오페레타를 만들어 냈다. 그러나 글린카만큼 성취를 이룬 사람은 없었다. 그는 매우 애국적인 주제를 가지고 독창적인 러시아 오페라를 써 냈다. 이 오페라는 평범한 초로의 농부 이반 수사닌이 러시아에 진격한 폴란드 군대를 의도적으로 길을 잃게 만들다가 그 과정에서 목숨을 잃는다는 이야기를

---

6 Aleksandra Orlova, *Glinka's Life in Music: A Chronicle*, trans. Richard Hoops, Ann Arbor: UMI Research Press, 1988, p.438.

가져오고 있다. 「차르를 위한 삶」은 글린카가 외국에서 이탈리아 전통으로부터 배운 모든 것을 도입하고 동시에 자신만의 민족적 개성을 보유하고 있는 작품이다. 글린카는 이 오페라를 가지고 민족적 러시아 서사 오페라라는 훌륭한 전통을 창시했다. 이 작품으로부터 결국 무소르그스키의 「보리스 고두노프」와 「호반시나」, 보로딘의 「이고르 공」, 림스키-코르사코프의 「차르의 신부」와 「사드코」, 프로코피예프의 「전쟁과 평화」 등의 작품이 태어난다.

「루슬란과 류드밀라」는 1842년 상트페테르부르크에서 처음 공연되었고 글린카의 친구였던 푸슈킨의 극시에 바탕을 둔 작품이다. 이 오페라 역시 길게 이어질 러시아 동화 오페라 시리즈의 첫 작품이 되었다. 많은 이들이 글린카의 족적을 따랐다. 림스키-코르사코프의 「황금 수탉」, 스트라빈스키의 「나이팅게일」, 그의 전형적인 풍자적 기질을 담은 작품인 프로코피예프의 「세 개의 오렌지에 대한 사랑」이 그것이다. 동화적 주제를 선호하는 글린카의 경향은 차이코프스키, 스트라빈스키, 프로코피예프의 발레 음악에 영향을 주었다. 음악학자 데이비드 브라운에 따르면, 글린카는 다름 아닌 '19세기 러시아 국민음악파의 아버지'였다.[7]

국민음악파는 현대 러시아 음악과 문화 역사상 가장 역동적이고 활성적인 시기였던 1860년대에 명확한 형태를 갖추었다. 이 시기 근대 러시아 음악에 있어 가장 중요한 발전은 1862년 상트페테르부르크와 1866년 모스크바 두 곳에 러시아 최초의 콘서바토리가 문을 연 사건이

---

7 David Brown, "Mikhail Glinka", *The New Grove Dictionary of Music and Musicians*, ed. Stanley Sadie, vol.VII, London: Macmillan, 1980, p.434.

었다. 콘서바토리는 형제인 안톤 루빈슈테인(페테르부르크)과 니콜라이 루빈슈테인(모스크바)에 의해 설립되었다. 루빈슈테인 형제는 러시아 음악을 전문화하는 데 주도적 역할을 담당한 이들이었다.

같은 즈음에 미학적으로나 정치적으로 같은 견해를 가진 다섯 명의 페테르부르크 출신 작곡가들이 모여, 20세기 이전까지 러시아 음악계에 중심 역할을 하게 될 그룹을 형성하게 되었다. 영향력 있는 걸출한 비평가 블라디미르 스타소프는 이 그룹이 후원한 연주회 중 하나를 평한 1867년의 기고문에서 이들에게 '강력한 한줌'이라는 뜻을 가진 마구차야 쿠치카moguchaia Kuchka라는 불후의 명칭을 부여하였다. 쿠치카는 외국에서 또한 '5인조'(구성원이 다섯 명이었다), '신러시아 음악파', 그리고 첫번째 리더 밀리 발라키레프(1837~1910)에 대한 헌사로서 '발라키레프 서클'로도 알려져 있다. 이 그룹에는 발라키레프 외에 림스키-코르사코프(1844~1908), 무소르그스키(1839~1881), 보로딘(1833~1887), 세자르 퀴(1835~1918)가 있었다.

이 작곡가들을 한데 뭉치게 한 것은 일정한 기본 원리에 대한 믿음의 공유였다. 이들 모두는 1861년의 농노 해방과 차르 알렉산드르 2세하의 사회적·정치적·경제적 개혁의 결실로서 러시아의 미래에 대한 민주주의적 열망으로 가득 차 있었다. 이들 모두 러시아 작곡가들이 러시아 민속음악을 보다 많이 도입해야 한다고 믿었다. 이들은 수입된 유럽 음악과 음악가들이 러시아 음악을 지배하고 있는 것에 분개하였고 음악 양식과 주제에서 모두 보다 민족적 접근을 옹호하였다. 이들은 오페라, 노래, 교향시 등의 프로그램적 장르를 선호하였는데, 그 이유는 주로 이 장르들이 서사적 메시지를 담아낼 수 있었기 때문이었다. 그들은 자신들이 건조한 아카데미적 관습의 적이라고 선언하고 모호한 일종의 음악적 '리얼리즘'을 선언하였다. 이러한 '리얼리즘' 이념은 5인조 중 가장 천부의 재능을 타고난 무소르그스키의 작품에서 가장 충분히 실현되어 있다.

의미심장한 것은 5인조 모두가 정식 훈련을 거의 받지 못했고, 이로 인해 이들이 가졌던 이상적 야망의 실현이 일정 정도 제한되었다는 사실이다. 이들 대부분은 직업적 작곡가들이 아니었다. 보로딘은 유명한 화학자였고, 림스키-코르사코프는 해군이었으며, 무소르그스키는 공무원이었다. 그러나 이들의 작품 일부는 러시아 음악에 있어 최고의 성취를 이룬 작품들에 속한다.

발라키레프는 그룹의 초기 리더였지만 그와 그의 동료들은 1870년대 중반에 흩어졌으므로 이 시기 쿠치카는 사실상 존재하지 않았다. 고립되어 있었고 정신적 성향이 강했던 발라키레프는 정식 음악 교육을 받지 않은 것을 오히려 자랑으로 여긴다고 선언하였다. 그에게 가장 생산적이었던 시기는 1860년대로 이 시기에 그는 놀랄 만큼 생생한 상상을 불러일으키는 교향시 「타마라」를 썼다. 이 작품은 외딴 카프카스 산악의 통행로에서 일어난 신비하고 에로틱한 만남을 주제로 한 미하일 레르몬토프의 낭만적인 시에 기초하고 있다. 1867년에 시작되어 1882년에 완성된, 음울한 프레스코화와 같은 「타마라」는 러시아 음악에 있어 표제음악program music[8]적 주제가 된 '동양성'Orientalism이라는 풍요로운 전통의 시금석이 되었다. 두 개의 '동방적' 민속 음조, 즉 카프카스와 크림의 타타르 민속 음조를 편곡한 극도로 어려운 발라키레프의 유명 피아노곡인 「이슬라메이」와 더불어 「타마라」는 이후 림스키-코르사코프의 「세헤라자데」, 보로딘의 「이고르 공」, 프로코피예프의 「현악4중주 2번」과 같은 유명한 '동양적' 작품들에 직접적으로 영향을 끼쳤다.

19세기의 가장 위대한 러시아 피아니스트이자 작곡가로 평가받는 발라키레프는 말년에 피아노곡 작곡에 또한 더 많은 시간을 바쳤고 보다 관습적인 형식인 스케르초, 녹턴, 왈츠, 마주르카 등에서 수많은 작품들을 써 냈다.

발라키레프는 성격상 그리고 이념상의 완고함으로 인해 러시아 음악에서 새로운 발전을 이끌어 내기 어려웠다. 초기에 무소르그스키와 친분이 있었음에도 불구하고 발라키레프는 무소르그스키의 오페라 「보리스 고두노프」를 높이 평가하지 않았고 오케스트라 편성을 보다 효과적으로 하도록 도와줄 수도 있었다고 선언하기도 했다. 발라키레프는 당시 떠오르는 피아니스트이자 작곡가인 라흐마니노프(1873~1943)와 신비주의자이자 상징주의자였던 알렉산드르 스크랴빈(1871~1915)을 인정하지 못했다. 발라키레프는 1860년대 상트페테르부르크와 모스크바에 세워진 콘서바토리와 함께 시작된 러시아 음악의 전문화 문제에 열중해 있었다. 자신의 모델로 생각한 글린카와 마찬가지로 발라키레프는 독학자라고 할 수 있었다. 그는 열정과 이념적 원리들이 아카데미적 훈련보다 더 중요한 것으로 생각되던 낭만주의 시대에 성장한 사람이었다. 1870년대 이후 시대 상황이 급변하면서 그는 자신보다 일곱 살

8 어떤 이야기나 자연풍경 등과 같이 '음악 외적인 것'을 음악과 관련시키려는 의도가 나타난 음악을 일컫는다. 표제음악에는 가사가 있는 것은 아니지만 구체적인 이야기나 시, 혹은 단어 등의 '표제'가 음악작품 속의 특정 부분과 관련되어 있기에 표제음악을 감상할 때는 작곡가가 의도한 표제를 이해하는 것이 중요하다. 표제음악은 19세기에 음악과 문학을 관련시키려는 시도가 나타나면서 주로 독일에서 발전되었다. 그러나 이미 중세와 르네상스 시대에도 음악에 자연의 소리를 묘사하거나 어떤 이야기를 표현하고자 했던 시도가 있었고, 비발디를 비롯한 바로크 시대의 작곡가들은 새 소리나 시냇물 소리 등 자연의 소리를 구체적으로 음악에 담고자 노력했다. 특히 문학적인 표제와 관현악을 관련시킨 작품들이 전성기를 이룬 시기는 19세기로, 그 이전의 표제음악은 주로 자연 현상이나 소리를 묘사한 곡이 대부분이었고 표제가 곡의 형식 구조에 별 영향을 미치지 못했던 반면, 19세기 들어서는 음악 외적인 표제가 음악의 형식 구조에 영향을 미쳐 음악작품의 내용을 해석하는 주된 요인이 되었다.——옮긴이

젊었던 림스키-코르사코프가 성공한 것처럼 자신을 재변신시키는 것을 거부했거나 혹은 그러할 능력이 없었던 것으로 보인다. 그는 무소르그스키나 보로딘처럼 요절하지는 않았다.

수년간 무소르그스키는 놀라운 재능을 보드카의 바다로 흘려 보낸, 치밀하지 못하고 단정치 못하나 사랑받는 알콜중독자로 세간에 알려져 있었다. 때이른 그의 비참한 죽음과 레핀이 그린 겁에 질린 듯한 얼굴의 초상화가 이러한 싸구려 소설 같은 이미지를 만들어 내는 데 일조했으며 그의 음악적 성과와 의미에 대한 진지한 평가에 그늘을 드리웠다. 그러나 실상 그의 짧고 슬픈 생애 동안 무소르그스키는 '신러시아파'의 가장 위대한 기념비적 작품들 중 두 작품, 오페라 「보리스 고두노프」와 「호반시나」를 창작했다. 그는 또한 매우 유명한 교향시 「민둥산에서의 하룻밤」, 표제음악 연작 「전람회의 그림」(나중에 프랑스 작곡가 모리스 라벨이 오케스트라로 편곡했다), 그리고 「보육원」, 「태양 없이」, 「죽음의 노래와 춤」 등의 뛰어난 연작들을 포함하여 많은 피아노 작품들을 썼다.

이 작품들은 모두 무소르그스키 미학의 기본적 특징들을 보여 준다. "여기서는 형식적 아름다움과 기술적 세련미와 '예술을 위한 예술'을 위한 여타의 선언 등에 대한 경멸, 예술을 가능한 한 삶에, 특히 러시아 대중의 삶에 연관시키려는 바람, 일상으로부터 예술의 자양분을 얻고 반대로 예술을 인간의 경험과 소통하는 매개로 삼을 것, 그리고 다소간 자의식적이며 공격적인 러시아성과 농노제로부터 새로이 해방된 러시아 농민에 대한 강렬한 공감 등이 표현된다. 무소르그스키의 음악 양식의 또 다른 중심 요소는 인간의 말과 언어에 대한 강한 관심이다."[9] 그는 자신의 모든 성악곡에서(그리고 일부 비성악곡에서도) 언어의 억양과 색채를 전달할 방법을 찾았다.

「보리스 고두노프」와 「호반시나」 두 오페라를 통해 무소르그스키는 글린카가 애호했던 '아름다운' 벨칸토 창법을 거부하는 새로운 종류의 역사적 서사 오페라를 창조했다. 무소르그스키는 러시아 민속문화로부터 영감을 받아 그 개성적인 음 조직과 리듬을 보존하려고 노력하여 가사의 윤곽을 살려 내는 노래 선율을 만들어 냈다. 또 다른 혁신적 측면은 수많은 합창단들로 구성되어 극적이고 감정적인 내용으로 집중되는 '민중'narod에게 아주 두드러진 역할이 주어진다는 점이다. 차르 보리스의 형상에서 찬탈자 차르의 죄의식을 생생하고 거친 자연주의를 통해 묘사함으로써 무소르그스키는 심리적 통찰에 있어 대단한 재능을 보여 주었다.

두 작품 모두 무대에 상연되기에 장애물이 많았다. 무소르그스키가 처음 1869년에 페테르부르크에서 「보리스 고두노프」의 상연을 제안했을 때에는 이 오페라에 두드러진 여성 배역이 등장하지 않는다는 이유로 거부당했다. 이후 작곡가가 마리나 므니제치 공녀[10]의 배역과 이른바 '폴란드 막幕'을 추가하고서야 당시 러시아 최고의 오페라 극장인 황실 마린스키 극장의 무대에 올라갈 수 있었다.

무소르그스키 사후 림스키-코르사코프는 무소르그스키의 음악 양식이 원시적이고 생소한 것이라 생각하고 「보리스 고두노프」의 개작에 착수하여 오케스트라를 근본적으로 다르게 편성하였다. 댜길레프가 1908년 파리에서 「보리스 고두노프」를 무대에 올린 이후 이 오페라는

9 Gerald Abraham, "Mussorgsky", The New Grove Russian Masters I, ed. Stanley Sadie, New York: Norton, 1986, pp.131~132.
10 폴란드의 공주로서, 동란의 시대 보리스 고두노프 통치기에 출현하여 죽은 황태자 드미트리를 참칭하여 러시아를 일대 혼란으로 몰아넣었던 참칭자 오트레피예프의 구애를 받았다. ──옮긴이

림스키-코르사코프의 개작본에 의해 서구에 알려졌다. 하지만 최근에는 무소르그스키의 원작을 더 선호하는 추세이다.

무소르그스키가 이 오페라를 완성하지 못하고 사망 당시 상당히 혼란스러운 채로 남겨 둔 이후 「호반시나」를 둘러싼 상황은 더 복잡해졌다. 림스키-코르사코프는 무소르그스키의 천재성을 믿었지만 다른 한편 그의 혁명적인 음악 이념을 일부 '수정'해야 한다고 생각하고 1886년 「호반시나」를 무대에 올리면서 무대연주용 악보를 만들어 냈다. 그러나 림스키-코르사코프의 작업에 대한 불만은 널리 퍼져 있었다. 1958년 소비에트 작곡가인 드미트리 쇼스타코비치 역시 완성본을 만들어 냈고, 비평가들 다수가 쇼스타코비치의 것이 무소르그스키의 원래 의도에 더 가깝다고 평가하였다. 쿠치카 작곡가들은 사실 미완성 오페라 작업에 있어 전문가들이었다. 1887년 2월 28일 한밤중 알렉산드르 보로딘은 러시아 민속의상을 차려입고 가장무도회에 갔다가 죽음을 맞았고, 그의 유일한 장편 오페라 「이고르 공」 역시 미완성으로 남게 되었다. 당시 페테르부르크 콘서바토리 교수였던 림스키-코르사코프는 다시 한번 나서서, 역시 페테르부르크에서 작곡가로 활동하던 알렉산드르 글라주노프(1865~1936)의 도움을 받아 이 작품을 완성하려 하였다. 이들은 보로딘이 남긴 조각들을 종합하여 여러 부분의 오케스트라 편성을 완성하였고 많은 공백도 채워 넣었다.

「이고르 공」의 상당히 혼란스럽고 단편적인 줄거리는 중세 러시아 문학의 불후의 명작인 서사시 『이고르 원정기』에 기록된 12세기 러시아 역사에서 출발한다. 이야기의 주인공은 오늘날의 우크라이나와 러시아 국경에 위치한 소도시 노브고로드-세베르스크를 통치하던 이고르 스뱌토슬라비치(1151~1202) 공이다. 이고르의 공국은 키예프와 노브고로드에 있던 다른 대도시들의 세력에 눌려 빛을 보지 못하였고, 이고르는 키예프 러시아의 복잡한 정치에서 별반 대단한 역할을 하지 못하고 있는 상황이었다. 12세기 말 러시아의 수많은 소도시의 공후들 간의 끊임없는 반목으로 인하여 러시아 전체의 군사력은 극도로 약화되어 있었다. 여러 유목민족이 러시아 정착촌을 자주 공격해 왔고 마을을 불태우고 부녀자를 강간하고 주민을 포로로 잡아가는 등 러시아는 끊임없이 위협에 시달렸다.

침입해 오는 유목민 중 터키의 폴로프치족('쿠만족'이라고도 불린다)은 가장 두려운 존재였다. 1185년 이고르 공은 대담하게 자신의 영역에 대한 지배권을 선언하고 다른 공후들에게 도움을 청하지 않은 채 자신의 군대만을 이끌고 폴로프치인 공격에 나섰다. 이고르의 운명적인 원정은 결국 그가 포로가 되는 것으로(이후에 이고르 공은 탈출한다) 종말을 맞았고, 이 이야기가 서사시 『이고르 원정기』와 보로딘의 오페라의 자료가 되었다. 이야기의 기본적인 사실들은 다른 출처에서도 확증되는데, 포로가 된 이고르 공에 대한 폴로프치인의 친절하고 정중한 대우에 관한 사실은 보로딘의 오페라에서 강조되는 일화이다. 승리자인 콘차크 칸은 이고르 공을 환대하기 위해 춤에 능숙한 종복들에게 가무를 명한다.

스텝의 반+야만 유목민의 자연스럽고 고상한 행동은 보로딘에게 강한 인상을 주었음이 분명하다. 보로딘 자신이 카프카스 출신의 노老 공후의 아들이었다. 가장 유명한 오케스트라 작품인 「중앙아시아의 스텝에서」(1880)의 정서적인 '음악적 장면'은 보로딘이 이미 '동양적' 재료들에 특별한 관심을 보이고 있음을 증명한 바 있다. 보로딘의 음악은 온통 기억에서 잊혀지지 않는 서정적인 선율로 가득하다.

「이고르 공」에서 보로딘이 성공적으로 오케스트라를 편성해 낸 부분의 절반이 폴로프치인에 관한 악장들이며, 더욱이 오페라의 가장 성공적인 부분, 즉 2막의 마지막을 장식하는 폴로프치인의 춤과 노래를 담아낸 장면이 여기에 포함되어 있다. 이 작품이 러시아 민족주의 오페라로 간주되는 점을 생각해 보면, 이 장면에서 사실상 폴로프치인을 긍정적으로 그렸다는 점은 의구심을 자아낸다. 폴로프치인은 단호하고 낭만적인 매력을 가진 사람들로 그려진 반면, (강건한 형상의 이고르 공을 제외하고) 러시아인들은 졸렬하고 호전적인 오합지졸로 그려진다.

「이고르 공」이 1890년 마린스키 극장에서 초연될 당시, 폴로프치인의 춤은 레프 이바노프(1834~1901)에 의해 화려하게 안무되었다. 이후 그는 차이코프스키의 「호두까기 인형」과 「백조의 호수」의 안무가로 명성을 떨친다. 그러나 이국적인 폴로프치 춤을 독립된 발레 작품으로 만들어야겠다고 생각한 것은 언제나 새로운 흥밋거리를 찾던 세르게이 댜길레프였다(이 장면은 합창단 없이도 공연될 수 있게 쓰여졌고 그 경우 관악부가 노래 부분을 연주할 수 있다). 1909년 댜길레프는 미하일 포킨(1880~1942)에게 새로운 안무를 의뢰했다. 이 작품은 댜길레프의 유명한 파리 공연시즌에서 처음으로 선보이기로 예정되어 있었다. 새로 개작된 안무로 선보인 폴로프치인의 춤은 1909년 5월 19일 파리의 샤틀레 극장에서 대성공을 거둠으로써 서구 관객에게 보로딘과 그의 국민음악과 동료들의 음악을 알리는 중심 역할을 담당했다.

쿠치카 구성원 중 의문의 여지없이 가장 다작이며 가장 잘 훈련된 작곡가는 림스키-코르사코프였다. 그는 원래 직업 해군이 되려고 했지만 (뉴욕을 포함하여 널리 세계를 여행한 끝에) 결국 해군의 삶을 포기하고 작곡가라는 불확실한 직업을 선택했다. 정확하고 때로 과도할 정도로 치밀한 성격의 림스키-코르사코프는 공식적인 음악 훈련의 부족을 공부로 보충하기로 결심하였고 결국 새로 설립된 페테르부르크 콘서바토리의 교수가 되었다. 이후 그는, 교수를 시작했을 당시 페테르부르크 콘서바토리에서 그는 자신의 학생들보다 단지 한 걸음 앞서 있었을 뿐이었다고 고백하기도 했다. 이와 같은 능력을 통해 림스키-코르사코프는 러시아 음악의 향후 발전에 거대한 영향을 끼칠 위상에 올라 있었다. 마침내 그는 스트라빈스키와 프로코피예프와 같은 중요한 미래의 예술가들을 문하생으로 두게 되었고, 오케스트라 편성에 대한 그의 저작은 수대에 걸쳐 러시아 작곡가들과 음악학자들의 교과서가 되었다. 림스키-코르사코프의 일생은 1860년대 초반부터 러시아혁명기에 이르는, 러시아 음악의 역사상 긴 하나의 독창적인 시기에 걸쳐 있었다.

예술적으로 림스키-코르사코프는 스스로를 우선 오페라 작곡가라 생각했다. 그는 15편의 다양한 장르의 오페라 작품을 썼다. 역사 장르로 「프스코프의 하녀」, 「차르의 신부」, 「세비야」, 「판보에보다」, 동화 장르에 속하는 「오월의 밤」, 「눈처녀」, 「성탄 전야」, 「차르 살탄의 이야기」, 「황금 수탉」, 민속서사시에 해당하는 「사드코」, 「보이지 않는 도시 키테쥬와 처녀 페브로니야의 이야기」, 「믈라다」, 그리고 「모차르트와 살리에리」라는 한 편의 심리 드라마 오페라를 썼다. 특히 「모차르트와 살리에리」는 피터 샤퍼에게 브로드웨이에서의 성공을 안겨 준 연극 「아마데우스」에서 다루어진 것처럼 작곡가들 간의 질투를 주제로 한 작품이다. 최근까지 림스키-코르사코프의 오페라는 외국에 많이 알려지지 못했으나 러시아 무대에서는 주요 오페라 레퍼토리이다. 다수의 비평가들이 지적하듯이, 대부분의 오페라들은 사실상 극적인 흥미와 개성적인 인물들을 결여한 정적인 '그림들'로 구성되어 있다. 림스키-코르사코프는

「사드코」, 「성탄 전야」, 「보이지 않는 도시 키테쥬와 처녀 페브로니아의 이야기」 등에서 민속 선율과 화음을 사용하여 특정한 사회적 환경 혹은 분위기를 그려 내는 데 탁월한 재능을 가지고 있었다.

러시아 국외에서 오늘날 림스키-코르사코프를 기억하게 하는 것은 세 편의 다채로운 관현악 작품들이다. 「카프리치오 에스파뇰」, 러시아 정교 성가를 널리 차용한 곡으로 「러시아 부활절 서곡」(「환한 축일」), 관현악 모음곡 「세헤라자데」가 그것이다. 이 작품들은 모두 1887~1888년 같은 시기에 쓰여졌다. 이 시기는 림스키-코르사코프가 자신의 세 편의 교향곡들 중 세번째 작품을 완성하였지만, 오페라 작품 대부분은 쓰지 않고 있을 때였다. 「세헤라자데」는 러시아 음악의 풍요한 '동양성' 전통 안에서 작곡된 가장 성공적인 작품들 중의 하나로, 러시아 제국에 의해 정복되어 병합된 카프카스와 중앙아시아 지역에 대한 러시아 작곡가들의 관심이 점증하고 있음을 증명한다.

당시 러시아에 널리 알려져 있던 아라비아 민속서사시 『천일야화』에 기초한 「세헤라자데」는 이야기를 들려주는 세헤라자데를 묘사하기 위해 바이올린 솔로를 사용한다. 여주인공 세헤라자데의 '목소리'는 다양한 일화들을 연결하는데, 일화들의 관현악 편성이 독창적이다. "나는 4악장으로 된 관현악 모음곡을 염두에 두었다. 이 곡들은 주제와 모티프들에 의해 긴밀하게 조직되어 있지만 다른 한편으로 동양적인 동화 이미지와 디자인들을 모아 놓은 만화경과 같을 것이다." 백과사전적인 자신의 자서전 『나의 음악 인생』에서 림스키-코르사코프는 이렇게 쓰고 있다.[11]

'동양성' 주제에 영감받은 또 다른 작품으로는 아라비아 전설의 가장 유명한 인물 중의 하나인 안타르의 모험 이야기를 토대로 작곡된 교향곡 2번 「안타르」이다. 사실상 이 작품은 쿠치카 구성원에 의해 작곡된 첫번째 '동양적' 교향악 작품이었다. 여기서 작곡가는 작품에 동양적 성격을 부여하기 위해 오름8음계를 사용했다. 림스키-코르사코프가 작곡한 최고의 작품들과 마찬가지로 「안타르」는 환상적 요소에 대한 관심을 보여 준다. 여기에는 러시아 낭만주의의 시각으로 굴절된 아라비아와 동방의 인물 및 주제에 대한 작곡가의 애정과 다채롭고 밝고 균형 잡힌 관현악 편성이 돋보인다.

1870년대에 와서 쿠치카 그룹은 해체되기 시작했고 러시아 음악의 양상은 한층 더 다양해지고 전문화되었다. 1866년 모스크바 콘서바토리의 설립과 함께 러시아의 두 수도 모스크바와 페테르부르크의 음악적 균형에는 변동이 오기 시작했다. 이러한 변화의 중심에 차이코프스키가 있었다. 차이코프스키는 상트페테르부르크 콘서바토리 졸업과 동시에 모스크바에서 작곡과 교수로 일해 달라는 청을 받았다. 이후 차이코프스키의 명성이 높아지자 이것은 콘서바토리의 권위에 도움이 되었고 나아가 모스크바 음악계 전체에 같은 효과를 가져왔다. 차이코프스키의 여섯 개 교향곡 중에서 앞에서부터 네 개의 교향곡과 오페라 「예브게니 오네긴」, 발레 「백조의 호수」의 초연이 모스크바에서 이루어졌다는 사실은 의미심장하다. 차이코프스키 역시 페테르부르크에 기반을 둔 쿠치카 그룹으로부터 멀리 떨어져 있는 것에 만족하였던 것으로 보인다. 이는 그룹의 민주적 '리얼리즘'과 온건한 슬라브주의에 그가 그다지 공감을 느끼지 못했기 때문이었다.

11 Nikolai Rimsky-Korsakov, *My Musical Life*, ed. Carl Van Vechtenm, trans. Judah A Joffe, London: Eulenburg Books, 1974, p.294.

음악 활동의 후반부에 와서 차이코프스키는 자신의 시간과 애정을 모스크바와 페테르부르크에 고루 배분했다. 이로써 그는 19세기 러시아 음악사에서 다소간 독특한 자리를 차지하게 된다. 당시 문화적인 영향력을 가진 인물들은 분명하게 두 도시 중 어느 하나와 긴밀하게 연관되어 있었기 때문이었다. 도스토예프스키는 오직 상트페테르부르크 (『죄와 벌』을 포함하여 다수의 단편과 장편소설의 배경)에서 영감을 얻은 작가였다. 이에 반해 톨스토이는 페테르부르크를 인공적이고 비러시아 적이라고 비난하며 모스크바를 선호하였다. 두 도시 모두에서 활동할 수 있었던 차이코프스키의 능력은 러시아 음악의 두 주된 흐름, 러시아 민족주의와 유럽 고전주의 간의 가교로서의 그의 역할을 보여 준다.

러시아 최초의 진정한 '국제적' 작곡가로 평가되는 차이코프스키는 러시아 문화의 성년기를 대표하였으며 다음 세기의 러시아 작곡가들인 라흐마니노프, 스트라빈스키, 프로코피예프, 쇼스타코비치에게 러시아의 고유한 음악과 문학 전통이 더 넓은 유럽의 전통과 어떻게 종합될 수 있는지를 보여 주는 범례가 되었다. 그는 한때 유럽 음악을 프랑스, 독일, 이탈리아, 러시아, 폴란드 등등 서로 다른 음악이라는 나무들을 심어 놓은 과수원에 비유한 적이 있다.

뉴욕시티발레를 창설한 러시아 출신의 미국 무용가 조지 발란신은 차이코프스키 사후 11년 되던 해 상트페테르부르크에서 태어났다. 그가 종종 차이코프스키의 작품을 발레에 사용하면서 차이코프스키를 "러시아 출신의 유럽인"[12]이라고 묘사한 것은 적절한 표현이었다. 차이

---

12 George Balanchine and Solomon Volkov, *Balanchine's Tchaikovsky: Interviews with George Balanchine*, New York: Simon and Schuster, 1985, p.14.

코프스키가 가장 좋아한 작곡가는 유럽 고전 양식의 정수인 모차르트였다. 차이코프스키는 모차르트에게서 자신이 살고 있는 초라하고 저속한 시대보다 훨씬 우월한, 완벽하고 조화로운 시대의 이상적인 전망을 발견했다. 또한 의미심장한 점은 (쿠치카 구성원들과 같은) '진보적' 러시아인들은 차이코프스키의 음악을 충분히 러시아적이지 못하다고 평가했던 한편, 독일 비평가들은 너무 조잡하다는 평을 내놓았다는 사실이다.

톨스토이와 푸슈킨(차이코프스키는 운문소설 『예브게니 오네긴』과 소설 「스페이드의 여왕」을 오페라로 만들었다)과 마찬가지로, 차이코프스키는 러시아가 유럽 세계로 편입되었던 포스트-나폴레옹 시대의 사람이었다. 또한 톨스토이나 푸슈킨과 같이 차이코프스키는 특권을 가진 상류층에 속해 있었고 러시아의 무거운 현실로부터 결코 자유로울 수는 없었지만 다른 한편으로는 유럽식 교육을 받은 계층이었다. 차이코프스키의 어머니는 가계상 프랑스 출신 조상을 가지고 있었기 때문에 어린 아들을 피에르라고 불렀다. 그가 처음 지은 글은 자신의 보호자인 어머니에게 바치는 프랑스어로 쓴 시였다.

이처럼 다소 기묘한 양육 환경과 교육의 결과로 차이코프스키는 러시아 상류층이 그러했던 것처럼 자신의 조국의 후진성과 유럽의 현학과 안락 사이에서 정서적 분열을 느꼈다. 그는 외국에 체류하는 기간이 길었지만 항상 오래 견디지 못하고 러시아로 돌아오곤 했다. 차이코프스키에게 유럽으로의 영구 이민은 근본적으로 정서에 맞지 않는 것으로 그는 이민의 길을 택한 동포들을 심하게 비난하였다.

이와 더불어, 차이코프스키는 러시아의 맹목적인 반反유럽적 민족주의 역시 부적절한 것이라 생각하였다. 그는 1860년대 상트페테르부르크 지성인들의 일부 부류가 가졌던 독단적이고 극우적인 러시아 정서에 공감하지 않았다. 이를 보면, 자신들의 음악에 미친 유럽적 영향을 거부하고 과소평가하려는 '강력한 한줌'의 구성원들에 대해 차이코프스키가 왜 자주 적대적인 관계를 가지게 되었는지를 알 수 있다. 무엇보다도 이러한 면들은 무소르그스키의 음악과 미학에 대한 차이코프스키의 깊은 반감을 설명해 준다. 차이코프스키는 동생에게 보내는 편지에서 이렇게 쓰고 있다. "무소르그스키의 음악을 지옥으로 보내 버렸으면 좋겠어. 그의 음악은 음악에 대한 몹시 조잡하고 저급한 조롱이기 때문이야."[13] 차이코프스키에게 쿠치카 작곡가들 대부분이 보여 준 민족지적인 러시아 중심적 접근법은 이질적이었다. 이들 쌍방 간의 몰이해는 역시 이들의 사회적 배경이 서로 달랐다는 사실에 의해 또한 설명된다. 차이코프스키는 상류층이었지만, 쿠치카 그룹의 구성원들은 하류층이나 새로이 부상하는 도시 중산층에 보다 가까웠다.

의문의 여지없이 차이코프스키는 자신과 자신의 음악을 더 넓은 유럽적 전통의 일부라 생각했다. 이러한 사실은 오페라와 발레에서 그가 선택한 주제에서 명백히 드러난다. 우리가 살펴보았듯이, 쿠치카 그룹의 작곡가들은 거의 대부분 구러시아, 표트르 대제 이전 러시아의 주제들을 취했지만 차이코프스키는 보다 최근 시대에 일어나는 이야기들에 초점을 맞추거나 유럽화된 러시아 귀족층과 관련된 소재를 선호했다. 「예브게니 오네긴」(1878)과 「스페이드의 여왕」(1890)은 가장 좋은 예라고 할 수 있다. 「스페이드의 여왕」은 차이코프스키가 18세기 후반, 즉 모차르트의 시대에 특별한 관심을 가졌음을 보여 준다. 여기서 무도회의

---

13 Tchaikovsky, *Letters to His Family*, p.89.

손님들이 감상하는 것으로 삽입된 소小오페라 「충실한 목동 처녀」는 모차르트에 대한 애정 어린 음악적 헌사에 다름 아니다. 「예브게니 오네긴」과 「스페이드의 여왕」 모두 왕조에 대한 작곡가의 충성, 그리고 귀족 가문과 그의 동질성을 증명해 준다. 사실 쿠치카 작곡가들은 로마노프 왕조에 그다지 호감을 보이지 않았고, 차이코프스키가 왕실 후원을 독점한다고 비난하곤 했다.

발레에 대한 사랑에 있어서도 차이코프스키는 유럽적 모델로부터 깊은 영향을 받았다. 중요한 사실은 쿠치카 작곡가들은 아무도 발레에 큰 관심을 보이지 않았다는 점이다. 이들은 발레를 진지한 작곡가가 다룰 가치가 없는 부수적 예술이라고 생각했다. 발레는 18세기에 프랑스와 이탈리아로부터 러시아에 들어와 왕실과 귀족의 넘치는 후원을 받았고 궁정 안무가들과 발레 작곡가들은 주로 유럽으로부터 초빙되었다. 낭만적 발레 「지젤」은 1842년에 상트페테르부르크에서 프랑스 작곡가 아돌프 아당의 악보에 의해 첫선을 보인 이후 차이코프스키가 젊었던 시절 러시아 무대에서 엄청나게 유명세를 누렸고 그에게 깊은 인상을 남겼다. 이국적인 '인도풍' 발레 「라 바야데르」(1877) 역시 마찬가지였다. 「라 바야데르」의 밋밋하고 쉬운 음악은 1860년대부터 1880년대까지 상트페테르부르크의 마린스키 극장과 모스크바의 볼쇼이 극장에서 공식 작곡가로 일했던 오스트리아 작곡가 루트비히 민쿠스가 작곡한 것이다. 후에 차이코프스키는 인형이 사람이 되는 이야기를 발레로 만든 「코펠리아」를 쓴 프랑스 작곡가 레오 들리브와 친해지기도 했다. 이 작품은 「호두까기 인형」의 구상에 영향을 주었다.

「백조의 호수」(1876), 「잠자는 숲속의 미녀」(1889), 「호두까기 인형」(1892) 등 차이코프스키의 빛나는 음악은 기술적으로 현란한 러시아 발레가 드디어 단지 피상적인 삽화 이상의 음악을 만들어 낼 수 있는 러시아 작곡가를 만났음을 보여 주었다. 발레 음악의 '개혁자'라는 신망을 받으며 차이코프스키는 발레의 상징적이고 개념적인 측면을 심화하였고 거의 혼자 힘으로 발레를 오페라나 교향악과 같이 존경받는 수준으로 이끌어 올렸다. 주로 차이코프스키의 토대 작업 덕분에 러시아와 소비에트 작곡가들은 이후 놀라운 업적을 이룩했다. 글라주노프의 「레이몬다」, 프로코피예프의 「로미오와 줄리엣」, 「돌아온 탕아」, 「신데렐라」, 스트라빈스키의 「봄의 제전」, 「페트루슈카」, 「불새」, 쇼스타코비치의 「황금시대」, 라인홀트 글리에르의 「붉은 양귀비」, 아람 하차투란의 「가야네」, 「스파르타쿠스」 등의 작품이 이를 증명해 준다. 사실 발레음악은 고전음악 레퍼토리에서 러시아 음악이 가장 위대한 공헌을 한 분야 중의 하나이다.

차이코프스키는 러시아에서 최초로 외국에 널리 알려져 사랑받은 작곡가라고 할 수 있다. 그는 1891년 뉴욕의 카네기홀 개관 공연에서 지휘봉을 잡았다. 처음 미국에 왔을 때 그는 51세로 음악가로서의 경력의 절정에 있었다. 그는 이미 자신의 교향곡 여섯 개 중 (「비창」을 제외한) 다섯 개, 오페라 여덟 편 중 일곱 편, 발레 음악 세 편 중 두 편, 청중의 사랑을 독차지하는 피아노 협주곡 세 곡 중 두 곡, 십수 편의 성악곡, 그리고 그 유명한 「1812년 서곡」과 다른 서곡들, 관현악 작품들, 실내악 앙상블과 독주 작품들을 작곡한 이후였다. 차이코프스키는 또한 존경받는 교육자로서 25년간 모스크바 콘서바토리에서 후학들을 가르치기도 했다.

그러나 비극적이게도 차이코프스키는 미국에서 러시아로 돌아온 이후 2년 남짓밖에 살지 못했다. 동성애자 성향을 가졌던 그는 만성적인 우울하고 불행한 삶을 마감하고 상트페테르부르크에서 콜레라로 추정되는 병으로 죽었다. 사후에도 차이코프스키는 수 편의 영화를 비롯하여 널리 다양한 전기적 또는 허구적인 회고 작품들에서 이야기의 주제가 되고 있다. 그러나 차이코프스키의 정교인답지 못한 사생활보다 더 중요한 것은 그의 음악적 활동이 러시아 음악사의 진정한 전환점을 의미한다는 사실이다. 그의 전문성과 국제적 위상은 러시아 작곡가들이 오랫동안 달고 있었던 '딜레탕티즘'의 딱지를 떼는 계기가 되었다.

차이코프스키는 매우 탁월하고 영향력 있는 음악가로, 또한 '모스크바 학파'의 리더로 불렸다. '모스크바 학파'라는 다소 모호하고 상대적인 호칭은 세기의 전환기에 모스크바에 모여들었던, 다소 연결성이 느슨한 일단의 작곡가 그룹에 붙여진 것이다. 모스크바 학파의 구성원들은 미학과 양식에 있어서 극도로 다양한 경향을 보였다. 보수적인 신낭만주의 경향의 세르게이 라흐마니노프(1873~1943), 복잡한 대위법을 좋아해서 '러시아의 브람스'라고 불렸던 니콜라이 메트네르(1880~1951), 신고전주의자 세르게이 타네예프(1856~1915), 신비주의자 알렉산드르 스크랴빈(1872~1915) 모두 이 그룹에 속한다고 할 수 있다. 이 예술가들은 모두 같은 도시에서 일했으며 마구차야 쿠치카 그룹과 관련된 러시아 민족주의를 거부했고, 피아노곡에 관심을 가졌고, 표제음악 장르보다는 고전 장르를 선호했다는 공통점을 가지고 있었다.

아마도 라흐마니노프와 메트네르는 가장 많은 공통점을 가지고 있다고 할 수 있을 것이다. 이들 둘 다 모스크바 콘서바토리에서 타네예프와 같이 공부했으며 당시 부상하던 모더니즘 아방가르드의 양식적 개혁과 미학을 거부했고 모두 멜랑콜리한 성향과 내성적이고 말이 없는 기질을 가진 것으로 잘 알려져 있었다. 그러나 이 중에서도 이들이 공유했던 가장 잔혹하고 괴로운 경험은 그토록 소중히 여겼던 러시아로부터의 고통스러운 추방 속에서의 삶과 죽음이었을 것이다.

두 예술가 모두에게 1917년 볼셰비키 혁명은 개인적으로나 미학적으로나 생의 갈림길이 되었다. 차르 니콜라이 2세가 퇴위했을 때 이들은 이미 성숙한 예술가였고 레닌과 그 동료들이 세계 최초로 사회주의 국가를 세우는 것을 당혹감 속에서 지켜보았다. 출생과 교육, 그리고 기질 등 모든 면에서 사라져 가는 귀족문화에 속해 있었던 두 작곡가는 자신이 지금과 다른 모습으로 변신할 수 없다는 것을 잘 알고 있었던 정치적·문화적 보수주의자들이었다. 러시아 최고의 창조적 예술가들 다수가 그러했던 것처럼 이들 또한 망명이라는 최악의 대안을 선택했다.

라흐마니노프의 귀족적 기질로 보아, 그가 새로 만들어진 소비에트 연방에 속할 수 없었고 소비에트 체제의 끔찍한 사회적 불안정, 그리고 평등과 반엘리트주의라는 잔혹한 약속을 믿지 못하였을 것이라는 사실에는 의문의 여지가 없다. 혁명이 일어난 지 겨우 한 달 만에 그는 가족과 함께 서구로 가기 위해 스웨덴에서의 연주회 일정을 이용했다. 엄격하고 냉정한 성격으로 알려져 있던 라흐마니노프는 언제나 미국이 무언가 기묘한 구석이 있다고 생각했음에도 불구하고 결국 미국에 정착했다. 피아니스트이자 작곡가로서 미국 전역에서 연주 여행을 하며 승승장구한 라흐마니노프는 명성과 더불어 비벌리힐즈에 집을 살 정도의 부를 얻었지만 결코 그가 한때 '달러 공주'라 부르며 오만하게 비난했던 요란한 벼락부자 나라의 물질주의적 양식과 경쟁적인 속도에 완전히 적응할 수 없었다. 불안하고 우울한, 향수병에 시달리는 작곡가에게 미국은 너무 빠르고 너무 요란하며 너무 상업적인 나라였다. 라흐마니노프의 마음은 언제나 젊은 시절 살았던 러시아, 실제의 역사 공간에는 더 이상 존재하지 않는 그 시절의 러시아에 있었다.

이민 생활과 더불어 길고 피곤한 연주 여행을 해야 하는 경제적 상황이 라흐마니노프에게 견디기 힘든 것이었으리라. 이는 러시아를 떠난 이후 작곡가의 창작 빈도가 급격히 줄어들었다는 점에서 분명해진다. 44세로 러시아를 떠날 때 라흐마니노프는 자신의 총 45곡의 작품들 중 39곡(짧은 오페라 3편, 성악곡 전곡, 4곡의 뛰어난 피아노 협주곡 중 3곡, 3편의 교향곡 중 2편)을 이미 완성해 두고 있었다.

라흐마니노프는 단 몇 편의 작품만으로도 생전에 엄청난 명성을 누렸다. 여기에는 「피아노 협주곡 제2번」(1901), 「피아노 협주곡 제3번」(1909), 「파가니니 주제에 의한 랩소디」(1934), 「교향곡 제2번」(1907), 「교향곡 제3번」(1936), 그리고 명곡으로 평가되는 피아노 독주곡 몇 곡이 있다. 차이코프스키와 마찬가지로, 그는 음률에 있어, 그리고 정서적 분위기에 대한 강한 감각 창출에 있어 두드러진 재능을 가지고 있었다. 따라서 사실 일부 비평가들은 그가 너무 감성적이라 비판하기도 한다. 「피아노 협주곡 제2번」은 라흐마니노프의 양식을 가장 잘 보여 준다. 거의 같은 길이의 세 악장으로 구성된 이 곡은 기억에서 사라지지 않는 멜로디로 충만하다. 수년 동안 대중가요들은 염치불구하고 이 곡의 멜로디들을 가져다 썼다. 「달은 둥글고 내 품은 텅 비었네」Full Moon and Empty Arms, 「언젠가 그리고 영원히」Ever and Forever, 「이것이 안녕이라면」If This Is Goodbye, 「내 사랑은 이런 것」This Is My Kind of Love 등이 그러한 노래들이다.

「피아노 협주곡 제2번」의 유명한 첫 악장은 종소리가 울리듯이 오케스트라 반주가 따르지 않는 피아노 파트가 이례적인 F단조의 음들을 연주하며 시작된다. 그리고 물결 치는 듯한 우수에 찬 주제가 오케스트라의 연주로 뒤따른다. 이 주제는 뼛속 깊이 러시아적인 것으로, 라흐마니노프의 오랜 친구이자 동료 피아니스트인 니콜라이 메트네르는 다음과 같이 지적한 바 있다.

> 라흐마니노프의 협주곡 제2번의 주제는 그의 인생의 주제일 뿐 아니라 가장 놀랍도록 러시아적인 주제라는 인상을 준다. 이 주제가 담고 있는 영혼이 러시아적이기에. 이 곡에서는 그 어떤 지리적인 기교도, 가장도, 겉치레도, 음조도 없지만, 언제나 곡의 초입부에서 연주되는 종소리를 들을 때면 러시아의 모습이 저 끝까지 펼쳐지는 듯하다.[14]

메트네르는 라흐마니노프만큼의 대중적·경제적 성공을 누리지 못했다. 그의 친구이자 스승인 라흐마니노프보다 일곱 살 어렸지만 마찬가지로 비정치적이었던 메트네르는 1921년 소련을 떠났다. 그것은 모스크바의 음악계를 재조직하려는 공식위원회의 왕성한 활동에 자의 반 타의 반 참여를 시도했던 이후의 일이었다. 메트네르 역시 탄압받았던 러시아의 음악가들에게 피난처가 되었던 미국으로 떠난 라흐마니노프의 뒤를 따랐지만, 미국에서 그가 바라던 만큼의 인상을 주지 못했다. 러시아에 대한 향수에 시달린 끝에 그는 유럽으로 돌아와 파리에 정착했다. 그곳에는 댜길레프, 스트라빈스키, 프로코피예프 등과 같은 걸출한 인물들이 속해 있는 러시아 이민자 공동체가 넓고 왕성하게 활동하고 있었다. 메트네르는 주로 피아노에 집중했다. 사실상 작곡가로서 메트네르의 성과는 피아노에서 이룩되었고 100여 개의 성악곡과 7편의

---

14 Zarui A. Apetyan ed., *Vospominaniia o Rakhmaninove*, vol.II, Moscow: Gos.muz.izd-vo., 1988, p.350 [『라흐마니노프에 대한 회상』].

실내악곡은 그 예외라고 할 수 있다.

알렉산드르 스크랴빈 역시 다수의 피아노 작품을 써 낸 저명한 피아노 비르투오조였다. 그러나 이 매혹적이고 혁명적인 인물은 과거지향적인 메트네르나 라흐마니노프와는 아주 달랐다. 스크랴빈의 사상과 음악은 아방가르드적이었다. 따라서 유리 가가린이 세계 최초로 유인 우주선으로 비행에 나섰을 때 소련의 라디오 방송은 스크랴빈의 방대한 관현악곡 「황홀경의 시」(1908)를 배경음악으로 결정하였다. 알려진 바에 의하면, 이 곡은 라디오를 들으며 놀라워하는 지상의 사람들과 동시에 우주선의 가가린에게도 전송되었다고 한다. 이러한 선택은 분명히 적절했다고 생각된다. 방대하고 축제적인 이 곡은 완전히 지상적이지만은 않게 들렸기 때문이다. 그러나 자신을 음악가라기보다는 신비주의자로, 악마주의와 의식 개조를 선호하는 러시아의 자연인, 자신을 태양에 비유하는 광적인 자아도취자였던 스크랴빈에게 기대할 수 있는 것은 바로 이러한 음악이었다. 스크랴빈에게 음악 창작은 악보를 쓰는 것 이상의 행위였다. 그에게 작곡은 청중의 의식을 변화시키며 음악회장 너머에 있는, 현실과는 다른 영역으로 그들을 인도하는 수단이었다.

스크랴빈은 작곡가로서 성숙해 가면서 점점 다양한 신비주의적 주제와 유토피아적 전망에 이끌려 갔고, 이를 자신의 음악과 병합하고자 했다. 따라서 작곡하면서 그가 선택한 형식과 장르는 점점 관습으로부터 벗어났다. 1904년에 완성된 스크랴빈의 세번째 교향곡 「신의 시」는 네 악장 중 세 악장의 제목으로 프랑스어 시구를 사용하였고 정신적이고 시적인(심지어 뉴에이지로 부르기도 하는) 내용의 텍스트가 붙어 있다. 프랑스어로 쓰여져 악보에 첨부된 이 텍스트는 자아를 이루는 두 부분인 신성神性과 노예성 간의 갈등으로부터 결국 축복받은 결합과 신성한 자유가 성취되는 과정을 묘사한다. 「황홀경의 시」에 있어서 스크랴빈은 축제적 해방감 속에서 고조되는 고통과 죽음, 성적 욕망을 다룬 369행의 시를 첨부하였다. 단악장의 자유로운 소나타 형식으로 작곡된 이 작품은 4도, 장3도, 단3도에 의해 상승하는 짧은 주제의 시작을 무한히 반복함으로써 구성되었다. 이 주제는 복잡한 화음이 순열적으로 치환되는 형식으로 진전되면서 한층 더 집요하게 울리며 황홀경의 느낌을 전달하고 마침내 승리에 찬 '자기선언'의 종결부에서 파이프오르간이 동반된 오케스트라 전체 연주에 도달한다.

「황홀경의 시」를 작곡할 당시, 관습적인 정치에 관심이 없었던 스크랴빈은 이 작품을 "러시아 민중의 투쟁이 바쳐진 이상, 혁명의 냄새가 풍기는 음악"이라고 선언했다. 그러나 소련 비평가들과 문화 관료들은 이후 이러한 평가에 동의하지 않았다. 무미건조하며 금욕적인 이들은 스크랴빈의 음악과 시적 비전을 혁명 전 귀족 사회의 데카당스라 통탄하였다. 극도로 자의식적이며 신성모독적이었던 스크랴빈에게는 러시아 음악에서 사실상 그 뒤를 잇는 후계자가 없었다. 그의 신비주의적 접근을 따르는 이들은 없었으며, 1917년 혁명 이후 수년간 스크랴빈의 음악적 방식은 금지되기까지 했다. 음악학자 휴 맥도널드는 다음과 같이 스크랴빈을 평가한다. "스크랴빈은 동시대의 쇤베르크나 드뷔시와 마찬가지로 새로운 음악언어를 창시한, 진정으로 통찰력 있는 작곡가이다. 급진성이나 진보성에 있어서 스크랴빈은 결코 그들에 뒤지지 않으며 그들과 마찬가지로 단호하게 조성과 결별한 음악가이다."[15]

---

15 Hugh Macdonald, "Scriabin", *The New Grove Russian Masters II*, ed. Stanley Sadie, New York: Norton, 1986, p.64.

1917년 이후 차르 정부의 몰락과 소련 체제의 성립은 러시아의 음악 세계를 통째로 전복시켰다. 우리가 이미 보았듯이 뛰어난 작곡가들과 음악가들 다수가 박탈과 불확실성을 견디며 살기보다는 서구로의 이민을 택했다. 뒤에 남은 이들은 시간이 갈수록 독단적이며 전체주의적으로 변해 가는 새로운 정치적·문화적 질서에 적응해야만 했다. 차르 러시아의 주요 음악기관 대부분이 계속 존재하였지만, 이들은 처음에는 극심한 자료의 제한과, 나중에는 거대하게 증폭된 공식적 통제와 싸워야만 했다. 1920년대에는 소비에트의 음악 세계에도 상당한 수준의 다양성이 여전히 존재했지만, 1920년대 후반 스탈린이 권력을 잡은 이후 상황은 훨씬 더 획일적이고 억압적으로 변해 갔다. 소련작곡가연합과 다수의 위성 조직들이 만들어짐으로써, 작곡가들은 다소간 원시적인 상벌 체제를 통해 보다 쉽게 통제될 수 있었다. 소련 음악은 국가보조금에 의해 국가에서 운영하는 독점사업이 되었다.

　　러시아혁명의 영향은 20세기 세 명의 주요 작곡가, 즉 이고르 스트라빈스키(1882~1971), 세르게이 프로코피예프(1891~1953), 드미트리 쇼스타코비치(1906~1975), 이들의 운명을 통해 쉽게 이해할 수 있다. 많은 경우 냉소로 일관하던 감독 세르게이 댜길레프는 소위 정의에 관한 한 매우 단호한 사람으로, 자신이 보호하던 후견인 스트라빈스키와 프로코피예프에 대해 다음과 같이 단언하였다. "이들의 공통점은 단지 두 사람 모두 러시아인이며 동시대에 살고 있다는 점뿐이다."[16] 프로코피예프나 스트라빈스키보다 젊은 쇼스타코비치를 댜길레프가 알았더라면, 그는 쇼스타코비치가 개인적으로나 정치적으로, 그리고 음악적으

---

16 *Observer*(London), 5 June 1921.

로 이들 못지않게 최고라는 점을 인정했을 것이다. 프로코피예프, 스트라빈스키, 쇼스타코비치 이 세 사람은 서로 다른 음악적 궤도를 도는 세 개의 행성이었다고 할 수 있다. 이들 모두가 제정 러시아에서 태어났고, 나이차도 기껏해야 24세 미만이었다. 이들 세 사람 모두 같은 도시 상트페테르부르크에서 음악 교육을 받았고, 각각은 오페라·발레·교향악·협주곡·실내악·극장음악 등 다양한 장르를 통해 음악의 일가를 이룬 인물들이었다.

그러나 20세기 세계 음악의 주요 인물로 꼽히는 이 러시아 음악의 세 거장들은 배경은 완전히 달랐고 음악도 완전히 다른 방향으로 발전해 갔다.

스트라빈스키는 기질상 귀족이었고 상트페테르부르크와 파리, 뉴욕의 부유한 후원자들에 기대어 명성을 얻은 우아한 전문 음악가였다. 스트라빈스키는 자신을 '큰아들'이라 부르는 댜길레프에게 고무되어 서구에서 뿌리 뽑힌 추방의 삶을 선택했다. 그는 결국 아방가르드 예술계와 무용계에서 환영받고 명사로 대접받게 되었다.

댜길레프의 '둘째 아들', 천재 프로코피예프는 사회적 지위가 분명치 않은 성실한 지방 중산계층 집안 출신이었다. 1920년대와 1930년대를 거치며 오랜 기간 망설인 끝에 그는 거의 광적으로 유럽과 미국, 그리고 스탈린의 소련을 두루 여행했고 마침내 1936년 스탈린이 소련 예술가들과 지성인들을 대거 숙청하기 전날 밤에 모스크바를 선택했다.

이들보다 더 젊고 귀족적인 응석은 덜했지만 더 냉소적이었던 쇼스타코비치는 러시아 혁명운동에 어느 정도 공감하고 있었다. 그는 혁명운동과 함께 자라난 세대였고 상트페테르부르크의 도시 인텔리겐치아의 지적 영향하에 있었다. 새로운 소비에트 러시아의 아들로서 평생의 경력을 소비에트에서 쌓은 쇼스타코비치의 외국 체류는 다만 단기간이며 드문 경우였고 심한 통제하에서 이루어졌다.

이 세 작곡가들은 모두 가능한 한 정치를 멀리했다. 소비에트 작곡가들인 프로코피예프와 쇼스타코비치에게 이는 쉬운 일이 아니었지만, 1917년 혁명은 이들의 인생에서 한 분기점이 되었다. 단순하게 말해, 스트라빈스키는 차르 러시아 귀족문화의 마지막 보루, 세기말 세대의 대표자로 볼 수 있고, 프로코피예프는 옛 전통에서 편안함을 느끼기에는 너무 젊고 새로운 것을 받아들이기에는 나이가 들었던, 두 세계 사이에서 분열하는 '상실의 세대'에 속해 있었으며, 쇼스타코비치는 언제나 만족하지는 않았어도 소비에트 사회에 융합된 한 구성원이었다고 할 수 있을 것이다. 최소한 혁명은 프로코피예프와 스트라빈스키가 미래의 음악 활동에 관해 이른 시기에 어려운 선택을 하게 만들었고, 쇼스타코비치가 앞으로 경력을 펼쳐 나갈 미학적 환경에 결정적 영향을 주었다.

댜길레프가 지적했듯이 음악적 양식과 극적 양식에 있어서 이들은 발레와 오페라의 주제 선택에서 보인 문학 취향에서와 마찬가지로 거의 공통점이 없었다. 프로코피예프는 절충주의자로 도스토예프스키의 중편소설에 기초한 실험적 오페라 「도박꾼」(1917, 1928년 개작)에서는 원작에 극도로 충실하려는 경향을 보였으나 변화를 보인다. 그의 변화는 코메디아 델라르테 양식의 오페라 「세 개의 오렌지에 대한 사랑」(1919)에서 보여 준 풍자적이고 극도로 자의식적인 연극성으로부터, 상징주의자 발레리 브류소프의 소설로부터 만들어진 표현주의적 작품 「불의 천사」(1927)에서 나타나는 병적 성심리, 「세묜 코트코」(1939)의 절제된 소비에트 사회주의 리얼리즘의, 톨스토이로부터 가져온 작품 「전쟁과 평화」(1941~1953)의 안전한 '차이코프스키 경향', 그리고 「진짜 인간의 이야기」(1948)에서 보인 당혹스러운 오페레타식 단순성 등에 이르기까지 매우 다양하다. 이 마지막 작품은 1948년 작곡가 대회에서 이해할 수 없는 '반소비에트적' 음악을 쓴다는 이유로 프로코피예프와 쇼스타코비치가 참혹한 비판을 받게 된 상황에서 작곡되었다.

스트라빈스키는 줄이지 않은 완전한 길이의 오페라를 쓰는 것을 구식이라고 생각하고 거부하였다. 댜길레프와 첨단 유행의 발레뤼스에 홀린 스트라빈스키는 처음부터 오페라와 다른 극 장르의 경계를 무너뜨리고자, 가수와 무용가들을 같이 출연시키거나(「나이팅게일」, 1914), 이야기를 하는 화자를 도입하거나(「오이디푸스 왕」, 1927), 민속의식을 무대화하였다(「결혼식」, 1923). 경력의 말년에 이르러서야 스트라빈스키는 어느 정도 전통적인 오페라, 영어로 된 리브레토가 달린 「방탕자의 타락 과정」(1951)을 쓰게 되었다.

오페라 작곡가로서 쇼스타코비치의 발전은 「코」(1928)로부터 화려하게 시작되었다. 이 작품은 고골이 쓴 동명의 부조리 단편에 기초한 대담한 아방가르드적 곡이다. 1930년 초 레닌그라드에서 초연된 「코」는 여섯 명의 타악주자, 두 대의 하프, 피아노, 발랄라이카, 러시아 민속악기인 돔라를 포함한 이례적인 실내악 규모의 오케스트라로 연주되는 작품이다. 음악은 채플린적인 뜀뛰기, 오프비트[17] 폴카, 그리고 기묘한 왈츠에 맞추어 흘러간다. 그러나 「코」는 공식 문화 기관으로부터 "청중을 당황시키려는 유치한 시도"라는 혹평을 받고 단 한 시즌 만에 무대에서 퇴출되었다. 쇼스타코비치가 두번째로 시도한 오페라는 니콜라이 레스코프가 쓴 단편소설에 기초한 비극적 작품 「므첸스크의 맥베스

---

17 강세를 붙이지 않은 박자를 말한다. ──옮긴이

부인」이었다. 이 작품은 1934년 처음 공연된 이후 청중과 비평가로부터 큰 성공을 거두었고 곧 외국에서도 무대에 올려졌다.

그러나 소비에트에서 일어나는 뻔한 패턴대로, 그 후 수년에 걸쳐 「므첸스크의 맥베스 부인」은 공개적으로 검열을 받고 과다한 성적 암시, 생경한 언어, 자주 보이는 불협화음적 음악 양식이 소비에트 작곡가와 청중에게 부적절하다는 이유로 1936년 초 스탈린에 의해 금지당했다. 쇼스타코비치는 겁에 질려 당시 많은 '비순응적' 예술가들처럼 그도 체포되거나 처형될 것이라 생각했다. 그는 운 좋게 목숨을 건졌지만, 이 경험은 인간과 예술가로서 그에게 깊은 상처를 남겼다. 그가 이후 결코 오페라를 쓰지 않았다는 사실도 그리 놀라운 일은 아니다. 대신 그는 정치적이라 딱지 붙이기 어려운 장르, 주로 교향곡과 현악4중주 작품에 집중했다. 프로코피예프가 영화사상 가장 위대한 영화 중 두 편에 음악을 썼던 것처럼 쇼스타코비치 역시 많은 영화음악을 썼다. 프로코피예프가 영화음악을 쓴 데에는 영화가 사회주의 지도층이 선호한 '대중' 예술이라는 이유가 없지 않았다.

스트라빈스키는 러시아에서 태어나고 초기 교육을 받았지만, 대부분의 세월을 유럽과 미국에서 보냈다. 그리하여 성숙기에 이르러 스트라빈스키의 작품은 사실상 러시아 음악만큼, 혹은 그 이상으로 미국과 유럽의 음악에 속해 있다. 그는 오랜 동료이자 공동작업자인 조지 발란신이 창설한 뉴욕시티발레의 발전에 중심 역할을 담당했다. 20세기 문화에서 비평가, 작가, 사상가, 공동제작자, 그리고 작곡가로서 폭넓은 활동을 펼친 스트라빈스키의 영향은 높이 평가해야만 한다. 그의 자기 선전 능력은 한정된 시간에 가장 멋진(그리고 편안한) 환경에 징착할 수 있는 그의 능력만큼이나 인상적이었다. 그는 세기의 전환기에 페테르부르크, 전간기에는 프랑스, 1939년 이후에 로스앤젤레스, 그리고 사후에는 베네치아를 선택했다.

과거의 음악 전통에 관해서는 노련한 지식을 가졌으며 빈틈없이 훈련받은 스트라빈스키는 또한 그 전통이 이제 변화하거나 소멸해야 할 것임을 알고 있었다. 그에게 관습이란 전수받거나 따라야 할 것이 아니라, 심사숙고하고 해부하고 해체해야 하고 그다음 완전히 새 질서와 새 해법을 통해 어느 누구도 상상하지 못했던 조합으로 결합되어야 할 대상이었다.

한편, 스탈린의 소비에트연방에서 작곡가와 음악가가 처한 환경은 1930년대에 이르러 점점 적대적이며 위험해져 갔다. 1936년 쇼스타코비치의 「므첸스크의 맥베스 부인」에 대해 심한 공개적 비판이 일어난 이후, 작곡가들은 매번 새 작품이 이념적 질책 혹은 그 이상의 무엇을 야기할 소지가 될 수 있음을 알게 되었다. 쇼스타코비치는 베토벤과 차이코프스키의 영향이 깊숙이 스며든 영웅적 작품 「교향곡 제5번」(1937)으로 겨우 명예를 회복하였고, 프로코피예프는 에이젠슈테인이 감독한 선전적 역사 서사시 영화 「알렉산드르 네프스키」의 음악으로 스탈린의 칭찬을 얻었다. 제2차 세계대전으로 인해 스탈린과 그의 수하들이 외부의 적으로 관심을 돌리게 되자 음악과 문화의 장은 상당한 정도로 분위기가 완화되었다.

하지만 전쟁이 끝나자 작곡가들에 대한 억압은 금방 다시 시작되었고 오히려 강화되었다. 1948년 1월 당 중앙위원회 위원이자 공식적 문화 감시자 주다노프는 주도적 소비에트 작곡가들을 비밀모임에 불렀고 다수 작곡가들이 저급한 폭언을 들었다. 프로코피예프와 쇼스타코비치는 '형식주의' 음악을 쓴다는 이유로 심하게 비난받았다. 아르메니아인인 아람 하차투란(1903~1978)과 지칠 줄 모르고 교향곡을 썼던 니콜라이 먀스코프스키(1881~1950) 역시 마찬가지로 이들과 함께 비판받았다. 2월에 모임이 이어졌고 여기서 비판받은 작곡가들은 공식 사과문을 읽으라는 압력을 받았다. 이로부터 5년이 지나 스탈린이 사망하기까지 프로코피예프와 쇼스타코비치는 비참하게 살아야만 했다. 이들의 음악은 거의 출판되거나 공연되지 않았다. 프로코피예프의 첫번째 아내는 조작된 스파이 혐의를 받고 20년의 강제노동에 처해졌다. 1945년 일찍이 타격을 받은 프로코피예프에게 이러한 고통은 참기 어려운 것이었다. 그는 1953년 3월 5일 스탈린이 사망한 날 같이 죽음을 맞았다.

그러나 당의 검열관과 관료들이 원하는 사회주의 리얼리즘류의 음악을 기꺼이 생산해 낸 소비에트 작곡가들이 넘쳐났다는 점은 기억해야 한다. 그들은 이념적인 칸타타와 노래, 교향시, 발레, 오페라를 수천 편 내놓았다. 음악학자 스탠리 데일 크렙스는 음악에서 사회주의적 리얼리즘이 실제로 무엇을 의미하는지를 정확히 지적한 바 있다. 그 필수 요소는 "민족주의, 당에 대한 칭송과 봉사, 19세기 러시아에 대한 각별히 창조적이고 비판적인 인식, 서구 영향의 부정과 서구로부터의 고립, 방법적 절충주의, 표제음악 장르에 대한 집중, 고도로 선전적인 내용, 유머의 부재, 당대의 가장 폭넓은 관객층에 맞추어진 작품의 간결성" 등이었다.[18] 민요와 민속적 주제 또한 높이 추천되었다. 불협화음, 비非조성, 유럽의 아방가르드 음악에서 쓰이는 양식과 테크닉은 '민중'에게 해롭고 부적절한 것으로 간주되었다.

---

18 Stanley Dale Krebs, *Soviet Composers and the Development of Soviet Music*, London: George Allen and Unwin Ltd., 1970, p.53.

1953년 스탈린이 사망하자 소비에트 음악의 상황은 변화하기 시작했다. 1950년대 후반과 1960년대 초반의 '해빙'기는 문화의 전 영역에서 흥분을 야기하는 회오리바람 같은 시기였다. 쇼스타코비치는 그의 가장 위대한 작품들 중 몇 곡을 써 냈다. 여기에는 광대한 합창 교향곡 제13번인 「바비 야르」(1962)가 포함되어 있다. 이 곡은 이전에 금지되었던 반유대주의의 주제를 다룬 시인 예브게니 예프투셴코의 시를 기초로 작곡되었다. 새로운 젊은 세대의 소비에트 작곡가들은 유럽과 미국 작곡가들의 음악과 테크닉에 친숙했고 이를 열정적으로 수용하기 시작했다.

이 그룹 가운데에는 1980년대 사회주의 리얼리즘이 마침내 스탈린과 브레주네프적 과거의 낡은 유물로서 효력을 잃고 거절되었던 글라스노스트 시대에 부상하게 될 몇명의 작곡가들이 포함되어 있다. 알프레드 슈니트케(1934~1998), 소피야 구바이둘리나(1931~), 에디슨 데니소프(1929~1996)는 포스트소비에트 시대의 가장 중요한 작곡가들로 여겨진다. 러시아 작가나 화가들과 더불어 이들은 러시아 음악이 70년간의 거의 완전한 고립상태로부터 떠올라 새로이 다가온 공산주의 이후 시대로 진입하게 됨에 따라 국제적 창작 사회에 동참하게 되었다.

차지원 옮김

11장

연극

· 로렌스 세넬릭

수십 년간 소비에트 학계는 러시아 연극의 민족적 성격은 분명하며 그 기원은 이교적 제의와 농경생활의 농업 주기에서 찾을 수 있다고 주장해 왔다. 그러나 실제로는, 종교제의와 분명히 구분되는 러시아 공연예술은 가장 초기로부터 외국의 영향을 받아 시작되고 형성되었다. 스코모로히skomorokhi[1]는 비잔틴에서 유래하였고, 정교 교회의 '신비극'과 최초의 황실 연극은 폴란드와 우크라이나의 예수회 아카데미의 라틴 연

---

* 로렌스 세넬릭(Laurence Senelick). 터프스대학교 드라마와 수사학 교수. 하버드극장컬렉션 드라마 극장부문의 명예 큐레이터. 러시아 문화부로부터 성 게오르기 훈장을 수여받았다. 저서로는『체호프 극장: 한 세기의 공연사』(The Chekhov Theatre: A Century of His Plays in Performance),『농노 극장: 미하일 세프킨의 삶과 예술』(Serf Theatre: The Life and Art of Mikhail Shchepkin),『안톤 체호프』(Anton Chekhov),『북유럽과 동유럽의 민족극장, 1749~1900: 기록사』(National Theatre in Northern and Eastern Europe, 1749-1900: A Documentary History),『고든 크레이그의 모스크바의 햄릿』(Gorden Craig's Moscow Hamlet) 등이 있다.『푸슈킨에서 상징주의까지의 러시아 드라마론』(Russian Dramatic Theory from Pushkin to the Symbolists),『카바레 공연: 1890~1940의 유럽』(Cabaret Performance: Europe 1890-1940),『러시아 풍자 희극』(Russian Satiric Comedy),『니콜라이 시대의 러시아 희극』(Russian Comedy of the Nikolaian Era)의 역자이며,『죽은 혼』을 각색하여 보스턴에서 무대에 올렸다.
1 중세 러시아에서 주로 거리와 광장, 시장에서 즉흥극을 공연하던 가면극 배우들의 러시아식 명칭이다. ─ 옮긴이

극으로부터 기원한 것이다. 초기의 민속극조차도 순회공연을 하던 영국희극단Englische Komedianten(런던 출신의 전문배우단)이나 유럽의 인형극 등 비非러시아적 유형과의 접촉에서 영향을 받은(극작 용어를 쓰자면, '오염된'contaminated) 것으로 볼 수 있다.

러시아 연극을 다른 나라 연극과 다르게 만든 것은 세속성으로의 경도, 그리고 황실과 대중연극의 교차적 발전이라고 할 수 있다. 서구 연극은 두 가지 확실한 줄기에서 진화한 것으로 볼 수 있는데, 하나는 얼룩덜룩한 의상을 입은 배우들로 구성된 유랑극단으로 대표되는 전문 극장, 다른 하나는 처음에는 교회가, 나중에는 학교나 황실이 후원한 공연으로 대표되는 비전문극장이다. 러시아에서 이 두 줄기는 공존하면서 뒤섞이게 된다. 전문극장은 정부와의 연관성 때문에 한계가 있었지만, 비전문극장은 때때로 개혁을 이루고 신선한 자극을 제공하였다.

러시아 정교 교회는 교리적인 이유로 어떠한 형태의 공연도 금지했으며 16세기에 단기간 동안 관할구역 내에서만 연극을 묵인했다. 따라서 비전문극장은 황실의 후원하에서 공연되었고, 주제는 성경에서 가져오더라도 분위기는 세속적인 것이었다. 비전문극장이라는 용어 자체가 교훈적이거나 교리적인 목적보다는 '유흥적' 요소가 압도적이었음을 암시한다. 보리스 고두노프의 궁궐에는 '오락을 위한 홀'poteshnaia palata이 있었으며, 1613년 황실에서는 '오락을 위한 방'poteshnye khoromy을 따로 만들어 음악이나 희극을 즐겼다. 차르인 알렉세이 미하일로비치는 1648년 스코모로히를 '악마의 유흥'이라며 금지했고, 오랜 시간이 지나 황실극장을 세움으로써 반항적인 평민들과 세속에 대한 교회의 간섭을 진압했다. 본국의 배우들이 모자라자 차르는 1672년 루터교 목사인 요한 그레고리에게 지시를 내려 모스크바의 '독일' 구역에 살고 있던 유럽

예술가들의 자제들로 구성된 극단을 만들도록 했다.

공들인 격식과 분명한 역할 분담이 있는 황실은 이미 '공연 친화적인' 환경이었다. 황실에 정식 극장을 도입하는 것은 황실의 취향과 관례를 비추어 주는 소우주와 같은 거울을 제공하는 것이나 다름없었다. 알렉세이의 아들인 표트르 대제가, 붉은 광장에 잠시 존재했던 요한 쿤스트의 독일극단을 통해 대중에게 극장을 잠시 되돌려주었지만, 전제군주였던 표트르 대제가 진정으로 원하던 것은 유럽의 트리옹피trionfi(즉 바로크 행렬)를 모방한 화려한 야외극과 불꽃놀이로 그의 전승을 축하하는 것이었다. 그의 후계자인 안나와 옐리자베타는, 처음에는 궁정가신들의 공연으로 시작했고 이후에는 독일·이탈리아·프랑스에서 데려온 전문배우와 음악가들의 공연으로 이루어진 극장을 황실 내에만 두었다. 외국인들은 오페라, 발레, 무대건축 및 디자인과 수사적인 낭독에 신고전주의 양식을 도입하였고, 황실이 이를 선호하면서 토종 학파의 육성이 지연되었다. 그러나 목소리와 몸, 그리고 표정을 아우르는 훈련은, 장르의 경계를 넘어설 수 있는, 이후 혁명 초기에 널리 전파된 '종합배우'synthetic actor의 개념을 키웠다.

1756년 8월 30일 옐리자베타 여제는 "러시아 극장을 설립했다". 그러나 이 법령을 러시아 극장의 시초로 보는 것은 매우 자의적인 해석이다. 옐리자베타의 실제 목적은 표도르 볼코프의 전문극단을 사관학교의 귀족 학생들과 합침으로써 두 전통적인 줄기를 엮어 대중 앞에서 공연하는 것이었다. 야로슬라블 출신 상인의 아들 볼코프는 아마추어로 시작해서 전문극장을 창설했다. 페테르부르크로 온 그의 배우들은 후원자인 여제가 보기에는 너무 '자연스러워서', '기교의 과장'의 훈련을 다시 받아야 했다. 분명하게 구분되는 러시아 연극이 형태를 갖추기 시작했지만, 알렉산드르 수마로코프의 작품에서처럼 참칭자 드미트리[2]의 왕권 쟁탈전과 같은 역사적 사건에 기반을 두었으나 형태는 아직 통일성, 알렉산드린alexandrines,[3] 적정률decorum[4]과 같은 신고전주의적 규칙들이 지배하고 있는 상황이었다. 바실리 카프니스트와 데니스 폰비진의 풍자극은 유행을 추구하는 친불파를 공격하고 있었음에도 불구하고, 프랑스나 덴마크의 모델 범주 내에서 벗어나지 못했다. 이는 러시아어가 정립되지 않은 탓도 있었지만 매우 발달한 유럽 극장에 대한 국가적 열등감이 더 큰 원인이었다.

18세기 후반 러시아 극장에서 연극과 배우의 수가 늘어나면서, 외국의 영향은 최고조에 달한다. 배우인 이반 드미트레프스키는 데이비드 개릭[5]과 르케인[6]을 공부하기 위해 해외로 유학을 떠났고, 모스크바

---

2 보리스 고두노프 치세에 죽은 것으로 알려진 황태자 드미트리를 자처하고 나타나 러시아 정치와 사회에 일대 혼란을 가져온 인물. 원래 수도원에서 도망친 수도사로 알려져 있다. 차르 이반 4세가 서거하고 그의 장남인 표도르가 권좌를 물려받았지만 그는 국사를 돌보기 어려울 정도로 병약하고 소심했다고 한다. 이를 기화로 지략과 야망을 겸비한 처남 보리스 고두노프가 그를 대신해서 권력을 휘둘렀다. 보리스 고두노프는 자신의 정치적 야망에 장애가 될 차르의 차남 드미트리 황태자를 살해하고 병약한 장남이 죽기만을 기다렸다고 알려진다. 표도르가 죽자 보리스 고두노프가 제위에 올랐지만 돌연 스스로를 자객의 칼을 피해 '기적적으로' 살아남은 황태자 드미트리라 부르는 청년이 등장한다. 그는 수도원에서 도망친 수도사 오트레피예프에 불과했다. 그러나 이 청년은 황태자를 살해했다는 오명을 쓴 보리스 고두노프에게서 등을 돌린 민심을 등에 업고 무수한 추종자를 거느리게 되었고 폴란드 왕의 지원까지 받아 한동안 러시아를 혼돈으로 몰아넣었다. 참칭자 드미트리에 의해 야기된 대혼란은 가짜 드미트리가 처형당한 뒤에도 끝나지 않았다. 제2, 제3의 가짜 드미트리가 '기적적으로 살아남은 황태자'를 자처하며 줄지어 등장했고 그때마다 러시아는 큰 혼란을 겪게 되었다. — 옮긴이

3 12음절의 시 율격. — 옮긴이

4 '어울림' 또는 '적격'(適格)이라고도 한다. 문학작품에서 장르, 등장인물과 행위, 이야기와 서술문체 등이 서로 잘 어울리는 것을 말한다. 즉 등장인물의 행동은 상황과 신분에 어울려야 하며, 언어적 표현은 소재에 따라 중요한 것은 중요하게, 사소한 것은 사소하게 취급되어야 한다는 것이다. 이는 로마 시대의 수사학자들이 강조한 것으로, 르네상스를 거쳐 신고전주의 시대의 시 이론에서 최고의 예술적 요소로 강조되었으며, 실제 창작에도 큰 영향을 끼쳤다. — 옮긴이

5 18세기 영국의 배우. 자연스럽고 힘찬 연기 양식을 확립하여 런던 연극계에 새로운 바람을 일으켰다. 각본을 쓰기도 하였는데 대표작으로 조지 콜맨과 함께 쓴 『비밀결혼』 등이 있다. — 옮긴이

에서 최고의 감독으로 꼽힌 이들은 조반니 로카텔리라는 이탈리아인과 마이클 매독스라는 영국인이었다. 경찰이 관리하는 소위 '민중의 극장'에서도 대부분 몰리에르를 공연했다. 표트르 플라빌쉬코프와 블라디미르 루킨과 소수의 사람들만이 러시아의 삶을 무대화하자고 주장했지만, 대개 희극이었던 연극들은 실제 삶에 관심을 두지 않았다.

정부의 속박으로부터 벗어난 지주들은 영지로 돌아와 농노로 구성된 극장을 세우고 주로 이탈리아 오페라, 프랑스 희극 오페라, 눈물을 자아내는 코미디, 또는 이와 유사한 작품들을 레퍼토리로 선택했다. 소비에트의 역사학자들은 이와 같은 대중적인 오락을 통해 탄생한 '농노 인텔리겐치아'의 출현을 강조한 바 있다. 그러나 실상, 훈련된 노예들도 고전 스타일을 모방했고 경험을 통해 연기를 쇄신할 기회는 없었다. 정부가 레퍼토리를 규제했음에도 불구하고 무대의 정서는 매우 자극적인 것이었는데, 이는 무대에서 보여 주는 것이 예술성의 추구라기보다는 지주의 권력과 권위에 대한 선전이었기 때문이다. 하지만 적어도 173개의 현장에서 행해진 실제 공연들은 지방에서 극장 나들이를 취미로 양성하는 데 기여했다.

러시아 극장에서 계속 문제가 된 것은 관객 규모의 제한이었다. 관객 대부분은 화려함을 좋아하고 유럽적 유행을 좇는 귀족이나 지주계급이었다. 중산층은 자신들의 취향을 반영하기에는 아직 성숙치 못했다. 사상의 자유를 두려워하던 예카테리나 대제는 모스크바와 페테르

---

6 18세기 프랑스 배우 앙리 루이 케인의 무대 이름이다. 파리에서 은 세공사의 아들로 태어나 콜레주 마자린에서 교육받고 코메디프랑세즈가 금지한 배우들의 비전문극단에 합류하였다. 볼테르는 한동안 그를 후원하였고 자신의 사설 극단에서 연기하도록 하기도 했다. 배우들의 시기 질투로 일곱 달이 걸려서야 루이 15세의 명령으로 코메디프랑세즈에 입단하였다. ──옮긴이

부르크의 극장들을 국가기관으로 통합하였고, 결국 이는 1827년 경직된 국가 독점이라는 상황으로 귀결되었다. 배우들과 음악가들은 공무원으로 등록되어 예술만큼이나 의전을 중시하는 행정기관의 관리를 받았다. 1819년부터 내무부가 시행한 검열은 시간이 갈수록 심해졌으며 정기간행물로까지 범위가 확대되어 만일 공무원인 배우들을 비판하면 제재가 가해졌다. 행동과 미학에 대한 엄격한 규범을 강제로 준수하게 되면서 모스크바와 페테르부르크의 극장들은 민족적 목소리를 찾는 데에 어려움을 겪었다.

지방에서는 독립적인 후원가들이 경찰 관리하에서 극장 운영을 허락받았으나, 관객의 성격, 그리고 유랑배우들과 지방 비전문배우들에 불과한 배우들의 미흡한 예술적 재능이 혁신의 길을 가로막았다. 하지만 과거 농노였던 미하일 셰프킨(1788~1863)[7]과 유랑배우인 프로프 사도프스키(1818~1872)[8] 등 대단한 배우들이 지방 극단에서 실력을 갈고 닦아 황실 극장들이 활용할 수 있는 인력 풀을 형성했다.

페테르부르크에서는 황실의 비호하에서 발레와 오페라, 그리고 (미하일 대공의 이름을 딴) 미하일로프스키 극장의 프랑스와 독일 극단이 선호되었다. (황후 알렉산드라의 이름을 딴) 알렉산드린스키 극장에 상주

---

7 러시아의 명배우. 농노로 태어났으나 어려서부터 재능을 인정받았고, 1822년 처음으로 모스크바의 무대에 등장했다. 이듬해 말리 극장의 일원이 되어 40년간 이 극장에서 활동했다. 그의 자연스러움과 소박함, 진실에 넘친 연기는 배우 예술에 새로운 리얼리즘의 길을 열었고, 특히 1830년대에는 「지혜의 슬픔」의 파무소프, 「검찰관」의 시장(市長) 등 러시아 연극사상 불멸의 형상을 창조하였으며, 만년에는 연기에 심리적인 깊은 맛을 더하여 불세출의 명배우로 일컬어졌다. 고골, 게르첸, 벨린스키 등 당시 문화인들과 친교를 맺었고, 극장의 계몽적 역할이나 사회적 책임에 관하여 높은 식견을 지녔으며, 배우 예술에 관한 그의 뛰어난 이론은 후대 극장에 큰 영향을 끼쳤다. ─옮긴이
8 러시아 배우 프로프 예르밀로프의 무대 이름. 20세기 중반까지 말리 극장에서 알렉산드르 오스트로프스키 극의 첫째 가는 해석자로 알려진 사도프스키 극장 가족을 창설하였다. 그와 그의 가족들은 다소 독특한 오스트로프스키의 연극들을 국민적 문화의 하나로 만들어 놓았다. ─옮긴이

한 러시아 극단의 지위는 낮은 것이었다. 프랑스 신고전주의적 낭독과 바실리 카라티긴,[9] 이반 소스니츠키를 소개한 예카테리나 세묘노바[10]의 뛰어난 공연에서 볼 수 있듯이, 페테르부르크는 침착하고 고전적이며 절제된 스타일을 고수했다. 반면 모스크바는 '제2의 모스크바대학'이라는 별명을 가진 말리 극장의 공연들을 선호했다. 유럽 연극에서 차용한 소극farce과 멜로드라마가 주가 되었던 진부한 레퍼토리에 속박되어 있었지만 열정적인 파벨 모찰로프[11]와 같은 배우들이 연기에 즉흥성과 생기를 불어넣었다.

작가들은 검열과 유행에 의해 제한을 받았기 때문에 연기가 극작보다 빨리 발전했다. 초연 당시 제대로 평가받지 못했던 알렉산드르 그리보예도프의 『지혜의 슬픔』(1824)이나 니콜라이 고골의 『검찰관』(1836) 등의 천재적인 작품들이 간헐적으로 등장했음에도 불구하고 러시아 최고 극작가들의 재능은 보드빌vaudeville[12]과 애국드라마에 투입되었다. 1850~1860년대 알렉산드르 오스트로프스키, 알렉세이 포테힌, 알렉세

9 러시아 낭만주의를 주도한 배우로 1820년 상트페테르부르크의 볼쇼이 극장에 입단하여 이후 1832년 알렉산드린스키 극장으로 옮겼다. 셰익스피어와 실러의 다양한 연출에 특히 재능을 보였다고 한다. 모스크바의 파벨 모찰로프와 함께 당대 가장 위대한 러시아 배우로 일컬어진다. ——옮긴이

10 1790년 상트페테르부르크 연극학교 학생이 되어 이반 드미트레프스키에게 교육을 받고 1797년 데뷔했다. 연출가인 샤르코프스키 공과 시인 니콜라이 그네디치에게 훈련을 받았고, 이후 셰익스피어, 장-밥티스트 라신, 프리드리히 실러, 블라디슬라프 오제로프의 작품을 가장 훌륭히 연기하는 배우가 되었다. 미모와 깊이 있는 목소리, 열정적인 연기로 추앙받았고 푸슈킨의 시에서 언급되기도 한다. 또한 당시 러시아에서 매우 유명했던 마그리트 조르제와 경쟁 관계에 있었다고 이야기되기도 한다. 1820년에 은퇴했으나 1822년에 다시 무대로 돌아와 1823년 「페드르」에서 큰 성공을 거둔 이후 이반 가가린 대공과 결혼하여 사설극장에서만 연기하였다. ——옮긴이

11 러시아 연극의 혁명적 낭만주의 대표자. 모스크바의 저명한 배우 집안에서 태어나 1817년 17세로 데뷔했다. 풍자·용모·표정·음성 등 배우로서의 자질을 고루 갖추어 1824년부터 말리 극장에서 셰익스피어의 비극, 실러의 희곡, 그리보예도프의 『지혜의 슬픔』 등의 주연을 맡아 절찬을 받았다. 특히 「햄릿」에서의 연기에 대해서는 벨린스키가 상세한 기록을 남겼다. ——옮긴이

12 원래 16세기 중엽 프랑스에서 발전한 노래와 춤, 촌극을 융합한 공연 형식을 의미하는 것으로, 19세기 미국에서 유행하며 대규모로 발전하였다. ——옮긴이

〈그림 11-1〉 1850년대 모스크바 말리 극장에서 공연된 그리보예도프의 「지혜의 슬픔」. 사마린이 차츠키 역을, 미하일 셰프킨이 파무소프 역을, 올긴이 스칼로주프 역을 맡았다.

이 피셈스키 등이 등장하면서 농노들, 지방 지주들, 모스크바 상인들 등 그때까지는 거의 볼 수 없었던 러시아의 전형, 매너, 숙어 등이 마침내 무대에 오르게 되었다. 새 세대의 배우들은 셰프킨과 모찰로프의 진부한 감정적 리얼리즘 대신 실제 관찰한 행위와 방언을 무대로 가져왔다. 이는 오페라와 발레에서보다는 덜했지만 연극 의상과 무대디자인에도 지방색 가미에 대한 관심이 나타나고 있음을 보여 준다.

　일반 대중은 사회경제적·정치적 이유에서 이러한 오락으로부터 배제되었다. 대중 유흥은 해롭지 않아야 했고 유원지 쇼부스에서 발전된 고유한 유형의 공연이어야 했다. 이것은 원시적이지만 자극적인 것으로, 유럽적 주제들을 러시아 민속과 섞은 판토마임과 가면 광대극에 한정되었다. '할아버지'ded가 밖에 서서 그날의 뉴스와 관객들 개인에 대해 즉석에서 코멘트를 던졌다. 그러나 이러한 단순한 풍자극도 1855년에 정부의 통제하에 들어갔다. 이즈음 페트루슈카Petrushka라는 인형이 도시의 거리에 등장했는데 그의 거친 익살과 검열받지 않은 발언들은 훨씬 더 관객들의 사랑을 받았다. 또한 가에타노 치니셀리[13]와 같은 유럽 감독들의 지휘하에 서커스가 다시 각광받기 시작했다. 이는 두로프 형제[14]와 같은 풍자 어릿광대들의 시험 무대가 되기도 했다.

1861년 농노제가 폐지된 후, 인민주의 운동으로부터 여가보다는 교육 도구로 활용하기 위한 민중 혹은 대중 극장이라는 개념이 보급되었다. 저렴한 가격으로 고전 레퍼토리를 공연하는 극장이 내무부 후원하에 1872년 공예박람회에서 처음 문을 열었지만 일시적으로만 지속되었다. '누구나 쉽게 접근할 수 있는'obschedostupnyj 극장을 위한 운동은, 예술의 중요한 목적이 러시아 사회를 진보시키는 능력이라고 말하며 벨린스키와 그의 추종자들이 추구한, 당시 지배적이던 문학적 신념과 맞아떨어졌다. 벨린스키는 근대 현실의 비판적 시각을 가장 잘 전달할 도구로 '리얼리즘'을 선호했다. 따라서 자유주의자들은 오스트로프스키의 연극이 계몽 이전의 러시아를 뜻하는 '암흑의 왕국'tsarstvo mraka에 대한 사실적인 묘사라며 선전했다. 하지만 슬라브주의자들 역시 오스트로프스키를 옹호하며 그를 민족적 전통과 언어의 묘사자로 간주했다.

오스트로프스키를 실망시킨 것은, 알렉산드르 2세와 그의 후계자

---

13 이탈리아의 서커스 공연가. 1847년 알레산드로 구에라의 단원으로 처음 상트페테르부르크를 방문하였다. 1869년 러시아로 되돌아와 처남인 칼 마그누스 히네와 같이 모스크바와 상트페테르부르크에서 공연을 펼쳤으며, 러시아에 정착하여 1875년 히네의 서커스를 물려받았다. 상트페테르부르크 폰탄카 옆에 위치한 그의 서커스 공연장은 러시아 최초의 석조 공연장으로서 현재까지 남아 있다. 치니셀리 가족은 이민을 떠나기 전인 1921년까지 서커스를 상연하였다. —옮긴이

14 블라디미르 두로프(1863~1934)와 아나톨리 두로프(1864~1916). 두로프 가족은 동물 조련사, 광대, 타고난 동물 전문가, 뛰어난 풍자가이자 대중적 유명인사였다. 이들은 러시아 서커스를 진정한 예술 형식으로 정립하는 데 엄청난 노력을 경주하였다. —옮긴이

재임 기간 동안 러시아에서 가장 인기를 누린 공연들이 프랑스식의 자극적 양념이 가미되어 러시아화된, 자크 오펜바흐의 희극 오페라라는 사실이었다. 하지만 1860~1870년대 사설 극장 클럽의 증가는 진지한 극에 대한 관객의 수요를 반영해 보였다. 신분 상승을 추구하는 잡계급 raznochintsy 출신의 고학력자 집단인 인텔리겐치아의 형성이 주된 요인이었다. 황실의 독점이 폐지된 1882년 무렵에는 극장 나들이를 하는 대중의 규모가 꽤 컸으나, 표 판매만으로 자금을 조달할 수밖에 없는 그 사업을 지탱할 수 있는 정도는 아니었다. 미하일 렌토프스키와 표도르 코르슈 같은 감독들은 영악하게 대중에게 길거리 선정성과 고상한 드라마를 적당히 섞어 제공함으로서 살아남았다. 사바 마몬토프,[15] 알렉세이 수보린,[16] 사바 모로조프[17]와 같이 자수성가한 백만장자들이 지원하는 극장들만이 대담하게 실험할 수 있는 자유를 누릴 수 있었다.

또한 황실의 독점이 폐지된 것이 인민극장운동에 새로운 자극을 주었다. 오스트로프스키 등이 극장을 사회조직의 필수 영양분이라 홍보하면서, 러시아 산업화 초기 단계에서 공장주들은 노동자들에 의한, 그리고 노동자들을 위한 극장을 지원했다. 비슷한 실험이 영지와 군대, 그

15 유명한 러시아 기업가이자 상인, 예술후원가. 1870년 마몬토프는 모스크바 북부의 아브람체보의 영지를 사게 되었고 그곳에 20세기 초 러시아의 가장 뛰어난 예술가들을 모은 예술공동체를 설립한다. 마몬토프는 또한 위대한 러시아 베이스 가수 샬랴핀을 발굴해 낸 러시아 사설 오페라의 후원자로, 차이코프스키, 림스키-코르사코프, 보로딘, 무소르그스키 등 다수의 러시아 오페라의 위대한 작곡가들을 뒷받침하였다. ─ 옮긴이
16 막대한 부를 소유한 신문과 출판업자이자 저널리스트로 제정 러시아 말기 상당한 지적 영향력을 행사하였다. 뛰어난 자유주의자 저널리스트였던 수보린은 다수의 동시대인들과 마찬가지로 자유주의자로부터 점차 민족주의자로 사상의 변화를 겪었다. ─ 옮긴이
17 러시아의 사업가이자 자선사업가이며 예술 애호가였다. 구교도 상인 집안 출신으로서 사회민주당 신문인 『이스크라』에 자금을 댔으며 모스크바예술극장을 후원한 예술후원자이자 혁명운동의 옹호자로 그의 저택은 프롤레트쿨트 운동의 은신처로 사용되기도 하였다. ─ 옮긴이

리고 대학에서 급격히 퍼져 나갔다. 레퍼토리는 세익스피어, 몰리에르, 푸슈킨으로부터 「막시밀리안 황제」와 같은 전통적인 민속극에 이르기까지 다양했지만, 그들의 인기는 부인할 수 없는 사실이었다.

1897년 전국에서 온 무대 관련자들이 모스크바에 모인 제1회 전 러시아 무대노동자 대회의 개최가 전환점이 되었다. 이때 이들은 스타 시스템을 포기하고 최고의 고전과 근대 드라마를 연습하여 대중의 의기를 드높이기로 맹세한 레퍼토리 극장 창립을 주장함으로써 극장의 사회적 발전 기능을 지지했다. 극장은 사원으로, 배우는 고매한 목적을 위해 매진하는 사제이자 존경받아야 하는 교육받은 시민으로 정의되었다. 이러한 작업이 1898년 두 차례 발견된다. 상트페테르부르크에 있는 알렉산드르 렌스키[18]의 '신극장'은 상대적으로 경험이 적은 극단으로 단기간 존속했지만, 아마추어 배우 콘스탄틴 스타니슬라프스키와 극작가 블라디미르 네미로비치-단첸코의 아이디어로 세워진 모스크바예술극장MKhAT, Moskovskiy Khudozhestbenniy Teatr[19]은 살아남았다. 부분적으로는 모로

---

18 러시아의 배우. 제정 러시아 시대 말리 극장의 중심 배우로 무대에 섰고, 연출이나 무대장치에도 참여하는 한편 연습 횟수를 늘리거나 실지 무대 연습을 실시함으로써 러시아 연극의 근대화에 힘썼다. 저서로 「논문·서간·수기」(1950)가 있다. ―옮긴이

19 정식 명칭은 '고리키 기념 국립모스크바예술아카데미'로서 그 대문자를 따서 므하트(MKhAT)로 약칭한다(영어로는 MAT로 약칭한다). 1890년 모스크바를 순방한 마이닝겐 극단의 영향을 받아 1898년 아마추어 배우이자 연출가인 스타니슬라프스키와 극작가인 네미로비치-단첸코에 의해 설립되었다. 자연주의를 전문화하는 극장으로서 구시대적인 연기와 과중한 무대미술을 보다 간단하고 사실적인 양식으로 대체하는 것을 목적으로 하였다. 두 창립자는 새로운 극장은 누구든지 입장할 수 있고 누구나 알 수 있는 민중의 극장이 되어야 하며, 또 무대 약속을 근본적으로 재검토하여 연극의 이상에 반대되는 것을 철저하게 배제한다는 의도 아래 극장을 열었으며, 스타니슬라프스키는 배우들의 사실적인 연기를 위한 프로그램을 개발했다. 새로운 극장의 존재를 확립하기 위해서는 새로운 상연 작품이 필요했는데, 이 극장의 큰 수확은 체호프와 고리키 두 극작가를 얻은 일이다. 체호프의 「갈매기」 공연이 성공함으로써 극장은 획기적인 발전을 했으며, 뒤이어 「바냐 아저씨」, 「세 자매」, 「벚꽃 동산」 등이 공연되었다. 1905년 혁명으로 이어진 당시 사회의 격동은 고리키의 「밑바닥에서」에 잘 반영되어 있다. 1917년 혁명 이후에는 레닌과 루나차르스키의 전폭적인 지지를 받아서 1920년대에 유럽과 미국을 순회공연했고, 1941년까지 러시아 고전극과 소

〈그림 11-2〉 건축가 치카고프가 디자인한 모스크바의 코르슈 극장

조프의 자금 지원을 받았기 때문이기도 하지만, 영감을 주는 작품을 통해 특유의 스타일을 완성한 극작가 체호프를 연출가들이 발견했기 때문이기도 하다. 정조와 분위기의 리얼리즘이 지배적 요소가 되었으며, 앙상블로 표현된 느낌은 고르지 않은 개인 연기자들이 모인 극단의 결함을 극복할 수 있게 해주었다. 막간 음악과 공연 중 박수를 금지하는 등 혁신적인 조치들은 관객이 빠져들어야만 할 현실의 환상을 만들어내려는 의도를 가진 것이었다. 설립자들은 모스크바예술극장이 대중적인 가격으로 볼 수 있는 '민중의' 극장이 되길 원했지만, 미흡한 국가 지

비에트 창작극을 공연했다. 이 극장은 1932년 고리키의 문학 생활 40년을 기념하여 '고리키 기념 극장'이라고 명명해지면서 더욱 유명해졌다. 1950년대 이후는 잠시 정체 상태에 빠지기도 했으나, 1950년대 후반과 1960년대 초반에 런던 순회공연을 성공적으로 마침으로써 다시 예전의 명성을 되찾았다. 1970년에 에프레모프를 주임연출가로 맞아들였고, 1987년에는 구관 및 부속극장, 1975년에 개관한 신관, 소무대까지 갖춘 총인원 400여 명의 대무대로 확장하고, 신관을 제(諸)민족우호극장으로 개칭하였다. ──옮긴이

원과 규제가 발목을 잡았다. 대신 예술극장은 인텔리겐치아를 위한 모범적인 대변자가 되었다. 인텔리겐치아는 그들의 관심사와 심리적 상태를 투영하는 무대를 보았던 것이다.

또한 예술극장은 공연을 관통하고 통합하는 비전을 가진 유일한 인물로서 무대감독의 우월성을 확립했다. 스타니슬라프스키는 역사적 정확성을 강조하고, 군중을 적절히 활용하며, 그림같이 인물들을 배치하는 등 마이닝겐파[20]를 모방하는 것으로 시작했다. 그러다가 점차적으로 개별 배우의 창조성을 자극할 필요를 느끼게 되면서 이 결과를 얻기 위한 시스템을 구축하는 데 평생 노력을 기울였다. 예술극장의 고상한 프로그램과 이상들은 전파력이 강했으며, 혁명 전까지 많은 모방자들에게 영감을 주었다.

감독이 등장하면서 무대 제작에 있어 개념적인 면뿐만 아니라 시각적인 면의 통일성을 추구하게 되었다. 이러한 생각을 실행에 옮긴 것은 부분적으로는 18세기적이고 부분적으로는 아방가르드적인 미학을 공언한 예술세계Mir iskusstva[21] 운동이었다. 여기에 속한 화가들은 마몬토

---

20 마이닝겐 극단을 이른다. 독일 튀링겐 주 마이닝겐의 대공 게오르크 2세(1826~1914)가 주도하여 결성한 궁정극장의 전속 극단. 사실(史實)에 충실한 장치와 의상(衣裳)의 사용과 연기의 앙상블이 특징이다. ─ 옮긴이

21 동일한 이름을 가진 예술 잡지에 의하여 일어난 예술운동으로서 20세기 초 유럽 예술에 혁명적 영향을 끼친 러시아인들에게 깊은 영향을 주었다. 서구 유럽인들은 사실상 이 잡지가 발행된 것을 거의 보지 못하여 그들에게 예술세계란 상당한 미스테리가 되었다. 예술세계는 1898년 알렉산드르 베누아, 콘스탄틴 소모프, 드미트리 필로소포프, 레온 박스트, 에브게니 란세레 등 일단의 예술가 그룹에 의하여 형성되었다. 예술세계가 대중에게 공개한 첫번째 전시회는 러시아와 핀란드의 예술가들이 모인 것으로 상트페테르부르크의 스티글리츠 응용미술관에서 열렸다. 1899년 이들은 상트페테르부르크에서 베누아, 박스트, 그리고 주 편집자로서 세르게이 다길레프가 모여 잡지를 창간했다. 그들은 시대에 뒤떨어진 이동전람화파의 낮은 예술적 기준을 비난하고 예술적 개인주의와 아르누보의 원리들을 선전하였다. 예술세계의 이론적 선언들은 잡지『예술세계』의 1~4호에 실린 다길레프의 논문들인「어려운 질문들」,「우리의 상상의 쇠퇴」,「영원한 싸움」,「미를 찾아서」,「예술 감상의 기초」등에 잘 표현되어 있다. ─ 옮긴이

〈그림 11-3〉 모스크바예술극장에서 공연된 「세 자매」의 마지막 장. 스타니슬라프스키가 연출하고 빅토르 시모프가 무대장치를 담당하였다.

프의 오페라(여기서 훌륭한 베이스 표도르 샬랴핀은 '종합' 배우의 전형적인 예가 되었다)에 참여하였으며, 민화와 루복, 이콘 등으로부터 가져온 러시아적 모티프들이 러시아 작곡가들의 작품을 위해 디자인한 세트와 의상에 최초로 나타나기 시작했다. 예술세계의 가장 위대한 업적은 세르게이 댜길레프가 서방세계에 러시아 오페라와 발레뤼스를 소개한 것이다. 레온 박스트, 알렉산드르 골로빈, 나탈랴 곤차로바, 알렉산드르 베누아 등의 다채로운 디자인은 바츨라프 니진스키, 미하일 포킨, 타마라 카르사비나, 안나 파블로바 등 거장들의 춤과 더불어 진짜 슬라브적 근원에서 기원한 경우가 많았으며 무뎌진 유럽의 미각에 매우 자극적인 향신료 역할을 했다. 러시아 공연이 처음으로 서방세계의 공연에 우위를 점한 것이다.[22]

22 황실무용학교의 엄격한 훈련은 소비에트하에서도 유지되어, 레오니드 마신과 조지 발란신같이 일찍이 망명한 무용수와 안무가들의 국제적 영향력은 갈리나 울라노바, 마야 플리세츠카야, 나탈랴 다닐로바, 루돌프 누레예프, 미하일 바리슈니코프 등의 정교한 테크닉으로 이어졌다.

또한 통일된 비전이라는 개념은, 시인이자 고전주의자인 뱌체슬라프 이바노프가 원리화한 형식상의 고대 극장으로의 귀환을, 그리고 신비극에서 사제의 역할을 하는 배우를 통해 이루어지는 무대와 관객 간의 종교적 공동체sobornost'를 설교한 상징주의 운동의 근간이 되었다. 1902년 발레리 브류소프에 의해 '불필요한 사실'을 제공한다는 이유로 공격당한 예술극장도 모리스 마테를링크, 크누트 함순, 레오니드 안드레예프의 작품을 제작하면서 상징주의를 일부 도입했다. 하지만 이와 같은 경향은 상트페테르부르크의 베라 코미사르제프스카야극장[23]에서 무대에 오른 프세볼로드 메이에르홀드[24]의 정적이고 성직자적인 연출 (1906~1907)에서 가장 잘 형상화된다. 그는 이 극장을 '조건적'usolvnyi이라 특징지은 바 있다. 「헤다 가블러」라는 작품에서는 극의 행위를 '인상주의적' 색채 스펙트럼에 종속시켰고, 몸에 끌리는 청회색 제의를 입은 수녀들이 옆얼굴을 보인 채로 연기한 「베아트리체 수녀」는 15세기 회화의 평면성과 배열을 모방했다. 그룹들은 안무를 따라 규칙적인 환희의 주문과 긴 멈춤, 딱딱 끊어지는 행동, 거의 들리지 않을 정도의 속삭임을 통해 그들을 표현했다. 알렉산드르 블로크의 「발라간치크」의 배우들

---

23 러시아의 배우이자 연극연출가인 베라 코미사르제프스카야(1864~1910)가 상트페테르부르크에 개설한 극장으로 그녀의 이름을 땄다. 베라 코미사르제프스카야는 1864년 상트페테르부르크에서 태어났으며, 마린스키 극장의 뛰어난 테너 가수였던 표도르 코미사르제프스키의 딸이자 연극 연출가로 유명한 테오도르 코미사르제프스키의 누나이다. 1891년 데뷔한 뒤 1896년 알렉산드린스키 극장에 참가하여 「갈매기」 등에 출연하였으나 1902년 궁정극장의 인습에 불만을 느껴 그만두었다. 그 뒤 2년간 순회 공연을 하다가 1904년 자신의 이름을 딴 극장을 개설하고 제작자로서 고리키와 체호프 등의 작품을 무대에 올리며 주목할 만한 활동을 하였다. ─옮긴이

24 20세기 초 러시아와 소비에트의 최고의 연출가이자 극 이론가로 스타니슬라프스키와 함께 20세기 러시아 극장 문화의 대표자로 손꼽힌다. 특히 모스크바예술극장을 이끌며 러시아 리얼리즘 연극을 대표하였던 스타니슬라프스키와 대립하며 러시아 극장에서 모더니즘을 꽃피우며 대담한 실험 극장을 이끌었다. ─옮긴이

은 형이상학적인 인형극을 연기하면서, 크랜베리 즙을 피로 흘리고 "깊은 우물에 뚝뚝 떨어지는 물방울처럼" 대사를 말했다.[25]

　한층 더 불길한 상징주의 경향을 조장한 세기말 분위기로 인해 고도로 감성적인 연기술이 탄생했다. 파벨 오를레네프, 베라 코미사르제프스카야, 리디야 야보르스카야가 이러한 연기술의 범례가 되었다. 연극이 끝날 때쯤 자살하게 되는 신경쇠약증 걸린 젊은 남자라는 새로운 앙풀루아emploi[26]가 생겨났다. 여기서 나타나는 종말론적 시각은 1905년 혁명이 실패하면서 다소 약화되었다. 뒤이어 도래한 '극장의 위기'의 시점에서는 논객들은 극장이 삶과의 관련성을 가지고 있는지, 또한 현대 사회에 의미가 있는지에 대해 토론했다.

　삶에 있어서 극장의 의미를 강하게 긍정한 니콜라이 예브레이노프는 연극성은 삶의 본질적 원리이며 연극에 대한 본능은 모든 제의와 예술의 기원에 내재되어 있다고 주장했다. 예브레이노프는 여러 동료들과 함께 지금 막 태동하고 있는 모더니즘 극장이론에 몰두해 있었다. 이들은 아돌프 아피아, 고든 크레이그, 게오르크 푹스, 에밀 자크-달크로즈, 이사도라 던컨이 가졌던 생각들을 시험대에 올리려 했다. 판토마임은 진지하게 분석되었고, 콘스탄틴 미클라셰프스키가 연구한 코메디아 델라르테는 이들에게 영감의 원천이 되었다. 실험적인 극장들이 번창했고 이 중에서 예브레이노프의 '고대극장'starinnyi teatr은 특히 모더니즘 이전의 극장 형식을 복원하는 데 전념했다. 메이에르홀드의 '막간극

---

25 "깊은 우물에 뚝뚝 떨어지는 물방울처럼"이란 말은 작가 블로크가 연출을 맡은 맡은 메이에르홀드에게 보내는 편지에서 배우들의 연기와 대사에 대해 지시한 내용에서 등장한다. ──옮긴이

26 프랑스어로 '역, 배역'을 뜻하는 말로, 어떤 극에서의 일정한 배역이 널리 알려지면서 그 자체로 독립적인 정형으로서의 위상을 가지게 되는 역할을 지칭하는 연극 용어이다. ──옮긴이

의 집'Dom intermedij은 코메디아 델라르테와 아시아 극들을 탐구했다. 알렉산드르 타이로프와 콘스탄틴 마르자노프의 절충주의적인 '자유극장' Svobodnyi teatr도 같은 길을 걸었다. 타성에 젖은 예술극장에 좌절감을 느낀 스타니슬라프스키도 신인배우들로 그의 시스템을 시험해 보기 위해 스튜디오를 창립하고 고든 크레이그를 초청해 특이한 「햄릿」(1912)을 공연하도록 했다. 입체미래주의적 실험들이 폭발적으로 늘어났으며, 이 중 가장 정교한 것은 의미를 탈각시킨 소리로 쓰여진 '반反미학적' 에튀드인 알렉세이 크루쵼니흐의 「태양에 대한 승리」(1913)로, '절대주의' 화가인 카지미르 말레비치가 무대디자인을 맡았다.

이처럼 활발한 활동의 결과물이 '소극장' 또는 '미니어처 극장'으로 흘러들어 갔다. 집시 합창단과 풍만한 여가수들을 내세운 음악당과 보드빌 극장들이 러시아에 급증하게 되면서, 많은 지식층들은 이들을 천박하다고 경시하였지만, 이들은 가히 전염적으로 활성화되었다. 다양성에서 나온 풍성함이 극적 세련미와 결합되면서 카바레 극장들이 생겨났다. 대표적인 것으로는, 당대의 예술 조류들을 패러디하고 예브레이노프의 모노드라마 개념을 실험하는 포럼의 역할을 담당했던 상트페테르부르크의 '일그러진 거울'Krivoe zerkalo, 시인들과 전위 예술가들의 아지트인 '떠돌이 개'Brodyachaya sabaka, 노래·춤·촌극 같은 보다 순수하게 장식적 여흥을 위한 모스크바의 '박쥐'Letuchaya mysh 등을 들 수 있다. 혁명 전야에 카바레에서 얼굴을 하얗게 칠한 채 피에로 복장을 하고 세상에 지친 목소리로 마약이나 이루어지지 않은 사랑을 노래하는 알렉산드르 베르틴스키를 볼 수 있었다.

수많은 창조적 예술가들이 깊어져 가는 정치적 위기를 외면하듯 현실에 등을 돌리고 화려한 미학에 빠져들었다. 1909년 국립 알렉산드린스키 극장에 고용된 메이에르홀드는 몰리에르의 「돈주앙」(1911)에서 전설적인 과거를 베르사유를 연상시킬 정도로 화려하게 재현하였다. 또한 그는 레르몬토프의 「가면무도회」(1917)를 4년간 연습하는 데 많은 예산을 사용했다. 푹스에게서 영감을 얻은 메이에르홀드는 배우를 앞무대apron stage에 앉히고 무대의 깊이를 이용하여 자신과 일하는 무대디자이너들의 천재성을 자랑했다. 표도르 코미사르제프스키와 알렉산드르 타이로프 모두 비극에서부터 오페레타까지 연기할 수 있는 '종합 배우'를 제안했다. 페테르부르크에 있던 자신의 누이의 극장과 모스크바에 있던 콘스탄틴 네즐로빈의 극장에서 의도적인 절충주의적 작품을 올린 코미사르제프스키는 각 극작가들의 고유한 스타일을 구현하기 위해 노력했다. 1914년 타이로프는 전통과 근대를 혼합한 모스크바 카메르니 극장을 창립하였다. 배우는 자신의 3차원적 신체를 탐구함으로써 극작가나 무대디자이너를 넘어서야 했다. 춤·체조·제스처·마임·목소리의 교향악적인 결합은 주된 수단이었으며 타이로프는 극대화된 신체 표현을 허락하는, 층層과 대臺의 기하학적 건축을 통해 이를 활용했다. 그는 배우의 뛰어난 비르투오조 자체로 문학이나 기계의 힘을 빌리지 않고도 관객들을 고무시킬 수 있다고 생각했다. 타이로프는 부인인 알리사 코오넨, 그리고 니콜라이 체레텔리와 같은 거장들, 나탈랴 곤차로바, 미하일 라리오노프, 알렉산드라 엑스테르 등의 화가들이 이러한 구상을 현실화할 수 있는 능력이 있었다는 점에서 행운아였다. 디오니소스와 아폴론의 대화를 내용으로 한, 인노켄티 안넨스키의 「키파라 연주가 타미라」(1916)가 가장 성공적인 작품이라 할 것이다.

혁명 직전 러시아 극 공연의 기본 형태는 다음과 같이 분류할 수 있다. ① 보드빌이나 사회멜로드라마를 공연하는 상업극장, ② 심리적 현실주의에 의해 지배되는, 인텔리겐치아의 사회적 근심을 표현하는 경향적 극장, ③ 극적 혁신의 추종자들을 겨냥한, 실험을 고무하는 소극장 등이 그것이다. 하지만 극장이 어떤 형태에 속하든 관객은 도시에 거주하는 대중들의 극히 일부에 불과했다. 러시아 국민 대부분은 극장에 발을 들여놓지도 않았다.

퇴폐적 사회를 화려하게 재현한 메이에르홀드의 「가면무도회」는 2월혁명이 발발한 당일 밤 상트페테르부르크에서 초연되었으며 관객들은 총소리를 들으며 귀가했다. 1917년 10월 볼셰비키는 권력을 장악하자마자 극장에 관심을 기울였다. 1917년 11월 9일 소비에트인민위원회의 법령에 의해 극장들은 새롭게 구성된 국가교육위원회(향후 교육인민위원회로 명칭 변경) 예술분과의 관리를 받게 되었다. 극장들을 통합하고 운영하기 위해 극장분과TEO, Teatralnyi Otdel가 구성되었다. 초기 극장분과는 극장 복지에 관심이 있는 인사들이 운영했다. 메이에르홀드는 1920년부터 운영을 맡았고 레퍼토리분과는 시인 알렉산드르 블로크가, 연출분과는 스타니슬라프스키의 애제자인 예브게니 바흐탄고프가 맡았다.

레닌과 교육위원 아나톨리 루나차르스키가 서명한 1919년 8월 26일의 법령 '극장 통합에 관하여'는 소비에트 극장의 헌장이 되었다. "문화적 가치가 있는 모든 극장 자산(건물, 소품)"은 국가 소유로 선언하였고 예산은 중앙정부에서 지급되었다. 사회적 이상을 위하여 레퍼토리는 주기적으로 검열을 받았다. 당과 국가는 처음부터 극장을 인민들의 이데올로기와 지적 의식을 고양하고 사회주의를 교육하는 도구로 인식했다. 이는 오랫동안 극장이 사회에 봉사하여야 한다고 수상해 왔던 벨린스키 학파의 관점을 공산주의의 목표에 적용하기 위해서였다. 극장은 커리큘럼에서 리얼리즘에 부여된 가치를 암묵적으로 지지했다.

인민교육을 홍보하기 위해 당 간부, 군인, 공장 노동자들, 그리고 다른 프롤레타리아 그룹에게 표가 무료로 배부되었다. 순식간에 러시아의 관객이 바뀌었다. 배우들은 교양을 갖춘 교육받은 관객들 대신에 막전방에서 싸우고 돌아온 군인, 문맹의 기술자, 그리고 늙은 여자상인들을 상대해야 했다. 극장의 에티켓과 관습에 익숙지 않은 관객들은 극장 안에서 음식을 먹고 술을 마시고 소란을 피워 스타니슬라프스키를 경악케 했다. 추위와 가난, 그리고 내전의 불안 속에서 새롭게 생겨난 수많은 극장들의 객석은 모두 메워졌다.

혁명 이후 러시아 극장은 초기 단계에서 극장에 대한 관객의 열망, 끓어오르는 아이디어와 예술가들과 아마추어들의 실험들, 불안정한 정부의 정치적 수요 등이 역동적인 시너지를 창출했다. 상징주의 공동체, '극장적 극장'으로의 귀환, 예브레이노프의 '자신을 위한 연극성' 등 혁명 전 개념들로부터 영감을 받은 예술가들은 모든 오래된 관습을 타파하는 극장의 혁명이 정치적 혁명으로 이어져야 한다고 주장했다. 사실 극장의 혁명은 새로운 형식 추구를 통해 가장 잘 나타나지만 이는 당 수칙과 관리들의 미적 취향에 의해 벽에 부딪혔다. 1919년 볼셰비키당의 8차 당 총회에서 채택된 프로그램은 "지금까지는 착취자들의 향유를 위해 노동자들에 의해 생산된 모든 예술 자산들을 노동자들에게 제공하고 접근할 수 있게 할" 필요성에 관해 규정했다. 정부에게 극장은 새로운 형식 추구의 문제가 아니라 상속권을 빼앗긴 이들에게 몰수된 유산을 소유하게 한다는 의미를 가졌다.

노동자들에게 극장을 돌려주는 반환의 과정으로 인해, 프롤레트쿨트proletkult(프롤레타리아의 문화교육 조직)[27]의 활동에서 볼 수 있듯이 아마추어적 극장은 전문극장을 대체하게 되었고 전문극장은 그 맥이 끊어졌다. 프롤레트쿨트 운동이 알렉산드르 보그다노프에 의해 시작된 것은 1917년 9월이었다. 볼셰비키 등의 정치적 정당으로부터 독립된 이 조직은 1918년 후반까지 지방에 소재한 100개에 가까운 클럽, 문학 모임, 스튜디오 극장 등의 네트워크로 전국을 장악했다. 1920년에는 8만 명 이상이 참여하고 있었다. 보그다노프가 말했듯이 프롤레타리아 문화는 프롤레타리아의 작품일 수밖에 없기 때문에 프롤레트쿨트는 부르주아적 과거와의 완전한 단절을 주장했다. 이는 기존의 전문극장을 모두 거부한다는 의미였다.

사실 프롤레트쿨트의 연극 활동은 전문 무대의 베테랑들이 감독했다. 최초의 작품인 로맹 롤랑의 「바스티유의 습격」(페트로그라드, 1918년 5월 1일)은 상징주의 시기의 메이에르홀드 밑에서 모스크바예술극장에서 일한 알렉산드르 므게브로프에 의해 10월혁명 1주년을 기념하기 위해 무대에 올려졌다. 모스크바 프롤레트쿨트 최초의 감독은 스타니슬라프스키 스튜디오 출신의 발렌틴 스미슐레프였고, 1922년에는 메이에르홀드의 제자인 세르게이 에이젠슈테인이 뒤를 이었다. 현실에 바탕을 둔 극을 만들기 위해 게오르크 카이저의 「가스」를 모스크바의 가스 공장에서 공연한 것은 완전히 실패로 돌아갔다. 과거의 유산을 거부한 것에 대해 레닌의 혹독한 비판을 받은 프롤레트쿨트는 1920년 12월 1일 노동자들에게 변태적인 취향을 주입하는 "미래주의자, 퇴폐주의자, 맑스주의에 비판적인 이상주의적 철학이자 패자"로 간주되어 볼셰

<hr>

27 1917년 소련에서 진정한 프롤레타리아 예술을 위한 기반을 마련하기 위해 설립된 조직 및 그 기관지 '프롤레타리아 문화'(Proletarskaia kultura)의 약칭이다. ──옮긴이

비키당 중앙위원회에서 비난받았다. 볼셰비키 지도층은 극장이 주도하는 인습 타파에 공감하지 않았다. 과거의 걸작들을 대중화하기 위해 고리키와 블로크는 1919년 페트로그라드(나중의 레닌그라드)에 고급문화의 안식처로서 볼쇼이 드라마극장을 설립했다. 이를 옹호하는 사람들의 계획은 셰익스피어, 몰리에르, 실러 등 그들이 생각하기에 세기말적 시기에 적합한 레퍼토리를 올리는 것이었다.

당의 예술적 원칙을 보급할 책임은 주로 교육인민위원인 루나차르스키에게 맡겨졌다. 코안경을 구시대 스타일로 걸친 인텔리겐트였던 루나차르스키는 와해되는 사회에서 러시아 문화의 업적을 보존하는 책임을 맡았다. 이는 전통 극장을 보호하고 고전 러시아와 해외 작품들을 유지해야 할 것을 의미했다. 오래된 체호프의 작품을 다시 올리거나 아니면 혁명극을 올리지 못하고 새로운 시대에서 허우적거리던 예술극장은 극좌파로부터 심한 공격을 받고 있었다. 예술극장, 카메르니 극장, 과거의 황실극장 등이 몰락 위기에 처한 것으로 생각한 루나차르스키는 1921년 교육위원회의 직접 관리하에 이들을 교육극장으로 등록했고, 다른 분야에서 진행되던 광적인 개혁으로부터 이들을 보호했다.

1918년 이후의 연극에서는 아방가르드를 말하기 힘든데, 이는 혁명 전 선구적 역할을 했던 이들이 혁명 후 주류를 형성했기 때문이다. 절대주의자들과 미래주의자들은 혁명을 열광적으로 환영했다. 젊은 시인인 마야코프스키는 '예술의 10월 25일'로써 사회혁명을 완성시키는 역할을 맡았다. 게오르기 안넨코프는 이탈리아의 미래주의자인 필리포 마리네티가 주창한 성명서를 인용하면서 혁명적 극장의 기초가 연주장에 있음을 선언했다. 집권층과 충돌한 최초의 운동이었지만, 다양성에 대한 숭배는 '기행'과 '곡예'를 통해 배가되었다. 두로프가 훈련시킨 동물들은 백군에 대한 우화적인 공격에 활용되었고, 유명한 어릿광대인 비탈리 라자렌코는 '선동선전'과 메이에르홀드의 실험에 참여했다. 모스크바 프롤레트쿨트에서 활동하는 동안 에이젠슈테인은 '견인 몽타주'라는 원칙을 선언하고 극을 화려한 단막들을 연결한 서커스처럼 조직해서 배우들로 하여금 곡예사 수준의 전문성을 갖도록 했다. 그가 1923년 무대에 올린 오스트로프스키의 희극 「아무리 현명한 사람도 어수룩한 데가 있다」는 영화 클립을 사용하고 당시 정치인들이 극중 역할을 맡도록 해서 버라이어티쇼로 변신했다. 역설적이게도 이러한 새로운 형식의 동기가 된 것은 미국 영화, 그리고 찰리 채플린과 건장한 몸을 가진 배우 더글러스 페어뱅스의 인기였다.

기술과 기계 숭배 역시 소비에트 연극 미학에 엄청나게 영향을 끼쳤다. 러시아 예술가들은 시스템으로서의 자본주의는 거부했지만 미국 산업의 효율성 전문가들과 조립라인 기술을 적극적으로 포용했다. 특히 테일러주의의 영향력이 상당했다. 특히 메이에르홀드는 예술에 대한 계몽적이고 소위 과학적인 접근 방법인 구성주의에 테일러주의를 접목해서 역학적이며 매우 동적인 연기 기법인 생체역학biomechanics을 창조했다.

또한 예술적 가공을 거치지 않은 실제 자료의 가치는 열렬히 신봉되었다. 세르게이 트레티야코프의 '팩토그래피적'[28] 접근 방법과 수많은

28 회화나 조각적 구성물보다는 더 '직접적인' 방식으로 현실을 재현하는 사진의 잠재력을 나타내는 용어. 사진이란 매체는 오랜 전통을 가지고 있는 회화나 조각과는 달리 규범으로부터 자유롭고 비불실적이라는 점에서, 그리고 작품의 유일성, 작가 개념을 근저에서 흔든다는 점에서 다다이즘와 러시아 구성주의에서 적극적으로 사용되었다. 특히 '팍투라'(factura) 개념과 함께 러시아 아방가르드 미술의 궤적을 두 단계(1912~1923, 1923~1931)로 설명하는 데 등장하였으며, 마야코프스키가 트레치아코프와 함께 발간한 잡지 『신(新)레프』에 의해 널리 알려졌다. ——옮긴이

예술 선전 활동은 관객들이 가끔은 순수한 다큐멘터리 형식의, 그러나 대부분 유흥으로 꾸며진 정보가 필요하다는 전제로부터 출발하였다. 전문가들의 지도하에서 군대와 공장에서 아마추어, 또는 '스스로 하기' samodeiatelny 극장 모임이 결성되었다. 이러한 클럽들은 프롤레트쿨트나 혁명풍자극장 테레스바트Teresvat와 같은 포괄적인 그룹하에 조직되어 예술을 통한 선전 활동에 큰 역할을 했다. 정치 시사를 다룬 경향성 있는 촌극은 관객들이 인민의 적을 기소할 수 있게 하는 '선동 재판소', 슬라이드와 영화 클럽, 도표를 활용한 '극장 교육', 합창과 낭독, 대화를 활용한 문학 몽타주, 미국 연방극장 프로젝트가 나중에 모방한 '살아 있는 신문', 그리고 극단적인 형태인 '군중 구경거리' 등을 포함했다.

이러한 야외극들은 볼셰비키의 최근 승리를 재현하여 새로운 국가 신화를 창조하려는 시도라는 점에서 프랑스혁명의 축제와 유사하다. 실제 군대와 밴드를 (괴상한 탈을 쓴 배우들이 계급의 적 역할을 하는 등) 코메디아 델라르테적인 요소들과 결합함으로써 수천 명의 사람들을 활용했다. 최초의 작품은 1919년 2월 니콜라이 비노그라도프가 레닌그라드에서 공연한 「전제정의 타파」였다. 이 작품은 여러 차례 모방되었고, 비슷한 공연들이 제3차 인터내셔널, 피의 일요일, 적군 창설 등 혁명 공산주의 역사의 기념일에 무대에 올려졌다. 야전전화나 수기신호로 지시하는 무대감독 집단이 감독하는 군중 볼거리들이 역사적인 건물 앞에서 공연되면 군중들이 돌림노래로 합창(백군 대 적군, 유럽 대 소비에트)에 참여하였지만 공연이 확대될수록 군중들의 역할은 미미해졌다. 이러한 극 형식이 정점을 이룬 것은 10월혁명 3주년에 공연된 「겨울궁전 탈환」으로, 예브레이노프는 겨울궁전 내에서 8천 명의 출연진을 조종했다.

소비에트 초기 대부분의 감독들은 혁명 전 이미 유명해진 사람들이었다. 1912년에 창립된 스타니슬라프스키의 제1스튜디오에서 레오폴드 술레르지츠키가 훈련시킨 많은 젊은이들이 새로운 세대에서 두각을 나타냈다. 1921년 예브게니 바흐탄고프가 극작가 체호프의 조카인 미하일 체호프가 주인공을 맡은 스트린드베리의 「에릭 14세」를 무대에 올렸다. 이 작품은 정형화된 모습으로 묘사된 귀족들의 세계와 현실적으로 묘사된 서민들의 세계 사이에서 갈등하는 정신분열증 환자에 대한 놀라운 탐구였다. 열정적인 상상력을 가진 배우였던 미하일 체호프는 1922년 스튜디오의 수장이 되었고, 나중에 극장의 이름을 '제2모스크바예술극장'으로 바꾸었다. 그는 정신분열증에 걸린 햄릿의 연기로 이름을 날렸다.

바흐탄고프는 '내면 기술'inner technique에 대한 스타니슬라프스키의 가르침을 높이 평가했지만 메이에르홀드처럼 인간과 환상을 합성한 '극화된' 외면을 선호했다. 그는 스타니슬라프스키적 심리와 메이에르홀드적 조작이라는 두 극단적 방식에 반대하여 배우를 감정에 고취된, 경기의 스타플레이어로 만들었다. 그는 비록 결핵으로 이른 죽음을 맞았지만 두 작품을 유산으로 남겼다. 카를로 고치의 「투란도트 공주」(1922, 제3스튜디오)는 코메디아 델라르테에 대한 세기말적 실험의 결정체였다. 발랄하고 즉흥적이며 장난스럽지만 세련된 환상의 소망이 배고픔, 어두움, 추위, 절박한 위험 등에 익숙한 관객들의 삶에 한줄기 햇살을 비추어 주었다. 무대 위의 모든 것이 묘기나 농담, 장난의 구실이 되었다. 힘든 시기의 사람들에게 이러한 노골적인 연극성은 현실의 삶을 대신했다.

바흐탄고프는 유대어를 모르면서도, 유대 극단인 하비마Habima가

〈그림 11-4〉햄릿으로 분한 미하일 체호프

공연하는 귀신들림에 대한 슐로이메 안스키의 민속극 「디부크」(1922)를 연출하기로 했다. 그는 경험이 부족한 배우들을 진짜 신비주의로 충만한 무시무시한 괴물로 훈련시켰다. 작품의 그로테스크한 양식은 너무 역동적이어서 하비마의 모든 차기작에 영향을 끼쳐 바흐탄고프의 「디부크」는 하비마 극단이 이스라엘 국립극단이 된 이후에도 한동안 레퍼토리에 남아 있었다. 바흐탄고프 사후 제3스튜디오 극단은 독립적인 존재로 남아 1926년 바흐탄고프 극장으로 이름을 바꾸었다. 이 극장은 보리스 자하바, 루벤 시모노프, 세라피마 비르만과 같은 제자들의 재능을 활용해 화려하고 날카로운 희극 전통을 유지했으나 점차 세력을 넓혀 가는 사회주의 리얼리즘의 압력 앞에서 굴복하지 않을 수 없었다.

바흐탄고프의 영향은 알렉산드르 그라놉스키가 창립한 유대인 소극장극단의 작품에서도 찾아볼 수 있다. 극장은 솔로몬 미호엘스와 벤야민 주스킨과 같은 훌륭한 배우들이 참여하여 이디시어로 공연하였고 「디부크」와 같은 그로테스크에 빠져 있었다. 극장의 양식은 마르크 샤갈이 테레스바트에서 활동할 때 제작한 첫번째 무대디자인으로부터 나왔다. 레퍼토리는 에이브러햄 골드파덴과 숄렘 알레이쳄의 민족적 소재에서부터 고든 크레이그의 극찬을 받은 「리어 왕」으로 발전했다.

메이에르홀드는 반은 기회주의자이자 반은 추종자로서 볼셰비키 세력에 편승한 최초의 감독이었다. 혁명 1주년(1918년 11월 7~9일)을 기념해 그가 작가와의 공동작업으로 연출한 마야코프스키의 「미스테리야 부프」는 포스터 양식의 시적 선전으로, 미래주의 시인과 구조주의 감독 간의 생산적인 합동 작업의 시초가 된 최초의 소비에트 연극으로서 한 획을 그었다. 마야코프스키 자신도 「미스테리야 부프」를 "우리 시대에 대한 영웅적이고 서사적인 풍자"라고 정의했다.

1920년 극장분과의 수장이 되면서 메이에르홀드는 러시아 연극계의 가장 중요한 인물로 부상했다. 이즈음 그는 '극장의 10월'Teatralnyi Oktiabr이라는 슬로건을 내걸었다. 그와 프롤레트쿨트의 이론가들은 지금까지 혁명은 사회경제 분야에서만 진행되었지만 이제 예술 분야, 특히 극장에서 다시 이루어져야 한다고 믿었다. 그는 공산주의 드라마스튜디오Mastkomdram을 조직하고 개인 극단인 RSFSR1을 설립하여 1920년에서 1938년까지 다양한 이름으로 이 극단을 운영했다. 그리고 그는 1922년에서 1924년까지는 새롭게 창립된 '혁명극장'의 예술감독을 맡았다. RSFSR1은 에밀 베르하렌의 「새벽」을 각색해서 초연하였다. 세트는 블라디미르 드미트리예프의 입체주의 디자인과 블라디미르 타틀린의 모티프가 배경이었고 선전적 스타일로 그리스 비극이 공연되었다. 메이에르홀드는 오랫동안 소비에트 연극계를 수호하는 천재로 인정받았으며 그의 학교들은 신세대 극장 관계자들을 배출했다.

1922년 4월 페르난드 크로멜린크의 「도량이 큰 오쟁이」에서 메이에르홀드는 신체의 움직임이 언어를 압도하는, '구조주의'와 '생체역학'의 첫 무대를 완성했다. 무대 '구조'는 배경이 아니라 연기를 위한 기계였고, 의상은 배우들의 실제 연습복인 푸른색 작업복으로 바뀌었다. 생체역학은 스타니슬라프스키의 '체험'을 바탕으로 한 '심리적' 연기를 배제하고 이를 유연한 물리적 표현, 체조 훈련, 희극적 광대놀음, 아시아적 상징성으로 내체했다. 이후 메이에르홀드는 배우를 역할로부터 분리하기 위한 도구이자 공연에 대한 논평을 제공하기 위한 '선先연기'pre-acting 개념을 선포하였다.

루나차르스키가 자유로운 실험에 제동을 걸기 위해 1923년 '오스트로프스키로의 귀환'이라는 구호를 내세우자, 메이에르홀드는 독특한 작품 「숲」(1924)을 비관습적으로 공연하여 대항했다. 그는 각본을 개별 사건의 연속으로 해체하여 생동감 넘치는 광대극으로 바꿈으로써 엄청난 성공을 거두었다. 스스로를 '구경거리의 작가'로 과장한 메이에르홀드는 1926년 고골의 「검찰관」의 심오한 변신에서 정점에 달한다. 그는 텍스트를 해체했다가 재결합하여 다양한 도서, 해설, 고골 작품의 인용, 음악적 라이트모티프, 새로운 인물들로 채워 이를 재해석했다. 의도는 전통의 사회적·정치적 의미를 밝히려는 것이었으나, 실제는 그리보예도프와 수호보-코빌린의 작품에 대한 메이에르홀드의 후기 연출에서처럼 원작을 압도하는 경향으로 나타났다.

카메르니 극장에서도 구성주의는 보편적으로 나타났다. 체스터튼의 「목요일이었던 남자」를 위한 아나톨리 베스닌의 무대장치는 근대 메트로폴리스의 표현주의적 전형으로 보여 주기 위한 여러 층들, 계단, 엘리베이터로 만들어진 복잡한 바벨탑이었다. 카메르니 극장의 감독인 타이로프는 '극장주의 극장'의 지지자였지만, 행동보다 언어의 예술을 선호한다는 점에서 메이에르홀드와 구별된다. 언어의 의미는 연설과 노래로 확장되었다. 예를 들어 「브람빌라 공주」(1920)의 포스터에 "호프만적 테마를 바탕으로 한 카메르니 극장의 광상곡"이라 써 넣은 것은 이유가 있어서였다.

타이로프는 그의 책 『연출가의 노트』(1921)에서 스타니슬라프스키의 '삶의 진실'보다 '예술의 진실'을 칭송하면서 자신의 독특한 신념을 설명했다. 그는 기본적으로 매우 절충주의적인 입장에서 작품을 선택했고 서구 레퍼토리를 다수 도입했다. 장-밥티스트 라신의 「페드르」(1922)를 입체적으로 연출한 작품은 호평을 받았지만, 그는 근대 비극을 알리는 데 더 관심이 있었다. 항상 코오넨이 여주인공으로 등장한, 발터 하젠클레버의 「안티고네」와 버나드 쇼의 「성녀 조앤」(1924)은 대단히 유연하게 관객과 논법을 휘둘렀다. 「털북숭이 유인원」(1926)과 「느릅나무 아래의 욕망」(1926), 「모든 신의 자식들은 날개를 가졌다」(1929)를 통해 러시아에 유진 오닐을 소개한 것은 사회적 참여의 요구에 대응하기 위한 타이로프의 완곡한 방식이었다. 그는 러시아 최초의 브레히트 공연(「서푼짜리 오페라」)에 모험을 걸 정도로 진보적이었으나, 가장 성공한 작품은 샤를 르코크의 경박한 오페레타인 「지오플레 지오플라」(1922)와 「밤과 낮」이었다.

스타니슬라프스키와 네미로비치-단첸코는 초기에 이와 같은 창조적인 격변기를 따라잡지 못했다. 모스크바예술극장은 내전 중에 분열되어 일부는 해외로 나가고 일부는 국내에 남아 있었지만, 재통합 이후 스타니슬라프스키의 지도로 유럽과 미국에서 순회공연(1922~1924년)

을 펼쳤다. 네미로비치는 이를 기회로 심리적·역사적 정확성을 가진 오페라와 오페레타를 공연하기 위한 음악 스튜디오를 창립했다. 예술극장의 첫 성공작은 소설 『백군』을 원작으로 한 미하일 불가코프의 「투르빈 가의 세월」(1926)이었다. 이 작품은 구체제에 대해 관용을 보이고 있다는 이유로 마야코프스키와 루나차르스키 등으로부터 공격을 받았지만, 10여 년간 예술극장의 최고 흥행작이 되었고 스탈린이 제일 좋아하는 연극이기도 했다. 스타니슬라프스키는 오스트로프스키의 「열렬한 마음」과 피에르 보마르셰의 「피가로의 결혼」 등의 다채로운 작품으로 뒤늦게 창작열을 불살랐지만, 정부의 간섭이 심해지자 건강상의 이유로 은퇴하였다. 그는 개인적으로 오페라 스튜디오와 작업하면서 특히 새로운 '신체적 연기'라는 신新이론 등 자신의 시스템을 연구했다. 이는 배우들에게 감정을 일깨우기 위한 예비적인 물리적 표현을 찾으라는 요구로서, 감정적 회상을 주장했던 이전의 이론과 반대되는 것이었다.

스타니슬라프스키는 생각을 확정적인 형태로 집필하는 것을 주저했다. 그래서 다른 이들이 그의 통역자 행세를 하기 시작하고 나서야 비로소 책을 출판하기로 결심했다. 1925년 회고록 『나의 예술 인생』이 러시아어로 출판되었고 뒤이어 학생들에게 '시스템'을 소개하는 교수법 책자인 『자신을 작업하는 배우』가 출판되었다.[29] 많은 제자들이 인정하는 바보다는 사실 모호하고 허술했던 그의 시스템은 철학이나 교과서가 아니었다. 스타니슬라프스키는 연극 용어와 심리학 용어를 섞어 가며 극장 노동자들에게 공통적인 언어를 제공하고 창조성의 기원을 탐

---

29 이 책은 1부만 완성되어 1938년 그의 사망 이후에 출판된다. 2부는 전문가들이 스탈린식으로 재해석했다. 현재 모든 외국어 번역은 원문을 곡해한 것으로, 이제 드디어 스타니슬라프스키의 작품들의 신판이 출판되고 있다.

색하기 위해 '체험', '행위를 통해', '과제', '초목적', '마법의 가정' 등 자신만의 용어를 만들어 냈다.

스타니슬라프스키의 가르침은 엄청난 효과를 발휘했지만, 1920년대에는 메이에르홀드가 그를 완전히 압도했다. 기하학적 평면, 노출된 실용주의 기계, 역동적인 배우들과 같은 메이에르홀드 창작물의 외면적 특징들은 이류적 모방의 황홀경에 흠뻑 젖어 있던 소비에트 전역에서 선전되었다. 반反극장주의자들은 가공되지 않은 날것의 소재를 강조하면서 고전 무대를 헐뜯었다. 인물 창조에 있어 심리학과 내면 기술은 기이한 의상과 화장법으로 대체되었다. 모스크바에서 메이에르홀드의 모방작들이 등장하게 된 것은 필연적인 일이었다. 그 중에는 독일 표현주의 연극들을 공연한 '선동적인' 혁명극장과 에이젠슈테인 체제하의 프롤레트쿨트뿐만 아니라 니콜라이 포레게르의 워크숍Mastfor, 바흐탄그 므체델로프의 가면극장Teatr Masok, 풍자적인 미니어처 극장인 셈페란테 Semperante 등이 있었다. 페트로그라드에서는 이전에 메이에르홀드와 작업했던 세르게이 라들로프와 블라디미르 N. 솔로비요프가 즉흥성과 서커스에 기반을 둔 대중희극극장Teatr Narodnoi komedii을 감독했다. 메이에르홀드가 행한 신·구 실험들은 유리 안넨코프의 에르미타주 극장과, 고골과 무성영화에서 영감을 얻은 그리고리 코진체프와 레오니드 트라우베르크의 괴짜 배우 공장FEKS[이 책 12장의 504~505쪽 참조 ─ 옮긴이]에서 재조명되었다. 말리 극장마저 구성주의를 도입했으며, 혁신에 대한 열망은 지방과 다른 공화국에서도 나타났다. 선동·선전극이 유지되었지만 생체역학에 기반한 곡예적 기량을 사용해 시사적인 주제에 대한 단막극을 공연한 '푸른 윗도리'galubaja bluzka 같은 극단들이 주를 이루었다.

결과적으로 삶의 환희와 소년 같은 격렬함을 방출하는, 생동감 넘

〈그림 11-5〉 '공장에서의 포디즘'을 보여 주는 푸른 윗도리 극단

치며 신체적이고 풍자적인 극장이 생겨났다. 이는 러시아의 망가진 기반산업을 재건하기 위한 단기적인 해결책으로 레닌이 내세운 신경제정책NEP(1921~1928)과 관련이 있었다. 자본주의가 제한적으로 허용되면서 개인적 주도권과 관심사를 표현하는 영역이 생겨났고, 신경제정책으로 인해 폭넓은 희극들이 만들어졌으며 풍자극장 같은 공연장까지 생기게 되었다. 하지만 레닌 사후 스탈린이 정권을 장악하고 신경제정책을 취소하자 풍자는 위험한 소재가 되었다. 죄수와 마약상, 살롱 여주인 등에 대한 불가코프의 희극 「조야의 아파트」(1926)는 '포르노물'로 낙인 찍혀 바흐탄고프 극장에서 4회 공연된 이후 취소되었다. 검열에 대한 풍자극인 「적자색 섬」(1927)은 카메르니 극장에서의 공연 자체가 허용되지 않았다. 메이에르홀드는 당원 후보자들과 구체제 추종자들의

모습을 그린 니콜라이 에르드만의 「위임장」(1924)을 성공적으로 무대에 올렸지만, 1928년 보다 냉소적이었던 작품인 「자살자」는 공연되지 못했다.

극장 기후의 변화는 메이에르홀드가 연출한 마야코프스키의 마지막 희극들에 대한 반응에서 극명하게 드러난다. 기생충 같은 인간들로 들어찬 모스크바에서 시작하여 척박한 미래에서 끝나는 「빈대」(1929)는 점차 목소리가 통일되어 가기 시작한 언론으로부터 혹평을 받았다. 인류가 우주로 진출하면서 지구에 남겨진 관료들에 대한 공격을 담은 「목욕탕」(1930)은 마야코프스키와 러시아가 혁명 이후의 열광으로부터 얼마나 진전했는지를 보여 주었다. 연극은 혹평을 받았으며 평론들이 나온 지 얼마되지 않아 마야코프스키는 자살한다. 스탈린은 마야코프스키 사후 그를 소비에트연방의 국민시인으로 승격시키는 냉소적인 복수를 한다.

새로운 분위기는 다른 잣대로 평가할 수 있다. 메이에르홀드에게서조차 묵직한 진지함이 극장을 지배하기 시작했다. 「검찰관」에서 볼 수 있듯이 임시적이고 다용도적인 '연기 기계'는 화려한 시대 소품과 가구로 장식된 복잡한 회전무대와 우아한 계단, 움직이는 마차로 대체되었다. 빠른 템포는 느려졌다. 이고르 일린스키, 마리야 바바노바, 보리스 슈킨, 유디프 글리제르와 같은 역동적인 배우들의 광적이고 활발한 연기보다 니콜라이 흐멜료프나 알라 타라소바의 미묘한 심리적 리얼리즘을 선호했다.

다수의 재능 있는 예술가들이 러시아를 떠났다. 혁명 직후에 카바레 '박쥐'와 '파랑새'Golubaya ptitsa가 유럽으로 이동하면서 주로 베를린과 파리 등으로의 이동이 산발적으로 있었다. 예술극장과 다른 극단들이 미국 순회공연을 다녀오면서 망명자들이 생겨났다. 이민이 금지되기 직전 미하일 체호프와 안드리우스 질린스키를 포함하는 마지막 이민 물결이 있었다. 아킴 타미로프, 블라디미르 소콜로프, 유제니 레온토비치와 같은 망명자들은 배우로서 성공했으나 테오도르 코미사르제프스키, 표트르 샤로프, 타티야나 파블로바, 조르주 피토프 등은 감독으로 일하면서 러시아 문화를 영어·이탈리아어·프랑스어로 번역했다. 본국의 언어와 문화로부터 단절되면서 리차르트 볼레슬라브스키, 마리야 우스펜스카야, 타마라 데이카라노바, 베라 솔로비요바, 레프 불가코바와 바르바라 불가코바, 심지어 체호프는 스타니슬라프스키의 이론을 혼동하거나 일부의 형태로만 전파하기도 했다. 이들이 스스로 본국을 떠났다는 사실이 간혹 러시아 문화의 종말로 이해되기도 했지만 이들은 망명한 국가의 문화에 커다란 영향을 끼쳤다.

스탈린의 권력이 강화되자, 가상의 적을 포함한 모든 적들에 대한 점진적이고 무자비한 숙청과 농업 집단화, 1928년 5개년 계획의 시작은 모두 일률적인 노력, 맑스적 표현에 의하면 "모든 전방에서의 사회주의적 공격"의 일환으로 행해진 것이었다. 예술에서 개인적 창의성이 나타나면 의심의 대상이 되었고 형식과 내용 모두에 있어서 정형화된 양식이 강요되었다.

표준화를 위한 온갖 시도에도 불구하고 1930년대 소비에트의 무대는 간혹 창조적인 감독들에게 기회를 제공하기도 했다. 실제로 극작 수준이 너무 낮아서 텍스트를 재미있게 하려면 기발한 무대가 필요했기 때문이었다. 특히 바흐탄고프의 제자인 니콜라이 아키모프는 특이한 방법들을 도입했다. 원래 만화적 성향의 디자이너였던 그는 떠들썩한 소극笑劇으로 연출된 「햄릿」(1932)으로 악명을 얻었다. 연극 무대에서 쫓겨난 사회 풍자는 세르게이 오브라즈초프의 독창적인 기교가 만들어 낸 인형극장에서, 아르카디 라이킨의 희극이 공연되는 촌극 무대에서, 그리고 어린이 극장의 나탈리야 사츠의 기지 넘치는 연출에서 은신처를 찾았다.

연극에서 통일성의 강화는 고리키의 이름과 선동으로 강요되었다. 혁명 이후부터 고리키는 체호프보다는 찰스 디킨스나 에드몽 로스탕에 기반한[30] 탄탄한 소비에트 레퍼토리가 필요하다고 역설했다. 이러한 그의 주장은 안전한 카프리의 은신처에서 행해진 것이었다. 체제에 대한 불신을 극복한 고리키는 1928년 러시아로 돌아와 소비에트작가동맹(1932년 출범)의 수장이 되었다. 프롤레트쿨트와 이를 계승한 러시아프롤레타리아작가연합RAPP을 포함하여 기존의 모든 문학조직은 탄압을 받았다.

지나치게 좌경으로 치우치는 것은 위험을 초래할 수 있었다. 노동청소년극단인 트램TRAM, Teatr rabochei molodezhi은 '스스로 하기 극장'과 생체역학 팀 사이의 교차점으로서 1925년 창설되었다. 트램은 1928년 11개의 조직에서 1930년에는 70개로 급속한 성장을 보였다. 프롤레타리아작가연합의 극장분과로서 트램은 고전과 전문극장을 부르주아 문화의 흔적이라며 거부했다. 극장의 모든 노동자들은 흠집 없는 프롤레타리아 배경 출신이어야 한다는 주장을 종교보다 신성시한 레닌그라드 트램은 강력한 정치적 목소리를 내려고 하였으나 레닌콤소몰 극장Lenkom으로 흡수됨으로써 억압받았다.

---

30 디킨스와 로스탕은 모두 자연주의적 리얼리즘 경향의 작가이다. 이들은 사물에 대한 객관적이고 정확한 묘사를 지향했다. ——옮긴이

〈그림 11-6〉 모스크바예술극장에서 공연된 『무장열차 14-69』(1927)의 2막

같은 해 스탈린은 처음으로 작가들을 '영혼의 엔지니어'라 묘사하면서 '사회주의 리얼리즘'에 관해 이야기했다. '사회주의 리얼리즘'은 양식보다 내용과 메시지를 강조한다는 점에서 '형식주의'와 구별되었고, 이상적인 사회주의 세계가 어때야 하는지에 대한 정제된 그림을 제공함으로써 '비판적 리얼리즘'과 구별되었다. 당 총회와 언론뿐 아니라 고리키 자신도 이 원칙을 널리 공포했다. 「연극에 대해」(1933)라는 그의 계획적인 논설은 인물 간의 갈등과 심리적 리얼리즘이 풍부한 시민 연극을 주문했다. 이러한 움직임은 1934년 8월 제1차 소비에트작가동맹 총회에서 재차 강조되었고 안드레이 주다노프의 사회주의 리얼리즘에 대한 정의가 작가동맹의 규정에 포함되었다. 사회주의적 현실은 주다노프의 표현을 빌리자면 모든 예술의 '기본 방법'이 되었다.

'무갈등'이라는 괴상한 원칙이 도입되었다. 소비에트 사회는 모순이 없다는 전제하에서, 소비에트 인물을 그린 작품에서 갈등은 불가능하다고 선언되었다. 이어서 소비에트 삶에 대한 이상적 묘사에서 현실을 '미화'하기 시작했다. 첩보 활동이나 사상 이탈에 대한 저급한 연극이 판을 쳤고 마야코프스키, 니콜라이 에르드만, 유리 올레샤, 보리스 로마쇼프의 풍자극들은 레퍼토리에서 사라졌다. 이제 정부는 고전극에 대해 맑스적 해석만을 허용한다고 선포했다. 고전극에 대한 최대의 보호자들은 '아카데미 극장'인 모스크바예술극장, 말리 극장, 레닌그라드 BDT 등이었다. 모스크바예술극장은 1927년 시베리아의 볼셰비키 지지자들이 주인공으로 등장하는 프세볼로드 이바노프의 「무장열차 14-69」를 공연하면서 소비에트의 성지가 되었다. 지지자들의 대장 역할을 맡은 바실리 카찰로프와 볼셰비키 지식인 역할의 니콜라이 흐멜료프에 의해 창조된 이미지는 성스러운 상징물이 되었다. 1932년 예술극장은 고리키의 이름을 따서 다시 태어났고, 심리적 리얼리즘이라는 낡은 브랜드는 소비에트 극장을 위한 최고의, 그리고 유일한 모델이 되었다.

전통적인 공연 기술이 실험적인 것보다 선호되었고 작가의 대본은 감독의 해석보다 중시되었다. 소비에트 극작가들의 유일한 테마는 산업화와 집단농업, '사상적' 전선에서의 전투, 소비에트 지도자들의 신격화 등의 수단을 통한 사회주의의 건설이었다. 제1차 5개년 계획의 주창자는 니콜라이 포고딘으로, 그의 인물들은 쉽게 선악이 구별되었고 관객들에게 직접 대사를 말하기도 했다. 「도끼의 서사시」(1930)의 마지막 장에서는 '극장의 감독'은 무대에서 관객들에게 제강공장을 보여 준다. '사상적 전선'과 관련하여 가장 인상적인 연극은 알렉산드르 아피노게노프의 「공포」(1931)로, 소비에트 시스템을 두려워하는 과학자를 재교육하는 내용이다. 포고딘의 '희극'인 「귀족」(1935)은 극동에서 댐을 건설하는 정치범들과 일반 범죄자들의 교정에 대한 내용이다. 비밀경찰인 체카Cheka가 운영하는 노동캠프의 '거지 가극' 버전이 포고딘의 냉소주의나 이상주의의 산물인지 혹은 무지의 산물인지는 단정하기 어렵지만, 이는 상부로부터 고무된 단순한 열정을 보여 주는 전형적인 예이다.

5개년 계획의 선전에서 소비에트 인민들에게 영웅적인 자기희생을 요구한 것은 고리키가 문학에서 긍정적인 주인공을 요구한 것과 마찬가지였다. 포고딘, 빅토르 구세프, 콘스탄틴 시모노프, 알렉세이 아르부조프 등의 연극에 등장하는 일상의 범인들은 초인들로 대체되었다. 극장은 프세볼로드 비슈네프스키의 「낙관적 비극」(1933)과 같이 강인한 정신을 소유한 비대한 인물들과 서사시적 연극들로 채워졌다. 코오넨이 결단력 있는 여성 군함 정치위원으로 등장한 타이로프의 공연이 카메르니 극장에서 성공하면서 드디어 그는 정부로부터 어느 정도 인정받게 되었다. 포고딘의 「총을 든 남자」(1937, 바흐탄고프 극장)에서 레닌이 극중 인물로 처음 등장했고 그를 소크라테스, 하룬-알-라시드 등과 조합한 듯한 박식한 인물로 묘사한 여러 연극이 뒤를 이었다. 몇몇 배우는 대머리라는 이유로 평생 레닌만 연기해야 했다. 스탈린이 연극에 단골로 등장하게 되자 그를 연기하도록 선택된 배우들의 경력은 더욱 불확실했다. 스탈린이 직접 극중 인물로 등장하지 않는다 해도 그의 선구자로 조작된 과거의 위인들이 등장했다. 자주 등장한 인물은 이반 뇌제로 알렉세이 톨스토이의 두 편의 연극에서 가장 성공적으로 그려졌다. 몽골을 물리치고, 반항적인 귀족들을 진압하고, 외교적으로 서구를 다루는 이반 뇌제의 모습은 스탈린 정책의 전조로 생각되었다.

사회주의 리얼리즘의 선언으로 '형식주의'의 징후는 모두 말살되어야 했다. 언론과 극장을 관장하던 예술업무위원회Komitet po delam isksus-stva가 주장했듯이 이는 모든 창조적인 것이나 새로운 것에 대한 금지를 의미했다. 소비에트연방에서 이는 '평준화' 또는 '표준화'로 표현되는, 극작과 무대의 획일화를 가져왔다. '이탈자'와 '내부 망명자'는 자아비판과 정치적 배신에 대해 고백하라는 요구를 받았다. 논란을 피하기 위해 감독들은 19세기 소설을 각색하기 시작했고 여기서 소심한 자연주의가 지배적인 연출 양식이 되었다. 메이에르홀드와 타이로프처럼 개인적 미학을 추구하는 자들은 끊임없는 비난의 대상이 되었다.

1933년 이후 메이에르홀드는 현대작품을 공연하지 않았다. 그의 마지막 완성작들은 알렉상드르 뒤마의 멜로드라마인 「동백꽃 아가씨」(1934)와 체호프의 단막극 세 개를 모은 「서른세 번의 기절」이라는 제목의 작품이었다. 그사이 그는 극장 건물을 신축하고 「햄릿」과 「보리스 고두노프」를 공연하려는 계획을 세웠다. 1938년 1월 18일 메이에르홀드 극장은 예술업무위원회의 결정에 따라 문을 닫았다. 「낯선 극장」이라는 제목으로 『프라브다』(1937년 12월 17일자)에 게재된 위원회 위원장의 기사가 화근이 되었다. 여기서는 메이에르홀드가 과거의 형식주의에서 벗어나지 못하고, 이후 비판 대상이 되었던 작가들의 작품을 공연하고, 사회주의적 합리성을 부여하지 못한 속물적인 부르주아 계급의 인물들을 출연시키고, 계속된 경고에도 불구하고 오류를 저지르고 있다고 비난했다. 스타니슬라프스키 사후까지는 관대하게 보호와 지원을 받던 메이에르홀드는 1939년 6월 체포되어 '자백'할 때까지 고문을 받다가 총살당했다. 많은 이들의 경우와 마찬가지로, 그의 존재는 지워졌다. 그의 이름은 인쇄물과 공공 연설에서 제외되었으며, 그가 연출한 「가면무도회」에 대한 연구서는 그의 이름조차 거론하지 않았다.

타이로프 역시 비슷한 운명을 맞았다. 「낙관적 비극」의 성공에도 불구하고 그는 부르주아 미학의 최후 저항선이라 비난받았다. 1938~

1939년에 예술업무위원회는 카메르니 극단을 '리얼리즘 극장'이라는 걸맞지 않은 이름의 소규모 극장과 합병했다. 이 극장은 1930년대에 활동을 방해받지 않고 생존한 소수 혁신적인 연출가들이 운영하고 있었다. 적극적으로 전前무대proscenium를 파괴한 니콜라이 오흘로프코프는 신비주의적 교감과 유사한 무엇을 통해 배우와 관객을 결합하려는 시도를 보여 주었다. 그는 스승인 메이에르홀드처럼 아시아 연극과 코메디아 델라르테를 차용해서 연극을 불연속적인 영화적 에피소드로 나누었다. 오흘로프코프의 극단은 순종적인 어린 배우들로 구성되어 있었고 극작가들의 재능을 키우기보다는 소설을 각색하는 쪽을 선호했다. 오흘로프코프가 가장 성공을 거둔 작품들은 고리키의 「어머니」(1933)와 관객석 쪽으로 돌출된 플랫폼에서 연기하는 알렉산드르 세라피모비치의 「철혈」(1934), 이채롭게도 동양 연극의 소품 담당을 극 안으로 편입시킨 포고딘의 「귀족」이었다. 반형식주의 선전 속에서도 오흘로프코프가 살아남은 것은 한편으로는 그가 연출한 연극들이 정치적으로 적절한 내용을 가지고 있었기 때문이며, 다른 한편으로는 등장인물들이 러시아 소작농의 건장한 후손처럼 등장했기 때문이었던 것으로 보인다. 바흐탄고프는 아르메니아 출신이고 타이로프는 유대인이었으며 메이에르홀드는 독일계였다.

소비에트 극장에 어둡고 긴 밤이 찾아왔다. 지적·예술적 빈곤은 스타니슬라프스키의 후예를 가장한 화려하고 거만한 리얼리즘에 의해 은폐되고 있었다. 한 인물에 대한 숭배가 극장을 수사학적 표현이 난무하는 쇼윈도로 탈바꿈시켰다. 러시아 극장의 역사는 왜곡되었다. 외교 정책의 불안정성이 예술에 영향을 끼쳤다. 히틀러의 독일과 소련 사이에 상호불가침조약이 맺어지자, 나치의 인종차별주의적 정책에 대한 풍자적 우화인 예브게니 슈바르츠의 「벌거벗은 임금님」은 취소되었다. 1930년부터 교육활동만을 허락받았던 에이젠슈테인은 볼쇼이 극장에서 「발퀴레」를 연출하도록 선발되었으나 조약이 깨지고 독일이 소련을 침략하자 그에게는 극도의 애국주의적 서사시인 「알렉산드르 네프스키」를 영화화하라는 임무가 주어졌다.

전쟁 중에는 전방의 군대 지원이나 후방의 사기 진작에 모든 노력이 투입되었다. 독일이 소비에트 영토에 깊숙이 침투하면서 극장은 타슈켄트, 이르쿠츠크, 옴스크와 같이 외딴 도시로 대피하였고 이는 지방의 전문성을 성장시키게 되는 의도치 않은 결과를 낳았다. 배우들은 국가가 옹호하는 문화 육성을 위해 군대를 위한 공연을 하거나 '스스로 하기' 극장 여단을 개발하려는 목적으로 전방에 파견되었다. 트럭이나 야전의 거친 공연환경은 소비에트의 콘서트 여단에게는 익숙했다. 소비에트의 콘서트 여단은 미군위문단USO, United Service Organization과 유사한 단체로, 다른 점이라면 라디오 성우 대신 고전 시를 낭독하는 유명한 배우들이 공연을 펼쳤다는 점이다.

전시의 레퍼토리는 용기를 북돋거나 논란의 소지가 없는 주제들에 국한되어 보병, 당원, 민간인 할 것 없이 그가 누구이건 가정의 온기를 수호하는 사람들의 느낌을 그려 냈다. 세바스토폴, 레닌그라드, 스탈린그라드의 함락 등 당시 시사적인 내용들은 볼셰비키 대중 스펙터클의 전통 속에서 보리스 라브레네프, 프세볼로드 비슈네프스키, 율리 체푸린의 연극에서 신화화되었다. 언론보도가 엄격히 제한되고 통제되자 이 작품들은 시사 문제를 바로 서사시로 변화시켰다. 맑스주의가 봉건시대의 공후들과 귀족들을 비난했던 사실은 잊혀졌고, 역사 자체가 대의명분에 투입되어 드미트리 돈스코이, 미하일 쿠투조프 등 러시아 역사의 승전 사령관들이 연극의 영웅으로 전환되었다.

1940년대 중반의 유일하게 의미 있는 실험은 「갈매기」를 축약판으로 연출한 1944년 타이로프의 시도라 할 것이다. 그는 이 작품을 예술의 책임을 주제로 한 플라토닉한 대화로 축약하여 회색 휘장과 그랜드 피아노를 배경으로 공연하였다. 관람객은 소수에 불과했고 평론가들의 평은 우호적이지 않았다. 전쟁에 시달린 대중들은 가벼운 유흥을 선호했고 이들은 발렌틴 카타예프류의 감상적 소극을 제공받았다.

소비에트 군대가 서쪽으로 진군하여 점령 지역과 그 너머로 들어가게 되면서 대도시들의 극장이 문을 다시 열었지만 정부의 통제는 또다시 극장을 무력하게 했다. 잠시 동안의 순수 유흥은 「드라마 극장의 레퍼토리와 개선 방안」(1945년 8월 26일)이라는 제목의 당 중앙위원회 법령에 의해 끝이 났다. 주다노프의 새로운 원칙들에 따라, 극장들은 시사적인 주제의 회피, 사상적 내용의 생략, 정직한 소비에트 인민의 풍자화, 역사적 인물의 맹목적 이상화 등을 이유로 비난을 받았다. 부르주아적 외국 연극을 소개하는 것도 비난받았다. 초점은 소비에트의 신인류 '호모 소비에티쿠스'가 위대한 애국주의 전쟁에서 발휘한 모든 장점들을 묘사하는 것에 집중되었다.

주다노프가 선포한 명령은 소비에트의 새로운 공포 체제와 일치했는데, 이는 한편으로는 냉전으로, 다른 한편으로는 유대인, 지식인, 그리고 전쟁기에 서구와의 접촉으로 오염된 이들을 말하는 세계시민주의자에 대항하자는 선전으로 촉발된 것이었다. '형식주의'의 마지막 보루였던 카메르니 극장은 1950년 문을 닫고 푸슈킨 드라마 극장으로 새로 명명되었다. 타이로프는 이러한 사실에 매우 격분했다고 한다. 전시에 세계 순회공연을 통해 소비에트의 대의명분을 위해 기금을 모았던 위대한 유대인 배우인 솔로몬 미호엘스는 트럭 앞으로 밀쳐져 사망했고 그의 동료인 벤야민 주스킨도 살해되었다.

예술적 창의성을 말살하는 잔인성과 소비에트 사회의 무갈등이라는 금언에 묶여 극작가들은 매우 정형화된 방식으로가 아니면 현대의 시사적 주제들을 다루기 어려웠다. 이제 적은 서구 자본주의와 제국주의, 특히 트루먼과 맥카시의 미국이었다. 냉전 동안에는 콘스탄틴 시모노프의 「러시아의 문제」(1947)가 유행했다. 이 작품은 소련에 대해 명예훼손적 기사를 쓰던 뉴욕의 기자가 진실을 발견하고는 월스트리트 주인들을 위해 거짓을 쓰던 일을 거부한다는 내용이다. 이런 투박한 멜로드라마는 아무리 연기를 정교하고 세련되게 한다고 해도 흥미를 유발할 수 없었다. '리얼리즘'이라는 포괄적인 주제하에 극장들은 유토피아 묘사에 진력이 났고, 다른 분야로 이동하려고 하면 형식주의, 부르주아 미학, 세계시민주의 등의 다용도적인 낙인으로 공격을 받았다. 빚어진 결과는 극장의 총체적인 마비였다.

1952년에 이러한 상황이 가시화되자 당에서는 '무갈등' 이론을 비판했고 말렌코프와 같은 정치인마저 전과 다르게 '소비에트의 고골과 셰드린'이 나와야 한다고 했다. 우렁찬 목소리, 기념비적 배경 등 스탈린이 선호하는 취향이 여전히 예술에 반영되었다. 1953년 그가 사망하고 나서야 진짜 변화가 가능해졌다.

예술적 실험을 정치적 일탈로 보지 않게 되는 시각이 점차 허용되었다. 스타니슬랍스키의 제자인 마리야 크네벨은 학교와 작품을 통해 레오니드 하이페츠, 아나톨리 예프로스, 아나톨리 바실리예프와 같은 미래의 감독들에게 스승의 유산을 보다 정확하고 직접적으로 전달했다. 메이에르홀드는 복권되고 저서들이 출판되었다. 메이에르홀드와 스타니슬라프스키의 상대적인 장점에 대해 논란이 계속되었다. 실제로 두 학파가 수렴되고 혼합되어, 연기는 여전히 심리화된 상태로 남았지만 연출은 기존에 가졌던 연극성을 회복하기 시작했다.

1956년의 제20차 당 총회에서 흐루쇼프의 스탈린 격하 연설은 예술에 소위 '해빙'을 가져왔고 극장에서 새로운 서정성과 휴머니즘을 촉발했다. 스탈린 격하 연설과 같은 해에 '동시대인 극장스튜디오'Sovremennik Theatre-Studio가 빅토르 로조프의 「영원히 살아서!」를 초연했다. 노쇠한 예술극장의 후원을 받아 배우이자 감독인 올레그 예프레모프가 만든 이 극단은 민주주의적 원칙에 의한 청소년 위주의 조직으로 이들 세대를 묘사하는 데 전념했다. "만일 내가 정직하다면, 나는 책임을 진다"는 이들의 좌우명에는 해빙 후의 낙관주의와 자아비판의 첫 바람이 내포되어 있었고 어느 정도는 빈사상태에 빠진 예술극장의 '리얼리즘'을 겨냥한 것이었다. 스탈린식의 웅장함과 열변 대신 거리의 남자와 구어 억양의 대사가 등장했다. 극장 소속 작가인 로조프와 알렉산드르 볼로딘은 감상주의 전통에 심취해 있었고, 이상주의적인 젊은 세대와 타협적인 장년층과의 갈등을 주제로 삼았다. 로조프가 곤차로프의 「평범한 이야기」를 각색한 작품에서 아들 아두예프 역할을 맡은 올레그 타바코프는 이상주의가 부패로 변해 가는 끔찍한 변화를 묘사했다.

이들 극작가들은 당시 인기를 누리며 수많은 작품을 써 낸 영향력 있는 작가 알렉세이 아르부조프와 함께 리얼리즘에 1920년대의 극적이고 영화적인 요소들을 주입했다. 음악과 노래, 무용, 판토마임, 시, 합창, 플래시백, 스플릿포커스,[31] 몽타주 등을 삽입한 것이다. 판형을 깨는 이 시도는 비록 아주 대담한 것은 아니었지만, 서사소설의 각색과 고전을 부활시키기 위해 현대연극을 피한 새로운 세대의 감독에게 용기를 불어넣었다. 바흐탄고프 극장에서 니콜라이 아키모프는 슈바르츠의 역설적인 우화인 「그림자」(1940년작, 1960년 공연)와 「용」(1942년작, 1962년 공연)을 호평 속에서 공연하고 관료 집단에 대한 살티코프-셰드린의 환상곡인 「그림자들」(1953)을 레닌그라드 코미디극장에서 초연했다. 오홀로프코프는 원형 극장에서의 공연 실험을 마야코프스키 극장으로 옮겼다. 가장 큰 성공을 거둔 작품은 아르부조프의 「이르쿠츠크에서 생긴 일」(1959)이었다.

레닌그라드 극장계를 지배하던 인물은 1956년 볼쇼이 드라마극장을 지휘하기 시작한 게오르기 토프스토노고프였다. 지적 능력이 뛰어나고 관료 체제 내에서의 처신에 밝았던 그는 네미로비치-단첸코 이후로 없었던 강력한 권력을 휘둘렀다. 그는 비슈네프스키의 「낙관적 비극」의 재공연을 시작으로, 당시의 도덕적 불감증에 대한 진지하고 인문주의적인 묘사라고 인정받은 작품들을 기획했다. 그는 전쟁포로였던 시골 출신의 배우 인노켄티 스모크투노프스키를 발굴하여 도스토예프스키의 「백치」(1957)에서 미친 세상에서의 유일한 생존자인 미슈킨 공작 역할에 겁에 질린 선명함을 부여했다. 토브스토노고프는 고리키의 「야만인」과 「프티부르주아」(1967), 체호프의 「세 자매」(1965)에 실존주의적 함축성을 불어넣었다. 블라디미르 보로베프, 예핌 파드베, 겐나디 유데니치, 마르크 로조프스키, 마르크 자하로프를 포함한 제자와 조감독들이 향후 10년간 주요 극장과 스튜디오를 운영하게 된다. 이 중 많은 이들이 극단의 레퍼토리와 조직에 대한 정부의 규제를 에둘러 가기 위

---

31 여러 피사체가 카메라로부터 떨어져 있는 거리가 각각 다를 때 그 중 어느 한 피사체를 선택해서 그것에 초점을 맞추는 방법을 말한다. 시계의 심도로 인해 다른 피사체들도 선택된 피사체와 똑같이 초점이 맞을 수가 있다. ──옮긴이

해 고안된 소규모 스튜디오와 아마추어 그룹에서 기회를 찾았다.

모스크바에서는 잦은 이동을 하며 논란의 대상이 되었던 아나톨리 예프로스는 동시대의 본질을 포착하기 위해 미장센을 배우 내면에 있는 불안과 모순의 덩어리로 내면화하였다. 그는 억압적인 사회에서 지식인들의 역할을 재조명한 작품들을 쓴 아르부조프, 로조프, 에드바르드 라진스키를 제외한 대부분의 소비에트 극작가들을 못마땅해했다. 레닌콤소몰 극장에서 세 번의 시즌 동안 예프로스가 무대에 올린 「갈매기」, 불가코프의 「위선자들의 밀교」(1967), 라진스키의 「영화 만들기」(1965) 등의 작품은 관객들의 격분을 야기했다.

유리 류비모프는 브레히트의 영향을 도입하여 당시 너무나 비대했던 러시아 감독들의 영향력의 수위를 조절하려 한 연출가였다. 그는 1964년 타간카 극장[32]을 인수해서 선전용 음유시와 수정주의적 문화 비판을 조합한 양식을 완성했다. 그는 도스토예프스키, 불가코프, 아브라모프, 트리포노프 등의 소설 각색이나 (마야코프스키, 존 리드, 고골 등의) 문학적·역사적 소재의 모방을 선호하여 연극을 거의 무대에 올리지 않았다. 디자이너 다비드 보로프스키의 조언과 도움으로 류비모프는 테이블 리허설을 없애고 직접적인 무대 작업을 통해 그들을 능숙하게 주물렀다. 브레주네프의 암묵적인 허용에도 불구하고 하위 간부들의 제재를 받았던, 일종의 허가받은 반항자 류비모프는 관료주의적 체제하에서 예술가들의 생존이라는 주제에 몰두했다.

타간카 극단의 스타는 터틀넥을 입은 햄릿이나 「죄와 벌」에서 가운을 걸친 스비드리가일로프 역할을 맡아 관객들에게 충격을 준 블라

---

32 타간카 극장과 동시대인 극장은 제2차 세계대전 이후에 신규로 문을 연 유일한 공식 극장이었다.

디미르 비소츠키였다. 그는 '보헤미안적인 반항의 목소리를 낸 세대' chansonniers에서 최고의 체제 전복적 인물이었다. 불라트 오쿠자바와 알렉산드르 갈리치 등과 함께 공식 미디어에 의해 금지된 그의 노래는 불법음반magnitizdat을 통해 널리 전파되었다.

억압의 상황은 극장이 수차례 집단학살을 겪는 1960년대 후반에 전형적으로 드러난다. 대개 문화부 장관 예카테리나 푸르체바 여사의 주도로 이루어지는 탄압의 과정은 갈리치의 소설 『드레스 리허설』에 잘 나타난다. 이 작품은 작가가 망명을 강요받고 나서야 독일에서 출판이 가능하였다. 유대인 전쟁영웅들에게 공식적 명예를 회복해 주려는 노력의 일환으로 쓰여진 그의 작품은 주기적으로 좌절되고 수정을 요구받았으며 결국 금지되었다. 1967년 안드레이 시냐프스키와 율리 다니엘은 노동수용소로 보내지고 솔제니친은 망명길에 올랐다. 진보 성향의 신문인 『신세계』는 위험에 처해 있었다. 예프로스는 이에 대한 대응으로 말라야브론나야 극장에서 히스테릭하고 에로틱하게 연출된 「세 자매」를 공연한다. 이 작품은 인텔리겐치아의 새로운 무기력에 대한 공격이었으며 결국 심한 비난을 받으며 취소되었다. 1968년 8월 21일 프라하를 침공하면서 극장의 빙하기는 굳어졌다. 프라하 침공 행위에 대한 보복은 러시아 국내의 침체의 상황으로 이루어진 것이다.

내부적 갈등의 시기에 이어 1970년 예프레모프는 동시대인 극장을 떠나, 너무 비대해져서 해체 직전 상태에 놓인 예술극장으로 자리를 옮겼다. 그의 개혁은 비대한 극단을 둘로 나누고 스모크투노프스키를 영입하여 체호프의 이바노프(당시 시대를 상징하던 우유부단한 인물) 역할을 맡기고 두 명의 유능한 극작가인 미하일 로쉰과 알렉산드르 겔만을 키웠다. 하지만 예프레모프는 알렉산드르 밤필로프의 「오리 사냥」

(1967)에서 반反주인공 질로프를 직접 연기하여 극의 효과를 높였다. 질로프는 새로운 인물 유형으로 천박한 죄와 굴욕이라는 도스토예프스키적 세계에 사는, 윤리적으로 연약한 주인공이다. 이 극은 비유하자면, 에르드만의 「자살자」를 익살극에서 실존주의적 블랙코미디로 개작한 것이라고 할 수 있다.

1970년 소비에트의 극장은 반反문화도 유기적인 세대 전환도 경험하지 못했다. 고전의 재해석이 검열 회피의 주요 수단이 되었고 관객들은 '이솝우화적 언어', 힌트, 알레고리 등에 매우 익숙해져 있었다. 동시대인 극장은 살티코프-셰드린의 풍자극인 「발랄라이킨 사社」(1973)와 말[馬]의 인생을 그린 톨스토이의 작품을 토대로 한 토브스토노고프와 로조프스키의 「홀스토메르」(1975)를 각색하여 브레주네프 시대의 부패와 억압을 고발했다. 예술극장에서 공연된 로쉰의 「소개疏開 열차」(1975) 등의 작품은 위대한 애국주의 전쟁의 윤리적 확실성에 대한 향수를 반영하였으며 겔만은 사회주의 인프라의 윤리적 오류를 탐색했다. 스탈린 사망 20주년 기념일로부터 한 달도 지나지 않아 동시대인 극장에서 공연된 친기즈 아이트마토프와 칼타이 무하메자노프의 「후지산 등반」(1973)은 자기비판의 새로운 기준을 상징했다. 이는 스탈린 폭압에 순응했던 집단적인 죄책감이라는 주제에 있어, 민속가수인 오쿠자바와 반체제인사였던 솔제니친의 전기에서 따온 소재와 『백치』의 '진실게임'이 되어 가는 재회라는 줄거리에 있어 그러했다.

1982년 브레주네프의 사망을 전후하여, 경직된 관료주의의 보수성에도 불구하고 특히 번성하던 스튜디오와 실험적인 극장에서 새로운 싹이 트기 시작했다. 젊은 관객들은 서구 로큰롤이 보여 주는 덜 극단적인 선언에 매력을 느꼈고, 이들의 취향은 기술적 불완전함을 활기로 대신한 소비에트 록뮤지컬을 탄생시켰다. 모스크바의 레닌콤소몰 극장에서 1973년부터 예술감독을 맡은 독창적 절충주의자 마르크 자하로프는 「성운과 호아킨 무리에타의 죽음」(1976, 파블로 네루다 원작)과 「주노와 운명」(1981, 안드레이 보즈네센스키 원작) 등의 뮤지컬쇼로 큰 대중적 인기를 누렸다.

러시아에서 숨겨진 진실의 대변자 역할을 했던 비소츠키는 1980년 7월 40세로 알코올중독으로 사망한다. 이 사건은 지속적인 탄압으로 숨을 쉬지 못하던 타간카에 분수령이 된다. 1983년 이탈리아에 있던 류비모프는 영국 언론에게 말한 내용이 문제가 되어 소비에트 시민권을 박탈당하고 그의 극단은 아나톨리 예프로스에게 넘겨졌다. 예프로스는 그전 몇 해 동안 말라야브론나야 극장에서 「오델로」, 「돈주앙」(1973), 고골의 「결혼」(1974), 투르게네프의 「전원에서의 한 달」등 정교한 연기와 그림처럼 은유적인 작품들을 다비드 보로프스키와 발레리 레벤탈이 디자인을 맡은 무대에 올리고 있었다. 타간카는 그에게 적대적이고 반항적인 극단이었으므로 그는 제자리를 잡지 못했고 작품의 수준은 최악이었다. 그는 1989년 사무실에서 심장마비로 사망했다.

1985년 고르바초프가 권력을 잡으면서 비롯된 예술 분야의 규제 완화는 처음에는 모두를 흥분의 도가니에 몰아넣었다. 고전극이든 현대극이든 몇 년간 무대에 올리지 못했던 연극들이 갑자기 여러 곳에서 공연되었다. 과거 금지되었던 불가코프와 에르드만의 희극이 급부상했다. 1920년대의 오베리우Oberiu[33]와 같이 장기간 억압받아 온 러시아의

---

33 1920년대에서 1930년대 초까지 단기에 나타났던 러시아 부조리 예술운동파로, 다닐 하름스와 알렉산드르 브베덴스키가 대표적 작가로 활동하였다. ― 옮긴이

초현실주의 전통이 재발견되어 다닐 하름스의 「엘리자베타 밤」과 알렉산드르 브베덴스키의 「이바노프 가의 크리스마스」의 공연이 급증하였다. 안드레이 아말리크와 니나 사두르의 연극에서 부조리주의의 새로운 흐름이 탄생했다. 소비에트 가족의 음침하고 절망적인 삶을 마멧식 말하기[34]로부터 생겨나는 '테이프 녹음기' 효과를 통해 생생하게 재생한 류드밀라 페트루셰프스카야의 연극은 널리 공연되었다. 그루지야의 로베르트 스트루아, 티무르 츠헤이제, 리투아니아의 에이문타스 네크로시우스가 연출한 흥미진진한 작품들이 러시아의 수도에서 공연되었다.

수십 년 동안 금기시되었던 주제들이 갑자기 전면에 부상하였다. 볼셰비키 역사의 신화는 미하일 샤트로프의 연극에서 재조명되었다. 「우리는 극복하리라」에서는 트로츠키와 문답을 나누는 레닌이 등장한다. 낙농업자 테비예에 대한 숄렘 알레이쳄의 이야기에서 따온 전통적인 유대 주제들은 마르크 자하로프의 「추모 기도」에서 재등장한다. 모스크바 올림픽 기간에 교외로 추방된 매춘부들의 이야기는 레프 도진이 연출한 알렉산드르 갈린의 「아침 하늘의 별」의 주제였다(하지만 갈린의 작품들 대부분은 피란델로적 요소[35]를 가미한 닐 사이먼의 작품처럼 보인다). 공인된 동성애자였던 로만 빅튜크는 광대쇼와 디스코텍에서 영감을 받아 제작한 장 주네의 「하녀들」과 데이비드 헨리 황의 「나비부인」에서 동성애 주제를 이국적 요소로서 다루었다.

---

34 데이비드 마멧은 미국의 극작가이자 에세이스트, 시나리오 작가이자 영화감독이다. 그의 인물들의 대화는 의도한 효과를 위해 정확하게 세공된 냉소적이고 생존전략적인 통렬함이 그 특징으로, 이를 흔히 '마멧식 말하기'라고 부른다. 마멧은 특정한 단어를 조명하거나 혹은 등장인물들의 언어를 자주 조작하고 기만적으로 사용하는 것에 관심을 끌기 위해 이탤릭체나 인용부호를 사용하기도 한다. 그의 인물들은 서로의 말을 방해하거나 말을 마치지 못하고 질질 끌거나 서로 대화를 겹치게 하기도 한다. 마멧은 자신이건 다른 작가건 작가가 소리와 논리적 플롯을 희생하여 '아름답게' 쓰려고 하는 경향을 가져서는 안 된다고 비판하였다. ─ 옮긴이

유행에 뒤처진 '젊은 관객 극장' 소속의 카마 긴카스와 그의 아내 겐리에타 야노프스카야는 불가코프의 『개의 심장』, 도스토예프스키의 『지하로부터의 수기』, 『이바노프』를 비롯한 체호프의 작품 등에서 고도로 극장주의적이며 날카로운 지성을 증명하는 각색을 선보였다. 소속 극장이 없던 아나톨리 바실리예프는 긴 구상 기간 후에 엄청난 작품들을 무대에 올렸다. 그는 목가적인 미국에 집착하는 중년 사내와 냉소적이고 환멸적인 딸을 등장시켜 1950년대의 세대 갈등을 뒤집어 생각한 「어린 남자의 성숙한 딸」을 통해 빅토르 슬라브킨의 재능을 발굴해 냈다. 바실리예프가 천막에서 공연한 슬라프킨의 「굴렁쇠」는 동시대 인물들의 고독과 해체를 체호프식으로 탐색한 작품이었다.

글라스노스트는 극장의 불행을 의미했다. 관객들은 우화적 담론이나 살아 있는 무대에서 전달하는 숨은 메시지를 필요로 하지 않았다. 인쇄물이나 텔레비전에서 최신 사실들이 폭로되고 그에 관한 열띤 논쟁이 벌어지면서 소비에트의 시민들과 극장은 무관한 것이 되었다. 일상을 정치가 변화시킬 수 없다는 인식과 함께 극장은 부흥했다. 그러나 순차적으로 일어난 소련의 붕괴와 시장경제의 도입은 극장에 혹독한 시련을 가져왔다. 1993년에는 정부의 지원을 받는 600여 개의 전문극장

---

35 루이지 피란델로는 이탈리아의 극작가이자 소설가로 염세적인 작품의 시인으로 출발하여 7편의 장편소설과 246편의 단편소설을 발표하였다. 그 중 『작자를 찾는 여섯 명의 등장인물』 등 연극사에 길이 남을 극작을 써서 1934년 노벨문학상을 받았다. 피란델로의 연극은 초기 자작소설의 각색에서부터 이미 그 인간관의 근본인 동일 인격의 다면성, 그리고 유동성을 무대에 자유자재로 표현하였으며 또한 자아의 통일성이 외부로부터 바라보는 다른 사람의 눈에 의해서 변화하는 다면성 속에 소멸하는 과정을 묘사하였다. 피란델로의 드라마투르기는 아리스토텔레스의 『시학』에 바탕을 둔 고전적 수법과는 대립되며 앙티테아트르의 선구로서 초연 당시의 관객에게는 이해하기 힘든 것이었다. 그는 인간관계를 환상으로서 파악하고 자타의 모순이 가져오는 비극성을 사회적·심리적으로 추구한 극작가로서 20세기 전반의 유럽 연극을 대표하는 작가였다. 본문에서 말하는 피란델로적 요소란 위와 같이 인간의 다면성과 성격의 유동성을 주제로 삼는 피란델로의 경향을 말하는 것으로 보인다. —옮긴이

이 있었으며 이 중 400여 개가 연극 전용으로 40개 언어로 1억 1천만 명의 관객들을 위해 공연을 했다. 따라서 인프라의 몰락은 파괴적이었으며, 매표를 통한 매출이 중요한 요소로 떠올랐다. 상업적인 경영진은 스타 중심의 공연을 뒷받침하기 위해 앙상블에서 배우들을 빼내어 갔고, 예술이란 미명을 벗어던진 누드 섹스쇼는 관객들에게 유혹의 덫을 던졌다. 고급 취향이라기보다는 현금이 많은 새로운 자본주의자들을 겨냥하여 할리우드식으로 화려하게 만들어진 재공연 역시 세르게이 제노바흐 등 뛰어난 연출가들이 장식한 실험적인 스튜디오 공연만큼이나 성행하였다. 재능 있는 연극인들이 고임금과 절제된 조건에 이끌려 서구로의 두번째 이민의 물결에 합류했다.

1987년 예술극장은 극단이 비대해졌다는 이유로 양분되었지만, 실제로는 예프레모프와 배우 타티야나 도로니나의 불화가 원인이었다. 체호프와 고리키로 나뉘면서, '그의 극단과 그녀의 극단'이라는 별명이 생긴 두 극단은 다른 건물에 상주하게 되었다. 류비모프는 에르드만의 「자살자」로 타간카로의 귀환을 자축했지만, 젊은 관객들에게 그는 이 역사적인 순간에 홀로 격리된 인물로 보였다. 극장에 대한 그의 소유권 자체가 그곳을 나이트클럽으로 바꾸고 싶어 하는 전직 관료의 위협을 받고 있었다. 이는 전형적인 예이다. 지원금이 유지비 수준으로 전락하자 극단들은 자발적으로 혹은 강요에 의해, 새롭게 돈을 번 폭력조직이 식당과 카지노를 운영하도록 건물을 임대했다. 레오니드 하이페츠는 군인극장에 대한 이러한 요구를 거부하다가 몰매를 맞아 죽을 뻔하기도 했다. 러시아 극장 예술가들의 생활은 이제 정치권력이 아니라 나라를 좌지우지하는 무법 사업가들인 '그림자 정부'에 의해 위협받고 있다.

새로운 '혁명'은 붉은 10월 당시의 창조적 발산을 이끌어 내지 못했다. 불확실한 세상에서 관객들은 비참한 일상에서 마음의 짐을 덜 만한 '위로의 극장'을 필요로 했다. 정치는 지루했고 예프로스와 류비모프가 창조한 거대한 연극적 은유는 이제 유행을 지났다. 이제는 개인적이고 친밀한 극장으로의 전환이 있었다. 오스트로프스키 작품에 대한 다양한 재해석은 러시아 국민들의 자본주의의 고유한 기원 탐색과 가족에 대한 새로운 관심에 대한 필요를 반영한다. 은시대의 소위 '포르노' 극작가들이 재발견되는 등 과거의 신경쇠약증세가 현재의 야단스러운 불확실성으로 이어지고 있다. 바실리예프는 그의 세대가 새로운 미래에 대한 '가교' 역할을 할 것이라 생각하고 완성된 작품 공연을 중단하고 대신 마스터클래스를 운영했다.

10년간의 정체 이후 1995년 모스크바의 극장 관객들은 타바코프 스튜디오의 블라디미르 마슈코프가 연출한 올레그 안토노프의 「죽음의 방」과 국립극장학원의 학생들이 재해석한 블라디미르 키르숀의 스탈린시대 연극인 「기적적 혼합」이라는 두 작품에 흥분을 감추지 못했다. 전자의 작품은 죽은 동료의 자리를 차지하려는 네 명의 광대들에 대한 이야기로 생동감 넘치는 펠리니식의 역작으로 비유적인 메시지가 이들의 묘기 뒤에 감춰져 있다. 후자는 새로운 형태의 철을 발명하려는 젊은 과학자 팀에 관한 작품으로 과거를 수용하고 좋든 추하든 과거의 유산을 상속한다는 메시지를 전한다. 지나간 믿음을 적극적으로 포용하며 극장은 지난 70년이 헛되지 않았다고 선언한다. 삶을 진보시키려는 전통을 통해 러시아 극장은 새로이 활기를 찾을 수 있을 것이다.

차지원 옮김

러시아 영화사를 들여다볼 때면 언제나 경계의 문제가 직접적으로든 암시적으로든 제기되곤 한다. 러시아 영화사가 러시아 제국, 구소련, 그리고 독립국가연합에서 나온 모든 작품들을 포함할 수는 없다. 그럼에도 이야기하자면, 가령 소비에트 영화의 아버지 중 한 사람인 알렉산드르 도브젠코는 러시아 영화와 우크라이나 영화에 동시에 걸쳐 있다. 스탈린 세대의 미하일 치아우렐리는 그루지야와 러시아 영화사에 속해 있다. 이보다 나중에는 세르게이 파라자노프가 스탈린 사후에 예술적

* 니키타 래리(Nikita Lary). 토론토 요크대학교 교수. 저서로『도스토예프스키와 소비에트 영화: 악마적 리얼리즘의 비전』(Dostoevsky and Soviet Film: Visions of Demonic Realism)와 『도스토예프스키와 디킨스』(Dostoevsky and Dickens)가 있으며, 『슬라브동유럽저널』(Slavic and East European Journal), 『슬라브리뷰』(Slavic Review), 『슬라브동유럽예술』(Slavic and East European Arts), 『영화학 단신』(Kinovedcheskie zapiski), 『에이젠슈테인의 재발견』(Eisenstein Rediscovered), 『소비에트 우크라이나에서의 글라스노스트의 반향』(Echoes of Glasnost' in Soviet Ukraine), 『에이젠슈테인 No. 2』(Eisenstein No. 2), 『트래픽잼, 러시아, 양성성』(Chas-Pik, Rossiia, Epicene), 『펭귄 문학 지침서: 영연방』(The Penguin Companion to Literature: Britain and Commonwealth), 『영화, 라디오, 텔레비전의 역사 저널』(Historical Journal of Film, Radio and Television), 『빅토리아 시대 연구』(Victorian Studies), 『도스토예프스키 연구』(Dostoevsky Studies), 『글로브』(Globe), 『우편』(Mail) 등의 잡지에 에세이, 논문, 비평을 다수 발표하였다.

으로 성숙한 세대 출신으로 아르메니아, 우크라이나, 그루지야, 그리고 러시아 영화사에 속하는 인물이다. 야코프 프로타자노프는 혁명 이전 시기의 영화제작자이기도 하지만 동시에 혁명 이후의 영화제작자이기도 하다. 프랑스, 독일, 미국, 그 밖의 다른 곳에 이주했거나 그곳에서 일시적으로 일하고 있는 영화 예술가들의 작품은 러시아 영화사를 더욱 다채롭게 만드는 데 일조한다. 이반 모주힌, 안드레이 타르코프스키, 안드레이 콘찰로프스키는 국제적인 맥락에서 러시아 영화사에 포함되어야 할 것이다.

장르 문제 역시 제기된다. 소비에트 아방가르드 영화는 부르주아 관객들의 지배적 서사 모델과 영화 관람 관습에 도전을 제기했다. 1920년대의 선전선동은 허구와 사실 간의 경계를 지워 버렸다. 영화는 허구나 단순한 기록이 아니라 현실을 재구성하는 데 이용되는 도구가 되었다. 세르게이 에이젠슈테인의 1920년대 혁명 관련 영화들과 알렉산드르 메드베트킨의 1930년대 집단화에 대한 영화들도 그러한 전통의 일부였다. 폴란드 출생의 블라디슬라프 스타레비치, 유리 노르슈테인, 망명자 알렉산드르 알렉세예프가 만든 아동용 영화 및 애니메이션, 만화들 또한 기억해야 한다. 다큐멘터리 전통 역시 당 이데올로기의 그늘에서 벗어 나온 지금, 새로이 일반에 공개된 문서보관소들의 기록을 고려하여 다시 재검토할 필요가 있다(이 전통에는 장편 극영화로 유명한 감독들의 전시 다큐멘터리 작품들이 포함되어 있다). 몇몇 텔레비전 영화들은 다른 장편 극영화들과 함께 '고전'이 되었다. 일례로 미하일 코자코프의 「포크로프스키 문门」(1982)을 들 수 있다. 글라스노스트 이후에는 독립 영화와 비디오 운동이 모스크바의 글레프 알레이니코프와 이고르 알레이니코프의 '대안' 또는 '평행' 영화들, 그리고 레닌그라드의 예브게니 유피트와 안드레이 묘르트비의 네크로리얼리즘necrorealism[1] 영화들과 함께 활발히 전개되었다. 영화사의 경계들은 느슨하여 지속적으로 재정의될 수 있다.

혁명 이전 시기의 영화

혁명 전 러시아의 무성영화는 예브게니 바우에르와 야코프 프로타자노프와 같은 감독과 스타들, 떠오르는 젊은 배우들과 유명 배우들로 풍성한 역사를 가지고 있다. 뤼미에르 형제의 발명품인 영화가 1896년 파리에서 관객들에게 첫선을 보인 지 몇 달 지나지 않아 러시아 영화인들은 자신들이 만든 영화를 상트페테르부르크에서 상영했다. 영화사 대표들은 1898년 차르 니콜라이 2세의 대관식 일부를 촬영했다(이때 찍은 필름은 다큐멘터리 편집물에 종종 재등장한다). 차르, 그리고 뒤이어 귀족들도 곧 영화광이 되었다. 그러나 새로운 영화 사업가들에게 더욱 중요했던 것은 값싼 오락이 기꺼이 개발될 준비가 된 거대한 시장이 러시아에 형성되어 있다는 점이었다. 몇몇 외국 회사, 예컨대 파테 형제들(1904년에 시작)과 레옹 고몽이 경영하는 회사가 외국산 영화 배급자로 자리를 잡았다. 그들은 러시아 영화에 대한 러시아 내 수요뿐 아니라 이국적인 러시아 영화에 대한 해외의 수요까지도 만족시키기 위해 배급에서 제작으로 돌아섰다. 이러한 과정에서 그들은 종종 기회주의적 행보를 보였던 알렉산드르 드란코프에게서 자극을 받았는데, 1907년 드란코프는

---

1 러시아 영화사에서 네크로리얼리즘은 '죽음'을 단지 영화에 표현되는 사건이나 상태로서뿐 아니라, 표현에 대한 접근 전반에 걸쳐 작품을 조직하는 포괄적 메타포로 사용하는 리얼리즘 경향을 의미한다. ──옮긴이

자신이 최초의 러시아 스튜디오의 설립자라고 광고하고 다녔다. 1908년부터는 드란코프의 라이벌로서 예술적으로 더 주목할 만했던 알렉산드르 한존코프가 그들을 고무했다. 1909년에는 발트계 독일인 폴 티만이 티만&라인하르트 사를 차리면서 경쟁이 가열되었다. 블라디슬라프 스타레베치와 표트르 차르디닌이 한존코프 휘하의 감독이었던 반면, 야코프 프로타자노프는 티만&라인하르트에 소속되어 있던 감독 중 하나였다. 예브게니 바우에르는 파테와 드란코프의 스튜디오에서 활동을 시작했다가 나중에 한존코프 밑에서 일했다. 러시아 무성영화의 스타 배우와 전설적 인물 중 최고봉을 차지한 것은 창백한 얼굴과 커다란 눈으로 사랑받은 베라 홀로드나야와 그 누구보다도 인정받은 대배우 이반 모주힌이었다. 두 사람 모두 바우에르와 함께 자신의 최고작 대부분을 작업했다.

1907년과 1917년 사이에 1,700편 이상의 영화들이 제작되었다. 이 시기에 제작된 영화 중 현재까지 전해진 300여 편의 영화들은 후대 학자들의 큰 관심을 끌었다. 특히 초기 무성영화제작자의 성과를 동시대의 다른 영역에서 이룬 업적과의 관계 속에서 살펴본 현대의 연구자들, 그리고 소비에트 영화를 전全 러시아 영화사 속에 맥락화하고 새로운 수정주의적 설명을 시도한 학자들은 이 무성영화 유산에 상당한 관심을 보였다. 이들의 연구는 러시아 무성영화가 단순히 유럽 영화의 한 분파라기보다는 그 자체로 하나의 유파였음을 시사하는 것이었다. 이들은 또한 혁명 전 프로듀서와 영화제작자들이 소비에트 시기의 영화, 그중에서도 특히 1917~1921년의 영화들과 중요한 연계를 맺고 있음을 지적한다.

러시아 무성영화 유파

혁명 당시 러시아 무성영화는 감정에서 우러나온 연기를 위해 의도적으로 느린 진행을 그 특징으로 하고 있었으며, 따라서 연기라든가 멜로드라마적인 자세에 본래부터 관심이 없었다. 이러한 특징은 응접실 드라마drawing-room drama[2]에 가장 잘 나타나 있었으나 여기에만 제한되지는 않았다. 예브게니 바우에르(1865~1917)는 이 유파의 대표적 감독으로 현대에 이르러서야 재발견되었다. 영화 촬영 중 입은 부상으로 세상을 떠나기 전까지 그는 80편 이상의 영화를 만들었는데, 그 중 적어도 26편이 현재까지 전해지고 있다. 또 다른 다작 감독 야코프 프로타자노프(1881~1945)는 이 유파에서 활동을 시작하였다. 프로타자노프의 초창기, 다시 말해 '무성' 시대 영화로는, 1915년작 「니콜라이 스타브로긴」(도스토예프스키의 소설 『악령』의 주인공)과 1916년작 「스페이드의 여왕」(푸슈킨의 소설 각색), 1918년에 만들어진 「세르게이 신부」(톨스토이의 소설 각색)가 있다. 첫번째와 세번째 영화에서는 이반 모주힌이 주인공 역할을 맡았다. 블라디미르 가르딘과 공동 감독한 그의 감상주의적 작품 「행복의 열쇠」(1913)는 혁명 이전 영화 중에서 최고의 흥행 성공을 거두었다. 프로타자노프는 자신이 망명 생활을 했던 파리와 베를린에서도 영화를 만들었는데, 1923년 이후 그곳의 망명 생활을 접고 돌아오자마자 그는 소련의 가변적 정치 상황에 적응할 수 있음을 증명하였고, 곧이어 살펴볼 많은 인기 영화들을 감독하였다. 그는 러시아 영화사에 있어 생존자이자 주목할 만한 시대의 가교 역할을 한 인물이었다.

---

2 행위가 집의 응접실에서 일어나거나 혹은 재현되도록 계획된 드라마 유형을 일컫는다. ──옮긴이

초기 러시아 감독들은 발명가적 재능을 지닌 영화인들이었다. 바우에르의 이동촬영과 잘 배치된 조명은 정교한 세트 없이도 실내 장면들에서 공간성, 깊이, 심지어는 호화스런 느낌들마저 만들어 냈다. 연극계 출신의 위대한 감독 프세볼로드 메이에르홀드는 특별히 영화를 위한 연기를 연구했다. 그가 만든 「도리언 그레이의 초상」(1915)이 당대의 많은 러시아 무성영화 중에서 손실된 중대한 작품이라는 것은 의심의 여지가 없다. 이 영화에서 메이에르홀드는 콘스탄틴 스타니슬라프스키와 모스크바예술극장이 표방하던 심리학적 원리에 반해 자신이 개발한 연기의 생체역학적 원리를 사용했기 때문이다. 블라디슬라프 스타레비치 (1882~1965)는 영화의 기술적 토대에 대해 탐구했는데, 이는 애니메이션 영화의 발전으로 이어졌다. 「아름다운 류카니다」(1913)에서 스톱모션 사진을 갖고 작업하면서 그는 정교하게 조립된 딱정벌레 모형들을 움직이게 하여 많은 놀라운 묘기를 부리도록 했다. 「크리스마스 이브」 (고골의 이야기를 원작으로 같은 해에 제작된 영화로 모주힌이 악마 역을 맡았다)에서 스타레비치는 딱정벌레 모형의 경우와 같은 방식으로 주인공과 물체들을 통제할 수 있도록 필름스트립에 속임수 사진 기법과 이미지 조작을 사용했다. 그는 망명 전까지 러시아에서 50편의 영화를 만들었다(1919년 이후에는 프랑스와 이탈리아에서 영화를 만들었다).

혁명 이전 시대, 그리고 1920년대 후반에 끝나는 전환기에 만들어진 러시아 영화는 오락과 도피를 원하는 대중의 비위를 맞추는 영리사업으로서, 사전 지시가 아닌 사후 검열을 받았다. 러시아 국산 영화는 외국 영화 및 덴마크의 아스타 닐센, 발데마르 실랜더, 프랑스의 코믹 배우 막스 랭데 등 러시아 대중의 인기를 누리던 외국 스타들과 흥행 경쟁을 벌였다. 다른 예술 분야의 유행과 사상, 경향들은 러시아 영화와 분리된 것이 아니라 그 안에 불완전하게 반영되었다. 20세기 첫 10년 동안 문학을 휩쓸었던 상징주의와 데카당은 대조국전쟁 시기에서야 영화에 영향을 미쳤다. 상징주의와 데카당은 스타레비치의 「백합: 현대의 알레고리」(1915), 바우에르의 「죽음 이후」(1915), 프로타자노프의 「정복자 사탄」(1917)에서 볼 수 있듯이, 주요 감독들의 작품에도 영향을 미쳤다. 미하일 라리오노프, 나탈랴 곤차로바, 다비드 부를류크와 같은 일단의 미래파 영화인들은 「미래주의자들의 카바레 No.13의 드라마」(1913)를 만드는 데 힘을 합쳤다. 또 다른 미래파 블라디미르 마야코프스키는 볼셰비키 혁명이 일어난 이후에야 「돈을 위해 태어난 것은 아닌데」, 「아가씨와 건달」, 「영화의 족쇄를 채운 여자」 등 일련의 영화를 작가이자 배우로서 만들기 시작했다. 여기 열거한 영화들은 모두 1918년에 소규모 제작사에 의해 만들어졌다. 관리자·감독·노동자·예술가 등을 포함한 혁명 전 영화산업 구조의 많은 부분이 혁명 이후에도 계속 필요하게 되었다. 제작 및 통제 조직을 지닌 소비에트 영화는 1917년 간단하고도 갑작스럽게 출현한 것이 아니었으며 그럴 수도 없었던 것이다.

혁명 예술로서의 영화

영화의 중요성은 10월혁명 직후 공식적으로 인지되었다. 11월 9일에는 영화 담당 하위부서를 둔 인민계몽위원회를 설립하는 포고령이 발표되었다. 그 이후 상당 기간 동안 영화산업의 통제를 확립하기 위한 다양한 법령이 발표되었다. 1918년 정부는 모스크바에 국립영화학교를 설립했다. 이 학교는 레프 쿨레쇼프의 워크숍에서 실시한 실험들로 유명해졌다. 1919년 8월 정부는 영화제작 및 배급을 아나톨리 루나차르스키 휘하의 인민계몽위원회의 관할 아래 국유화할 것을 포고하였다. 레닌이 영화에 부여했던 중요성은 1922년에 그가 루나차르스키에게 말한 것으로 자주 인용되는 다음과 같은 발언에 반영되어 있다. "당신은 모든 예술 중에서 영화가 우리에게 가장 중요한 것임을 마음속 깊이 새겨 두어야만 합니다." 정부가 영화산업에 대한 통제력을 확립하면서 직면했던 어려움은 같은 해 나온 레닌의 요구사항, 즉 극장에서 영화를 상영할 때 오락을 안전하게 하는 데 필요한 선전의 '레닌적 영화−비율'[3]에 나타나 있다. 소비에트 영화가 거둔 최초의 성공작 「폴리쿠슈카」(1919)는 구세대 감독의 작품으로, 톨스토이가 어느 농노에 관해 쓴 단편소설을 각색한 것이었다. 이 영화는 예술인 공동체로 재편된 민영 스튜디오 루시Rus'에서 만든 것으로, 모스크바예술극장 출신의 대표 배우 이반 모스크빈의 영화계 데뷔작이었다. 이 영화의 해외 판매수익은 긴요한 영화필름 구입에 사용되었다. 그루지야 인민계몽위원회 영화부에서 나온 이반 페레스티아니의 「붉은 마귀들」(1923)은 세 아이들이 적군 기병대 정찰병으로 겪는 모험을 그린 작품으로, 감독들이 소비에트 영화를 기꺼이 만들고자 했음을 보여 준 최초의 증거였다. 1905년 제1차 러시아혁명을 기념하는 해였던 1925년까지 소비에트 세대 영화제작자들은 영화를 혁명의 예술로서 확립할 만반의 준비가 되어 있었다.

수도가 모스크바로 옮겨지고 중앙집권화가 추진되면서 모스크바는 영화제작에서 명실 공히 제1의 중심지가 되었다. 레닌그라드, 곧 옛 상트페테르부르크는 제2의 중심지였다(그리고 향후 몇 년간 키예프, 트빌

---

3 레닌은 뉴스영화의 중요성을 강조했으며 '레닌적 영화−비율'을 주장했다. 이는 픽션과 더불어 영화 프로그램은 '소비에트적 현실'을 반영하는 소재를 포함해야 한다는 것이었다. ──옮긴이

리시, 오데사, 기타 다른 지역 스튜디오들이 이 두 곳에 도전장을 내밀게 된다). 모스크바와 레닌그라드는 혁명의 새로운 예술 형식을 향해 달려든 무대 배우들과 극작가, 음악가, 세트디자이너, 비평가, 이론가들로 가득 찼다. 할리우드와 비교해 볼 때, 이 두 도시에서는 배우들과 심지어 감독들까지도 무대와 스크린 사이를 더 자유롭게 옮겨 다녔다. 감독들 중에서 에이젠슈테인은 아방가르드 극장에서 활동을 시작했으나 나중에 자신의 아이디어를 발전시키기에 적합한 연극무대가 없음을 깨닫고 영화로 옮겨 갔다. 마야코프스키가 그랬던 것처럼, 혁명을 지지하기 원했던 작가들은 영화를 통해 더 많은 대중과 만날 수 있었다. 혁명 이전에 문학이론가로 활동을 시작했던 형식주의자들은 영화이론과 영화비평으로 방향을 선회했다. 그들 중 레닌그라드의 유리 티냐노프와 모스크바의 빅토르 슈클로프스키 두 사람은 「외투」(1926)와 「제3 메샨스카야 거리」(1927) 등 몇몇 중요한 영화들의 대본을 썼다. 미래주의 회화는 프로타자노프의 「아엘리타」(1924)에서 의상으로, 그리고 더욱 중요하게는 에이젠슈테인과 지가 베르토프에게서 건축 원리로 사용되었다. 작곡가 드미트리 쇼스타코비치는 특히 그리고리 코진체프와 레오니드 트라우베르크를 위해 일련의 영화음악을 작곡하였다. 그 첫 곡은 영화 「新바빌론」(1929)의 라이브 오케스트라 반주를 위한 배경음악이었다. 이후 세르게이 프로코피예프 또한 영화계에서, 특히 에이젠슈테인과 작업했다. 많은 분야의 예술가들이 다른 출구들이 막히자 영화계로 전향했다. 종종 예술의 종합체로 여겨지는 영화 분야에는 인재 풀이 넓었다. 그러나 다른 예술 분야에서와 마찬가지로 영화에서도 제작자와 소비자를 발굴해야 했다. 더구나 신생 소비에트의 영화산업 구조에서는 제작자들이 정치적·관료주의적 공격에 노출되어 있었다. 때때로 영화들은 해외에서 받은 반응에 의존해야 했다. 예를 들어 「전함 포템킨」(1925)은 1926년 베를린에서 받은 갈채 덕분에 본국에서의 배급이 용이해졌다. 소비에트 영화제작자들이 향유했던 자유는 심지어 그들의 전성기 때조차도 상대적인 것에 불과했다. 예술의 기능과 그 통제자에 대한 긴장과 충돌은 소비에트 영화사 전반을 특징짓는 것으로 이 시기에 처음 나타났다.

몽타주 기법의 중요성

몽타주 기법은 영화 장비와 필름이 없어 실험과 이론적 숙고에 골몰할 수밖에 없었던 영화제작자들의 노력에 의해 소비에트 영화의 최고 원리로 자리잡았다. 영화제작에서 '몽타주'라는 용어는 편집을 의미했지만 실은 그 이상이었다. 이것은 초기 러시아 영화에서 유행한 방식보다는 미국에서 사용하는 방식에서 나온 신속한 컷 편집을 의미했다. 더욱 중요한 것은, 이 기법이 필름 한 조각에 무엇이 선행하거나 따라오느냐에 따라 의미적 변화를 일으키는 방식을 고려했다는 점이다. 쿨레쇼프는 몽타주 사용으로 자신에게 부여되는 능력에 특히 깊은 인상을 받았다. 그는 필름의 다른 부분들을 한데 이음으로써 공간('창조적 지리학')과 시간 모두를 자유롭게 구성할 수 있었다. 심지어 그는 완전히 상상의 풍경을 실제 요소들로부터 조립해 낼 수 있었다. 또한 그는 정신 상태까지도 조립해 낼 수 있었다('쿨레쇼프 효과'). 쿨레쇼프의 작품에 나타난 창조적 지리학의 일례로 「법에 따라서」(1926)에서 모스크바 강 위에서 찍은 숏으로부터 유콘 강을 나타내는 세팅을 만들어 낸 것을 들 수 있다. 감독이 되기 전에 쿨레쇼프의 워크숍에서 배우 수업을 받았던 프세볼로드 푸도프킨은 쿨레쇼프 효과에 관한 유명한 일화를 다음과 같이 기술하고 있다. 배우 이반 모주힌의 단독 숏 바로 다음에 관 속의 여인의 숏이 따라오고, 줄넘기하는 어린이의 숏이 뒤따르고, 마지막으로 수프 한 그릇의 숏이 나왔다. 관객들에게는 모주힌의 고정된 표정이 이 시퀀스의 각각의 장면 속에서 변하는 것처럼 보였다. 이 시퀀스는 그의 연기가 뛰어난 것처럼 보이게 했다.

쿨레쇼프는 워크숍에서 자신의 몽타주 기법 원리에 기반하여 영화 연기 원리들을 발전시켰다. 영화는 모스크바예술극장에서 스타니슬라프스키가 사용한 핵심 방법이었던 경험의 재현을 필요로 하지 않는다. 메이에르홀드의 배우 동작 원리들이 훨씬 더 유용한 모델을 제공했다. 게다가 영화 카메라는 신체의 여러 부분들을 프레임 안에 넣는 데 사용될 수 있었다. 이렇게 프레임 안에 넣어진 각각의 부분들은 각기 다른 방식으로 감정과 정서를 나타냈다. 쿨레쇼프의 작품에서 강조점은 배우들에게 부여된 다양한 표현 방식에 있었다(배우들은 고도로 단련된 육체적 훈련을 받은 나투르쉬크naturshchiks, 즉 '전형'들이었다). 쿨레쇼프 공동체라고 알려진 이 워크숍의 성원 중에는 배우 알렉산드라 호흘로바, 레오니드 오볼렌스키, 블라디미르 포겔, 푸도프킨 외에 또 하나의 미래의 감독인 보리스 바르네트가 있었다. 1920~1921년에 쿨레쇼프 공동체는 필름이 없어 관객 앞에서 공연한 영화-연극에서 자신들의 기능을 연마했다. 여기서 그들은 컷 편집에 상당하는 신속한 장면 전환을 통해 영화 연기의 원리를 보여 주었다.

에이젠슈테인은 몽타주의 의미에 있어서 쿨레쇼프와 의견을 달리했지만 몽타주를 중시했다는 점에서는 동일했다. 쿨레쇼프처럼 그는 자신의 필름들을 직접 편집했다(오늘날까지 러시아 감독들은 할리우드 감독들과 달리 필름을 직접 편집하는 것이 일반적 관례이다). 몽타주를 정의하면서 그는 편집한 필름 조각들을 폭발하기를 기다리고 있는 세포들에 비유했으며, 쿨레쇼프가 필름 조각들을 연속적으로 연결되어야 하는 벽돌처럼 취급했다고 비난했다. 에이젠슈테인에게 있어 가장 중요한 것은 세포 간의 갈등이었으며, 이것은 숏들 내의 갈등에 좌우되었다. 몽타주는 또한 구성의 내적 원리였다. 갈등으로서, 또 궁극적인 폭발로서, 그의 몽타주 개념과 연결되어 있었던 것은 관객을 향한 공격적인 연기의 원리였다. 그의 용어 '견인 몽타주'[4]는 「파업」(1925)에서 가장 적나라하게 나타나 있는데, 이것은 관객의 정서에 작용하는 다양한 장치들을 의미했다. 그가 사용한 '견인'attraction이라는 용어는 음악홀과 서커스로부터 온 것이었다. 이것은 회전 또는 연기와 같은 말이었다. 견인 몽타주는 그의 후기 작품들에서 줄거리 속으로 단단히 통합되었지만, 표현성과 관객들을 표적으로 한 연기는 주요한 관심사로 남았다. 영화는 '파토스' 혹은 느낌의 예술이었다. 에이젠슈테인은 그의 영화들이 '영화적 일격'kino-fist을 전달하기를 원했다.

레프 쿨레쇼프

쿨레쇼프(1899~1970)는 혁명 이전에 예브게니 바우에르와 함께 배우 및 미술 디자이너로서 영화 경력을 쌓기 시작했다. 10월혁명에 뒤따른 내전 기간 동안 그는 뉴스영화들을 촬영했다. 위에서 언급한 바와 같이, 몽타주와 영화 연기에 대한 그의 아이디어는 그의 최고작으로 꼽히는

---

4 '견인 몽타주'에서는 부분들 사이의 논리적 연결을 이미지 연상으로 대체한다. 에이젠슈테인은 견인 몽타주가 "몽타주 단편들에 의해 발생하는 연상들을 관객의 머릿속에 병치하고 누적시키는 것으로 이루어져 있다"라고 말하고 있다. ──옮긴이

두 영화 「볼셰비키 나라에서의 웨스트 씨의 놀라운 모험」(1924)과 「법에 따라서」(1926)에 직접 반영되어 있다. 첫번째 영화는 소련 영화에 예를 찾아볼 수 없는 자유분방한 코미디 영화이다. 쿨레쇼프는 웨스트 씨의 코믹한 모험 영화에 이어 공상과학 모험 영화 「죽음의 광선」(1925)을 만들었다. 이 영화는 무엇보다도 그가 영화제작에서 사용할 수 있었던 기술적 자원을 선보이고자 한 시도에서 나왔다. 비평가들과 관료들은 이 영화가 너무 실험적이며 이념적으로 부적절하다고 비판하였다. 그 결과 쿨레쇼프 공동체는 존재 자체가 사라질 위험에 처했다. 그들은 다음 영화 「법에 따라서」를 잭 런던의 소설 『불청객들』을 빅토르 슈클로프스키가 각색한 간결한 대본을 사용하여 최소한의 예산으로 촬영하였다. 무법적 행동에 관한 이 영화는 더욱 큰 적대감을 불러일으켰으며 그 배급이 제한되었다. 결국 이 영화는 러시아에서보다 외국에서 더 잘 알려지게 되었다.

쿨레쇼프의 다른 영화들로는 모형 마천루들을 사용하여 만든 미국 도시 세팅을 배경으로 음향을 포함한 최초의 실험작 「지평선」(1933), 그리고 오 헨리의 소설을 각색한 「위대한 위안자」(1933) 등이 있다. 후자는 쿨레쇼프가 '미국적 성향'을 가지고 있다는 지속적인 비난의 원인이 되기도 하였다. 쿨레쇼프는 당시 신성시되었던 사회주의 리얼리즘에 주로 침묵으로 응답했다. 그는 아동 영화 「시베리아 사람들」(1940)과 두 편의 전쟁 영화를 만들었다. 세상을 떠날 때까지 그는 전소련국립영화학교VGIK, Vsesoiuznyi gosudarstvenii institut kinematografii에서 교사로서 활발하게 활동했으며 영화 기술에 관한 두 권의 명저 『영화예술』(1929)과 『영화 연출의 기초』(1941)를 남겼다.

세르게이 에이젠슈테인

많은 이들에게 에이젠슈테인(1898~1948)은 뛰어난 러시아 영화제작자이다. 그 이유는 그가 만든 영화들 때문이기도 하고 그가 쓴 다수의 이론적 저작 때문이기도 하다(저작 중 많은 부분은 그가 영화제작을 금지당했던 휴지기에 쓰여졌다). 그는 자신이 선택한 예술 장르가 담당할 수 있는 범위를 확장하려는 야심을 가지고 있었으며, 자신을 일류 작가와 예술가들(그 중에서도 에밀 졸라, 도스토예프스키, 제임스 조이스, 엘 그레코, 조반니 피라네시, 그리고 러시아 구성주의자들)에 견주고자 했다. 그는 중국과 멕시코 등 다른 문화와 시대로부터 무엇을 배울 수 있을지 탐색했다. 메이에르홀드와 함께 극장예술을 연구하고, 프롤레트쿨트 무대를 위해서는 의상을 디자인하고 연극 연출을 하던 끝에 그는 영화 장르에 도달했다. 그가 보기에 영화는 더 큰 융통성과 관객들에게 작용하는 더 많은 방법을 제공했기 때문이다. 촬영기사 에두아르드 티세와 함께 그는 영화 촬영기법의 많은 원천들을 탐색했다. 그러나 에이젠슈테인에게 있어 가장 중요한 창조적 경험은 그가 1923~1924년에 쿨레쇼프와, 그리고 에스피르 슈프와 함께한 작업과 실험에서 처음으로 탐구했던 몽타주였다. 몽타주를 통해 그는 예술가로서 완전한 해방을 얻을 수 있었다. 그의 이론 저작에서 '몽타주'는 분석 용어로 기능했는데, 이것이 가리키는 범위는 필름 숏들 간의 혹은 숏들 내의 관계를 넘어 확장되었다. 이 용어는 문학 텍스트와 그림을 두고 벌어진 매우 유익한 일부 논의에서도 사용되었다. 영화에서 이 개념은 곧 소리, 단어, 음악에 대한 '수직적' 지시를 의미하게 되었다. 이 용어는 그의 영화에서 상이한 요소들 간의 관계나 의미심장한 대사들 간의 관계를 묘사하기 위해 '다성악'과 '대위법'과 같은 용어와 함께 더욱 확장되었다.

에이젠슈테인에게 있어 영화에 필수적이었던 '파토스'는 아이디어에, 심지어는 연기에도 연결되어 있었다. 그러나 영화는 느낌과 감정의 내적 세계에 기반하고 있었다. 이는 그가 대중을 집합적 주인공으로 표현했던 초창기 영화들에서도 마찬가지였다. 내적 세계 탐색에 있어서 그가 영향을 받은 두 사람은 프로이트와 제임스 조이스였다. 에이젠슈테인은 '내적 독백'을 만들어 내는 조이스의 실험에 흥미를 느꼈지만, 이러한 탐색을 위해서는 영화가 문학보다 더 나은 매체라고 느꼈다. 조이스는 에이젠슈테인의 아이디어에 깊은 인상을 받았으며, 두 사람이 1929년 파리에서 만난 이후 자신의 소설 『율리시즈』의 영화화 작업을 에이젠슈테인에게 기꺼이 위임했다. 이 프로젝트는 칼 맑스의 『자본』과 더불어 에이젠슈테인이 즐거워했으나 끝내 실현되지 못한 많은 기획 중 하나였다.

에이젠슈테인의 예술은 고도로 계산된 것이었다(일부 비평가들이 보기에는 너무 지나칠 정도였다). 그러나 에이젠슈테인은 그것의 실제 효과가 꿈꾸는 것 같거나 공감각적인 상태라는 것을 깨달았다(이것은 이 예술이 일으키는 전형적인 위험이었다). 그는 자신의 예술이 전복적 예술이라는 것을 알고 있었다. 생애 말년에 쓴 '자전적 스케치'에서, 그는 자신의 공격적인 예술적 자유가 그를 혁명에 필요한 존재로 만들어 주었으나, 동시에 그것은 계속적으로 당국을 화나게 하는 결과를 가져왔다고 주장했다(그는 자신의 회고록에서 당국을 "다리를 부러뜨리는 야간 개인 사업"을 하는 "거의 언제나 상호와 주소를 가지고 있는 세력"이라고 말하고 있다). 스탈린과 그의 관료들은 통상 그의 영화를 불신했다. 직접적 혹은 간접적인 방법으로 스탈린은 에이젠슈테인이 창조적 에너지를 대거 쏟아 부었던 영화 프로젝트 두 개를 중단시켰다. 1931년 「멕시코 만세」와

1935년(그리고 1937년에도) 「베진 초원」이 바로 그것이다. 그러나 스탈린은 또한 에이젠슈테인의 재능을 인정했고 때로는 그의 영화를 필요로 했다.

「파업」(1925)은 명목상으로는 자본주의 러시아에서 일어난 노동자들의 파업과 그것의 유혈 진압에 대한 것이었다. 이 영화에서 특기할 점은 ① 메타포의 계속적인 발전, ② 자유로운 몽타주 실험이다. 이 몽타주에서 행위는 상이한 앵글로부터 찍은 숏들의 중첩 사용을 통하여 계속적으로 파편화된다(에이젠슈테인의 시각은 시적이고 구성주의적이었다). 이 영화는 서커스와 극장예술에서 프롤레트쿨트적 선전에 많이 의존하고 있다. 줄거리는 감정과 생각을 불러일으키는 다양한 '견인'들의 몽타주를 위한 구실로 기능한다.

「전함 포템킨」(1925)은 영화사에서 가장 중요한 영화 중 하나로 명성이 확립되어 있다. 이 영화는 1905년 혁명을 기념하는 것이었다. 혁명 이후에 세워진 새로운 신화학에서 1905년 혁명은 1917년 10월의 볼셰비키 혁명의 전조였다. 이 영화에서는 육지에서 항의시위의 물결을 불러일으킨 선상 반란이라는 특정 사건에 초점을 맞추고 있다. 선원과 도시의 대중으로 이루어진 에이젠슈테인의 집합적 주인공은 이상하게도 자발적인 형제애로 행동하는 것처럼 보인다(공산당이 지도한 맑스-레닌주의적 프롤레타리아들과는 단지 어렴풋이만 닮았다). 훈련받지 못한 배우들이 타이피지typage[5]로 선택되어 충돌과 혁명의 힘을 재현한다. 병사들이 내려오면서 군중 시위대를 향해 발포하는 '오데사 계단'의 긴 시퀀스

---

5 타입캐스팅(typecasting)이라고도 하며, 신체적으로나 표정적으로나 연기할 인물의 성격과 진실을 전달하기에 적합한 기반을 선천적으로 갖추고 있는 연기자를 고르는 것을 의미한다. ──옮긴이

는 영화사에서 가장 복잡하고, 스릴 있고, 잘 연구된 몽타주 시퀀스 중 하나로 손꼽힌다.

「10월」(1928)은 혁명 10주년을 기리기 위해 만들어진 기념영화 중 하나였다. 이 영화는 역사적 사건들을 바탕으로 하고 있다(그러나 또한 1920년 상연된, 수천 명의 사람들이 참가하는 혁명 재연에 기반하고 있기도 하다). 타이피지의 원리에 따르면, 레닌은 무엇보다도 하나의 '타입'으로서 의미심장했다. 레닌 숭배가 이미 시작되었기 때문에 이것은 논란을 불러일으켰다(이것은 또한 레닌의 실제 역사적 역할에 대해 의문을 가지는 현대의 관객들에게도 난해한 문제이다). 트로츠키에 해당하는 '타입'의 역할을 가능한 한 제거하느라 영화의 완성은 지체되었다. 왜냐하면 1927년 말경 스탈린은 자신의 권력을 확고히 했고 트로츠키를 혁명의 방해자로 취급하고 있었기 때문이다.

「10월」은 그 이미지와 구조에 있어 다른 어느 영화보다도 구성주의적인 작품이다. 차르 권력의 붕괴는 알렉산드르 3세 동상의 철거를 통해 묘사된다. 회전하는 자전거 바퀴는 자전거 대대를 나타낸다. 반항하는 노동자들을 차단하기 위해 도개교를 올리는 것은 악몽 같은 주관적 시간의 사건이 된다. 영화의 가장 유명한 몽타주 시퀀스 '신과 국가'는 신의 개념을 해체하고 전복시킨다. 이 시퀀스는 에이젠슈테인이 맑스의 『자본』을 영화로 만들기 위해 발전시킬 수 있을 것으로 생각했던 새로운 '지적인 영화' 개념과 연관되어 있다.

「옛것과 새것」(1929)은 소작농 문제와 집단화를 통한 농업개혁 문제에 초점을 맞춘 영화이다. 이 작품은 단순하고 대중 관객이 이해하기 쉽도록 만들어진 코미디 영화이다. 이 영화의 주인공은 오랫동안 찾아 선발한 농장 노동자 마르파 라프키나가 연기했다(그녀는 비숙련 배우에게서 연기력을 이끌어 내는 에이젠슈테인의 능력을 여실히 보여 주었다). 이 여주인공은 가난하고 둔감한 소작농들이 자원을 공동화하도록 설득하여 크림 분리기, 황소, 그리고 끝내는 트랙터를 사게 해야 한다. 또 사무 노동자들에게서는 무관심을 극복하고 트랙터 판매 허가를 받아내야 한다. 에이젠슈테인의 영화에서 종종 그러하듯, 에로틱한 기저 컨텍스트는 정치적 갈등 밑에 잠재하는 힘의 원천이 되고 있다. 기계와의 관계는 노골적으로 에로틱하게 표현되고 있다. 크림 분리기가 작동되기를 기다리고 있는 마르파를 보여 주는 몽타주 시퀀스에서 그녀와 크림 분리기의 관계, 그리고 트랙터 운전기사와 트랙터의 관계가 바로 그러하다. 비가 내리기를 기도하는 소작농 행렬을 보여 주는 몽타주 시퀀스는 에이젠슈테인이 신과 종교를 해체한 또 하나의 예이다. 에이젠슈테인은 구성을 깊이 있게 보여 주기 위해 이 영화에서 딥포커스[6]를 실험했다.

「알렉산드르 네프스키」(1938)는 에이젠슈테인이 「옛것과 새것」이후 처음으로 완성 허가를 받은 영화였다. 이 영화는 애국적인 주제에 초점을 맞추어 13세기 러시아 영웅이 지휘하는 러시아 군대가 독일의 튜턴기사단에 대항하는 전투를 그리고 있다. 엄숙한 사회주의 리얼리즘이 축제적 카니발리즘에 의해 약화되었음에도 불구하고, 이 영화는 에이젠슈테인의 영화 중에서 가장 사회주의 리얼리즘에 부합하는 작품이다. 영화 편집 과정에서 에이젠슈테인은 영화음악을 작곡한 프로코피예프와 함께 긴밀히 작업했다(이 영화음악은 현재 「알렉산드르 네프스키 칸타타」 자체로도 유명하다). 이 영화는 시청각적 대위법의 실험이었으며, 얼음 위 전투 시퀀스에서 절정에 이른다. 이 시퀀스에서 무거운 갑

6 근경과 원경을 아울러 선명하게 잡는 초점 조절을 뜻한다. ──옮긴이

옷을 입은 기사단이 얼어붙은 호수 위 전투로 유인되고 얼음이 그들의 무게를 이기지 못해 깨지면서 기사단은 물속으로 사라진다.

많은 사람이 에이젠슈테인의 대표작으로 「이반 뇌제」 1부(1944)와 2부(1946)를 손꼽는다. 영원한 혁명 예술가로서, 에이젠슈테인은 이제 자신의 첫 영화들에 제시된 전제들에 이의를 제기한다. 「이반 뇌제」에서 그의 주인공은 대중이 아니라 역사적 위인이었다. 이반은 1부에서는 외적과 싸우며 2부에서는 내부 반목에 대항하여 러시아를 통합하려고 노력한다. 그러나 그는 고뇌에 시달리는 비극적인 인물이기도 하다. 2부가 끝나는 대목에서 컬러 시퀀스 숏으로 표현된 카니발적 연회 장면에서, 우리는 이반이 기만자이자 배우이며, 사랑과 우정의 대체물만을 가질 수 있도록 저주받은 고독한 인간임을 알게 된다. 에이젠슈테인의 의도에 따르면 이 영화는 이반이 나중에 표트르 대제가 승리한 전투를 예견하는 환상 속에서 발트 해를 헤치고 나아가는 것으로 끝나는 3부가 있었어야 했다. 스탈린은 위대한 지도자에 관한 에이젠슈테인의 영화가 스탈린 자신의 역사적 역할의 정당성을 비유적으로 입증해 주었으면 했다. 스탈린의 희망은 1부에서 실현되는 듯이 보였지만, 2부를 보자마자 스탈린은 자신의 기대가 애초부터 어긋났다는 것을 깨달았다. 영화에 대한 험악한 비난이 뒤따랐다. 심장발작으로 와병 중이던 에이젠슈테인은 영화의 재제작을 허락받았지만, 1948년 세상을 떠나는 바람에 그렇게 할 수가 없었다. 「이반 뇌제」 2부는 사라졌지만, 그 필름은 영화 재편집 과정에서 에이젠슈테인이 가한 손상이 그대로 남아 있는 채 살아남아 1958년에 마침내 개봉되었다. 3부는 촬영자료의 거의 전부가 분실되었다.

이 영화에서 에이젠슈테인은 제1촬영기사 에두아르드 티세가 실외 장면을, 제2촬영기사 안드레이 모스크빈(FEKS 촬영기사)이 실내 장면들을 찍게 하여 스타일 차이를 강조하고자 했다. 유명한 대화들이 포함된 영화대본은 에이젠슈테인 자신이 직접 썼다. 다시 한번 그는 프로코피예프와 공동으로 몽타주 작업을 하면서 시청각적 대위법을 계속 탐구했다. 연회 장면은 내면 세계의 이미지를 구축하기 위해 물체에서 색채를 분리하고자 했던 색채 사용 연습이었다.

프세볼로드 푸도프킨

푸도프킨(1893~1953)은 1920년에 배우로서 영화에 발을 들여놓았고, 1922년 쿨레쇼프 그룹에 합류했다. 그는 쿨레쇼프의 영화 「볼셰비키 나라에서의 웨스트 씨의 놀라운 모험」과 「죽음의 광선」, 표도르 오체프의 「산송장」(1929), 그리고 훨씬 나중에 에이젠슈테인의 「이반 뇌제」에 출연한 바 있다. 그는 통상적으로 자신이 만든 영화에서 작은 역할들을 연기하곤 했다. 자신이 감독한 작품에서 그는 쿨레쇼프의 몽타주 원리를 적용하여 고도로 시적이고 서정적인 구조를 발전시켰다.

　　「체스 열기」(1925)는 모스크바에서 개최된 체스 대회에서 촬영된 체스 챔피언 호세 카파블랑카의 숏들을 강박증 환자 체스 선수와 그가 사랑하는 여자가 등장하는 코미디를 만드는 데 사용한 흥미로운 습작이다. 고리키의 소설에 근간한 「어머니」(1926)는 푸도프킨의 영화 중 가장 사랑받고 가장 서정적인 작품이다. 베라 바라노프스카야가 어머니 역할을 맡았고 니콜라이 바탈로프가 아들 역을 연기했다. 또 다른 혁명 기념 영화 「상트페테르부르크의 종말」(1927)은 몇 가지 훌륭한 군중 장면과 더불어, 옛 수도와 혁명에 대한 풍부한 상징적 묘사가 담겨 있다. '아시아의 폭풍'이라는 제목으로도 알려진 「칭기즈칸의 후예」(1928)는 혁명을 부랴트 몽골 배경으로 옮겨 놓은 영화이다. 이 영화에는 이국적 소재들이 많이 사용되고 있으며 영국 간섭주의자들의 우스운 캐리커처가 등장한다. 「탈영자」(1933)는 이미지와 소리에 대한 푸도프킨의 대위법적 몽타주 실험으로 흥미로운 영화이다. 그의 후기 영화 가운데서 슈클로프스키가 대본을 쓰고 미하일 돌레르가 공동 감독한 「미닌과 포자르스키」(1939)는 폴란드 점령군에 대항한 애국적 봉기를 기념하는 영화였다. 이 영화는 에이젠슈테인의 「알렉산드르 네프스키」를 경쟁작으로 의식하여 만들어졌다. 푸도프킨의 마지막 영화 「바실리 보르트니코프의 귀환」(1953)은 공적 삶의 의미에 의문을 제기한다. 전쟁에서 돌아온 한 남자가 자신의 아내가 정조를 지키지 못하고 집단농장 위원장직을 실패한 결혼의 보상물로 간주하고 있다는 사실을 알게 된다. 푸도프킨은 다수의 이론적 저작을 남겼다. 『영화 테크닉』(1949년판 영문본)과 『영화 연기』(1949년판 영문본)는 영화학도들의 기본 입문서이다.

알렉산드르 도브젠코

도브젠코(1894~1956)는 우크라이나의 소작농 집안에서 태어나 교사로 직업 생활을 시작했다. 내전기에 그는 적군에 가담했고 당원이 되었다. 이에 대한 보상으로 그는 1921~1923년 동안 폴란드와 독일 담당 외교 임무에 발탁되었다. 덕분에 그는 뮌헨에서 예술을 공부할 기회를 가지게 되었다. 혁명운동을 우크라이나 신화와 민화에 짜 넣은 「즈베니고라」(1928)는 시적 영화언어에 대한 추구를 보여 줌으로써 주요 영화제작자들로부터 곧바로 인정받았다. 「무기고」(1928)에서도 시적 언어의 탐구는 계속되었다. 이 영화에서 전쟁, 고통, 혁명의 테마는 줄거리에 의존하지 않고 자유롭게 펼쳐진다. 「대지」(1930)는 이 감독의 영화 중에서 가장 유명하고 가장 사랑받은 작품이다. 집단농장화 직전의 우크라이나 촌락 묘사에서 도브젠코는 자연의 리듬과 여전히 교감하고 있는 농촌의 삶을 재창조했다. 이 영화는 이데올로기적 관점에서 집단화를 지지하는 한편, 대지의 비옥함과 아름다움을 오랫동안 보여 주는 롱테이크 장면들과 노인의 죽음, 달빛 비치는 길 위에서 추는 청년의 사랑의 춤, 그리고 살해당한 연인으로 말미암은 여인의 원초적이고 동물적인 공포와 비애의 장면들이 깊은 인상을 주는 영화이다. 역설적으로 이 모든 이미지들은 파괴 직전의 농촌 생활에 대한 찬양이 된다. 하지만 이러한 찬양은 그 어떤 지역적 또는 민족적인 근거도 뛰어넘는다.

도브젠코는 「이반」(1932)과 「항공도시」(1935)에서 농촌의 변화 양상을 계속 탐색하면서 스탈린에게 영화 「항공도시」의 상영 허가를 구했다. 그는 스탈린의 요구를 받아들여 한 지식인 내전 영웅을 그린 영화 「쇼르스」(1939)를 만들었다. 도브젠코는 스탈린의 허가를 받아 자신 특유의 시적 영화를 추구했으나 그 대가로 영화의 주제들을 점점 스탈린의 요구에 부합되도록 만들었다. 실제로 도브젠코는 당과 당의 노선과 가장 부합하는 아방가르드 감독이었다. 그의 후기 영화 중 「해방」(1940)은 몰로토프-폰 리벤트로프 조약[7]이 효력을 발휘하던 시기에 일어난 서우크라이나와 우크라이나 소비에트의 통합에 관한 영화였다. 실제 전쟁 기간 동안 그는 다수의 설득력 있는 다큐멘터리 영화제작을 (감독하기보다는) 지휘했다. 그의 전기적 컬러 영화 「미추린」(1948)은 후천적으로 습득된 성격의 유전적 전달에 대한 트로핌 리센코의 생물학 가설을

---

7 독일과 소련이 1939년 8월 상호 불가침하는 대신 동유럽을 분할 점령하기로 합의한 비밀조약이다. 독·소 불가침조약으로도 불린다. —옮긴이

둘러싼 이념 논란에 휘말리게 되었고, 도브젠코는 결국 그 영화에 대한 감독 권한을 상실했다.

괴짜 배우 공장: 그리고리 코진체프, 레오니드 트라우베르크

'괴짜 배우 공장'을 뜻하는 FEKS Fabrika ekstsentricheskogo aktera는 1921년 코진체프(1905~1973)와 트라우베르크(1902~1990)에 의해 설립되었다. 에이젠슈테인은 모스크바로부터 이들을 방문했을 때 이 그룹에 가입했다. 그들은 서커스와 음악홀에서는 연극적 영향을, 독일 표현주의 영화로부터는 영화적 영향을 받은 '괴짜'들이었다. 그들은 당대 삶의 에너지와 리듬을 무대와 스크린에 가져오려고 노력했다. 이 '공장'은 서너 명의 배우들과 감독 세르게이 게라시모프를 배출했다.

　「옥탸브리나의 모험」(1924)은 한 젊은 여자가 혁명 전 러시아의 잔재인 무뢰한들과 싸워 이기는 유쾌한 선동 영화였다. 「악마의 바퀴」(1926)는 1920년대 최고의 인기 테마였던 신경제정책에 대한 영화로서 한 범죄집단의 발각과 도주를 그리고 있다. 이 영화의 촬영기사였던 안드레이 모스크빈은 이때부터 FEKS 팀의 작품에 자주 관여하였다. 「외투」(1926)와 「위대한 사업 동맹」(1927)의 대본은 형식주의 이론가 유리 티냐노프가 썼다. 고골의 단편소설을 각색한 「외투」는 낯선 앵글로 찍은 카메라 숏과 스케일, 빛과 어둠의 대조를 통하여 옛 제국의 수도 상트페테르부르크를 악몽의 세계로 탈바꿈시켰다. 관료주의는 꿈의 세계를 공격했다. 사랑의 평범한 느낌들이 그로테스크한 표현으로 나타났다. FEKS는 영화에서 환상적 리얼리즘을 성취해 냈으나 이것은 유감스럽게도 새롭게 떠오르는 자연주의적 사회주의 리얼리즘 전통에 의해 나중에 묻혀 버리고 말았다. 「위대한 사업 동맹」은 1825년 데카브리스

트 봉기를 기념하는 영화로서, 혁명에 대한 준비가 되어 있지 않았던 그 로테스크한 러시아의 모습을 보여 주었다. 1871년을 배경으로 한 「신바빌론」(1929)은 파리의 어느 화려한 상점을 제2제국과 파리코뮌의 성장을 보여 주는 외적 배경으로 삼고 있다. 쇼스타코비치의 라이브 오케스트라 반주 배경음악은 영화에서 부패와 반란의 리듬을 발전시켰다.

FEKS는 영화 「막심」 3부작을 만들면서 무성영화 스타일을 버렸다. 1부 「막심의 청년시절」은 1935년 1월 사회주의 리얼리즘이 공포되던 바로 그달에 개봉되자마자 곧바로 새로운 규범의 일부가 되었고, 「막심의 귀환」(1937)과 「비보르그 방면」(1939)이 잇달아 만들어졌다. 이 영화는 가공의 구볼셰비키 당원에 관한 이야기를 그리고 있다. 그러나 제2차 세계대전 말기에 나온 코진체프와 트라우베르크의 「보통 사람들」은 예술계를 덮친 억압의 물결 속에 휩쓸리고 말았다. 특히 트라우베르크는 반'세계시민주의' 캠페인의 희생양이었다. 그 이후 FEKS 팀의 운명은 엇갈리게 되었다.

다큐멘터리 영화: 지가 베르토프, 에스피르 슈프, 빅토르 슈클로프스키
베르토프(1896~1954)는 내전기에 다큐멘터리를 만드는 것으로 작품 활동을 시작했다. 이때 만들어진 선동열차 영화들은 10월혁명의 메시지를 시민들과 병사들에게 유포하는 역할을 했다. 그는 옛 러시아 제국의 폴란드 영토에서 데니스 카우프만이라는 이름으로 태어났다. 나중에 선택한 '지가 베르토프'라는 이름은 영화 카메라의 딸깍거리는 버튼 소리를 의미한다. 그는 '키노-아이'Kino-Eye, Kinoglaz(영화의 눈) 그룹을 결성하고 그 이름으로 성명서를 발표하여 배우가 연기하는 영화들을 비난하고 혁명적 영화의 제재는 삶, 사실, 기계라고 선언했다(베르토프는

배우가 연기하는 영화들을 잔존하는 상업영화들에 결부시켰다). 사람의 불완전한 눈과 달리 영화 카메라는 '완전한 눈'이었다. 베르토프가 이해한 몽타주는 영화 준비 단계로 이어지는 선택으로 시작하여 촬영된 자료의 편집과 최종 재구성 작업으로 끝나는 포괄적 과정이었다. 영화는 사회의 사회주의적 변형을 기록하고 사람들이 이 변형을 볼 수 있도록 직접 도와줌으로써 혁명 과정의 일부가 되어야 했다. 몽타주와 영화제작을 바라보는 이러한 시각은 베르토프가 구성주의자들이나 미래주의자 마야코프스키와 동일한 맥락에 있다는 것을 시사한다.

베르토프는 1922년 6월부터 1925년까지 발행된 23회의 뉴스영화 「영화-진실」의 제작을 감독했다. 소련 각지의 촬영기사들이 편집할 자료를 베르토프에게 보냈다. 그들은 키노-아이의 목표인 '미처 깨닫지 못한 삶'의 포착을 추구하기 위해 날렵한 핸드카메라를 많이 사용했다. 베르토프의 가장 뚜렷한 아방가르드 영화 「카메라를 든 사나이」(1929)는 산업 생산의 맥락에서 카메라와 영화제작 과정을 자기반영적으로 보고 있다. 이 영화와 1920년대의 다른 대형 영화들에서 베르토프의 촬영기사는 그의 형제인 미하일 카우프만이 담당했다.

베르토프의 자기반영적 구조들은 스탈린 혹은 더 나아가 레닌이 공산주의적 이상과 혁명을 전유한 것으로부터 혁명적 변화를 구별할 수 있는 전망을 열어 주지 못했다. 「열광: 돈바스 교향곡」(1930)은 4년 만에 1차 5개년 계획을 달성하는 목표를 세운 돈바스 지역의 '특별작업반'에 관한 영화였다. 이 영화는 또한 키노-아이 그룹이 무성영화에서 성취했던 것과 동일한 융통성을 음향 녹음에서도 발휘하고자 한 실험이었다. 「레닌에 대한 세 곡의 노래」(1934)는 서거한 지도자에 대한 '민요'들로 구성되었다. 「자장가」(1937)는 해방된 여성들을 그리고자 했던 것처럼 보이지만, 결국은 스탈린에 대한 영화가 되었다(그러나 이 영화에 대해 스탈린주의 영화 당국자들이 보인 반응은 미온적이었다). 베르토프의 후기 작품세계는 그의 정치적 신념의 약점에 대해 불편한 질문들을 제기한다.

혁명 후 등장한 1세대 다큐멘터리 영화제작자들은 몽타주를 독특하게 활용하였다. 에스피르 슈프(1894~1959)는 주요 작가이자 영화 편집자로서 작품활동 초창기부터 몽타주 원리와 기술을 개발하는 데 몰두했다. 그녀는 제목도 알기 힘들고 제대로 보존되지 않기 일쑤인 문서보관소의 영화와 필름 조각들을 모아 장편 극영화를 만들어 자료들에 새로운 생명과 의미를 불어넣는 데 성공했다. 그녀는 영화 「로마노프 왕조의 몰락」(1927)에 자신이 발견해 낸 니콜라이 2세의 자가 제작영화들을 짜넣었다. 또 다른 혁명 이전 자료들이 「니콜라이 2세의 러시아와 레프 톨스토이」(1928)로 편집되었다. 혁명 이후 시기를 다룬 「대장정」(1927)은 1920년대의 뉴스 필름들을 조합하여 만든 것이다.

빅토르 슈클로프스키와 빅토르 투르닌이 합작한 영화 「투르크시프」(1929)는 투르키스탄과 시베리아를 잇는 철도 건설을 축하하는 영화였다. 슈클로프스키의 대본과 제목은 자료에 대한 형식주의적 집중과 '낯설게 하기'에 대한 특유의 관심을 보여 주었다(이 경우에는 대조의 구조를 통해 이것이 실현되었다). 이러한 형식주의적 관심으로 고무되어 슈클로프스키는 미하일 칼라토조프(1903~1973)가 스바네티아로부터 가지고 온 필름을 자신이 중도 포기했던 픽션 영화를 만드는 데 사용했다. 이 필름 자료로부터 슈클로프스키는 「스바네티아의 소금」(1930)을 편집해 냈다. 이 영화에서 그는 이 지역의 고립성과 거친 아름나움을 바깥 세계와의 연결에 대한 사람들의 긴급한 필요와 대립시켰다.

오락과 교육 매체로서의 영화

1920년대에 유명해진 '아방가르드' 감독들은 영화를 만들고 관객들을 이끌어 예측 불가능한 정치적·경제적 변화의 시대에 살아남아야 한다는 이해관계를 공유한 더 큰 영화제작자 그룹의 일부였다. 이러한 영화제작자들로부터 '아방가르드'가 분리될 수 있었던 것은 한편으로는 '아방가르드' 감독들이 외국의 추종자들을 얻는 데 성공했기 때문이었고, 또 다른 한편으로는 그들이 관객을 개조하고 정치적으로 교육시키는 데 특별한 관심을 기울였기 때문이었다. 별로 유명하지 않은 감독들은 미처 갱생하지 못한 관객들의 오락 취향을 더욱 기꺼이 만족시키고 교육시키는 일에 종사했다. 돌이켜 보면, 더 협소한 그룹이 특권을 가지는 것은 부당한 일처럼 보이기도 한다. 그렇지만 찬찬히 인내심을 가지고 소비에트 영화 작품들을 검토하는 미디어 전공 학생들과 대중문화 역사가들이라면 이러한 구별이 무의미하다는 것을 즉시 알게 된다. 정치적인 견지에서 볼 때, 프리드리히 에르믈레르는 보리스 바르네트가 개인적·직업적 유대를 통해 그러한 것처럼 뛰어난 혁명적 영화제작자들과 같은 부류에 속한다. 일부 오락용 영화들은 현재에 와서는 예술적 장점 또한 가지고 있다고 인식되고 있다. 더욱이 비평가들이 지적하고 있는 것처럼, 1935년 사회주의 리얼리즘이 강요되던 때에는 다양한 감독들이 모범이 될 만한 영화를 위해 투입되었는데, 이들은 더 좁은 범주에서 나온 사람도 있었고 더 넓은 범주로부터 나온 사람도 있었다. 그로부터 3년이 지나지 않아 에이젠슈테인과 도브젠코가 한 범주에서, 프로타자노프가 또 다른 범주에서, 모두 새로운 제약 속에서 일하게 되었다. 허용의 한계를 시험하고 확장하려는 어떤 헌신적 노력도 범주화의 문제라기보다는 개인적인 일이었다.

야코프 프로타자노프

수완 있고 검증된 영화제작자 프로타자노프(1981~1945)는 망명 생활에서 돌아오자마자 알렉산드라 엑스테르와 이사악 라비노비치가 만든 구성주의 세트를 가지고 화성인의 혁명에 관한 충격적인 영화 「아엘리타」(1924)를 만들었다. 프로타자노프는 구舊부르주아 영화의 대표자로 의심의 눈길을 받을 만한 인물이었다. 그러나 탁월한 정치적 감각 덕분에 이 영화제작자는 살아남을 수 있었다. 「그의 호소」(1925)는 멜로드라마적 줄거리를 공산당원들에게 향하는 호소와 결합시킨 작품이다. 「1941년」(1927)에서 적군 병사인 여주인공은 사막으로 이루어진 섬 장면 말미에서 백군 장교인 자신의 연인을 총살한다(1956년 해빙기가 시작될 무렵, 그리고리 추흐라이가 리메이크판을 만들었지만, 음향과 색채에서 뒤떨어졌다). 레오니드 안드레예프의 단편소설 「주지사」를 원작으로 하는 영화 「흰 독수리」(1927)는 시위대를 향해 발포명령을 내리고 나중에 죄책감으로 괴로워하는 차르의 장교에 관한 이야기를 풀어 낸다(이 영화에는 연기자로서의 메이에르홀드의 기록이 보존되어 있다). 「성 요르겐의 휴일」(1930)은 종교 반대 캠페인을 위해 보드빌을 사용하고 있다. 프로타자노프의 유성영화로는 오스트로프스키의 동명 희곡을 훌륭히 각색한 「지참금 없는 여자」(1937)를 들 수 있다. 타슈켄트에서 찍은 「부하라의 나스레딘」(1943)은 빈자들의 투사에 대한 우즈베크 민속 설화에 바탕한 유머러스한 영화이다.

프리드리흐 에르믈레르

에르믈레르(1898~1967)는 1919년부터 헌신적인 볼셰비키이자 당원으로 활동했다. 그는 내전 동안 심지어 비밀경찰 체카의 일원이 되기도 했다. 1924년 레닌그라드에서 그는 실험영화 워크숍KEM, Kinoeksperimental'naia masterskaia을 설립했다. 이것은 '필름 없는 영화들'을 공연했던, 다시 말해 마치 카메라가 있는 듯이 장면들을 공연했던 학생 그룹이었다. 그가 완성한 영화들에는 오류가 전혀 없다고는 할 수 없는 당에 대한 염려가 계속 나타나 있었다. 초기 무성영화 「카트카의 종이 라네트 사과」(1926)와 「파리의 구두직공」(1928)에서 에르믈레르는 표도르 니키틴과 중요한 공동작업을 수행했다. 모스크바예술극장 출신이었던 니키틴의 도움을 받아 에르믈레르는 신생 사회주의 사회에 대한 뛰어난 비평적 시각을 제공하는 인물들을 개발했다. 에르믈레르의 마지막이자 가장 뛰어난 무성영화인 「제국의 파편」(1929)은 다른 영역을 개척한 것으로, 영화가 기억의 문제를 다루는 방식, 그리고 특히 에이젠슈테인의 도움을 받아 실현한 이중시간 체계로 주목할 만한 작품이었다.

에르믈레르의 이름은 사회주의 리얼리즘으로의 전환과 결부되었다. 세르게이 유트케비치와 공동 감독한 영화 「대안」(1932)은 사회주의 리얼리즘 미학의 괄목할 만한 선구적 작품이었다. 그럼에도 불구하고 후기 작품에서 에르믈레르는 당 노선의 제약 범위를 계속 뛰어넘었다.

보리스 바르네트

바르네트(1902~1965)는 쿨레쇼프 워크숍의 일원이었다(그는 쿨레쇼프의 「볼셰비키 나라에서의 웨스트 씨의 놀라운 모험」에서 카우보이 역을 연기했다). 그는 배우들의 호연이 돋보이는 일련의 영화들을 감독하면서 주택 부족, 새로운 사회 건설, 사보타주와 같은 문제들을 다루었다. 이런 영화들로 「모자 상자를 든 소녀」(1927)와 「트루브나야 광장의 집」(1928) 등이 있다. 최고작은 「변두리」(1933, '애국자들'이라고도 한다)라는 제목을 달고 있는 그의 첫번째 유성영화로, 시골 마을의 삶에 혁명이 몰고온 격변을 다루고 있다.

아브람 롬

롬(1894~1976)은 영화제작자로서 한결같은 길을 걸었다. 그의 초기 영화 중 하나인 「제3 메샨스카야 거리」(1927)는 논란을 불러일으켜 곧 금지되었다. 또 다른 영화 「엄격한 젊은이」(1936) 역시 금지되었고 글라스노스트 이전에는 거의 알려지지 않았다. 롬은 슈클로프스키가 쓴 대본에 따라 「제3 메샨스카야 거리」를 촬영하였다(그는 슈클로프스키와 함께 1929년 또 다른 영화 「바윗길」을 만들었으나 전해지지 않고 있다). 「제3 메샨스카야 거리」는 원룸 아파트에 공동으로 살고 있는 한 남자와 그의 아내, 그리고 그의 절친한 친구를 연기하는 단 세 명의 배우만이 등장하는 습작으로 계획되었다. 삼각관계 응접실 드라마를 재구성한 이 작품에서 남자들이 임신한 아이에 대한 책임을 지는 것을 거부하자 여주인공은 자신을 단순한 소유물로 여기는 두 남자를 버린다. 롬의 대본 표현 방식은 관능성의 탐색에 있어, 특히 두 남자 간의 관계를 에로틱하게 표현한 점에 있어 특이했다. 「엄격한 젊은이」에 나타나는 동성애적 기저 텍스트는 영화가 사회주의 리얼리즘이 강제되었던 때 아주 뒤늦게 나왔다는 사실을 고려할 때 더욱 놀라운 것이었다.

기타 감독들

세르게이 유트케비치(1904~1985)는 아방가르드의 성원들과 함께 계속 활동했던 인물이다. 그는 메이에르홀드 밑에서 공부했고 에이젠슈테인과 함께 FEKS에 참여했다. 그의 많은 영화들 중에서 어느 레이스 생산

공장에서 도둑질에 맞서 싸우는 콤소몰 성원의 싸움을 그린 「레이스」 (1928)와, 에르믈레르와 공동 감독한 「대안」(1932), 막심 스트라우흐가 주인공 레닌 역을 맡은 영화 「권총을 든 남자」(1938)가 주목할 만하다.

유리 타리치(1885~1967)는 전통적 유파의 영화제작을 대표하는 사람이다. 이반 뇌제에 관한 영화 「농노의 날개」(1926)는 폭력, 정욕, 사디즘이 두드러지게 나타난 멜로드라마적 수작이었다. 대본 일부를 고치기 위해 중간에 영입된 형식주의자 슈클로프스키는 산업과 교역에서 차르가 담당한 역할을 다루는 부주제를 영화에 도입하였다. 타리치와 슈클로프스키가 처음부터 끝까지 공동으로 만든 작품은 푸슈킨의 소설을 각색한 「대위의 딸」(1928)이다. 여기에는 주인공과 악당 역할이 전도되는 재미있는 실험이 나타나 있다. 그러나 이 영화는 슈클로프스키의 특별 관심 대상이었던 '재료' 속에 묻혀 버리고 말았다. 타리치는 전쟁과 전후 시기 동안 벨라루스 영화계로 선회하여 매우 생산적으로 활동했다.

올가 프레오브라젠스카야(1881~1971)는 프로타자노프의 혁명 이전 영화 몇 편에 출연한 여배우였고 나중에는 감독이 되었다. 그녀의 영화 「랴잔의 농부들」(1927)은 이반 프라보프와 공동 감독한 것으로 자기 아들의 신부를 깊이 욕망하는 한 남자에 관한 전통 민담을 영화화한 것이다. 이 영화는 농민들이 춤추는 장면에서 사용된 몽타주의 리듬으로 기억될 만한 작품이다. 프라보프와 공동 작업한 후기 작품 「스테판 라진」(1939)은 농민 봉기라는 위험한 주제를 다룬 것으로, 혹평을 받고 배급 문제에 직면해야 했다.

니콜라이 에크(1902~1976)는 한 편의 수작 「인생 안내」(1931)로 기억되고 있다. 이 영화는 '떠돌이들'bezprizorniki, 곧 격동의 세월 동안 가족을 잃고 혼자 힘으로 살아 나가야 했던 아이들을 길들여 사회화하는 이 야기이다. 이 영화는 흥행 기록을 세웠다. 이 영화가 최초의 소비에트 유성영화, 즉 음향이 첨가된 무성영화가 아니라 유성영화로 여겨지는 최초의 영화라는 주장이 있다.

사회주의 리얼리즘(1935~1985)

영화산업 통제를 위한 당의 투쟁은 스탈린의 권력 점유 공고화, 급속한 산업화와 강제 집단화를 가져온 1차 5개년 계획을 향한 전진과 함께 연계되어 전개되었다. 정치적 투쟁은 대중에게 접근 가능한 영화를 위한 미학적 투쟁으로도 수행되었다. 리얼리즘 또는 '산문적' 영화의 일부 옹호자들은 그들 나름대로의 영화제작 방식을 고수하고자 했다. 시적 영화의 옹호자들에게는 위험한 '형식주의자'라는 딱지가 붙여졌다(이는 온갖 곳에 광범위하게 적용되던 용어였다). 영화의 방향 문제는 음향의 도입으로 복잡해졌다. 에이젠슈테인, 푸도프킨, 그리고리 알렉산드로프가 1928년 발표한 '유성영화 선언'에는 새로운 매체가 대위법적 몽타주의 발전에서 거둔 성과들을 없애고 영화를 촬영된 정적인 연극 예술로 되돌려 버리지 않을까 하는 두려움이 나타나 있다. 1928년 3월에 열린 영화 관련 제1차 공산당대회에서는 퇴폐적 영화제작에 굴복해 온 비당원 영화인들이 공격받았고 외국 영화에 대한 불만이 제기되었다. 논의된 적 없는 미학적 기호에 바탕한 자연주의 스타일이 전반적으로 옹호되었다. 당 대회에 뒤이어 더욱더 많은 영화들이 금지되었다. 영화산업의 수장이었던 보리스 슈먀츠키는 1933년에 과거 몇 년간 제작된 영화의 50퍼센트가 문서보관소 선반에 남아 있다고 자랑스럽게 말했다. 같은 해 영화제작은 거의 붕괴 직전의 위험한 고비를 맞았다. 이는 부분적으로 스탈린 자신이 광적인 영화 관람객이었으며 자신이 개인적으로 보기 위한 영화들을 요구했기 때문이었다.

1935년 1월 영화 상황 전반에 대한 전 소련 당대회에서 사회주의 리얼리즘이 선언되었다. 이 선언은 영화산업의 발전을 위한 모종의 방향을 제시했다. 이와 동시에, 사회주의 리얼리즘의 제도화는 영화제작자들을 관료주의적·경제적으로 직접 통제하는 수단을 제공했다. 사회주의 리얼리즘 지침은 영화들을 금지하거나 문서보관소 선반에 처박아 버리는 결정에서 자의성을 완전히 없애지는 못했으나 어느 정도 감소시켰다. 검열은 사후금지적인 것이기도 했고 사전지시적인 것이기도 했다. 영화제작자들은 이제 '긍정적인' 주인공들을 내세워야 했다. 혁명과 내전의 전사들, 레닌과 스탈린, 러시아 역사의 선구적 위인들, 산업화와 집단화 투쟁의 지도자들, 당 영웅들과 노동자들, 사보타주 주동자와 파괴자 색출에 전념하는 남녀들이 그러한 주인공들이 되었다. 새로운 미학과 새로운 관료주의 체제 아래서 몇몇 예술가들이 간신히 발전해 나왔고 몇몇은 재미있는 영화를 만들어 냈다. 다른 이들은 새로운 질서에 순응하지 않거나 그것을 받아들이지 못했다. 많은 영화들이 완성 후 문서보관소 선반에 처박히는 일이 계속 벌어졌다. 왜냐하면 당에 종속된 미학적 가치관은 변덕스럽거나 또는 가변적인 역사적 상황의 결과인 당 노선 변화에 계속 취약할 수밖에 없었기 때문이다. 알렉산드르 메드베트킨과 같은 한두 명의 시적 영화제작자들만이 체제 전복적이라는 이유로 비판받기 전에 간신히 영화를 만들어 개봉할 수 있었다. 전쟁의 그늘이 드리워지면서 모든 인재의 협력이 필요해지자, 억압된 시적 천재 에이젠슈테인이 부름을 받았다. 사회주의 리얼리즘 영화는 수많은 모델들을 발전시켰고 이들은 다양한 장르들의 근간을 형성했다. 이 장르들은 어느 정도 안정을 보장해 주었다.

모델과 장르

산업화 투쟁 | 3년간의 공백기 이후 1932년에 프리드리히 에르믈레르는 세르게이 유트케비치의 도움으로 일선에 복귀했다. 그들이 공동 감독한 영화 「대안」은 이것이 사회주의 리얼리즘 영화의 승인된 모델 중 하나가 되면서 의도치 않은 정치적 중요성을 획득했다. 이 영화는 거대한 터빈 건설, 당과 노동자 간의 관계, 혁명 전 태도를 고수하는 나이 든 노동자들에게서 집단적 책임감을 끌어내기 위한 분투를 다루고 있었다. 그 성과는 부분적으로 기술적인 것이었다. 최초의 유성영화 중 하나인 「대안」은 대사 녹음 기술을 완성시켰으며 양식 면에서 조용한 자연주의를 성취했다. 쇼스타코비치가 음악을 담당했다.

혁명적 주인공 | 「차파예프」(1934)는 사회주의 리얼리즘 예술의 성공작 중 하나로 주요 영화제작자들과 관객으로부터 똑같이 갈채를 받았다. 이 영화의 감독들은 (혈연관계가 아니었지만) '바실리예프 형제'로 알려진 세르게이 바실리예프(1900~1959)와 게오르기 바실리예프(1899~1946)였다. 대본은 드미트리 푸르마노프의 소설을 각색한 것으로, 체코군과 맞서 싸우는 전투에서 한 정치위원과 맹렬한 적군 장교 사이에 맺어진 관계를 다룬 이야기였다. 이 영화는 음향을 사용했고 1920년대 몽타주 전통에 의존했다. 「차파예프」는 바실리예프 형제의 유일한 성공작이었다.

사회주의의 긍정적 주인공 ┃ 혁명 이후 사회를 위해 '긍정적 주인공'을 내세운 영화들이 중요한 한 부류를 형성했다. 이런 점에서 알렉산드르 자르히(1908~1997)와 야샤 헤이피츠(1905~1995)가 공동 감독한 두 편의 영화 「발트의 대표자」(1937)와 「정부 각료」(1940)가 특징적이다. 첫번째 영화는 10월혁명을 받아들일 수밖에 없는 한 진보적 인텔리겐치아에 관한 것이고, 두번째 영화는 집단농장의 이상에 헌신한 한 여성을 다룬 것이었다. 마르크 돈스코이(1901~1981)가 고리키의 3부작 자전 소설을 각색한 「고리키의 유년시절」(1938), 「사람들 사이에서」(1939), 「나의 대학들」(1940)에서는 고리키 자신이 긍정적 인물의 분명한 모델이 되었다. 돈스코이는 잘 만들어져 인기 많았던 이 영화들 이후에 사회주의 리얼리즘의 또 다른 고전인 오스트로프스키의 동명 소설을 각색한 「강철은 어떻게 단련되었는가」(1942)를 만들었다.

레닌과 스탈린 숭배 ┃ 레닌과 스탈린 숭배에 관한 영화들은 긍정적 주인공 영화의 한 특별한 종류를 이루고 있었다. 레닌 숭배를 보여 주는 두 가지 예로 보리스 슈킨이 레닌 역을 맡고 미하일 롬이 감독한 「10월의 레닌」(1937)과 「1918년의 레닌」(1939)을 들 수 있다. 롬은 존경받는 영화 제작자이자 VGIK의 교사였다(그가 나중에 이곳에서 가르친 학생들 중 안드레이 타르코프스키와 바실리 슈크신이 있다).

　　스탈린 숭배는 그루지야와 러시아 영화에서 성공을 거둔 감독 미하일 치아우렐리가 만들고 미하일 겔로바니가 주연한 기념비적 영화 「위대한 새벽」(1938), 「맹세」(1946), 그리고 2부작 「베를린 함락」(1950)에서 신성화되었다.

**역사적 지도자들 | ** 러시아 역사를 살펴보면 국내외의 가상적·실제적 위협에 대항하여 러시아를 강대하게 만들기 위해 투쟁하는 위대한 지도자들을 발견할 수 있다. 이러한 주인공들은 블라디미르 페트로프의 2부작 영화 「표트르 대제」(1937, 1939), 푸도프킨과 돌레르의 「미닌과 포자르스키」(1939) 및 「수보로프」(1941), 에이젠슈테인의 「알렉산드르 네프스키」에 등장한다. 이들은 또한 에이젠슈테인의 「이반 뇌제」에서도 모호하게나마 나타난다.

**뮤지컬 코미디 | ** 그리고리 알렉산드로프(1903~1983)와 이반 피리예프(1901~1968)가 만든 뮤지컬 영화들은 엄청나게 인기를 끌었다. 이 뮤지컬들은 오락과 환상 세계로 나가는 탈출구에 대한 관객의 요구를 만족시켰다. 뮤지컬 코미디는 중간적 장르로서, 이를 통해 집단을 사회주의로 이끌어 가는 데 있어 긍정적 주인공이 담당하는 역할이 표준화되었다. 이러한 영화들은 스타들을 배출했는데, 그 중에서도 특히 알렉산드로프의 영화에 출연한 류보프 오를로바와 피리예프의 영화에 출연한 마리나 라디니나가 유명했다. 최근에 들어 이 영화들과 미국 뮤지컬 간의 유사성이 그들이 달성한 부정의 메커니즘과 더불어 종종 언급되어 왔다. 작곡가 이사악 두나예프스키(1900~1955)는 보통 알렉산드로프와 함께 작업했고 피리예프와도 가끔 작업했다.

그리고리 알렉산드로프는 프롤레트쿨트 연극배우로서, 그리고 1979년 (에이젠슈테인의 원본을 자신이) 조악하게 편집하여 완성한 영화 「멕시코 만세」까지 에이젠슈테인의 모든 영화들의 조수로서 에이젠슈테인과 관련이 있었다. 그의 뮤지컬 코미디는 「유쾌한 녀석들」(1934) 혹은 「재즈 코미디」로 불리는 작품으로 시작해서 「서커스」(1936), 「볼가-

볼가」(1938)로 계속 이어졌다. 이반 피리예프의 경우에는 1938년 뮤지컬로 방향을 바꿀 때까지 영화계에서 거의 성공을 누리지 못했다. 뮤지컬로 전향한 이후 그의 위치는 금세 알렉산드로프의 위치에 버금가는 것이 되었다. 그의 뮤지컬 코미디로는 「부유한 신부」(1938), 「트랙터 운전수들」(1939), 「돼지치기 처녀와 양치기 총각」(1941) 등이 있으며 모두 마리나 라디니나가 출연하였다. 이 영화들은 전쟁 이후에도 계속 제작되었다. 알렉산드르 이바노프스키(1881~1959)와 게르베르트 라파포르트(1908~1983)는 이 장르에서 자신들이 공동 감독하고 조야 표도로바가 출연한 「뮤지컬 스토리」(1940)로 유일하게 성공을 거두었다.

문학 각색 작품 | 풍부하지만 반드시 안전하지만은 않은 장르가 바로 혁명 전후 시기에 나온 러시아 문학 고전의 각색물이다. 여기서도 역시 사회주의 리얼리즘 원리에 따른 선택과 해석이 우세했다. 대표적인 사회주의 리얼리즘 고전인 『어머니』를 영화화한 푸도프킨의 시적인 (무성의) 접근 방식은 기대했던 모델을 제공하지 못했다. 그리고리 로샬(1899~1983)과 베라 스트로예바(1903~1991)가 만든 「페테르부르크의 밤」(1934)은 도스토예프스키의 초기작에 바탕한 것으로 사회주의 리얼리즘 미학관에 근접한 작품이었다. 프로타자노프는 「지참금 없는 여자」에서 자신이 이 장르에서 영화를 만들 수 있음을 보여 주었다. 그리고 이미 살펴본 바와 같이, 돈스코이는 사회주의 리얼리즘 문학의 고전들에 헌신했다.

사회주의 리얼리즘 시대 후기에 문학 텍스트를 영화화하고자 한 유명 감독으로는 피리예프가 있다. 스탈린 사후 시작된 그의 마지막 프로젝트는 영원한 논란거리인 도스토예프스키 소설들의 각색물 시리즈였다. 「나스타샤 필리포브나」(1958, 『백치』 원작), 「백야」(1959), 「카라마조프 가의 형제들」(1968~1969) 3부작 각색물이 그것이다. 「카라마조프 가의 형제들」에서 3부는 피리예프 사망 이후 이 영화에 출연한 두 명의 주연배우들에 의해 완성되었다. 뮤지컬 코미디에서 거둔 모든 성공에도 불구하고 피리예프는 자신이 중요한 예술가라는 것을 증명하고 싶어 했던 것 같다. 도스토예프스키 영화에서 피리예프는 자신의 한계(그리고 사회주의 리얼리즘의 한계)를 부분적으로 뛰어넘었다. 그것은 그가 도스토예프스키의 주인공들의 복잡성에 매력을 느꼈기 때문이며 또 몇몇 훌륭한 캐스팅을 할 수 있었기 때문이다(그러나 그는 보다 관능적인 인물과 익살꾼들에서 더 큰 성공을 거두었다). 또 다른 유명 감독 세르게이 본다르추크는 『전쟁과 평화』를 비용이 많이 들고 묵직한 4부작 각색물(1966)로 만들어 자신의 역량을 시험해 보고자 했다.

문화적 기념비 | 특히 스탈린의 사망 이후, 아마도 고갈을 느꼈기 때문인지, 사회주의 리얼리즘 영화들은 러시아 문화의 다른 고전적 성과들을 기록하는 자유를 얻었다. 베라 스트로예바는 무소르그스키의 「보리스 고두노프」(1955)와 「호반시나」(1959)를 치밀하게 개작한 영화를 감독했고, 미하일 샤피로는 쇼스타코비치의 「카테리나 이즈마일로바」(1967)를 대형화면과 입체 음향효과를 사용한 영화로 만들었다. 갈리나 울라노바의 발레 작품은 「로미오와 줄리엣」(1955)에 보존되었고, 마야 플리세츠카야의 발레는 「안나 카레니나」(1975)에 남겨졌다.

전쟁 영화 | 대조국전쟁(제2차 세계대전) 관련 영화제작 사업은 영화 스튜디오가 중앙아시아로 옮겨 갔기 때문에, 또 스탈린과 당이 독일 침공

에 대비하지 못했다는 사실에 대한 문제들로 인해, 그리고 그 결과 나타난 지역 주민들의 충동적인 저항(혹은 부역) 때문에 복잡해졌다. 여러 픽션 영화 감독들을 비롯한 영화제작자들의 노력은 초기에는 다큐멘터리 영화에 집중되었다(이 방면에서는 도브젠코가 유명하다). 나중에는 레프 아른슈탐(1905~1979)의 「조야」(1944)와 에르믈레르의 「위대한 전환점」(1946)과 같은 전쟁 영화들이 나왔다. 전쟁의 실상을 집중적으로 다룬 영화들은 사회주의 리얼리즘이 효력을 가지는 동안에는 금지되었다. 알렉세이 게르만(1938~)의 「노상 심판」(1971)이 이 경우에 속한다.

냉전 영화 | 전쟁이 끝나고 예술의 억압이 다시 부활하자 영화제작도 줄어들었다. 1951년에는 9편만이 개봉되어 최소 제작 편수를 기록했다. 냉전은 많은 영화의 소재가 되었다. 칼라토조프의 「저주받은 자들의 음모」(1950)는 동유럽을 배경으로, 미국의 음모를 비롯하여 본국의 스탈린주의 확립을 정당화한 표면상의 이유들을 재현했다.

예외적 영화들 | 많은 영화들이 이르거나 늦거나 간에 제작 과정의 어떤 시점에서 중단되었다. 심지어는 스탈린 치하에서도 몇몇 예외적 영화들은 완성되고 나서 문서보관소 선반에 올려지곤 했다. 「이반 뇌제」 2부가 이런 영화들 중 가장 유명하다. 사회주의 리얼리즘이 선포되기 직전에 완성된 또 다른 영화로 알렉산드르 파인짐메르의 「키제 중위」(1934)가 있다. 이 영화는 프로코피예프가 배경음악을 작곡한 풍자극으로, 차르 파벨 치세를 배경으로 한 허구적 인물에 대한 작품이다. 세 번째로 신념 있는 공산주의자이자 볼셰비키였던 알렉산드르 메드베트킨(1900~1989)이 만든 「행복」(1935)이 있다. 이 영화는 탁월한 인물 양

식화와 연기, 세팅이 돋보이는 가난한 소작농에 관한 우화이다. (자신의 '영화-기차'에 대한) 다른 작품에서 메드베트킨은 나중에 비디오의 경우에는 즉각 허용되었던 자유를 영화에 부여하기 위해, 그리고 노동자·소작농과 직접 대화하기 위해 노력했다.

대숙청 관련 영화 한 편도 만들어져서 개봉되었다. 에르믈레르의 「위대한 시민」 1부(1938)와 2부(1939)가 그것이다. 영화는 레닌그라드 공산당 서기였던 세르게이 키로프에 대한 살해의 공식 해명으로 시작한다. 이 영화는 불만을 품은 볼셰비키들과 트로츠키주의자들을 비난하면서 숙청재판을 자세히 정당화하고 있었다. 그러나 대숙청 시기 상황을 비유하기 위해, 그리고 반혁명적 음모자들의 모델을 발견하기 위해 에르믈레르는 도스토예프스키의 『악령』을 이용한다. 이런 식으로 에르믈레르는 단일 지도자 제도의 스탈린주의 신화와 자아비판 의식을 묘사했다. 사회주의 리얼리즘의 마지막 20년 동안 많은 예외적 영화들이 더 만들어졌다. 이들 중 대부분은 문서보관소 선반행을 면치 못했다.

해빙과 정체

1956년 제21차 당대회에서 스탈린을 격하하는 흐루쇼프의 연설은 소위 말하는 '해빙'의 시작이었다. '해빙'은 1965년(흐루쇼프가 서기장직에서 축출된 해)과 1969년(체코슬로바키아 침공 해) 사이에 점차적으로 종말을 맞이했다. 해빙의 단기적 효과로 사회주의 리얼리즘의 이념적·미학적 규범이 어느 정도 완화되었다. 영화에서는 개인적·사적 삶이 갑자기 더 의미를 가지게 되었다. 칼라토조프의 「학이 날다」(1957)는 한 병사의 죽음의 의미를 그에 대한 약혼녀의 사랑이라는 관점에서 가늠하고 있다. 코진체프의 각색영화 「돈키호테」(1957)는 이념적 틀 밖에서 삶을 탐구하였다. 「공산주의자」(1958)에서 율리 라이즈만(1903~1994)은 어느 공산주의자를 발전소 건설을 위해 지도자가 되어야 했던 보통 사람으로 묘사했다. 그리고리 추흐라이(1921~2001)는 인기 영화 「병사의 발라드」(1959)에서 그 자신은 절대 알지 못했을 삶의 경험들을 이해하기 시작하는 휴가병을 보여 주었다. 레닌 관련 영화들을 감독했던 미하일 롬은 파시스트 독일의 기능과 독일이 누린 대중의 지지를 탐구하기 위해 문서보관소의 다큐멘터리 자료들과 에이젠슈테인의 몽타주 원리를 사용하여 「일반적인 파시즘」(1966)을 만들었다(소련 전체주의의 기능들과의 유사성이 즉시 드러났다). 해빙은 세르게이 게라시모프(1906~1985)의 「저널리스트」(1967)에서 서방에 대해 초기 소비에트 문화에서보다도 더 정직한 묘사를 가능케 했다. 해빙기에는 심지어 사회주의 리얼리즘 미학에서는 그럴 여지가 거의 없었던 비극 탐구마저도 가능했다. 코진체프는 인노켄티 스모크투노프스키를 주연으로 「햄릿」(1964)을 만들었다. 이 영화에서 코진체프가 겪은 전체주의 경험이 그자신의 셰익스피어 독해에 영향을 미쳤다는 것을 알 수 있다. 1971년 그는 「햄릿」에 이어 한층 강렬한 「리어 왕」을 만든다. 이 영화에는 에스토니아인 유리 야르베트가 출연했다. 그러나 영화산업을 통제하는 정치·관료 구조는 여전히 그대로 남아 있었고, 브레주네프의 '침체'기 동안 계속해서 간섭의 주요 원천이 되었다.

장기적 관점에서 볼 때, 해빙은 스튜디오에서, 그리고 행정 부처 고스키노Goskino, Gosudarstvennyi komitet po kinematografii[소련 국립영화위원회 ─ 옮긴이] 차원에서 나타나는 장애와 규제들에도 불구하고 영화계에서 몇몇 작품세계의 근간이 되는 에너지를 제공했다. 안드레이 타르코프스키(1932~1986), 바실리 슈크신(1929~1974), 글레프 판필로프(1934~)는 모두 이 시기에 작품활동을 시작했다. 다른 영화인들은 출발점에서 제거되거나 갑자기 저지되었다. 여성과 유대인 터부를 깬 알렉산드르 아스콜로프의 「코미사르」(1967)는 1987년까지 개봉되지 못했고, 그사이에 아스콜로프는 스튜디오 작업을 금지당했다. 오데사 영화 스튜디오 출신의 키라 무라토바(1934~)의 영화들은 문서보관소 선반에 올려졌으나 여러 장애에도 불구하고 작업을 계속한 그녀는 1986년 이후 주요 영화제작자로 인정받았다. 그녀의 작품은 페미니스트 평론가들의 특별한 관심을 끌었다. 키예프에서 작업한 아르메니아계 그루지야인 세르게이 파라자노프(1924~1990)의 경우에는 프로젝트 일부가 방해받았고 그 자신도 동성애 혐의로 몇 년을 감옥에서 보내야 했다. 그럼에도 불구하고 그는 비러시아 전통의 신화와 민속에 근거한 빼어난 영화들을 완성해 냈다. 결국 흐루쇼프와 브레주네프 시대의 영화 유산은 전모를 드러내자 매우 거대한 것이 되었다. 이 유산은 1986년 글라스노스트의 조류가 영화산업에 미치자마자 즉시 일반에게 공개되었다.

권위에 대한 전복 ┃ 정체기 전반에 걸쳐 통제 구조와 영화의 공식 미학은 안팎으로부터 압박을 받았다. 변화의 방향은 종종 불분명했다. 블라디미르 멘쇼프의 인기 영화 「모스크바는 눈물을 믿지 않는다」(1980)에 나타난 것처럼, 개인적 삶에 부여된 새로운 가치는 브레주네프 체제 변호를 위한 용도로도 사용될 수 있었다. 모스크바의 한 엔지니어가 관료주의에 맞서 싸우는 라이즈만의 영화 「당신의 동시대인」(1967)에 나타난 관료주의에 대한 공격은 여전히 사회주의 리얼리즘 규범에 부합하는 것이었다. 반면 엘다르 랴자노프의 「차고」(1980)에서는 그러한 공격이 신랄한 풍자로 선회했다. 더구나 정체기 동안 박해의 표적이 된 영화와 감독들은 종종 임의적으로 선택된 것처럼 보였다. 어떤 감독들은 다른 이들보다 더 많은 자유를 누린 반면, 또 다른 감독들은 기민한 투사가 되어야 했다.

　장애를 극복하고 사회주의 리얼리즘 미학에 대한 도전에서 두드러지게 성공한 감독도 있다. 안드레이 타르코프스키는 「이반의 유년시절」(1962)이 베니스 영화제에서, 「안드레이 루블료프」(1966)가 1969년 칸 영화제에서 상을 받은 이후로(이 영화는 소비에트 관료들이 꾸민 방해공작에도 불구하고 영화제에 출품되었다), 본국과 외국에서 유명인사가 되었다. 「안드레이 루블료프」는 결국 러시아에서도 상영되었지만 주요한 부분이 삭제된 상태로 개봉되었다. 타르코프스키의 이 작품에서 반복적으로 나타나는 테마 중 하나는 예술가의 필연성과 예술의 피치 못할 불완전성이다. 영화 말미에 루블료프의 이콘 조각들을 보여 주는 데서 나타나듯이, 불완전하고 파괴된 예술작품들은 어떤 더 큰 완성을 지시하기도 하지만 또한 인간사에서 예술의 불분명한 위치를 시사하는 것이기도 하다. 「솔라리스」(1972)에 나타나 있듯이, 시간은 종종 선형적이거나 직선적인 것이라기보다는 동시적이거나 순환적인 것이었다. 스탈린주의의 유산은 「거울」(1975)에 계속 나타나고 있다. 「스토커」(1979)에서 정체가 불분명한 '구역'은 위험한 곳이지만 선善의 잠재적 원천이 된다(이것은 아마도 강제노동수용소Gulag의 상징일 것이다). 해외에서 만들어진 영화 「노스탤지어」(1983)와 「희생」(1986)에서는 러시아인 예술가를 유럽적 맥락에서 다루고 있다. 영화인들이 타르코프스키에 매료된 것은 단지 그의 모호하고 수수께끼 같은 줄거리 때문만이 아니라 그의 마법 같은 영화적 능력 때문이기도 하다. 편집되지 않은 긴 숏들은 그 어떤 통상적인 시공의 연속성도 형성해 낼 수 없는 사건과 행위들을 서로 연결시킴으로써 완전히 영화적인 공간과 시간을 창조해 낸다. 타르코프스키는 색채를 회화적으로 사용하여 소리를 제거한 총천연색 장면들을 흑백영화에 집어넣었다. 이와 동시에, 그는 더 전통적인 방식으로 흑백 장면들을 총천연색 영화에 삽입하기도 했다.

해빙과 정체기 동안 도전받았던 신화는 공산주의 치하에서 변형된 시골의 신화였다. 영화제작자이자 '농촌산문학파'의 작가였던 바실리 슈크신은 그 자신의 고향이자 영적 파산 상태인 도시 세계에 대한 대안으로 지속되어 온 농촌 삶의 생명력과 야만성, 그 한계에 대해 묻는다. 그의 영화들은 보통 오래 지체된 후에 개봉되곤 했다. 그의 주된 작품으로 「당신의 아들과 형제」(1966), 「이상한 사람들」(1970), 「낙천적인 사람들」(1972), 「칼리나 크라스나야」(1974, 컬러 영화) 등이 있다. 그러나 안드레이 콘찰로프스키(1937~)가 집단농장 인물들과 삶에 다큐멘터리 스타일을 도입한 영화 「사랑했으나 결혼하지는 않은 아샤 클랴치나의 이야기」(1967)는 문서보관소 선반에 올려지게 되었다.

다른 감독들의 경우, 사회주의 리얼리즘 전형에 대한 도전들은 때로 더욱 미묘하게 나타났다. 라리사 셰피트코(1938~1979)는 전쟁 영화 「고양」(1977)에 종교적 메타포를 집어넣었다. 이 영화에서는 나치가 러시아 유격병들과 민간인들을 처단한 것을 그리스도가 십자가에 못박힌 것으로 비유하고 있다. 판필로프는 「불길 속에는 여울이 없다」(1968), 「시작」(1970), 「한마디 합시다」(1973, 개봉은 1976년), 새로운 버전의 「어머니」(1990) 등 인나 추리코바의 다양한 재능이 나타난 일련의 영화들에서 단순하고 평범한 인물들에 초점을 맞췄다.

때때로 감독들은 허용 한계를 확장하기 위해 영향력 있는 지위를 이용하였다. 레프 쿨리자노프(1924~2002)는 해빙이 막 시작되던 무렵에 전쟁과 개인에 미친 전쟁의 충격을 다룬 영화 「내가 살고 있는 집」(1957, 야코프 세갈과 공동 감독)을 만들었다. 그는 1965년 영화제작자조합 설립과 함께 제1서기가 되었다. 1970년 그는 도스토예프스키 소설을 각색한 양질의 영화 「죄와 벌」을 만들었다. 관의 비호를 누렸던 니키타 미할코프(1945~)는 정체기 동안 가능한 것의 한계가 어디인지 영리하게 알아차렸다. 그의 영화 중 일반적 한계를 벗어난 것으로 「기계 피아노를 위한 미완성 희곡」(1977)과 「오블로모프의 인생의 며칠간」(1980)을 들 수 있다. 전자는 체호프의 원작을 매우 성공적으로 연출한 작품이었다. 미할코프의 정치적 수완은 영화 「위선의 태양」(1994)의 제작에서 한몫을 했는데, 이 영화는 해외에서 찬사받기에 필수적인 요소들을 갖추고 있었고 결국 오스카 최우수 외국영화상을 받았다. 이 영화는 페델레코 펠리니와 잉마르 베리만을 인용한 1930년대의 '벚꽃 동산'[8]으로, 권력으로 부상하는 스탈린주의자들에 의해 희생되는 어떤 볼셰비키 혁명가의 가족에 초점을 맞추고 있다. 이 영화는 탈공산주의 시기에 일어날 보복에 대한 시사적 언급을 담고 있다.

　브레주네프 시대의 여러 감독들 중에서 알렉산드르 소쿠로프(1951~)는 영화 학교와 스튜디오에서 영화를 만들 기회가 있었다. 하지만 그의 영화들은 보통 문서보관소 선반에 올려지곤 했다. 그는 VGIK의 학생이었을 때 매우 강렬한 인상의 첫 영화 「인간의 고독한 목소리」(1978)를 만들었다. 에이젠슈테인과 FEKS의 전통에 기초한 이 영화는

---

8 「벚꽃 동산」은 러시아의 극작가이자 소설가인 체호프가 1903년 쓴 희곡으로 1904년 1월 모스크바 예술극장에서 초연되었다. 시대의 전환기에 변화를 따라가지 못하고 이미 경제적으로 막다른 골목에 와 있으면서도 옛날의 꿈에서 깨어나지 못하는 한 지주 가족의 몰락을 그리고 있다. 벚꽃 동산은 이 지주 가족의 오랜 소유지로 옛 시절의 영화를 상징한다. 「위선의 태양」을 벚꽃 동산에 비유한 것은 시대의 전환기에 직면하여 산산히 흩어지는 가족을 그리고 있기 때문이다. ─옮긴이

발기부전을 혁명에 의해 정지된 발전의 메타포로 취급한다. 소쿠로프는 그 이후 다큐멘터리 필름만을 만들 수밖에 없었는데, 나중에는 이것마저도 금지되었다. 그의 다큐멘터리 영화로는 「알토 소나타: 드미트리 쇼스타코비치」(1981)와 「애가」(1985~1986) 등이 있는데 「애가」는 혁명 후 외국으로 이주한 러시아의 위대한 베이스 성악가 표도르 샬랴핀을 다룬 것이었다. 글라스노스트가 도래하자 소쿠로프는 그를 자신의 정신적 후계자로 여겼던 타르코프스키를 추모하는 영화 「모스크바 애가」(1988)를 제외하고는 픽션 영화로 복귀했다.

어떤 감독들은 주변부의 목소리가 지닐 수 있는 불안정한 효과를 보여 주었다. 그루지야에서는 오타르 이오셀리아니(1934~)가 「낙엽」(1966)과 「목가」(1976)에서처럼, 인간관계의 빈약함을 강조하고 인간의 진실에 조용히 의문을 제기하는 영화들을 만들었다. 결국 그는 프랑스에서 작품세계를 추구하는 길을 선택했다. 세르게이 파라자노프의 영화 「잊혀진 선조들의 그림자」(1965)는 시간에서 벗어나 있는 목가적인 카르파티아 지역을 배경으로 한 것으로, 투쟁과 진보라는 사회주의 리얼리즘 원칙들과 더불어 역사의 존재와 혁명의 사실까지도 부정하는 것처럼 보인다. 더욱이 이 영화는 우크라이나 민족주의 텍스트로도 읽힌다. 파라자노프는 박해와 투옥으로 작품세계가 중단된 이후에 만든 영화에서 그루지야와 아르메니아의 민담과 전설에 관심을 돌렸다. 「석류의 색깔」(1970), 「수람 요새의 전설」(1984), 「아시크-케리브」(1989) 등의 영화는 각각 특유한 양식상의 해결방식을 탐색한다. 또 다른 그루지야 사람 텐기즈 아불라제(1924~1994)는 「기도」(1969)와 「소원 나무」(1978)에서 전설의 세계에 대한 자기 나름의 탐색을 통해 상징적 언어를 발전시키고자 했다. 그는 이러한 상징적 언어를 통해 「참회」(1984)에서 스탈린과 베리야[9]의 형상을 고찰하고 있다.

개방의 시대에 맞는 영화를 만든 러시아 감독 중 하나로 알렉세이 게르만을 들 수 있다. 「나의 친구 이반 라프신」(1983, 개봉은 1985년)은 강도단 소탕 임무를 띠고 한 시골 마을로 파견된 주인공 경찰관이 지방 극장의 여배우와 함께 펼치는 로맨스에 초점을 맞추고 있다. 이 영화는 대숙청 직전에 촬영되었으며, 사회주의와 진보를 위하여 자신의 신념을 지키는 사람들을 체호프적인 관대한 방식으로 바라보고 있다.

글라스노스트와 민주주의

1986년 5월에 열린 제5차 영화제작자조합 대회는 사회주의 리얼리즘의 유산과 단절하고 글라스노스트와 페레스트로이카의 정책들을 영화 산업에 도입하였다. 이 대회의 직접적인 결과 중 하나는 문서보관소 선반에 보관 중이던 170편 이상의 영화들을 재검토하여 개봉하기 위해 분쟁위원회를 설립한 것이었다. 또 다른 결과는 공산주의 시대에 만들어진, 잊혀지고 억압된 유산을 보급하는 임무를 맡은 영화 박물관의 설립이었다. 행정기구인 고스키노의 제작 통제권 철회, 이 기구의 배급 독점에 대한 이의 제기, 검열 철폐가 단계적으로 일어났다. 단계적으로 영화 산업 구조 또한 탈중앙집권화되었다. 소련의 붕괴가 거대한 전연방 조직 체계에 종말을 가져오게 되면서, 스튜디오들은 자체 재정으로 운영하는 체제로 바뀌었다. 영화제작자들은 스탈린주의와 가까운 과거 역

---

9 라브렌티 베리야(1899~1953)는 그루지야 출신 소비에트 정치가로 제2차 세계대전 동안 역시 그루지야 출신인 스탈린 치하에서 내무인민위원회 수정을 맡았다. 스탈린의 심복으로 그의 사후 유력한 후계자로 떠올랐으나 흐루쇼프 등에 의해 숙청당했다. ── 옮긴이

사의 어두운 비밀들을 공개적으로 다루고 싶어했다. 예를 들어, 아프가니스탄 전쟁, 러시아 사회의 가부장적 뿌리와 그 안에서의 여성의 위치, 섹스, 음주, 마약, 노숙자, 국내외 청년문화 등의 사회문제들을 다루고 싶었던 것이다. 많은 영화제작자들이 겪은 어려움 중 하나는 이러한 문제들을 다루기 위해 식별 가능한 언어와 장르를 발견하는 것이었다. 사회주의 리얼리즘 미학은 아주 다른 문제들에 대해 초점을 맞추고 있었다. 이와 관련된 한 가지 문제는 관객을 발견하는 것이었다. 분명한 것은 대중-관객이 통상적으로 값싸게 구할 수 있는 미국 영화들을 원한다는 것과 배급자들이 고스키노에 의해 통제되든 아니든 간에 그러한 취향을 맞추는 데 관심이 있었다는 사실이다. 영화제작자들은 국내외의 보다 특화된 관객층에 소구해야 했으며, 미국산 개봉영화들과 경쟁할 필요가 있었다. 실제로 이 두 영역에서 어느 정도의 성공을 거두었다. 세련된 영화 평론가들과 영화관을 찾는 대중 모두에게 호소력을 지닌 영화들도 있었다.

이 시기에 키라 무라토바의 강렬한 페미니스트적 목소리가 「무력증후군」(1989)과 같은 영화에서 전면에 등장하게 되었다. 강제노동수용소의 어두운 비밀들이 알렉산드르 프로슈킨의 「1953년의 추운 여름」(1987), 비탈리 카네프스키의 「얼지 마, 죽지 마, 부활할 거야」(1991), 마리나 골도프스카야의 다큐멘터리 「솔로프키 정부」(1988)에서 폭로되었다. 스타니슬라프 고보루힌의 시기적절하고(또는 기회주의적이고) 극도로 수사적인 다큐멘터리 「그렇게 살 수는 없다」(1990)는 스탈린 치하에서 자행된 파괴의 현장을 담은 문서보관소 사진들을 보여 주었다. 서구인들이나 '동양인들'도 영화에 등장했다. 예를 들어 알라 수리코바의 「카푸친 대로로부터 온 사나이」(1987)는 미국 문화에 대한 억압된 요구를 충족시켰다(서구인 또는 '동양인'을 사용한 보다 뛰어난 초창기 예는 블라디미르 모틸의 1970년작 「사막의 백색 태양」에서 찾아볼 수 있다). 록음악, 섹스, 청년문화는 바실리 피출의 「작은 베라」(1988), 표트르 토도로프스키의 「인터걸」(1989), 록가수 빅토르 최가 출연하고 카자흐스탄 출신 신진 감독 라시드 누그마노프가 러시아어로 만든 영화 「바늘」(1989), 세르게이 솔로비요프의 「아사」(1987), 세르게이 리브네프의 「망치와 낫」(1994) 같은 영화들에서 극단적으로 소개되었다. 특히 누그마노프의 영화는 젊은 영화제작자들이 장 뤽 고다르에게서 교훈을 얻었다는 것을 보여 주었다. 아프가니스탄 전쟁은 세르게이 루키안치코프의 다큐멘터리 「고통」(1988)과 블라디미르 호티넨코의 픽션 영화 「무슬림」(1995)의 주제였다. 「카프카스의 포로」(1996)에서 세르게이 보드로프는 러시아 중심부에 훨씬 더 근접했던 갈등 상황인 체첸 전쟁을 다루면서 러시아인이 가지고 있는 체첸인의 전형화된 이미지에 이의를 제기했다. 보드로프의 대본은 이 산악 민족과 벌인 러시아의 제국 전쟁의 초기 단계를 배경으로 한 톨스토이의 소설을 원작으로 하여 씌어졌다.

연속성: 러시아와 유럽

불연속적이고 따라서 불완전한 존재로서의 러시아 문화의 문제는 러시아 망명 문화의 불연속성과 단편성과 더불어 1960년대 이래로 영화제작자들의 관심을 끌어 왔다. 올레그 코발로프의 「쥐를 위한 콘서트」(1995)는 실종된 내외적 연속성을 확립하려고 한 야심 찬 영화이다. 코발로프는 구성주의의 시각적 교훈이 에이젠슈테인에 의해 소진된 것이 아니라는 것을 보여 주기 위해 구성주의로 회귀하고, 루이스 브뉘엘과장 콕토의 초현실주의와의 연계를 제안하기 위해 러시아 상징주의에 기대고 있다. 코발로프는 대숙청 시기의 러시아인들의 무기력과 공범 관계를 탐색할 영화 언어를 개발하고 싶어 한다. 스탠리 큐브릭의 「시계 태엽 오렌지」의 포스트모더니즘과의 연계, 그리고 러시아 가부장사회 의 근간에 의문을 제기하고 러시아의 성적 억압을 탐구하는 페미니즘 과의 연계 또한 확립되었다. 코발로프 및 20세기 말에 작업하고 있는 다 른 많은 감독들은 포스트모더니즘과 탈공산주의 시대의 러시아가 유럽 문화유산에 대해 특유한 권리를 갖고 있음을 보여 준다.

정하경 옮김

더 읽을거리

1장 러시아 문화사 입문

Auty, Robert and Dmitry Oblensky eds., *An Introduction to Russian Language and Literature*, Cambridge, 1977.

Bakhtin, Mikhail, *Art and Answerability: Early Philosophical Essays by M. M. Bakhtin*, eds. Michael Holquist and Vadim Liapunov, trans. Vadim Liapunov, Austin, TX, 1990.

_____, *The Bakhtin Reader: Selected Writings of Bakhtin, Medvedev, and Voloshinov*, ed. Pam Morris, London; New York, 1994.

_____, *Rabelais and His World*, trans. Helene Iswolsky, Bloomington, IN, 1984.

Berdiaev, Nicholai, *The Origins of Russian Communism*, Ann Arbor, MI, 1964.

_____, *The Russian Idea*, Hudson, NY, 1992.

Berry, Ellen E. and Anesa Miller-Pogacar eds., *Re-Entering the Sign. Articulating New Russian Culture*, Ann Arbor, MI, 1995.

Besançon, Alain, *The Rise of the Gulag: the Intellectual Origins of Leninism*, trans. Sarah Matthews, New York, 1980.

Billington, James H., *The Icon and the Axe: An Interpretive History of Russian Culture*, New York, 1966.

Clark, Katerina, *The Soviet Novel: History as Ritual*, Chicago, 1985.

Costlow, Jane T., Stephanie Sandler and Judith Vowles eds., *Sexuality and the Body in Russian Culture*, Stanford, CA, 1993.

Diment, Galya and Yury Slezkine, *Between Heaven and Hell: the Myth of Siberia in Russian Culture*, New York, 1993.

Emerson, Caryl, *The First Hundred Years of Mikhail Bakhtin*, Princeton, NJ, 1997.

_____, *Boris Godunov: Transpositions of a Russian Theme*, Bloomington, IN, 1986.

Epstein, Mikhail, *After the Future: the Paradoxes of Postmodernism and Contemporary Russian Culture*, Amherst, MA, 1995.

Fedotov, G. P., *The Russian Religious Mind*, New York, 1960.

Florovsky, Georges, *Collected Works of Georges Florovsky*, Belmont, MA, 1972.

Groys, Boris, *The Total Art of Stalinism: Avant-Garde, Aesthetic Dictatorship, and Beyond*, trans. Charles Rougle, Princeton, NJ, 1992.

Hingley, Ronald, *Russian Writers and Society in the Nineteenth Century*, 2nd ed., London, 1977.

Holquist, Michael and Katerina Clark, *Mikhail Bakhtin*, Cambridge, MA, 1984.

Hosking, Geoffrey, *Russia: People and Empire, 1552-1917*, Cambridge, MA, 1997.

Hughes, Robert P. and Irina Paperno eds., *Russian Culture in Modern Times*, California Slavic Studies 17, 2 vols., Berkeley, CA; London, 1994.

Kalbouss, George, *A Study Guide to Russian Culture, Religious History and Theology*, Needham Heights, MA, 1991.

Karlinsky, Simon and Alfred Apple, Jr. eds., *Russian Literature and Culture in the West: 1922-1972*, 2 vols., *TriQuaterly* 27-28, Spring-Fall 1973.

Kelly, Catriona et al. eds., *Constructing Russian Culture in the Age of Revolution, 1881-1940*, Oxford; New York, 1998.

_____, *Russian Cultural Studies: an Introduction*. Oxford, NY, 1988.

Lahusen, Thomas and Gene Kuperman eds., *Late Soviet Culture. From Perestroika to Novostroika*, Durham; London, 1993.

Leong, Albert ed., *Oregon Studies in Chinese and Russian Culture*, New York, 1990.

Likhachev, Dmitrii Sergeevich, *Reflections on Russia*, ed. Nicholai N. Petro, trans. Christina Sever, with a foreword by S. Frederick Starr, Boulder, CO, 1991.

Lotman, Yury, Boris Uspenskii and Ann Shukman, *The Semiotics of Russian Culture*, Ann Arbor, MI, 1984.

Malia, Martin, *Alexander Herzen and the Birth of Russian Socialism. 1812-1855*, Cambridge, MA, 1961.

Masaryk, Thomas, *The Spirit of Russia*, 3 vols., New York, 1961, 1967.

Miliukov, Pavel, *Outlines of Russian Culture*, 3 vols., New York, 1972.

Morson, Gary and Caryl Emerson, *Mikhail Bakhtin: Creation of a Prosaics*, Stanford, CA, 1990.

Nakhimovsky, Alexander D. and Alice Stone eds., *The Semiotics of Russian Cultural History: Essays by Iurii M. Lotman, Lidiia Ginsburg, Boris A. Uspenskii*, Introduction by Boris Gasparov, Ithaca, NY, 1985.

Norman, John O. ed., *New Perspectives on Russian and Soviet Artistic Culture*, New York, 1994.

Paperno, Irina, *Chernyshevsky and the Age of Realism: a Study in the Semiotics of Behavior*, Stanford, CA, 1988.

Paperno, Irina and Joan Delaney Grossman eds., *Creating Life: The Aesthetic*

Utopia of Russian Modernism, Stanford, CA, 1994.

_____, *Cultural Mythologies of Russian Modernism: From the Golden Age to the Silver Age*, Berkeley, CA, 1992.

Riasanovsky, Nicholas, *A History of Russia*, 4th ed., New York, 1984.

Rzhevsky, Nicholas, *Russian Literature and Ideology*, Urbana, IL, 1983.

Shalin, Dmitrii N., *Russian Culture at the Crossroads: Paradoxes of Postcommunist Consciousness*, Boulder, CO; Oxford, 1996.

Shatz, Marshall and Judith E. Zimmerman eds., *Landmarks (Vekhi): A Collection of Articles about the Russian Intelligentsia*, Armonk, NY, 1994.

Venturi, Franco, *Roots of Revolution*, New York, 1960.

Vernadsky, George, *A History of Russia*, 5 vol., New Haven, CT; London, 1987.

Vucinich, Alexander, *Science in Russian Culture, 1861-1917*, Stanford, CA, 1970.

Wachtel, Andrew, *An Obsession with History: Russian Writers Confront the Past*, Stanford, CA, 1994.

Weidle, Wladimir, *Russia: Absent and Present*, trans. A. Gordon Smith, New York, 1961.

West, James L. and Iurii A. Petrov eds., *Merchant Moscow. Images of Russia's Vanished Bourgeoisie*, Princeton, NJ, 1998.

Zenkovsky, V., *A History of Russian Philosophy*, 2 vols., New York, 1953.

2장 언어 | 3장 종교

Benz, Ernst, *The Eastern Orthodox Church: Its Thought and Life*, New York, 1963.

Birnbaum, Henrik, *Common Slavic: Progress and Problems in its Reconstruction*, Cambridge, MA, 1979.

_____, *On Medieval and Renaissance Slavic Writing: Selected Essays*, The Hague, 1974.

Birnbaum, Henrik and Peter Merill, *Recent Advances in the Reconstruction of Common Slavic, 1971-1982*, Columbus, OH, 1985.

Brumfield, W., *History of Russian Architecture*, Cambridge, 1993.

Chizhevsky, Dmitry, *History of Russian Literature from the Eleventh Century to the End of the Baroque*, Mouton: The Hague, 1960.

Comrie, Bernard et al., *The Russian Language in the Twentieth Century*, 2nd ed., Oxford; New York, 1996.

Comrie, Bernard and G. Corbett, *The Slavonic Languages*, London; New York, 1993.

Comrie, Bernard ed., *The World's Major Languages*, New York, 1987.

Conybeare, Frederick, *Russian Dissenters*, New York, 1962.

Crummey, Robert, *The Old Believers and the World of the Antichrist: The Vyg Community and the Russian State*, Madison, WI, 1970.

Danzas, Julia, *The Russian Church*, London, 1936.

DeBray, R. G. A., *Guide to the Slavonic Languages*, 3rd ed., Columbus, OH, 1980.

Elis, Jane, *The Russian Orthodox Church. Triumphalism and Defensiveness*, New York, 1996.

Fedotov, Georgii, *The Russian Religious Mind: Kievan Christianity, the Tenth to Thirteenth Centuries*, New York, 1946.

_____, *A Treasury of Russian Spirituality*, London, 1952.

Fennell, John L. I. and Dimitri Obolensky, *A Historical Russian Reader: A Selection of Texts from the Eleventh to the Sixteenth Centuries*, Oxford, 1969.

Florovsky, Georges, *Ways of Russian Theology*, Belmont, MA, 1979.

French, Robert, *The Eastern Orthodox Church*, London, 1951.

Gorodetzky, Nadezhda, *The Humiliated Christ in Modern Russian Literature*, London, 1938.

Grunwald, Constantin de, *Saints of Russia*, London, 1960.

Hart, David K., *Topics in the Structure of Russian: An Introduction to Russian Linguistics*, Columbus, OH, 1996.

Jakobson, Roman, *Russian and Slavic Grammar Studies. 1931-1981*, eds. Linda Waugh and Morris Halle, Berlin; New York, 1984.

Lenhoff, Gail, *The Martyred Princes Boris and Gleb: A Sociocultural Study of the Cult and the Texts*, Columbus, OH, 1989.

Nichols, Robert Lewis ed., *Russian Orthodoxy under the Old Regime*, Minneapolis, MN, 1978.

Obolenskii, Dimitri, *The Byzantine Commonwealth: Eastern Europe, 500-1411*, Crestwood, NY, 1982.

Payne, Robert, *The Holy Fire: The Story of the Eastern Church*, London, 1958.

Powell, David E., *Antireligious Propaganda in the Soviet Union: A Study of Mass Persuasion*, Cambridge, MA; London, 1975.

Schenker, Alexander M., *The Dawn of Slavic: An Introduction to Slavic Philology*, New Haven, CT; London, 1996.

Schenker, Alexander M. and E. Stankiewicz eds., *The Slavic Literary Languages: Formation and Development*, New Haven, CT; Columbus, OH, 1980.

Shevkunov, Georgy and Anatoly Zabolotsky, *The Visage of Russian Orthodoxy*, Moscow, 1992.

Vlasto, A. P., *A Linguistic History of Russia to the End of the Eighteenth Century*, Oxford; New York, 1986.

Ware, Timothy, *The Orthodox Church. Intellectual History and Philosophy*, New York, 1993.

Warhola, James W., *Russian Orthodoxy and Political Culture Transformation*, Pittsburgh, PA, 1993.

Worth, Dean ed., *Slavic Linguistics, Poetics, Cultural History: in Honor of Henrik Birnbaum on his Sixtieth Birthday*, Columbus, OH, 1986.

_____, *The Formation of the Slavonic Literary Languages: Proceedings of a Conference held in Memory of Robert Auty and Ann Pennington*, Columbus, OH, 1985.

_____, *On the Structure and History of Russian: Selected Essays*, Munich, 1977.

_____, *The Origins of Russian Grammar: Notes on the State of Russian Philology before the Advent of Printed Grammars*, Columbus, OH, 1983.

Zenkovsky, Sergei A. ed., *Medieval Russia's Epics, Chronicles, and Tales*, New York, 1974.

Zernov, Nicholas, *Eastern Christendom*, London, 1961.

_____, *The Russian Religious Renaissance of the Twentieth Century*, New York, 1963.

4장 아시아 | 5장 서구

Avins, Carol, *Border Crossings: The West and Russian Identity in Soviet Literature, 1917-1934*, Berkeley, CA, 1983.

Bassin, Mark, "Russia between Europe and Asia: The Ideological Construction of Geographical Space", *Slavic Review* 50, Spring 1991.

_____, "Inventing Siberia: Visions of the Russian East in the Early 19th Century", *American Historical Review* 96, June 1991.

Becker, Seymour, "Russia between East and West: the Intelligentsia, Russian National Identity, and the Asian Borderlands", *Central Asian Review* 10:4, 1991.

Billington, James H., *The Icon and the Axe: An Interpretive History of Russian Culture*, New York, 1966.

Brower, Daniel and Edward J. Lazzerini eds., *Russia's Orient. Imperial Borderlands and Peoples. 1700-1917*, Bloomington, IN, 1997.

Chizhevsky, Dmitry, *Outline of Comparative Slavic Literatures*, Boston, 1952,

1983.

Clark, Katerina, *Petersburg, Crucible of Cultural Revolution*, Cambridge, MA, 1995.

Dallin, David J., *The Rise of Russia in Asia*, New Haven, 1949.

Halperin, Charles J., *Russia and the Golden Horde: The Mongol Impact on Medieval Russian History*, Bloomington, IN, 1985.

Hauner, Milan, *What is Asia to Us? Russia's Asian Heartland Yesterday and Today*, London, 1990.

Hoffman, Stefani H., "Scythianism: A Cultural Vision in Revolutionary Russia", Ph.D. thesis, Columbia University, New York, 1975.

Kerr, David, "The New Eurasianism: The Rise of Geopolitics in Russia's Foreign Policy", *Europe-Asia Studies* 47:6, 1995.

Lantzeff, George V. and Richard A. Pierce, *Eastward to Empire. Exploration and Conquest on the Russian Open Frontier, to 1750*, Montreal, 1973.

Layton, Susan, *Russian Literature and Empire: Conquest of the Caucasus from Pushkin to Tolstoy*, Cambridge, 1994.

Lobanov-Rostovsky, A., *Russia and Asia*, Ann Arbor, MI, 1965.

Monas, Sidney and Grigorii Z. Kaganov, *Images of Space: St. Petersburg in the Visual and Verbal Arts*, CA, 1997.

Riasanovsky, Nicholas V., "Russia and Asia: Two 19th-Century Views", *California Slavic Studies* 1, 1960.

_____, "The Emergence of Eurasianism", *California Slavic Studies* 4, 1967.

_____, *Russia and the West in the Teaching of the Slavophiles*, Cambridge, MA, 1952.

Rogger, Hans, *National Consciousness in Eighteenth-Century Russia*, Cambridge, MA, 1960.

Sarkisyznz, E., "Russian Attitudes toward Asia", *Russian Review* 13, October 1954.

_____, *Russland und der Messianismus des Orients*, Tübingen, 1955.

Schiebel, Joseph, "Aziatchina: The Controversy Concerning the Nature of Russian Society and the Organization of the Bolshevik Party", Ph.D. thesis, University of Washington, Seattle, 1972.

Slezkine, Yuri, *Arctic Mirrors: Russia and the Small Peoples of the North*, Ithaca, NJ, 1994.

Solzhenitsyn, Aleksandr, *A World Split Apart: Commencement Address Delivered at Harvard University, June 8, 1978*, trans. Irina Alberti, New York, 1978.

_____, *Rebuilding Russia: Reflections and Tentative Proposals*, trans. and annotated Alexis Klimoff, New York, 1991.

Stephan, John J., "Asia in the Soviet Conception", ed. Donald S. Zagoria, *Soviet*

Policy in East Asia, New Haven, CT.

Treadgold, Donald W., *The West in Russia and China: Religious and Secular Thought in Modern Times*, 2 vols., Cambridge; New York, 1973.

Trubetzkoy, Nikolai S., *The Legacy of Ghengis Khan and Other Essays on Russia's Identity*, trans. Anatoly Liberman, Ann Arbor, MI, 1991.

Utechin, S. V., "The Russians in Relation to Europe and Asia", ed. Raghavah Iyer, *The Glass Curtain between Asia and Europe*, London, 1965.

Vucinich, Wayne S. ed., *Russia and Asia: Essays on the Influence of Russia on the Asian Peoples*, Stanford, CA, 1972.

Wittfogel, Karl, "Russia and the East: A Comparison and Contrast", *Slavic Review* 22, December 1963.

Wren, Melvin, *The Western Impact upon Tsarist Russia*, Chicago, 1971.

6장 이데올로기 구조

Berlin, Isaiah, *Russian Thinkers*, ed. Henry Hardy and Aileen Kelly, London, 1978.

Boym, Svetlana, *Common Places: Mythologies of Everyday Life in Russia*, Cambridge, MA, 1994.

Cherniavsky, Michael, *Tsar and the People: Studies in Russian Myths*, New Haven, CT, 1961.

Chizhevsky, Dmitry, *Russian Intellectual History*, trans. John C. Osborn and Martin P. Rice, Ann Arbor, MI, 1978.

Clowes, Edith, Samuel D. Kassow and James L. West, *Between Tsar and People: Educated Society and the Quest for Public Identity in Late Imperial Russia*, Princeton, NJ, 1991.

Dunham, Vera, *In Stalin's Time: Middleclass Values in Soviet Fiction*, Cambridge, 1976.

Edie, James, James P. Scanlan, and Mary-Barbara Zeldin, *Russian Philosophy*, 3 vols., Chicago, 1965.

Engelstein, Laura, *The Keys to Happiness: Sex and the Search for Modernity in Fin-de-Siecle Russia*, Ithaca, NY, 1992.

Fitzpatrick, Shelia, *The Cultural Front: Power and Culture in Revolutionary Russia*, Ithaca, NY, 1992.

Florovsky, Georges, *Ways of Russian Theology*, Belmont, MA, 1979.

Frank, Joseph, *Dostoevsky*, 5 vols., Princeton, NJ, 1976~.

Gleason, Abbott, *Young Russia*, New York, 1980.

Gleason, Abbott, Peter Kenez, and Richard Stites eds., *Bolshevik Culture: Experiment and Order in the Russian Revolution*, Bloomington, IN, 1985.

Jones W. Gareth, *Nikolay Novikov: Enlightener of Russia*, Cambridge, 1984.

Kuvakin, Valery A., *A History of Russia and Philosophy, From the Tenth Through the Twentieth Centuries*, 2 vols., Buffalo, NY, 1994.

Leatherbarrow, W. J., and D. C. Offord eds. and trans., *A Documentary History of Russian Thought from the Enlightenment to Marxism*, Ann Arbor, MI, 1987.

Malia, Martin, *Alexander Herzen and the Birth of Russian Socialism*, Cambridge, MA, 1961.

_____, *The Soviet Tragedy: a History of Socialism in Russia, 1700-1800*, Princeton, NJ, 1985.

Marker, Gary, *Publishing, Printing, and the Origins of Intellectual Life in Russia, 1700~1800*, Princeton, NJ, 1985.

Parthé, Kathleen, *Russian Village Prose: The Radiant Past*, Princeton, NJ, 1992.

Raeff, Mark, *Origins of the Russian Intelligentsia: The Eighteenth-Century Nobility*, New York, 1966.

_____, *Russian Intellectual History: An Anthology*, New York, 1966.

Riasanovsky, Nicholas, *Nicholas I and Official Nationality in Russia, 1825-1855*, Berkeley and Los Angeles, CA, 1961.

Rogger, Hans, *National Consciousness in Eighteenth-Century Russia*, Cambridge, MA, 1960.

Rzhevsky, Nicholas, *Russian Literature and Ideology*, Urbana, IL, 1983.

Scanlan, James, *Russian Thought After Communism: The Recovery of a Philosophical Heritage*, Armonk, NY, 1994.

Stites, Richard, *The Women's Liberation Movement in Russia: Feminism, Nihilism and Bolshevism 1860-1930*, Princeton NJ, 1978.

_____, *Revolutionary Dreams: Utopian Vision and Experimental Life in the Russian Revolution*, New York, 1989.

Tumarkin, Nina, *The Living and the Dead: The Rise and Fall of the Cult of World War in Russia*, New York, 1994.

Venture, Franco, *Roots of Revolution*, New York, 1960.

Walicki, Andrej, *A History of Russian Thought from the Enlightenment to Marxism*, Stanford, CA, 1979.

_____, *The Slavophile Controversy*, Oxford, 1975.

Zernov, Nicholas, *The Russian Religious Renaissance of the Twentieth Century*, New York, 1963.

7장 민중문화

■ 1차 자료

Afanas'ev, A. N., *Erotic Tales of Old Russia*, trans. Yury Perkov, Oakland, CA, 1980.

Alexander, A. E., *Russian Folklore: And Anthology in English Translation*, Belmont, MA, 1975.

Bonnell, Victoria ed., *The Russian Worker*, Berkeley, CA, 1983.

_____, *The Domostroi: Rules for Russian Households in the Time of Ivan the Terrible*, trans. and ed. Carolyn Johnston Pouncy, Ithaca, NY, 1994.

Sadovnikov, D., *Riddles of the Russian People*, trans. Ann C. Bigelow, Ann Arbor, MI, 1986.

Silent Witnesses (10 videocassettes of early Russian films), London, British Film Institute, 1992.

Sytova, Alla ed., *The Lubok: Russian Folk Pictures Seventeenth to Nineteenth Century*, Leningrad, 1984.

Taylor, Richard and Ian Christie eds., *The Film Factory: Russian and Soviet Cinema in Documents, 1896-1939*, London, 1988.

Warner, Elizabeth, *Heroes, Monsters and Other Worlds from Russian Mythology*, London, 1985.

Warner, Elizabeth and Viktor Kustovskii, *Russian Traditional Folksong*, Hull, 1990 (includes audio cassettte).

■ 연구서들(일반)

Balzer, Marjorie Mandelstam ed., *Russian Traditional Culture: Religion, Gender and Customary Law*, Armonk, NY, 1992.

Bonnell, Victoria E. ed., *Roots of Rebellion: Workers' politics and Organization in St. Peterburg and Moscow, 1900-1914*, Berkeley, CA, 1983.

Brower, Daniel, *The Russian City*, Berkeley, CA, 1990.

Bushnell, John, *Mutiny amid Repression: Russian Soldiers in the Revolution in Russia 1861-1914*, Cambridge, 1994.

Engelstein, Aleksandr Nikolaevich, *Letters from the Country 1872-1887*, trans. and ed. Cathy A. Frierson, New York, 1994.

Engelstein, Laura, *Moscow 1905*, Stanford, CA, 1982.

Frank, Stephen P. and Mark D. Steinberg eds., *Culture in Flux: Lower-Class Values, Practice, and Resistance in Late Imperial Russia*, Princeton, NJ, 1994.

Glickman, Rose L., *Russian Factory Women: Workplace and Society, 1880-1914*, Berkeley, CA, 1984.

Johnson, Robert E., *Peasant and Proletarian: The Working Class of Moscow in the Late Nineteenth Century*, New Brunswick, NJ, 1979.

Kenez, Peter, *The Birth of the Propaganda State: Soviet Methods of Mass Mobilization 1917-1929*, Cambridge, 1985.

Koenker, Diane, *Moscow Workers and the 1917 Revolution*, Princeton, NJ, 1981.

Oinas, Felix J., *Essays in Russian Folklore and Mythology*, Columbus, OH, 1985.

Oinas, Felix J., and S. tephen Soudakoff eds., *The Study of Russian Folklore*, The Hague, 1975.

Perrie, Maureen, *The Image of Ivan the Terrible in Russian Folklore*, Cambridge, 1987.

Propp, Vladimir, *Theory and History of Folklore*, trans. Aridne Y. Martin and Richard P. Martin, Manchester, 1984.

Smith, S. A., *Red Petrograd: Revolution in the Factories 1917-1918*, Cambridge, 1985.

Stites, Richard, *Russian popular Culture: Entertainment and Society since 1900*, Cambridge, 1992.

■ 연구서들(주제별)

Brooks, Jeffrey, *When Russia Leaned to Read: Literacy and Popular Literuture, 1861-1917*, Princeton, NJ, 1985.

Bushnell, John, *Moscow Graffiti: Language and Subculture*, Boston, 1990.

Kelly, Catriona, *Petrushka, the Russian Carnival Puppet Theatre*, Cambridge, 1990.

McReynolds, Lousie, *The News under Russia's Old Regime: The Development of a Mass-Circulation Press*, Princeton, NJ, 1991.

Mally, Lynn, *Culture of the Future: The Prolretkult Movement in Revolutionary Russia*, Berkeley, CA, 1990.

Mehnert, Klaus, *The Russians and their Favorite Books*, Stanford, CA, 1983.

Neuberger, Joan, *Hooliganism: Crime, Culture, and Power in St. Peterburg, 1900-1914*, Berkeley, CA, 1993.

Propp, Vladimir, *Morphology of the Folk Tale*, trans. Laurence Scott, ed. Louis A. Wagner, Austin, TX, 1968.

Smith, G. S., *Songs to Seven Strings: A History of Russian Guitar Poetry*, Bloomington, IN, 1985.

Smith, R. E. F. and David Christian, *Bread and Salt. A Social and Economic History of Food and Drink in Russia*, Cambridge, 1984.

Stites, Richard, *Revolutionary Dreams: Utopian Vision and Experimental Life in* the Russian Revolution, Oxford, 1989.

Thurston, Gary, "The Impact of Russian Popular Theatre, 1886-1915", *Journal of Modern History* 55, June 1983, pp.237~267.

Warner, Elizabeth, *The Russian Folk Theatre*, The Hague, 1977.

_____, *Folk Theatre and Dramatic Entertainments in Russia*, Cambridge, 1987.

White, Stephen, *The Soviet Political Poster*, New Haven, CT, 1988.

Youngblood, Denise, *Movies for the Masses: Soviet Popular Cinema in the Twenties*, Cambridge, 1993.

_____, *Soviet Cinema in the Silent Era*, Ann Arbor, MI, 1985.

Zguta, Russel, *Russian Minstrels: A History of the Skomorokhi*, Oxford, 1978.

8장 문학

■ 선집류

Brown, Clarence ed., *The Portable Twentieth-Century Russian Reader*, London, 1993.

Gibian, George ed., *The Portable Nineteenth-Century Russian Reader*, New York, 1993.

Rzhevsky, Nicholas ed., *An Anthology of Russian Literature: Introduction to a Culture*, Armonk, NY, 1996.

■ 연구서

Avins, Carol, *Border Crossings: The West and Russian Identity in Soviet Literature, 1917-1934*, Berkeley, CA, 1983.

Barnes, Christopher, *Boris Pasternak: A Literary Biography*, vol.I, Cambridge, 1989.

Bayley, John, *Pushkin: A Comparative Commentary*, Cambridge, 1971.

Beaujour, Elizabeth, *The Invisible Land: A Study of the Artistic Imagination of Iurii Olesha*, New York, 1970.

Bethea, David M., *Joseph Brodsky and the Creation of Exile*, Princeton, NJ, 1989.

_____, *The Shape of Apocalypse in Modern Russian Fiction*, Princeton, NJ, 1989.

Boyd, Brian, *Nabokov*, 2 vols., Princeton, NJ, 1990-1991.

Boym, Svetlana, *Death in Quotation Marks: Cultural Myths of the Modern Poet*, Cambridge, MA, 1991.

Bristol, Evelyn, *A History of Russian Poetry*, Oxford, 1991.

Brown, Clarence, *Mandelstam*, Cambridge, 1973.

Brown, Deming, *The Last Years of Soviet Russian Literature: Prose Fiction 1975-1991*, Cambridge, 1993.

_____, *Soviet Russian Literature Since Stalin*, Cambridge, 1978.

Brown, E. J., *Mayakovsky: A Poet in the Revolution*, Princeton, NJ, 1973.

_____, *Russian Literature Since the Revolution*, revised ed., Cambridge, MA, 1982.

Brown, William Edward, *A History of Russian Literature of the Romantic Period*, 4 vols., Ann Arbor, MI, 1986.

Carden, Patricia, *The Art of Isaac Babel*, Ithaca, NY, 1972.

Cavanagh, Clare, *Osip Mandelstam and the Modernist Creation of Tradition*, Princeton, NJ, 1995.

Chances, Ellen, *Andrei Bitov: The Ecology of Inspiration*, Cambridge, 1993.

Clark, Katerina, *The Soviet Novel: History as Ritual*, Chicago, 1981.

Cooke, Raymond, *Velimir Khlebnikov: A Critical Study*, Cambridge, 1987.

Costlow, Jane, *Worlds Within Worlds: The Novels of Ivan Turgenev*, Princeton, NJ, 1990.

Debreczeny, Paul, *Social Functions of Literature: Alexander Pushkin and Russian Culture*, Stanford, CA, 1997.

Driver, Sam, *Anna Akhmatova*, New York, 1972.

Ehre, Milton, *Oblomov and His Creator: The Life and Art of Ivan Goncharov*, Princeton, NJ, 1974.

Elsworth, John, *Andrey Bely: A Critical Study of the Novels*, Cambridge, 1983.

Erlich, Victor, *Modernism and Revolution: Russian Literature in Transition*, Cambridge, MA, 1994.

Ermolaev, Herman, *Mikhail Sholokhov and His Art*, Princeton, NJ, 1982.

_____, *Soviet Literary Theories 1917-1934: The Genesis of Socialists Realism*, Berkeley, CA, 1963.

Fanger, Donald, *Dostoevsky and Romantic Realism: A Study of Dostoevsky in Relation to Balzac, Dickens, and Gogol*, Cambridge, MA, 1965.

_____, *The Creation of Nikolai Gogol*, Cambridge, MA, 1979.

Fitzpatrick, Sheila ed., *Cultural Revolution in Russia, 1928-1931*, Bloomington, IN, 1984.

Fleishman, Lazar, *Boris Pasternak: The Poet and His Politics*, Cambridge, MA, 1990.

Frank, Joseph, Dostoevsky, 5 vols., Princeton, NJ, 1976-.

Freeborn, Richard, *The Rise of The Russian Novel: Studies in the Russian Novel from 'Eugene Onegin' to War and Peace*, Cambridge, 1973.

_____, *Turgenev: The Novelist's Novelist. A Study*, London, 1960.

Fusso, Susanne, *Designing Dead Souls: An Anatomy of Disorder in Gogol*, Stanford, CA, 1993.

Garrard, John ed., *The Russian Novel from Pushkin to Pasternak*, New Haven, CT, 1983.

Gillespie, David, *Iurii Trifonov: Unity through Time*, Cambridge, 1992.

Ginzburg, Lydia, *On Psychological Prose*, trans, J. Rosengrant, Princeton, NJ, 1991.

Goscilo, Helena ed., *Fruits of Her Plume: Essays on Contemporary Russian Women's Culture*, Armonk, NY, 1993.

Gregg, Richard, *Fedor Tiutchev: The Evolution of a Poet*, New York, 1965.

Grossman, Joan Delaney, *Valery Bryusov and the Riddle of Russian Decadence*, Berkeley, CA, 1985.

Gustafson, Richard, *The Imagination of Spring: The Poetry of Afanasy Fet*, New Haven, CT, 1966.

Heldt, Barbara, *Terrible Perfection: Women and Russian Literature*, Bloomington, IN, 1987.

Hoidington, Sona Stephan ed., *A Plot of Her Own: The Female Protagonist in Russian in Russian Literature*, Evanston, IL, 1995.

Holmgren, Beth, *Women's Work in Stalin's Time: On Lidiia Chukovskaia and Nadezhda Mandelstam*, Bloomington, IN, 1993.

Hosking, Geoffrey, *Beyond Socialist Realism: Soviet Fiction Since Ivan Denisovich*, London, 1980.

Hubbs, Joanna, *Mother Russia: The Feminine Myth in Russian Culture*, Bloomington, IN, 1988.

Jackson, Robert Louis, *Dostoevsky's Quest for Form*, New Haven, CN, 1966.

Karlinsky, Simon, *Marina Tsvetaeva: The Woman, Her World and Her Poetry*, Cambridge, 1986.

Kelly, Catriona, *A History of Russian Women's Writing 1820-1922*, Oxford, 1994.

Kornblatt, Judith Deutsch, *The Cossack Hero in Russian Literature: A Study in Cultural Mythology*, Madison, WI, 1992.

Layton, Susan, *Russian Literature and Empire: Conquest of the Caucasus from Pushkin to Tolstoy*, Cambridge, 1994.

Ledkovsky, Marina et al. eds., *Dictionary of Russian Women Writers*, Westport, CT, 1994.

Maguire, Robert, *Red Virgin Soil: Soviet Literature of the 1920s*, Princeton, NJ, 1968.

_____, *Exploring Gogol*, Stanford, CA, 1994.

Markov, Vladimir, *Russian Futurism: A History*, Berkeley, CA, 1968.

Masing-Delic, Irene, *Abolishing Death: A Salvation Myth of Russian Twentieth-Century Literature*, Stanford, CA, 1992.

Matthewson, Rufus, Jr., *The Positive Hero in Russian Literature*, 2nd ed,, Stanford, CA, 1975.

McLean, Hugh, *Nikolai Leskov: The Man and His Art*, Cambridge, MA, 1977.

Mersereau, John, Jr., *Mikhail Lermontov*, Carbondale, IL, 1962.

Milne, Lesley, *Mikhail Bulgakov: A Critical Biography*, Cambridge, 1990.

Mirsky, D. S., *A History of Russian Literature from its Beginnings to 1900*, New York, 1958.

Morris, Marcia A., *Saints and Revolutionaries: The Ascetic Hero in Russian Literature*, Albany, NY, 1993.

Morson, Gary, *The Boundaries of Genre: Dostoevsky's Diary of a Writer and the Traditions of Literary Utopia*, Austin, TX, 1981.

_____, *Hidden in Plain View: Narrative and Creative Potentials in War and Peace*, Stanford, CA, 1987.

Morser, Charles, *Esthetics as Nightmare: Russian Literary Theory 1855-1870*, Princeton, NJ, 1989.

Morser, Charles ed., *The Cambridge History of Russian Literature*, revised ed., Cambridge, 1992.

Murav, Harriet, *Holy Foolishness: Dostoevsky's Novels and the Poetics of Cultural Critique*, Stanford, CA, 1992.

Nepomnyashchy, Catharine Theimer, *Abram Tertz and the Poetics of Crime*, New Haven, CT, 1995.

O'Toole, Lawrence, *Stucture, Style and Interpretation in the Russian Short Story*, New Haven, CT, 1982.

Pachmuss, Temira, *Zinaida Hippius: An Intellectual Profile*, Carbondale, IL, 1971.

Parthe, Kathleen F., *Russian Village Prose: The Radiant Past*, Princeton, NJ, 1992.

Poggioli, Renato, *The Poets of Russia, 1890-1930*, Cambridge, MA, 1960.

Pyman, Avril, *The Life of Alexander Blok*, 2 vols., Oxford, 1979-1980.

Sandler, Stephanie, *Distant Pleasures: Alexander Pushkin and the Writing of Exile*, Stanford, CA, 1989.

Scammell, Michael, *Solzhenitsyn: A Biography*, New York, 1984.

Scherr, Barry, *Maxim Gorky*, Boston, 1988.

_____, *Russian Poetry: Meter, Rhythm, and Rhyme*, Bcrkeley, CA, 1986.

Seifrid, Thomas, *Andrei Platonov*, Cambridge, 1992.

Shane, Alex, *The Life and Works of Evgenij Zamjatin*, Berkeley, CA, 1968.

Shneidman, N., *Soviet Literature in the 1980s: Decade of Transition*, Toronto, 1989.

Slobin, Greta N., *Remezov's Fictions 1900-1921*, DeKalb, IL, 1991.

Terras, Victor, *Belinskij and Russian Literary Criticism: The Heritage of Organic Esthetics*, Madison, WI, 1974.

Terras, Victor ed., *A Handbook of Russian Literature*, New haven, CT, 1985.

Tertz, Abram, *On Socialist Realism*, New York, 1961.

Todd, William Mills, III, *Fiction and Society in the Age of Pushkin: Ideology, Institutions, and Narrative*, Cambridge, MA, 1986.

Wachtel, Andrew, *The Battle for Childhood: Creation of Russian Myth*, Stanford, CA, 1990.

Wasıolek, Edward, *Dostoevsky: The Major Fiction*, Cambridge, MA, 1964.

_____, *Tolstoy's Major Fiction*, Chicago, 1978.

Woodward, James, *Ivan Bunin: A Study of His Fiction*, Chapel Hill, NC, 1980.

Ziolkowski, Margaret, *Hagiography and Modern Russian Literature*, Princeton, NJ, 1988.

9장 미술

■ 일반적 참고문헌

Milnet, J., *A Dictionary of Russian and Soviet Artists*, Woodbridge, 1993.

■ 19세기 역사 관련 문헌

General histories with sections on the nineteenth century

Auty, R. and D. Obolensky eds., *Companion to Russian Studies. 3. An Introduction to Russian Art and Architecture*, Cambridge, 1980.

Billington, J. ed., *The Horizon Book of the Arts of Russia*, New York, 1970.

Bird, A., *A History of Russian Painting*, Oxford, 1987.

Brumfield, W., *History of Russian Architecture*, Cambridge, 1993.

Moscow. Treasures and Traditions. Catalog of exhibition circulated by the Smithsonian Traveling Exhibition Service, Washington, DC, 1990.

Rice, T. Talbot, *A Concise History of Russian Art*, London; New York, 1963.

Sarabianov, D., *Russian Realist Art: From Neo-Classicism to the Avant-Garde*, London, 1990.

Valkenier, E., *Russian Realist Art: the State and Society: the Peredvizhniki and their Tradition*, New York, 1989.

_____, *Ilya Repin and the World of Russian Art*, New York, 1990.

■ 모더니즘

Anikst,M. and E. Chernevich, *Russian Graphic Design 1880-1917*, New York, 1990.

Art and Revolution, Catalog of exhibition at the seibu Museum of Art, Tokyo, 1982.

Art and Revolution II, Catalog of exhibition at the Seibu Museum of Art, Tokyo, 1987.

The Avant-Garde in Russia 1910~1930. New Perspectives. Catalog of exhibition at the Los Angeles County Museum, Los Angeles: and the Hirshhorn Museum and Sculpture Garden, Washington, DC, 1980-1981.

Borisova, E. and G. Sternin, *Russian Art Nouveau*, New York, 1988.

Bowlt, J., *The Russian Avant-Garde: Theory and Criticism 1902-34*, New York, 1976.

_____, *The Silver Age. Russian Art of the Early Twentieth Century and the "World of Art" Group*, Newtonville, MA, 1979.

Bowlt, J. and N. Misler, *The Thyssen-Bornemisza Collection: Twentieth Century Russian and East European Painting*, London, 1993.

Brumfield, W., *The Origins of Modernism in Russian Architecture*, Berkeley, CA, 1991.

Compton, S., *The World Backwards, Russian Futurist Books 1912-16*, London, 1978.

Elliott, D., *New Worlds. Russian Art and Society 1900-1937*, London, 1986.

Gray, C., *The Russian Experiment in Art: 1863-1922*, revised ed., London, 1986.

The Great Utopia. The Russian and Soviet Avant-Grade 1915-1932. Catalog, New York, Solomon R. Guggenheim Museum, 1992-1993.

Howard, J., *The Union of Youth*, Manchester, 1992.

Janecek, G., *The Look of Russian Literature. Avant-Garde Experiments 1900-1930*, Princeton, NJ, 1984.

Jewish Artists in Russia and the soviet Union, 1890-1988. Catalog of exhibiton at the Jewish Museum, New York, and other cities, 1995-1996.

Lodder, C., *Russian Constructivism*, New Haven, CT, 1983.

Paris-Moscou 1900-1930. Catalog of exhibition at the Centre Pompidou, Paris, and the Pushkim Museum of Fine Arts, Moscow, 1979-1981.

Roman, G. and V. Marquardt eds., *The Avant-Grade Frontier. Russia Meets the West, 1910-1930*, Gainesville, FL, 1992.

Rudenstine, A., S. F. Starr and G. Costakis eds., *Russian Avant-Garde Art: The George Costakis Collections*, New York, 1981.

Twillight of the Tsars. Catalog of exhibition, Hayward Gallery, London, 1991.

■ 소비에트 시기

Anikst, M. ed., *Soviet Graphic Design of the Twenties*, New York, 1987.

Banks, M. ed., *The Aesthetic Arsenal: Socialist Realism under Stalin*, New York; Moscow, 1993.

Bown, M. C. and B. Taylor eds., *Art of the Soviets*, Manchester, 1993.

Golomshtok, I., *Totalitarian Art*, London, 1990.

Kan-Magomedov, S., *Pioneers of Soviet Architecture*, New York, 1987.

Taylor, B., *Art and Literature under the Bolsheviks*, London, 1991.

Tolstoy, V., I. Bibikova, and C. Cooke, *Street Art of the Revolution*, London, 1990.

10장 음악

Abraham, Gerald et al., *The New Grove Russian Masters 2: Rimsky-Korsakov, Skryabin, Rakhmaninov, Prokofiev, Shostakovich*, New York, 1986.

Bowers, Faubion, *Scriabin, a Biography*, 2nd ed., New York, 1996.

Brown, David, *Tchaikovsky Remembered*, Portland, OR, 1994.

Brown, David et al., *The New Grove Russian Masters 1: Glinka, Borodin, Balakirev, Musorgsky, Tchaikovsky*, New York, 1986.

Campbell, Stuart ed., *Russians on Russian Music, 1830-1880*, Cambridge, 1994.

Gordon, Stewart, *A History of Keyboard Literature: Music for the Piano and its Forerunners*, New York, 1996.

Haimo, Ethan and Paul Johnson eds., *Stravinsky Retrospectives*, Lincoln, NE, 1987.

Holden, Anthony, *Tchaikovsky: a Biography*, New York, 1996.

Martyn, Barrie, *Nicholas Medtner: His Life and Music*, Brookefield, VT, 1995.

Moldon, David, *A Bibliography of Russian Composers*, London, 1976.

Morosan, Vladimir, *Choral Performance in Pre-revolutionary Russia*, Madison, CT, 1994.

Newmarch, Rosa, *The Russian Opera*, Westport, CT, 1972.

Norris, Geoffrey, *Rachmaninoff*, New York, 1994.

Norris, Jeremy, *The Russian Piano Concerto*, Bloomington, IN, 1994.

Orlova, Alexandra ed., *Musorgsky Remembered*, Bloomington, IN, 1991.

Poznansky, Alexander, *Tchaikovsky's Last Days*, Oxford, 1996.

Prokofiev, Sergei, *Selected Letters of Sergei Prokofiev*, ed. Harlow Robinson, Boston, 1998.

Ridenour, Robert, *Nationalism, Modernism and Personal Rivalry in Nineteenth Century Russian Music*, Ann Arbor, MI, 1981.

Roberts, Peter, *Modernism in Russian Piano Music: Scriabin, Prokofiev and their Russian Counterparts*, Bloomington, IN, 1993.

Robinson, Harlow, *Sergei Prokofiev: a Biography*, New York, 1987.

Schwartz, Boris, *Music and Musical Life in Soviet Russia: 1917-1981*, Bloomington, IN, 1983.

Seaman, Gerald, *History of Russian Music*, Oxford, 1967.

Sitsky, Larry, *Music of the Repressed Russian Avant-garde 1900-1929*, Westport, CT, 1994.

Taruskin, Richard, *Defining Russia Musically*, Princeton, NJ, 1997.

_____, *Stravinsky and the Russian Traditions: a Biography of the Works through Mavra*, Oxford, 1996.

_____, *Opera and Drama in Russia as Preached and Practiced in the 1860s*, Ann Arbor, MI, 1981.

Wilson, Elizabeth, Shostakovich: a Life Remembered, Princeton, NJ, 1994.

■ 디스코그라피와 악보들

Bastable, Graham ed., *Twelve Songs for Voice and Piano / A. P. Borodin*, New York:, 1994. 1 score.

Dmitri Pokrovsky Singers, *Les noces*, New York, 1994. 1 sound disc, digital.

Dolskaya, Olga trans. and ed., *Vasily Titov and the Russian Baroque: Selected Choral Works*, Madison, CT, 1995.

Levasev, Evgenij ed., *Complete Works / M. P. Mussorgsky*, The Institute of the Russian Federation for the Study of the Arts. Moscow, 1996. 1 score.

Lewin, Michael, *A Russian Piano Recital*, Baton Rouge, LA, 1992. 1 sound disc.

Morosan, Vladimir and Alexander Ruggieri eds., *All-night Vigil: opus 37 / Sergei Rachmaninoff*, Madison, CT, 1992.

Morosan, Vladimir ed., *One Thousand Years of Russian Church Music, 988-1988*, Washington, DC, 1991.

_____, *Ten Sacred Choruses / P. I. Tchaikovsky*, Madison, CT, 1993.

_____, *The Complete Sacred Choral Works / P. I. Tchaikovsky*, Madison, CT, 1996. 1 score.

Morris, Richard, *Fugues, Fantasia and Variations*, New York, 1994. 1 sound disc, digital.

Nikitin, Sergei, *Vremena ne vybiraiut: pesni*, Moscow, 1994.

Rachmaninoff, Sergei, *The Complete Sacred Choral Works*, Madison, CT, 1994. 1 sound disc.

_____, *Russische Rhapsodie: fur 2 klaviere vierhandig*, Hamburg; New York, 1994.

Shostakovich, D. D., *Anti-Formalist Rayok for Reader*, 4 Basses and Mixed Chorus with Piano Accompaniment, London, 1991. 1 score.

Stravinsky, Igor, *Songs*, Moscow, 1993. 1 sound disc.

Yarbrough, Joan and Robert Cowan eds., *Capriccio on Russian Themes: for 1 Piano, 4 Hands / M. Glinka*, New York, 1992.

11장 연극

Alpers, Boris, *The Theatre of the Social Mask*, trans. M. Schmidt, New York, 1934.

Baer, Nancy Van Norman ed., *Theatre in Revolution: Russian Avant-garde Stage Design 1913-1935*, New York, 1991.

Bakshy, Alexander, *The Path of the Modern Russian Stage, and Other Essays*, London, 1916.

Benedetti, Jean Norman, *Stanislavski. A Biography*, London, 1988.

Benedetti, Jean Norman ed. and trans., *The Moscow Art Theatre Letters*, New York 1991.

"Bibliography of Articles on Soviet Theatre 1955-1980", Alma H. Law and C. Peter Goslette eds., *Soviet Plays in Translation: an Annotated Bibliography*, New York, 1981.

Bowers, Faubion, *Broadway U.S.S.R. Ballet, Theatre and Entertainment in Russia Today*, New York, 1959.

Bradshaw, Martha ed., *Soviet Theaters 1917-1941*, New York, 1954.

Braun, Edward, *Meyerhold, a Revolution in the Theatre*, London, 1995.

Braun, Edward ed. and trans., *Meyerhold on Theatre*, London, 1969.

Brown, Ben W., *Theatre at the Left*, Providence, RI, 1938.

Carnicke, Sharon M., *The Theatrical Instinct: Nikolaj Evreinov and the Russian Theatre of the Early Twentieth Century*, New York, 1989.

Carter, Huntley, *The New Spirit in the Russian Theatre, 1917-18*, London, 1929.

Chaliapin, Fedor I., *Chaliapin. An Autobiography as Told to Maxim Gorky, with Supplementary Correspondence and Notes*, trans., comp. and ed. Nina Froud and James Hanley, New York, 1967.

Cherkasov, Nikolay, *Notes of a Soviet Actor*, Moscow, 1953.

Clayton, J. Douglas, *Pierrot in Petrograd. Commedia dell arte/balagan in Twentieth-century Russian Theatre and Drama*, Montreal and Kingston, 1993.

Dana, H. W. L., *Drama in Wartime Russia*, New York, 1943.

_____, *Handbook of Soviet Drama*, New York, 1938.

Davidow, Mike, *People's Theater: From the Box Office to the Stage*, Moscow, 1977.

The Drama Review 57 (March 1973), Russian issue; 68 (December 1975), eccentrism issue; 99 (Fall 1983), Michael Chekhov issue. Other articles in issues of: Spring 1967, Winter 1968, Fall 1971, March 1974, September 1974, June 1975, December 1977, December 1979, September 1980, and Spring 1982.

Evreinov, N., *The Theatre in Life*, ed. and trans. A. Nazaroff, London, 1927.

Fulop-Miller, Rene and Joseph Gregor, *The Russian Theatre, its Character and History with a Special Reference to the Revolutionary Period*, trans. P. England, New York, 1978.

Geldern, James von, *Bolshevik Festivals, 1917-1920*, Berkeley, CA, 1993.

Gerould, Daniel and Julia Przyboś, "Melodrama in the Soviet theater 1917-1928: an Annotated Chronology", in ed. Daniel Gerould, *Melodrama*, New York, 1980,.

Gershkovich, Alexander, *The Theater of Yuri Lyubimov: Art and Politics at the Taganka Theater in Moscow*, trans. Michael Yurieff, New York, 1989.

Golub, Spencer, *The Recurrence of Fate. Theatre and Memory in Twentieth-century Russia*, Iowa City, 1994.

Gorchakov, Nikolai A., *Stanislavski Directs*, trans. Miriam Goldina, New York, 1962.

_____, *The Theater in Soviet Russia*, trans. Edgar Lehrman, New York, 1957.

Hoover, Marjorie L., *Meyerhold and his Set Designers*, New York, 1988.

_____, *Meyerhold: the Art of Conscious Theater*, Amherst, MA, 1974.

Houghton, Norris, *Moscow Rehearsals: an Account of Methods of Production in the Soviet Theatre*, New York, 1936.

_____, *Return Engagement*, New York, 1962.

Jelagin, Jury, *Taming the Arts*, trans. Nicholas Wreden, New York, 1951.

Karlinsky, Simon, *Russian Drama from its Beginnings to the Age of Pushkin*, Berkeley and Los Angeles, CA, 1985.

Kleberg, Lars, *Theatre as Action. Soviet Russian Avant-garde Aesthetics*, trans. Charles Rougle, London, 1993.

Kleberg, Lars and Nils Ake Nilsson eds., *Theatre and Literature in Russia 1900-*

1930, Stockholm, 1984.

Komisarjevsky, Theodore, *Myself and the Theatre*, London, 1929.

Komissarzhevsky, Viktor, *Moscow Theatres*, trans. V. Schneierman and W. Perelman, Moscow, 1959.

Leach, Robert, *Meyerhold*, Cambridge, 1988.

Macleod, Joseph, *Actors Cross the Volga: a Study of the Nineteenth Century Russian Theatre and of Soviet Theatres in War*, London, 1946.

_____, *The New Soviet Theatre*, London, 1943.

Marc Chagall and the Jewish Theatre. Catalog, New York: Guggenheim Museum, 1992.

Markov, Pavel A., *The Soviet Theatre*, New York, 1935.

Marshall, Herbert, *The Pictorial History of the Russian Theatre*, New York, 1977.

Morozov, Mikhail M., *Shakespeare on the Soviet Stage*, trans. D. Magarshack, London, 1947.

Nemirovich-Danchenko, Vladimir, *My Life in the Russian Theatre*, trans. J. Cournos, London, 1937.

Polyakova, Elena, *Stanislavsky*, Moscow, 1983.

Rudnitsky, Konstantin, *Meyerhold the Director*, trans. G. Petrov, ed. S. Schultze, Ann Arbor, MI, 1981.

_____, *Russian and Soviet Theatre. Tradition and the Avant-garde*, trans. R. Fermer, ed. L. Milne, London, 1988.

Russell, Robert and Andrew Barratt eds., *Russian Theatre in the Age of Modernism*, London, 1990.

Russian and East European Performance (periodical; formerly *Newsnotes on Soviet and East European Drama and Theatre*).

Schmidt, Paul ed., *Meyerhold at Work*, trans. Paul Schmidt, L. Levin, and V. McGee, Austin, TX, 1980.

Segel, Harold B., *Twentieth-century Russian Drama from Gorky to the Present*, 2nd ed., New York, 1994.

Senelick, Laurence, *Anton Chekhov* (Macmillan Modern Dramatists), New York, 1985.

_____, *Gordon Craig's Moscow Hamlet: a Reconstruction*, Westport, CT, 1982.

Senelick, Laurence ed. *National Theatre in Northern and Eastern Europe, 1746-1900. Theatre in Europe: a Documentary History*, Cambridge, 1991.

_____, *Wandering Stars: Russian Emigre Theatre, 1905-1940*, Iowa City, 1992.

Senelick, Laurence ed. and trans., *Russian Dramatic Theory from Pushkin to the Symbolists: an Anthology*, Austin, TX, 1981.

Shevstova, Maria, *The Theatre Practice of Anatoly Efros*, Devon, 1978.

Simonov, Ruben, *Stanislavsky's Protege: Eugene Vakhtangov*, trans. Miriam Goldina, New York, 1969.

Slonim, Mark, *Russian Theatre from the Empire to the Soviets*, New York, 1961.

Smeliansky, Anatoly, *Is Comrade Bulgakov Dead?*, New York, 1994.

Stanislavsky, K. S., *My Life in Art*, trans. J. Robbins, Boston, 1924.

_____, *Stanislavsky on the Art of the Stage*, ed. and trans. David Magarshack, New York, 1961.

Tairov, A., *Notes of a Director*, trans. W. Kuhlke, Coral Gables, FL, 1969.

Theater. Russian and Soviet Classics issue, Spring 1991.

Theater Three 10/11. Russian Theatre and Drama at the End issue, 1992.

Toporkov, Vasily, *Stanislavsky in Rehearsal: the Final Years*, trans. Christine Edwards, New York, 1979.

Tovstonogov, Georgy, *The Profession of the Stage-director*, trans. B. Bean, Moscow, 1972.

Tulane Drama Review 9, 1 and 2, Fall and Winter 1964. Stanislavsky issues.

Vakhtangov, Evgeny, *Evgeny Vakhtangov*, comp. Lyubov Vandrovskaya and Galina Kapterova, trans. Doris Bradbury, Moscow, 1982.

van Gyseghem, Andre, *Theatre in Soviet Russia*, London, 1944.

Varneke, B. V., *History of the Russian Theatre Seventeenth through Nineteenth Century*, trans. Boris Brasol, New York, 1951.

Warner, Lisa, *The Russian Folk Theatre*, The Hague, 1977.

World Theatre 8, 1. The actor and Stanislavski issue, Spring 1959; 12, 2. Stanislavski issue, 1963.

Worrall, Nick, *Modernism to Realism on the Soviet Stage: Tairov-Vakhtangov-Okhlopkov*, New York, 1989.

Yershov, Peter, *Comedy in the Soviet Theater*, New York, 1956.

12장 영화

Aumont, Jacques, *Montage Eisenstein*, trans. Lee Hildreth, Constance Penley and Andrew Ross, Bloomington, IN, 1987.

Babitsky, Paul and John Rimberg, *The Soviet Film Industry*, New York, 1955.

Barna, Yon, *Eisenstein: The Growth of a Cinematic Genius*, trans. Lise Hunter, Bloomington, IN, 1973.

Birkos, Alexander S., *Soviet Cinema: Directors and Critics*, Hamden, CT, 1976.

Bordwell, David, *The Cinema of Eisenstein*, Cambridge, MA, 1993.

Brashinsky, Michael and Andrew Horton eds., *Russian Critics on the Cinema of Glasnost*, Cambridge, 1994.

Christie, Ian and Richard Taylor eds., *Eisenstein Rediscovered*, London, 1993.

Cohen, Louis H., *The Cultural-Political Traditions and Developments of the Soviet Cinema, 1917-72*, New York, 1974.

Dickenson, Thorold and Catherine de la Roche, *Soviet Cinema*, London, 1948. Reprint, New York, 1972.

Eisenstein, Sergei, *Film Form*, ed. and trans. Jay Leyda, New York, 1949.

Eisenstein, Sergei, V. I. Pudovkin, and G. V. Aleksandrov, "A Statement on the Sound Film", ed. and trans. Jay Leyda, *Film Sense*, New York, 1947, pp.257~259.

Golovskoy, Val S. and John Rimberg, *Behind the Soviet Screen. The Motion Picture Industry in the USSR, 1972-82*, Ann Arbor, MI, 1986.

Heil, J. T., "No List of Political Assets: The Collaboration of Iurii Olesha and Abram Room on Strogii Iunosha", *Slavistische Beiträge* 248, December 1989.

Horton, Andrew and Michael Brashinsky, *The Zero Hour: Glasnost and Soviet Cinema in Transition*, Princeton, NJ, 1992.

Johnson, Vida T. and Graham Petrie, *The Films of Andrei Tarkovsky: A Visual Fugue*, Bloomington, IN, 1994.

Kepley, Vance, Jr., *In the Service of the State: The Cinema of Alexander Dovzhenko*, Madison, WI, 1986.

Kuleshov, Lev, *Kuleshov on Film: Writings of Lev Kuleshov*, trans. and ed. Ronald Levaco, Berkeley and Los Angeles, CA, 1974.

Lary, N. M., *Dostoevsky and Soviet Film*, Ithaca, NY, 1987.

Lawton, Anna, *Kinoglasnost: Soviet Cinema in Our Time*, Cambridge, 1992.

Lawton, Anna ed., *The Red Screen, Politics, Society, Art in Soviet Cinema*, London, 1992.

Le Fanu, Mark, *The Cinema of Andrei Tarkovsky*, London, 1987.

Leyda, Jay, *Kino: A History of the Russian and Soviet Film*, rev. ed., Princeton, NJ, 1983.

Leyda, Jay and Zina Voynow, *Eisenstein at Work*, New York, 1982.

Leyda, Jay ed. and trans., *Film Sense*, New York, 1947.

Liehm, Mira and Antonin Liehm, *The Most Important Art: Soviet and East European Film After 1945*, Berkeley and Los Angeles, CA, 1977.

Mayne, Judith, *Kino and the Woman Question: Feminism and Soviet Silent Film*, Columbus, OH, 1989.

Michelson, Annette ed., *Kino-Eye: The Writings of Dziga Vertov*, trans. Kevin O'Brien, Berkeley and Los Angeles, CA, 1984.

Nizhny, Vladimir, *Lessons With Eisenstein*, ed. and trans. Ivor Montagu, New York, 1962.

Pudovkin, V. I., *Film Technique and Film Acting*, trans. I. Montagu, New York, 1949.

Schnitzer, Luda, Jean Schnitzer and Marcel Martin eds., *Cinema in Revolution*, trans. David Robinson, New York, 1973.

Shlapentokh, Dmitry and Vladimir Shlapentokh, *Soviet Cinematography 1918-1991: Ideological Conflict and Social Reality*, New York, 1993.

Tarkovsky, Andrei, *Sculpting in Our Time: Reflections on the Cinema*, trans. Kitty Hunter-Blair, London, 1989.

Taylor, Richard and Ian Christie eds., *Inside the Film factory: New Approaches to Russian and Soviet Cinema*, New York, 1991.

Taylor, Richard ed. and trans. and Ian Christie ed., *The Film Factory: Russian and Soviet Cinema in Documents 1896-1939*, Cambridge, MA, 1988.

Tsivian, Yuri, *Early Cinema in Russia and its Cultural Reception*, trans. Alan Bodger, London and New York, 1994.

_____, *Silent Film Witnesses: Russian Films, 1908-1919*, Bloomington, IN, 1990.

Turovskaya, Maya, *Tarkovsky: Cinema as Poetry*, London, 1989.

Youngblood, Denise J., *Movies for the Masses: Popular Cinema and Soviet Society in the 1920s*, Cambridge, 1992.

영화 연표

* 번역제목(원어) | 제작자 혹은 제작사 | 감독 | 스태프, 출연자, 원작 등 기타 사항 순으로 표기하였다.
* 원저자가 본문과 연표의 영화 제작 연도를 다르게 표기한 경우, 원저자의 표기를 그대로 보존하였다.

1908　스텐카 라진(Stenka Razin) | 드란코프 | 블라디미르 로마슈코프
1909　이반 뇌제의 죽음(Smert' Ivana Groznogo) | 티만&라인하르트 | 바실리 곤차로프
1910　표트르 대제(Petr Velikii) | 파테 프레레 | 곤차로프
　　　백치(Idiot) | 한존코프 | 표트르 차르디닌
1911　르하임(L'khaim) | 파테 프레레 | 모리스 매트르 · 카이 한센
　　　크로이체르 소나타(Kreitserova sonata) | 한존코프 | 차르디닌
　　　유형수의 노래(Pesnia katorzhnika) | 티만&라인하르트 | 야코프 프로타자노프

1912　아름다운 류카니다(Prekrasnaia Liukanida) | 한존코프 | 블라디슬라프 스타레비치

　　　위대한 노인의 떠남(Ukhod velikogo cheloveka) | 티만&라인하르트 | 프로타자노
　　　프 · 옐리자베타 티에르만 | 톨스토이 역에 블라디미르 샤테르니코프

1913　로마노프 왕조 300년(Trekhsotletie tsarstvovaniia doma Romanovykh) | 드란코프 ·
　　　탈디킨 | 알렉산드르 우랄스키 | 미술감독 예브게니 바우에르, 차르 미하일 표도로비치
　　　역에 미하일 체호프

　　　행복의 열쇠(Kliuchi schast'ia) | 티만&라인하르트 | 프로타자노프 · 가르딘

　　　끔찍한 복수(Strashnaia mest') | 한존코프 | 스타레비치

　　　크리스마스 이브(Noch' pered rozhdestvom) | 한존코프 | 스타레비치

1914　미래주의자들의 카바레 No.13의 드라마(Drama v kabare futuristov No.13) | 토포르
　　　코프&윙클러 | 블라디미르 카시야노프

　　　대도시의 아이(Ditia bol'shogo goroda) | 한존코프 | 예브게니 바우에르

　　　내일의 여인(Zhenshchina zavtrashnego dnia) | 한존코프 | 차르디닌 | 베라 유레네
　　　바 · 이반 모주힌 출연

　　　국화: 어느 발레리나의 비극(Krizantemy: Tragediia baleriny) | 한존코프 | 차르디닌 |
　　　베라 카랄리 · 모주힌 출연

1915　니콜라이 스타브로긴(Nikolai Stavrogin) | 예르몰리예프 | 프로타자노프 | 도스토예프
　　　스키 원작 소설 『악령』 각색, 모주힌 출연

　　　뇌제 이반 바실리예비치(Tsar Ivan Vasil'evich Grozny) | 샤레즈(Sharez) | 이바노프-
　　　가이 | 표도르 샬랴핀 출연

　　　도리언 그레이의 초상(Portret Doriana Greia) | 러시아골든시리즈 | 메이에르홀드

　　　백합: 현대의 알레고리(Liliia Bel'gii) | 스코벨레프위원회 | 스타레비치

　　　죽음 이후(Posle smerti) | 한존코프 | 바우에르

1916　귀족아가씨-시골처녀(Baryshnia-krest'ianka) | 벤게로프 · 가르딘 | 올가 프레오브라
　　　젠스카야 | 푸슈킨 원작소설 각색

　　　스페이드의 여왕(Pikovaia dama) | 예르몰리예프 | 프로타자노프 | 푸슈킨 원작소설 각
　　　색, 모주힌 · 베라 오를로바 출연

　　　삶을 위한 삶(Zhizn' za zhizn') | 한존코프 | 바우에르 | 베라 홀로드나야 출연

1917　혁명당원(Revoliutsioner) | 한존코프 | 바우에르

　　　정복자 사탄(Satana likuiushchii) | 예르몰리예프 | 프로타자노프 | 모주힌 · 오를로바
　　　출연

　　　파리의 왕(Korol' Parizha) | 한존코프 | 바우에르 | 카랄리 출연

1918　아가씨와 건달(Baryshnia i khuligan) | 넵튠 | 블라디미르 마야코프스키

　　　영화의 족쇄를 채운 여자(Zakovannaia fil'moi) | 넵튠 | 마야코프스키

　　　세르게이 신부(Otets Sergei) | 예르몰리예프 | 프로타자노프 | 모주힌 · 오를로바 출연

칼리오스트로(Kaliostro) | 루시 | 스타레비치 | 올가 체호바 출연

엔지니어 프라이트의 프로젝트(Proekt inzhenera Praita) | 한존코프 | 레프 쿨레쇼프

1919 폴리쿠슈카(Polikushka) | 루시 | 알렉산드르 사닌 | 이반 모스크빈 출연

여왕의 비밀(Taina korolevy) | 예르몰리예프 | 프로타자노프 | 모주힌 출연

1920 어머니(Mat') | 모스키노 | 알렉산드르 라즈움니 | 고리키 원작소설 각색

붉은 전선에서(Na krasnom fronte) | 모스크바 소비에트 영화부 · VFKO | 쿨레쇼프 | 레오니드 오볼렌스키 · 알렉산드라 호흘로바 출연

1921 대조국전쟁의 역사(Istoriia grazhdanskoi voiny) | 전러시아영화위원회 | 베르토프

굶주림-굶주림-굶주림(Golod... golod... golod) | 고스키노스쿨 · VFKO | 가르딘 · 프세볼로드 푸도프킨 | 촬영기사 에두아르드 티세

1922 영화-진실(Kino-Pravda) | 베르토프 | 1922~1925

1923 붉은 마귀들(Krasnye diavoliata) | 그루지야 계몽인민위원회 영화부 | 페레스티아니

자물쇠 제조공과 수상(Slesar' i kantsler) | VUFKU | 가르딘 | 아나톨리 루나차르스키의 희곡을 각색하여 푸도프킨과 가르딘이 대본 공저

1924 아엘리타(Aelita) | 메즈라브폼루시 | 프로타자노프 | 알렉세이 톨스토이의 원작소설을 각색하여 표도르 오체르와 프로타자노프가 대본 공저

볼셰비키 나라에서의 웨스트 씨의 놀라운 모험(Neobychainye prikliucheniia mistera Vesta v strane bol'shevikov) | 고스키노 | 쿨레쇼프 | 호흘로바 · 푸도프킨 · 오볼렌스키 · 보리스 바르네트 참여

옥탸브리나의 모험(Pokhozhdeniia Oktiabriny) | 세자프키노(Sezapkino) · FEKS | 그리고리 코진체프 · 레오니드 트라우베르크

1925 레닌주의적 영화-진실(Leninskaia Kinopravda) | 쿨트키노(Kul'tkino) | 베르토프 | 영화-진실(Kino-Pravda)의 25번째 작품

파업(Stachka) | 고스키노 · 프롤레트쿨트 | 세르게이 에이젠슈테인

체스 열기(Shakhmatnaia goriachka) | 메즈라브폼루시 | 푸도프킨 | 호세 라울 카파블랑카 · 프로타자노프 참여

전함 포템킨(Bronenosets Potemkin) | 고스키노 | 에이젠슈테인

1926 외투(Shinel') | 레닌그라드키노 | 코진체프 · 트라우베르크 | 고골의 소설 원작

어머니(Mat') | 메즈라브폼루시 | 푸도프킨 | 고리키의 소설 원작

농노의 날개(Krylia kholopa) | 소브키노 | 유리 타리치 | 빅토르 슈클로프스키와 콘스탄틴 실드크레트 대본 공저

1927 1941년(Sorok pervyi) | 메즈라브폼루시 | 프로타자노프

로마노프 왕조의 몰락(Padenie dinastii Romanovykh) | 소브키노 | 에스피르 슈프

제3 메샨스카야 거리(Tretia Meshchanskaia) | 소브키노 | 아브람 롬 | 슈클로프스키 대본

메리 픽포드의 키스(Potselui Meri Pikford) | 메즈라브폼루시 | 세르게이 코마로프

상트페테르부르크의 종말(Konets Sankt-Peterburga) | 메즈라브폼루시 | 푸도프킨 · 미하일 돌레르

흰 독수리(Belyi orel) | 메즈라브폼루시 | 프로타자노프 | 프세볼로드 메이에르홀드 · 안나 스텐 참여

1928 파리의 구두직공(Parizhskii sapozhnik) | 소브키노 | 프리드리흐 에르믈레르 | 표도르 니키틴 참여

눈더미에 파묻힌 집(Dom v sugrobakh) | 소브키노 | 에르믈레르 | 자먀틴의 『동굴』 각색, 니키틴 참여

즈베니고라(Zvenigora) | VUFKU | 알렉산드르 도브젠코

10월(Oktiabr') | 소브키노 | 에이젠슈테인 · 그리고리 알렉산드로프

대위의 딸(Kapitanskaia dochka) | 소브키노 | 타리치

칭기즈칸의 후예(Potomok Chingis-khan 또는 Storm over Asia) | 메즈라브폼필름 | 푸도프킨

1929 카메라를 든 사나이(Chelovek s kinoapparatom) | VUFKU | 베르토프

신바빌론(Novyi Vavilon) | 소브키노 | 코진체프 · 트라우베르크

무기고(Arsenal) | VUFKU | 도브젠코

옛것과 새것(Staroe i novoe) | 소브키노 | 에이젠슈테인 · 알렉산드로프

1930 대지(Zemlia) | 키예프 부프코스튜디오 | 도브젠코

1931 인생 안내(Putevka v zhizn') | 메즈라브폼필름 | 니콜라이 에크

고요한 돈 강(Tikhii Don) | 소유즈키노(모스크바) | 올가 프레오브라젠스카야 · 프라보프 | 미하일 숄로호프의 원작소설 각색

1932 이반(Ivan) | 우크라이나필름 | 도브젠코

죽음의 집(Mertvyi dom) | 메즈라브폼필름 | 표도로프

대안(Vstrechnyi) | 로스필름(레닌그라드) | 에르믈레르 · 세르게이 유트케비치

단순한 사건(Prostoi sluchai) | 메즈라브폼필름 | 푸도프킨

콤소몰: 전력 공급 소장(Komsomol: shef elektrifikatsii) | 슈프

1933 변두리(Okraina) | 메즈라브폼필름 | 바르네트 | '애국자들'(Patriots)이라는 제목으로도 불림

위대한 위안자(Velikii uteshitel') | 메즈라브폼필름 | 쿨레쇼프 | 오 헨리 원작 각색

1934 페테르부르크의 밤(Peterburgskaia noch') | 소유즈필름 | 그리고리 로샬 · 베라 스트로예바 | 도스토예프스키의 『백야』와 『네토치카 네즈바노바』 원작 각색

키제 중위(Poruchik Kizhe) | 벨고스키노 | 알렉산드르 파인짐메르 | 유리 티냐노프 대본, 세르게이 프로코피예프 음악

레닌에 대한 세 곡의 노래(Tri pesni o Lenine) | 메즈라브폼필름 | 베르토프

차파예프(Chapaev) | 렌필름 | 세르게이 바실리예프 · 게오르기 바실리예프

유쾌한 녀석들(Veselye rebiata) | 모스필름 | 알렉산드로프 | 이사악 두나예프스키 음악

1935 막심의 청년시절(Yunost' Maksima) | 렌필름 | 코진체프 · 트라우베르크 | 보리스 치르코프 출연, 드미트리 쇼스타코비치 음악

항공도시(Aerograd) | 모스필름 · 우크라이나필름 | 도브젠코

1936 우리는 크론스타트에서 왔다(My iz Kronstadt) | 모스필름 | 예핌 지간

서커스(Tsirk) | 모스필름 | 알렉산드로프 | 두나예프스키 음악

1937 지참금 없는 여자(Bespridannitsa) | 메즈라브폼필름 | 프로타자노프 | 오스트로프스키의 희곡 각색

발트의 대표자(Deputat Baltiki) | 렌필름 | 알렉산드르 자르히 · 이오시프 헤이피츠

막심의 귀환(Vozvrashchenie Maksima) | 렌필름 | 코진체프 · 트라우베르크 | 보리스 치르코프 출연

표트르 대제(Petr I) 1부 | 렌필름 | 블라디미르 페트로프

10월의 레닌(Lenin v oktiabre) | 모스필름 | 미하일 롬 | 보리스 슈킨 출연

외로운 하얀 돛단배(Beleet parus odinokii) | 소유즈아동영화제작소 | 블라디미르 레고신 | 발렌틴 카타예프의 소설 각색

1938 위대한 시민(Velikii grazhdanin) 1부 | 렌필름 | 에르믈레르

부유한 신부(Bogataia nevesta) | 우크라이나필름 | 피리예프 | 마리나 라디니나 출연, 두나예프스키 음악

볼가-볼가(Volga-Volga) | 모스필름 | 알렉산드로프 | 두나예프스키 음악

고리키의 유년시절(Detstvo Gor'kogo) | 소유즈아동영화제작소 | 마르크 돈스코이 | 고리키의 3연작 소설에서 각색

알렉산드르 네프스키(Aleksandr Nevsky) | 모스필름 | 에이젠슈테인 · 드미트리 바실리예프

1939 비보르크 방면(Vyborgskaia storona) | 렌필름 | 코진체프 · 트라우베르크 | 보리스 치르코프 출연

표트르 대제(Petr I) 2부 | 렌필름 | 페트로프

1918년의 레닌(Lenin v 1918 godu) | 모스필름 | 롬

쇼르스(Shchors) | 키예프스튜디오 | 도브젠코

미닌과 포자르스키(Minin i Pozharsky) | 모스필름 | 푸도프킨 · 돌레르 | 슈클로프스키 대본

트랙터 운전수들(Traktoristy) | 모스필름 · 키예프스튜디오 | 피리예프 | 라디니나 출연

1940 나의 대학들(Moi universitety) | 소유즈아동영화제작소 | 돈스코이

파헤쳐진 처녀지(Podniataia tselina) | 모스필름 | 율리 라이즈만 | 미하일 숄로호프가 자신의 소설 각색

해방(Osvobozhdenie) | 키예프스튜디오 | 도브젠코 · 율리아 솔른체바

1941 **가면무도회**(Maskarad) | 렌필름 | 세르게이 게라시모프

1942 **살인자들이 그들 앞에 나타나다**(Ubiitsi vykhodiat na dorogu) | 연합스튜디오 | 푸도 프킨 | 브레히트의 희곡 각색

1943 **부하라의 나스레딘**(Nasreddin v Bukhare) | 타슈켄트스튜디오 | 프로타자노프

1944 **조야**(Zoia) | 소유즈아동영화제작소 | 레프 아른슈탐

이반 뇌제(Ivan Grozny) 1부 | 연합스튜디오 | 에이젠슈테인 | 니콜라이 체르카소프 · 세라피마 비르만 · 파벨 카도츠니코프 출연

1945 **베를린**(Berlin) | 중앙뉴스영화스튜디오 | 라이즈만

1946 **위대한 전환점**(Velikii perelom) | 렌필름 | 에르믈레르

이반 뇌제(Ivan Grozny) 2부 | 모스필름 | 에이젠슈테인 | 문서보관소 보관, 1958년에 개봉

석화(Kamennyi tsvetok) | 모스필름 | 알렉산드르 프투슈코

나히모프 제독(Admiral Nakhimov) | 모스필름 | 푸도프킨

1947 **마을학교 선생**(Selskaia uchitel'nitsa) | 소유즈아동영화제작소 | 돈스코이 | 베라 마레 츠카야 출연

1948 **미추린**(Michurin) | 모스필름 | 도브젠코 | 컬러 영화. 개봉 판본은 도브젠코가 제작한 것 이 아님

1949 **엘베 강에서의 만남**(Vstrecha na El'be) | 모스필름 | 알렉산드로프 | 류보프 오를로바 출연

베를린 함락(Padenie Berlina) 1~2부 | 모스필름 | 미하일 치아우렐리 | 스탈린 역할에 미하일 겔로바니

1950 **저주받은 자들의 음모**(Zagovor obrechennykh) | 모스필름 | 미하일 카라토조프

1953 **바실리 보르트니코프의 귀환**(Vozvrashchenie Vasiliia Bortnikova) | 모스필름 | 푸도 프킨

1955 **로미오와 줄리엣**(Romeo i Dzhulietta) | 모스필름 | 레프 아른슈탐 · 라브로프스키 | 프 로코피예프의 발레, 갈리나 울랴조바 출연

보리스 고두노프(Boris Godunov) | 모스필름 | 베라 스트로예바 | 무소르그스키의 오 페라

1956 **오델로**(Otello) | 모스필름 | 세르게이 유트케비치

1957 **카니발의 밤**(Karnaval'naia noch') | 모스필름 | 엘다르 랴자노프

돈키호테(Don Kikhot) | 렌필름 | 코진체프

학이 날다(Letiat zhuravli) | 모스필름 | 칼라도조프

내가 살고 있는 집(Dom, v kotorom ia zhivu) | 고리키스튜디오 | 레프 쿨리자노프 · 야코프 세겔

1958 공산주의자(Kommunist) | 모스필름 | 라이즈만

나스타샤 필리포브나(Nastas'ia Filippovna) | 모스필름 | 피리예프 | 도스토예프스키의 『백치』 각색

1959 인간의 운명(Sud'ba cheloveka) | 모스필름 | 세르게이 본다르추크

호반시나(Khovanshchina) | 모스필름 | 스트로예바 | 무소르그스키의 오페라

병사의 발라드(Ballada o soldate) | 모스필름 | 그리고리 추흐라이

백야(Belye nochi) | 모스필름 | 피리예프 | 도스토예프스키의 동명소설 각색

1960 개를 데리고 다니는 여인(Dama s sobachkoi) | 렌필름 | 헤이피츠

1961 들어오는 이들에게 평화를(Mir vkhodiashchemu) | 모스필름 | 알렉산드르 알로프 · 블라디미르 나우모프

1962 이반의 유년시절(Ivanovo detstvo) | 모스필름 | 안드레이 타르코프스키

1964 나는 모스크바를 걷는다(Ia shagaiu po Moskve) | 모스필름 | 레오르기 다넬리야

햄릿(Gamlet) | 렌필름 | 코진체프 | 이노켄티 스모크투노프스키 출연

잊혀진 선조들의 그림자(Teni zabytykh predkov) | 도브젠코스튜디오 | 세르게이 파라자노프

1965 혐오스러운 일화(Skvernyi anekdot) | 모스필름 | 알로프 · 나우모프 | 도스토예프스키의 동명소설 각색, 1987년에 개봉

1966 전쟁과 평화(Voina i mir) 4부작 | 모스필름 | 본다르추크

날개(Krylia) | 모스필름 | 라리사 셰피트코

안드레이 루블료프(Andrei Rublev) | 모스필름 | 타르코프스키 | 아나톨리 솔로니친 출연. 1972년 삭제 판본으로 개봉

1967 카테리나 이즈마일로바(Katerina Izmailova) | 렌필름 | 미하일 샤피로 | 쇼스타코비치의 오페라, 갈리나 비슈네프스카야 출연

당신의 동시대인(Tvoi sovremennik) 2부작 | 모스필름 | 라이즈만

코미사르(Kommissar) | 고리키스튜디오 | 알렉산드르 아스콜도프 | 1987년에 개봉

사랑했지만 결혼하지는 않은 아샤 클랴치나의 이야기(Istoriia Asi Kliachinoi, kotoraia liubila da ne vyshla zamuzh) | 모스필름 | 안드레이 콘찰로프스키 | 1987년에 개봉

짧은 만남(Korotkie vstrechi) | 오데사 영화 스튜디오 | 키라 무라토바 | 블라디미르 비소츠키 출연, 1987년에 개봉

미지의 세기의 시작(Nachalo nevedomogo veka) | 실험스튜디오 · 모스필름 | 라리사 셰피트코 · 안드레이 스미르노프 | 플라토노프 및 올레샤의 소설에 기반한 대본

1968 석류의 색깔(Tsvet granata) | 아르멘필름 | 파라자노프 | 1971년 국내 개봉. '사야트 노바'(Saiat Nova)라고도 불림

카라마조프 가의 형제들(Brat'ia Karmazovy) 3부작 | 모스필름 | 피리예프 | 3부는 미

하일 울랴노프와 키릴 라브로프에 의해 모스필름에서 완성

1969 기도(Mol'ba) | 그루지야필름 | 텐기즈 아불라제

귀족의 보금자리(Dvorianskoe gnezdo) | 모스필름 | 콘찰로프스키

피로스마니(Pirosmani) | 대실험스튜디오 · 그루지야필름 | 게오르기 셴겔라야

1970 죄와 벌(Prestuplenie i nakazanie) | 모스필름 | 레프 쿨리자노프 | 도스토예프스키 동명 소설 각색

사막의 백색 태양(Beloe solntse pustyni) | 모스필름 | 블라디미르 모틸

1971 탈주(Beg) | 모스필름 | 알로프 · 나우모프 | 불가코프 원작 각색

리어 왕(Korol' Lir) | 렌필름 | 코진체프 | 유리 야르베트 출연

벨로루시 기차역(Belorusskii vokzal) | 모스필름 | 안드레이 스미르노프

1972 솔라리스(Solaris) | 모스필름 | 타르코프스키 | 스타니슬라프 렘의 소설 각색

낙천적인 사람들(Pechki-lavochki) | 고리키스튜디오 | 바실리 슈크신

1973 한마디 합시다(Proshu slova) | 렌필름 | 글레프 판필로프 | 인나 추리코바, 슈크신 출연, 1976년에 개봉

1974 거울(Zerkalo) | 모스필름 | 타르코프스키

칼리나 크라스나야(Kalina krasnaia) | 고리키스튜디오 | 슈크신

1976 사랑의 노예(Raba liubvi) | 모스필름 | 니키타 미할코프

목가(Pastoral') | 그루지야필름 | 오타르 이오셀리아니 | 1978년에 개봉

1977 고양(Voskhozhdenie) | 모스필름 | 셰피트코

기계 피아노를 위한 미완성 희곡(Neokonchennaia p'esnia dlia mekhanicheskogo pianino) | 모스필름 | 니키타 미할코프

1978 소원 나무(Drevo zhelania) | 그루지야필름 | 아불라제

인간의 고독한 목소리(Odinokii golos cheloveka) | 졸업작품 | 알렉산드르 소쿠로프

1979 시비리아데(Sibiriade) 4부작 | 모스필름 | 콘찰로프스키

스토커(Stalker) | 모스필름 | 타르코프스키

1980 가을 마라톤(Osennii marafon) | 모스필름 | 게오르기 다넬리야

차고(Garazh) | 모스필름 | 랴자노프

모스크바는 눈물을 믿지 않는다(Moskva slezam ne verit) | 모스필름 | 블라디미르 멘쇼프

오블로모프의 인생의 며칠간(Neskol'ko dnei iz zhizni I. I. Oblomova) | 모스필름 | 미할코프

1981 도스토예프스키의 인생의 26일(Dvadtsat' shest' dnei iz zhizni Dostoevskogo) | 모스필름 | 알렉산드르 자르히

발렌티나(Valentina) | 모스필름 | 판필로프 | 추리코바 출연

1982 나의 친구 이반 라프신(Moi drug Ivan Lapshin) | 렌필름 | 알렉세이 게르만 | 1985년

에 개봉

포크로프스키 문(Pokrovskie vorota) | 미하일 코자코프 | 텔레비전용 영화

1983 **노스탤지어**(Nostalgiia) | 오페라필름(로마) | 타르코프스키

1984 **수람 요새의 전설**(Legenda o Suramskoi kreposti) | 그루지야필름 | 파라자노프 · 다비드 아바시제

   참회(Pokaianie) | 그루지야필름 | 아불라제

1986 **연가**(Elegiia) | 소련영화제작자협회 | 소쿠로프

1987 **아사**(Assa) | 모스필름 | 세르게이 솔로비요프

   플루트를 위한 잊혀진 선율(Zabytaia melodiia dlia fleity) | 모스필름 | 랴자노프

   운명의 전환(Peremena uchasti) | 오데사영화스튜디오 | 키라 무라토바

   카푸친 대로로부터 온 사나이(Chelovek s bul'vara Kaputsinov) | 모스필름 | 알라 수리코바

   비전문가(Neprofessionaly) | 카자흐필름 | 세르게이 보드로프

1988 **바늘**(Igla) | 카자흐필름 | 라시드 누그마노프 | 빅토르 최 출연

   작은 베라(Malen'kaia Vera) | 고리키스튜디오 | 바실리 피출

   어머니(Mat') | 모스필름·시네시타 래두·시네핀 | 판필로프 | 추리코바 출연, 고리키의 소설 각색

1989 **무력증후군**(Astenicheskii sindrom) | 오데사영화스튜디오 | 무라토바

   아시크-케리브(Ashik-Kerib) | 그루지야필름 | 파라자노프

   인터걸(Interdevochka) | 모스필름 · 필름스탈렛AB | 표트르 토도로프스키

   소비에트 연가(Sovetskaia elegiia) | 레닌그라드 다큐멘터리영화스튜디오 | 소쿠로프

1990 **택시 블루스**(Taksi-bliuz) | 렌필름 | 파벨 룬긴

   그렇게 살 수는 없다(Tak zhit' nel'zia) | 제작처 미상 | 스타니슬라프 고보루힌

   카탈라(Katala) | 모스필름 | 보드로프

   아담의 갈비뼈(Rebro Adama) | 모스필름 | 뱌체슬라프 크리초포비치 | 치리코바 출연

1991 **스탈린의 장례식**(Pokhorony Stalina) | 모스필름 | 예브게니 예브투셴코

1992 **아빠, 산타클로스가 죽었어요**(Papa, umer Ded Moroz) | 렌필름 | 예브게니 유피트

   루나-파크(Luna-Park) | IMA 필름 · L 프로덕션(모스크바) | 파벨 룬긴

   트랙터 운전수들(Traktoristy) | 쿠리에르 · 모스필름 | 글레프 알레이니코프 · 이고르 알레이니코프

   모스크바 퍼레이드(Prorva) | 동-서(프랑스)·프로젝트캠프(러시아) · 모스필름 | 이반 디흐노비츠니

1993 **망자들의 섬**(Ostrov mertvykh) | 소유즈이탈리아영화제작소 | 올레그 코발로프

1994 **망치와 낫**(Serp i molot) | L-필름 | 세르게이 리브네프

   위선의 태양(Utomlennye solntsem) | 트라이T 스튜디오 · 카메라One(프랑스-러시아

공동 제작) | 미할코프

1995   **무슬림**(Musulmanin) | 러시아영화위원회 | 블라디미르 호티넨코

        쥐를 위한 콘서트(Kontsert dlia krysy) | 렌필름 | 코발로프

1996   **카프카스의 포로**(Kavkazkii plennik) | AO카라반 · BG프로다크신 | 세르게이 보드로프

역사 연표

3~8세기
부족 이주 시대

9세기
750~800경 바이킹족 볼가~중류까지 진출
862~879경 슬라브인들의 류리크 초청, 키예프 비
　　　　　 공후 류리크의 통치 시작
882 올레그, 키예프와 노브고로드 통합

10세기
907 올레그, 콘스탄티노플 공격
955경 올가, 그리스 정교로 개종
962경 스뱌토슬라프, 통치 시작
968경 스뱌토슬라프, 불가리아 격퇴
969 페체네그족, 키예프 포위
978 블라디미르, 통치 시작
988 블라디미르, 그리스 정교 수용

11세기
1016 보리스와 글레프 순교
1019~1054 '현자' 야로슬라프 통치

문학 연표

9세기
863경 키릴로스와 메포디우스, 글라골 문자 창제
9세기 중반 그리스 『교사의 복음서』
9세기 말경 성경 최초 번역

10세기
988 성경, 전례서, 성자전 번역

11세기
1017경 『노브고로드 원초 연대기』시작
1036 『루가 지다타의 설교』

공연예술·미술·건축 연표

10세기
10세기경 일리야 성당(키예프)
991~996 성모승천성당(십일조 성당, 키예프)

11세기
1036 성변용 대성당(체르니고프)
1036~1041 성 소피아 대성당(키예프)

1361 표도르 스트라티라트 성당(노브고로드)
1367 크레믈린 성벽(모스크바)
1370~1380 볼로토보 들판(노브고로드)의 성모승천 성당
1374 엘리야 거리의 구세주 성당(노브고로드)
1378 성반옹 대성당(노브고로드)의 페오판의 이콘과 프레스코화
1379 그리스도 탄생 성당(마하일리차)
1383~1384 선착자 성 요한 성당(다드코비치, 비트카강)

15세기
1400년경 우스펜스키 대성당(즈베니고로드)
1405 루블료프, 페오판, 프로호르 이콘「그리스도 탄생」,「세례」,「정변용」
1406 성 베드로와 마을 교회 미나기 성당(노브고로드)
1408년경 루블료프와 다니엘 조르니의 이콘 위 임하신 그리스도,
1410~1422년경 루블료프의 이콘「구약성서 삼위일체」
1413 작은 언덕 위의 성 바실리 성당(프스코프)
1420 루블료프 대성당 내부 장식, 성삼위일체-세르기우스 수도원
1421~1422 은총 있는 성 요한 성당(마지노호)
1430경 루블료프 사망
1441 「디메스트벤니」합창 형식 최초 언급

15세기
1400경 「마마이 전투 이야기」
1406 「아드세니판(版) 성자전」
1420경 「이파티 연대기」
한자 에코파나 사망
님 소르스키 출생
1442 파호미오스의「러시아 연대기」
1474경 「세 바다 너머로의 여행」의 저자 아파나시 니키틴 사망
1475경~1556 닥섬 그레크(그리스인 닥섬) 활동

1389~1385 티무르, 킵차크 한국 공격

15세기
1425~1462 바실리 2세 통치
1439 피렌체 공의회
1448 러시아 정교의 독립
1453 콘스탄티노플 함락
1462~1505 이반 3세 통치
1470 노브고로드의 '유태교파' 이단 출현
1472 이반, 비잔틴 공주 소피아와 결혼
1472~1485 페름, 로스토프, 노브고로드, 트베리 지역에 대한 모스크바의 지배
1497 이반 3세의 법전 「수데브니크」

16세기

1450 이콘「수즈달과 노브고로드 전투」
1479 피오라반티의 성모승천 대성당(모스크바 크레믈린)
1484~1489 성모수태고지 성당 재건(모스크바 크레믈린)
1484~1490 이반 3세의 노브고로드 성체
1485~1516 모스크바 크레믈린 제건축
1487~1491 무기고(모스크바 크레믈린)

16세기

1500~1502 페라폰트 수도원의 디오니시우스와 아들들의 프레스코화
1505 알로시오 노비, 대천사 미하일 대성당 건축
1510~1514 성모지도 대성당(수즈달)
1515 후틴 수도원의 성변용 대성당
1524~1525 스몰렌스크 성모 대성당 노보데비치 사원
1529 성 프로코피 성당
1530~1532 삼위일체-니념로프 수도원의 바실리 3세 성삼위일체 대성당
1532 그리스도 승천 성당(콜로멘스코에)
1535~1537 성 나툴대의 성당(모스크바) 재건
1536 성 보리스와 글례프 성당(플로트니키)
1547 참수당하는 세례자 요한 성당(모스크바)
1548년경 노브고로드에서 교훈극 상연
1553경~1600 동정녀중재 대성당(성 바실리 대성당) (모스크바 붉은 광장)

16세기

1540년대경 마가리의 「성자전」
1547 실베스트르의 「도모스트로이」
1550 페레스베토프의 「술탄 마흐메트 이야기」
1551 「스토글라프」
1560~1563 아파나시의 「니사아 황제 계보서」
1564 페도로프, 므스티슬라베츠의 「사도행전」 출판
1568 「시편」 출판
1560~1570년대 이반 4세와 쿠르프스키의 서신 왕래
1581 「오스트로그」 성경

16세기

1503 공의회 '소유파' 대 '비소유파'의 대립
1505~1533 바실리 3세 통치
1533~1538 옐레나 글린스카야의 섭정
1533~1584 이반 4세(뇌제)의 치세
1550~1551 스토글라프(100조항) 회의
1552 카잔 점령
1555 아스트라한 점령
1558~1583 리보니아 전쟁(대 폴란드·스웨덴)
1565 이반, 오브리나 조직
1569 필리프 대주교 피살
1571 타타르의 모스크바 침공
1582 예르마크의 시베리 한국 정복
1584~1598 표도르 1세 통치, 보리스 고두노프의 섭정
1589 준비 총대주교 이오프
1591 우글리치에서 이반의 아들 드미트리 암살
1592~1597 농민에 대한 거주 이전의 자유가 제한

1632 키예프 아카데미 설립
1632~1634 폴란드와 전쟁
1637 돈 코사크, 아조프 강탈
1645~1676 차르 알렉세이 통치
1647 러시아-폴란드의 대(對)투르크 동맹
1648 보그단 흐멜니츠키의 우크라이나 독립전쟁
1649 『울로제니예』 법령전 반포
1652 니콘, 총대주교로 선출
1654 교회 대분열 시작
　　　 구교도 출현
1654 차르에 대한 우크라이나 의회의 충성 서약
1654~1657 러시아-폴란드 전쟁
1659 모스크바에서 뱜습니즈키주의자·유리 크리자니치의 활동
1661~1672 러시아 최초의 감자가 연정
1664 폴로츠키, 모스크바에 라틴어 학교 설립
1665 우편제도 시행
1666~1667 니콘, 종교회의에서 라테지를 파문
1669~1671 스텐카 라진의 반란
1676~1682 표도르 3세 통치, 바실리 골리친 공후의 섭정
1682~1725 표도르 1세(대제) 통치(초기에는 형제 이반과 공동 통치)
1687 모스크바에 그리스·라틴·슬라브 아카데미 설립
1695 크림 지역에서 투르크와 전쟁
1696 해군 함대 건설, 투르크로부터 아조프 탈취

1678 우샤코프의 만딜리온(성자수건) 「손으로 만들지 않은 구세주」
1678~1683 포테힌의 성삼위일체 성당(모스크바 오스탕키노)
1679~1682 성 니콜라이 성당(모스크바 가르바니키)
1684~1693 예피파니 성당(아프콥티름)
1687~1695 카다시의 부활 성당(모스크바)
1690~1704 진표의 이콘 교회(모스크바 페트로브카)
1695 승전 교회(수즈달)
1697~1703 중루, 예수탄생 교회(니주니-노브고로드)
1698~1704 성 안나 교회(모스크바 우즈코예)

1697~1698 표트르, 서유럽 여행
1698 스트렐치(황실친위대)의 반란
1699 무역상사 설립, 율리우스력 시행

18세기
1700 스웨덴과 북방전쟁 시작
1701~1703 상트페테르부르크 착공
1705 징병제 실시
1708 행정 개혁
　　　　주(州) 설치
1709 폴타바 전투
1710 투르크와 전쟁
1711 보야르의 두마가 귀족원로원으로 대체
1712 상트페테르부르크로 천도
1713 핀란드 정복
1718 인두세 부과 및 시법개혁
1721 니스타트 조약
　　　　표트르의 황제 대관
　　　　대주교제 폐지
1722 페르시아와 전쟁
　　　　관등제 실시
1723 카스피 해 남부 해안 획득
1725 과학아카데미 설립
　　　　제1차 캄차카 원정
1725~1727 예카테리나 1세 통치
1727 중국과 조약
　　　　베링 해협 발견

18세기
1703 최초의 러시아 신문 『통보(Vedomosti)』
1710 새로운 '세속 시민용' 정자체
1711~1727 페테르부르크의 인쇄소 5곳 개소
1735 트레디아코프스키의 『새롭고 간단한 러시아 작시법』
1743 로모노소프의 『훈직 탈환에 바치는 송시』
1747 수마로코프의 『호레프』
1748 로모노소프의 『간편 수사학 입문』
1757 로모노소프의 『러시아어 문법』
1763 볼틴드-예카테리나 2세 서신 교환
1766 트레디아코프스키, 『텔레마코의 모험』 번역
1769~1770 노비코프의 잡지 『수벌』
1770년경 폰비진의 희곡 『여단장』
1779~1789 신문 『모스크바 통보(노비코프 편집)』
1782 폰비진의 희곡 『미성년』
　　　　데르자빈의 『펠리차』
1786 예카테리나 2세의 희곡들
1790 라디셰프의 『페테르부르크에서 모스크바로의 여행』
1791 잡지 『모스크바 저널』(카람진 발행)
1792 카람진의 단편 『가엾은 리자』
1797 카람진, 『러시아 여행자의 편지』 집필 시작

18세기
1701~1707 대천사 가브리엘 성당(멘시코프 탑)
1702 요한 크리스토의 극단 도착
1703 페트로파블롭스키 요새
1705 획득에 대한 표트르 1세의 벽명
　　　　프로포포비치의 『블라디미르』
1711~1714 여름궁전
1712 황실의 궁이 상트페테르부르크로 옮겨 감
1712~1733 트레지니의 성 베드로와 바울 대성당
　　　　　　(페테르부르크)
1714 쿤스트카메라 박물관
　　　　성변용 성당(키지)
1714~1752 르블론드, 브라운슈타인, 미케티, 라스트렐리 등에 의해 페테르고프 건축
1715 일렉산드르 네프스키 수도원(상트페테르부르크)
1716 나탈리아 공주, 연극 상연
1716~1724 제2 겨울궁전
1720 표트르 1세, 프라하와 베우틀 고용
1722~1726 성 베드로와 바울 대성당(가세)
1722~1741 상트페테르부르크의 바실리 섬에 12개 콜레기(옛 중앙행정기관) 설립
1724 모스크바에서 민중극 상연

1727~1730 표트르 2세 통치
1730~1740 안나 1세 통치
1735~1740 투르크와 전쟁
1739 타티셰프, 우랄 유럽과 아시아의 분할 제안
1740~1741 이반(6세) 통치
1741~1761 옐리자베타 1세 통치
1744 러시아, 바르샤바 조약 가입
1755 모스크바대학 설립
1757 프랑스·오스트리아와의 조약
러시아, 프러시아에 침공
1759 러시아, 베를린 점령
1761~1762 표트르 3세 통치
1762~1796 예카테리나 2세(대제) 통치
1764 교회 영지 세속화
스몰니 수도원에서 여성 교육
1767 예카테리나, 입법위원회 설치
1768~1774 터키와 전쟁
1772 제1차 폴란드 분할
1773 디드로, 러시아 방문
1773~1775 푸가초프의 반란
1783 크림 합병
다슈코바, 아카데미 총재 취임
1784 알핀스카 정착
1785 귀족에 대한 특권장 발부
1787 오토만 제국과 전쟁
1788 스웨덴, 전쟁 선포
1794 코시치우슈코의 반란

1727경 데신스키 극장(시베리아)
1729 배우 볼코프 출생
1731~1734 성 시메온과 안나 성당
1732~1738 해군성(페테르부르크)
1733 드미트리예프스키 출생
1734 가운궁전 교회(페테르부르크)
1735~1739 규모보르 극장(상트페테르부르크)
1738 댄스스쿨(상트페테르부르크)
1741~1743 라스트렐리의 여름궁전
1741~1750 라스트렐리와 쳅조프의 아니치코프 궁전
1743 뮤지컬「가시 없는 장미」(페테르부르크 궁정)
1748~1764 라스트렐리의 스몰니 수녀원 대성당 재건
1749 귀족단체 제작「호레프」
1750 옐리자베타 여제, 러시아 배우들 격려
아르슬랴프 순회단의「죄인의 참회에 대해」
1752 볼코프의 야로슬라프 공연
1754~1762 라스트렐리의 겨울궁전
1756 오페라「타나스」
1757 상트페테르부르크에 예술아카데미 개관
1762 귀족 칭호를 받는 배우들
1763 볼코프 사망
1768~1782 팔코네의 「청동 기마상」
1768~1785 리날디의 므라모르니 궁전(상트페테르부르크)
1772 포포프의「아뉴타」

1799 푸슈킨 출생

1796~1801 파벨 1세 통치
1796 프랑스아 군대 개혁

19세기
1801~1825 알렉산드르 1세 통치
1802 정부 부처 설치
1804~1806 카프카스 확장
1805~1806 나루센슈타인의 탐험
1806~1812 터키와 전쟁
1807 프리틀란트 전투
　　　　 틸지트 조약 체결
1808 아라크체예프 국방 장관 취임
1808~1809 스웨덴과 전쟁
　　　　 핀란드 합병

19세기
1802~1803 잡지 「유럽통보」
　　　　 라디셰프 자살
1803 카람진의 「시장 아내 마르파」
　　　 시슈코프의 「러시아어 신구 문제론」
1808 주콥스키의 발라드 「류드밀라」
1809 크릴로프의 「우화」
1811~1816 러시아어 애호가들의 좌담회
1815 문학서클 아르자마스 결성
1816 카람진의 「러시아 국가의 역사」(1829년 완성)
1817 바튜슈코프의 시 「죽어가는 타소」

교회 활지인쉐롤 「즈나멘니」성가
1773 레비즈키의 '여인의 초상화들'
1774 잡지 「부지렬 엔터테인먼트」
1776 불쇼이 오페라 및 발레 극장
　　　 트루토프스키의 민요 모음
1779 보르트난스키, 왕립 예배당 성가대 감독
　　　 드미트레프스키, 드라마 학교 교장
1780~1801 카메론의 건축 양상블(파블로프스크)
1782~1786 카메론의 우정의 사원(파블로프스크)
1783 불쇼이 카멘니 극장
1784~1786 바제노프의 파슈코프 하우스(모스크바)
1788 셰프킨 출생
1797 보로비코프스키의 「로푸히나의 초상」
1799 코즐롭스키의 「수보로프 동상(마르스 광장)

19세기
1800 모찰로프 출생
1802 카라티긴 출생
1804 글린카 출생
1804~1818 마르토스의 미닌과 포자르스키 동상
　　　　 (붉은 광장)
1805 왕립극장 설립 법령
1806~1823 자하로프의 해군성(페테르부르크)
1808 스몰니 연구소
　　　 미드로의 발레 「제피르와 플로라」
　　　 잡지 「드라마퉁보」

1858 중국과 조약
     아무르 지역 획득
1859 카프카스 정복
1860~1873 철도 확장
1861 농노제 폐지
1864 젬스트보(지방정부) 설치
     교육과 사법 개혁
1867 맑스의「자본」러시아어 번역
     알렉스카 매각
1868 사마르칸트 점령
1869 멘델레예프의 원소 주기법
1870~1877 밀례이아에서 미클루호-마클라이의
     원정
1870~1885 프로제발스키의 중앙아시아 원정
1871~1872 보수적 교육 개혁
1874 '인민 속으로' 운동
1875 일본과 조약 체결
     사할린 획득
1876 화병그룹 '망가 지운' 결성
1877~1878 러시아-터키 전쟁
     산스테파노 조약
     베를린 회의
1880 신성종무원장의 포베도노스체프 임명
1881 알렉산드르 2세 암살
1881~1894 알렉산드르 3세 통치
1882 모스크바에서 산업박람회
1885 영국-러시아, 아프가니스탄에서 충돌

1837 푸슈킨 사망
     레르몬토프의 시「시인의 죽음」
1839 차아다예프의「광인의 변명」
     「조국잡기」재간행
1840 레르몬토프의「우리 시대의 영웅」과 서사시
     「신참 수도사」
1841 레르몬토프 사망
     아사크로의「키줌연대기」
1842 고골의「죽은 혼」,「외투」,「결혼」
1844 오도예프스키의「러시아의 밤」
1846 도스토예프스키의 중편「가난한 사람들」과
     「분신」
1847 게르첸의「누구의 죄인가」
     고골의「친구와의 서신 교환선」
     곤차로프의「평범한 이야기」
1850 투르게네프의「영의 인간의 일기」와 희곡
     「시골에서의 한 달」
     게르첸의「다른 해안으로부터」
1852 투르게네프의「사냥꾼의 수기」
     톨스토이의「유년시대」
     튜체프의「시전집」
1854 오스트로프스키의「가난은 죄가 아니다」
     톨스토이의「소년시대」
1855 톨스토이의「세바스토폴 이야기」
     아파나시예프의「러시아 민담집」
1856 투르게네프의「루딘」
     살티코프-셰드린의「지방 스케치」

1858 볼차노프의 믿음 합창
     레비탄 탄생
1860 마베탄도르크 음악원 설립
1862 미카라야 구저가 결성
     미케신의 조각「러시아의 천년」(노브고로드)
     발란기베조와 로마긴의 음악학교 건립
1863 스타니슬라프스키 출생
1866 차이코프스키의「교향곡 1번」
     린딘스키 출생
     모스크바 음악원
1869 무소르그스키의「보리스 고두노프」
1872 다긜레프 출생
     스크랴빈 출생
1873 크람스코이의「사막의 예수」
     라흐마니노프 출생
     레핀의「볼가 강의 배 끄는 인부들」
     실베편 출생
1874 무소르그스키의「전람회의 그림」
     레피흐 출생
1876 「백조의 호수」
1878 차이코프스키의「예브게니 오네긴」
1880 오페르무신의 푸슈킨 상(모스크바)
     「호반시나」
1881 무소르그스키 사망
1882 림스키-코르사코프의「눈처녀」
     스트라빈스키 출생
1883 구세주 그리스도 대성당, 모스크바

1901~1907 니스티로프의 「신성한 루시」
1901~1909 라흐마니노프의 협주곡들
1902 부닌의 「아마의 주막」
1904 MAT의 「벚꽃 동산」
1905~1907 스크랴빈의 「황홀경의 시」
1906 글라주노프의 교향곡 제8번
　　　소콜로프키지 출생
　　　블로크와 메이예르홀트의 「발라간치크」
1907 파르란드의 그리스도부활성당(페테르부르크
　　　세주사원)
　　　청장미 모임
　　　라흐마니노프의 교향곡 제 2번
1908 림스키-코르사코프 사망
　　　포킨 안무의 「쇼페니아나」
　　　스트라빈스키의 「나이팅게일」
　　　드뷔시포의 최초의 파커 필름 「스테파가 다진
　　　과 공주」
1909 트루베츠코이의 조각 「알렉산드르 3세」(페테
　　　르부르크)
　　　소모프의 「잠자는 아가씨」
　　　그라바르의 「미술사」
1910 부루벨 사망
　　　스크랴빈의 「프로메테우스」 작곡
　　　「나이아몬드 제」 결성
　　　스트라빈스키와 포킨의 「불새」 제작
　　　MAT의 「카라마조프가의 형제들」
　　　파토니조기 민요 코러스

톨스토이의 「하지 무라트」
잡지 「천칭자리」
1905 구밀리의 중편 「길」
1906 브뮤소프의 시집 「화관」
1907 고리키의 장편 「어머니」
1908 블로크 시집 제2권
1909 누믄모음집 「이정표」
1910 톨스토이 사망
　　　잡지 「아폴론」
1911 문화서클 '시인 조합'
1912 미래파 선언문 「대중의 취향에 따귀를 때려
　　　라」
1913 벨리의 「페테르부르크」
　　　만델슈탐의 시집 「돌」
　　　로자노프의 「나뭇잎」(1913~1915)
　　　불로크의 희곡 「장미와 십자가」
1914 아흐마토바의 시집 「묵주」
1915 마야콥스키의 「바지를 입은 구름」과 「척추
　　　플루트」
1916 부닌의 「구낭이」
　　　고리키의 「사람들 속에서」
　　　예세닌의 시집 「초혼제」
1917 프롤레트쿨트 결성
1918 불로크의 서사시 「열둘」과 시 「스키타이인」
　　　벨리의 「그리스도 부활하셨도다」
1919 구상출판사(GOSIZDAT) 설립

가시네프에서의 유대인 학살
1904 바체슬라프 폰 플베의 암살
　　　파블로프 노벨상 수상
1904~1905 러일전쟁
1905 상트페테르부르크에서 「피의 일요일」 사건
　　　러일전쟁에서 대패
　　　입헌민주당 창당
　　　메치니코프
　　　제1차 두마
1906 스톨리핀, 총리 선출
　　　토지개혁
1907 제2차 두마(해산) 및 제3차 두마
1910 최초의 러시아제 자동차와 비행기 생산
1911 스톨리핀 암살
　　　「프라브다」 창간
1913 로마노프 왕조 300주년 기념판 건립
1914 제1차 세계대전 발발
　　　상트페테르부르크를 페트로그라드로 개명
　　　탄넨베르크 전투
1916 라스푸틴 피살
1917 과업 계속
　　　2월 혁명
　　　차르 니콜라이 퇴위
　　　임시정부 성립
　　　러시아 정교 회의 개최
　　　10월 혁명
1918 헌법 회의 해산

1911 스트라빈스키와 포킨의 「페트루슈카」를 발레뤼스가 공연
달리오노프의 「쉬고 있는 군인」

1911~1914 칸딘스키의 「청가시나 그룹
「예술에 있어서 정신적인 것에 관한 여」

1912 페트로프-보드킨의 「경마(競馬)의 수욕」
말레비치의 「밀 수확」
「당나귀 꼬리」 전시회
크레인그와 스타니슬랍스키의 「햄릿」

1913 다흐마노프의 「중」
스트라빈스키, 니진스키의 「봄의 제전」 제작
말레비치의 「검은 사각형」
「태양에 대한 승리」

1915 스크랴빈 사망
「0·10」 전시
누스토데예프의 「여자상인」
말레비치의 「검은 사각형과 붉은 사각형」

1916 글로부빈의 「물긷기」, 와인과 파인

1917 스트라빈스키의 「군인이야기」
메이에르홀드의 「가장무도회」

1918 MAT 첫 스튜디오
「미스테리아 부프」
국립영화학교

1919 프로트큐페의 「세계의 오벤지에 대한 사랑」
극장 국영화
볼쇼이 드라마 극장

1920 나르콤프 방방
전러시아프롤레타리아작가협회(VAPP) 결성
마야콥스키 대장간과 결성

1921 팔나크의 「벨겟은 해」
세라피온 형제들(러시아 청년작가 모임) 결성
문화잡지 「붉스 저너지」
러시아 형식주의자들 활동
블로크 사망
구밀료프 처형
예술좌익전선(LEF) 결성

1922 벨리의 「코틱 레타에프」
아흐마토바의 「서기 1921년」
만델슈탐의 「트리스티아」
호다세비치의 「무거운 리라」

1923 잠긴 「조스에서」
작가그룹 산고개(Pereval) 결성
만델슈탐의 신문 「시간의 소음」
즈베니디바의 시집 「수응에」
바벨의 「오데사 이야기」

1924 레오노프의 장편 「나구미」
예세닌의 「성술집의 모스크바」
세라피모비치의 「강철 흐름」

1925 불가코프의 「백위군」
굼드크프로의 「시벨트」
예세닌 자살

1926 바벨의 「기병대」

1927 올례샤의 「질투」

브레스트-리토프스크 조약
볼셰비키, 차르 일가 몰살
「적색 테러」

1918~1921 내전

1919 토지 국유화 시행

1920 소비에트-폴란드 전쟁
소규모 상업의 국유화

1921 크론슈타트 봉기
신경제정책(NEP)
10차 전당대회

1922 국가계획위원회(고스플란)
스탈린 총서기
지식분자배제 정책

1923 소비에트사회주의연방 결성

1924 레닌 사망
페트로그라드, 레닌그라드로 개명
무신론자 동맹
13차 전당대회

1925 14차 전당대회
타스 통신 설립

1927 트로츠키와 지노비에프, 당에서 제명
15차 전당대회

1928 제1차 5개년 계획
집단화 시작

1929 6차 코민테른 대회
트로츠키 추방
「무신론자」 캠페인

1930 굼린크(수용소) 설치

1920	에브레이노프의 「겨울궁전 탈환」
1922	MAT 해외 순회
	포포와, 베이에르홀트의 「도량이 큰 오쟁이」
	학명가디시아예술가협회(AkhRR)
	바흐탄고프의 「투란도트」
1923	스트라빈스키, 니진스키의 발레 「결혼」
	그랜드 오페라
1924	프로타자노프의 영화 「아엘리타」
1925	바실렌코, 로페의 조프스키의 발레 「아름다운 요셉」
	이틀리예술가협회(OST) '4예술'
	에이젠바이인의 「파업」, 「전함 포템킨」
	노동자청년극장(TRAM)
1926	맡미 극장의 「뷰보로 아로바이트」
	MAT 「투르빈 가의 나날들」
	베이에르홀트의 「검찰관」
1927	스트라비인스키의 「오이디푸스 왕」
	그리그의 「얼음 처녀」
1928	필로노프의 「봄의 공식」
	스트라빈스키의 「아폴론 무사게트를 받네」
	뷔스가 공연
	에이젠바이인의 「시월」
1929	프로코피예프의 오페라 「도박판」
	에이젠슈타인의 영화 「옛것과 새것」
1930	쇼스타코비치의 오페라 「코」
	발레 「황금시대」
	도브젠코의 영화 「지구」

	파데예프의 「파멸」
	필냐크의 「께지지 않는 달 이야기」
	자먀틴의 「우리들」
1928	숄로호프의 「고요한 돈 강」
	일로와 페트로프의 「12개의 의자」
	마야코프스키의 회곡 「빈대」
	즈베틀예바의 시집 「러시아 이후」
	그리가 귀국
1929	라시아포폴-비타리아가동맹(RAPP)
	일체에이 톨스토이의 「표트르 1세」
1920년대	톨라티노프의 「제벤구르」
1930	슈클로프스키, 향수주의 포기
	마야코프스키 자살
1930년경	톨라티노프의 「구덩이」
1931	일로와 페트로프의 「금송아지」
	파스티르나크의 「안전통행증」
	이바노프의 시집 「장미」
1932	카타예프의 「시간이여, 전진하라!」
	숄로호프의 「개간된 처녀지」(1932~1960)
	오스트로프스키의 「강철은 어떻게 단련되는가」
	소비에트작가동맹 결성
1933	부닌, 노벨문학상 수상
1934	만델슈탐 체포
1935	아흐마토바의 서사시 「레퀴엠」(1935~1940)
1936	그리가 사망
1937	필냐크 체포

	16차 당대회
1931	집단농장의 '노동 일과'
	빼애-발트 해 운하 착공
1932	카루등극제도
	우크라이나 및 전국적 기근
1933	미주과 외교 관계
	키로프 암살
1934	17차 당대회
	소련, 국제연맹 가입
1935	신소비에트 헌법
	모스크바 지하철 건설
	스타하노프 운동
1935~1938	대숙청, 정치 재판
1936	소련, 반(反)코민포른군 지원
1938	내무인민위원회 수장을 예조에서 베리아로 교체
	3차 5개년 계획
1939	제2차 세계대전
	몰로토프-리벤트로프 조약
	18차 당대회
	핀란드 침공
1940	트로츠키 암살
	발트 3국 병합
1941	독일의 침공 및 모스크바 공격
1941~1944	레닌그라드 포위
1942	국민동원령
	스탈린그라드 전투

연도	문화·예술 (1)
1932	쇼스타코비치의 오페라 「므첸스크의 맥베스 부인」
1933	니스키의 「철길 위에서」 / 바흐탄고프의 「낙관적 비극」 / 바실리예프의 영화 「차파예프」 / 오흘로프코프의 연극 「오셀로」 호평
1934	
1935	메이예르홀트의 「스페이드의 여왕」 / 란딘스키의 「움직임」
1936	스타니슬라프스키의 「배우 수업」 / 다흐나바프의 「교향곡 제3번」
1937	쇼스타코비치의 「교향곡 제5번」 / 무하니의 조각 「노동자와 여자집단농장원」 / 파메노프의 「새로운 모스크바」
1938	에이젠슈테인의 「알렉산드르 네프스키」 / 얼렌부르크의 영화 「볼가-볼가」 / 다흐나바프의 「심포니 댄스」
1940	프로코피예프, 라브로프스키의 발레 「로미오와 줄리엣」
1941	쇼스타코비치의 저서 「레닌그라드 교향곡」 / 돌레쇼프의 저서 「영화 연출의 기초」
1941~1943	프로코피예프의 오페라 「전쟁과 평화」
1942	플람스토프의 「파시스트가 지나쳐 날아갔다」 / 다흐나바프의 사망
1943	란딘스키의 「선 주위에」 / 란딘스키 사망
1944	에이젠슈테인의 영화 「이반 뇌제」 1부

연도	문학 (2)
1938	나보코프의 장편 「재능」 / 만델슈탐 체포, 사망
1939	나보코프의 장편 「사형장으로의 초대」 / 바벨 체포
1940	불가코프의 장편 「거장과 마르가리타」 (1928-1940) / 즈베티예바 귀설
1941	트바르도프스키의 서사시 「바실리 툐르킨」
1942	시모노프의 희곡 「러시아 사람들」
1943	시모노프의 중편 「낮과 밤」 / 조센코의 「해 뜨기 전」
1945	파데예프의 「젊은 근위대」
1946	파데인의 「칼조의 기쁨」 / 비그라소프의 『스탈린그라드의 참호에서』 / 파데인의 「이상한 여름」
1948	예렌부르크의 중편 「해빙」
1954	파스테르나크 「닥터 지바고」
1955	두딘체프의 「빵만으로는 살 수 없다」 / 파데예프 자살
1956	
1958	트바르도프스키, 잡지 『신세계』 편집자가 됨 / 파스테르나크 노벨상 수상 / 파데인, 스비에트라가통맹 제1서기 취임
1959	파스테르나크 사망
1960	
1961	비그라소프의 「이다 카오로기예브나」 / 바실이 악쇼노프의 「별 승차권」 / 예프투셴코의 서사시 「바비 야르」(쇼스타코비치 교향곡 13번의 기초)

연도	역사 (3)
1943	미국 및 영국과 연합 / 쿠르스크, 로스토프, 하리코프 등지의 전투
1943~1944	킬미크인, 체첸인, 크림타타르인 등 강제 추방
1944	소련군 반격 / 국제연합 창설을 위한 덤바턴오크스 회의 / 불가소프의 반(反)소련군 결성
1945	소련군, 독일 진입 / 대일 전쟁 개시 / 제2차 세계대전 종전 / 국제연합 출범 / 포츠담 회담
1947	소련, 마셜플랜 거부
1948	베를린 봉쇄
1949	동서독 분할 / 나토 결성 / 소련, 핵무단 개발 / 중국과 조약
1950	한국전쟁
1952~1953	반유대 운동 / 19차 전당대회
1953	스탈린 사망 / 베리아 총살 / 만델슈탐, 몰로토프, 흐루쇼프 정권 / 핵폭탄 실험
1954	크림, 우크라이나 공화국에 편입 / 소련 최초의 원자력발전소

1955	바르샤바조약기구 결성
	흐루쇼프의 '옥수수 운동'
1956	20차 전당대회
	흐루쇼프의 '비밀 연설'
	헝가리 폭동
1957	몰로토프, 말렌코프, 카가노비치, 당 중앙위원회에서 축출
	스푸트니크 발사
1959	캠프데이비드 미팅
	반중교 운동 개시
1960	미국의 초고속 정찰기 U2가 소련 영토에서 격추
	소련, 카스트로와 함께 콩코의 루뭄부에 대한 지지 천명
1961	가가린, 최초의 우주 비행
	22차 전당대회
1962	쿠바 미사일 위기
1963	소련-미국-영국조약
1964	흐루쇼프 강제 퇴임
	브레주네프 당 서기 취임
	코시긴 의장 선출
	인민위원회 구성
1967	유리 안드로포프 KGB 수장
	우주 조약
1968	프라하의 봄
	브레주네프 독트린
1969	미-소 핑상기 회담

1962	본다레프의 「고요」
	솔제니친의 「이반 데니소비치의 하루」
1963	트바르도프스키의 시 「지층의 토로린」
	솔제니친의 「마트료나의 집」
	파우스토프스키의 「인생 이야기」
1964	오쿠자바의 시 「유쾌한 드러머」
1965	숄로호프 노벨상 수상
	브로드스키의 시집 「시와 서사시」
	시냐프스키 투옥
1966	쑬마포프의 「몰타마 이야기」
1968	불가코프의 「거장과 마르가리타」 출간
	솔제니친의 「제1원」과 「암병동」 출간
1970	예로페예프의 「모스크바-페투시키」
	이스칸데르의 중편 「엄소자리」
1971	솔제니친의 중편 「1914년 8월」
1972	브로드스키 망명
1973	솔제니친의 「수용소 군도」 총 3권 (1973~1975)
1974	이스칸데르의 「체겜에서 온 산드로」 시냐프스키 망명
	비크라소프, 막시모프, 갈리치 망명
1975	보이노비치의 「병사 이반 촌킨의 삶과 이상한 모험」
1976	라스푸틴의 중편 「마조라와의 이별」
	트리포노프의 중편 「강변의 집」
1977	브로드스키의 시집 「아름다운 시대의 종말」

1947	레리흐 사망
1948	예이젠슈테인 사망
1951	스트라빈스키의 오페라 「난봉꾼의 행각」
	불가코프의 「드램과 가샤의 저녁식사」
	소프로니츠키의 「피아노 전주곡과 푸가」
1954	프로코피예프의 「불의 천사」
1955	아롭스코, 하차투랸의 「스파르타쿠스」
1956	유리 그리고로비치의 「돌꽃」
1957	네이즈베스트니의 「헤 폭탄」
	토스토호고의 연극 「백치」
	갈린포조의 연극 「혜 남다」
1958	예이젠슈테인의 영화 「이반 뇌제」 2부 개봉
	돈시메이의 「사병의 노래」
1959	추흐라이의 「사병의 노래」
1961	그레빈 디죄 궁전
1962	쇼스타코비치의 「교향곡 제13번」
	토프스토노고프의 연극 「거체의 슬픔」
	마네지 전시회 (모스크바)
	티르노프스키의 영화 「이반의 유년시절」
1965	파라자노프의 영화 「잊혀진 선조들의 그림자」
1967	뱔랴예프 솔니탐 오스타키노
1968	불쇼이 극장에서 그리고로비치 안무의 발레 「스파르타쿠스」
1969	쇼스타코비치의 「교향곡 14번」
	바빈의 「모자의 바이올린」
1970~1972	프로코피예프의 「아버지의 외투」

1971
- 불가코프의 「지평선」
- 쇼스타코비치의 「교향곡 제15번」
- 스트라빈스키 사망
- 류비모프, 바스추킨의 「햄릿」
- 타르코프스키의 「안드레이 루블료프」
- 코친체프의 「리어 왕」

1972
- 포프코프의 「일이 끝난 후」
- 타르코프스키의 「솔라리스」

1973
- 예프로스의 「돈주앙」
- 동시베리아 누랑의 「후지 산 등반」

1974
- 모스크바에서 불도저 전시회
- 슈크신의 「붉은 갈디나」
- 류비모프, 아브라모프의 「목마」

1974~1975
- 슈니트케의 「레퀴엠」

1975
- 쇼스타코비치 사망
- 토프스토노고프의 연극 「홀스토메르」
- 랴자노프의 「운명의 아이러니」

1977
- 세드린의 「죽은 혼」
- 슈니트케의 「합주협주곡」
- 류비모프의 「거장과 마르가리타」

1977~1980
- 바이즈베스토니의 「비망」

1978
- 류비모프의 「죄와 벌」

1980
- 따니소프의 「레퀴엠」
- 카바코프의 「회색 종이와 흰색 종이에 대하여」

1982~1986
- 세마긴의 「상트페테르부르크의 카니발」

1985
- 도딘, 아브라모프의 「형제자매」

「밀의 부분」
1978 비토프의 「푸슈킨의 집」
1980 보이노비치, 얀쇼노, 코펠베프 주방
악쇼노프의 「크림 반도」
1981 아이트마토프의 「백 년보다 긴 하루」
1987 리바코프의 「아르바트의 아이들」
브로드스키 노벨상 수상

1972
- 소련-이라크 조약
- 닉슨의 모스크바 방문

1974
- 솔제니친 강제 추방
- 해무기 협정

1975
- 바이칼-아무르 간선 철도(BAM) 건설

1976
- 25차 전당대회
- 해무기 협정
- 10차 5개년 계획

1977
- 소련 새 헌법 반포

1979
- 아프가니스탄 침공
- 전략무기감축협정

1980
- 서방에 의한 모스크바올림픽 보이코트
- 사하로프, 고리키 시(市)로 좌천

1981
- 26차 전당대회
- 제네바 회담

1982
- 수슬로프 사망
- 브레주네프 사망
- 유리 안드로포프 총서기 취임

1984
- 콘스탄틴 체르넨코 총서기 취임
- 스톡홀름 회담

1985
- 미하일 고르바초프 총서기 취임
- 레이건-고르바초프 정상 회담

1985~1987 엘친, 모스크바 시장 제임

1986
- 27차 전당대회
- 페레스트로이카 천명
- 체르노빌 핵 사고

1987
- 전략무기감축협정

인명 찾아보기

작품 찾아보기

항목 찾아보기

옮긴이 약력

최진석
서울대 노문과와 동대학원을 졸업하고, 우즈베키스탄국립대학교 철학부에서 수학했다. 러시아 국립인문학대학교에서 문화학 박사학위를 받았으며, 서울대와 서울과학기술대 등에 출강하고 있다. 충북대 러시아·알타이지역 연구소 학술연구교수 및 노마디스트 수유너머N 연구원이다. 지은 책으로『코뮨주의 선언』(공저),『문화정치학의 영토들』(공저),『불온한 인문학』(공저) 등이 있고, 옮긴 책으로『레닌과 미래의 혁명』(공역),『해체와 파괴』등이 있다.

김태연
모스크바국립대학교에서 정치학 박사학위를 받았고, 국내의 여러 대학을 전전하며 강의를 하고 있다. 러시아의 민족주의와 젠더 문제에 관심을 두고 연구 중이다. 최근의 논문으로「도스또예프스끼의『작가의 일기』에 나타난 민족주의 의식」등이 있다.

박선영
충북대 노문과를 졸업한 뒤 서울대에서 석사학위를 받았고 박사과정을 수료했다. 러시아 국립학술원 문학연구소에서 박사학위를 받았으며, 현재 서울대와 충북대 등에서 강의와 연구를 병행하고 있다. 지은 책으로『만델슈탐의 유기주의 시학』(상트페테르부르크, 2008)이 있고, 그 외 러시아 모더니즘 문학 관련 논문을 다수 발표했다.

이경완
서울대 영문과를 졸업하고 노문과 대학원에서 석사, 박사학위를 받았다. 서울대 등에 출강하며, 고려대 러시아CIS연구소 HK연구교수로 재직하고 있다. 옮긴 책으로『죽은 혼』이 있고, 러시아 정교와 문학에 대한 연구를 진행 중이다.

이수현
서경대 노문과와 서울대 대학원을 졸업하고, 러시아국립인문학대학교에서 언어학 박사학위를 받았다. 서울대 등에서 강의했으며, 현재 버클리 대학교 슬라브·동유럽 및 유라시아 연구소의 방문학자로 연구 중이다. 지은 책으로『생존 러시아어』1~3권(공저)이 있다.

정하경

서울대 노문과와 동대학원을 졸업하고, 하버드대학교에서 슬라브 언어학 연구로 박사학위를 받았다. 서울대 등에서 러시아어 및 문화에 관해 강의했으며, 현재 한국외국어대학교 러시아연구소에서 HK교수로 재직 중이다. 지은 책으로는 *Grammatical Change in Indo-European Languages*(공저), *The Syntax of the Be-Possessive: Parametric Variation and Surface Diversities* 등이 있다.

차지원

서울대 노문과와 동대학원을 졸업했고 러시아국립학술원 문학연구소에서 박사학위를 받았다. 서울대와 이화여대, 국민대 등에서 강의하고 있으며, 중앙대 외국문학연구소 연구교수로 일하고 있다. 주요 논문으로 「상징주의의 피그말리온 신화 콘텍스트」 등이 있고, 20세기 러시아연극과 알렉산드르 블로크의 드라마에 대한 책을 준비 중이다.